U0582805

孔祥毅文集

晋商研究

（五）

经济管理出版社

ECONOMY & MANAGEMENT PUBLISHING HOUSE

图书在版编目（CIP）数据

孔祥毅文集/孔祥毅著 . —北京：经济管理出版社，2016. 10
ISBN 978 - 7 - 5096 - 4344 - 0

Ⅰ . ①孔…　Ⅱ . ①孔…　Ⅲ . ①金融学—文集　Ⅳ . ①F830—53

中国版本图书馆 CIP 数据核字（2016）第 074940 号

组稿编辑：杜　菲
责任编辑：杜　菲
责任印制：司东翔

出版发行：经济管理出版社
　　　　　（北京市海淀区北蜂窝 8 号中雅大厦 A 座 11 层　100038）
网　　址：www. E－mp. com. cn
电　　话：（010）51915602
印　　刷：北京九州迅驰传媒文化有限公司
经　　销：新华书店
开　　本：787mm×1092mm/16
印　　张：233. 75（全九卷）
字　　数：3916 千字（全九卷）
版　　次：2016 年 10 月第 1 版　　2016 年 10 月第 1 次印刷
书　　号：ISBN 978 - 7 - 5096 - 4344 - 0
定　　价：1280. 00 元

本书承瀚华金控股份有限公司资助出版

本集目录

晋商行会

名商名号名行

晋商与茶叶之路

晋商精神

晋商文化

晋商今鉴

晋商学

专 访

晋商兴衰

山西商品经营资本研究

背景说明

本文原名《近代史上的山西商人与商业资本》，是应中国近代史专家、山西大学教授江地先生之约而写的，为其主编的《近代的山西》一书中的一章，山西人民出版社 1986 年出版。

晋商与票号构成了山西近代经济社会史上的辉煌和遗憾。江先生说："晋商和票号在中国历史上的地位很重要，过去没有系统的研究性文章，我不研究经济，讲不太清楚，你是研究经济金融的，相信你能把山西商人和票号讲清楚。"这一章实际上是相对独立的两部分，把它分开来作为两篇文章读起来可能更方便些。前篇《山西商品经营资本研究》，研究票号发生发展的背景，后篇《山西货币经营资本研究》，研究票号资本的经营活动及其影响，文章中的观点没有变动。

这里作者想说明一点，当时把晋商和票号放在山西近代史中，严格来讲与多数学者关于中国近代史分期的口径是不吻合的。但是和江地先生商量，他说："由于晋商和票号有将近一个世纪的时间在近代史中，只好向前追述，以便把这个问题说清楚，因为晋商票号太重要了。"然而，这几年晋商和票号是中国商业革命和金融革命时期的主力军，从生产力发展水平的角度划分历史时期，比从阶级斗争角度划分也许更科学一点。与欧洲历史比较，中国明朝中期以后到清代是资本主义萌芽阶段，即中国的商业革命和金融革命阶段，与欧洲商业革命和金融革命基本是平行的，称为近代史也未尝不可。

马克思主义认为，商人资本的独立发展与资本主义生产的发展程度成反比，这是一个规律。在生产没有从属于资本以前，资本作为商人资本可以独立地优先地发展起来，这就是经营贩运贸易。马克思说："在这种贸易上，主要利润的获取不是靠输出本国产品，而是靠对商业和一般经济都不发达的共同体的产品交换起中介作用，靠对两个生产国家进行剥削。在这个场合，商人资本是纯粹的商业资本，同两极即以它作为媒介的各个生产部门分离了。这就是商人资本形成的一个主要源泉。"①

正是如此，山西商人和商业资本早在鸦片战争以前，就已经在全国商人势力中处于十分显赫的地位了。鸦片战争以后，随着外国资本主义势力的入侵，山西商业资本受到了打击，发生了转折。

一、山西商人资本的发生和发展

（一）山西商品经营资本发展的历史阶段

1. 隋唐以前是山西商人资本的发轫前期

山西商业资本源远流长。早在先秦时代，晋南就开始发生了"日中为市，致天下之民，聚天下之货，交易而退，各得其所"②的商业交易活动。晋文公称霸之时，山西的榆次、安邑就是有名的商业集镇，对内使"工商食官"，对外使"轻关易道通商"。③以后，鲁之穷士猗顿居猗氏，"用盬盐起"，"兴富于猗氏"。④《孔丛子》又说，他受陶朱公之教，"大蓄牛羊于猗氏之南，十年之间其息不可计，赀拟王公，名驰天下"，⑤今临猗县王寮村有猗顿之墓，并有陶朱公庙。秦汉时代，太原、平陆、平遥、汾阳等地已成为重要的商品集散市场。隋唐五代又出现了泽州（今晋城市）、太谷、平定、大同等新兴商业城镇。⑥李唐起兵太原，定太原为北都，跨汾河两岸，商业繁荣，唐诗人韩愈有诗描绘："朗朗闻街鼓，晨起似朝时。"⑦近年在山西出土有公元4世纪至7世纪萨珊王朝

---

① 《马克思恩格斯全集》，人民出版社1972年版。

② 《易·系辞》。

③ 《国语·晋语》。

④⑤ 《史记·货殖列传》，中华书局标点本。

⑥ 《山西资料汇编》。

⑦ 《太原县志》，《艺文》（明嘉靖版）。

金币，① 虽不能认定隋唐时期已有山西商人到过伊朗，然而山西商人与丝绸之路的密切关系，却是毋庸置疑的。从已有资料来看，从周秦到隋唐，尽管山西已出现一些大商人，但比较其他地方商人，并无突出地位，无一定组织，还未形成一种商人势力。

2. 宋元时代是山西商人资本的发轫时期

宋代"蜀商、南商、北商等都是有名的地方商人，其占近世商业中坚的山西商人、徽州商人，也大体在这时显出身手"。② 宋代，山西地处北宋边防，宋王朝所需战马大都依靠北方的辽来供应，而辽更需要宋的手工业制品。公元996年（至道二年）在山西"边州置榷场，与藩人互市"，而"沿边商人深入戎界"③ 进行贸易。后来赵宋王朝怕危及自己的政权，曾几度下令闭市，但是事实上无法办到。庆历年间（11世纪40年代），宋王朝出藏绢二千余匹，市马于山西岢岚，又诏三司出绢三万匹，市马于山西各州府。其他商品交易，"非官市者听其与民交易"。④ 元代，虽然战争对工商业有一定破坏作用，但是元朝政权结束了宋、辽、金的割据局面，特别是元代驿站的完备，使商业活动的地域扩大了。从《马可·波罗游记》可以看到"从太原到平阳（临汾）这一带的商人遍及全国各地，获得巨额利润"。⑤

3. 从明代到清初是山西商人势力的发展时期

明王朝和北方的鞑靼以长城为界，山西地处中原汉族地主政权与北方蒙古贵族政权的接壤地，明王朝的军事部署主要设在山西、河北北部沿长城线上，军需贸易需要商人来承担。加上明王朝内部政局安定，商品流通范围日益发展，商业资本空前活跃起来，出现了晋商、徽商、粤商、闽商、江右商、吴越商等许多商帮。全国较大的商业城市有33个，而山西就有太原、平阳、蒲州（今永济县）三处。⑥ 这个时期，山西商人的资本积累已相当可观。"平阳、泽、潞富豪甲天下，非数十万不称富。"⑦ 明万历时，张瀚就其宦游所及，著《松窗梦语》说："（黄）河以北为山西，古冀都邑也，故禹贡不言贡。自昔饶林竹纑旄玉石，今有鱼盐柿枣之利，

---

① 山西省博物馆收藏。
② 傅衣凌：《明清时代的商人和商业资本》1956年版。
③④ 康基田：《晋乘蒐略》卷二。
⑤ 《马可·波罗游记》，福建科学技术出版社1981年版。
⑥ 《山西资料汇编》。
⑦ 谢肇淛：《五杂俎》。

所辖四郡，以太原为省会，而平阳为富饶，大同、潞安依边害薄，地狭人稠，俗尚勤俭，然多玩好事末，独蒲坂一州庶富尤甚，商贾争趋。”“秦晋燕同大贾，不远数千里而求纚绮缯帛者，必走浙之东也。”① 明末，山西商人已经进入了东北地区，1618 年（万历四十六年），努尔哈赤占抚顺时，对在抚顺的山西、山东、河东、河西等豪商书“七大恨”令其带回关内，② 可见山西商人已和后金进行着贸易活动。清入关后，蒙古地区归入清王朝统治，归化城商业开始蒸蒸日上。康熙中年，在镇压噶尔丹叛乱时，山西商人随军进入外蒙古草原贸易，除供应军队外，还与草原牧民进行交易。从此，广阔的东北松辽平原和内外蒙古草原为山西商人的贩运贸易又提供了新的市场。经过清初的发展，到乾隆、嘉庆至道光初年，山西商品经营资本处于它的黄金时代，直至民国年间仍有影响。

（二）山西商业经营资本在国内外的发展

1. 垄断对蒙贸易

汉民族对蒙古游牧民族的贸易，一般都要经过张家口和杀虎口，俗称东口和西口，为商品交流的必经之地。张家口，据顺治《云中郡志》，这里“商贾皆出山右人，而汾介居多，踊世边居，婚嫁随之”。③ 道光《万全县志》说到张家口名商八大家时：“八大家者，皆山右人，明末时以贸易来张家口，曰王登库、勒良玉、范永斗、王大宇、梁嘉宾、田生兰、翟堂、黄云发，自本朝龙兴辽左，遣人来口市易，皆八家主之。”④ 清入关后，命范永斗等为皇商，给予种种特权，允许其贩卖食盐，允许其在蒙古森林伐木出售，允许其组织山西人到新疆从事贸易。“张家口最大的企业是山西祁县人范家开设的‘兴隆魁’，于清初开设至光绪末年倒闭，临倒闭时，光顶身力之职员有二百九十人左右，而未顶身力之职员亦在几百人，有的说职员共一千人左右，有的说七八百人，是清朝时期对外蒙和俄国等地贸易的中国第二大型企业。”⑤ 这个时期“每天从外地进入张家口之皮张、药材、杂物、牛马羊等可售一千两银子”。⑥ 其他商号如“长盛川”、“大盛魁”、“大昌川”等，都是重要的旅蒙商。“大昌川”茶店院内还有康熙皇帝赐予的双龙石碑，以表彰山西旅蒙商人的功绩。张家口城

① 张瀚：《松窗梦语》卷四。
② 《清太祖实录》卷五。
③ 《云中郡志》（顺治版），卷二。
④ 《万全县志》（道光版），卷十一。
⑤⑥ 许轼如：《旧管见闻》，1980 年未刊稿。

在清代的发展，是同山西商人对蒙贸易紧密相连的。张家口上堡的日升昌巷，下堡的锦泉兴巷，就是山西货币商人建立起来的，并是以票号、银号名称来命名的。由张家口往北经多伦至齐齐哈尔、呼伦贝尔，是山西商人对蒙古东北部贸易的一条重要商路。呼伦贝尔城即海拉尔城，是1723年（雍正元年）因该地"水草丰茂，树木丛生，禽兽繁殖，土地膏腴"，奏准建城。"于伊敏河左岸筑土房为围，划清街道，招山西行商市易，为蒙旗会集场……城周四里余，就商户市房为垣。"至今该地还有一个正阳街，为山西宁武人聚居之地，山西人吃醋的习惯也流传到当地蒙民之中。

对蒙贸易的西口，即杀虎口，后改移归化城。据《绥远通志稿》说："绥为山西辖境，故经商于此者多晋籍。其时贩运货物，经过杀虎口交纳关税后，至归化城行销无阻。"这里的山西商人，分行商与坐商。行商贸易于大青山后和西营一带，需向绥远将军署领取理藩院颁发的"龙票"。这种"龙票"不仅便于清政府管理，而且对旅蒙商也是一种特殊照顾，持此"龙票"贸易者，"蒙户如有拖欠，札萨克有代为催还之责，且旗长对于此等商户，纯以礼客遇之。"[1] 所以，旅蒙商很少亏折，获利巨厚。赴蒙古草原贸易者，其经营地域有前营、后营及西北营路之分，前营即乌里雅苏台一带，后营即科布多一带，西北营路则是北雅尔、伊犁、古城子（奇台）、红庙子等处。这种贸易，"途中均无旅店可宿，须结驼队运输，自携锅帐"。"运输之货、以绸缎、布匹、茶、糖、烟为大宗，而以其他杂货附之，运回者，以绒毛、皮毛、各种牲畜为主。"从新疆方面回来的还有白银、金砂、鹿茸、葡萄干、杏瓜之类。运回之货物在丰镇、归化、包头出售。大约每年将20余万只羊卖给京羊庄。鹿茸开市之时，交易量日达20万两白银，甘草约50万银元。[2]

上述行商之中，专门走草原到蒙民中去贸易的商人因为会说蒙古语，称为"通事行"。当时最大的"通事行"就是山西人开办的"大盛魁"。它创办于康熙年间，1929年（民国十八年）倒闭。极盛时驼队有1.6万~2万峰骆驼。人们形容"大盛魁"的财产，能够用50两重的银元宝从库伦到北京铺一条路。其从业人员之众，有六七千人；其活动舞台之广阔，囊括内蒙古各盟旗和外蒙古喀尔喀四大部、唐努乌梁海、科布多、乌里雅苏台及乌鲁木齐、库齐、伊犁、塔尔巴哈台以至俄罗斯的伊尔库茨

①② 《绥远通志稿》卷四九，民国年间抄本。

克、西伯利亚、莫斯科等地，内地有北京、山西、山东、河北、湖北、湖南、广东等省。

2. 垄断西北市场

在我国西北地区出产许多名贵药材，如甘草、枸杞、麝香等，尤其是大量的皮毛诸类商品，须向外输出。那里需要的茶叶、布匹、绸缎需要由外地购进，从事这项交易活动的主要是山西商人。

甘草产地在内蒙古西部和陕西、甘肃、宁夏北部地区，清末年间产量约800万斤。而这里甘草的刨采、炮制、加工、买卖多系山西商人。最初是清乾隆年间，保德县人王蕊因生活困难，流落口外，在达拉特旗的一个寺庙佣工糊口，得寺庙住持信任而允刨采该庙属荆棘地的甘草而逐渐扩大资本，以后创办了"西碾房"，并世代相传。同时代还有定襄人张六乡之子孙，在杭锦旗刨采，设"德盛成"。保德人张家开设"十盛恒"，杨家开设"义成远"，卢家开设"仁和永"，太谷李家开设"德盛亨"，忻县张家开设"永和西"，祁县张家开设"广庆泰"。从事甘草买方和卖方中介人的是甘草店，最初是嘉庆、道光年间保德马家在河口开设的"晋益恒"，光绪初年开始，又有"庆和成"、"信成"、"日生"、"公义昌"、"庆记"、"裕隆和"、"集义昌"等先后开设。通过草店之手，销往河南、河北、天津、山东、湖北、湖南、汉口、上海、香港以及朝鲜、日本、印度尼西亚等地。[1]

在宁夏，著名的大商号有敬义泰、合盛恒、恒盛裕、庆泰亨等，由山西万泉商人、平遥商人、榆次商人、猗氏、临晋商人开办。著名的宁夏枸杞，半数以上掌握在"庆泰亨"手中。在宁、蒙、甘三省交界有个定远营（今阿拉善左旗），向有"小北京"之称，那里最大的商号"祥泰隆"是山西平遥人经营，当地有"先有祥泰隆，后有定远营"的谚语，它收购皮毛运销内地或天津，贩日用百货于此销售，供应蒙回汉各族人民。[2]

在青海，"商业主要由山、陕两省的客商经营，其中尤其以山西人较多，来宁（西宁）时间也较早，如'合盛裕'、'晋益老'商号都有二百九十年以上的历史"。[3] 在青海的山西商人以西宁为根据地，活动于各州

---

① 伊子衡口述、阎秉乾整理：《解放前甘草和甘草行业的概况》，《包头史料荟要》第五辑。
② 许轼如：《旧管见闻》，1980年未刊稿。
③ 廖庭：《解放前西宁一带商业和金融业概论》，《青海文史资料》第一辑。

县。① 在新疆塔尔巴哈台、伊犁、和阗、叶尔羌等地，"山陕江浙之人，不辞险远，货贩其地"。② "西藏、青海一带高山中产麝香，山西闻喜人多年在打箭炉一带设立企业，收购此宗物品。"③

3. 独占北京商业之鳌头

北京商业，自明以来山西人就很活跃，到清代又有进一步的发展。北京的粮食米面行，多由山西祁县商人经营；北京的油盐酒行，多由山西襄陵人经营，北京的纸张店，多由山西临汾和襄陵人经营；北京的布行多由山西翼城人经营；鲜鱼口往西有布巷，全为冀城人。其他如颜料、染坊、干鲜水果、粥行等都是山西人占优势。专为宫廷搬运元宝的"茂盛永"，专为下层人服务的小米粥摊贩，都是山西翼城人。北京至今仍留有招牌的大商号，"都一处"、"六必居"、"乐仁堂"等均是山西浮山、临汾等地商人经营的企业。但是势力最大的还是经营货币信用活动的银钱商人。北京前门外的草厂胡同、施家胡同、大栅栏、粮店街一带为山西商人聚居经营之地。当时江浙商人、山东商人、潮州商人等都在京城逐利，而山西商人则独占鳌头。

4. 在南方诸省的活动

"四川隆昌、荣昌、内江一带盛产夏布，为朝鲜族喜穿之衣，中国人畴昔也有穿者。经营此业者，均为山西中区人。"④

在云南昆明的黑龙潭有残碑一块，记1838年（道光十八年）建筑文昌等殿宇时，"云贵总督史捐银四十两；云南布政使捐银三十二两；山西太原府榆次孙云汉捐银二十两"。孙氏无官衔，捐款名次紧列布政使之后，可以认定为在当地经商的山西人。1895年（光绪二十一年）晋阳人周永沣在昆明金殿有三笔捐献：一是大铜鼎一尊，直径约1米多，高约1米半；二是铜殿悬挂铜制牌联一幅，长约2～3米，宽15～20厘米，厚2～4厘米；三是重修殿宇捐银60两，这也是山西商人。

在贵州，山西盐商挟川盐入黔，著名的贵州茅台酒"是1704年山西盐商郭某雇工制造"，开始只是"盐商自饮"，后来"出现专为销售的烧房"，"从山西雇了酿造杏花村汾酒的工人来茅台村和当地酿造工人共同

---

① 任斌：《略论青海山陕会馆和山陕商帮的性质及历史作用》，《青海师大学报》1984年第3期。
② 冯家升等：《维吾尔族史料简编》下册，民族出版社1981年版。
③④ 许轼如：《旧管见闻》，1980年未刊稿。

研究制造"。①

湖北、湖南、江西、安徽一带产茶叶，很早就为山西晋中地区商人所经营，最盛时，有一百多家专营商号，清时称为茶帮。而帮内又分榆（次）帮，太（谷）帮、祁（县）帮。广州有一条长街叫濠畔街，其房子多是山西票号、杂货商、药材商修建的。海禁未开以前的广帮，如广生远、广懋兴、广益义等，实际都是山西人在广州开设的企业。由海上出口的茶叶，如销往印度尼西亚的茶，都是由山西商人在产地收购，运往广州，潮帮商人又从山西商人手中购进转销南洋的。② 至于长江中下游一带，更是山西商人活跃的重要舞台，扬州盐商、江西茶商、福建茶商以及由长江口出海与日本的贸易，山西商人最活跃。

表1 阳城商人经商地域

地域	地点
河 南	太康、新安、朱仙镇、开封、通许、巩县、洛阳、新乡、许州、驻马店、漯河、汝南、禹州、汝宁、周家口、商丘、鹿邑、济源、怀庆、南阳、清化、淇县、浚县、鲁山、孟县、登封、临汝、辉县、汲县、滑县
安 徽	颍州、泗州、合肥、太和、三河尖、界首、六安
山 东	峄县、周口、曹县、济南、泰安、菏泽、十字路（莒南）
河 北	保定、威县、邯郸、南和、张家口
北 京	
天 津	
湖 北	随州
江 苏	徐州、砀山
四 川	长寿、重庆
青 海	西宁
陕 西	西安
甘 肃	兰州、武威
内蒙古	

5. 对国外市场的开拓

山西商人和商业资本发展水平的另一个标志是对国外市场的开拓。明代山西商人势力已发展到全国大部分地区，特别是东南沿海。其时海禁森

---

① 贵州省工商业联合会：《贵州茅台酒史》，《工商史料》第一辑，文史资料出版社1980年版。
② 许轼如：《旧管见闻》，1980年未刊稿。

严，只限国内贸易。1716 年（康熙五十五年）、1727 年（雍正五年）、1736 年（乾隆元年）多次申禁，仅特许苏浙闽粤人可以出海，故晋商北趋以求陆路。我国从陆路对俄贸易，最早最多的是山西人。自 1689 年（康熙二十八年）《中俄尼布楚条约》签订以后，凡两国人民持有护照者，俱得过界往来，并许其互市。从此山西商人便开始向北活动。1727 年（雍正五年）《恰克图条约》签订，两国以恰克图为贸易市场。直到 1851 年（咸丰元年），政府始终不收税，商人获利丰厚，也不像广州那样要经过牙行的剥削。山西商人在湖北、湖南、江西、福建采购并加工包装砖茶，由陆路一直运往恰克图，销于恰克图市场。"所有恰克图贸易商民，皆晋省人。"[1] 恰克图位于中俄边界，中俄两国各建一城毗连，中国方面叫买卖城，俄国方面叫恰克图，俄方恰克图为正方形，以木栅为垣，中方买卖城为矩形，亦以木为垣。先后在这里建立了许多大型商号。

表 2　恰克图的山西商号

大升玉（榆次常家）	永玉恒
福源德	天庆隆
天和兴	祥发永
恒隆光（祁县乔家）	永光发
锦泰亨（太谷曹家）	大泉玉（榆次常家）
久成兴	壁光发（汾阳牛家）
独慎玉（榆次常家）	万盛永（汾阳赵家）
大德玉（榆次常家）	永玉亨
大美玉（榆次常家）	公和盛
锦泉涌（太谷曹家）	火成庆
大盛魁（祁县史家等）	广余泰
兴泰隆	永和玉
公和盛	大珍玉（榆次常家）
万庆泰	复沅德
公和浚	

除中俄边界的交易处，各商号在俄国的莫斯科、多木斯克、耶尔古特斯克、克拉斯诺亚尔斯克、新西伯利亚、巴尔纳乌、巴尔古今、比西克、

[1]　何秋涛：《朔方奋乘》卷四六。

上乌金斯克、聂尔庆斯克、彼得堡等城市都设有分号。输出的主要是茶叶、绸缎、绫罗、绢纱、磁器、手工艺品、烟等；输入的主要是哈剌、呢子、毛毯、哔叽、钟表、金沙、皮毛、五金、玻璃器具等。恰克图交易，开始时年交易额大约 1 万卢布，1777 年（乾隆四十二年）输入为 1484712 卢布，输出为 1383621 卢布。到 19 世纪 30 年代交易额达 1280 万卢布。徐沟县"万胜通"、"万胜顺"、"万胜高"、"豫盛达"等就是专门在省内推销俄国货的"羌货庄"。

此外，山西商人对朝鲜、日本也有商品交易活动。对朝鲜主要输出夏布，输入人参，榆次常家人称"人参财主"。对日本贸易有文字记载的主要是介休范家，其垄断对日的生铜进口和百货输出。

（三）晋商行会的发展

山西商人和商业资本的发展水平，再一个标志是地方行会和专业行会的进一步发展。其组织形式有的是以同乡组成会馆，有的是以同业组成会馆或公所。参加者有掌柜，也有伙计；有手工业场主，也有徒弟。他们从同乡同业的利益出发，以乡里行业划分帮伙，各立门户，各有势力范围。在其行会内部，订有严格的规约制度，入会者必须严格遵守，其会首由各大商号经理轮流出任，在北京的山西商人行会，明代已有平遥颜料商的颜料会馆，临汾、襄陵两县油盐粮商的临襄会馆，临汾纸张、干果、颜料、杂货、烟叶商人的临汾东馆，临汾商人的临汾西馆，潞安铜、铁、锡、炭、烟行的潞安会馆，清代又有山西烟商的河东会馆，太平县商人的太平会馆，山西布商的晋翼会馆，山西翼城商人的通州晋翼会馆，山西盂县毡毯商的盂县会馆，山西平定雨衣、钱庄、染坊商人的平定会馆，以及太原会馆、洪洞会馆、浮山会馆、汾阳会馆、襄陵会馆等。有人曾于 1961 年做过调查，在北京的 55 个商业行会中，山西商人会馆有 15 个，这 15 个会馆建于明代者有 5 个，年代不明者 2 个，其余 8 个全部是清朝雍、乾、嘉时期新建的，占 27%。[①] 在其他省区的山西商人，也大都结成帮伙，建立行会。上海、苏州、天津、三原、西安、汉口、凤翔、西宁、聊城、阜阳等，全国重要商业城镇几乎无一处没有山西商人及其行会。如在归化城山西人占全部人口的 70%，大都是以商业、手工业为生。他们组织了各种行社，以信仰崇祀某一偶像为号召，联络同行或同乡，保卫本行本乡利

---

① 李华：《明清以来北京工商业会馆碑刻选编》，文物出版社 1980 年版。

益。这些社团大都是在清康、雍、乾、嘉、道年间先后建立起来的。

表3　山西商人在归化的行会

社　名	崇　祀	行　业
醇厚社	关帝	
生皮社	关帝、轩辕帝	皮行
镇威社	关帝、轩辕帝	
仙翁社	关帝、酒仙（李白、杜康、吕祖）	酒饭行
金龙社	金龙四大王	银钱行
结锦社	马王	牲畜行
德胜社	张飞	肉行
药王社	药王	医药行
敬诚社	关帝	
义和社	关帝、轩辕	
钉鞋社	孙膑	修鞋行
纸房社	蔡伦	纸行
纸房公益社	蔡伦	纸行
马王社	马王	牲畜行
聚锦社	关帝	百货行
净发社	罗祖	理发行
金炉行	老君	铁业行
公义社	鲁班	木业木器行
吴真社	吴道子	油漆裱糊行
六合社	关帝	
合义社	关帝	
成衣社	轩辕	服装加工行
青龙社	财神	
宝丰社	财神	钱行
集义社	财神	
平安社	河神	洗皮行
毡毯社	财神	毡行
定福社	财神	
缸油社	财神	

续表

社　名	崇　祀	行　业
集锦社	财神	当行
福虎社	玉皇大帝	
银行社	金花圣母	票号行
骡店社	马王、火神	骡马店行
义贤社	三皇	
车店社	马王	
敬仙社	梅、葛仙翁	颜料行
公义茶社	三皇	茶行

表4　归化城同乡社团

社　名	崇　祀	籍　贯
忻州社	关帝	山西忻州
太谷社	关帝	山西太谷
宁武社	关帝	山西宁武
祁县社	关帝	山西祁县
文水社	关帝	山西文水
寿阳社	关帝	山西寿阳
晋阳社	关帝	山西晋阳
太原社	关帝	山西太原
平遥社	关帝	山西平遥
定襄社	关帝	山西定襄
榆次社	关帝	山西榆次
应浑社	关帝	山西应县、浑源
云中社	关帝	山西大同
蔚州社	关帝	河北蔚州
京都社	天皇、地皇、禹王	北京
新疆社	马王、火神	新疆

由上可见，在归化城的行社，主要是山西商人的社团，并以三国时山西人关云长为偶像，讲究义气，联结成为行会，保卫集团利益。山西商人每到一地经商，一经发展，便修筑关帝庙，并以此为聚会议事之所。小小归化城，清代就修了7个关帝庙。各商人行会，都订立有行规，做出种种限制，如对新入行商人和手工业者的规定，对职员、伙

计、学徒组织纪律的规定，对营业活动范围的限制等。这些行规，是同业互助、同业竞争的产物，也是东伙矛盾发展的结果。

（四）商人大家族的出现

山西商人和商业资本发展水平的又一个突出标志是大型商业世家的不断出现。他们的发迹，有的是在明代中后期，有的是在清初，也有的是在清中期。在清入关以后268年的统治中，能够兴旺发达200余年的商业世家比比皆是：榆次的常家、聂家，太谷的曹家，祁县的乔家、渠家，平遥的李家，介休的侯家、冀家，临汾的亢家，万荣的潘家，阳城的杨家等。他们不仅开设绸缎庄、茶庄、布店和百货店于各省城市，设当铺、钱庄、账庄和票号于各商埠，并且置房买地，出租土地，坐收地租。所以，他们既是大商人、大高利贷者，又是大地主。

表5 曹家、冀家的企业

项目		曹家	冀家
商号	绸缎庄	彩霞蔚 锦霞明 锦丰庆 锦泰亨	宝成兴 其昌永
	茶庄	锦泉涌 锦泉兴	天聚和
	皮毛庄	锦丰泰	×顺发
	布庄		其昌德 谦盛亨
	货行	锦生蔚	
	杂货业		其昌世 其昌泰
	粮行	济永昌 源泉永 焕记	
	其他	广聚花店 醴泉涌 富盛全 富盛长 富盛诚	名不详，仅湖北襄樊一带有70余家
	典当	锦丰庆 宝丰萃 保生当 瑞霞当	增盛当 钟盛当 广盛当 益盛当 星盛当 文盛当 永盛当 仁盛当 世盛当 恒盛当 鼎顺当 永顺当
	钱庄	振元傅 锦泉汇 誉庆和 锦泉和 丰治通 锦丰焕 富生俊 义太长 咸元会 锦丰典 环泉福 沅泉傅 锦隆德	悦来晶 悦来号
	账庄	励金德 用通五 三晋川 宝泉聚 锦元懋	
	票号	锦生润	其昌德

项目		曹家	冀家
经营地点		朝阳、赤峰、建昌、凌源 太谷、太原、天津、北京 徐州、济南、沈阳、榆次 锦州、四平、张家口、黎城兰州、屯留、长子、襄垣 东观、新疆、四川、广东 苏州、杭州、上海、恰克图库伦、伊尔库茨克、莫斯科	介休　张兰　北辛武 祁县　平遥　太谷 太原　晋祠　大名 樊城　襄阳　北京 海淀　天津　张家口 喇麻庙　库伦
地产		不详	介休万户堡2顷 洪山1顷 北辛武30多顷 湖北有地，数不详
说明		估计财产1000多万两以上	道光年间为300万两以上

注：仅就已有名称、地点的列出。"×"表示不详。

二、山西商品经营资本发展的原因

山西人经商之多，历史之久，不仅在中国，就是在世界历史上也是有影响的。无怪近代政治家梁启超在对山西商人发表演说时，把山西商人与意大利商人相类比。

（一）山西人经商多之原因的几种说法

山西人为什么经商多？是什么原因造成了山西商业资本的发展？社会传说和文字记述有多种说法：

第一种，唐王朝李渊、李世民父子起兵于太原，他们的不少好友伙伴都参加了太原起事和建立统一国家的斗争，李氏父子夺取政权后，这些好友也做了官，后来一些人在官场失意，走上了丝绸之路。"彼时苏杭绸缎还未发展，所销中亚一带之绸子，多系山西上党潞安一带之绸子，以及河南鲁山、山东潍县绸子，其中潞绸最多。"[1]

但是，政界人物失意官场而经营商业，会不会成为山西人经商多的原因？商人人数远比政界人物要多，从唐初山西从政人物看不出与山西商人

---

① 许轶如：《旧管见闻》，1980年未刊稿。

的因果关系，而且也没有史料可资证明。相反，商人资本发展，子弟入学读书踏上仕途的却多有例证。

第二种，明末李自成的遗金是山西商人的原始资本。卫聚贤在《山西票号史》一书中说："李自成入北京，将明朝文武诸臣八百余人拷打求金银，及李自成由山海关败归，将所掠及宫中藏的银器等，熔铸成饼，每饼重约千两，共数万饼，用骡车载走。清兵进至定州，李自成败伤……自山西大道上经过时……乃沿南山行走，至祁县南二十里孙家河时，或者曾将现银一部分遗弃，现在祁县尚传说元丰玖票号股东孙郊系孙家河人，其先人曾拾有李自成的弃金。"据卫聚贤调查，孙郊的高祖孙高山的墓碑云："家道中落，未有厚产……乃走关东，经营产业，渐积万金。"孙高山是 1676 年（康熙十五年）到 1758 年（乾隆二十三年）人，那么高山之父或祖父一定家道富实，"有拾李自成遗金之可能"。[①]

晋南万荣县潘家，也是清代有名的大工商业户。民间传说，"潘家发家的起因，是在荣河老城东门外灵青山拾得了一些生金子"。据《荣河县志》"明末李自成一部，曾由荣河城渡河而西去"之记载，潘家商业资本来自李自成遗金。[②]

日本《中国经济全书》说，李自成军队经过山西，把从北京带来的黄金存放在康（兀）氏的院子里，后康（兀）氏拾得黄金 800 万两，成了票号资本的来源。[③]

李自成败退时有无遗金，未见实证，即使真有遗金一事，亦非山西商人和商业资本的来源。因为明代中后期山西商人和商业资本已经有了相当的发展，此时尚无李自成起义。这是什么原因？并且，有机会能够拾得遗金的人毕竟是个别人，能成为山西商人资本的原始资本吗？恐怕都是附会之词。

第三种，是著名经济史专家傅衣凌先生的看法，他在《明清时代的商人与商业资本》一书中说："内地商业资本的发展，如山陕商人，则靠着庞大的农业地区为基础以其地方的丰富资源，先由农业上的积蓄，逐渐地形成为巨大的地方商人。"[④]

---

① 卫聚贤：《山西票号史》，1944 年版。
② 潘奉先、赵子贞：《荣河老城潘家财东》，1965 年未刊稿。
③ 《中国经济全书》第二辑第五编。
④ 傅衣凌：《明清时代的商人和商业资本》，1956 年版。

全国有很多地区农业条件比山西好，它们的农业积累自然要比山西多，然而却没有形成像山西商人这样的商人势力。

第四种，历代王朝均以食盐专卖为财政收入的主要来源，运城盐池是山西商人致富的主要原因。

但是，长芦盐、淮盐比运城潞盐在数量、质量、销路上都要优越得多，为什么在那里就没有出现著名商人势力？相反却由山西商人和徽州商人垄断了淮盐贸易？

第五种，认为山西的平阳、安邑、晋阳等地曾几度建都，是全国政治中心，也是经济中心，这是造成山西人经商多的原因。其实这都是五代以前的事，宋以后山西未曾建过都，但山西商人的发展却是在宋以后，特别是在清时代，这又如何解释？

还有人说，山西人贫志劣，贪图小利，善积蓄。这恐怕更是无法成立的。

（二）对山西人经商多之原因的剖析

那么，山西人经商多的原因是什么？我认为应当从社会经济发展中去寻找，也许地理条件和历史因素的结合，就是山西人走上商途，并世代相传，不断发展的缘由。释其地理条件主要有三：一是土地贫瘠、生计困难；二是地处边塞，位扼通衢；三是资源丰富，手工业发达。

1. 土地贫瘠，生计困难

山西土地贫瘠，人民生计困难，往往外出经商，这在史籍中早有记载。《史记》在《货殖列传》第六九说："昔唐人都河东……土地小狭，民人众，郡国诸侯所聚会，故其俗勤俭习事。杨（洪洞）、平阳（临汾）、陈西贾秦（陕西）、翟（隰县、石楼县及延安、绥德、榆林一带）、北贾种（雁北及河北省西北部）代（代州）。"[①] 清代康基田在《晋乘蒐略》中引用《燕闻录》说："山西土瘠天寒，生物鲜少，故禹贡冀州无贡物，诗云：好乐无荒，良土瞿瞿。朱子以为唐魏勤俭，土风使然，而实地本瘠寒，以人事补其不足耳。太原迤南多服贾远方，或数年不归，非自有余而逐什一也。盖其土之所有不能给半，岁之食不能得，不得不贸迁有无，取给他乡；太原迤北岗陵邱阜，硗薄难耕，乡民惟以垦种上岭下坂，汗牛痛仆，仰天待命，无平地沃土之饶，无水泉灌溉之益，无舟车鱼米之利。兼

---

① 《史记》卷一二九，中华书局标点本。

拙于远营,终岁不出里门,甘食蔬粝,亦势使之然。而或厌其嗜利,或病其节啬,皆未深悉西人之苦,原其不得已之初心也。"① 这条资料,似乎是说晋南土地狭小,粮食不足,远贾他乡,而晋北地区外出贸易者较少。其实,山西商人队伍中初期确实是晋南人多、晋北人少,但清中期以后,晋中、晋北商人越来越多,其势力逐渐超过了晋南商人。

《五台新志》:"晋俗以商贾为重,非弃本而逐末,土狭人满,田不足于耕也。太原、汾州所称饶沃之数大县及关北忻州,皆服贾于京畿、三江、两湖、岭表(五岭以南)、东西北三口(古北口、张家口、归化城),致富在数千里或数万里外,不资地力。"②

《平阳府志》记载:其地"小狭人满,每挟赀走四方,所至多流寓其间,虽山陬海澨皆有邑人。"③

《太谷县志》说:"阳邑(太谷)民多而田少,竭丰年之谷,不足供两月。故耕读之外,咸善谋生,跋涉数千里,率以为常,土俗殷实,实由于此。"④

表 6　历代山西人均耕地　　　　　　　　　　　单位:亩

年　　代	年均耕地
明洪武二十六年(1393 年)	10.28
明弘治四年(1491 年)	9.54
明万历六年(1578 年)	6.29
清顺治十八年(1661 年)	4.49
清雍正二年(1724 年)	4.42
清乾隆三十一年(1766 年)	5.12
清嘉庆十七年(1812 年)	3.95
清光绪十三年(1887 年)	5.31
民国二十年(1931 年)	4.66
1949 年	4.88

由上表可见,明代以后,人均土地不断减少,明末到清代人均土地最

---

① 康基田:《晋乘蒐略》卷二。
② 《五台新志》(光绪版),卷二。
③ 《平阳府志》(乾隆版),卷二九。
④ 《太谷县志》卷三。

少，也正是在这个时期，山西人外出经商者最多。

在晋中盆地，各县民间流传这样的《摇篮曲》："我娃娃亲，我娃娃蛋，我娃娃长大了捏兰炭①，捏不来炭吃不上饭；我娃娃蛋，我娃娃亲，我娃娃长大了走关东，深蓝布、佛头青、虾米海菜吃不清。"这首歌谣反映贫苦的劳动人民生活困难，盼儿长大了为其拣煤核以备炊用，更盼儿长大了像那些商人一样到东北去经商，那时就可以不愁吃穿了。

山西人为生活所迫外出经商的事实，在明清野史笔记中也可以发现不少记述。如纪昀的《阅微草堂笔记》说："山西人多商于外，十余岁辄从人学贸易，俟积蓄有余，始归纳妇，纳妇后仍出营利，率二三年一归省，其常例也。或命余塞剥，或事故萦牵，一二十年不得归，甚或金尽裘敝，耻还乡里，萍飘蓬转，不通音问者，亦往往有之。"翻开山西旧县志，几乎每个县志的烈女篇、孝友篇，都有关于"夫商于外"妻在家中如何孝敬公婆，抚养弟妹的记述。如《榆次县志》说："侯氏，孙可宁妻，宁随父贸易江南，姑病，氏奉养三载，毫无惰意"；"陈氏，永康镇刘锡龄继妻，龄失偶后游贾北口，即于其地取氏，囊无余资，不能旋籍……""范氏，西付村崔如峰妻，幼随父寄居口外，如峰以经商出口，遂妻之……""武氏，彭村董世和妻……兄在东省经商，家政无人管，邀氏代理……半载兄归，诸物皆无移动，兄将分润家资，不受，求以养三子成人，后三子皆东北经商"；②"董庆和父裕山，贾于新疆，道光初生庆和，后再出，遂无音耗者二十八年，庆和引为大蹙……且逢人辄询问西营地，约资足数，因西走寻父，所过山川，有西来者详询父状，无所得。既抵新疆，遍历附近山川寻访，仍不得，资尽乞食返……居数年得资又约足数，于咸丰庚申遂再往寻访……遇同乡估客询之，客曰：'以君状貌，类敦煌某庙僧，其人亦同乡，殆或然欤？'既至，果遇老僧，庆和审知乡音，遽往拜呼父……僧大错愕，细询颠末，乃相抱大恸，盖父贫不能归，寄身僧寺"。③

这些外出谋生者，有的仅仅解决了他们的糊口问题，有的连糊口也未能很好地解决，而落得个全家长期无法团圆甚至死在他乡异土的结果。但是相当多的外出谋生者却在贩卖活动中发了财，有的由贫苦人变成了小康之人，有的则暴发成为富翁。

---

① 捏兰炭指从富人烧过的炉渣中拣可以再用的小焦炭块。
② 常赞春：《榆次县志》，1940 年手抄本。
③ 刘文炳：《徐沟县志》，1941 年手抄本。

忻县人陈吉昌，生于 1831 年，"幼贫乏，十四岁徒步如归化。时忻人业商者多在归化。先生至，依乡戚，初习当业，继而入运货店。与人交一依笃诚，代运屯寄，事隔数年毫无少误，以故各省商贩，皆乐就之，先生业日以起，且名于时"。以后又结交地方官吏，与美、俄、法、意等国商人往来，生意发展，成为当时的名商。[①]

太谷县北洸村曹家，是清代直到民国年间的著名商业世家。其发家的始祖是明末清初的曹三喜。曹三喜因家庭生计困难，随人到了三座塔（今辽宁朝阳县），这里是明王朝的边防屯卫地。开始时租地种菜，以后与当地人合伙种大豆，磨豆腐，又以豆渣养猪。精打细算，生意日渐发展，有时也做小量囤积居奇。随着盈利一天天增加，合伙人便提出分家各自经营。分别经营以后，当地的那位合伙人不善管理，日渐衰落，以至无法维持，而曹三喜的生意却日益发展，收购了原合伙人的破产作坊，继续经营豆腐和养猪，以后利用贱价收购高粱酿酒，开设杂货业，随着三座塔人口增加，曹家生意日兴月旺。至清光绪年间，清政府在三座塔设置了朝阳县。当地流传"先有曹家号，后有朝阳县"。此时曹家生意已由朝阳发展到赤峰、凌源、建昌、沈阳、锦州、四平等地，经营范围由豆腐、养猪、酿酒、杂货发展到典当、日用百货等。极盛时，曹家的商号遍及东北、华北、西北及华中各大城市，并远设至蒙古和俄国的西伯利亚、莫斯科。资本总额达到白银 1000 万两，传世 24 代，历经 300 余年。[②]

祁县乔家堡"乔在中堂"，是清乾隆年间由乔贵发开始发富的，乔贵发原系一贫苦农民，为生活所迫，与盟兄弟徐沟县大常村秦某相偕于 1736 年（乾隆元年）离乡背井，到了内蒙古萨拉齐厅老官营村，在一家吴姓的当铺当了伙计。十余年后，多少有点积蓄，便转到包头西脑包开了一个草料铺，并经营豆腐、豆芽、烧饼、切面以及零星杂货，并无商号牌子。1755 年（乾隆二十年）农业丰收，粮价低落，便大量买进黄豆，准备做豆腐。恰该年豆价骤涨，他们卖豆盈利更多，便挂出了广盛公的牌子，以后改复盛公。随着包头的发展，复盛公营业旺盛，派生出了复盛西、复盛全、复盛油房、复盛菜园、复盛西店（客栈）、复盛西面店等。其经营项目包括粮食、布匹、绸缎、烟酒、蔬菜、皮毛、铁木、洗染、旅馆、当铺、钱店、票号等，并且还发行了纸币。以后又在归化城设立通和

① 《山西献征》卷八。

② 聂昌：《太谷曹家商业资本兴衰记》，《山西文史资料》第十二辑。

店、大德店、德兴店、德兴长等经营粮食；设立广顺恒、晋泉源、德中庸经营钱庄；设立通顺店经营皮毛、百货；设立大德通，经营票号。乔家商业最盛时广设于北京、太原、太谷、祁县、西安、兰州、南京、上海、杭州、汉口、广州、沈阳、哈尔滨、张家口等地，全部资产约在白银 1000 万两以上。[①]

由上可见，山西人远足经商，原出无奈。出走发富后，又成了乡里众族所望，以至相偕出奔，亲朋引进，盼望发财致富。在明清社会相对安定、经济发展的有利条件下，山西商人队伍的发展和商业资本的积累均达到了较高的程度。

2. 地处塞边，位扼通衢

山西北依长城，与内外蒙古游牧民族地区接壤，南则与中原广大农业地区连成一体，为畜牧业区和农业、手工业区的中间地带。自古以来，中原汉民族生产和生活使用的耕牛、皮毛，特别是战争中使用的军马，主要取之于蒙古草原，而蒙古族人民的衣、食、日用品，则主要依赖于内地汉民族的农业和手工业。山西因地理位置自然成了这种南北物资交流的要冲。虽然在长期的封建社会中，北方游牧民族的贵族政权和中原汉民族的地主政权时分时合，民族矛盾有时剧烈，有时缓和，对南北物资交流干扰很大，但无论在和平状态还是战争状态，双方的物资交流不论是公开合法地进行，还是隐蔽非法地进行，始终没有停止。山西人担任这种南北物资交换的中介人，自然有其得天独厚的有利条件。

汉初，山西人已经与匈奴在长城脚下互市。《汉书》记载："匈奴自单于以下，皆亲汉，往来长城下，汉使马邑人聂翁壹，间阑出物，与匈奴交易。"[②] 三国时，"鲜卑酋长曾至贡献，并求通市，曹操表之为王。鲜卑之人尝诣并州互市"。[③] 宋代以山西为边防，北宋与辽的关系是比较紧张的，但贸易并未中断，当时，不仅在并州有交易市场，"并州西边合河（今兴县）、保德皆临河，夏人西来，辽兵南下，聚于麟（州）、府（谷）二州界上，对渡之合河、保德当冲受敌，征调无时。辽夏皆利于互市，时以此为控御之道。互市以缯帛罗绮，易驼马牛羊、玉、毡、甘草；以香药、瓷漆器、姜、桂等物，易蜜蜡、麝脐、毛褐貉、羚角、硇砂、柴胡、

[①] 刘静山：《祁县乔家在包头的复字号》，《山西文史资料》第六辑。
[②] 《匈奴传》，《汉书》卷九四。
[③] 陈灿：《中国商业史》，商务印书馆 1946 年版。

苁蓉、红花、翎毛。非官市者，听其与民交易。"其间，并州知府虽曾奏请"禁边民无得私相贸易，而私贩不能止"。① 后来蒙古族入主中原，建立元朝，统一了宋辽金的割据局面，给商业活动开创了更为有利的环境。

明初，汉蒙关系虽一度紧张，但自然地理形成的社会分工，使商品交易无法中断。蒙古人民不能长期忍受"无釜"的艰难生活，经过双方多次谈判，终达成协议，在边镇建立交易市场。蒙古以自己的马匹、皮毛换取内地的铁锅、粮食、茶叶和布匹，以满足蒙古族的生活需要，亦补充明政府的军马来源。参与当时谈判的徐渭曾赋诗道："千里赤兔匿宛城，一只黄羊奉老营，自古著棋嫌尽杀，大家和气免输赢。"②"当时通关互市之处，辽东方面有：镇北关、广顺关、抚顺、义州、新安关、镇安关、大福堡、大康堡等；大同山西方面有：喜逢口、黑峪关、张家口、得胜堡、杀胡堡（即杀虎口）、新平堡、守口堡、水泉营等；延绥宁夏方面有：红山敦、清水营、平虏厂、中卫厂等关口。"③ 仅明代九边三军马匹数，即可想见这个市场上的交易规模：④

表7　明代九边马匹数　　　　　　　　　　单位：匹

镇名	马数	镇名	马数
辽东	77001	延绥	45940
蓟州	41321	宁夏	22182
宣府	55274	甘肃	27318
大同	51654	固原	32250
山西	6551	总计	359491

清末，蒙古地区每年需要由中原输入的主要商品数量众多，如砖茶240000公斤（每箱27块）；小米大米24821000公斤；面粉27780000公斤；烟草1176000公斤；糖209000公斤；酒988000公斤。

还有各种布匹、绸缎、杂货、家具，如铁锅、茶壶、小刀、鞍镫、提桶，寺院喇嘛用品、神像、僧帽、经书以及各种装饰品等，都要从中原地区输入。⑤

————————

① 康其田：《晋乘蒐略》卷二十。

② 亢爱华：《三娘子传》，《包头史料荟要》第二辑。

③④ 札奇斯钦：《北亚游牧民族与中原农业民族的和平战争与贸易之关系》，台北1977年版。

⑤ 克拉米息夫：《中国西北部之经济状况》，商务印书馆1935年版。

而每年从蒙古地区又要运出大量物资，其中[①]：肉类600000担；羊毛120000担；驼毛13000担；马毛11300担；羊皮500000张；羔皮700000张；牛皮84000张；马皮70000张。

同时，通过蒙古草原的中俄商路也有大量物资交流。"由1768年叶卡捷琳娜二世统治时期订立的条约规定下来的贸易，是以恰克图为主要的（如果不是唯一的）活动中心，恰克图位于西伯利亚南部和中国的鞑靼交界处，在流入贝加尔湖的一条河上，在伊尔库茨克城以南离城约100英里。"[②] 1845～1847年以前，平均每年从这里输走茶叶4万箱左右，"1852年却达175000"箱[③]。此外，还有"少量的糖、棉花、生丝和丝织品……俄国人则付出数量大致相等的棉织品和毛织品，再加上少量的俄国皮革，精制的金属制品、毛皮以及鸦片。买卖货物的总价值（按照所公布的账目来看，货物定价都不高）竟达1500万美元以上的巨额"[④]。1853年因太平天国运动截断茶产区与北方的商路，运往恰克图的茶叶仅5万箱。以后，很快恢复，"运往恰克图供应1855年集市的茶叶不下112000箱"[⑤]。"由于这种贸易的增长，位于俄国境内的恰克图就由一个普通的要塞和集市地点发展成一个相当大的城市了。"[⑥]

中原地区对蒙古地区的贸易，历经元、明、清，逐渐发展了南北物资运输的大通道。[⑦] 闽粤和长江流域、淮河流域的物资，经水运分别集聚汉口、周口，以后由骆驼、驴骡经开封、怀庆府（沁阳）、泽州、潞安、子洪北运太谷、祁县，经加工分包，再继续北运，沿着旧日的军事道路雁北山区，经忻州、原平，出雁门关，至黄花梁分道，一路去东口（张家口），一路去西口（归化城）。东西两口是南北物资交流的大市场，两口以北，是辽阔的牧区。从两口进入蒙古的物资，往西可由归化—包头—宁夏—兰州—敦煌到叶尔羌，或由归化—库伦—乌里雅苏台—科布多—哈密—乌鲁木齐到塔尔巴哈台，往东经张家口—多伦—齐齐哈尔到呼伦贝尔，往北则是库伦—恰克图—伊尔库茨克—西伯利亚—莫斯科到彼得堡，进入欧洲市场。这条南起广州，北达恰克图的商路，在山西北部的长城线

---

① 克拉米息夫：《中国西北部之经济状况》，商务印书馆1935年版。

②③④⑤⑥ 《马克思恩格斯全集》，人民出版社1965年版。

⑦ 经山西而北往蒙古的商路，大体在汉以前就已出现。新中国成立后在蒙古萨县沟门和包头郊区出土的赵国墓葬，有大批铸有安阳、中都（平遥）、铜鞮（沁县）、蔺（离石）、平阳（巩县）、襄垣、戈邑等字样的大方足布，并有"安阳"布范的出土，昭盟宁城又有"大泉五十"、"小泉直一"钱范和钱文出土。可见这条商路当在早期就比较活跃，后来冷落了。

上与明代已经形成的北京—张家口—大同—杀虎口—榆次—凉州—甘州—嘉峪关的东西商路相交叉，山西不仅在两条商路的交叉点上，又位于形成于汉朝、盛热于隋唐的丝绸之路的东端延长线西安—潼关—太原—北京。山西以其特殊的地理位置，为她的人民从事物资贸易提供了得天独厚的条件。

在这一联结东西南北的商路上，主要的运载工具是骆驼，它是现代火车、汽车运输工具出现以前，北方陆路运输的主要动力。由于骆驼的胃内附生二三十个水脬，能贮水，故善忍饥渴，性温顺而执拗，食粗草及灌木，能负重致远，喜欢北方气候，往南可以达到汉中、周家口、徐州以至符离集。再加之用骆驼运输价格比较低廉，因而成为华北、蒙古、东北、新疆以及俄罗斯等地的主要运输工具。从张家口至库伦，全程 1000 公里，骆驼运输 25 ~ 30 天，每峰骆驼雇价白银 17 两，每峰平均驼运 432 磅（约 196 公斤），运送 1 吨货物约 88 两白银。大的骆驼商队 1000 峰组成 1 个运输队，内再分若干个小队。每小队 15 ~ 20 峰骆驼，由 2 个驼工管理。每小时可以行走 9 华里，日行 80 ~ 100 华里。除用骆驼运输之外，还有骡、马、驴和牛车，只行进在有水草的地方，牛车为 2 轮 1 牛，载重 540 磅，也是分成商队，1 个大商队下分若干个小分队行进。如果在青海、宁夏、甘肃一带，往西口运输，又可以利用黄河水运，从兰州至包头，货物可以筏载顺流而下，每筏载重 260 ~ 290 担，需时 13 ~ 42 天（因水面变化和风向影响），每担运输费白银 2 ~ 3 两。

在中原地区农业手工业产品和北方游牧民族以至沙俄方面的商品交换中，山西商人“贩绸缎于苏杭，贩茶糖于汉口，贩葛布于四川，贩棉布于直隶，贩其他杂货于山东周村”，转而又将货物“售于新疆、内外蒙古等处”。① 几乎大部分是经过这条商路输送的。

3. 资源丰富，手工业发达

山西虽山多田少，但山多山货亦多，无田之民为了谋生，则利用当地土产加工制作。山西手工业在古代就比较发达，随着手工业的发展，社会发生了“一个第三次的、它所特有的、有决定意义的重要分工：它创造了一个不从事生产而只从事产品交换的商人阶段”，商人阶级一经产生，“完全夺取了生产的领导权，并从经济上使生产者服从自己，它成了每两

① 张之杰：《三十年来之山西经济》，《晋阳日报三十周年纪念册》。

个生产者之间的不可缺少的中间人，并对他们两者都进行剥削……从国内和国外的生产上榨取油水，作为对自己的实际上非常有限的贡献的报酬，它很快就获得了大量的财富和相应的社会影响"。[1] 商人资本可以支配手工业，并独立地发展，即通过异地的贩运贸易，赚取巨额收入。但是，他们为了减少运费，降低商业成本，又会在他们认为适合的地方建立制造业和加工业支配生产，以获得更大的利润。

山西运城的潞盐，始自尧舜，历周秦已初见规模，经汉唐宋元不断发展，明清时期产量达三四百万担，行销西安、汉中、延安、凤翔、归德、怀庆、河南、汝宁、南阳、平阳、潞安 11 府，即豫、晋、秦三省共 115 个县百万人口的地区。即地制盐者，俗称庵户，为坐商；包销和自由贩运者，称行商。[2] 山西盛产煤铁，冶铁和铁器制造很早就比较发达。公元前 513 年已经有了晋国铁铸刑鼎。《史记》记载山西卓氏以炼铁致富，在秦灭赵后被押往四川，即山冶铁，又成为富商。唐代山西铁冶技术在全国仍然遥遥领先，据明成化《山西通志》载："铁，平定、吉、朔、潞、泽州、太原、交城、榆次、繁峙、五台、临汾、洪洞、乡宁、怀仁、孝义、平遥、壶关、高平、阳城俱有冶坑，唯阳城尤广。"清道光年间，晋城一县有铁炉 1500 多座，[3] 其产品铁锅、铁丝，尤其是缝衣针，供应全国以及北亚地区，阳城县的铁制犁镜还远销西亚地区。北京的炉圣庵，就是潞安冶行在明朝中期建立的，可见山西铁业早在明代就已占领了北京市场。

硫黄也是分布山西各地的重要矿产，清乾隆年间，仅太原一地，年产达到 10 万~20 万斤。[4] 山西的丝绸纺织早在唐代已经开始，到明代，仅长治、高平、潞安 3 处有织机 13000 多台。[5] 清初，仅高平县年产绸缎就有 3000 多匹。

其他手工业产品和农副土特产品，亦因人多地少，生活艰辛，不得不充分利用当地现有资源加工制作以出售，换回自己所需物资，比较农业条件优越，依靠传统的男耕女织的地区，这不能不算是商业发展的一个条件。"如繁（峙）、浑（源）、应（县）之黄芪；泽（晋城）、绛（新绛）之茧丝，潞（长治）、辽（左权）之党参；河东（晋南）之柿霜；平陆

① 《马克思恩格斯全集》，人民出版社 1965 年版。
② 《中国实业志》（山西省），南京政府实业部，1936 年版。
③ 中共山西省委政研室：《山西经济资料》（第一辑），1960 年。
④ 《巨变中的太原》。
⑤ 《潞安府志》（乾隆版），卷八。

之石膏；口外、大同、交城、绛州之皮张；岢岚之麝香；口外之麝茸；汾（阳）、潞（安）、浑源之白酒；文水之葡萄；闻喜、猗氏之棉花；安邑、交城之红枣；台山之蘑菇，此则天然之产出物也。台山之桦木盘碗；浑源之毡鞋；潞泽之绸绢；交城之玻璃；凤台之剪刀；凤台、高平之皮金；大同之铜器；宁武、归化之花毯；曲沃之绒毡；太平、蒲州之麻纸；平定、阳城之砂器，此则人工制作输出之物品也。其他如口外之绒毛；潞城草帽辫；泽州之茧丝；皆为之大宗。运城之食盐，矿产之石炭，草地之畜牧，皆为生计上之必要。"[①]

这些手工业品和土特产品的生产者在出售自己的产品时，一般要经过商人之手，手工业者为了摆脱中间人的盘剥，有的便自己摆摊叫卖，或在自己的作坊外面设立铺面，成为前店后（场）厂的商业。

同样，商人为了节省运费，也有的自己经营类似的制造业。《中国实业志》（山西省）对太谷商业有这样一段描述："太谷商业实际上与工业极难分离，因多数商业皆营小规模之制造，如铁业、锡业、京货业、旱烟业、饼面业、金珠业……香油业、书笔业、竹器业、绵纸业、胰业、纸炮业、香业等；一方面因系贩卖他人制品，一方面多少自兼造制若干，谓为商铺可，谓为手工作铺亦无不可。"

今天山西各城市街市的名称，还可以看出手工业作坊与商业市场的因缘关系，长治市的锡坊巷，是明清锡器手工业聚集场所；炉坊巷，为小炉匠聚集场所；铁匙巷，为打制铁匙等炊具的场所；琉璃胡同，为明清时设窑烧制琉璃制品的地方；纸坊巷，为清代造纸工业集中的地方。同样，太原的剪子巷、靴巷、馒头巷、棉花巷、帽儿巷等，也都反映着手工业与商业荣衰离合的因缘关系。

上述自然地理环境固然是造成山西人经商多的原因，而历史条件同样是造成山西人远足致富的因素。这些历史条件可概括为二：一是流亡迁徙；二是食盐开中。

4. 流亡迁徙，去土离乡

中外历史告诉人们，人口的迁移和流亡，会使原来的谋生手段发生变化。《诗经·豳风》说："氓之蚩蚩，抱布贸丝。""氓"者，亡国之民，因为丧失了国家和土地，不得不从事贩卖以维持生活。西周初年，武王灭

---

① 《山西全省财政说明书》。

商，除一部分俘虏到洛阳当奴隶外，流亡之"氓"则散处各地，成群结伙，贩运贸易，做起买卖来了，因系商之遗民，称为"商人"，后人因袭，沿用"商人"一词至今。一千年前，宋赵匡胤统一了全国绝大部分地区，而盘踞晋中盆地的北汉政权却久攻不下，公元969年，赵匡胤御驾亲征，"强迫居民万户迁徙山东"。① 976年又攻晋阳，掠晋民四五万人到河南。欧阳修《游晋祠》诗道："顽民尽迁高垒削。"② 这些晋阳"顽民"被迁徙，再现了周灭商的情景。金诗人元好问《过晋阳古城书事》说："至今父老哭主夫，可恨河南往来苦"。③ 往来晋豫之间的山西人不少人成了商人。明初"迁泽潞民于河北，后夏徙山西民于滁和北平"。成祖时"复选富民三千户充北京宛（平）、大（兴）二县"④。明代的移民是从元末至正年间开始的，到明成化年间，历时120余年，将人多地少之乡的老百姓迁向地多人少之乡。先后把山西的平阳、泽、潞、辽、沁、汾等府县人民迁往山西的代县、平定、阳城，山东的潍坊、济南、临清、藤县，河北的濮县、邯郸，河南的开封、郑州，安徽的凤阳、亳县，湖北的宜城，陕西的宝鸡、韩城以及北京、南京等地。每次迁徙，多"以洪洞大槐树处为荟萃之所"。⑤ 所移之民固然是为开垦迁入之地，山西人对这些地区的开发做出了贡献。另一部分是应征军屯，"洪武二十八年正月甲寅，遣使敕晋王鞠，发山西都指挥使司属马步官兵26600人往塞北筑城屯田"。⑥ 这些被迁之民，有些后来成为吴三桂的士卒，散居西南，有些被转迁东北。故"问我祖先来何处，山西洪洞大槐树"的谚语流传很广。他们有的从事农业，有的从事手工业，还有的成为商人。如《万全县志》载：明成化年间，有名杰者，由洪洞迁于平定，后又迁宣化府万全。特别是永乐到宣德间，由于山西饥荒，不断有流民进入河南，仅宣德三年山西饥民流入南阳诸郡，不下十余万口。⑦ 这些因政府移民或因饥饿流亡离籍的山西人，未必不能与原籍发生往来，相传太谷大富户杨家就是因此在流徙淮海一带经商致富的。

---

① 郝树候：《太原史话》，山西人民出版社1962年版。

② 《太原县志》（明嘉靖版）。"高垒削"，指削平了太原系舟山山头。

③ 《太原县志》（明嘉靖版）。

④ 康基田：《晋乘蒐略》卷二九。

⑤ 《重修大槐树古迹碑记》，山西洪洞。

⑥ 《明实录》，洪武二十八年正月。

⑦ 《明实录》，宣德年闰四月。

由于人口流动而从事商业活动，可以列举两例：例一：1409 年（明永乐七年）随沈简王朱模从南京移回民程、马二姓到山西长治，程姓以做便帽为生，马姓以做折扇为生。由于马姓的折扇冬不能销，程姓的便帽夏无顾客，不能维持生活，程、马二姓就转业于皮毛生意，间或做些折扇和便帽，以后皮毛逐渐成为主业。经过 500 余年的发展，先后从甘肃、陕西、四川、河南和省内晋城、陵川又迁来 20 余姓回民，到新中国成立前夕总达 700 余户 3800 余人，大都以经营皮毛生意为生。皮毛成了长治回民的命根子。谚曰："能舍爹和粮，不舍臭皮行。"他们的商号有通顺马、公盛才、和兴马、全盛玉、通顺义、通顺捷、德盛魁、公盛程、公盛祥、公盛铭、通顺良、德盛和、聚顺程等。有的用熟皮做皮袍子，有的拔毛做皮裤（板皮裤），有的做黑皮，加工牲畜用的皮套用具，有的织裁绒毯，产品种类很多。他们从甘肃、宁夏、青海采购皮张，亦从省内采购本地皮张，加工成产品后发往山东、河北、安徽、河南、江苏、汉口等地销售。北京、天津、湖南等地商人间或也来长治采买皮货。每年 2 月至 3 月初，作坊主偕同工人前往山西最大的皮货瓷器市场交城，与湖南瓷器商人订立交易合同，成为交城皮货市场上的一支活跃的力量。① 例二：据《徐沟县志》载，明"洪武、弘治两朝，从江河流域各省壮志远殖之民移来甚众，合之原有居民，辛勤卓越，磅礴世世，以为牵天之惨，系地之劳者，不足以有为，乃各自东西南北远行，以谋其生"②。徐沟县是山西商人的重要故乡，该县王答村因九一八事变，被迫由东北弃商归里者，"至年底共二百九十八人"③。

5. 食盐"开中"，捷足先登

宋明两代，北方游牧民族和中原汉民族之间民族矛盾尖锐，中原汉民族地主政权在山西北部大量驻军，抵御游牧民族南下。驻军的生活用品和战马的补充，是宋、明王朝的重大难题。公元 985 年（宋雍熙二年）实行食盐"折中法"，命商人向边塞输纳粮草，并照地点远近，分别发给盐茶交引，到产地领盐茶销售。1370 年（洪武三年）明政府实行食盐"开中法"，要求商人在边境交纳粮食、马匹，换取定额盐引，凭盐引到产盐地领盐运销于指定地点。这个办法最初是从山西开始的。据《明会要》记载："洪武三年五月，山西行省言大同粮储自口陵县远至太和岭，路远

---

① 马俟：《长治回民及他们经营的皮毛业》，《山西文史资料》第七辑。
②③ 刘文炳：《徐沟县志》，1941 年抄本。

费烦，请令商人于大同仓入米一石，太原仓入米一石三斗，给淮盐一小引。商人鬻毕，即以原引赴所在官司缴之。如此，则运费省，边储充。帝从之，请召商输粮而与之盐，谓之'开中'。其后各行省边境，多召商中盐，以备边储。"①

北方边防军需物资需求量有多大是不好统计的。但只要粗略估计一下，便可知这里是个庞大的市场。洪武二十五年，"各处极边军士，不拘口粮多少，月支粮一石"。② 每一战士除粮饷外，又需配备铠甲。"绵甲以棉花七斤，用布缝如夹袄，两臂过肩五寸，下长掩膝，粗线逐行横直缝紧，入水浸透，取起铺地，用脚踹实，以不胖胀为度，晒干收用，见雨不重，徽黯不烂，鸟铳不能大伤。纸铠，用无性极柔之纸，加工槌软，叠厚三寸，方寸四钉，如遇水雨浸湿，铳箭难透。"③

表8　明初北部边防驻军情况

镇名	原有兵数（人）	实有兵数（人）	原有马数（匹）	实有马数（匹）
辽东	94693	83340	77001	41830
蓟州	109390	99246	41321	34328
宣府	151450	79258	55274	33147
大同	135778	85311	51654	35874
山西	25787	55295	6551	24764
延绥	80196	53354	45490	32173
甘肃	91571	46901	29318	21660
宁夏	71691	27934	22182	14657
固原	126919	90412	32250	33842
总计	887475	621051	359491	272275

资料来源：札奇斯钦：《北亚游牧民族与中原农业民族间的和平战争与贸易之关系》，台北1977年版。

以上兵士人人都需粮饷、军服、用品，军中马匹需要草料、鞍辔，如此"兵马之屯，赖召买盐引，接济军需，岁有常额。往时，召集山西商人，乐认淮浙两盐，输粮于各堡仓给引，前去江南投司，领盐发卖。盐法疏通，边商获利，二百来年，未闻壅滞"。④ 与此同时，这样庞大数量的军需物资不仅需要源源供应，而且需要众多工匠加工制作，这也为山西手

---

① 《明会要》，《食货志·盐法》。
② 《明会典》，万历会典，卷四一。
③ 朱国祯：《涌幢小品》卷一二。
④ 明《经世文编》卷四四七。

工业匠人找到了生活门路。

在这场军需贸易中，不只是山西人捷足先登，积极中盐，就是其他地方商人如徽商、山东商人也踊跃挟资北上，开赴九边，使中原与南方物资源源向北移动，顿时边塞苦寒之地热闹起来。宣府镇"贾店鳞比，各有名称，如云南京罗缎庄、苏杭罗缎庄、潞州绸庄、泽州帕铺、临清布帛铺、绒绵铺、杂货铺，各行交易铺沿长四五里许，贾皆争居之"，① 大同镇之"繁荣富庶，不下江南"。② 不过，虽然徽州等商人也插足"开中"，但山西商人利用近靠边防，运输便利的优势，始终垄断着北方军需贸易。为了降低纳粮成本，有的商人就在边境招民垦荒耕种，如雁门关内外诸县就有这种"商屯"，从中获得支盐粮草，这样他们实际上是一批盐商兼粮商。这种商屯，1403～1487 年（永乐到成化年间）尤为盛行。除晋北外，商屯还在东北等地进行，"迩时辽东千里，晋人商屯其间，各为城堡，耕者数千万。商人争出财力，募民垦田。天顺中，斗粟值银三分，边储大裕"。③ 为了更多地中盐获利，商人在边塞争购粮食，甚至购买青苗，或向当地土著之人提供借贷资金，又获得一重高利贷利润。这场纳粮中盐的竞争，大大促进了山西商人和商业资本的发展。

1492 年（弘治五年），政府改纳粮草马匹为直接向盐运司纳银领引，这些盐粮商人就把目光南移，或山西解州潞盐，或长芦盐、淮盐、川盐，其中以淮盐为首。"天下盐赋，淮南居其半，岁额百三十万引。向来山西、徽州之富人商于淮者，百数十户，蓄资以七八千万计。"④ 扬州是淮盐集散中心，太原的阎家、李家，河津县的刘家，襄陵县的乔家、高家，临汾的亢家，均在扬州盐市称雄，并"流寓入籍"。全国各省盐商也多为山西人所垄断。在福建，"官办各帮，酌拟匀令西商代销盐数"，在四川，"川中民贫，称为盐商者，多山陕之民"。就在边远省份云南、贵州等地亦无不以山西盐商领先。这种情况一直延续到清代。在世界上享有盛誉的贵州茅台酒，最初就是在贵州运销食盐的山西商人在茅台依照山西汾酒自酿自饮的。

1617 年（明万历四十五年）改引为纲法，这批盐商又获得收购、运

① 《宣府镇志》（嘉靖版），卷二十。
② 谢肇淛：《五杂俎》卷四。
③ 倪元璐：《倪文贞公奏疏》卷十一。
④ 《从政录》卷二。

31

销食盐的世袭经营特权，使官商进一步勾结，山西盐商一步步成为垄断性商人。

综上所述，山西之所以经商者多，主要是由于人多田少，不得不以商补农，利用当地资源，加工制作，以宽生计。他们生活在东西和南北物资交流的商路交叉处，加上一些历史因素，络绎不绝地走上了商途。同时，山西自金统治以后，历经元、明、清三代相对邻省战事较少，经济文化比较发达，尤其是在商品经营资本的发展过程中，他们融商品经营资本与货币经营资本于一体，在经营管理上又有许多独到之处，更加交结官场，官商相维。如此等等，这一切都为山西商业资本的积累提供了有利条件，从而造成了山西商人闻名于世的历史。

三、清末山西商品经营资本的衰落

鸦片战争后，西方列强打开了中国的大门，资本主义侵略势力得寸进尺，清政府步步退让，不断割地赔款，增开通商口岸，洋货潮水般地涌入中国市场，严重打击了中国的手工业生产。随着外国商品输入，海上运输发展，铁路和内河航运的开通，俄国侵略者对华贸易，由陆路逐渐改由天津、大连、海参崴海上运输。这一切改变着中国旧有的物资运输路线，山西作为中国对俄、对欧贸易陆上商路要冲的地位逐渐废弛。沿海城市资本主义因素的增长，旧有商人势力走向买办化，使山西商业资本和商人势力相形见绌。再加洋人所办的"洋行"深入中国内地，直接在山西、内蒙古、宁夏、甘肃、河南等地设立分支机构，收购矿产品、皮毛、药材等工业原料，并极力推销洋货，山西商人活动的舞台逐渐缩小以至丧失。于是不得不"一方面将外人所需之原料由内地运于海口，一方面将外国之制造品接运回内地，实为外人供给原料兼为自己运走金银之具，无时不为外人政策上之利用者。在肥人瘦己之间以博（剥）蝇头"。[①]

甲午战争以后，洋行势力越来越大，上海等沿海城市殖民地化加深，买办势力嚣张，山西商人势力也开始了分化。有的被迫改弦更张，走买办的道路，与洋人勾搭，虽不能发大财，但还是保存下来一部分；多数山西商人资本由于财东坐在娘子关内迁腐保守，不思改革，固守旧制度，最终不可避免地败于外国资本和买办资本手下。

---

① 刘文炳：《徐沟县志》，1941 年抄本。

在乾隆、嘉庆、道光年间山西商人得势之时，大批白银滚滚流回山西，"方其盛时，自数百万数十万之家相望，饰亭台，聚古玩，买姣童于吴闾，购美珠于燕赵，比比也。纵捕博、蓄优伶、宾从杂遝，一言之悦，乾没万金不问"。① 他们除大量置田筑屋之外，尽挥霍之能事，追求享受。同光时期，正是山西商人家族追求物资享受时期，"在此时期，凡人之社会观念，皆羡于富者之晏安，无论致富已成未成，皆急于享受而不求再进，将嘉道以前之朴养之习既摧无余，鸦片、金丹、白料乘机而入"。② 财东只顾纸醉金迷，不问号事，伙计自然管理松懈，在来势凶猛的外国资本的打击下，病入膏肓的山西商人资本只能步步退守，由无法盈利以至最后被迫关门。

咸丰年间开始，国内阶级矛盾尖锐化，太平天国革命、捻军起义、西北回民和西南苗民起义，清政府征捐加税，使国内商品生产和商品流通受到了一定影响，"清洪战役与捻回之乱，太原盆地虽未罹害，然影响于事业者，在咸道与同光之间显然划一异线"。③ 由于农民战争，山西商人在长江流域、淮河流域和河南一带的商业资本受到打击。如介休冀家1859年（咸丰九年）在海淀的商号有四家被焚抢，在河北的商号也大半被毁，在湖北的商号十几处皆损失大半，此时比较以前的家资不及3/10。

1911年外蒙古宣布独立，蒙俄两方订立库伦通商协定，俄国人取得了在外蒙古无税自由贸易的特权，对山西商人在此的生意又是重重一棒。1917年俄国十月社会主义革命胜利，在俄的山西商人资本被没收。1921年外蒙古再次宣布独立，在苏联帮助下于1924年建立蒙古人民共和国，实行公有制，山西商人在外蒙的资产全部丧失。继而京绥铁路通车，恰克图市场交易冷落。蒙俄市场的丧失，是对山西商人资本的致命打击。

辛亥革命以后，山西商人资本一落千丈，民国初年，阎锡山多次对山西商会发表演说，呼吁改革商业组织，振兴山西商务，然而世界贸易的趋势，中国商品市场的巨大变化，不是任何人的意志可以改变得了的。

---

①② 王锡纶：《怡青堂诗文集》卷二。
③ 刘文炳：《徐沟县志》，1941年抄本。

晋商兴衰与市场

背景说明

本文是应《山西科技报》记者约写的一篇文章，原载该报1995年2月17日。不管是商品经营资本还是货币经营资本，其发展的主要条件之一都是市场，文章试图用晋商历史告诉山西企业家开拓市场的重要性。

历史上的晋商，威震华夏，名扬亚欧，此乃人所共知。当代晋商，对外交往，步履艰难，令晋省朝野人士焦急。审视历史上晋商兴衰的经验教训，对当代晋商不无益处。

一、晋商兴之因：市场的开拓

晋商发轫于宋元，发展于明代，称雄于清代，衰败于清末民初。其兴盛得益于多种因素的影响与配合，但最主要的因素当为市场的开拓。

早在元朝，政府便已在西北边陲设立驿站，山西晋中一带人已在这里从事农业、手工业和商业活动。到明代，晋商开始活跃于北京和黄河及长江流域。明朝中期，政府对北方蒙古族实行蒙汉"互市"，晋商捷足先登。清代政府移商至蒙古草原新建城市，发展商业，晋商更加踊跃，张家口"皇商八大家"都是山西人，满洲里城正阳街商人也全是北京移去的山西宁武人。晋商西走杀虎口，东出张家口，南下北上，开拓市场，逐渐形成了一批商业重镇和山西商人家族。至今，在苏州看到的全晋会馆，在昆明看到的金鼎，在张家口看到的皇赐晋商石碑，在外蒙古科布多和内蒙古呼和浩特看到的山西商人及字号命名的街巷，等等，足可窥见晋商的市场占有率。此外，他们还同俄国进行茶叶贸易，做金融生意；同日本发展生铜贸易，将山西票号设往日本、朝鲜等地，开拓国际市场。

二、晋商衰之因：市场的萎缩

红极明清两代数百年的晋商，到清末逐渐衰败，究其原因也是多种多样，而最主要的原因是市场的缩小。世界进入 19 世纪后期，西方资本主义在中国的势力逐渐扩大，洋货涌入中国市场，打破了旧有市场的商品结构，改变了中国国内市场与国际市场联结的商路。一向以垄断陆路对外贸易为支撑的晋商，因海上贸易的发展失去了地理优势，市场遂逐渐缩小。此外，国内各商帮的兴起，外商势力的渗透，俄国势力在西北、东北、华北延伸，也在不同程度上打击了山西商人势力。1911 年辛亥革命，清政府垮台，作为山西商人势力及全国金融力量代表的山西票号商人，因为政府放款不能收回，一败涂地。一向以金融资本与商业资本相互支持混合生长的晋商势力被砍去一个臂膀，这对晋商无异于釜底抽薪。1917 年俄国十月革命，1920 年外蒙古独立，使晋商在俄国和外蒙古，不仅市场全失，连资本也被没收殆尽，1931 年日寇侵占东北，晋商在东北不能存在，返晋商人多达 17 万人。1937 年日寇对华发动全面进攻，晋商在各地商号或被夺掠、或被迫停业关门，进入难民队伍，称雄一世的晋商活动舞台几乎丧失殆尽。

三、当代晋商重振之路：市场战略

总结晋商兴衰史，可以得出许多经验教训，其中最突出的一点就是：市场展拓，晋商发展；市场萎缩，晋商衰落。

有鉴于此，当代晋商振兴之策，最大最要者，莫过于开拓市场。近一二十年以来，山西省内市场上，日用消费品供应60%左右来自省外供给，自给率仅为40%。而这些日用品虽是外省生产的，但有很多商品的原材料及大部分能源是由山西供给的。当代晋商是全国原材料和能源供给地以及消费品销售市场。如此的产业产品结构和市场，如何能富裕山西？当代晋商继续把原煤挖出来，让别人卖出去，继续把特殊钢材炼出来，让别人卖出去；把铝材炼出来，把化工原料产出来，拱手送人，然后买回不锈钢制品、铝制品、塑料制品以及各种消费品，等于给兄弟省市提供了税收基地。所以税收外流、资金外流、人才外流、一江春水东去也。因而，寻找山西货币回流之法，当务之急，是抓市场战略。从当今国际市场看，有对山西省所产之需——晋煤、晋钢、晋铝、黄河文化、华夏古建和旅游资源；从当前国内市场看，有对山西省所产之需——水果、杂粮、化工原料以及电力、电石、电加工制品等。因此，集中精力调整山西产业结构，提高省内市场占有率，奋斗几年，满足并垄断省内市场，开拓国内市场，进军国际市场是可能的。省内经济决策者，若能组织专家机构，专司国际国内市场需求与山西资源、产业研究，制定科学的产业政策，鼓励省内外民间力量向山西投资，将生产品打向国内外市场，山西是大有希望的。山西市场战略形成之时，定是当代晋商振兴之机；山西市场突破之时，将是山西经济振兴之时。

晋商概观

背景说明

　　本文是《晋商史料与研究》一书的综述，山西人民出版社 1996年出版。阳泉市政协文史资料委员会组成编委会，责成编写组副主编、山西省史志研究院研究员张全盛同志当面约稿，限定字数和时间。文章论述了商品经营资本、票号及晋商票号的兴衰与贡献。

　　中国近代史上，山西商人，尤其是山西票号商人，上通清廷，下结官绅，商路可达数万里之遥，款项可"汇通天下"，白银从各地滚滚流回乡里，置地产，起楼阁，显赫一时，为国内同行所仰慕。"山西人善于经商"，"山西人长于理财"被誉为佳话，至今传颂。

　　商人资本有两种形式，即商品经营资本和货币经营资本。山西商品经营资本的发展源远流长，据《易·系辞》载，早在先秦时代晋南就开始了"日中为市，致天下之民，聚天下之货，交易而退，各得其所"的商业交易活动。又据《国语·晋语》载，晋文公称霸时，山西的榆次、安邑就是有名的商业集镇，对内便"工商食官"，对外便"轻关易道通商"。秦汉时代，太原、平陆、平遥、汾阳等地已成为重要的商品集散市场。隋唐五代又出现了泽州、太谷、平定、大同等新兴商业城镇。近年山西出土有公元4世纪至7世纪萨珊王朝金币，虽不能据此认定隋唐时已有山西商人到过伊朗，然而山西商人与丝绸之路的密切关系确是毋庸置疑的了。延到宋代，山西地处北宋边防，宋王朝所需战马，大都依靠北方的辽来供应，而辽更需要宋的手工业制品，宋至道二年（996年），在山西"边州置榷场，与藩人互市"，而"沿边商人深入戎界"进行贸易，这时的山西商人已与蜀商、南商同列为有名的地方商人，显出身手。元朝结束了宋、辽、金的割据局面，完备了驿站，使山西商人活动地域更加扩大，据《马可·波罗游记》说，此时从"太原到平阳（临汾）这一带的商人遍及全国各地"，并获得了巨额利润。入明后，山西商人的资本积累已相当可观，已有"平阳、泽、潞富豪甲天下，非数十万不称富"之说。明王朝时期，内部政局安定，商品流通范围日益发展，商业资本空前活跃，出现了晋商、徽商、粤商、闽商、江右商、吴越商等许多商帮。晋商的活动舞台已伸向全国各地。万历四十六年（1618年），努尔哈赤占领抚顺时，曾给在抚顺的山西、山东、河东、河西等豪商书"七大恨"令其带回关内，山西商人已和后金进行着贸易活动。清入关后，顺治帝不仅命范永斗等山西八大商家为皇商，给予种种特权，康熙帝还命山西商人随军进入外蒙古草原，除服务军需品供应外，还与草原牧民进行贸易，广阔的东北松辽平原和内外蒙古草原又为山西商人的贩运贸易提供了市场。此时，山西商人不仅垄断了对蒙贸易，还垄断了西北市场，独占了北京商业的鳌头，当时虽有江浙、山东、潮州等地商帮也在京城逐利，但无一能与晋商争强。同时，山西商人在四川、云南、贵州、湖北、湖南、江西、安徽、广州、福建等南方各省的活动也十分活跃。明时海禁森严，山西商人的势力仅以发展到全国和东南沿海为限。康熙五十五年（1716年）、雍正五年（1727年）、乾隆元年（1736年），清廷多次申禁，仅特许苏浙闽粤人可以出海，所以晋商只有北趋以求陆路对外拓展。自康熙二十八年（1689年）签订《中俄尼布楚条约》准许中俄商人互市后，山西商人在恰克图相继建起大型商号有29家之多，各商号还在俄国的莫斯科、多木斯克、耶尔古特斯克、克拉斯诺亚尔斯克、新西伯利亚、巴尔纳乌、巴尔古今、比西克、上乌金斯克、聂尔庆斯克、彼得堡等城市设立了分号。19世纪60年代以前，俄国对我贸易为逆差，以一种粗制的银工艺品来支付，山西商人运回的银器熔后补充了中国银两货币的不足。此外，山西商人对日本、朝鲜贸易也很活跃，曾垄断中国对日铜贸易，每年两次乘季风出海，将中国的土特产及书籍输往长崎，再由长崎贩日铜回国交与政府，补铜制钱的铜源不足，为清政府的银铜货币制度的巩固做出了贡献。

山西商人资本中的货币经营资本是伴随着商品经营资本的发展而发展的。山西货币经营资本的形式，最早是当铺，以后又有印局、账局、钱庄、票号等。当铺，大者为当，小者为质，当铺和质店均为抵押消费信用机构。印局，专做放印子钱的生意，对城市贫民和小商贩提供短期信用。账局，是从事商业放款的机构，是近代中国货币经营资本中的一种独特方式。钱庄，有的地方称银号，主要从事钱币兑换业务，后来也做存款放款业务。票号，也称汇兑庄或票庄，专做异地款项划拨，总号设在山西原籍，分支机构设在全国各地以至于国外，后来也搞放款业务。不论哪种形式，都是山西商人资本的组成部分。它们通过银钱兑换、货币保管、资金借贷、异地汇兑以及过拨转账等货币技术性业务和信用活动，支配、滋养着成千上万个从事商品经营活动的大小商号，分润着这些商号所获得的好处，也直接资助和刮剥着政府、官吏、仕儒和小生产者。近一个世纪以来，山西票号的历史作用与地位，受到了中外学者的重视，其给予了应有的历史评价。岂不知山西商人经营的当铺、印局、账局，特别是钱庄，在中国社会中也有着同样重要的历史地位，但由于种种原因被人们忽视了。从历史发展看，当铺、印局、账局、钱庄早于票号，衰亡又晚于票号，历史寿命比票号长；从资本总额计算，当铺、印局、账局、钱庄虽单个计算资本较少，但家数众多，总资本远比票号多；从活动地域看，山西的当铺、印局、账局、钱庄遍设全国各地，不论在京都闹市，还是在边远乡村，就是国际舞台上，它们的活动也不比票号少。可惜这方面研究还有待于今后的发掘。不过，非常有趣的是，全国商帮众多，为什么专门从事汇兑业务的票号却为山西商人所垄断，"汇通天下"，其他商人插足不得，清末南方官僚和商人如赫赫有名的红顶商人胡光墉等也办了票号，却都不几天就垮了，这是为什么？这不仅是因为晋商势力昌盛，资本雄厚，信用卓著，更重要的是晋商实行分庄制，分支机构遍布全国。如果从事专业汇兑的金融机构，没有遍布全国的分支网络、高度的信用和雄厚的资本，则是不可以想见的。再者，明代以来山西商品经营资本和货币经营资本的发展，也为山西票号的崛起，积累了经营管理经验，提供了不可缺少的技术和管理人才。所以，当日升昌一起，山西巨商竞相效仿，于票号一业遂执中国金融之牛耳。自太平天国起义，清政府财政陷入困难，被迫实行卖官制度，票号趁机开辟新的业务，积极资助穷儒寒士入都应试，以至走马上任，并代办代垫捐纳和印结，与僚结缘，遂取得了官款无息存储，至同治年间进而充当清政府捐纳军饷的办事机构，为户部解交税款，为各省关借垫京协各饷，为清政府筹措款项，承汇对国外赔款，代理部分省关的财政金库等。山西票号逐渐由为商业服务转为政府金融，官商相维，成了清王朝的财政支柱。

山西商人在清代的发展达到鼎盛时，南方武夷、六安、羊楼司等地茗茶被山西商人销往蒙俄，蒙俄及北方土特产品内销江南，开拓了一个起自长江、汉水，经河南周口、开封、清化、晋城、潞安、子洪至晋中盆地，又从晋中盆地北上出雁门关、黄花梁，东北出东口（张家口）至齐齐哈尔，西北出呼伦贝尔，出西口（杀虎口）至归化、库伦、恰克图、伊尔库茨克、莫斯科的南北大国际商路；又开拓沿长城一线，至新疆、塔尔巴哈台至阿拉伯的东西大商路。彼时的商业行会，或以同乡，或以行业为纽带在全国各地建立。乾隆三十三年（1768 年），在苏州一隅，山西钱商八十一家共建的全晋会馆至今保存完好。与此同时，在山西出现了一大批大商业家族，如榆次的常家、聂家，太谷的曹家，祁县的乔家、渠家，平遥的李家，介休的侯家、冀家，临汾的亢家，万荣的潘家，阳城的杨家等。他们不仅开设绸缎庄、茶庄、布庄、百货店于各省城市，设当铺、钱庄、账庄、票号于各商埠，并且置房买地，出租土地，坐收地租。他们既是大商人、大高利贷者，又是大地主。

辛亥革命，清廷垮台，票号商人失去靠山，放款不能收回，而存款逼提，使票号资本迅速崩溃。以票号为后台的钱庄、当铺以及商品经营资本，本来在鸦片战争后，"洋行"入驻，洋货涌入，横遭打击，又随着货币经营资本的衰败，商品经营资本失去了金融后盾，势单力薄，力量衰微而且祸不单行。俄国革命，外蒙古独立，山西对俄蒙贸易不仅失去市场，而且连在蒙俄资本也丢失殆尽，一齐退回国内。尽管阎锡山曾召集商界领袖，呼吁重振商务，然而大势已去，亦无可奈何。1931 年东北沦陷，晋商不堪忍受日寇蹂躏而返回原籍。1937 年，卢沟桥事变，各地晋商被迫返晋。称雄五百多年的晋商自此一败涂地。

山西商人和商人资本，在中国封建社会的末期迅速发展，以后随着外国资本主义势力入侵、封建王朝崩溃而衰败。这虽然已经成为历史，但是山西商人所创造的重商立业的人生观、诚信义利的价值观、艰苦奋斗的创业精神和同舟共济的协调思想的晋商精神，当永远是山西人的精神财富；山西商人所创造的一套完整的经营思想和技术，诸如"城钱"、

"谱银"、"倍成"、"厚股"、"护本"、"人身股"、"掌柜制"以及"酌盈济虚"、"抽疲转快"、"人弃我取"、建立"相与"等，也永远能为后人所借鉴。

毫无疑问，晋商作为中国近代十大商帮之首，它的作用和贡献是具有世界意义的。晋商研究是一项很有价值的工作。

传承祁商传统，再续昭余辉煌

——写在第一届祁县文化旅游节开幕之际

背景说明

　　本文是 1996 年 10 月 26 日在祁县召开的山西省第一个以晋商文化为主题的"县域文化旅游节"上的发言稿。文章回顾了祁县商人的发展历史，重点提出晋商特别是祁县商人的人身股与资本股相统一的晋商企业经营管理的独特经验，可以成为当代企业改革的镜子。

　　祁县是晋商的发祥地之一，人杰地灵，物华天宝，悠久的历史，璀璨的文化孕育了众多的商、儒，如"外举不避仇，内举不避亲"的祁黄羊，以及史上著名的王维、王允、温庭筠等骚人墨客以及成千上万的商人名家。祁县历来商业繁荣发达，晋商的人文精神、为商之道在祁帮商人身上都可以看得到。在今天世界经济一体化、中国加入 WTO 在即的大背景下，如何传承晋商精神，紧把时代的脉搏，以祁太故地特有的魅力和神韵伴随现代科技与文明，继续谱写昭余（祁县）新篇章，重铸祁帮商人以至晋商辉煌，是当今祁县人之使命。

一、商史沧桑

　　位于三晋通衢晋中腹地的祁县，素以商业发达而著称，昔日祁县商帮在这一宝地上曾创造了无数的辉煌，"金祁县，银太谷"的赞誉响彻三晋大地。特别是明清两代，祁县商贾辐辏，南来北往，足迹遍及长城内外、天山南北、黄河上下、大江、珠江流域，以至内外蒙古、俄罗斯、日本等地，涉足商业领域众多，如票号、典当、茶叶、绸缎、药材等。祁帮商人是晋商的集中体现，"凡是有麻雀能飞到的地方都有晋商"，而每有晋商涉足的领域就有祁县商人的身影。如清代北方最大的通事行——"大盛魁"的三个创始人中就有两位是祁县人，祁城村的张杰、史大学和太谷县武家堡的王相卿，创造了世界上最大的长寿企业，历经 280 余年。

祁县商人走出家园，积极向外拓展。如张家口，是汉民族对蒙古游牧民族进行贸易的必经之地，称为东口（与之并列的是西口——杀虎口）。据有关资料记载，"张家口最大的企业是祁县人范家开设的'兴隆魁'……是清朝时期对外蒙古和俄国等地贸易的中国第二大型企业。"晋中商人很早就在产茶的湖北、湖南、江西、安徽一带从事贸易，最盛时，有 100 多家专营商号，清时称为茶帮。而茶帮内又分榆（次）帮、太（谷）帮、祁（县）帮。祁帮商人特别能抓住市场，发掘潜力。在我国西北地区出产许多名贵药材，尤其是大量的皮毛诸类商品，向外输出；而在那里需要的是茶叶、布匹、绸缎等，要由外地购进，从事这项交易活动的就有许多祁县商人。其中较出名的有祁县张家开设的"广庆泰"。

祁县商人积极参与行会组织。体现山西商人和商业资本的发展水平的标志之一是地方行会和专业行会的进一步发展，其组织形式有的是以同乡组成会馆，有的是以同业组成会馆或公所。在这些行会、组织中祁县商人的表现卓尔不凡。据《绥远通志稿》（民国四年抄本）记载，内蒙古特别是呼和浩特、包头等城市，"银钱业商人，以山西祁、太帮为最……故其一切组织，亦依内地习惯办理。"祁县商人在归化的行会、同乡社团中，崇祀关帝，讲究忠义，为商事协调起到了积极的作用。

在晋中商人中祁县的大型商业世家也是非凡的。晋商发展水平的突出标志是大型商业世家的不断出现，他们的发迹大都在明代中后期，有的是在清初，有的是在清中期。在清入关以后 268 年的统治中，能够兴旺发达200 余年的商业世家有许多，其中祁县的乔家、渠家等尤其著名。

祁县商帮除经商外，还参与地方政事，协助城市公共设施建设。祁县乔家堡"乔在中堂"，是清朝乾隆年间由乔贵发开始发富的。他原系一贫民，为生活所迫而背井离乡到内蒙古一当铺当伙计，多年后利用其积蓄开了一草料铺，并经营豆腐、豆芽、烧饼、切面及零星杂货等，开始并无商号牌子，后挂出了"广盛公"，以后又改为"复盛公"。随着包头的发展，其业务范围不断扩大，乔家商业遍及全国各地，全部资产在白银1000万两以上。内蒙古包头原是一个村子，后来包头与祁县乔家生意共同发展，当地流传："先有复字号，后有包头城。"

在企业经营管理中，祁县商人关于人力资本股的早期实践，最典型的是由祁县商人史大学、张杰和太谷商人王相卿组建的大盛魁，历经280多年，职工人数达到7000多人，它规定每3年为一个大账期（会计年度），进行一次决算分红。分红时首先把公积金的积累和运用放在重要的地位，以公积金的增长作为衡量3年内经营成果的主要标志。然后才是每股分红，最盛时一股可分到一万两白银，财东和掌柜及顶股员工均受其益，每当遇到账期总结，都要评定职员功过，检查三年的成绩和问题，整顿人事，调整"身股"厘数，并记入"万金账"即股本账，包括银两股和人身股。据说，大盛魁后期"人身股"总数已经超过了股东的资本股总数。大德通票号光绪十五年（1889年）分红账记载，光绪十一至十五年（1885~1889年）账期共获利24723.03两，资本股和"人身股"共29分（股）7厘，每股分红850两。其中乔在中堂等资本股20分（股），马培德等23名职员"人身股"9分（股）7厘。在这23名享受"人身股"待遇的职员中有3名是已经去世的职工。大德通票号光绪三十一年至三十四年（1905~1908年）账期获利743545.25两，资本股和"人身股"共计43分（股）9厘5毫参与分红。其中，资本股仍为20股，"人身股"达到了23分（股）9厘5毫，顶股职员为57人，每股分红16917.8两。

另据有关资料记载，"张家口最大的企业是祁县人范家开设的'兴隆魁'，于清初开设至光绪末年倒闭，临倒闭时，光顶身力之职员有290人左右，而未顶身力之职员亦在几百人，有的说共职员一千人左右，有的说七八百人，是清朝时期对外蒙和俄国等地贸易的中国第二大型企业。"

这里的所谓"顶身力职员"，也叫人力股，或称"身股"、"人身股"或"顶生意"，由山西商人首创，其确切的发生年代已不可考，但在明末清初的祁县商人中已经广为运用，并在实践中收到了良好的效果，成为祁帮商人及晋商经营管理中的一大显著特色。其主要内容是，企业（商号）的主要职工（并非全部职工）可以顶零点几厘到几厘，以至1股的股份，股份的多少由财东根据职工任职时间、能力、贡献大小来决定，一般是大掌柜（总经理）顶1股或9厘，二掌柜（副总经理）顶8厘、7厘，会计主任顶5厘、4厘，学徒工不可以顶股。在一个财期结束时，"人身股"

与财东的资本股一起参加分红，一般资本股 1 万两白银为 1 股，而总经理（即大掌柜）顶 8～9 厘，最高 10 厘即 1 股。当顶股职工辞退或解雇后，当即终止劳力股。可见人力股代表的是活劳动资本，它不转让，永远归劳动者个人所有，也不存在子女继承问题。在祁帮商人的人力资本早期实践中，对人力资本的衡量和考核，已经注意到了劳动者的劳动数量和劳动质量、劳动力资本和实物资本在企业利润分配中的作用。

祁帮票号商人除在国内外，还在国外积极设立分支机构。据有关资料，山西商人把自己的金融机构设在国外从事国际金融业务的机构有：号称山西商人中最大的"通事行"的商号大盛魁以及合盛元、恒隆光等，这三家的创办人都有祁县人，其分布地除了国内各地外，还有日本的神户、大阪、横滨，朝鲜的仁川，俄罗斯的恰克图、莫斯科等，从事国际汇兑和借贷业务。山西祁县荣任堡人郭源逢和祁县城内人张廷将在道光二十七年（1847 年）由茶庄改设的合盛元票号，分支机构遍设全国。合盛元票号总经理贺洪如于 1907 年（光绪三十三年）给清政府的报告中提出要创办国外业务，此报告获得了清政府的批准后，同年三月二十二日在《大公报》刊登广告，宣传其在日本东京、横滨、神户、大阪设有分支机构，大力招徕生意。

祁帮票号商人努力参与政务。他们上通朝廷，下结官绅，因此官位不绝。如三晋源、长盛川、百川通票号财东渠家，渠同海受武德骑尉守备衔，守御千总；其子渠应璜，受朝议大夫，盐运使运同，直隶州州同；其孙渠长瀛，受朝议大夫，盐运使运同；妻孟氏、罗氏、渠氏、马氏俱奉"恭人"。大德通、大德恒票号财东乔家，乔景僖受花翎员外郎，乔景监受花翎四品贡生，乔景信受花翎二品衔补用道员，乔景监受花翎员外郎，兄弟十人均顶戴花翎。又如在清档《上谕档》咸丰六年正月中就记载给予祁县孙郅正"赏戴花翎"之记载，孙郅正是同治初改营票号的巨兴隆东家。按照清档零散记载的不完全统计，1852～1853 年山西票号商人捐款买取官衔和封典达 267 万两，清政府用虚实官衔换得了票号商人的大量白银；票号商人则以白银易得了各种封典，取得了政府特权。庚子事变，清政府对票号的依赖加剧，慈禧出逃和返京过程中，票号在资金上给予了极大支持，在此前后，清帝传旨，令各省解京饷款，改电汇票号老庄，顿时山西平（遥）、祁（县）、太（谷）票号成了清廷总出纳。同甲午赔款一样，庚子赔款给清政府带来了财政的极度困难，却给票号带来了畸形繁荣。

总之，祁县商帮在其所处的时代中创造了巨大的财富，为世人所瞩目，可谓泽被东西，恩惠南北。

二、祁商今鉴

祁帮商人在数百年的经营历史中，在商业信息传递、物资调交、资金融通、人才使用等方面形成了自己的经营特色，发挥了积极的作用，其重商立业的人生观、诚信义利的价值观、艰苦奋斗的创业精神、同舟共济的协调思想、任人唯贤的择才标准等祁帮票号商人的理财思想、意识、观念的特点，在新的形势下，需要当今祁县以至山西人学习借鉴，结合时代的需要，创造性地运用到现代市场经济体制的建设中来。这里，我特别想谈祁县商帮在企业经营管理中的人力资本股的早期实践，这对于今天企业管理有很重要的借鉴意义。

在知识经济条件下，企业的目标转变为知识资本的积累、增殖和实现，是知识资本的营运过程，也是企业机制的建立和完善的过程。祁帮商人的人力资本股的实践用今天的观点来看，是属于企业组织制度和分配制度的创新，是新形势下对于企业产权制度改革的一种创新。

由于人力资本股把企业的信誉、商标、雇员的能力与忠诚度、经营管理以及顾客的满意等传统管理下强调的东西同企业的经营机制结合起来了，使其与企业的组织结构、经营理念、技术创新、市场开拓、收益分配等密切联系起来，并日益成为企业重要的资源和企业的核心竞争力。可以说，人力股拓展了物质资本和非物质资本的概念，将有形资产和无形资产整合在一起，这对于企业产权提出了挑战。以人力资本股和实物资本股并重的理论，在不否定货币资本和实物资本理论的前提下，比较好地解决了社会主义本质特征所要求的条件，即解放生产力、发展生产力；消灭剥削、消灭两极分化；共同富裕。坚持劳动力资本理论，明晰企业产权，变雇佣劳动者为企业主人，充分调动劳动者的积极性，作为股东的劳动者就会以主人翁的精神，关心企业的生产经营，从而较好地解决劳资矛盾，领导与被领导之间的矛盾。从这个意义上说，以人力资本股和实物资本股并重的理论指导企业产权制度改革是具有革命性的，它将为企业的经营管理指明正确的方向，企业的经营管理也将由此而进入新时代。

称雄明清两代、兴盛数百年的祁县商帮到了19世纪末期，由于外国资本主义的侵略和清政府的腐败，加之现代火车轮船的开通，海上贸易的发展，沿海、沿江商路的扩大，原经山西的陆路贸易逐渐冷落。

面对今天山西落后的现状，今人更要看到包括祁县商帮在内的广大晋商其历史上的辉煌来之不易，凝结着先商的心血。三晋儿女当知耻后勇，迎头赶上。先商发迹固然得益于特定的历史背景和地理、交通等因素，但是，他们重商立业、诚信义利的商业思想，不畏艰辛、开拓进取的创业精神，善于管理的经营之道，都是我们今天应当发扬光大的。

展现在今天新祁商面前的是一个新的时代，是一个充满机遇和挑战的时代。山西有着悠久的历史、优越的自然条件和得天独厚的交通优势。加之，县委县政府充分利用历史文化遗产，已经开发出了乔家大院为山西民俗博物馆，现在正努力开发渠家大院为晋商文化博物馆，将计划再开发长裕川等两座晋商大院，这些承传晋商历史文化传统的恢宏之举，为祁县腾飞创造了积极的条件。1994 年国务院批准确定祁县为国家历史文化名城，我们相信祁县旅游经济的蓬勃发展，借助于深厚的历史文化等人文氛围，新的经济增长点一定会尽快形成的。随着我国加入 WTO 带来的机遇，新晋商大有可为，任重道远，古邑昭余必将以崭新的面貌呈现在全省全国全世界面前，成为镶嵌在三晋腹地的一颗耀眼的明珠。

山西商人对中国商业革命的贡献

背景说明

本文是 2002 年 9 月 21 日在 "全国经济思想史学会第十届年会" 上的演讲，原载《山西财经大学学报》2002 年第 6 期。明清到民国是中国商业革命时期，其主要标志商品化、城市化、国际化、企业化、金融革命化的程度都有很大发展，表现为农业手工业商品化程度提高，一大批商业城市兴起，国际商路扩展且贸易量扩大，商业手工业组织企业化逐渐形成，金融工具、业务、机构、管理发生革命性变化。山西商人对中国商业革命的贡献在于带动了中国城市的建设和发展，开拓了中国对外陆路贸易路线，创造了中国特色的企业组织制度，创造了中国金融组织与融资制度，向边疆以至国外传播了中华文化艺术等。

山西商人是中国明清十大商帮之一。马克思在谈到商人资本时说："商人资本或商业资本分为两种形式或亚种，即商品经营资本和货币经营资本。"[①] 山西商人包括了盐商、茶商、粮商、布商、杂货商等从事商品贸易的商人，也包括了钱商、当商、票商等从事货币交易的商人。明清时期，中国处在资本主义萌芽阶段，这一阶段是中国由农业经济时代向工业经济时代转变的时期，也是商业革命时期。中国的商业革命和欧洲的商业革命基本上是平行发展的。在中国商业革命中，山西商人资本，包括商品

---

① 《马克思恩格斯全集》，人民出版社 1970 年版。

经营资本和货币经营资本为中国乃至全世界的商业贸易发展都做出了巨大的贡献。

一、中国商业革命的标志

在人类社会发展的历史中，最重要的生产力革命有以下几次：原始人由依靠采集、狩猎生活，没有固定房舍和村落，到学会依靠种植、饲养生活，有了固定的房舍和村落，这是一场农业革命；在农业生产和相关的手工业生产发展到一定水平的时候，自然地出现异地贩运贸易，当农业手工业的商品化程度达到一定水平，并且出现了一批以从事商业贸易为生的专业商人阶层的时候，就是一场商业革命；到人们的生活来源或者说国民收入由主要依靠农业生产转变为主要依靠工业生产时，是一场工业革命；在当代高新技术迅猛发展以至使自然资源配置、生产和贸易全球化，则是一场高新技术革命。如果这一看法成立，那么，16世纪至19世纪中期应当是世界商业革命时期，即世界是由农业经济时代向工业经济时代过渡的时期，并且这一时期以中国和欧洲的商业革命为典型。

16~19世纪，是中国的明清时代。中国的工业化是从19世纪中期起步的，完成时已经到了20世纪。所以中国的商业革命正确地说是在明清到民国时期。

我认为，中国商业革命的标志可以概括为以下几个方面：

（一）商品化程度：农业手工业商品化程度提高，异地贩运贸易空前活跃

明朝中期到清朝后期，中国的工矿业和手工业有了很大的发展，农业的商品化程度已经达到了相当高的水平。从工矿业看，如开矿炼铁，1385年（明洪武十八年），罢官冶铁，允许民间炼铁使得民营铁冶发展迅速。1405年（明永乐三年）~1434年（明宣德九年），铁产量由114万斤增加到833万斤，增加近7倍。1461年（明天顺五年），仅山西阳城一县产铁就达700万~900万斤，已等于17年前全国的铁产量。[①] 从农业看，据许涤新、吴承明所著的《中国资本主义发展史》载：鸦片战争前全国粮食产量2320亿斤，商品粮约245亿斤，占10.5%，值银16333.3万两；全国棉花产量970.7万担，棉花消费量1031.3万担，国内市场商品量316

---

① 许涤新、吴承明：《中国资本主义发展史》，人民出版社1985年版。

万担，占消费量的 30.6%，减除进口商品棉 60.5 万担，国产棉花商品量 255.5 万担，占产量的 26.3%，值银 1277.5 万两；全国棉布产量 59732.7 万匹，其中出口土布 5.9 万匹，进口洋布 273.2 万匹，实际全国棉布消费量 60000 万匹，国产棉布自给占 47.2%，国产棉布商品量 31517.7 万匹，占 52.8%，值银 9455.3 万两；全国丝产量 7.7 万担，其中商品量 7.1 万担，占 92.2%，值银 1202.3 万两；全国丝织品产量 4.9 万担，包括内销外销价值 1455 万两；全国茶叶国内消费量 200 万担，出口茶 60.5 万担，茶叶产量等于商品量，为 260.5 万担，值银 3186.1 万两；全国食盐产量也是销售量，为 32.2 亿斤，值银 5852.9 万两[①]。至于油、烟、酒、糖等农业原料制成品及其他手工业产品的商品化比重就不一一列举了。

伴随商品化发展的是从事异地贩运贸易商人队伍的扩大，形成了许多帮派，最著名的有山西帮、安徽帮、广东帮、山东帮、宁波帮、陕西帮、洞庭帮、福建帮、江右帮、龙游帮等。

（二）城市化程度：一批商业城市兴起，连边疆城市也有了很大发展

鸦片战争前，全国人口是 4 亿人，非农业人口 2000 万人，占 5%[②]。在非农业人口增加的同时，城市的发展很快。据李维珍所著《太泌山房集》卷八十七记载："竟陵东六十里，聚曰皂角市……市可三千人。其人土者十之一，自豫章徙者七之，自新都徙者二之。农十之二，贾十之八，儒百之一。"就是说，湖北竟陵皂角市的商业人口占 80%，农业人口只有 20%，全市 3000 口人，外地来的人口占 90%，有 2700 人，当地人只有 10%，300 人。[③] 又据抚州嘉靖志记载："金溪民务耕作，故地无余利，土狭民稠，为商贾三之。"[④] 据 1933 年 7 月 1 日截止的山海关报告，山西商人因为东北沦陷，由关外返回的山西商人有 17 万人。[⑤] "城市人口的骤增是生产力增长的一个方面，也是工商业繁荣发展的重要标志。北京城'周四十余里'，'汉唐之故都莫能及也'。明朝孝宗弘治（一四八八年至一五零五年）年间，人口已达六十六万之多。"[⑥] 据史料记载，明代宣府镇"贾店鳞比，各有名称，如云南京罗缎庄、苏杭罗缎庄、潞州绸庄、泽州帕铺、临清布帛铺、绒棉铺、杂货铺、各行交易铺沿长四五里许，贾

①② 许涤新、吴承明：《中国资本主义发展史》，人民出版社 1985 年版。

③④ 傅衣凌：《明清社会经济史论文集》，人民出版社 1982 年版。

⑤ 孔祥毅：《近代的山西史上的山西商人与商业资本》，《近代的山西》，山西人民出版社 1986 年版。

⑥ 李华：《明清以来北京的工商业行会》，载《明清资本主义萌芽研究论文集》，上海人民出版社 1981 年版。

皆争居之"。① 至于北京，更为可观，不仅人口增加，店铺林立，而且商业行会组织也达到了相当大的规模。据中国人民大学李华教授 1961 年实地考察，"北京的工商业会馆，成立于明中期的很多，如山西平遥颜料商所建立的颜料会馆……当在明万历以前……还有山西临汾、襄陵两县油、盐、粮商建立的临襄会馆。山西临汾纸张、干果、颜料、杂货、烟叶等五行商人建立的临汾东馆（亦称临汾乡祠）。山西临汾商人建立的临汾西馆。山西潞安州铜、铁、锡、碳、烟袋诸帮商人建立的潞安会馆。浙江宁波药材商人建立的四明会馆。陕西关中商人建立的关中会馆等。"② 到清中期，不仅南京、苏州、扬州、广州、泉州是有名的商业城市，就连张家口、满洲里、库伦、伊犁都成了有名的商业贸易城市。

（三）国际化程度：国际商路扩展，国际贸易量扩大

远在唐宋，中国就已经有了对外贸易活动。到明清时期发展更快。这一时期主要是与亚洲和部分欧洲贸易。东南方面是海上贸易，以广州、泉州、厦门、福州为中心，与交趾、泰国、马来半岛、爪哇、菲律宾、日本贸易。日本学者滨下武志认为，"亚洲区域内的贸易网，主要是由中国和印度商人到各地去进行贸易而形成，并由此构成相应的结算网。"③ 在东北与西北方面是陆路贸易，以恰克图、塔尔巴哈台等为中心，与俄罗斯及西亚国家进行贸易。据 1920 年山西督军阎锡山接见因为俄国"十月革命"从俄国返回来的山西商人代表时，汾阳代表说，在俄国的山西商人有万人。从交易数量看，北方陆路贸易也是相当可观的。恰克图市场在 1723 年（清雍正初年），商品交换额大约为 100 万卢布左右，1765 年前后（清乾隆中期）增至 200 万卢布左右，到 1795 年（清乾隆末年）达到 300 万卢布以上，1796 ~ 1820 年（清嘉庆年间）增至 600 万卢布以上，清道光咸丰年间持续增加。以 1843 年（清道光二十三年）为例，经山西商人之手，输往恰克图的商品，仅茶叶一项达 12 万箱（每箱 100 磅）。这一年，从俄国输入的商品有：各种毛皮 123 万张，各种毛呢 11000 匹，天鹅绒 117 万张，亚麻布 57 万俄尺，羽纱 2.6 万俄尺。据统计资料，清道光朝是恰克图市场的繁荣时期。这个时期，俄国对华贸易占其对外贸易总额的 40% ~ 60%，19 世纪 40 年代贸易额有时超过 60%，据《中俄贸

① 《宣府镇志》（嘉靖版），卷二十。
② 李华：《明清以来北京的工商业行会》，《历史研究》1978 年第 4 期。
③ 滨下武志：《近代中国的国际契机》，中国社会科学出版社 1999 年版。

易之统计的研究》，1844 年，中国对俄商品输出入分别占全国商品输出入总额的 16% 和 19%。对俄贸易仅次于英国，占第二位。1821 ~ 1850 年，中国方面向俄输出，每年约在 800 万卢布。俄国对华贸易的差额，是用一种白银的粗制品并冠以"工艺品"的名义来支付的，因为当时俄国禁止输出白银。从 17 ~ 18 世纪（明万历二十八年至清嘉庆五年），中国对外贸易的大量顺差，使外国银元大量流入国内，其主要渠道和数量大致如下：一是西班牙人—美洲—马尼拉—中国；二是欧洲—印度—中国；三是美国贸易商人—美国、西班牙—中国；四是葡萄牙—日本、澳门—中国大陆。以上总计 13 亿元左右。除销熔、外购鸦片等外，净余白银货币大约 10.8 亿元。另外，大约还有 60000 吨银块。上述这些数字，虽然并不是很准确的，但是，中国有大量的白银净流入，这应当是不争的事实。[①]

（四）企业化程度：商业手工业组织企业化，企业组织制度形成

明朝成化年间即 1465 ~ 1487 年，江南机户由 1 张机发展到 20 余张机的丝织手工业作坊多了起来，江苏吴江县盛泽镇在嘉靖年间即 1522 ~ 1566 年有的机户在十几年内织机由 1 张发展到三四十张，出现了许多手工丝纺织、棉纺织手工业工场。到清朝康熙年间，纺织业工场的工人有的数十人，有的数百上千人，甚至有达到上万人的。[②] 而且这些手工作坊内部分工很细。康熙年间，广东有的铁工场分为司炉、掘铁、汲水、烧炭等工种，云南铜场工人分工有领班、打洞、排水、捶矿、洗矿、配矿、煅窑、炼炉等，投资和管理人员分工有场主、管事、炉头等。[③] 在西北地区，"定远西乡巴山林甚多……西乡纸厂二十余座，定远纸厂逾百，近日洋县亦有小纸厂二十余座。厂大者匠作雇工必得百数十人，小者亦得四五十人"。"开厂出资商人，住西安、汉中城，其总理总管之人曰掌柜，曰当家；挂记账目，经管包揽承货字据，曰书办；水次揽运头人，曰领岸；水陆领夫之人，曰包头；计大圆木厂，匠作水陆挽运之人，不下三五千，其开伐以渐而进，平时进止，皆有号令，号曰营，与行军同。"[④] 从企业

---

① 根据（美）郝延年：《中国近代商业革命》，上海人民出版社 1991 年版；彭信威：《中国货币史》，上海人民出版社 1965 年版；（德）佛兰克：《白银资本》，中央编译出版局 2001 年版等书所列资料整理。

② 刘云村：《关于中国资本主义萌芽问题的商榷》，载《明清资本主义萌芽研究论文集》，上海人民出版社 1981 年版。

③ 孔经纬：《关于中国资本主义关系萌芽》，载《明清资本主义萌芽研究论文集》，上海人民出版社 1981 年版。

④ 傅衣凌：《明清上海经济史论文集》，《历史研究》1963 年第 4 期。

组织制度看，明中期以后到清中期，中国手工业、工业、商业、金融业的企业组织形式基本形成以下几种类型：一是独资企业；二是合作企业；三是合伙企业；四是股份企业等，到清末出现了股份有限责任公司。

（五）金融业的深化程度：金融工具、业务、机构、管理发生革命性变化

农业商品化程度提高，非农人口增加，商品交易量扩大，货币数量不足，促进了信用工具的发展和金融机构的产生和发展。一场金融革命同时发生了。明朝中期，当铺、钱庄已经遍及大江南北，清代又有印局、账局和票号产生。当时中国的各大商帮，大多经营有当铺和钱庄，仅1765年（清乾隆三十年）苏州一地就有山西货币商人经营的钱庄81家。现在有名的苏州旅游景点"全晋会馆"，就是当年山西货币商人行会所建的会议场所。而且，山西商人经营的印局、账局和票号遍布全国各地以至国外，除了京城及黄河上下、大江南北以外，在偏僻的边远地方，都有山西银行机构。如四川的打箭炉，西藏的拉萨，云南的蒙自、海南的琼州，外蒙古的库伦、科布多，新疆的迪化，东北的满洲里。在国外，东边有日本神户、横滨、东京、大阪和朝鲜的仁川，北边有恰克图、伊尔库茨克、新西伯利亚、莫斯科、彼得堡等。这些金融机构的业务量及其业务技术已经达到了很高的水平。

1912年11月，梁启超先生在北京对山西银行业界的一次演讲中谈道："英之金钱商，与吾之炉房类，姑且不论。若以意大利自由都府之钱商与吾票号较，则其相类处有四"：一是与商业企业往来不少，但吸收官款存放，并与帝王贵族往来者居多；二是利用各地币制不一和平砝的差异，压平擦色，从中渔利；三是出票慎重，信用卓著；四是同时发生的时代背景相同。[①]

总之，正如秦佩珩先生所归纳的："一般看来，明中叶以后，商业资本已达到了相当发展的程度，这是研究明清经济史的人所公认的事实。如闽粤舶主、江淮盐商、山东绸商、山西缎商，都是当时最著名的地方商人。特别是明代会票制度的产生，更加强了各地商人的活跃。各地商人把一部分社会资本用在商品流通过程中。泉州海商'入海而贸夷，差强资用'，芜湖染商，所染织物'遍于吴、越、荆、梁、燕、豫、齐、鲁之

---

① 《山西票号史料》，山西人民出版社1990年版。

间'。徽州盐商'混迹渔盐中三致千金，随手挥净'，看这样子，当时作为两种形式的商业资本，都已被当时的商人所运用了。"[1] 美国学者费正清先生也说："中国在 18 世纪，如果不是更早些的话，已经有了一个真正的国内市场，任何一个地区的供应品，可以用来满足其他任何地方的需要……好比说欧洲文艺复兴的开端，或者中国商业革命的起步……中国国内市场的兴起可以从各种专业化的商人群体的成长来衡量，诸如批发商、零售商、走南闯北的行商，上层都还有层层的捎客和代理人，他们为不同地区间的贸易服务。"[2]

二、山西商人对中国商业革命的贡献

（一）带动了中国城市的建设和发展

山西民间有一句话说"麻雀能飞到的地方就有山西人"。山西商人每到一个地方，赚下钱首先是修关帝庙，借以保佑自己财产的安全，亦以关云长的仁义忠信约束伙友，几乎没有一个关帝庙看不到山西商人捐款的功德碑。山西商人出东口，即张家口，往北经多伦诺尔至齐齐哈尔、呼伦贝尔，这是一条通往东北方向的商路。呼伦贝尔 1723 年（清雍正元年）建城时，"划清街道，招山西行商市易，为蒙旗会集场"，有山西商人八大家之说，现在的正阳街聚居着当年的山西宁武人。张家口又是内地商人通往库伦、恰克图以至俄罗斯的必经之地，所以，张家口市在清代的发展也是同山西商人对蒙古地区和俄罗斯贸易分不开的。张家口上堡的日升昌巷，下堡的锦泉兴巷，分别是山西货币商人日升昌票号和锦泉兴钱庄建设并以自己的商号名字命名的街巷。外蒙古的科布多，是库伦通往新疆的要道，山西巨商大盛魁的总号就设在此。在这里建有一条大盛魁街。关于辽宁朝阳，山西有民谚道："先有曹家号，后有朝阳县"，说的是山西太谷曹家开发了辽宁朝阳县。关于内蒙古包头，山西有民谚说："先有复字号，后有包头城"，说的是山西祁县乔家从开复盛西面坊起步，与包头镇共同发展包头城。关于宁夏，山西还有民谚曰："先有祥泰隆，后有定远营"……同样，在北京、西宁、洛阳、开封、赊旗镇、苏州等地，都流下了山西商人的遗迹，今天成了人们旅游观光的景点。

---

① 秦佩珩：《论十六、十七世纪中国社会经济的性质》，载《明清资本主义萌芽研究论文集》，上海人民出版社 1981 年版。

② 费正清：《伟大的中国革命》，世界知识出版社 2000 年版。

（二）开拓了中国对外陆路贸易路线

清初，作为皇商的山西商人范永斗等八大皇商，接办了原来浙江商人对日本的海上贸易权，在18世纪往返于长江口与日本长崎之间，垄断从日本进口铜的贸易七八十年，为国家铸造制钱补充了铜源。但是，山西商人对外贸易路线的开辟，主要不在海上，而是对北亚、西亚和欧洲方向的陆路贸易。自清康熙初平定噶尔丹叛乱后，经由内外蒙古和新疆的对俄罗斯及欧洲的贸易进一步活跃起来，恰克图、塔尔巴哈台都是很重要的市场。山西商人开发的由内地通往国外的主要商路是：

南方诸省—长江—汉口—襄樊—赊旗—清化—晋城—潞安—子洪口—晋中（祁县、太谷、平遥）—太原—雁门关—黄花梁—东口（张家口）—库伦—恰克图—伊尔库茨克—新西伯利亚—莫斯科—彼得堡。

南方诸省—长江—汉口—襄樊—赊旗—清化—晋城—潞安—子洪口—晋中（祁县、太谷、平遥）—太原—雁门关—黄花梁—西口（杀虎口）—归化—库伦—恰克图—伊尔库茨克—新西伯利亚—莫斯科—彼得堡。

南方诸省—长江—汉口—襄樊—赊旗—清化—晋城—潞安—子洪口—晋中（祁县、太谷、平遥）—太原—雁门关—黄花梁—西口（杀虎口）—归化—库伦—科布多—古城—乌鲁木齐—伊犁—塔尔巴哈台—西亚地区。

在俄罗斯的许多城市设有山西商人的商号和金融机构，如莫斯科、多木斯克、耶尔古特斯克、克拉斯诺亚尔斯克、新西伯利亚、巴尔纳乌、巴尔古今、比西克、上乌金斯克、聂尔庆斯克、彼得堡等城市。

（三）创造了中国特色的企业组织制度

山西商人在其长期经营活动中，创造了一套自己的企业组织管理制度，这些制度至今对我国目前的现代企业制度的建立具有着重要的现实意义。如①企业管理的两权分离制度。欲办企业的财东，"将资本交付于管事人（大掌柜）一人，而管事于营业上一切事项，如何办理，财东均不闻问，既不预定方针于事前，又不施其监督于事后"，就可以等待到期分红了。②人力资本股份制度。将企业内的上层职工按其职责、能力和贡献确定人身股份额，作为资本，与财东的货币资本股一起参与利润分配，有钱出钱，有力出力，出钱者为东家，出力者为伙计，东伙共商之，有不少晋商企业后期人力资本股超过了货币资本股。③财务管理制度。山西商人的企业，特别是金融企业，有"倍股"、"厚成"和"公座厚利"的规定。倍股是在账期分红后，按股东股份比例，提交一部分红利，留在企业参加周转使用，以扩大经营中的流动资本；厚成即在年终结算时，将应收账款、现存资产乘以一定比率进行折扣，使企业实际资产超过账面资产；公座厚利是在账期分红时，在财东银股和职工身股未分配之前先提取利润的一部分作为"公座"，以便"厚利"。这些办法，都是为在资本经营中尽可能扩大流动资本，保证资本充足率。

（四）创造了中国金融组织与融资制度

山西商人对中国金融组织与融资制度的贡献，主要表现在金融机构、金融业务、金融工具和金融制度等方面的创新。在金融机构创新方面，山西商人创立了从事消费信用的机构当铺；创立了对贫民放印子钱的印局，一般按日或者按月计息，每归还一次，盖一次印，故名印子钱；创造了专门办理放贷取息的信用机构——账局；创造了专门从事钱银兑换业务的钱庄；创造了专门经营汇兑业务的汇兑庄即票号。随着金融交易的发展，这些从事单一金融业务的金融机构，相互学习，走上了存款、放款、兑换、汇款等业务的综合经营道路。到1853年，在北京城的268家账局中由山西商人经营的有210家。在金融工具创新方面，山西商人在明末清初，信用票据有：一是作为本票的凭帖；二是本铺出票另铺兑现的兑帖；三是当铺钱庄之间相互协议兑现的上帖；四是不兑现支票为壶瓶帖；五是非钱庄出的凭帖叫上票，信用较差；六是远期期票叫期帖。凭帖、兑帖、上帖、上票、壶瓶帖和期帖这六种信用流通工具，在清中期已在中国北方普遍行使。前三种是见票即付现款，如同现金；后三种不一定立即付款，易生纠葛，清道光皇帝曾下令准许行使前三种，禁止行使后三种，事实上禁而不止。在金融业务创新方面，山西商人创造了转账结算、票据贴现、旅行支票、银行轧差清算、货币交易市场、银行密押等。这里不再一一举例。在金融管理制度方面，创造了资本充足率制度、防范金融风险的风险基金制度、防止伪造诈骗的安全经营制度等。比如，银行资本在经营活动中常常会遇到各种不同风险，发生亏赔倒账问题，这不仅会影响银行利润甚至还会危及资本安全。为了防御风险，票号设计了一种"预提倒款"以防御风险的办法，也叫"预提护本"。它要求在账期分红时，不能只顾分红，不管未来有无风险，规定从利润中预提款项，"撇除疲账"，以防止"空底"，设置经营安全防线，把风险降至最低点。为了异地汇款所用汇票的真实而不发生假票伪票冒领款项，票号只能使用在总号统一印制有暗记的"汇票"，内加"水印"，汇票书写，预留备案，汇款金额、时间，均设有暗号。明清时代，大批在全国各地以至国外从事金融业务的金融企业，为了行业协调和管理，自发地创造了同业行会，而且发展到能够管理、监督、约束以及仲裁同行纠纷的组织，如包头有裕丰社，归化城（呼和浩特）有宝丰社，大同有恒丰社，有类似"银行的银行"和管理金融行政的职能，可以说是中国早期中央银行制度的雏形。

（五）向边疆以至国外传播了中华文化艺术

山西商人在贩运中国内地商品物资到北部边疆少数民族地区、日本、朝鲜、俄罗斯及西亚地区的同时，也带去了中国内地的传统文化。山西商人是在1723年建设满洲里城时到了那里，将山西人爱吃醋的习惯也带给了呼伦贝尔的牧民。大盛魁在内外蒙古地区深入蒙古包销售生活和生产用品时，同时也带去了治疗各种疾病的中药包，冻饺子。山西盐商贩运食盐往云贵高原，在贵州茅台镇用山西汾酒配方制酒，产生了世界驰名的茅台酒。山西商人走到那里也把山西梆子带到那里，至今张家口人对山西梆子的爱好不亚于山西人。范永斗等到日本贩铜，带去的中国商品有绸缎、茶叶、衣针、瓷器、纸张、书籍、笔墨、药材等。日本学者宫本泰彦在《中日交通史》中说："中国书籍之传入日本，影响日本文化最大……使日本文运大兴。"

三、结束语

中国商业革命是中国经济社会发展的重要阶段，而山西商人为推动中国商业革命做出贡献自然就是推动了中国经济社会发展。山西商业与当时各地商帮在市场中，相互竞争，相互学习，各有自己的活动舞台，各有自己的业务重心和经营特点，共同推动了中国经济社会的进步。但是山西商人在流通产业中的一系列创新和特色，诸如企业组织制度、企业管理办法、金融业的业务技术、商品经营资本与货币经营资本的混合生长等，在当代市场经济建设中仍然对我们有很多有益的启示。继续挖掘、整理和研究山西商人史料，任务还是艰巨的。

晋商的经验与教训

背景说明

本文是2004年6月6日在杭州"首届浙商论坛"上的演讲。论坛由浙江省人民政府经济技术协作办公室、工商联、工商局、浙江报业集团、广电集团发起主办，《浙商》杂志社承办，文章就晋商的基本情况与经验向浙江企业界和研究人员做了介绍，供浙商借鉴。

在明清时期，中国发生了一场商业革命。在这场商业革命中，中国出现了十大商帮，即山西帮、徽州帮、陕西帮、宁波帮、山东帮、广东帮、福建帮、洞庭帮、江右帮、龙游帮。山西帮活动舞台最大，实力最强。然而在20世纪初却迅速衰落，这里有很多经验与教训值得当代商人深思。

一、晋商的商路与舞台

清初，作为皇商的山西商人范永斗等八大皇商，接办了原来浙江商人对日本的海上贸易权，18世纪往返于长江口与日本长崎之间，垄断对日本进口铜的贸易80余年。但是，山西商人对外贸易路线主要不在海上，而是对北亚、西亚和欧洲方向的陆路贸易。自清康熙初平定噶尔丹叛乱后，经由内外蒙古和新疆的对俄罗斯及欧洲的贸易进一步活跃起来，山西商人开发的由内地通往国外的主要商路是：

南方诸省—长江—汉口—襄樊—赊旗—清化—晋城—潞安—子洪口—晋中（祁县、太谷、平遥）—太原—忻州—雁门关—黄花梁—东口（张家口)—多伦诺尔—齐齐哈尔—呼伦贝尔—满洲里;或东口—归化—库伦—恰克图—伊尔库茨克—新西伯利亚—莫斯科—彼得堡。

南方诸省—长江—汉口—襄樊—赊旗—清化—晋城—潞安—子洪口—晋中(祁县、太谷、平遥)—太原—忻州—雁门关—黄花梁—西口(杀虎口)—归化—库伦—恰克图—伊尔库茨克—新西伯利亚—莫斯科—彼得堡;或西口—归化—库伦—科布多—古城—乌鲁木齐—伊犁—塔尔巴哈台—西亚地区。

山西—西安—兰州—凉州—肃州—敦煌—哈密—奇台—乌鲁木齐—塔尔巴哈台—俄罗斯;或哈密—吐鲁番—喀什噶尔—叶尔羌—西亚。

晋商的活动舞台可以分为以下几个市场。

第一,蒙古市场。包头民谚道:"先有复字号,后有包头城",包头是山西祁县乔家商号发展起来的。在张家口有皇商八大家,他们有清政府发给的"龙票",拥有到外蒙古和俄罗斯经商的特许权,张家口城市的发展与晋商的发展关系密切。在外蒙古的乌里雅苏台、科布多等地区晋商具有垄断贸易的地位。

第二,西北市场。晋商在宁夏、青海大做皮货、药材生意,民谚有"先有祥泰隆,后有定远营"、"先有晋益老,后有西宁城"。晋商在陕西、甘肃、新疆也很活跃,奇台、古城、乌鲁木齐、伊犁、塔尔巴哈台、叶尔羌都有晋商的足迹,现在新疆有一个村叫祁县村,至今还说祁县话。

第三,西南市场。晋商在四川做夏布、井盐、药材生意。自流井、巴塘、理塘、打箭炉、雅安都有晋商的票号。在贵州茅台,山西盐商郭某于1704年酿造出了至今中外驰名的茅台酒。

第四,东北市场。清以前,晋商就在东北、朝鲜经验人参、夏布。在辽宁朝阳的太谷曹家有13行、640号、37000名职工,1000多万两资本。呼伦贝尔的满洲里由晋商八大家占据市场。1933年7月1日山海关报告显示,东北沦陷后有17万晋商返回山西,仅占在东北晋商的1/3。

第五,东南市场。晋商明代借食盐开中法,在扬州经营淮盐,现在的瘦西湖、个园分别是山西亢家、黄家的私家花园。在苏州,1768年有晋商的钱庄81家,今天的全晋会馆就是当年山西钱业的会议公所。晋商在福建武夷山包山收购茶叶,设厂加工,运销蒙古、俄罗斯。

第六,中南市场。河南的开封、周口、洛阳、南阳、赊旗、朱仙镇都有晋商遗迹。阳城商人在豫33县经商。徐沟商人张联辉在陈州组织军队配合清军镇压捻军，被赏穿黄马褂。安徽九江、六安和湖南羊楼司、羊楼洞是晋商采购茶叶基地，亳州、阜阳、汉口、襄樊都有晋商的会馆。

第七，北京市场。在北京，1958 年有人考察证明明代各地驻京会馆中晋商会馆占 36%。新中国成立前晋商在北京垄断性行业有：米面行祁县人，纸张行临汾、襄临人，布匹行翼城人，干果行文水人，颜料行祁县人。现在北京的老字号都一处、六必居、乐仁堂当年都是晋商企业。钱庄、当铺、印局、账局、票号等金融尤俱垄断性。

第八，国外市场。晋商在朝鲜经营人参、夏布，在日本经营生铜贸易，在俄罗斯经营茶叶、绸缎，购进皮毛、呢绒、金属制品，并且把票号、钱庄开到了朝鲜、日本、俄罗斯。俄罗斯的莫斯科、多木斯克、耶尔古特斯克、克拉斯诺亚尔斯克、新西伯利亚、巴尔纳乌、巴尔古今、比西克、上乌金斯克、彼得堡等都有山西人。1919 年从俄罗斯返回的山西汾阳商人有 1 万人。对俄罗斯的边贸市场主要是恰克图、塔尔巴哈台、满洲里。在恰克图市场，1843 年输俄茶叶 12 万箱，价值 1240 万卢布，还有曲沃烟丝、晋城衣针、大同铜器、太原陈醋等。1844 年，以恰克图为主的对俄进出口占当年中国进出口的 16% 和 19%。俄国对华贸易占其进出口的 40～60%。在恰克图的晋商企业有：大升玉、福源德、天和兴、亨隆光、独慎玉、锦泰亨、大成兴、永玉恒、天庆隆、祥发永、永光发、大泉玉、壁光发、大德玉、大美玉、锦泉涌、大盛魁、兴泰隆、公和盛、万庆泰、公和浚、万盛永、永玉亨、大成庆、广全泰、永和玉、大珍玉。

二、晋商的兴盛与衰落

（一）晋商兴盛的原因

晋商在明清时期迅速崛起的原因，可以说是天时地利人和共同作用的结果，即历史原因、地理原因和人的因素的很好的结合。

从历史因素看，一是人口迁徙，去土离乡。宋朝赵匡胤、赵匡义在解决太原北汉割据政权时三次将晋民十多万人强迫迁往河南，明代政府几次移晋民充实南京、北京、安徽等地，这些移民如同周灭商时的商民一样，被迫从商。二是食盐开中，捷足先登。明朝为了解决大量北部边防驻军的物资供应，实行食盐开中法，山西人就近输送军用物资于张家口、大同、绥德等边关，取得扬州淮盐、天津长芦盐、运城潞盐等经营权，迅速走向全国。三是得官所助，官商结合。清入关前，晋商已经与其建立了联系，并将努尔哈赤对明王朝宣战的"七大恨"带回关内，清入关后曾给晋商许多优惠，特别是清后期，票号为政府汇兑、贷款成为清政府的财政支柱，与政府及政府官员关系密切。

从地理因素看，一是土地瘠薄，生计困难。山西天寒地瘠，生物鲜少，人民生计困难，不得不远走他乡，谋取什一之利。二是地处边塞，位扼通衢。明朝与北部游牧民族以长城为界，山西地处北部游牧民族与中原农业地区之间的物资交流的中间地带，具有地理优势。三是资源丰富，手工业发达。山西虽然农业条件较差，但是工矿资源丰富，手工业发达，山西铁货、衣针供应北亚各地。

从人的因素看，即晋商精神。一是重商立业的人生观。宋元以来，山西人逐渐形成了离经叛道的重商思想，清人纪晓岚在他的《阅微草堂笔记》中说："山西人多商于外，十余岁辄从人学贸易，俟蓄积有资，始归纳妇"，连清雍正皇帝也在其《朱批谕旨》中写道："山右大约商贾居首，其次者尤肯力农，再次者谋入营伍，最下者方令读书。"在民间形成了一种"以商致财，用财守本"的立业思想。二是诚信义利的价值观。大概是关云长故里的缘故，孔孟之道影响至深，对诚、信、义、利，有其独特的理解和行为规范：先义后利，以义制利。并且成为晋人公认的社会行为准则。商业行规有"重信义，除虚伪，节情欲，敦品行，贵忠诚，鄙利己，奉博爱，薄嫉恨，喜辛苦，戒奢华"的规定，反对采用任何卑劣手段骗取钱财，不惜折本亏赔也要保证企业信誉。三是艰苦奋斗的创业精神。山西商人贩茶于浙闽，销售于大漠之北，千山万水，沙漠瀚海，夏则头顶烈日，冬则餐饮冰雪，寇贼虫狼，日与为伴，年复一年，奔波于商途，百折不挠，积极进取，不断创新。四是同舟共济的协调思想。山西商人笃信"和气生财"，重视社会各方面的和谐相处。在同业往来中，既要保持平等竞争，又要相互支持和关照。他们称友好的同行为"相与"，凡"相与"必须善始善终，同舟共济。

（二）晋商衰落的原因

晋商衰落的原因是多方面的，既有客观原因，又有主观原因。

在客观方面，一是科技进步，商路改变。欧洲工业革命后，火车、轮船的开通，欧洲与中国海上贸易迅速发展。陆路贸易迅速冷落，晋商失去地理优势。二是外商入驻，市场缩小。三是政治动荡，实力损伤。太平天国运动、捻军起义、十月革命、外蒙古独立、辛亥革命，每一次政治动荡，都使晋商损失惨重，资产被抢或者被没收。

在主观方面，一是农商思想，不能远谋。晋商致富以后，将商业利润主要用来置买土地，建筑豪华住宅。到清末晋商后人有很多吸食鸦片，不问号事，致使产业衰败。二是故步自封，拒绝改革。在外商进入中国以后，市场竞争激烈，驻外经理人员一致建议总号东家掌柜实行改革，学习西方经营经验与技术，都被决策者拒绝，使晋商特别是票号钱庄不能顺应时代变革，竞争力越来越弱。三是依托官府，职能异化。山西票号本来是随着商业的发展而发展，但是后来尤其是在咸丰年间开始迅速结托官场，发生异化，一般商人不予往来，500两银子以下不予汇兑，由商业金融转向了政府金融，不能不在辛亥革命后一败涂地。四是企业治理，缺失制衡。晋商企业的股份制度，有两个致命的缺陷：第一是两权分离中，大掌柜权力过大，股东不过问经营，缺少监督机制；第二是晋商企业实行股份无限责任制，企业破产累及家庭财产，票号倒闭使很多票号东家倾家荡产，流落街头。

三、晋商与浙商的比较

晋商称雄明清商界数百年，并且创造了票号、账局等金融机构，创造了大量服务经济发展需要的金融工具、金融业务以及相应的金融制度，为中国商业革命与金融革命做出了巨大贡献。但是却和其他商帮一样在工业革命的曙光初露之时败下阵来。然而，浙商以上海为中心，在沿江（长江）、沿海发展成为中国实力最强的江浙财团的领头人，由商人资本转向工业资本，由封建商人转变为现代企业家。

表1　晋商与浙商的不同点

内　容	晋商	浙商
企业制度	股份制	独资
治理结构	两权分离	两权集中
机构	联号制	分支机构少
投资	老家的房地产	近代工商业
对外开放态度	撤离、拒绝	买办、学习
时局变化态度	拒绝改革	与时俱进
结局	衰败	发展

历史上的晋商与浙商比较，其共同点至少有以下几点：第一，时代背景相同，即商业革命。第二，诚信第一，供奉关公。第三，艰苦奋斗。第四，聘用同乡人，利用宗法约束规避风险。第五，依托行会，团结自卫。

浙商的商道、商术、商智是令人敬佩的。日本人出版了《陶朱公商训》，陶朱公范蠡的智慧是在辅佐越王勾践振兴越国的过程中形成的，离开越国到山东成为大商人。虽然中国最早的商业活动发生在山西晋南，但是山西早期最突出的商人猗顿却是向陶朱公请教后才经商致富的。

19世纪末至20世纪上半期，晋商迅速没落，浙商却成功地实现了由贩运贸易商人向现代工商企业家的转变。比较晋商与浙商的不同特点与结局，它告诉人们三个道理：一是商人的事业是商业，相信自己，相信市场，商路坦荡；商人商业异化，相信官本位，商路只能越走越窄。二是积极面对开放，可以发现机遇，柳暗花明；闭关拒外，死守家门，只能坐吃山空。三是与时俱进，前程如锦；拒绝改革，死路一条。

过去说"凡是麻雀能飞到的地方就有山西人"，现在应当说"凡是麻雀能飞到的地方就有温州人"。老晋商的故里正在成为浙商的市场，在那里，浙江人到处可见。

四、晋商的历史启示

古有晋商称雄，今有浙商崛起。虽然当代晋商远远落后于当代各地商人，但是历史上的晋商毕竟有数百年的辉煌，其间确实有许多值得当代商人借鉴的经验与教训。

（一）两权分离制度

明清晋商商号实行股份制的企业治理结构。企业所有权属于东家，经营权委托大掌柜独揽。东家平时不问号事，待大账期时，到号决定分配方案。但是必须指出，晋商的两权分离，有成功的一面，东家对大掌柜委以全权，决策快，指挥灵活；但又有它不足的一面，董事长（东家）不参与决策，总经理（大掌柜）权力过大，缺少监督机制，也有不少弊端。

（二）人力资本（人身股）制度

明清晋商股份制实行有钱出钱，有力出力，出钱者为股东，出力者为伙计，"东伙共而商之"。大掌柜与高级管理人员、业务骨干可以顶"人身股"（人力资本股），由一股到零点几厘不等，货币资本股与人力资本股共同参与利润分配。这是一种很好的企业激励机制。美国的期权制度与晋商人身股制度有许多共同之处。

（三）联号制度

明清晋商商号实行总分支机构制，总号一般设在山西本地，分支机构遍布全国各地以至国外。总分支机构实行统一制度、统一管理、统一核算，实行"酌盈济虚，抽疲转快"的资金统一调度制度。对分号的考核，是以"结利疲账定功过"，但以不对他号造成损失为原则，否则给予处罚。

（四）诚信义利与善待"相与"

明清晋商十分重视诚信，坚持"先义后利"，"以义制利"。明代晋商王文显诚子书说："夫商与士，异术而同心。故善商者，处财货之场，而修高明之心，是故虽利而不污。善士者引先王之经，而绝货利之经，是故必名而有成。故利以义制，名以清修。各守其业，天之鉴也。如此则子孙必昌，自安而家肥富。"各商家之间诚信往来者，谓之"相与"，一旦发现欺诈，遂永不往来，并且对建立"相与"关系的各户是世代相传（包括采购商品），善始善终。在"相与"遇到困难的时候更是鼎力相助。

（五）产业资本与金融资本的混合生长

晋商的商品贸易与信用活动密切结合。在信用交易中，主要是凭人信用，很少凭物信用。贷款除信用贷款、担保贷款之外，还有信用贷货（赊售商品，约期偿还）。而且一个商家可能既投资普通商品经营，又投资当铺、钱庄、印局、账局、票号等货币资本经营，在经营管理上各自独立，但业务上互相支持，商品经营资本与货币经营资本混合生长是晋商当年称雄的重要原因之一。

（六）人力资源管理制度

明清晋商人力资源管理的特点，一是东家"疑人不用，用人不疑"，大掌柜"受人之托，忠人之事"；二是定期人事考核，增加身股，载入"万金账"；三是新员工选拔制需要通过笔试、面试、铺保、吃苦精神考核等程序；四是三年学徒制；五是用严格的号规对职工进行约束；六是对东家的约束制度，如东家不得在号内食宿，不得指使号内人员为其办事，不得在号内借支银两。

（七）依托行会自治自卫自律

明清晋商行会有行业帮会与乡谊帮会，有大行（联合社）与小行（单一社）之分。这些行会的职能主要是：组织市场公平交易、监督货币、维护市场秩序、维护本会共同利益、处理商务纠纷、维护社会治安、团结教育商人、举办社会公益事业等。

（八）风险控制制度

晋商企业特别是金融业，在风险控制上有一套系统的管理制度，包括"正本"与"副本"制度、"倍股"、"厚成"、"公座厚利"制度、铺保制度、密押制度、行会约束制度和企业内部控制制度等。

（九）企业经营战略

晋商的企业经营战略有：审时度势，人弃我取；周到服务，薄利多销；产销一体，银贸结合；严格号规，节欲杜弊；员工教育，德智并重；预提倒款，抽疲转快等。

（十）营销思想

晋商的企业营销思想有：调查研究、领先新品、信用贷货、和气生财、重视信息、灵活机动、设置小号、结交官场等。

当代浙商弘扬了浙商精神，在改革开放中迅速崛起，创造了改革开放以来的奇迹，并且成为当代世界上最具竞争力的商人，这是浙江的骄傲，也是中国人的骄傲。

500年辉煌看晋商成败

背景说明

本文应招商银行《财富生活》约稿，原载该刊 2007 年 5 月号。文章从商路、舞台、贡献看晋商货通天下，从金融机构、金融创新看晋商汇通天下，从天时、地利、人和看晋商的成功，从主观客观两方面看晋商衰落的原因，对当今很有启示。

有人说中国的商圣，是帮助越王勾践复国的范蠡，后来弃政经商，成为巨富，三次分散财富于穷人，三次致富，定居山东定陶，史称陶朱公。据说，范蠡经商曾向计然讨教，计然是晋国公子，那么商圣的老师是山西人了。确实，中国最早的商业活动就在山西晋南地区。《易·系辞下》说："包牺氏没，神农氏作……日中为市，致天下之民，聚天下之货，交易而退，各得其所。"[①]《易·系辞下》接着说："神农氏没，黄帝、尧、舜氏作，通其变……刳木为舟，剡木为楫。舟楫之利，以济不通……引重致远，以利天下。"有历史记载的最早进行商品买卖是虞舜，山西蒲阪人，"舜耕历山，渔雷泽，陶河滨，作什器于寿丘，就时于负夏。"[②]可以说，舜帝是中国第一商人，华夏商祖。司马迁笔下就有好几位山西的大商人。

但是山西商业与商人势力真正形成有影响的商帮，还是到了明清时代的事情。晋商称雄讲的就是明清山西商人资本的故事。

---

① 陈鼓应等：《周易今注今译》，商务印书馆 2005 年版。
② 《史记·五帝本纪》。

一、货通天下

关于明清山西商人与商业资本，我在 1986 年的一篇文章中说：当时"山西商人不仅垄断了中国北方贸易和资金调度，而且插足于整个亚洲地区，甚至把触角伸向欧洲市场，南自香港、加尔各答，北到伊尔库茨克、西伯利亚、莫斯科、彼得堡，东起大阪、神户、长崎、仁川，西到塔尔巴哈台、伊犁、喀什噶尔，都留下了山西商人的足迹。有些商人甚至能用蒙古语、哈萨克语、维吾尔语、俄语同北方少数民族和俄国人对答如流。可以说，从蒙古草原的骆驼商队，到吴淞口正在扬帆出海的商船，都有山西人计价核算，从呼伦贝尔的醋味，到贵州茅台的酒香，都有山西人在那里酿造叫卖。他们自称，凡是有鸡鸣狗叫的地方都有山西人"。请看晋商的商路。

（一）商路

清初，山西商人介休范永斗等八大皇商，接办了原来浙江商人对日本的海上贸易权，在 18 世纪往返于长江口与日本长崎之间，垄断从日本进口生铜的贸易八十余年。海上商路（船帮）：国内各地—长江—吴淞口—黄海—日本长崎。

但是晋商对外贸易路线的开辟，主要不在海上，而是对北亚和欧洲方向的陆路贸易。明代有东西商路，在长城内侧：北京—万全（张家口）—天成卫（天镇）—阳和卫（阳高）—大同—杀虎口—榆林卫—宁夏卫—宁夏中卫—凉州—肃州—敦煌—和田—叶尔羌—喀什噶尔—葱岭，进入阿拉伯地区。自清康熙初平定噶尔丹叛乱后，经由内外蒙古和新疆的对俄罗斯及欧洲的贸易进一步活跃起来，被称为"茶叶之路"：武夷山铅山—九江—汉口—襄樊—赊旗—清化—泽州—潞安—子洪口—太原—忻州—雁门关—黄花梁—西口（杀虎口）—归化—库伦—恰克图—伊尔库茨克—新西伯利亚—莫斯科—彼得堡；或由库伦—科布多—古城—乌鲁木齐—伊犁—塔尔巴哈台—西亚地区；或古城—哈密—吐鲁番—喀什噶尔—叶尔羌—西亚；或东口—多伦淖尔—齐齐哈尔—呼伦贝尔—满洲里。

（二）舞台

1. 蒙古市场

包头有民谚道："先有复字号，后有包头城"，包头城主要是山西祁县乔家商号发展起来的。在张家口有皇商八大家，他们持有清政府发给的

"龙票"，拥有到外蒙古和俄罗斯经商的特许权，蒙古地区前营、后营、乌里雅苏台、喀什噶尔四大部等都是晋商在垄断贸易。

2. 西北市场

晋商在宁夏、青海大做皮货、药材生意，民谚有"先有祥泰隆，后有定远营"、"先有晋益老，后有西宁城"。在陕西、甘肃、新疆，奇台、古城、乌鲁木齐、伊犁、塔尔巴哈台、叶尔羌都有晋商的足迹。现在新疆有一个村叫祁县村，至今还说祁县话。

3. 西南市场

晋商在四川做夏布、井盐、药材生意，自流井、巴塘、理塘、打箭炉、雅安都有山西人的商号。在贵州茅台镇，山西盐商汾阳郭氏于1704年（康熙四十三年）参照汾酒技术，酿造出了至今中外驰名的茅台酒。

4. 东北市场

前清时期晋商就在东北、朝鲜经验人参、夏布。在辽宁朝阳的太谷曹家有13行、640号、37000名职工，1000多万两资本。呼伦贝尔的满洲里有晋商八大家占据市场。据1933年7月1日山海关报告显示，东北沦陷后由17万晋商返回山西，仅占在东北晋商的1/3。

5. 东南市场

明代借食盐开中，晋商就在扬州经营淮盐，现在的瘦西湖、个园分别是山西亢家、黄家的私家花园。晋商在福建武夷山包山收购茶叶，设厂加工，运销蒙古和俄罗斯。

6. 中南市场

河南的开封、周口、洛阳、南阳、赊旗、朱仙镇都有晋商遗迹。阳城商人在豫33县经商。徐沟商人张联辉在陈州组织军队配合清军镇压捻军，被赏穿黄马褂。九江、六安、羊楼司、羊楼洞是晋商茶叶采购基地。安徽卫视台专题节目"花戏楼"，就是借用了亳州晋商会馆舞台之名。

7. 北京市场

1958年中国人民大学李华先生在北京考察各地驻京会馆，其中明代晋商会馆占36%。新中国成立前晋商在北京垄断性行业有：米面行祁县人，纸张行临汾、襄临人，布匹行翼城人，干果行文水人，颜料行祁县人。现在北京的老字号都一处、六必居、乐仁堂当年都是晋商企业。

8. 国外市场

晋商在朝鲜经营人参、夏布，在日本经营生铜贸易，在俄罗斯经营茶叶、绸缎，购进皮毛、呢绒、金属制品。俄罗斯的莫斯科、多木斯克、耶尔古特斯克、克拉斯诺亚尔斯克、新西伯利亚、巴尔纳乌、巴尔古今、比西克、上乌金斯克、彼得堡等都有山西人。1919年从俄罗斯返回的山西汾阳商人有1万人。中国对俄罗斯贸易主要是恰克图、塔尔巴哈台、满洲里三个市场，基本是由晋商垄断。1843年（道光二十三年）仅恰克图市场输俄茶叶12万箱，价值1240万卢布，还有曲沃烟丝、晋城衣针、大同铜器、太原陈醋等。1844年以恰克图为主的对俄进出口占当年中国进出口的16%和19%。俄国对华贸易占其进出口的40%～60%。

（三）贡献

晋商组织货通天下的历史贡献，一是开辟了通往欧洲的贸易路线——茶叶之路；二是开发了一批北疆城市诸如满洲里、朝阳、张家口、包头、定远营、西宁、科布多、恰克图等城市；三是创造了中国特色的企业制度，如股份企业、两权分离、人力资本、联号制度以及资本管理、财务稽核等制度；四是创新了大量实用商业技术，如珠算算法、复式记账、本平记账货币、商业票据融资、拨兑转账、订卯清算等；五是形成了独具特色的晋商文化与晋商精神。

二、汇通天下

"山西票号汇通天下"世人皆知，这是指晋商创造的当、钱、印、票、账五大类金融机构在全国以至国外进行的金融活动。随着山西商品经营资本的发展，逐渐从中分离出来了一种货币经营资本，先后有当铺、钱庄、印局、票号、账庄五类金融企业，遍布全国各地乃至亚欧一些国家。外国人把这些金融机构统称山西银行。有的山西货币资本在国外注册名称就叫银行，如山西祁县合盛元票号在日本、朝鲜挂牌就是"合盛元银行"。据1909年日本出版的中国驻屯军司令部编写的《天津志》记载："汇票庄俗称票庄，总称是山西银行。据说在100多年以前业已成立。主要从事中国国内的汇兑交易，执行地方银行的事务。"美国著名学者费正清说："在外国人来到以前，在最上层信贷的转让，是由钱庄经手，这些钱庄集中于山西中部汾河流域的一些小镇。山西银行常常靠亲属关系在全国设立分号，把款子从一个地方转给其他地方的分号，为此收取一些汇水。""在上层和低层之间还有几类大大小小的外国人称为地方银行的钱庄。小钱庄可以服务于它们所在地的社区，大的钱庄则常和分布在通都大邑的地方银号有往来。"

（一）山西银行

山西银行包括当铺、钱庄、印局、账局、票号。

1. 当铺

当铺是从事消费抵押信用的金融机构，1685 年（清康熙二十四年）全国有当铺 7695 家，其中山西省有 1281 家，占 16.6%；1724 年（清雍正二年）全国有当铺 9904 家，其中山西省有 2602 家，占 26.2%；1753 年（清乾隆十八年）全国有当铺 18075 家，山西省有 5175 家，占 28.6%。至于晋商在省外设立当铺的情况，清末著名银行家李宏龄说："凡是中国的典当业，大半是山西人经理。"[①] 19 世纪 50 年代，在北京有当铺 159 家，其中山西人开办的当铺有 109 家，占 68.55%。

2. 钱庄

钱庄最初是从事钱币兑换业务的金融机构，后来办理存放兑换。太谷曹家除开设一家票号锦生润、一家账局锦元懋外，还设锦泉涌、锦泉汇、锦丰焕、锦丰典、锦隆德五家钱庄，分布于山西、津京、东北、华东、西南、内外蒙古、俄罗斯数十个城市。1765 年（清乾隆三十年），在苏州城内就有山西人开设的钱庄 81 家。1853 年（清咸丰三年）在北京有山西人开的钱庄 40 余家。[②] 山西钱商在很多城市钱行中居于垄断地位，有自己的行会组织，如归化城的宝丰社、包头城的裕丰社等。

3. 印局

印局是办理短期小额信用放款的金融机构。在中国北方相当活跃，无论在京城还是蒙古草原。内阁大学士祁寯藻给皇帝的报告说："窃闻京城内外，现有山西等省民人开设铺面，名曰印局，所有大小铺户及军民人等，俱向其借用钱文"，"京师地方，五方杂处，商贾云集，各铺籍资余利，买卖可以流通，军民偶有匮乏日用以资接济，是全赖印局的周转，实为不可少之事。"[③]

4. 账局

账局是专门从事放款的金融机构。自清初至民国大体存在了 300 多年，在全国亦处于垄断地位。1853 年北京有账局 268 家，其中山西商人

---

① 李宏龄：《晋商盛衰记》。

② 清档《朱批奏折》，咸丰三年四月三日。

③ 《祁寯藻奏稿》。

开设的账局有 210 家，占 78.35%。当时负责管理货币事务的户部右侍郎王茂荫说"账局帮伙不下万人"①。1904 年北京设有"账庄商会"。

5. 票号

最早的票号，一般认为是 1820 年的平遥日升昌，另一说为 1659 年（康熙十八年）太谷志成信。到 1862 年（清同治元年）上海有山西票号 22 家，对上海的钱庄放款达 300 多万两白银。1871 年，票号把自己的业务重心从长江流域的汉口转移到了上海，并于 1876 年在上海成立了"山西汇业公所"，1904 年"京师汇兑庄商会"成立。1906 年票号年汇兑公款达 2257 万两。山西票号在全国的分支机构多达 500 多处，恰克图、多伦、迪化、厦门、海南、香港、拉萨、巴塘、理塘、打箭炉等地都有票号机构。日升昌在张家口上堡有日升昌巷，锦泉兴在下堡有锦泉兴巷，如同意大利伦巴第商人在伦敦、巴黎建设了伦巴第街，发展了伦巴第银行业务是一样的。但是自咸丰年间开始，票号与清政府关系越来越密切，逐渐由商业金融转向为政府金融，以至到 19 世纪末成为清政府的财政支柱。因之，票号的声名也就最为显赫。

（二）票号特点

票号的特点，一是总号集中在山西平遥、祁县和太谷三县，分支机构散布全国及国外，实行分支机构制，统一管理，统一核算。二是票号投资者出资后，聘任经营者经营，并授以全权，平时不干预号事，所有权与经营权两权分离。三是企业的组成，为"有钱出钱，有力出力，出钱者为东家，出力者为伙计，东伙共而商之"，出钱股东的货币资本股与出力经营者的人身股共同参与企业利润的分配。四是投资经营票号的股东一般都是其他商品经营资本的所有者，商品经营资本与货币经营资本混合生长，互相支持。五是票号在业务上不断创新，"银行密押"详尽严密，很少有史料显示票号因为被诈骗遭受损失的案例。六是号规严密，行会制度严格，自治自律。19 世纪 60 年代南方商人介入票号领域，被称为南帮，先后有胡雪岩的阜康、胡通裕，云南的天顺祥、云丰泰，浙江源丰润等。但是到 80 年代就先后衰败。执中国金融之牛耳者，山西票号也。

（三）金融创新

山西银行的金融创新，在中国历史上是无人能比的，可以与英国、

———————————

① 《祁寯藻奏稿》。

意大利金钱商相媲美，某些方面超过了西方商人。金融工具创新方面，在山西票号出现前后，山西货币商人已经根据经济社会发展的需要创造了许多信用工具：凭帖（本票）、兑帖（支票）、上帖（银行汇票）、上票（商业汇票）、壶瓶帖（融通票据）、期帖（远期汇票）、会券（汇票）以至旅行支票。金融制度方面，山西货币商人创造了股权融资、人力资本、"本平"制度、票据贴现、转账结算、同业拆借市场、银行清算制度（订卯）、信约公廨制度等。金融风险控制方面，有薪酬社保激励、宗法与担保约束、银行密押、金融稽核、内控制度等。其中人力资本制度比当代世界管理学推崇的学科前沿美国期股制度早400年。晋商金融企业资本金管理有正本和副本之分，其副本相当于新近通过的国际巴塞尔银行监管委员会新资本协议规定的经济性资本，晋商资本管理制度比国际新定标准早了300多年。在业务经营战略方面，坚持信用第一，慎于出票，业务与资金随经济社会需要而松紧，机构随盈利与风险大小而伸缩。

当时中国的货币是白银与铜钱，但中国是贫银贫铜国家，晋商从1699年（康熙三十八年）开始，每年两次用大型帆船从长江口出海，乘季风开往日本长崎，先后七八十年，为国家购进生铜约21000万斤，补充了铸造制钱的铜源。1821～1850年，晋商向俄输出商品，每年约在800万卢布上下，而俄国对华贸易的差额用汉堡银来支付，晋商将其铸成银元宝，投入国内市场。从17世纪到18世纪，晋商对外贸易，吸收了大量西班牙、墨西哥银元，补充了国内白银货币。晋商对俄罗斯商人贸易融资中，米德尔洋夫等五家俄商对晋商大泉玉等十家商号欠款62万两白银不能偿还，官司打到了彼得堡沙俄政府的中央。1907年开始，祁县合盛元票号在朝鲜的仁川、日本神户、东京、大阪、横滨设立"合盛元银行"，是最早介入国际金融市场的中国商人。

三、称雄商界

晋商货通天下、汇通天下，在明清称雄商界500多年，是什么原因造就了晋商的辉煌？《三字经》道："三才者，天地人。"晋商崛起的原因，可以说是三才和合，天时、地利、人和共同作用的结果。

（一）天时

历史上，人口流动，常常推动商品流通，如同周灭商时的商民被迫从商一样，赵宋王朝在解决太原北汉割据政权时三次将晋民 10 多万人强迫迁往河南，明代政府几次移晋民充实南京、北京、安徽等地，这些移民与晋商有一定的关系。但更重要的是：一是明代食盐开中，晋商捷足先登。明王朝为了解决大量北部边防 80 多万驻军的物资供应，实行食盐"开中法"，谁能够把军用物资送抵边关，政府根据其价值发给"盐引"，商人可持之到指定盐场领盐出售，实际上这是一次官卖食盐民营化的历史机遇。明代最活跃的晋商是晋南商人，晋南地处山西主要产粮区，又是著名的潞盐产区，距离边关比其他商帮距离近，输粮换引成本最低，就近输送军用物资于绥德、大同等边关，迅速致富。后来政府改纳粮领引为纳银领引，晋商进入天津长卢盐场和扬州两淮盐场，取得扬州淮盐、天津长芦盐经营权，走向全国。二是清代开发边疆，晋商进入蒙俄。清入关前还在抚顺时，晋商已与其建立了联系，据说努尔哈赤对明王朝宣战的"七大恨"是由晋商带回关内的，清入关后曾有张家口晋商的八大皇商，隶属内务府。清初蒙古、新疆、西藏归入中国版图，但不久噶尔丹叛乱，康熙征剿噶尔丹的军事行动，延续了很长时间，大批晋商跟随军队从事军需贸易，如大盛魁的创始人王相卿、张杰、史大学就是随军贸易的"丹门庆"。晋商的内外蒙古市场由此迅速展拓。边疆稳定和开发，是清前期的一项重要国策，为了加强对辽阔边疆的管理，政府建立了以北京为中心的四通八达的驿站网络。从康熙到雍正初年，东北大交通驿站建成，正北、西北的交通驿站也大体在康熙到乾隆初完成，一方面服务于征剿噶尔丹，一方面要抑制沙俄南下，漠北（外蒙古）、漠南（内蒙古）、漠西（新疆）驿站管理严格，邮传道路便捷。这庞大的邮传之路也成为商旅之路。在山西，清代山西驿站有 125 个，比明代的 58 个增加了一倍多，为山西商人北进提供了重要条件。

（二）地利

山西与北部游牧民族以长城为界，地处北部游牧民族与中原农业地区之间的物资交流的中间地带，自汉代以来就是边贸最活跃的地区，南来的烟酒糖布茶，北来的牛羊骆驼马，在山西北部长城关口互市。山西人有着在边关与游牧民族互市的传统和经验。清代疆域扩大，晋人又一次捷足先登，北上南下，贩运贸易，占净地理优势。加上清初政府开发北疆，鼓励内地人到口外垦荒种地，土瘠民贫、缺吃少穿的山西农民，便纷纷"走西口"，进入内蒙古地区。在与蒙古人交往中，发现蒙古人不善经商，又需要内地来的生活日用品，很多人做起了串蒙古包的游商，后来逐渐发展成为坐商大贾。同时，山西虽然土地瘠薄，但资源丰富，手工业发达，盛产煤铁盐枣丝绸，山西铁货走遍华北，晋城的缝衣针能够供应整个北亚地区。

（三）人的因素

天时地利需要人来把握。晋商成功很重要的因素之一是晋商精神。一是重商立业的人生观。宋元以来，山西人逐渐形成了一种离经叛道的重商思想，清人纪晓岚在他的《阅微草堂笔记》中说："山西人多商于外，十余岁辄从人学贸易，俟蓄积有资，始归纳妇"，连清雍正皇帝也在其《朱批谕旨》中批道："山右大约商贾居首，其次者尤肯力农，再次者谋入营伍，最下者方令读书。"在民间形成了一种"以商致财，用财守本"的立业思想。二是诚信义利的价值观。大概是关云长故里的缘故，关公一生忠肝义胆，令万民敬仰，晋商的关公崇拜达到了极点，所到之处一经赚钱便修关帝庙，以关公的忠义规范约束员工，坚持先义后利，以义制利、义利相通，这种诚信义利的价值观成了晋商公认的社会行为准则，反对采用任何卑劣手段骗取钱财，不惜折本亏赔也要保证企业信誉。三是艰苦奋斗的创业精神。山西商人贩茶于浙闽，销售于大漠之北，千山万水，沙漠瀚海，夏则头顶烈日，冬则餐饮冰雪，寇贼虫狼，日与为伴，年复一年，奔波于商途，百折不挠，积极进取，不断创新。四是同舟共济的协调思想。山西商人笃信"和气生财"，重视社会各方面的和谐相处。在同业往来中，既要保持平等竞争，又要相互支持和关照。他们称友好的同行为"相与"，凡"相与"必须善始善终，同舟共济。这就是晋商成功的精神武器。

四、大院沉思

晋商称雄商界 500 年，为中国商业革命与金融革命做出了巨大贡献。但是却在工业革命的曙光初露之时衰败下去了。虽然直到新中国成立前夕在北京市场上还有一些行业尚有不少晋人垄断，然而总体看已经失去昔日的辉煌。在当今旅游业迅速兴起，人们站在先辈留下的高墙大院之中，观看那些曾经雕梁画栋的建筑的时候，不能只是凭吊创业者们的英灵，而应当沉思那些深刻在大院高墙上的经验与教训，为当代晋人开启重新通向世界市场的大门。

（一）衰败原因

客观上讲，一是科技进步，商路改变。欧洲工业革命后，随着火车、轮船的开通，欧洲与中国海上贸易迅速发展。陆路贸易迅速冷落，晋商失去地理优势。二是外商入驻，竞争加剧，市场缩小。三是政治动荡，实力损伤。太平天国运动、捻军起义、十月革命、外蒙古独立、辛亥革命，每一次政治动荡，都使晋商资产损失惨重。

主观上讲，一是农商思想，不能远虑。晋商基本是农商，那些祖祖辈辈缺地少房的贫苦农民在走西口中发现商机并致富之后，首先想到的是置房买地，将商业利润转化为豪华建筑与田地，未能投资近代产业。事实上在明清两代晋人重商立业意识下，读书与智力投资观念在渐渐淡化，明清500年没有一个山西状元。到清末晋商后人生活奢靡，吸食鸦片，不问号事，不知世界风云，亦不可能在国内外市场剧变中把握自家商业航船的方向。二是故步自封，拒绝改革。晋商实行总分支机构，权力高度集中于山西本土总号的大掌柜，在外商进入，市场剧变时，驻外经理人员虽然了解时局变化，一再建议实行改革，学习西方经营经验与技术，都被决策者拒绝，使晋商特别是票号钱庄不能顺应时代变革与时俱进，竞争力越来越弱。三是依托官府，职能异化。山西票号本来是随着商业的发展而发展，但是后来尤其是在咸丰年间开始结托官场，发生异化，由商业金融转向了政府金融，不能不因辛亥革命后政府垮台而一败涂地。四是晋商企业治理，缺失制衡机制。在社会稳定和传统伦理约束严密时尚能维持，在社会动荡时其企业制度内在的缺陷就暴露无遗。如两权分离中大掌柜权力过大，股东不过问经营，没有董事会和监事会，缺少监督机制；晋商企业实行股份无限责任制，企业破产累及家庭财产，票号倒闭使很多票号东家倾家荡产，流落街头，甚至沦为乞丐。

（二）历史的警示

昔日晋商已成历史，当代晋商能不能再现昔日辉煌？昔日晋商的利润导向是异地贩运贸易中获取价差和提供周到的金融贸易服务，不是出让资源于外人。资源导向型的区域经济必然使自己在贸易中失血。当前，除了几家由信用合作社改组的金融机构外，在晋的各家大银行、金融机构没有一家总部设在山西，在投资环境欠佳的情况下，几乎都是抽水机，仍然在把山西这块旱田中本来就很少的水抽到东南沿海地区。当前山西的干旱，正呼唤着新晋商重新定位山西企业的利润导向和经营模式。

清代著名书法家徐润弟曾给一位票号财东的庭堂写过一副对联："读书好经商亦好学好便好，创业难守业亦难知难不难"。近几年，全国热炒晋商，歌颂昔日辉煌者有之，批评决策失误者亦有之。当代晋商的路在何方？又一个世纪之交，又一个变革的时代，又要面对一场国际化的冲击，前车之鉴，当为后事之师。

晋省商帮溯源

背景说明

　　本文是应中国商帮研究会为其《商帮溯源》一书写的专稿，原名《晋帮商人溯源》，浙江人民出版社 2007 年 8 月出版。后被选入山西财经大学晋商研究院编著的《晋商研究》2008 年第 1 期，经济管理出版社 2008 年出版。

　　从古代山西商人说起，回顾晋商的发生发展直到明清称雄商界，中国最早的商业活动与商祖虞舜出自山西，历经汉唐宋元，商业发展一直都比较快，直到明清才称雄商界，成为一个独特的商帮。山西地处北方游牧民族与中原农耕民族交会地区，边贸长期是山西商业的一大特色。得天时、地利、人和的机遇与努力，晋商在明清时期达到极高的发展水平，在商路舞台、商业财富、商业伦理、商业组织、经营艺术、管理制度、商业技术、商业教育、城乡建筑、庙宇奉祀、社会习俗以及商业精神等整个商业文明体系，形成了自己独有的特点。明清时期晋商商业文明的全面成熟，同时体现在商业行会制度方面，晋商行会作为自律、自治、自卫的民间社团，在组织商务活动、处理商事纠纷、促进市场有序竞争等方面发挥着重要作用。晋商坚持中和之道长久不变，诚信义利始终如一，以亲缘、地缘与关公情结为纽带，以晋商会馆为基地，相互联络，相互支持，相互提携，体现了中国最大的区域商帮——晋帮商人的风貌。由于晋商活动在空间上地域广阔，在时间上延续 500 年，在行业与内容上丰富多彩，晋商精神的传承与发展，挈领了中国商人精神。

一、古代晋商

（一）华夏商祖

现代商业行为，一般与市场关系密切，城市是商业活动的中心。但是，在城市产生之前，商品交易与市的活动已经开始了。据《易·系辞下》："包牺氏没，神农氏作……日中为市，致天下之民，聚天下之货，交易而退，各得其所。"[①] 这是中国最早的商业活动。据《淮南子·齐俗训》记载："尧之治天下也……其导万民也，水处者渔，山处者木，谷处者牧，陆处者农，地宜其事，事宜其械，械宜其用，用宜其人，泽皋织网，陵阪耕田，得以所有易所无，以所工易所拙。"[②] 说明尧帝时已经有了简单的社会分工，生产品通过交换，互通有无。尧帝是中国最早的商品交换的组织者。"舜，冀州之人也。舜耕历山，渔雷泽，陶河滨，作什器于寿丘，就时于负夏。"[③] 就是说舜作过农夫、渔夫、手工业者和小贩等。《史记索引》解释"就时于负夏"时说："就时犹逐时"，在贱的地方买，到贵的地方卖。可以说，舜帝是华夏商祖。"舜巡视天下，不幸死于道途，即'葬南已之市'。"[④] 城市的发展是沿着集市—街市—城市逐步演进的，简单的偶然的商品交换在交通方便的地方首先开始，时间长了、规模大了，就不再是日中为市，交易而退，而是就地盖房屋，形成街市；街市进一步发展，规模扩大，演变为城市。夏代，在夏都以及各部落活动的中心，平阳、蒲坂、安邑、夏县、翼城、垣曲等地，市场交易最为活跃。相传，夏县是黄帝妻子嫘祖出生地，她发明了育桑养蚕、缫丝织帛，并染成各种颜色，用来缝制衣物。考古学家曾在夏县西引村发现蚕茧化石，证明蚕丝在山西已有4000多年历史。[⑤] 农业、手工业的发展，必然促进商品交换发展。"据说夏朝的末代君主桀荒淫无道，竟然'放虎于市，以观其惊'，拿百姓的性命当儿戏。难怪商汤兴师讨伐时，市上卖东西的人都抛

[①] 陈鼓应等：《周易今注今译》，商务印书馆2005年版。
[②] 《淮南子·齐俗训》，见《传世藏书》第二卷，华艺出版社1997年版。
[③] 《史记·五帝本纪》，见《史记》三卷本上册，天津古籍出版社1993年版。
[④] 《中华古文明大图集·通市》。
[⑤] 渠绍淼：《山西与"丝绸之路"》，山西卫视农网，2006年8月10日。

弃自己的货物，纷纷出城投奔商汤。"① 这里可以看到夏朝的市，已经发展到相当的规模了。需要指出的是，据历史记载，尧都平阳，舜都蒲坂，禹都安邑，都在山西。

（二）晋人铸币

实物交换发展到一定阶段必然出现货币。从禹到夏代，是不是已经有了货币交换，没有考古的实物证明。不过《管子》说，"禹以历山之金铸币"，也可能是一种推想。司马迁在《史记》说得比较客观："农工商交易之路通，龟贝金钱刀布之币兴焉……虞夏之币，金为三品或黄，或白，或赤；或布，或刀，或龟贝。及至秦，中一国之币为二等，黄金以镒名，为上币；铜钱识曰半两，重如其文，为下币。而珠玉、龟贝、银锡之属为器饰宝藏，不为币。"② 说虞舜、夏到商朝，货币是由多种金、布、刀、龟贝等物品扮演的，"及至秦"货币才得到统一。那么夏、商、周之间将近 1800 余年，就是商品交换对交易媒介物单一化的选择与淘汰的过程。在这个过程中，山西地区是走在最前面的。

商代，山西地区出现了不少城市，特别是封国和方国的封地中心，"比如今长治市西南、榆社、介休西南、太原南部、平陆县北、石楼县，都为商人们开辟了市场。此外，部落酋长的驻地和商王朝在山西统辖范围以外的周边部族，也是商人的贸易之地。他们用珠玉、饰品、食盐、织物、牲畜、毛皮以及奴隶等进行交易；酒不仅是当时社会上层不可缺少的饮料，而且也是社会下层普遍需求的商品。当时有所谓'屠畜易酒'之说，这大概指的是一般平民。"③ 因为今太原地区始终是汉民族与北方游牧民族的交叉地带，这对商品交换影响很大。由于专门从事产品交换的人不断增多，逐渐形成了商人阶层，商业开始成为社会经济的重要组成部分。充当商品交换媒介物的物品种类由宽泛变得简约，当时，在今山西地区的交换媒介，有农具铲子，有打仗或自卫用的刀，有纺轮，也有来自海边的装饰品海贝，海贝数量不能满足需要，就用兽骨、玉石磨制骨贝、石贝，青铜出现以后，就用青铜仿制海贝。1971 年山西考古工作者在保德县林遮峪商代墓葬中发掘出铜贝 109 枚，海贝 112 枚。证明商代在晋阳地区已经开始使用了铜铸币。

---

① 《中华古文明大图集·通市》。
② 《史记》三卷本中册，天津古籍出版社 1995 年版。
③ 黎风：《山西古代经济》，山西经济出版社 1997 年版。

　　春秋战国时期，商品化程度提高，晋国经济富庶，手工业发达，很多农产品与手工业制品进入市场，加上汾河与黄河水上交通便利，商业空前繁荣。晋文公（公元前 697~前 628 年）登基时，把百工和商贾纳入政府管理之列，使之成为官工和官商，即所谓"工商食官"，制定了"轻关易道，通商宽农"政策①，即减轻商税，除盗安民，商旅沿途往来安全。随着领主封建制向地主封建制过渡，"工商食官"制度逐渐废弃，自由商人大批出现。《史记·赵世家》记载：上党"有城市邑十七"。在这些城邑里，一般"列市成行，店铺林立"，牲畜也在交易之列。② 在太原以北以西地区，农牧相杂或以牧为主，以游牧狩猎为业的戎狄民族，不仅用牲畜和畜产品与晋国商人进行贸易，而且"贵货易土"，连他们赖以发展畜牧业的草地和宅圃，有时也用来同晋国商人交易，换取其所需物资。山西自古有"盐铁之饶"，凡经营盐铁的商人，都很快发迹。《国语·晋语》在提到这些巨富时曾这样记载："夫晋之富商"，"能金玉其车，文错其服，能行诸侯之贿，而无寻尺之禄"。③ 司马迁说："昔唐人都河东，殷人都河内，周人都河南，夫三河在天下之中，若鼎足，王者所更居也。建国各数百千岁，土地狭，民人众，都国诸侯所聚会。故其俗纤俭习事。杨（今洪洞）、平阳（今临汾）陈西贾秦、翟（指陕西和西北戎狄民族），北贾种、代（山西阳高和河北蔚县一带）。种、代，石北也，地边胡，数被寇。然迫近北夷，师旅亟往，中国委输时有奇羡。其民羯羠不均，自全晋之时……其谣俗犹有赵之风也。故杨、平阳陈掾其间，得所欲。温（温县）、轵（济源）西贾上党，北贾赵、中山。"④ 可见山西已经成为中原与北方游牧民族商品交换的枢纽。随着商品交换的频繁和规模的扩大，以生产工具和其他实物作为媒介物越来越不方便，不易分割，不易携带，体积大，价值低，而铜的出现与运用，使商品交换的媒介物逐渐被青铜替代。前述 1971 年保德林遮峪商代（公元前 1600~前 1100 年）墓葬铜贝出土，堪称中国铜铸币之滥觞，也是世界上最早的金属铸币，比公元前 600 多年地中海地区一些国家铸币早 500~1000 年（公元前 700~前 600 年小亚细亚和希腊铸造金银币，是西方铸币之始）。当时，古晋国大量铸造金属货

①《国语·晋语四》。
② 吴慧：《中国古代商业史》第一辑。
③ 黎风：《山西古代经济史》，山西经济出版社 1997 年版。
④《史记》三卷本下册，天津古籍出版社 1995 年版。

币。"在侯马东周晋国遗址内出土空首布的地方还清理出一处铸造青铜器的作坊遗址，于大量铸造青铜器的陶范中还同时出土相当数量的空首布陶范和布首銎内的范芯，空首布陶范中以范芯尤多，如一个4米×4米的发掘方中范芯的堆积厚达60厘米，据多年来积累所得范芯估计约有数十万件。有的布范内还留有尚未取出的空首布。这些现象足以说明当时铸造空首布的规模与数量是相当庞大的"。[①] 这显然是一个规模宏大的造币厂，比欧洲出土的公元3世纪罗马铸币工场早700～1000年。

贝币从殷商至春秋初行用较多，并经历了从真贝到铜贝的演变过程。铜贝行用约三四百年，东周初逐渐退出流通。侯马晋国遗址曾一次出土铜贝1600多枚，属东周初期货币。在古晋国出土春秋战国空首布的有太原、榆次、寿阳、侯马、运城、稷山等地；出土平首布的有太原、祁县、交城、汾阳、高平、阳高、原平、陵川、天镇、盂县、夏县、洪洞、朔县、襄汾、运城、屯留、代县、浮山、山阴、翼城、侯马、黎城、繁峙、怀仁、平陆、忻州、定襄、右玉、左云、灵丘、五台、忻县、万荣、永济、芮城等地；出土刀币的有交城、山阴、永济、高平、原平、朔县、盂县、浑源、神池、怀仁、右玉、左云等地；出土圆钱的有闻喜、侯马、翼城等。

（三）晋商北拓

公元前201年（汉高祖六年），为了防御匈奴南下，刘邦改太原郡为韩国，都城设在晋阳，封韩信为行王，坐镇北方。公元前196年，又把雁北和太原郡划在一起，称为代国，封他的儿子刘恒为代王，即后来的汉文帝。刘恒苦心经营晋阳，不仅是军事重镇，也是北方商业中心，农业也很发达，手工业水平很高，能造耀眼夺目的钢镜、铁镜等商品。据《汉书·地理志》记载，汉代太原郡"户十六万九千八百六十三，口六十八万四千八十八，县二十一"。虽然汉民族与匈奴时有战争发生，但因为地理关系，晋人出塞与匈奴进行贸易很频繁，多在边关进行，称为"关市"。《汉书》卷九十四上《匈奴传》记载："匈奴自单于以下皆亲汉，往来长城下，汉使马邑人聂翁壹，间阑出物，与匈奴交易。"[②] 聂翁壹"以财雄边"，他除经营大牧群外，还和匈奴进行走私贸易，聂翁壹的后人张辽，也与匈奴联系进行走私贸易，通过边地贸易，为曹魏筹集军饷。

---

① 朱华：《三晋货币》，山西人民出版社1994年版。
② 《二十五史》，上海人民出版社、上海书店出版社1986年版。

除了"关市"以外，还有一种市易叫"军市"，即沿边驻军和军屯之地，都有小型市集。"汉发三将军屯北地，代屯勾注"。① 勾注即雁门山，设有军市，通过商人贩运货物，补充军用物资。与北边游牧民族和边防驻军的贸易，始终是山西商贸发展的一个特点。

西汉以来，潞、泽栽桑养蚕、缫丝织帛已很普遍，使山西得以用丝绸对外易货，除有少数山西商人经"丝绸之路"西去做丝绸买卖外，多半是西域商人来山西交易，间或有欧洲商人前来，各地多留有他们的足迹。《中国交通史料汇编》曾记有："清末西人在山西霍州灵石县地方掘得罗马古铜钱十六枚。现钱面镌文，盖悉为罗马皇帝梯拜流斯至安教皇帝时代所铸者也"，梯拜流斯为罗马第三代皇帝，时值我国西汉末、东汉初年。当时，灵石为山西古代三大都会之一，是来往于晋阳、洛阳、长安之间的要冲。灵石出土外币说明那时外商是借"丝绸之路"之便而来到山西的。与此同时，北越长城，途经蒙古，到西伯利亚转欧洲的商路，成了当时东西方贸易的另一条"丝绸之路"的分支。这从西伯利亚和山西境内发掘的青铜器，以及太原通往蒙、俄边境和林的路上挖掘出土的汉代漆器都可以得到证明。② 两汉时期，除了盐铁及其他日用品外，粮食也经汾河、黄河漕运长安。《汉书》卷七十六载："霍光秉政，诸霍在平阳，奴客持刀，入市斗变，吏不能禁。及翁归为市吏，莫敢犯者。公廉不受馈，百贾畏之。"③ 可以看出，两汉时期城市商业管理已经显得十分重要。

西晋（公元265~316年）到北魏统一北方以前，战乱不停，冲击农耕，商业凋敝。北魏建都平城（今大同，公元398年）以后，社会稳定，商品交换随着经济恢复与发展而趋于活跃，除与南朝通商外，还恢复陆上丝路贸易，随着佛教交流活动的发展而有了频繁的商业往来。翦伯赞的《中国史纲要》一书中提到，在今吐鲁番、西宁、太原等地，均先后发现过4世纪以来的拜占庭金币和波斯银币，即为佐证。在北齐（公元550~577年），晋阳城是各地物资集散地，大量的畜产品、手工业产品在此交易，与国内以至西域诸国贸易往来。当时，中亚、西亚人成群结队，络绎而来，在山西地区进行贸易。政府还设立专门供西方商人开展贸易的场所，便利来华外商的生活和商务活动，促进了中外贸易的发展。1999年7

---

① 吕思勉：《秦汉史》。
② 渠绍淼：《山西与"丝绸之路"》，山西卫视农网，2006年8月10日。
③ 《二十五史》，上海人民出版社、上海书店出版社1986年版。

月9日，太原市晋源区王郭村发掘了隋代虞弘墓，经山西省考古研究所考证，虞弘的祖先出自西域，从其父起就依附于一个柔然的部落，成为柔然手下的官员，曾出使波斯和吐谷浑，北齐时作为使节来到中原。不久高车族灭亡柔然王朝后启用了他，随后又在北周、隋朝受到重用，临终前为隋朝的仪同三司，封爵广兴县开国伯，食邑达到了六百多户之多，59岁时卒于太原。虞弘在579年前后曾统领代州、并州、介州三州的检校萨保府。萨保府是专管入华西域人事务的机构，其首领多为粟特、突厥等胡人，由于职责特殊，萨保的身份非同一般，检校萨保府级别还要高于萨保，这就是虞弘。在虞弘墓出土地5公里外的太原市王家峰，有一位北齐将军徐显秀的墓，墓内壁画墓主人仪仗队中也有胡人形象。太原之所以具有这样大的吸引力，主要是晋阳向西与灵州相通，向南可达长安和洛阳，向北通漠北突厥，向东则可到达河北道重镇恒州和幽州。凭借天然的地理优势，山西地区成了民族融合的大舞台。从魏晋南北朝到隋唐，山西始终参与了与西域文明大交融，特别是素有"古代世界商贩"的中亚粟特人的络绎而至，带来了异域的物产、风俗与文化，在一定程度上强化了晋阳商业文化多民族融合的特点。

（四）票据萌芽

公元581年杨坚灭周建立隋朝，封次子杨广为晋王，镇守太原郡，后来继承皇位称为隋炀帝。公元618年李渊父子灭隋，因李渊祖父李虎在南北朝时被北周封为唐公，李渊继承了这一爵位，故立国号为唐，太原是大唐帝国的发祥地，遂升为大总管府，领13县。公元690年改称"北都"，后改"北京"。唐王朝在晋阳不仅储备军用物资，又大修宫殿城池，形成了都城、东城、中城水上连城的北方最大的景观。晋阳规模宏伟，府库殷实，户丁雄盛，成为除长安之外最大的城市。当时的晋阳交通四通八达，经济富庶，手工业、商业十分发达，是全国铸造货币的中心。铁制武器日臻完美，并州剪刀锋利无比，铁镜、铜镜盛誉全国，晋阳硝石、葡萄酒都是当时的贡品。《通典·边防》中《经行记》记载，唐人杜环随镇西节度使高仙芝西征，天宝十年（公元751年）至西海（即地中海），在怛罗斯战役后被俘，在大食（今阿拉伯）共十年，后被释放，从海路回到广州。他到过该国的都城亚俱罗（即关德，今属伊拉克），看到"梭绢机杼"和

"织络者河东人乐义慑、吕礼"。① 说明山西手工业在公元 8 世纪就已在阿拉伯国家传授技艺。到唐玄宗天宝元年作为北京的太原，与京城长安、南京（成都府）、西京（凤翔府）、东京（河南府）合称五京。当时的太原府"领县十三，户十二万八千九百五，口七十七万八千二百七十八"，太原进入了历史上的鼎盛时期。《通典》卷七说：唐代开元年间，"南诣荆襄，北至太原、范阳，西至蜀川、凉府，皆有店肆，以供商旅，远适数千里，不持寸刃。"

中国民间的借贷活动发展到南北朝时，已经出现了一些办理借贷活动的信用机构，谓之"质店"。到唐朝出现"柜坊"、"僦柜"、"寄附铺"等信用机构，这些办理信用业务的机构多是兼营，还不是专业金融机构。山西人参与当时信用机构，比如存款于寺庙，《会昌解颐录·牛生》记载了柜坊的事："牛生自河东赴举……至菩提寺……僧喜曰，晋阳常寄钱三千贯文在此，绝不复来取。某年老，一朝溘至，便无所付，今尽以相遇。"② 晚唐晋中祁县人温庭筠（公元812～866年），在他的《乾巽子》中《扶风宝义》记载："尝有胡人米亮，因饥寒，义见辄与钱财帛，凡七年不之问。异日，义见亮，哀其饥寒，又与钱五千文。亮因感激而谓人曰：亮终有所报大郎。义方闲居无何，亮且至，谓义曰：崇贤里有小宅出卖，直二百千文，大郎速买之。义西市柜坊，锁钱盈余，即以直出钱市之。"③

公元 907～979 年的 70 多年间，并州古城经历了后唐、后晋、后汉、北汉等几个王朝，轮番占领，经济凋敝。公元 960 年赵匡胤建立宋王朝，969 年派兵攻打北汉，979 年赵光义率兵攻取晋阳，放火焚烧晋阳城，第二年又引汾水灌了晋阳城废墟，先后几次将晋阳地区商民强迫迁往河南等地，很多人离开家园，失去土地，被迫走上了商途。

（五）宋元晋商

宋元时期，太原与北方游牧民族的贸易往来进一步发展，成为中国南北货物的重要中转站和集散地。

宋代，宋王朝所需战马大都依靠北方的辽来供应，而辽更需要宋的手工业制品。公元 996 年（宋太宗至道二年），在山西"边州置榷场，与藩人互市"，而"沿边商人深入戎界"进行贸易。后来赵宋王朝又怕危及自

---

① 山西地方史志资料丛刊《山西外贸志》。
②③ 彭信威：《中国货币史》，上海人民出版社 1965 年版。

己的政权，曾几度下令闭市，但是事实上无法办到。如宋仁宗庆历时（1041～1048 年），"出藏绢两千余市马于岢岚。又诏三司出绢三万市马于府州（今陕西府谷）"。"夏人西来，辽兵南下，聚于麟、府二州界上，对渡之合河（兴县）、保德当冲受敌，征调无时，辽夏皆利于和市，以此为控御之道。互市以缯帛、罗绮，易驼马牛羊、玉、氍毯、甘草；以香药、瓷漆器、姜桂，易蜜腊、麝脐、毛褐毹、羚角、硇砂、柴胡、苁蓉、红花、翎毛，非官市著，听其民便。"①

元代，帝国的疆域横跨亚欧，塞北通往欧洲的商路得以拓展，驿站完备，交通畅通，给山西商人发展以便利。在喀喇和林（今蒙古哈尔和林）形成了很大的国际交易市场，以谷易马等相当活跃，有很多山西商人参与其间。② 对当时山西省内的工商业状况，《马可·波罗游记》有大量的描述，说太原府"商业相当发达，各种各样的物品都能制造"，"产葡萄酒及丝"，有商人远涉他国，"至印度通商谋利"。"离开太原府再西行七天，经过一个美丽的区域，这里有许多城市与要塞，商业、制造业兴旺发达。这一带的商人遍及全国各地，获得巨额利润。过了这个区域，到达一个很重要的大城市，叫平阳府，城内同样有许多商人和手艺工人。"③

从上述可以看出，上古最早的商业活动从山西晋南萌芽，历经汉、唐、宋、元，山西商业发展有一个突出的特点，就是以其地处南北农业手工业生产地区与游牧民族地区的中间地带的优势，以及频繁的"茶马互市"，练就了晋人的商业意识与商业技术，也就是说，从事民族贸易是早期晋商就已经形成的突出特点，直到明清晋商仍然是借边贸崛起，这是山西商帮形成的历史根源和地理基础。但是限于早期商品市场发育的水平，彼时的晋商还没有形成独立的商业制度、商业文化、商业理念，特别是还没有形成自己的行会组织。中国商业发展到明清时期，出现了商业革命，孕育了中国十大商帮，晋商得天时、地利与历史商业的积淀，成就了其称雄天下的辉煌。

二、明清晋商

明清两代，山西商人势力得到进一步发展，他们辗转万里，纵横欧

---

① 康基田：《晋乘蒐略》卷二十。
② 《论清代山西驼帮的对俄贸易》，《晋阳学刊》1983 年第 4 期。
③ 《马可·波罗游记》，福建科技出版社 1982 年版。

亚，开中国内地对外开放之先河。这时，山西商人的资本积累已相当可观："平阳、泽、潞富豪甲天下，非数十万不称富。"[1] 山西商人在商路、舞台、商业组织、企业制度、商业技术、商业文化、商业伦理等各方面均形成了自己的特点，成为最有影响的商帮。

（一）货通天下

关于明清山西商人与商业资本，我在 1986 年的一篇文章中说：当时"山西商人不仅垄断了中国北方贸易和资金调度，而且插足于整个亚洲地区，甚至把触角伸向欧洲市场，南自香港、加尔各答，北到伊尔库茨克、西伯利亚、莫斯科、彼得堡，东起大阪、神户、长崎、仁川，西到塔尔巴哈台、伊犁、喀什噶尔，都留下了山西商人的足迹。有些商人甚至能用蒙古语、哈萨克语、维吾尔语、俄语同北方少数民族和俄国人对答如流。可以说，从蒙古草原的骆驼商队，到吴淞口正在扬帆出海的商船，都有山西人计价核算，从呼伦贝尔的醋味，到贵州茅台的酒香，都有山西人在那里酿造叫卖。他们自称，凡是有鸡鸣狗叫的地方都有山西人"。[2]

先说明清晋商的商路。清初，山西商人介休范永斗等八大皇商，接办了原来浙江商人对日本的海上贸易权，在 18 世纪往返于长江口与日本长崎之间，垄断从日本进口生铜的贸易八十多年。晋商的海上商路（船帮）：国内各地—长江—吴淞口—黄海—日本长崎。但是晋商对外贸易路线的开辟，主要不在海上，而是对北亚和欧洲方向的陆路贸易。明代有东西商路，在长城内侧：北京—万全（张家口）—天成卫（天镇）—阳和卫（阳高）—大同—杀虎口—榆林卫—宁夏卫—宁夏中卫—凉州—肃州—敦煌—和田—叶尔羌—喀什噶尔—葱岭，进入阿拉伯地区。自清康熙初平定噶尔丹叛乱后，经由内外蒙古和新疆的对俄罗斯及欧洲的贸易进一步活跃起来，被称为"茶叶之路"：武夷山—铅山—九江—汉口—襄樊—社旗—清化—泽州—潞安—子洪口—太原—忻州—雁门关—黄花梁—西口（杀虎口）—归化—库伦—恰克图—伊尔库茨克—新西伯利亚—莫斯科—彼得堡；或由库伦—科布多—古城—乌鲁木齐—伊犁—塔尔巴哈台—西亚地区；或东口—多伦诺尔—齐齐哈尔—呼伦贝尔—满洲里。

再看晋商活跃的舞台。首先是蒙古市场，在包头有民谣道："先有复字号，后有包头城"，包头主要是山西祁县乔家商号发展起来的。在张家

---

① 谢肇淛：《五杂俎》。

② 孔祥毅：《近代史上的山西商人与商业资本》，载《近代的山西》，山西人民出版社 1986 年版。

口有山西籍的皇商八大家，他们持有清政府发给的"龙票"，有到外蒙古的特许权，蒙古地区前营、后营，基本是晋商垄断贸易。在西北市场，晋商在宁夏、青海大做皮货、药材生意，民谚有："先有祥泰隆，后有定远营"、"先有晋益老，后有西宁城"。在陕西、甘肃、新疆，奇台、古城、乌鲁木齐、伊犁、塔尔巴哈台、叶尔羌都有晋商的足迹。现在新疆伊宁有一个祁县村，至今还说祁县话。在西南市场，晋商在四川做夏布、井盐、药材生意，自流井、巴塘、理塘、打箭炉、雅安都有山西人的商号。在贵州茅台镇，山西盐商汾阳郭氏于1704年（康熙四十三年）参照汾酒技术，酿造出了至今中外驰名的茅台酒。在东北市场，前清时期晋商就在东北、朝鲜经营人参、夏布，在辽宁朝阳的太谷曹家有13行、640号、37000名职工。呼伦贝尔的满洲里由晋商八大家占据市场。1933年7月1日山海关报告显示，东北沦陷后有17万晋商返回山西，仅占在东北晋商的1/3。在东南市场，明代借食盐开中，晋商进入扬州经营淮盐，扬州瘦西湖、个园当年分别是临汾亢家、大同黄家的私家花园。晋商在福建武夷山包山收购茶叶，设厂加工，运销蒙古、俄罗斯。在中南市场，河南的开封、周口、洛阳、南阳、赊旗、朱仙镇等都有晋商修建的关帝庙，阳城商人在豫33县经商，徐沟商人张联辉在陈州组织军队配合清军镇压捻军，被赏穿黄马褂。九江、六安、羊楼司、羊楼洞是晋商茶叶采购基地。安徽卫视台专题节目"花戏楼"，就是借用了亳州晋商会馆舞台之名。在北京市场，1958年中国人民大学李华先生考察各地驻京会馆，其中明代晋商会馆占36%。新中国成立前晋商在北京垄断性行业有：米面行祁县人，纸张行临汾、襄临人，布匹行翼城人，干果行文水人，颜料行祁县人。现在北京的老字号都一处、六必居、乐仁堂当年都是晋商企业。在国外市场，晋商在朝鲜经营人参、夏布，在日本经营生铜贸易，在俄罗斯经营茶叶、绸缎，购进皮毛、呢绒、金属制品。俄罗斯的莫斯科、多木斯克、耶尔古特斯克、克拉斯诺亚尔斯克、新西伯利亚、巴尔纳乌、巴尔古今、比西克、上乌金斯克、彼得堡等都有山西人。俄国十月革命后，1919年从俄罗斯返回的山西汾阳商人有1万人。当时对俄贸易的主要市场恰克图、塔尔巴哈台、满洲里，基本是由晋商垄断。1843年（道光二十三年）仅恰克图市场输俄茶叶12万箱，价值1240万卢布，还有曲沃烟丝、晋城衣针、大同铜器、太原陈醋等。1844年以恰克图为主的对俄进出口占当年中国进出口的16%和19%。俄国对华贸易占其进出口的40%～60%。

晋商组织货通天下的同时，开辟了中国通往欧洲的陆路贸易路线——茶叶之路；开发了一批北疆城市诸如满洲里、朝阳、张家口、包头、定远营、西宁、科布多、恰克图等城市；创造了中国特色的企业制度，如股份企业、两权分离、人力资本、联号制度以及资本管理、财务稽核等制度；创新了大量实用商业技术，如珠算算法、复式记账、本平记账货币、商业票据融资、拨兑转账、订卯清算等；形成了独具特色的晋商文化与晋商精神。

（二）汇通天下

"山西票号汇通天下"世人皆知，晋商的当铺、钱庄（银号）、印局、票号、账局五大类金融机构，在全国以至国外进行金融活动，外国人把这些金融机构统称山西银行。山西祁县合盛元票号在日本、朝鲜注册的就是"合盛元银行"。据1909年日本出版的中国驻屯军司令部编写的《天津志》记载："汇票庄俗称票庄，总称是山西银行。据说在一百多年以前业已成立。主要从事中国国内的汇兑交易，执行地方银行的事务。"美国著名学者费正清说，中国"在外国人来到以前，在最上层信贷的转让，是由钱庄经手，这些钱庄集中于山西中部汾河流域的一些小镇。山西银行常常靠亲属关系在全国设立分号，把款子从一个地方转给其他地方的分号，为此收取一些汇水"。"在上层和低层之间还有几类大大小小的外国人称为地方银行的钱庄。小钱庄可以服务于它们所在地的社区，大的钱庄则常和分布在通都大邑的地方银号有往来。"[1]

当铺，是从事消费抵押信用的金融机构，在清康熙年间，全国有当铺2.2万多家，而山西境内4700多家，占1/5；至于晋商在省外设立当铺的情况，严慎修说："凡是中国的典当业，大半是山西人经理。"[2]

钱庄，最初是从事钱币兑换业务的金融机构，后来又办理存放款。太谷曹家除开设一家票号锦生润、一家账局锦元懋外，还设锦泉涌、锦泉汇、锦丰焕、锦丰典、锦隆德五家钱庄，分布于山西、津京、东北、华东、西南、内外蒙古、俄罗斯数十个城市。1765年（清乾隆三十年），在苏州城内就有晋商开设的钱庄81家。1853年（清咸丰三年）在北京有山西人开的钱庄40余家。[3]山西钱商在很多城市钱行中居于垄断地位，有

---

① 费正清：《伟大的中国革命》，世界知识出版社2000年版。
② 严慎修：《晋商盛衰记》。
③ 清档《朱批奏折》，咸丰三年四月三日。

自己的行会组织，如归化城的宝丰社、包头城的裕丰社等。

印局，是办理短期小额信用放款的金融机构。在中国北方相当活跃，无论在京城还是蒙古草原。内阁大学士祁寯藻给皇帝的报告说："窃闻京城内外，现有山西等省民人开设铺面，名曰印局，所有大小铺户及军民人等，俱向其借用钱文"，"京师地方，五方杂处，商贾云集，各铺籍资余利，买卖可以流通，军民偶有匮乏日用以资接济，是全赖印局的周转，实为不可少之事。"①

账局，是专门从事放款的金融机构。自清初至民国大体存在了300多年。1853年北京有账局268家，其中山西商人开设的账局有210家，占78.35%。当时负责管理货币事务的户部右侍郎王茂荫说"账局帮伙不下万人"。②1904年晋商在北京设有"账庄商会"。

票号，最早是专门从事异地款项汇兑的金融机构，最早的票号一般认为是1820年的平遥日升昌，另一说为1679年（康熙十八年）太谷志成信。到1862年（清同治元年）上海有山西票号22家，对上海的钱庄放款达300多万两白银。1871年，票号把自己的业务重心从长江流域的汉口转移到了上海，并于1876年在上海成立了"山西汇业公所"，1904年"京师汇兑庄商会"成立。1906年票号年汇兑公款达2257万两。山西票号在全国的分支机构多达500多处，恰克图、多伦、迪化、厦门、海南、香港、拉萨、巴塘、理塘、打箭炉等地都有票号机构。日升昌在张家口上堡有日升昌巷，锦泉兴在下堡有锦泉兴巷，和意大利伦巴第商人在伦敦、巴黎建设了伦巴第街，发展了伦巴第银行业务是一样的。但是自咸丰朝开始，票号与清政府关系越来越密切，逐渐由商业金融转向政府金融，以至到19世纪末成为清政府的财政支柱。因之，票号的声名也就最为显赫。票号的总号集中在山西平遥、祁县和太谷三县，分支机构散布全国及国外。

当时中国的货币是白银与铜钱，但中国是贫银贫铜国家，晋商从1699年（康熙三十八年）开始，每年两次用大型帆船从长江口出海，乘季风开往日本长崎，先后七八十年，为国家购进生铜约21000万斤，补充了铸造制钱的铜源。1821～1850年，晋商向俄输出商品，每年约在800万卢布上下，而俄国对华贸易的差额用汉堡银来支付，晋商将其铸成银元

---

①② 《祁寯藻奏稿》。

宝，投入国内市场。17～18世纪，晋商对外贸易，吸收了大量西班牙、墨西哥银元，补充了国内白银货币。晋商对俄罗斯商人贸易融资中，米德尔洋夫等5家俄商对晋商大泉玉等10家商号欠款62万两白银不能偿还，官司打到了彼得堡沙俄政府的中央。1907年开始，祁县合盛元票号在朝鲜的仁川、日本神户、东京、大阪、横滨设立"合盛元银行"，是最早介入国际金融市场的中国商人。在此同时，山西银行进行了大量的金融创新，可以与英国、意大利金钱商相媲美，某些方面超过了西方商人。金融工具创新方面，在山西票号出现前后，山西货币商人已经根据经济社会发展的需要创造了许多信用工具：凭帖（本票）、兑帖（支票）、上帖（银行汇票）、上票（商业汇票）、壶瓶帖（融通票据）、期帖（远期汇票）、会券（汇票）以至于旅行支票。金融制度方面，山西货币商人创造了人力资本、"本平"制度、票据贴现、转账结算、同业拆借市场、银行清算制度（订卯）、信约公履制度等。金融风险控制方面，有薪酬社保激励、宗法与担保约束、银行密押、金融稽核、内控制度等。晋商金融企业资本金管理有正本和副本之分，其副本相当于新近通过的国际巴塞尔银行监管委员会新资本协议规定的经济性资本，晋商资本管理制度比国际新定标准早了300多年。在业务经营战略方面，坚持信用第一，慎于出票，业务与资金随经济社会需要而松紧，机构随盈利与风险大小而伸缩。

（三）企业制度

明清晋商的企业制度最突出地表现为五个方面：一是股份制度，多数企业由数家或者数十家合伙投资，定有合约，与中国其他商帮的独资企业不同。二是两权分离制度，企业所有权属于投资者东家，经营权委托大掌柜，实行委托代理制度。三是人力资本制度，晋商办企业，有钱出钱，有力出力，出钱者为股东，出力者为伙计，"东伙共而商之"，高级管理人员、业务骨干顶有"人身股"，与东家的银股共同参与利润分配，与近年来美国期股制度类同。四是联号制度，即总分支机构制，总号设在山西本地，分支机构遍布全国各地以至国外，统一制度、统一管理、统一核算、统一资金调度，对分号的考核，是以"结利疲账定功过"，但以不对他号造成损失为原则，否则给予处罚。五是人力资源管理制度，东家对大掌柜"疑人不用，用人不疑"，大掌柜"受人之托，忠人之事"，兢兢业业带领同人崎岖前进；定期人事考核，增加身股，载入"万金账"；新员工选拔制，需通过笔试、面试、铺保、吃苦精神考验、请进等程序；实行三年学徒制；等等。

明清晋商与浙商苏商比较，其共同点至少有以下几点：第一，时代背景相同，同是发展于中国商业革命时期。第二，诚信义利的价值观，供奉关帝君。第三，聘用同乡人，利用宗法约束规避风险。第四，产业资本与金融资本的混合生长。第五，依托行会，自治、自律、自卫。晋商与浙商苏商的不同点主要是：前者实行股份制，后者独资；前者实行人身股制，后者领本制或者没有；前者实行所有权与经营权两权分离，后者两权集中；前者实行联号制，后者分支机构少见；前者利润主要投资老家的房地产，后者重视近代工商业；前者近政府，后者远政府等。可见，晋帮商人确实有自己的独特之处。

（四）商业技术

晋商对珠算应用、会计记账、银币本平、银行密押、票据交易、转账结算、旅行支票等商业技术都有精深的研究，严格的规范，对中国商业科技做出了重要贡献。比如：

1. 珠算

珠算是中国发明的应用数学技术。明代山西汾州商人王文素用珠算解决开方等计算技术，通俗易学，释义、解题，并有绘图及算学口诀，有很高的应用价值。

2. 会计学

晋商在明末清初创新发展了"龙门账"记账法，促进记账方法向复式记账过渡，发展了记账原理，为现代商业会计奠定基础。通过进、缴、存、该四大类的记账、复账、报账等几个环节，对商业经营过程进行控制和观察，为经营管理提供信息和决策依据，起到了反映经营情况、监督经营行为和促进企业经营的作用。

3. 本平制度

当时中国货币是银铜平行本位，商号收受银两，每次都要称量。由于各地的天平砝码不统一，交易不便，且无法记账。为此晋商创立了自身的记账货币单位，有自己的平砝，即"本平制度"，方便顾客并维护双方利益。

4. 票据制度

晋商在其商业贸易活动中，最早地使用了商业票据和银行票据，当时的票据有凭帖、兑帖、上帖、上票、壶瓶帖、期帖六种，大大改变了商民交易。

5. 转账结算

中国最早的转账结算制度，不是过去人们所说的 1890 年始于上海汇划钱庄，而是清代早期晋商的当拨兑（客兑），其银行票据清算始于清代晋商的"订卯"制度。

6. 银行密押制度

票号的"会票"，由票根、存票、送票三张构成，统一印制，四角是水印暗记；专人书写，字迹在总号及各分号预留备案；加盖特殊印鉴（印鉴通常是不同样式、不同位置的六枚，即抬头章、押款章、落地章、防伪章、套字章、骑缝章）；汇款金额、时间，设有银暗号、月暗号和日暗号，等等。晋商票据水印，开中国票据水印之先河。

（五）经营艺术

晋商企业多数为连锁经营，总号设在山西本地，分支机构遍设全国，其设置与撤并随盈利与风险大小而伸缩。新设分号，先行市场调研，在掌握市场动向基础上添置新号；若不能经营，立刻撤庄。如票号分号设通都大邑，在地理偏僻的拉萨、巴塘、理塘、打箭炉、雅安亦因承揽官款汇兑原因设号。太平军进军南京曾收缩分号。日俄战争，营口业务困难，调整战略，聘日本人为中介，稳住业务，继而设庄于丹东、朝鲜仁川，后伸向日本神户、横滨、大阪、东京。

业务与资金随经济社会需要而松紧。票号慎于出票，主要靠自有资本经营，与意大利金钱商相似。但随着业务发展，资金无法满足社会借贷需求时，通过收受商业票据或者发行自己的票据，满足社会对交易媒介的需要，即货币数量不足时用创造票据及背书转让解决。

产业资本与金融资本混合生长。晋商的商品贸易与信用活动紧密结合。信用交易中主要凭人信用，很少凭物信用。信用贷款、担保贷款之外，主要是信用贷货，大量使用商业票据融通资金。一个商家既投资商品经营业，又投资货币资本经营业，经营管理上各自独立，业务上互相支持，商品经营资本与货币经营资本混合生长。

组织同业行会维护有序竞争。为防范风险，协调内部、各行业在一些大城市设立行会。如汉口的钱业公所，上海的山西汇业公所，北京汇兑庄商会、账庄商会，归化城的宝丰社，等等。

晋商企业的其他经营战略，如审时度势，人弃我取；周到服务，薄利多销；产运结合，银贸一体；严格号规，节欲杜弊；员工教育，德智并重；预提倒款，抽疲转快等。他们的营销思想，有调查研究、信用贷货、和气生财、重视信息、灵活机动、设置小号、结交官场等。

榆次常家经商的特色，一是勤俭办店，以诚对待；二是采购、加工、销售一体化；三是一业为主，多业经营；四是多处扎庄，便于沟通信息。常家全盛时期设庄于张家口、多伦诺尔、兴化镇、恰克图、北京、天津、上海、苏州、沈阳，以及省内太谷、大同，繁峙、丰镇等。《常氏家乘》记载："吾常氏起家于商，凡高、曾之所经划、子孙之所衣食皆在张城，他如辽、沈、京、津暨吴之苏、淞，荆之汉、沔，列肆而平均者又数十所。"这些网点并非全部经营商品交易，有的是负责督运商品，沟通商情信息，办理转汇资金，为经营决策服务。

（六）晋商文化

晋商发展到明清时期，终于形成了自己独特的晋商文化，包括物质文明与精神文明，诸如商路舞台、商业财富、商业伦理、商业组织、经营艺术、管理制度、商业技术、商业教育以及他们的城乡建筑、庙宇奉祀、社会习俗等整个商业文明体系。晋商的商路舞台、商业财富、商业伦理、商业组织、经营艺术、管理制度、商业技术上文已作评介，这里还需要简要低介绍一下他们的商业教育、科学研究、文学艺术、城乡建筑、庙宇奉祀、社会习俗。

晋商在其义利相通相济、士商同性，儒贾相通思想指导下，重视子弟教育。教育形式包括家庭教育、私塾、乡镇义学、府州县学、书院。很多商业家族定有家训和家规，如榆次常家家训要求"凡语必忠信"，"凡行必笃敬"，"饮食必慎节"，"字画必楷正"，"容貌必端庄"，"衣冠必肃整"，"步履必安详"，"作事必谋始"，"出言必顾行"。私塾是晋商基础教育的主要基地，"年至九岁入塾，教以《百家姓》、《三字经》、《千字文》三种小书，次第读之。十岁以上，次第读《论语》、《大学》、《中庸》、《孟子》，谓之四书。十三岁以上讲授《论语》，其书曰《二论典故》或《二论讲义》，均以白话解释书义，谓之开讲"。私塾读到此时，基础教育开始向专业教育分化，有意于举业者，则续读《诗》、《书》、《礼》、《易》、《春秋》各经及古文辞，时文试帖。而有意经商者，于四书之外兼学珠算、五七言《千家诗》、《幼学》、《尺牍》。同时，重视捐资助教，如翼城县"绅商酌劝捐获银八千两，发当生息，以为聘（书院）

山长之资，生童膏火之费，至今约三十余年矣"。高平赵家在侯庄修建书房学馆 7 所，其中在清乾隆末年"三和堂"分居鼎立，各修学馆一所，其院落至今还在。到清咸丰同治时，赵家第七代又捐资建立义学一所。子弟教育之外是学徒教育，一是商人修养；二是写字；三是珠算；四是记账；五是秤平银色；六是经营技术与业务。

晋商与科学研究关系密切。首先是应用科学研究方面，山西商人很重视对数学、珠算、会计等计算科技的研究与实际应用，商人本人或者家族成员有贡献者大有人在。珠算大师王文素，汾阳人，早年随父到河北饶阳经商，由于经商的需要，他很小就练打算盘，尤长于算法，明嘉靖三年（1524 年）编成《新集通证古今算学宝鉴》。全书共 42 卷 203 条，117 诀，1267 问，这是一部优秀的应用数学之作，内容丰富，科学性极强，胜过明代钱塘吴敬《九章算比类大全》和安徽程大位《直指算法统宗》。数学家张敦仁（1754 ~ 1834 年），阳城人，主要著作有《辑古算经细草》二卷、《开方补记》九卷、《求一算术》三卷。人文社科研究方面，陈廷敬（1639 ~ 1712 年），阳城人，一生著作甚多，担任过《明史》等书总裁官，晚年编纂《康熙字典》，为总阅官。考据学家阎若璩（1638 ~ 1704 年），太原人，七世祖经营淮盐，迁居淮安，阎若璩 15 岁以商籍补山阳学生员，后返太原，与傅山、顾炎武交好，著述很多，黄宗羲读其《尚书古文疏证》其四卷后说："一生疑团，见此尽破矣。"去世后，雍正致祭诗四句，"读书等身，一字无假，孔思周情，旨深言大"。其他如地理学、历史学、地方志等成果也很多。

文学艺术方面，明清山西的文学以诗歌为盛，小说、剧本也不少。列入光绪山西通志文学录的学者有 400 多人，有不少有商人家族背景。太谷县曹润堂，光绪时名诗人，就是山西省商界领袖，山西省商会会长。祁县商人曾成立戏曲研究社，对晋剧的剧本、音乐、声腔、表演艺术等进行了系统的研究和改革。太谷县引进安徽凤阳花鼓、湖南采茶调等，使秧歌向戏曲化发展，逐渐形成地方小戏种。祁太秧歌正在申报世界非物质文化遗产。

晋商在建筑方面，不仅在原籍盖起了高楼大厦、亭台水榭，而且建设了很多边远的新城市，在扬州、苏州、亳州、聊城等很多城市留下晋商会馆、住宅，用山西特有的建材、工匠，建设关帝庙、戏剧舞台，建筑巍峨壮观，装饰华丽的砖雕、石雕、木雕，精美绝伦，其中有人物、山水、花卉、鸟兽、算盘、账簿，显露出浓郁的商业气氛。均是集建筑、雕刻、绘画、陶瓷工艺为一体的艺术品。

晋商对武术也有突出贡献，晋商遍走长城内外，大江南北，为解决物质运送和货币清算的安全问题，创造了镖局，镖局的镖师需要很高强的武术。山西是中国心意拳和形意拳的发祥地。武术有健身和攻防双重功能，商人练功者很多。明嘉靖三十三年（1554 年），山陕盐商为抗击日本海盗入侵，曾选善射骁勇者 500 名商兵防守扬州。

晋商还喜爱文物收藏，太谷县富商曹家有一尊"金火车钟"，原为法国工艺品，用黄金、钨金、白金制成，重 42.25 公斤，为清慈禧所赠。祁县乔家用七八十块寿田、青田等名贵玉石，组成篆刻印章《文昌帝君阴骘文》。北京琉璃厂有很多晋籍古董商人，如英古斋、德宝斋、书业堂、荣录堂、永宝斋、奇观阁、渊识斋、晋秀斋、永誉斋、振寰阁、宝名斋等。

民间社会习俗文化，如衣食住行、婚丧嫁娶、建筑风水、岁时民俗、神道祭祀、家庙家谱等，山西均有自己特点。

总之，晋商文化，是一个广博精湛的智慧宝库，是 500 年商业文明的产物。需要挖掘、研究和整理。

概括晋商文化的特点有四：

一是唐晋遗风的管理思想。周初成王封其弟叔虞为唐候，唐后来改为晋，唐叔虞是晋国的始祖。成王要叔虞到唐地后"启以夏政，疆以戎索"，叔虞在唐既适当保留了夏代以来的一些制度，维护夏人的传统习俗，暂不实行以周礼为中心的宗法制度；同时依照游牧民族生产和生活习惯分配土地，开设田间疆界，以便利农牧生产，暂不实行周朝规定的井田制度，实行了不完全等同于周朝的政治经济政策，由此孕育出政治上博大宽厚、兼容并蓄，经济上求同存异、自强不息的特点。

二是关公崇拜的商业伦理。关公一生身体力行"忠义"二字，是实践孔子思想的典范，忠肝义胆，诚信磊落，晋商足迹所至，到处建有规模宏大的关帝庙，借关公的地缘亲情，以关公的忠义楷模教育约束员工，并保卫商人事业发展和财产安全。他们主张以义制利，见利思义，先义后利，义利相通，恪守商德商规，诚信经营。认为义是完美人格的道德前提，诚是沟通人际关系，促进人与人之间相互信任的精神纽带，在利他的同时也会利己，"有德则有财"。他们认为贾儒相通，商士同性。中国社会一般人认为"儒以名高，贾以厚利"，贾儒目标不一。但是晋商却认为"行贾也可习儒，儒可贾，贾可仕，仕可不失贾业"，君子需财，取之有道；君子拥财，用之有道，将经商作为一种事业，而不是把赚钱作为唯一目的。蒲州商人王文显经商40多年，足迹半天下，他在鉴子书中说："夫商与士，异术而同心。故善商者，处财货之场，而修高明之行，是故虽利而不污；善士者引先王之经，而绝货利之途，是故必名而有成。故利以义制，名以清修，各守其业，天之鉴也。如此则子孙必昌，自安而家肥富。"晋商还主张儒意通商，择人委任，唯贤是举，凡被选中者须精明强干，精通本行业务，了解本行全部商业活动，具有运筹帷幄、决策千里之外的胆识与谋略。他们坚持勤劳节俭，保守财富，认为勤俭是治生之道，又是修身立业之本。康熙皇帝说："夙闻东南巨商大贾，号称辐辏，今朕行历吴越州郡，察其市肆贸迁，多属晋省之人，而土著者益寡，良由晋风多俭，积累易饶，南人习俗奢靡，家无储蓄。"[1]"晋俗勤劳朴素。勤劳易于进取，朴素易于保守。故晋人之长在于商，车辙马迹遍天下。齐鲁秦晋燕赵诸大市，执商市之牛耳者，咸晋人。故晋人之富，甲于天下。"[2]乾隆版《祁县志》说："唐俗勤俭，勤者生财之道，俭者用财之道。圣人教之，不越乎勤俭而已。"不少商家把祖宗创业时的讨饭碗、货郎担、背搭子供奉在楼上神龛或者祠堂里，教育子孙。

三是人本思想的企业文化。不仅表现在人身股、故股、薪酬福利、员工训育、义学、义地以及筑桥、铺路、修水利、赈灾救荒，举办文化娱乐活动等，更重要的是在经营中，重人信用大于重物信用，主张和为贵，笃信"和气生财"，重视社会各方面的和谐相处。他们在同业往来中，既保持平等竞争，又相互支持和关照，他们称友好的客户和同行为"相与"，凡是"相与"，必须善始善终，同舟共济。和相与往来，必须货真价实，一旦发现有假，永不往来。在"相与"遇到困难时鼎力相助。

四是官商相维的展业战略。经商发迹的山西商人，总要千方百计交结官僚，借以谋求业务的进一步拓展。据说努尔哈赤的对明宣战的"七大恨"是由晋商传入关内的，因而在清入关以后，朝廷封张家口晋商八大家为皇商。为了与官僚和政府交结，晋商捐纳、报效、买官，耗费巨资，咸丰三年（1853年）五月初三到十月初十山西各票号与账局捐资白银34

---

① 《东华录》。
② 《康熙南巡秘记》。

万两、钱 7 万吊，十月下旬日升昌等 13 家又捐 6000 两。平遥蔚字号票号大掌柜毛鸿翙一族父辈至玄孙男子 31 名捐官，女子亦捐夫人、恭人。[①]晋商住宅建筑也体现了官商相维的思想，如灵石王家楼栏雕刻"辈辈封侯"，沁水柳家大院墩石雕堂鼓与元宝等。

（七）天时地利人和

明清晋商的崛起，可以说是天时、地利、人和共同作用的结果。历史上，人口流动，常常推动商品流通，赵宋王朝在解决太原北汉割据政权时三次将晋民十多万人强迫迁往河南，明代政府几次移晋民充实南京、北京、安徽等地，这些移民与晋商有一定的关系。但更重要的是始终与边地贸易关系甚密。一是明代食盐开中，捷足先登。明王朝为了解决北部边防 80 多万驻军的物资供应，实行食盐"开中法"，谁能够把军用物资送抵边关，政府根据其价值发给"盐引"，商人可持之到指定盐场领盐出售，实际上这是一次官卖食盐民营化的历史机遇。山西中南部地区是主要产粮区，又是著名的潞盐产区，距离边关比其他商帮要近得多，输粮换引成本最低，就近输送军用物资于绥德、大同等边关，迅速致富。后来政府改纳粮领引为纳银领引，晋商进入天津长卢盐场和扬州两淮盐场，取得天津长芦盐、扬州淮盐经营权，走向全国。二是清代开发边疆，进入蒙俄。清初蒙古、新疆、西藏归入中国版图，但不久噶尔丹叛乱，康熙征剿噶尔丹的军事行动延续了很长时间，大批晋商跟随军队从事军需贸易，如大盛魁的创始人王相卿、张杰、史大学就是随军贸易的"丹门庆"[②]。晋商在内外蒙古市场由此迅速展拓。边疆的稳定和开发，是清前期的一项重要国策，为了加强对辽阔边疆的管理，政府建立了以北京为中心的四通八达的驿站网络。从康熙到雍正初年，东北的交通驿站建成，正北、西北的交通驿站也大体在康熙到乾隆初完成，一方面服务于征剿噶尔丹，另一方面要抑制沙俄南下，漠北（外蒙古）、漠南（内蒙古）、漠西（新疆）驿站管理严格，邮传道路便捷。这庞大的邮传之路也成为商旅之路。在山西，清代山西驿站 125 个，比明代的 58 个增加了一倍多，为山西商人北进提供了重要条件。

地利，山西地处边关，从来就是相对北部游牧民族的中间地带，南来的烟酒糖布茶，北来的牛羊骆驼马，在山西北部长城关口互市。山西人有

---

① 孔祥毅：《山西票号与清政府的勾结》，《中国经济社会史研究》1994 年第 3 期。

② 蒙古语，意为货郎担。

着在边关与游牧民族互市的传统和经验。清代疆域扩大，晋人北上南下，贩运贸易，占尽地理优势。加上清初政府开发北疆，鼓励内地人到口外垦荒种地，土瘠民贫、缺吃少穿的山西农民，便纷纷"走西口"，进入内蒙古地区。在与蒙古人交往中，发现蒙古人不善经商，又需要内地来的生活日用品，很多人做起了串蒙古包的游商，后来逐渐发展成为坐商大贾或大行商。同时，这里虽然土地瘠薄，但资源丰富，手工业发达，盛产煤铁盐枣丝绸，山西铁货走遍华北，晋城的缝衣针供应着整个北亚地区。

天时地利需要人来把握。晋商成功很重要的因素之一是晋商精神。一是重商立业的人生观。宋元以来，山西人逐渐形成了一种离经叛道的重商思想，清人纪晓岚在他的《阅微草堂笔记》中说："山西人多商于外，十余岁辄从人学贸易，俟蓄积有资，始归纳妇。"连清雍正皇帝也在其《朱批谕旨》中批道："山右大约商贾居首，其次者尤肯力农，再次者谋入营伍，最下者方令读书。"在民间形成了一种"以商致财，用财守本"的立业思想。二是诚信义利的价值观。晋商的关公崇拜达到了极点，以关公的忠义规范约束员工，诚信义利的价值观成为晋商公认的社会行为准则，反对采用任何卑劣手段骗取钱财，不惜折本亏赔也要保证企业信誉。三是艰苦奋斗的创业精神。贩茶于浙闽，销售于漠北，千山万水，沙漠瀚海，年复一年，奔波于商途，百折不挠，积极进取。四是同舟共济的协调思想。他们笃信"和气生财"，重视社会各方面的和谐相处。以中和之道待人处世，讲究人和、事中、物义。凡"相与"必善始善终，同舟共济。

可以肯定，明清时期，晋商不仅货通天下、汇通天下，而且在商业组织、商业伦理、商业文化等各方面都比早期有了飞跃性的变化。

三、晋帮的形成

（一）商业行会

商帮，包含着区域与行业商人的相对独立的组织与文化体系的意义，山西商人作为独立的晋帮，与中国商业行会的发展密不可分。商会源于民间结社习俗。"社"最初是按照民意自发形成的以敬神为中心的自治机构。随着商业发展，汉唐时代政府实行坊市制，工商业户在固定的坊市内按商品类别排成行列，称之为行。唐有二百二十行，宋有三百六十行。盛唐时，在坊巷乡间出现了一种以亲睦、教养、经济上相互帮助的机构——社邑或社，唐天宝七年（748 年）已流行全国。同行商人组织起来的自治社就是商业行会。山西商业行会发生于何时，史料记载很少，现有史料说明，大约在明代万历年间（16 世纪中期），晋商行会就已经很完善了。

晋商行会组织名称似乎始终没有统一的规范，各依自己的信仰及偏好而命名。有的叫社，有的叫会馆，后来有的改称公所或公会，有的改用商会。明清时代北京晋商行会有：颜料会馆，平遥颜料商人行会（明代）；临襄会馆，临汾、襄陵油盐粮商人行会（明代）；临汾东馆，临汾纸张、干果、烟叶、杂货商行会（明代）；临汾西馆，临汾商人行会（明代）；潞安会馆，潞安铜、铁、锡、炭、烟商行会（明代）；河东会馆，山西烟商行会（清代）；太平会馆，太平县（今属襄汾县）商人行会（清代）；晋冀会馆，山西布商行会（清）；通州晋冀会馆，山西翼城商人行会（清代）；盂县会馆，山西盂县毡毭商人行会（清代）；平定会馆，山西平定雨衣、钱庄、染坊商人行会（清代）。归化城的晋商会馆建于清代，有生皮社，皮商行会；仙翁社，酒饭商行会；得胜社，肉商行会；药王社，医药商行会；钉鞋社，修鞋商行会；纸房社，纸商行会；聚锦社，百货商行会；净发社，理发业行会；金炉社，铁业商行会；鲁班社，木业木器商行会；吴真社，油漆商行会；成衣社，服装业行会；集锦，当铺商行会；宝丰社，钱庄商行会；银行社，票号商行会；忻州社，忻州商人行会；太谷社，太谷商人行会；等等。

从以上两城市部分晋商行会的名称看，可以分两类：一是因籍贯形成，因为经商在外，远离家乡和亲人，必须相互关心，团结一致，以防御外人欺侮，并顺利从事商业活动；二是以职业为纽带形成的行会，以崇拜神名命名或以职业命名、以吉祥词语命名、以信义气命名。清代归化城按行业组成的商会有 39 个，按籍贯组成的有 13 个。

晋商行会多有自己行业所崇祀的偶像，如牲畜行供马王、纸行供蔡伦，理发行供罗祖、油漆裱糊行供吴道子、肉行供张飞，票号供金花圣母、银钱行供金龙四大王，等等，以其作为联结的纽带或精神支柱，但是没有一个商会不祀奉关帝，关帝是晋商共同崇拜的偶像，他们在关帝庙开会议事，是晋商行会的办公地点。

（二）大行小行

晋商行会，有单会（社）和联会（社）之分，单会（社）是单一行业组织，称为"小行"或"行"，独立活动。联会（社）是若干会（社）联合成一个联合体，有共同的会首与办事机构，管理共同的事务，称为

"大行"。

"小行"的参加人，多数是不分师傅或徒弟，资方或劳方共同参加；少数是单纯资方或单纯劳方组成的。归化城的鲁班社是劳资合作性的，师徒都可以参加，店主与伙计在一社之内，关系良好，同心协力。也有的劳资合作社逐渐发生变化，改为分设，如内蒙古萨拉齐的义合社是劳资协同的，但1829年（道光九年）左右劳资分立，资方组成了纸房社，劳方组成了公义社，仍然关系良好，同在一地办公，常常经过协商发布统一的公告，维系他们的业务关系。[①] "小行"的会首也称执事，一正一副，或一正二副，另有干事一名，称跑庙，处理会内事务。有的小行，还置有"义地"或叫"香粮地"，出租给当地农民，其收入为行会经费，该义地还作为会内成员死亡后的公用墓地。行会收入除香粮地收入外，还有各商号捐助，捐助金额按各号资本大小和业务情况而定。支出主要是看库人员（和尚、道主）生活费用，及行会办事支出。这些资金在已收未支之前也常存入商号、钱庄生息，财务公开。

"大行"会首一正一副，为大行的总管，由各"小行"会首轮流义务担任，其威信资格不是以个人能力来决定，而是由所在的"小行"的地位决定。每年春季庙会，改选大行会首，任期一般为一年。归化城的"大行"为十二行的联合体，清雍正年以前成立，到乾隆末年，已成为十五社联合体，清末改称商务公所，人们习惯上仍称呼其为"大行"。"大行"会首之下，还有若干办事人员，处理会内事务。清末，有些大行还有自己的武装卫队，也称商团。它们除处理商务活动以外，甚至协助地方政府，"巡查弹压，拘捕人犯"。"包头长久以来，一直是由关帝庙的'大行'和东河的'农圃社'利用'死人沟'的'梁山'来维持市面"[②]。著名的大盛魁商号末任经理段敬斋，当了归化城的商务会长后又兼保商团团长（共两个团，一个蒙人骑兵团，一个汉人骑兵团）[③]。徐沟商人张联辉商于河南陈州，当捻军活动逼近陈州时，他在行会内动员商人捐资，组织军队，协助清政府正规部队作战，曾被清廷赏穿"黄马褂"。

（三）行会制度

晋商行会的目标，可以从北京的山西票号商人行会章程中得到解释：

---

① 《蒙疆的土俗信仰》。
② 《包头史料荟要》第二辑。
③ 吕洛青：《大盛魁印票庄简介》。

"商会之设，原所以联络同业情谊，广通声息。中华商情向称散涣，不过同业争利而已。殊不知一人智慧无多，纵能争利亦属无几何，不务其大者而为之。若能时相聚议，各抒所见，必能得巧机关，以获厚利。即或一人力所不及，彼此信义相孚。不难通力合作，以收集思广益之效。兹定于每月初一、十五两日为大会之期，准于上午十一钟聚会，下午一钟散会，同业各家执事齐集到会，或有益于商务者，或有病于商务者，即可公平定议，禀请大部核夺施行。如同业中有重要事宜，尽可由该号将情告知商会董事，派发传单随时定期集议。"① 所以，行会的"主要的目的都是社会生活方面的相互亲睦，经济上给予扶助，即所谓保护共同利益。信仰本身是一种观念的东西，但'社会'的中心一定依赖于信仰"②。平遥颜料行于清乾隆六年在北京会馆碑记中说："夫事创始者难，继其志者亦复不易。我行朱辈，立业都门，祀梅梅，葛仙翁，香火悠长，自明代以至国朝，百有余年矣。"③ 北京临襄会馆碑记："朋友居五伦之一，四海之内，以义相投，皆为兄弟。然籍同里井者，其情较恰；籍同里井而于他乡遇之则尤恰。"④ "遂各筹同乡会聚之地，及停枢厝棺之所，与夫永久经费之预备。于是会馆义园置产之建设，因之以起。意至美，法至善也。"⑤ "各捐资财，置买地基，创建会馆……以叙乡谊、通洵情、安旅故，商为盛举。"⑥ 可见，晋商会馆的目标就是联络同乡同行，实行自我管理，约束同行，保护同行利益。简言之，自治、自律、自卫。既是自治，自然以一种信仰为精神支柱，以行业神灵的崇拜来实现联络，实现自我约束。同时订有共同遵守的行会纪律。行会纪律为会（社）规，凡立会（社），必有自己的会（社）规。

会（社）规，也称规牌。主要规定会员义务、行为、会费及惩罚办法等。归化城鲁班社 1829 年（清道光九年）的《新立规碑记》记载："兹因世道不古，人心不齐，有亏于圣事者多矣。我鲁班社由来已久，是属祖师胜会，而布施隐藏遗漏，以至会首屡屡赔苦，若不整齐，社事将衰矣。我们不忍坐视，遂合公议，严立新规，严其责于铺户、工头，董其事于值年会首……使无耻工作，知其新规，有所警畏，而从前隐循

---

① 《山西票号史料》，山西人民出版社 1990 年版。
② 《蒙疆的土俗信仰》。
③④⑤ 李华：《明清以来北京工商业会馆碑刻选编》。
⑥ 河南赊旗镇关帝庙《重修山陕会馆碑记》。

掩护之弊，可以顿除也，今将新立条例开列于左，以志永远不朽之尔。"
下列社规四条：一是铺户等设攒钱牌 14 面，字号钱数开列于上，值年
会首各执一牌，按街挨户攒收，每月一周；二是铺中人各量其资本、业
务而上布施，刚出师的徒工每月以两日工资为限；三是泥、木、石工工
头上总牌一面，每人每月以五十文攒钱；四是临时工布施按两天工资由
工头扣除交社，以及领签交纳，还规定值年会首及跑庙若不认真收敛要
罚烛十斤，应交款社员被传不到罚烛五斤，等等。"倘有不遵法者，大
家举官究治。"北京山西票号商人会规规定：中国汇兑银号，除汇兑银
两外，间有与官家、商家通融借贷之事，息银多少各有不同，书立信
据，书明归还日期，即应如期归还；中国汇兑银两，无论官商，立据后
如有退款不办之事，议定不退兑费；中国汇兑银两，收交以票、信为
凭，往来以折条为据；中国汇兑银两，应以本地之通行银色收交，一律
两不相亏；等等。查阅大量行会会规，各会大同小异，均为行业纪律及
违规惩罚办法，此不赘述。

（四）行会职能

明清晋商行会组织制度和业务管理具有一定的封闭性、排外性，对内
信义第一、团结互助，同时也千方百计取信政府，希望得到政府的支持，
其业务活动又千方百计不受政府制约，通过自己的行业组织管理行内活动
及对外关系，约束会员避免内部争斗，一致对外。

可以肯定，晋帮商人的行会对晋商称雄商界数百年是起了重要作用
的，其职能作用可以概括为以下几点：

一是组织市场公平交易。晋商行会维护市场公平交易，不仅是因为山
西商人做生意需要有一个稳定的市场环境，同时也是行会取信政府，维护
本行会员利益所必需的。行会经常根据需要，在政府支持下，制订相应的
管理办法并付诸实施。1724 年（清雍正二年），河南省赊旗镇因市场上戥
称问题，经行会协商后立石道："原初，码头买卖行户原有数家，年来人
烟稠多，开张卖载者二十余家，其间即有改换戥秤，大小不一，独网其
利，内弊难除。是以合行商贾会同集头等齐集关帝庙，公议称足十六两，
戥依天平为则，庶乎校准均匀，公平无私、俱备遵依。同行有和气之雅，
宾主无蹀躞之情。公议之后，不得暗私戥秤之更换，犯此者，罚戏三台。
如不遵者，举称禀官究治。惟日后紊乱规则，同众禀明县主蔡老爷，发批
钧谕，永除大弊。"到 1870 年（同治九年），又重刻石，告示商民，以维

护市场公平交易。

二是协助政府整理货币，维护市场秩序。清末市场上不法之徒，私造沙板钱，冒充法定制钱流通，归化城一带到光绪年间，沙钱越来越多，为维护经济秩序，归化城各行会积极配合当局，整理货币。经各行会负责人与有威信的长者共同协商，决定在三贤庙内设立交换所，让人们以同等重量的沙钱换取足制钱，并将沙钱熔毁，铸成铜碑一块，立于三贤庙内，上书"严禁沙钱碑"，碑文写道："如再有不法之徒仍蹈故辙，察官究治，决不宽恕。"立碑经理人为归化城十五社与外十五社。这是1889年（清光绪十五年）的事。类似此种记述，还有海窟龙王庙内《重整四农民社碑记》所述关于处理商人使用短百钱问题、南茶坊关帝庙内《整立钱法序》所述对钱业行会宝丰社短陌钱抽拔整理问题等。晋商行会为维护正常货币流通，做了大量有益的工作。

三是维护本会共同利益。清末日本人柏原文太郎在《中国经济全书》中记述："上海汇业公所是山西票号设立的……各票号还依赖公所图谋相互的利益。如果有同业违背公所协定的规约时，协同加以制止，并且在发生交涉事件的时候，董事加以裁决。在中国这种公所是为他们利益唯一的机关，其规约是严正而不可侵犯的。"1908年11月13日《大公报》报道："商界各行向不联络，每行各设会馆，各为风气，不相闻问，亦交通之一大阻滞也。近由蔚泰厚票商发起，拟联络票商、钱行、当商组织商会，以期商业发达，逐渐推广，已在三晋会馆会议一次……大约不久即可成立。"①

四是处理商务纠纷。商人行会有调解与仲裁的义务及权利。《中国经济全书》描述道："同业组合者，即票庄同业者所组织之公所是也……凡与外商交涉事件，及同业中交涉事件，皆由总董裁决……然为总董者，既有同业者共同选定，自得同业者全般之信用，故于总董提议之事，或裁决之事，几无不服从者也。"1909年（宣统元年）萨拉齐车业者来归化城后，与会首王玉柱勾结，胡作非为，会员忍无可忍，向当局起诉，经官方调查，罚外来车业者与王玉柱分别向马王社缴纳衮灯一对和挂灯一对；并向会员赔礼道歉。对此事行会刻石于海窟龙王庙内，无论外来者还是本会会员都必须恪守社规，以维护本行会会员的利益。

---

① 《山西票号史料》，山西人民出版社1990年版。

五是维护社会秩序。晋商行会为了保卫自己的经济利益，积极协助政府，维护社会秩序。包头原是一个村子，随着祁县乔家生意的发展，包头人口增加，城市发展，但长期没有政府办事机构，直到清末仍是由萨拉齐厅派一个巡检来负责，到民国初年也只由萨拉齐县巡警分设了一个驻所。此时包头商民五六万人，社会治安基本是由"大行"和农民的"农圃社"维持街面。直到包头建县以前，一直是大行出代表4人，农圃社出代表1人，组成议事机构，在大行内办公。受萨拉齐厅委托，由巡检和巡官监督协助处理包头地方各种事务，大行基本代替了行政机构职能。

六是团结教育商人，举办社会公益事业。清道光年间，山西商人行会在归化出资办了所谓"四大义学"，同治七年以后，私塾进一步发展。它们对子弟的教育，除四书之外，还有珠算、五七言、千家诗、《幼学琼林》、《尺牍》等。在文化娱乐方面，各行会每遇年节都要演戏庆祝，不少大商家有自己的剧团。晋商行会积极支持地方义举，修桥、铺路、建庙等，无不解囊捐助，大同九龙壁、华严寺、应县木塔、太原晋祠、苏州全晋会馆、昆明金殿、河南朱仙镇……到处都可以看到晋商留下的捐钱功德碑，都是山西商人文化遗产。

四、结论

黄河是中华民族的发祥地，黄河由北而南再转向东的三角地带即河东地区，有中华最早的商业活动。

山西地处北方游牧民族与中原农耕民族交会地区，边贸长期是山西商业的一大特色。

得天时、地利、人和的机遇与努力，晋商在明清时期达到极高的发展水平，在商路舞台、商业财富、商业伦理、商业组织、经营艺术、管理制度、商业技术、商业教育、城乡建筑、庙宇奉祀、社会习俗以及商业精神等整个商业文明体系，形成了自己独有的特点。

明清时期晋商商业文明的全面成熟，同时体现在商业行会制度方面，晋商行会作为自律、自治、自卫的民间社团，在组织商务活动、处理商事纠纷、促进市场有序竞争等方面发挥着重要作用。

晋商离乡背井远营于异乡外土，但不管走到哪里，中和之道长久不变，诚信义利始终如一，以亲缘、地缘与关公情结为纽带，以晋商会馆为基地，相互联络，相互支持，相互提携，体现了中国最大的区域商帮——晋帮商人的风貌。

由于晋商活动在空间上地域广阔，在时间上延续 500 年，在行业与内容上丰富多彩，晋商精神的传承与发展，挈领了中国商人精神。

晋商兴衰与转型中的教训

背景说明

本文是 2010 年 9 月 13 日为 "三晋文化研究会学术讨论会" 太原会议提交的论文。文章讨论晋商兴衰的原因与教训，重点分析 20 世纪上半期晋商从传统异地贩运贸易向近代工商业转型中的成败得失。晋商能够货通天下与汇通天下是天时地利人和的统一，但在 20 世纪上半期国内外环境巨变中走向分化。希望对现代经济转型发展有一定的参考。

一、晋商通天下

明清时期，中国发生了商业革命，从 16 世纪开始，到 19 世纪中期达到了高潮，商业革命的标志性变化，一是农业手工业商品化程度大大提高。1405 ~ 1434 年全国铁产量增加近 7 倍，达到 833 万斤。1461 年仅阳城一县产铁就达 700 万 ~ 900 万斤，已等于 17 年前全国的铁产量①。鸦片战争前，全国粮食商品量约占 10.5%；国产棉布商品量占 52.8%；丝商品量占 92.2%；茶叶国内消费量 200 万担，出口茶 60.5 万担；食盐产量为 32.2 亿斤，茶盐生产量相等于商品量②。二是一大批商业城市兴起。到清中期，不仅北京、南京、苏州、扬州、广州、泉州等，连张家口、包头、伊犁、库伦、科布多等都成了有名的商业贸易城市，城市工商业会馆

---

①② 许涤新、吴承明：《中国资本主义发展史》，人民出版社 1985 年版。

很多。三是国际商路扩展。日本学者滨下武志认为："亚洲区域内的贸易网，主要是由中国和印度商人到各地去进行贸易而形成，并由此构成相应的结算网。"① 恰克图市场 1845~1847 年以前每年输出俄罗斯茶叶大约 4 万箱，1852 年以后达到 17.5 万箱以上。17~18 世纪大量的贸易顺差，使外国银元大量流入，大约 13 亿银元左右，除销熔、外流，净余 10.8 亿银元。另外还有 6 万吨银块。四是商业手工业组织企业化。晋城是全国铁生产中心之一，一个生产工场的管理，8 个方炉设一大柜，供应 4 个炒铁炉和 1 个铸锅炉；4 个炒铁炉供 16 个条炉和 1 个圪渣炉（处理次铁），各设 1 大柜；经理、采购、会计、保管分工细致。手工业、工业、商业、金融业组织形式企业化，有独资企业、合伙企业、股份企业多种形式。五是金融业发生革命性巨变。商业发展，货币不足，引起信用工具的创新和金融机构的产生，一场金融革命随之发生。创造了多种金融工具、金融机构、金融业务与技术，并把金融机构设到了国外。美国学者费正清说："中国在 18 世纪，如果不是更早些的话，已经有了一个真正的国内市场，任何一个地区的供应品，可以用来满足其他任何地方的需要……好比说欧洲文艺复兴的开端，或者中国商业革命的起步……中国国内市场的兴起可以从各种专业化的商人群体的成长来衡量，诸如批发商、零售商、走南闯北的行商，上层都还有层层的捐客和代理人，他们为不同地区间的贸易服务。"②

当时，中国比较大的商帮有晋商、徽商、潮商、陕商、山东商、江右商、福建商、龙游商、宁波商、洞庭商等。晋商以货通天下、汇通天下而雄踞各大商帮之首。

晋商为中国商业革命做出重大贡献：

第一，开辟了通往欧洲的贸易路线。即经由闽、赣、湘、鄂、豫、晋、蒙到俄罗斯的恰克图、聂尔庆斯克、伊尔库茨克、秋明、莫斯科的茶叶之路。晋商的活动舞台由全国，走向了世界。

第二，开发了一批北疆城市。包头的"先有复字号，后有包头城"；沈阳的"先有曹家店，后有朝阳县"；西宁的"先有晋益老，后有西宁城"等，海拉尔、张家口、科布多、库伦、恰克图等。

第三，创造了中国特色的企业管理制度。股份企业制度、两权分离制

---

① 滨下武志：《近代中国的国际契机》，中国社会科学出版社 1999 年版。
② 费正清：《伟大的中国革命》，世界知识出版社 2000 年版。

度、正本副本制度、总分支机构制度、企业集团制度、人力资本制度等。

第四，创造了中国早期的银行业。除明代当铺、钱庄之外，清代创造了新金融机构印局、账局、票号等，甚至出现了金融集团公司。

第五，创新了大量实用商业技术。珠算算法、复式记账、本平记账货币、票据融资、拨兑转账、订印清算、以票代银等。

第六，发展了晋商文化。即对山西商人所创造的所有精神财富和物质财富的概括，包括其利润导向、财富积累、企业治理、管理制度、理财理念、经营艺术、商业伦理、处世哲学以及教育、武术、戏剧、书法、建筑等。

第七，形成了独具特色的晋商精神。重商立业的人生观，诚信义利的价值观，艰苦奋斗的创业精神，同舟共济的协调思想。

晋商为什么能够在全国独占鳌头？

二、天时地利人和

晋商成功的原因，得益于天时、地利、人和。

（一）历史机遇

历史机遇亦即天时。历史上，人口的迁徙，常常迫使一些人走向商途。赵宋王朝在解决太原北汉割据政权时，三次将晋民10多万人强迫迁往河南，明代政府几次移晋民充实南京、北京、安徽等地，这些移民与晋商有一定的关系。金诗人元好问有诗道：至今父老哭向天，死恨河南往来苦。特别是明政府的食盐开中，朝廷为了解决北部边防80多万驻军的物资供应，实行食盐"开中法"，谁能够把军用物资送抵边关，政府根据其物资的价值发给"盐引"，商人可持之到指定盐场领盐出售。这是一次官卖食盐民营化的历史机遇。那时最活跃的河东地区蒲州（永济）、安邑（运城）、平阳（临汾）、太平（襄汾）商人，利用当地是主要产粮区，又是著名的潞盐产区，距离边关较其他商帮为近，输粮换引成本最低，就近输送军用物资于绥德、大同等边关，迅速致富。后来政府改纳粮领引为纳银领引，晋商进入天津长芦盐场和扬州两淮盐场，取得天津长芦盐、扬州淮盐的经营权，走向全国。还有边疆的开发，清初蒙古、新疆、西藏归入中国版图，但不久噶尔丹叛乱，康熙征剿噶尔丹的军事行动，延续了很长时间，大批晋商跟随军队从事军需贸易，如大盛魁的创始人王相卿、张杰、史大学就是随军贸易的"丹门庆"①，还有介休范家等。叛乱平息后，政府鼓励到内蒙古垦荒种地，山西土狭民贫，遂"走西口"，进入蒙古和西北地区。在与蒙古人交往中，发现蒙古人不善经商，又需要内地生产的生活日用品，有人开始从事游商，后来发展为坐商大贾。当时边疆稳定和开发成为清前期的一项重要国策，为了加强对辽阔边疆的管理，政府建立了以北京为中心的四通八达的驿站网络，贩运贸易路途更为方便。

（二）区位优势

区位优势亦即地利。一是山西地处边关，与北部游牧民族接壤，自汉代以来就是边贸最活跃的地区，南上的烟酒糖布茶，北下的牛羊骆驼马，在山西北部长城关口互市。山西人有着在边关与游牧民族互市的传统和经验。清代北方统一，晋人捷足先登，北上南下，贩运贸易，占尽地理优势。二是交通方便，从康熙到雍正初年，东北大交通驿站建成，正北、西北的交通驿站也大体在康熙到乾隆初年完成，一方面服务于征剿噶尔丹，另一方面要抑制沙俄南下，漠北（外蒙古）、漠南（内蒙古）、漠西（新疆）驿站管理严格，邮传道路便捷。这庞大的邮传之路也成为商旅之路。清代山西驿站 125 个，比明代的 58 个增加了一倍多，为山西商人北上提供了重要条件。三是山西资源丰富，手工业发达，境内有丰富的煤炭、铁矿，冶铁业得天独厚，有悠久的历史传统。清代中期，潞安荫城铁货交易，年均 1000 余万两白银。上党地区流传着"高平铁，晋城炭，离了荫城不能干"的谚语。荫城铁器中有十大名品，品种多样，价格低廉，使荫城成为中国著名的铁器交易集散地之一。荫城有各类铁炉 1900 多座，有制铁工人 1.4 万余人，几乎家家有铁炉，户户会打铁。还在全国 19 个行省有销售网络，有些产品还远销印度、尼泊尔、朝鲜等十几个国家。在北京有恒盛毓、东和丰、西和丰、同阳堂，天津有秀升和、德生和、丰裕成，山东济南有文和号、金升店等铁货商号。泽州凤台县制钢针、卖钢针，资一艺以终生者，比比皆是。从现保存在西镇针翁庙里的重修庙碑可以看到，当时经营制针的商号 39 家，其中上村 10 家，中村 5 家，下村 9 家，南庄 8 家，河东 3 家，湾里 3 家，史村、张庄、赵庄各 1 家，此外以个人名义经营的小手工业者共百余家，加上邻县的制针业，总共有二三百家。大阳钢针以榆林府为中心行销西北各省，南方以周口店为中心转销华

---

① 蒙语，意为货郎担。

南，还有一部分销往国外。

（三）和气生财

"和气生财"是山西人中和之道的体现，认为"义是生财道，和是化气丹"，与各方和谐相处，"有钱出钱，有力出力，出钱者为东家，出力者为伙计，东伙共而商之"。对外讲究"善待相与"，对诚信往来的客户世代友好相处。这是晋商的人文精神所在。而且山西人有一种离经叛道的重商思想，自唐宋以来逐渐形成。清雍正皇帝在其《朱批谕旨》中写道："山右大约商贾居首，其次者尤肯力农，再次者谋入营伍，最下者方令读书。"从价值观看，山西人重利更重义。大概是关云长故里的缘故，关公一生忠肝义胆，令万民敬仰，晋商的关公崇拜达到了极点，所到之处一经赚钱便修关帝庙，以关公的忠义仁勇，规范约束员工，坚持先义后利，以义制利、义利相通相济，这种诚信义利的商业伦理成了晋商公认的行为准则，反对采用任何卑劣手段骗取钱财，不惜折本亏赔也要保证企业信誉。特别是笃信"和气生财"，为人处世坚守中庸之道，这是晋商货通天下、汇通天下的绝招。商谚曰："仁中取利真君子，义内求财大丈夫"、"仁义礼智信信中取利，温良恭俭让让内求财"。票号要求员工"重信义，除虚伪，节情欲，敦品行，贵忠诚，鄙利己，奉博爱，薄嫉恨，喜辛苦，戒奢华，他如恒心、通达、守分、和婉、正直、宽大、刚勇、贤明"。[①] 有人将商号常用名字吉祥字连成七律一首，"顺裕兴隆瑞永昌，元亨万利高丰祥。泰和茂盛同乾德，谦吉公仁协鼎光。聚信中通全信义，久恒大美庄安康。新春正合生产广，润发洪源厚福长"[②]，从中可见一斑。处人理事，坚持中和之道，执两用中，处人适情，处物适则，处事适理。人和、物义、事中。

三、变局中转型

正在晋商得意之时，一种新的形势在不知不觉中，来到了中国商人面前。

（一）国内外市场的变局

欧洲商业革命自18世纪下半期由英国工业革命开始，欧美国家先后实现工业化，变为资本主义国家。19世纪下半期，特别是19世纪末到20

---

① 卫聚贤：《山西票号史》，重庆说文社1941年版。
② 曹振武：《晋商习俗》。

世纪初，欧美国家由资本主义自由竞争发展为资本主义垄断，由商品输出转向资本输出，它们大摇大摆地携带鸦片与大炮进入中国，投资设厂办银行。由于西方帝国主义国家发展的不平衡，后起者为争夺殖民地，不断地发动战争，中国成为帝国主义列强争夺的对象。另外，欧美国家的科技进步，工业化水平提高，生产成本降低，伴随火车、轮船的开通，大量洋货进入中国，价廉物美。特别是俄罗斯修通西伯利亚到中国东北的铁路，恰克图失去国际茶叶贸易的枢纽地位，晋商也失去茶叶之路的地理优势，无法安享茶路贸易的利益。同时，工业国家的企业竞争力空前提高，企业制度、资本实力、经营管理水平，特别是对中国贸易的一系列不平等条约，把中国商人逼进了死胡同。如1858年的中英《天津条约》，规定了便于洋商的特殊的税收政策：凡进口洋货运销中国内地或者出口土货从内地运销国外，除在口岸海关完纳值百抽五的进口税或出口税外，另交2.5%的子口税，代替沿途所经各内地关、卡应征的税、捐、厘金，使洋行享有减税特权，而中国商人在自己的土地上却要上交名目繁多的苛捐杂税，从事异地长途贸易的中国商人所交的厘金远远高于外国商人。

从国内看，这个时期国家综合实力严重下降，清政府财政恶化，国内阶级矛盾上升，不断的阶级矛盾、民族矛盾酿成的政治动荡不停地上演。在国内市场上，洋商凭借不平等条约和税收政策，从沿海、沿江（长江）地区迅速向内地扩展。中国原有各大商帮皆受困。

形势的变化，客观上要求商人及其企业规制也要作出适应性调整，改变投资方向、经营对象、企业制度、管理方法、经营理念。不管你自觉不自觉、愿意不愿意，只要继续存在和发展，就要转型改制，晋商中的先知先觉者开始意识到转型发展的必要性，并且有了实际行动。

（二）向近代产业投资

推进晋商向近代工商业转型的代表人物，官员是山西巡抚张之洞、胡聘之，商人是渠本翘、刘笃敬、乔雨亭、李通、杨德龄等，还有来自国外学者英国人李提摩太等。

1882年1月到1884年5月（光绪八年到十年），山西巡抚张之洞聘用英国在山西的传教士李提摩太设计山西洋务"方案"，拟开矿炼铁，因中法战争之事被调往两广，炼铁厂计划未能实现。他当时还积极为晋城、平定、长治、盂县等地的手工业生产发展做了大量工作，并且重视文化教育，培养"通省人才"，为后来的近代产业发展做了人才准备。继任山西巡抚胡聘之于 1892 年（光绪十八年）从财政拨款 20000 银元，在太原城内三桥街创办太原火柴局。第二年成立山西商务局，着手近代工业建设。1898 年（光绪二十四年）创办山西通艺工艺局和太原机器局，同年 3 月派员与华俄道胜银行签订《柳太铁路合同》，拟建 500 华里铁路。5 月，与英国福公司签订《议定开矿制铁及运转各色矿产章程》20 条，拟借银 1000 万两开发山西煤铁矿。在其引进外国资本过程中，遇到了国内投机商人暗中作梗，激起山西商民反对，爆发了"争矿运动"，胡聘之被迫下台，免官回家。他的教训在于没有广泛宣传兴办近代工业的重要性，没有重视动员晋商资本，迷信洋人力量，与洋人签约存在不妥之处，山西人感到不满。在张之洞、胡聘之的带领下，山西一批受过良好近代教育的年轻晋商如渠本翘、刘笃敬、乔雨亭等人，很快成为山西商人资本向近代产业转型的骨干。

1. 渠本翘带头投资近代企业

渠本翘（1862～1919 年），山西近代工业的创始人之一，祁县城内人，出身于商人世家。乾嘉年间，渠家已经是采办两湖砖茶，运销西北、蒙古和俄国的大商人。渠本翘自幼读私塾，并在天津上学，1885 年（光绪十一年）中秀才，1888 年（光绪十四年）乡试第一名中举，1892 年（光绪十八年）会试中进士，曾赴日本留学，回国后任内阁中书。1903 年（光绪二十九年），以清外务部司员改任驻日本横滨领事，次年回国曾办山西第一所女子学校，同时参与票号经营。1902 年（光绪二十八年），渠本翘以 5000 银元收购了山西商务局开办的晋升火柴公司，并请太原天会钱庄财东乔雨亭主持经营，乔雨亭亦投资银币 5000 银元入股。后渠本翘陆续增资，使火柴公司的资本增加到 1.8 万银元，改名"双福火柴公司"。第一次世界大战期间，"双福火柴公司"得到迅猛发展，渠本翘和乔雨亭获利丰厚。在山西地方政府与英商福公司订立平定开矿章程时，渠本翘就看到该章程若得实施，将会成为晋人自办矿业的枷锁，便于 1903 年（光绪二十九年）和常像华、蔡洞等人集股筹设丰晋矿务公司，以保矿权，并向社会各界劝募认股。他还以地亩捐做保，代山西当局出面向各票号借款 100 万银元，帮助政府筹措赎矿经费。在争矿运动中乡绅公推其为山西保晋矿务总公司总经理。渠本翘主持制订的公司章程明文规定："只收华股，不收洋股，附股者如有将股票售与外人，经本公司直知，或经他人转告，立将所入之股，注销不认。"争矿胜利后的渠本翘，被光绪皇帝赏四品京堂，成为政界名流，商界领袖。

2. 刘笃敬激流勇进

刘笃敬是山西襄汾人，清末举人，出身商业世家，于1907年（光绪三十三年）任山西商会会长，在争矿中与英商福公司据理力争，以250万两白银收回阳泉矿权。同时，大胆投资近代工商业，1908年（光绪三十四年）投资山西第一座发电厂——太原电灯公司及附属面粉厂。1911年（宣统三年）接替渠本翘为保晋矿务公司总经理，后又任同蒲铁路太原榆次段总办，肩负起修筑山西南北大动脉的重责。他将刘家几代经商财富积累投入了近代工业，办起矿业、纺织、盐业等企业，与洋商竞争，为发展中国民族工商业和交通事业，付出了极大的智慧和心血。

1915年，闻喜人、段连岭等投资10万银元创办荣昌火柴公司；1916年，平遥人赵鸿漠等投资9万银元创办金井火柴公司；1923年，新绛人王延甫投资10万银元创办毓华火柴公司；1924年，平遥人冀全义在汾阳投资6.3万银元创办昆仑火柴公司；等等。

（三）转型中有成有败

晋商中这批向近代产业转型的领头人，在山西积极引进先进国外生产技术与机器设备，发展近代工商业，也有部分晋商移资沿海城市，与其他商帮或外商合作转向近代产业。其中也有投资地点、投资项目选择失误遭到失败者，未能实现商人资本向近代工商业转移；当然也有的挟资返乡，置房买地，转化为商人兼地主，或者地主兼商人，或者干脆从事土地经营。就这样，原有的山西商人资本在近代走向了分化。下面就成功与失败讲几个案例。

1. 汾酒商成功转型

汾阳酒商历史久远，元代已出口西欧，明代贴着杏花村商标出口英法等国。1875年（光绪元年），汾阳王协舒在杏花村独资开办宝泉益酒坊。当时他已在北京、天津开设多处商号、银号。同年酒坊由其三弟王协卿经营，改名义泉泳，增加投资，改善条件，聘请前宝泉益的大掌柜杨德龄（1859～1945年）为经理，对酒坊进行整顿改造。当时杏花村还有德厚成、崇盛永等作坊，经协商获得各家支持，对杏花村酒业进行合并重组，成为当时晋商酒业最大的汾酒生产销售企业。新义泉泳实力壮大，技术力量加强，汾酒的质量明显提高。1915年，义泉泳的"老白汾酒"获得巴拿马万国博览会甲等金质大奖章。引起政府关注，试图官商合办，发展酒业，杨德龄没有同意，而与商办企业达成协议，合组晋裕汾酒有限公司，义泉泳生产，晋裕包销，1919年1月在晋裕公司太原挂牌成立，杨德龄任经理，参照海外一般股份有限公司的习惯做法，制定章程，确定了晋裕汾酒有限公司经营管理的基本制度：资本股份制；管理分权制（股东会、董事会、监事会）；薪俸三三制（月薪、红利、红包）；人事避亲制；核算新式会计制。合作经营八年后，因供酒价发生矛盾，义泉泳内部分裂，杨德龄另组晋裕公司酿造厂，自产自销。1932年兼并义泉泳，告别了旧的管理模式，进入现代公司化经营的时代，新式汾酒公司代替了旧式汾酒商人。兼并前的1930年纯收益为3683.8元，兼并后的1935年达到8377.2元，1936年为12544.7元。公司又新建了太原罐头厂、新华泰料器厂、平遥面粉厂、杏花村晋裕酿造厂，扩建了义泉泳造酒厂，成为当时中国规模最大的白酒企业集团公司。晋裕公司以"振兴国酒，品优价廉，信誉至上，优质为本，决不以劣货欺世盗名"的理念，精益求精，品牌声誉日隆，几乎囊括了民国年间全国性展览赛会的全部金奖，抗战前获国际金奖2次，国内6次夺魁，共获金牌8枚。继而改进包装，增设批发零售网点，拓展到山西省城、北平、天津、南京、上海、石家庄等地。后因日寇侵华，晋裕汾酒公司日见衰竭。1949年汾阳解放后，人民政府收购了晋裕汾酒公司在杏花村的酿造厂，演变为今天的山西杏花村汾酒股份有限公司，成为驰名中外的酒业集团。

2. 李通成功改组手工织布厂

新绛县商人曾经响应巡抚胡聘之的号召，投资筹建新绛工艺公司，试图建设一个大型新绛纱厂。但是很不顺利，投资大，资金少，后来被迫改为手工织布厂。新绛商人李通见势，挺身而出，与汾城杨修伍、解州薛士选、河南鲁连成等人集资扩股，在原工艺公司基础上创办了大益成纺织股份有限公司。1926年（民国十五年）初开始建厂，第二年投产。开办初期有纱锭6048枚，投产后两年就收回全部投资。股东们又增加投资，扩大生产规模，使纱锭增加到10080枚。1932年（民国二十一年）又增资120万元，新建厂房200余间，开办了二厂，后来达到纱锭18480枚，资本总额约210万元，工人1800余人，年产棉纱14980件，棉布197266尺，合股线811件。其产品除行销山西省各地外，还销往陕西、河南和甘肃等省。1937年卢沟桥事变后，该厂被日本侵略者霸占。日本投降后几经变迁，1950 年原绛州大益成纱厂移交给晋南纺织厂。①

3. 李道行信义转型

万荣商人李家，虽然经商只有三代，始于 19 世纪初，从走三边（靖边、安边、定边），贩卖土布、药材起家，但是到 19 世纪中期，李家商号已在山西、陕西、甘肃、宁夏、湖北、上海、北京、天津等 15 个省市、40 多个县有 100 多个店铺，总资产 400 万银元以上。1900 年李道行跑三边贩卖土布，萌发了去英国学习现代纺织技术的思想，得到父亲的支持，1914 年在英国学成返回，接管父业，执掌商务，改革内部管理，兴办工业，由贩运贸易走向工业生产。1916 年在银川开办食品加工厂，1917 年在陕西三原设立鼎记花店，建立棉花收购网，供应天津、上海、汉口的申新纱厂、中纺公司、大华纱厂和山西新绛大益纺纱厂等大型纺织企业，1922 年投资入股山西晋华纺纱厂，1925 年在陕西投资铸铁炉院，生产多种农用机具，等等。他所办现代企业经营效益都很好，一直到新中国成立后 50 年代公私合营。

4. 大德钢针与洋货竞争

明清两代，晋城的大阳镇钢针，占据了长江以北地区大半个中国市场。传统钢针制作，要经过 72 道工序，从购进钢丝、剪断、扎把、加工，各户各执一艺，流水作业，直到包装出售。晋城大阳钢针的销售网络，一是以榆林府为中心行销西北各省，二是以周口店为中心转销华南，三是泽州直接销往黄河流域，一直盛行到 19 世纪 60 年代。当外国钢针进入中国市场后，大阳钢针的生产和销售受到严重冲击，80 年代基本停止了生产。辛亥革命后，曾经赴日本留学的高平人祁鲁斋、刘知章等人，在时任山西省政府秘书长的沁水人贾景德支持下，以集资入股方式，建立了大德制针厂，在继承了大阳土法制针的优良传统基础上，又引进日本制针技术和机器设备，将晋城制针业推进到了大机器生产阶段，成为晋城地区近代工业的代表。兴旺时日产钢针 28 万 ~ 30 万枚，年产量可达 1 亿枚，产品远销绥远、察哈尔、河北、河南、山东各地，占据我国北方广阔的市场，后来晋城"飞羊牌"钢针，飞越大洋，远销国外②。

5. 三义堂成功转型

晋商三义堂总号在包头，分号一直延伸到酒泉、敦煌，商品远销迪

---

① 《新绛李家的大益成纱厂》，载《晋商史料全览》（运城卷），山西人民出版社 2006 年版。
② 《明清时期泽州凤台的大阳钢针》，载《晋商史料全览》（晋城卷），山西人民出版社 2006 年版。

化，主要经营百货皮毛。1941 年沿着古丝绸之路修建了从兰州到新疆的简易公路，三义堂的骆驼商队根本无法与汽车运输竞争，市场受阻。酒泉敦煌分号陷入困境。包头总号亦因战乱自顾不暇，包头的货物发不过去，酒泉、敦煌的皮毛山货运不过来，困难重重。1947 年大掌柜王星记亲自到酒泉处理，决定将敦煌分号关门，酒泉分号改为"兴盛西货栈"，自负盈亏，独立核算，不再依附总号。酒泉三义堂改为兴盛西货栈，由长途贩运批发贸易改为货物转运，运用三义堂的信誉，迅速在新疆、宁夏、内蒙古、陕西、兰州建立自己的网络，用骆驼与汽车运输并重，货栈业务迅速发展，天天客房爆满，押货、接货、发货、联系业务的人络绎不绝。好景不长，1949 年酒泉解放，建立了国营汽车运输公司，兴盛西的原有客户多有官商背景，逃跑、歇业，生意一天不如一天。兴盛西关门后，原掌柜郭元卿在酒泉西关外的国营运输公司汽车站旁开设旅社，名为兴盛西旅社，由于建得早，地盘好，一开张就很红火，直到 1956 年公私合营。

6. 酿造业走出家庭作坊

山西饮食酿造业原本是家庭作坊生产，近代也开始升级。北京市宣武区六必居酱园，原是明朝中叶山西临汾西杜村赵存仁、赵存义和赵存礼三兄弟开办的小油盐店，除了经营茶叶外，还经营柴、米、油、盐、酱、醋等生活必需品，在近 600 年的经营中，逐渐成为专门制作和销售风味独特的酱菜企业，成为几百年不衰的中国名牌。誉满京城的饭店都一处，原是山西浮山县东郭村人王瑞福于 1738 年（乾隆三年）创建，名牌面食烧麦制作精细，品种繁多，应时当令，各有不同，至今仍然享有盛誉。北京万全堂药店原名是万全堂药铺，浙江乐氏创建于明永乐年间，后卖给山西省襄陵（今属襄汾县）姜赞堂。姜赞堂与临汾人韩雨苍合伙经营，至今有500 多年的历史，与同仁堂、千芝堂和鹤年堂并称京城四大药店。1921 年（民国十年）开设临汾分店，1931 年（民国二十年）开设新绛分店。制作药品种类多达 211 种，直到新中国成立后，仍然在北京经营[1]。太原益源庆醋坊，创办于明洪武年间，距今 600 多年。乃朱元璋之孙宁化王朱诗焕的王府作坊，人称宁化府醋。清朝中期后，益源庆制醋已具规模，1889年挂牌对外销售。到 1949 年前可以日产醋 300 余斤。新中国成立后，益源庆醋坊经公私合营成为食品酿造厂，1985 年更名为太原市益源庆醋厂。

---

① 《万全堂药店》，载《晋商史料全览》（临汾卷），山西人民出版社 2006 年版。

现在产品有三大系列、33 个品种，多次荣获国家和省部级奖励。六必居、都一处、万全堂、益源庆等都是成功转型的典型。

7. 大盛魁转型失败

大盛魁是中国最大的长寿企业之一，经营茶叶、皮货、牲畜、金融业。业务遍及全国，重心在内外蒙古和俄罗斯。所办大盛川票号，总号设在祁县，分号设北京、张家口、归化、多伦诺尔、泊头、苏州、太原、太谷、忻州、寿阳、平遥、汾阳、交城、祁县、天津、汉口 16 个城市。大盛魁是东伙和谐的典范，几乎没有员工与财东的冲突，并且特别重视企业积累，防范风险。但在 1911 年辛亥革命时损失惨重，十月革命和外蒙古独立，大盛魁在俄罗斯和外蒙古的资产全部丧失，仅外蒙古就有 1.5 万头骆驼、2 万多匹马、20 多万只羊的债权未能收回。总经理段履庄面对如此严峻的形势，做出了两个重大决策：一是投资于现代产业绥远电灯公司；二是派人到上海等沿海投资。但两项决策都有失误：首先是投资绥远电灯公司，因为当时绥远人口不多，用电市场小，而办厂投资大，不能很快收回资金，现金流中断；其次到南方沿海城市寻找投资机会已经过晚，找不到合适的项目，错过有利时机，无功而返。投资现代产业的选择是对的，但是选择了错误的项目与地点，使得资产负债不能平衡，不得不举借外债10 万银元，债务到期时，为了诺行诚信，只得将自己的电灯公司和裕盛厚银号转让抵偿债务，不得不在 1928 年宣布停业，退出历史舞台。

四、转型成功的路径与失败的教训

在世界与国内局势发生巨变的情况下，晋商为了生存与发展，不得不思考转型发展，成功者与失败者都有。是什么原因造成如此结局，是费人思考的。

（一）成功者的路径

20 世纪上半期，部分山西商人资本与家族成功转型的路径虽然并不完全相同，但粗略概括，有以下几点值得今人深思。

1. 商人家族重视子弟接受现代教育，自觉不自觉培养了能够高瞻远瞩，审时度势，与时俱进的接班人

渠本翘的近代化思想虽然其父旺财主并不赞赏，但渠本翘还是成为他的接班人。渠本翘、刘笃敬、李道行等当属老晋商家族中的具有新思想的年轻决策人，带领家族企业，将异地贩运贸易为主的商人资本转变为近代

产业资本，自身也在这一过程中由封建商人转变为近代企业家。而一些商人不重视家庭子女教育，凭借财大气粗，任由其挥霍，斗鸡驯鸟，吸食鸦片，玩混戏班，打架斗殴，挥金如土，不理号事，以致倾家荡产。

2. 外出经商旅居国外，受工业社会影响比较大的商人转型意识强，能够积极转型并容易成功

汾阳商人在俄罗斯人数最多，十月革命后返回国内者就有一万多人。旅俄汾商的最杰出代表牛允宽（1870～1936年），少年时为了生计，随一位田姓亲戚奔赴俄罗斯学生意，不仅熟读四书五经，口算、珠算也十分精通，而且学得一口流利的俄语，走遍俄罗斯各地，掌握了俄罗斯多个少数民族的语言，先后在莫斯科、恰克图、库伦开设碧光发商号，经营皮毛与茶叶生意，甚至还远走华沙、格但斯克、柏林、莱比锡等地，与俄罗斯、英国、美国、法国、德国均有贸易关系。他多次回到汾阳省亲，带走不少亲戚同乡到国外经商。晚年在天津开设"伊碧光发皮毛公司"。[1] 汾阳商人吕凤翥回忆说："因为我的姨丈在俄国圣彼得堡经商，早年被带到俄国随姨丈生活。我先在俄国的乌金斯克上学，数年后有了俄语基础，即被介绍到恰克图的碧光发商号。"[2] 了解欧洲商人的经营思想与管理理念，这是汾州商人的突出特点，汾酒商人转型成功与汾阳商人这一特点是有关系的。而一些商人一味拒绝与外商往来，夜郎自大，不知外部世界的变化，以致失去转型的有利时机。

3. 产销结合的商人资本，其资本运作特殊

因为这类生产性企业与纯贸易性企业的资本运营不同，纯贸易性企业盈利导向的机遇性，与生产性企业投资的盈利导向的持续性有较大差异，决定了后者的经营理念更接近于工业社会的企业家。经济社会发展的规律，是以农业社会、商业资本主义、工业社会为序，证明了手工业生产接近于工业社会的生产方式。所以，晋商中成功转型最多的行业是酿造业、饮食业、炼铁制铁业等生产性强的商人资本，而单一贩运贸易者则缺少回旋余地。

4. 商号的管理体制相对层次少的企业，易于改革决策

如汾酒商人的企业管理，由于它的技术性和生产性强，所以它比较茶庄、票号等企业，分支机构和管理层次少，整体管理框架"扁平化"，在

---

① 《晋商文化旅游志》，山西人民出版社2005年版。
② 渠绍淼、庞义才：《山西外贸志》，山西地方史志丛刊。

决策层次比较少的体制下，决策人直接统帅生产与销售，其经营思想与理念比较开明与先进，很容易接受外来新事物，比起当年蔚丰厚票号驻北京经理李宏龄等呼吁大掌柜进行改革，自然要容易得多。

5. 选择向股份有限公司转变是家族企业发展的必由之路

这种转变，扩大了资本金，提高了企业自身的抗风险能力；同时建立董事会，提高了企业决策的民主性、科学性；建立监事会，增加了企业约束机制；改革企业工资等薪酬制度，调动了职员的积极性，从而为一个老式的家族企业注入了新的现代企业的血液，使其生机勃发，实现了由封建家族企业向现代企业的过渡。

（二）失败者的教训

晋商中一部分商人资本在转型中，因种种原因使得转型失败，退出了市场，实属遗憾。更为遗憾的是一些商人家族固守传统，未能将有效资本投入近现代工商业，而是大量购买房地产，而这些房地产或者在后来的土地改革中分给了无地少地的农民，或者坐井观天，被不肖子孙用来吸食鸦片金丹，挥霍一空。分析转型失败的教训大致有以下几个方面：

1. 转型觉醒迟缓

鸦片战争后，外国资本在东南沿海采购原材料和产品，需要大量资金，而外国银行尚未到来，票号就将业务重心向汉口、上海转移，实行"北存南放"策略，以扩大盈利。第二次鸦片战争后，沙俄逼迫清政府签订《天津条约》、《北京条约》、《中俄陆路通商章程》，沙俄势力深入内地。恰克图边贸衰落已在19世纪60年代末显露出来，但是作为晋商中实力最雄厚的票号，尚未认识到外国洋行、银行会与之竞争，到20世纪初国内也出现了大量官银号和民银号。当山西货币商人意识到金融业的激烈竞争时，已经进入了1907～1908年的保晋运动。在19世纪末戊戌变法时，清政府已经颁发《商人通例》、《公司律》、《破产律》等法律制度，用西方企业模式改造中国传统工商企业管理，多数晋商无动于衷。清政府邀请晋商共同开办银行时竟然被谢绝了。当国内银行纷纷设立给票号业务带来严重冲击时，票号决策人才如梦初醒，但大势已去。辛亥革命后，票号对政府的存款遭遇逼提，贷款无人归还，损失惨重，接二连三宣布破产关门。

2. 应对措施失误

从市场结构看，中国的近现代化是从沿海向内地渗透的，晋商本来有庞大的市场，回旋余地很大。外国资本由南向北推进，晋商由南向北撤退，直到俄国和外蒙古市场尽失，才发现无路可走。从产业结构看，产业转型是从商业、手工业、工业逐步推进的，晋商从事商业资本、金融资本及其他产业资本，本有从容转业的可能性。但是有不少晋商从盐业、颜料、绸缎等转向票号、茶叶，从商业到商业。制度变迁的路径依赖，使他们很多人没有选择他们不熟悉的机器加工业。从组织结构看，晋商的市场网络体系，是建立在交通、通讯都很落后的基础之上的，企业管理制度运用高度集中的大掌柜一人说了算指挥体系，其路径依赖仍然不可能改变其企业组织结构，所以李宏龄等人正确建议不可能进入决策。看来，制度变迁的路径依赖限制了晋商的正确决策。

3. 农商思想严重

晋商的前身绝大多数是农民，是在缺吃少穿的困境下，被迫"走西口"走出来的。祖祖辈辈缺地少房的贫苦农民在致富之后，首先想到的是置房买地，将商业利润转化为房屋地产，未能投资近代产业。晋商队伍总体上说是以农商、官商为主，儒商、买办商极少。事实上在明清两代晋人重商立业意识下，读书与智力投资观念在渐渐淡化，明清五百多年没有一个山西籍文状元。这些都严重地限制了他们的眼见。清末晋商后人生活奢靡，吸食鸦片，不问号事，不知世界风云，不可能在国内外市场巨变中把握商业航向。

4. 决策者利益限制

晋商企业在两权分离制度下，大掌柜至高无上，东家对经营不加过问，这种制度是完全建立于忠、义基础上的。而在动荡的年代，大掌柜为自身利益，不能不故步自封。在外商进入、市场剧变时，驻外经理人员虽然了解时局变化，一再建议改革，都被决策者拒绝。因为改革意味着建立董事会、监事会、股东大会，总经理只是决策的执行者。1904年8月中旬《南洋官报》发表《劝设山西银行说帖》，说道："票号之生意，视商务为盛衰……中国近年以来，市面萧条，银根紧急，商务已不可问。票号生意遂因之不能持久，若不及时别开生面，另立根基，窃料数年之后，号东因无利可图，收庄回里，势必坐吃山空，伙友知号业将收，急于自谋，群思乘机攫取，彼时即欲设法挽回，而大势已去，噬脐无及，山西票号之利权从此去矣，山西之生计从此绝矣。所望晋省富商从速变计，予筹善后，以保大局。"大掌柜认为这是自谋发财，被束之高阁。票号的结局全被预测者言中。

5. 企业缺失制衡机制

晋商的企业治理机制，在社会稳定和传统伦理约束下，是能够正常运行和维持的。在社会动荡时，其企业制度内在的缺陷就暴露出来。一是股东无限责任制，在危机中连股东老家的财产也损失尽光，根本不可能恢复重组新的企业；二是资本所有者对资本经营者缺乏客观、及时、严密的考核和制约机制，总经理虽然有利益驱动，但负盈不负亏，这种委托代理机制是不健全的；三是两权分离中总经理权力过大，缺少董事会和监督会，没有民主决策和监督机制。

6. 票号的异化和衰败

账局、票号，特别是票号，业务活动缺少灵活性，信用业务重大轻小；信用对象重官轻民；信用方式重人轻物；信用工具重汇票轻钞票；利率调整重稳轻活。加上山西银行资本金过小，无法与外商银行抗衡。票号资本金一般数十万两白银，美国花旗银行进入上海，一开始资本金就相当于白银 500 多万两。船小自然抗风险能力差。这已经失去稳健性。特别需要指出的是，票号本来是随着商业的发展而发展起来，但是在咸丰年以后，开始逐渐结托官场，业务重心由商业转移向政府，由商业金融异化为政府金融，随着辛亥革命清政府的垮台而终一败涂地。晋商是依靠货币经营资本与商品经营资本混合生长的，票号的倒闭，必然使整个商品经营资本失去资金上的靠山，犹如釜底抽薪。

五、落日的辉煌

晋商在 20 世纪上半期虽然没有 19 世纪那样红火了，但是并没有全军覆没，很多晋商一直发展到全国解放以后。50 年代的公私合营中，北京、天津、呼和浩特、银川、洛阳、开封、汉口、扬州等全国大中小城市有很多晋商企业健在，并积极参加了公私合营。截至 1949 年底，山西省内私营商业（包括饮食、服务业）有 8.2 万户，从业人员 16.3 万人，超过了 1949 年以前的商业。1950 年底，全省私营商业、饮食业、服务业发展为 9.6 万户，从业人员增加到 18.4 万人。1952 年底，全省私营商业、饮食业、服务业 11.5 万户，从业人员 20.6 万人。加上国营商业，每 114 人中就有一个商业机构，每55.6人中就有1个商人①。直到公私合营。

回顾明清老晋商的历史，不能认为其彻底衰败了。近代企业转型中失败者仅仅是一部分晋商，不能离开当时的具体社会环境分析问题。晋商失利确有很多客观因素，不能不承认：首先，随着科技的进步，商路改变，原来依靠经库伦、恰克图的茶叶之路与俄罗斯、欧洲贸易的晋商，亦因1897年俄罗斯东清铁路开通，轮船由海参崴进入天津、上海、汉口，晋商失去茶叶之路的地理优势，无法再进行下去。其次，近百年的政治动荡，诸如鸦片战争、太平天国、捻军起义、甲午战争、庚子事变、辛亥革命、十月革命、外蒙古独立、日寇侵华等，使晋商实力受到严重创伤。再次，弱国无强商，中国已陷入半殖民地社会，政府屈从于帝国主义列强，对洋行与本国商人是两种政策，洋行享有减税特权，华商却承受着名目繁多的苛捐杂税。还有，晋商一向诚实守信，在相对稳定的环境中能够不断拓展市场，而在动荡的环境中则应变迟缓，不如江浙商人灵敏灵活，中国各大商帮都在进入20世纪后失去了当年的勃勃生机，唯有宁波商、洞庭商两帮在困境之下，选择了买办商人的道路，得以延续和发展，成为后来的江浙财团，实现了向现代工商业企业家的历史转换。最后，中国商业革命迟迟不能转化为工业革命，与中国的社会制度有很大的关系。欧洲商业革命之前，曾发生文艺复兴运动，使神权得以清算，人权得以张扬，使科学与民主成为时尚，商人进入了主流社会。而中国的皇权始终没有得到清算，人的地位是士、农、工、商为序，商人一直处于末流地位，不可能进入主流社会。

必须指出，晋商企业倒闭最惨烈的是票号，除极个别的转型为银号外，几乎全部倒闭。因为票号在晋商中资本最多，影响最大，地位最高，以致成为清政府的财政支柱，它的倒闭自然也就影响最大，给人们的印象是晋商衰败了。其实，衰败的不是晋商的全部，而是部分。但是，我们一定不要忘记，票号停业关门时，没有一家赖账不还，他们在停业以后，一边清理，一边还债，大部分倒闭票号，是在资产大于负债的情况下，由于外欠不能收回，失去流动性支撑而倒闭。他们的东家，除清理变卖票号资产外，还把自己家中的货币积蓄拿出来清理债务，甚至出卖家中收藏品、土地、房产以清理外欠，甚至自己变成上无片瓦、下无立锥之地的乞丐。

----

① 《山西财贸经济》，山西人民出版社1989年版。

这是诚信，这是忠义，这是晋商的商业伦理所在。票号的衰败是十分悲壮的。试问天下商人有多少是这样清理债务的？

随着生产力的发展，在商品化、货币化、市场化、城市化、国际化等因素共同作用下，欧洲于 16 世纪出现了商业革命，即商业资本主义的发展，进而又成功过渡到工业经济时代。英、法等西方国家那些商业革命中发展起来的大商人，后来大部分转变为工业社会的工商企业家。日本早期的商人家族诸如住友、松下等也在近现代转型过程中及时改组，实现了由封建商人家族企业向现代企业的转变。历史说明，家族企业是市场经济进程中企业发展的最初形式与必然路径，但是当其发展到一定阶段，需要化蛹为蝶时，就要求企业的决策者抓住机遇，果断抉择，应时而变。特别是在社会发生重大变革时，小的家族企业必须审时度势，学习别人的先进经验，改变自己不适应时代发展的落后的企业制度和管理办法，与时俱进，才能得以生存与发展。

近代中国经济落后是源于地缘政治吗？

——在纪念严复《原富》中译本 100 周年研讨会上的发言

背景说明

本文是 2002 年 11 月 2 日在安徽滁州参加由中国社会科学研究院经济研究所与安徽大学等举办的"纪念严复《原富》中译本 100 周年研讨会"上的即席发言。

一、问题的提出

亚当·斯密是一位伟大的经济学家，很多理论至今需要我们学习。但是，他在《国富论》中有 75 处提及中国的地方，有一些是不太合适的，是现代中国人不能同意的。我们要接受先贤合理的科学理论，不能全部不加分析地搬过来，更不能用斯密的观点论证黄仁宇的观点，用黄仁宇的观点论证斯密的观点，陷入循环论证。

值得提出的问题是：

斯密：地缘政治—不重视外贸—经济停滞。"中国东部的几个省……支流行水道，先后交通着，扩大利内地航行的范围"，"但令人奇怪的是，古代埃及人、印度人和中国人，都不奖励外国贸易，他们的财富似乎全然得自内陆的航行"。"近代中国人极轻视国外贸易，不给予国外贸易以法律的正当保护。""中国似乎长期处于静止状态。"斯密把中国轻视国外贸易看作是导致中国经济停滞的重要原因之一，而中国缺失国外贸易又是当时中国周围国家是游牧民族或贫困地未开化的民族及国内本身市场广阔的客观原因所致，即地缘政治。

二、根据

斯密 1767 年返回家乡，开始写《国富论》是 1768 年（即清乾隆三十三年），1773 年完成，1776 年（清乾隆四十一年）发表。

这个时期中国外贸是怎样的呢？

中国人均 GDP 在汉代相当于 400 美元，同期欧洲 400 美元；宋末是 600 美元，同期欧洲 400 美元；19 世纪前中国是 600 美元，同期欧洲 1200 美元。中国人口增长太快，GDP 总量超过欧洲。

中国对俄罗斯贸易，在清雍正初年恰克图市场茶交易额为 100 万卢布；乾隆中期 200 卢布；乾隆末年 300 卢布；嘉庆时 600 卢布；道光二十三年（1843 年）输出茶 12 万箱，俄罗斯对华贸易占其外贸的 40% ~ 60%。雍正时塔城输出 800 万卢布，海拉尔输出 162.5 万卢布。

对外贸易的白银输入，中国明清对外贸易净出超，流入白银 10.8 亿元，铜 10.5 万吨。政府对外不一定没有支持和保护。政府的皇商分海陆两路，陆路有张家口八大皇商，如对蒙古、俄罗斯有"龙票"制度（相当于特许证），晋商大盛魁就是最大的外贸商人。

纳贡贸易："一个以中国为中心，以内部的纳贡关系和纳贡贸易关系为特征的统一体系的历史，（这是）一个有机的整体，与东南亚、东北亚、中亚和西北亚有一个中心——边陲关系……与邻近的印度贸易相联结。"

海外华商、纳贡贸易形成了中国对外贸易网。日本学者滨下武志认为，这种中国与朝鲜、日本、东南亚、印度、西亚、欧洲以及欧洲的经济殖民地，以及这些地区的中心与边陲关系，在世界经济中起了一定作用，他称之为"藩属纳贡关系的连锁链条"，中国处于中心地位。

德国学者弗兰克在《白银资本》一书中说："欧洲人唯一的选择是把他们的贸易马车挂在亚洲庞大的生产和商务列车上，而这列亚洲列车正行驶在早已修好的海上、陆上（地区）的轨道上。"

三、结论

第一，斯密的思想和马克思一样，可能是限于对当时中国缺少更多了解，因此是一种欧洲中心论。欧洲中心论是不符合历史现实的。

第二，中国的落后与外贸有关系是事实，但是与地缘政治有逻辑关系未必能够说通。

晋商企业制度

应县广济水利股份有限公司述略

背景说明

本文是 1975 年 7 月在山西省雁北地区实地调查所得，原载《山西水利史志资料》，后《中国水利》转发。从"大有堂"可以看到，民国初年，阎锡山已经利用股份公司的企业组织形式振兴农村经济了。

山西应县广济水利股份有限公司，设在应县南马庄。该公司最初是清末一位叫李文水的"野医生"倡议，他建议利用桑干河水开渠灌溉应县土地，终因没有资力告吹。然而此议很快为浑源县田汝弼接受，田汝弼是国会议员、山西大学校长田应璜的儿子，曾留学日本早稻田大学。他利用其有利的政治地位和社会关系，于民国二年（1913 年）开始集股筹备水利公司。经积极活动，至民国四年（1915 年）筹得大洋 12 万元，正式成立广济水利有限公司，规定 50 元为 1 股，最大股东黎元洪 200 股，1 万元，其次为阎锡山 140 股，7000 元，此外还有北洋政府陆军总长汤化龙等人。公司成立董事会，成员为刘泉功（朔县）、田汝弼（浑源）、康佩宗（代表太原）、王钧廷（代表北京）、白赞成（代表绥远），董事长为刘泉功；设监察二人，为梁伯强和张口睢，同年破土动工，修筑"六成渠"，拟于民国六年修成。但在民国六年夏已筑好的大坝被洪水冲垮，资金不足，又招来股金 40000 多元，共计 18 万元。工程于民国六年末告竣，召集周围马庄、哑嘈庄、魏庄等 48 个村子的代表，开会协商淤地办法，并议定公司和各村代表共同丈量各村土地，打乱户主，开渠成方，每方

15 亩。清水浇田，每亩收水费一角，洪水淤地只分田不收费，一个村一个村地挨个进行。淤成三寸厚胶泥地，照五等分成。头等地：公司分10%，原主90%；二等、三等、四等、五等土地：公司和原主分别照二八、三七、四六、对半分成，每年可以淤三四个村子的土地。至 1929 年，公司拥有的土地过多，不便经营，对各股东按股份分地。土地按优劣折价，最高每亩 10 元，最低每亩 5 角。黎元洪 1 万元股份，分得 19000 亩的土地，成立了"新农合作社"。田汝弼的土地起名"福诚堂"。阎锡山分得 1 万数千亩土地，成立"田福堂"、"田禄堂"、"田寿堂"。其他股东亦各起堂名，如"庆余堂"、"中和堂"等。各派管理人员，招徕无地农民耕种，坐收地租。就这样桑干河流域农民的大片土地进入了这批军阀、官僚、政客和绅士之手。

广济水利公司在 1925 年以前曾向山西省银行借款 2 万元修渠筑坝，省银行亦不收利息，1929 年公司分地时，省行也不"理会"，第二年派出一名副经理，坐着绿围大轿在南马庄外转了一圈，即收了上等好地四五千亩，接着起名"大有堂"，分设应县哑嚼庄、范村两处管理土地。"大有堂"的土地大部分是出租，还有部分伴种（即银行出农具、耕畜、种子等，佃农出劳动力耕种，秋收四六分粮），另雇有长工 30 余人，养大牲畜十六七头，养猪三四十头，羊 200 多只，鸭子 100 多只。长工的任务是管水淤地、收租，所收粮食卖给军队和粮行。长工每月工钱现洋 8 元，一年只雇用 8 个月，春夏秋使用，冬去不管，故一年只有 64 元的工钱。为了拉拢长工，每年给每个长工土地 3～5 亩，借给农具车马，收入归长工自己支配。今应县范店、哑嚼庄、魏庄、东辉耀等村的土地，当年大部分都被山西省银行"大有堂"夺去。

山西商人对中国会计史的贡献

背景说明

　　本文是 2004 年 9 月 25 日中国会计学会在太原召开的"第五届会计史研讨会"上的主题发言，原载《山西财经大学学报》2005 年第 1 期，后收录于中国会计学会编辑的中国会计理论研究丛书《会计史专题》，中国财政经济出版社 2005 年 7 月出版。文章比较全面地评价了山西商人及其票号在明清时期的商业活动中对会计核算和财务管理所做的各种创新，包括龙门账财务稽核、人力资源会计核算、记账货币、票据流通与背书转让、转账制度、银行清算、银行密押、资本管理、风险基金、安全支付等。这些不仅适应了当时企业管理的需要，促进了中国商品经济的发展，而且在当代仍然有一定的现实意义。

　　明清时期是中国商业革命时期，最活跃的商人有十大商帮，晋商的活动舞台、财富积累、管理制度都处于领先地位，称雄中国商界 500 余年，他们在记账核算与财务管理方面有很多创新，为中国的会计学发展做出了重要的贡献。本文根据近几年晋商史料的挖掘，就晋商对会计学的创新进行初步梳理，并提出一些不太成熟的看法，向会计学和史学界专家们请教。

　　根据现有史料，晋商在记账核算与财务管理方面的创新与发展，大体可以概括为以下几方面：

一、"龙门账"财务稽核

相传明末清初，山西太原人傅山参考当时官厅会计和"四柱清册"记账方法，设计出来一套既简单又明确的适用于民间商业的会计核算方法——"龙门账"。傅山与顾炎武、戴廷轼关系甚密，与晋商往来频繁。康熙十八年（1679 年），顾炎武曾在山西太谷沟子村大商人贠成望家度过他的 66 岁大寿，帮助贠家设计了志成信票号的规章制度。[①] 卫聚贤认为傅山与顾炎武、戴廷轼为了革命目标，依托晋商组织镖局，后来镖局演变为票号。[②] 不管哪种说法，傅山、顾炎武、戴廷轼与晋商关系密切是肯定的，傅山设计或者改进龙门账不会是虚传。

龙门账的要点是，"将民间商业中的全部经济事项，按性质、渠道，科学地划分为进、缴、存、该四大类，分别设立账目核算。所谓进，是指全部收入；缴，是指全部支出（包括销售商品进价和各种费用等支出）；存，是指资产并包括债权；该，也称欠，是指负债并包括业主投资。当时的民间商业，一般只在年度终了办理结算（即现在的决算），就是核实和整理一年的经营成果，以便向业主作交代。年结，就是通过'进'与'缴'的差额，同时也通过'存'与'该'的差额平行计算盈亏。如果'进'大于'缴'，就有盈利；否则，就有亏损。它应该与'存'、'该'的差额（即盈亏）相等"。[③]

这进、缴、存、该四大类的相互关系是：

$$进 - 缴 = 存 - 该 \tag{1}$$
$$该 + 进 = 存 + 缴 \tag{2}$$

每当结算时，以此来验算两方差额是否相等，并据以确定当年盈亏，称为"合龙门"。它的账务处理程序如下：

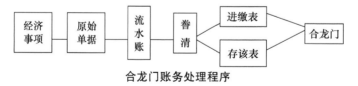

合龙门账务处理程序

资料来源：侯以苴：《傅山的龙门账》，载《晋商史料与研究》，山西人民出版社 1996 年版。

---

① 贠文绣口述、董维平整理：《我所了解的贠家志成信票号》，《晋商史料研究》，山西人民出版社 2001 年版。贠文绣是贠成望的第十代嫡孙。

② 卫聚贤：《山西票号史》，重庆说文社 1941 年版。

③ 侯以苴：《傅山的龙门账》，载《晋商史料与研究》，山西人民出版社 1996 年版。

"龙门账"对我国会计发展的贡献主要是：第一，促使了单式记账向复式记账发展。进、缴、存、该全面连续地核算，解决了过去单式记账法难以满足要求的问题。第二，发展了记账原理。如傅山把账目统叫流水账，现金账叫"银钱流水"，进、销货日记账叫"货物流水"，他们从实践中认识到资金运动和物资运动如同"流水"，这与美国人把会计核算的经济活动比作川流不息的水是一样的。治水筑堤坝最后要合龙，在账目中"有来源必有去路"，通俗又浅显地把资金来源和资金去路的关系比作"合龙"，如同西方会计把轧账叫做平衡一样。我国商业系统长期实行的增减记账法，将全部账户分为经营资金及其来源的账户和经营过程的账户。资金去路类和资金来源类账户，就与"龙门账"中的"存"和"该"基本相同，收入类和支出类账户，就与"龙门账"中的"进"和"缴"基本一致。商业会计中的经营情况表和资金表的基本结构，与"龙门账"的进缴表和存该表也基本相同，通过经营情况表中收支对比核算出来的盈利，与资金表中资金去路和资金来源对比计算出来的盈利相吻合，正是"合龙门"的原理。第三，初步明确了会计的基本职能。通过进、缴、存、该四大类的记账、算账、报账等几个环节，可以对商业经营过程进行控制和观测，为经营管理提供信息，作为经营者决策的依据。这就是现代会计学反映经营情况、监督经营行为和促进经营发展的基本职能。能不能实现合龙门，实际也是财务稽核。

二、创立人力资源会计核算

晋商企业制度中的"人身股"起源于明朝，是晋商介入食盐开中，委托别人为其组织就边种田纳粮时的委托制形式。人身股从明中期经清代直至民国，历时四五百年。人身股制度的基本内容是：企业（商号）的主要职工，从大掌柜到业务骨干，可以顶一股到一厘甚至零点几厘的企业股份，股份的多少由财东根据职工任职时间、能力、贡献大小决定，称为"身股"或"顶生意"。在财务年度结算时，"人身股"与财东的资本股一起参与利润分红。票号的资本股一般 1 万两白银为一股（也有高于或者低于 1 万两的），大掌柜（总经理）一般为一股。由太谷商人王相卿和祁县史大学、张杰组建的大盛魁，历经 230 多年，职工人数最多达到 7000 多人，它规定每 3 年为一个大账期（会计年度），进行一次决算分红。分红时把公积金的积累和运用放在重要的地位，以公积金的增长为衡量 3 年内经营成果的主要标志，然后才是每股分红，最盛时一股可分到 1 万两白银，财东和掌柜及顶股员工均受其益，每遇账期总结，都要评定职员功过，检查三年的成绩和问题，整顿人事，调整"身股"厘数。据说，大盛魁后期"人身股"总数已经超过了股东的资本股总数。大德通票号的"人身股"情况，据光绪十五年（1889）分红账记载，光绪十一年至十五年（1885～1889 年）账期共获余利 24723.03 两，资本股和"人身股"共二十九分（股）七厘，每股分红 850 两。其中乔在中堂等资本股二十分（股），马培德等 23 名职员"人身股"九分（股）七厘。在这 23 名享受"人身股"待遇的职员中有 3 名是已去世的职工。[1] 大德通票号光绪三十一至三十四年（1905～1908 年）账期获利 743545.25 两，资本股和"人身股"共计 43 分（股）九厘五毫参与分红，其中，资本股仍为二十股，"人身股"达到了 23 分（股）九厘五毫，顶股职员为 57 人，每股分红 16917.98 两。[2] 根据史料，山西商人的"人身股"不是每个职工都能得到的待遇，商号新招员工学徒期为 3 年，3 年期满合格，录用为正式员工，一般要经过几年锻炼，在思想和业务方面，包括德、勤、能、绩表现优秀者才能顶股，快则一两年，慢则可能十几年甚至更长的时间还不能顶股。这说明，当时已经把劳动力当作了资本，对劳动力资本的衡量与考核，已经注意到了劳动者的劳动数量和劳动质量。劳动力资本和实物资本在企业利润分配中的平等地位，正是晋商长盛不衰的秘密武器。

但是遗憾的是，美国人的人力资源会计在 20 世纪 60 年代提出，80 年代介绍到中国，至今还有人在说这是美国人的创新，是管理学和会计学的前沿，而中国人自己创造的人身股制度与人力资本核算虽然四五百年了，却没有引起应有的重视。

资本股是包括货币资本和实物资本为形式的物化劳动投入企业的资本，是创造新价值必不可少的要素；劳动力资本是以活劳动形式投入企业的资本，与实物资本共同构成了股份制企业的推动力，共同创造了新的价值，实现了价值增值，那么劳动力资本所有者就有权利与实物资本所有者一起平等地参与企业利润的分配，这是合情合理的。根据晋商当年的经验，其会计核算是比较简单的，人力资本股与实物资本股核算中的具体问题主要有：

---

① 人民银行山西省分行、山西财经学院：《山西票号史料》，山西人民出版社 1990 年版。
② 卫聚贤：《山西票号史》，重庆说文社 1941 年版。

第一，哪些劳力可以顶股的问题。票号的人身股不是在企业干活的任何一个职工都顶股的。由于劳动者受教育的投资不同，所以劳动者的智能、技能不同，加上个人奋斗的程度不同以及他们掌握的信息和经验不同，不是企业所有劳动者都可以顶股份，只给高中级职员顶股是有一定道理的。

第二，劳力顶股的标准问题。晋商当年根据劳动者的智力、能力、工龄、级别、贡献等各种因素确定身股多少，并且在每个会计年度终了，根据其表现，经大掌柜提出身股晋升建议，由东家决定。当代实行劳力股的企业，预定顶股考核因素及其权重，积分计量，董事会批准效果也很好。

第三，人身股与实物资本股的折合问题。1俸人身股折合多少货币资本？当年晋商没有统一定制，各个商号均在"合约"中规定。金融企业一般1俸人身股等于实物资本股1万两白银，也有1俸人身股等于1.2万两白银的，也有1俸人身股等于5000两白银的，一般商号人身股相对较低。当代一些企业把实际工资收入（基本工资加奖励）与股份建立某种联系，不失为一条可供参考的选择。

第四，人身股是不是封顶的问题。这涉及每个劳力最多可以折多少实物资本股，也涉及在全部利润分配中，实物资本与人力资本各占多大比重。当年晋商顶股是上封下不封。大掌柜最高，一股封顶；最低职员人身股可以少到零点几厘。少数老企业人身股总数，至清末民初时已经超过了实物资本股总数，以致原来的财东无法控制企业。这涉及劳资双方在企业中的地位问题，仍需要在实践中探索。

第五，劳力股的退出问题。股份企业的实物资本股是永远不清退的，但可以转让出卖。晋商企业退休职员人身股照常分红，是一种情感性上的照顾。顶股职员死亡之后，仍可以享受一个或二个会计年度的分红，叫"故股"。如果职员被辞退或者跳槽，当即终止人身股。可以说人身股不能转让，永远归劳动者本人所有，子女不能继承。

第六，人身股与实物资本股同股同酬不同责。在利润分配时，两种性质的股份同股同筹，但是企业倒闭，人身股不承担债权人的债务追索。不过，晋商企业重视经营风险控制，在会计年度结账时，一是要提留"财神股红利"，实际上是公积金；二是要按照一定的比例从东家和顶股员工的所得红利中提留"护本"，即风险基金，若遇亏损，可以从护本中支出。也就是说人身股所有者和东家一样承担有限责任，实物资本股所有者承担无限责任。

第七，实行人身股的企业上市问题。晋商企业虽然是股份制企业，但是和西方股份制不同，从来没有上市之说。自然人身股亦无上市之说。目前国内实行人身股制度的企业还没有听说哪一家上市，需要继续探索。

总之，是晋商创造了劳动力资本制度，创造了人力资源核算制度，它的理论意义在于实践了劳动力资本论与共同富裕的路子。

三、创设记账货币单位

清代票号办理存放汇兑，收受银两，每次都要鉴定银两成色，称量银两重量，成为票号一项日常性工作。由于各地的天平砝码不统一，公私银炉并存，熔炼白银技术差异较大，各地所铸银锭的成色不一。票号为了比较各地平砝的大小，以便建立自身统一的记账货币单位，在度量衡没有国家统一标准情况下，每个票号都不得不建立自己的平砝制度，与各地之平砝权衡，较出每百两比自置的平砝大多少或小多少，作为银两收交的标准，并凭以记账，维护交易双方的利益，这种制度就是票号的本平制度。[①] 晋商的本平制度，不仅有力地促进全国各地汇兑业务及存放款业务的开展，同时也为票号在承担汇兑存放款业务的过程中获得"余平"提供了条件。所谓余平，就是票号在收交银两中，由于各路平砝的折合的原因而多余出来的银两，这是票号的营业以外收入。

四、创造票据流通及其转让制度

（一）票据及其流通

明清时期山西商人已经广泛地使用票据，包括商业票据与银行票据。当时流通的票据主要有六种：①凭帖，本铺出票，由本铺随时负责兑现，如同现在本票；②兑帖，也作附帖，本号出票，到另一钱庄兑现银或制钱，如同支票；③上帖，有当铺上给钱铺的上帖和钱铺上给钱铺的上帖之分，彼此双方已有合同在先，负责兑付，类似银行汇票；④上票，非钱商的一般商号所出的凭帖称上票，比上帖信用自然要差一些，钱商也可以收，类似商业汇票；⑤壶瓶帖，有些商号（包括钱庄）因逢年过节资金周转不灵，自出钱帖，盖以印记，搪塞债务，因其不能保证即时兑现，只

---

① 人民银行山西省分行、山西财经学院：《山西票号史料》，山西人民出版社 1990 年版。

能暂时"装入壶瓶"待期兑现，类似融通票据；⑥期帖，出票人企图多得一些收入，在易银时，开写迟日票据，到期时始能取钱，需计算期内利息，类似现代的远期汇票。① 前三种是见票即付现款，如同现金，亦能够背书转让；后三种不一定立即付款，易生纠葛，清道光帝曾下令准许行使前三种，禁止行使后三种，事实上禁而不止。

当时还有一种服务旅行的汇票，顾客外出旅行，假设由北京至苏州办货，可将一定数额的旅费交票号北京分号，开出一张汇票，当即说明途中经过济南、徐州、南京需要提取部分现银，到苏州后全部提出使用。北京分号即通知济南、徐州、南京分号（或联号），说明汇款人（提款人）的姓名，待提款人到济南后，可到指定分号提款若干，济南分号在提款人手执汇票上记录提款若干，下余若干。到徐州、南京也如此，直到苏州提毕，由苏州分号收回汇票。这种办法，如同现在的旅行支票或信用卡。② 下图是一张背书 34 次的流通汇票，左是正面，右是背面。

汇票正面

汇票背面

图片说明： 光绪元年十月七日平遥"蔚长永钱票"背书记录："丙十月初七日收任振伦"、"十月十九日收刘佩常"、"十三（十月二十三日）恒长奎付"、"十一月初五日郝春荣"、"十一月十一日收关帝庙"、"十一月二十六日雷天云付"、"十一月二十八日义盛厚毛"、"十二月初八日收王清树"、"十二月初九日收义升公"、"（十二月十七日）收永庆和"、"十二月二十一日收讳广富"、"正月二十八收范居中与"、"二月初六日收毛会鹏"、"二月初七日收霍起兰付"、"二月十一日光参"、"二月十四日收阴荣保"、"二月十七日盛魁口"、"二月二十九日耿长泰付"、"三月十九（三１文）收天宁号"、"三月二十一日收张思元"、"三月二十二日程开业"、"三月二十四日段村赵广源"、"四月初一日收邱兴口"、"x（四月十七日）收德和义"、"四月十八日张万顺"、"（五月十一日）常升德付"、"七月初二日收赵富有吊"、"七月二十四日收天裕公"、"九月十三日收义成厚"、"九月十四日刘秉有"、"九月十七日张成纯"、"文（九月十八日）史泰安付"、"九月口口收史记山"、"口月十四日收义长口"，共 34 条。

汇票背面文字说明

流通汇票

---

① 《中国近代货币史资料》第一辑上册，中华书局 1964 年版。
② 陈其田：《山西票庄考略》，商务印书馆 1937 年版。

（二）转账结算

中国的转账结算与银行划拨清算起于何时？据《上海钱庄史料》，上海"钱业在1890年设立汇划总会，开始以公单方式计数，进行清算"①。其实在此之前，内地已有转账结算与银行划拨清算方法，已经比较广泛地流行晋商创造的银钱拨兑和转账结算，可以归化城的宝丰社为例。因为在这里的"银钱业商人，以山西祁（县）太（谷）帮为最，忻（州）帮次之，代（州）帮及（大）同帮又次之。故其一切组织，亦仿内地习惯办理，各钱商组合行社，名为宝丰社"。当时"商市周行谱银由来已久，盖与拨兑之源流同。其初以汉人来此经商，至清中期，渐臻繁荣……边地银少用巨，乃因利乘便，规定谱银，各商经钱行往来拨账，借资周转，此谱银之所由勃兴也。其作用虽如货币而无实质……拨兑行使情状亦与谱银相类，所不同者仅为代表制钱而已，市面通称为拨兑钱，即前之城钱也。周使惯例，数至一吊即可拨兑，吊以下使用现钱。各商均在钱行过账，营业始能运用"。其时"钱行及各商行均可发行号帖，以资周使"。② 一般是付款商号开出凭帖，相当于支票，持票人可以转账，亦可以提现，现款限期在一月以内的又叫"点个儿现银"。假如商号甲无钱购货，经与钱庄乙商议，允许代理，商号甲便可以向商号丁购货，商号丁与钱庄丙有往来，钱庄乙便通知钱庄丙，声明商号甲已有存款，商号丁便可以放心地发货，无须现款，仅在甲、乙、丙、丁之间划拨转账。但这种凭帖，只能相互间辗转划拨，不可提现，因为没有现金，晋商将此种办法称做"客兑银"。不过制钱拨兑，只能转账，不能提现。

由此可以肯定，在清代中期，晋商在蒙古地区已经按照内地办法使用了汇票、支票、本票，办理资金的划拨转账和融通。

（三）银行清算

商户之间转账结算的结果，形成各个钱庄之间的债权债务关系，在钱业商会的组织下通过"订卯"结清，即在规定时间，各钱商齐集钱业商会，"会同总领，举行总核对"，"如甲号以过拨结果存有乙号之款，乙号不愿存放，则提出另兑丙号收存，甲号如无实现指向，可以转拨别号，则本标骡期（镖局走镖的标期，有年标、季标（春夏秋冬）、骡标，骡标是每月一标）营业立呈险象，本行均予拒绝往来。故钱行往往以出放过多

---

① 人民银行上海分行：《上海钱庄史料》，上海人民出版社1960年版。

② 《绥远通志稿》，民国抄本第三十八卷。

而收项少致受亏折"。"订卯时互对账目，或发现宗项错误，或虽经过账，空无指项，则付出之款仍可收回，不生效力，俗谓之回账，其应回账之款，虽在过拨时辗转数号，甚或延期数年，亦可根据各号账目逐予回销，此亦拨兑钱市特有之办法"。但是"如为面拨之项，则不能回账"。[①] 钱庄间清算以白银十两或制钱十吊为起点。

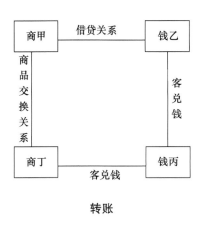

转账

五、创造银行密押制度

为了异地款项汇兑的安全，所用会票（汇票）真实无误而不发生假票伪票冒领款项，各家票号所用会票都有自己的密押。

一是只能使用专用纸，即在总号统一印制的空白"会票"，纸质为麻纸，上印红格绿线，绘有复杂的图案或者周边雕刻蝇头小楷的五经四书的某些段落。

二是会票内加水印，如日升昌票号会票的水印为"昌"字，后来为"日升昌记"四字，蔚泰厚票号会票的水印为"蔚泰厚"三字。

三是各号书写会票，责定专人，用毛笔书写，其字迹在总号及各分号预留备案。各号收到会票，与预留字迹核对无误，方能付款。

四是会票书写完成，须加盖印鉴，现在看到的会票盖有抬头章、押款章、落地章、骑缝章、套字章、防伪章等多枚印章。

五是会票金额、汇款时间均设有暗号，有银数暗号、时间暗号，汇款人、持票人无法知道，只有票号内部专人才能辨认会票真假。暗号编成歌

---

① 《绥远通志稿》民国抄本第三十八卷。

诀，以便记忆。各票号密押不定期更换，新的代号均编成押韵口诀，号内有关人员必须死记硬背，烂在脑子里。

六、创新财务管理制度

（一）资本金管理

"倍股"、"厚成"、"公座厚利"是晋商在资本管理与运营中的创造。"倍股"，也是"护本"，是在企业利润分红后，按股东股份比例（包括实物资本股和人身股），提取一部分红利留在企业参加周转使用，这部分资金仍归个人所有，只付给利息不分红，借以扩大经营中的流动资本。"厚成"，是在年终结账时，将应收账款、现存资产予以一定折扣，使企业实际资产超过账面资产。"公座厚利"是在账期分红时，在财东银股和职工身股未分配之前先提取利润的一部分作为"公座"，以便"厚利"，相当于公积金。"倍股"、"厚成"和"公座厚利"办法，都是为了在经营中尽可能扩大流动资本，争取更多盈利。因为晋商很少实行负债经营，而主要是依靠自有资本进行经营，用此办法，借以确保流动资本的充足率。

（二）风险基金

商人资本在经营活动中常常会遇到各种不同风险，发生亏赔倒账问题，不仅会影响利润，甚至还会危及资本安全，货币商人更担心因信用危机而危及自己的存亡。为了防御风险，山西商人设计了一种"预提倒款"防范风险办法，要求在账期分红时，不能只顾分红，不管未来有无风险，规定从利润中预提一定数量的可能发生的倒账损失，建立风险基金，这种预提款项，叫"撇除疲账，严防空底"，也就是设置企业经营的安全防线，把风险减少到最低点。

（三）"逆汇"平衡现银

晋商票号实行联号制，各地分支机构在经营中往往出现此地现银多，彼地现银少。为了平衡现银摆布，他们创造了"逆汇"办法调度现银。正常情况是：乙地动员吸收向甲地的汇款，在乙地收进现款，在甲地付出，此为顺汇。如果乙地现银不足，由乙地先贷款给当地企业，允其在甲地购货，甲地先付出、乙地后收进，此为逆汇，亦称"倒汇"。"中国此种汇兑，向所未有，至近年与外国通商，关系密切，内地市场间之贸易随之而盛，汇兑之种类不得不因之变化……倒汇之手续亦别无烦累……有信用之商人立一汇票，交于票号，票号即买取之，送交收汇地之支后，索取现金。"① 逆汇的意义不仅是平衡现银布局，同时也是存放汇结合，能够扩大利润来源。如果是乙地分号先付款，甲地分号后收款，是汇兑与贷款结合。如果是乙地分号先收款，甲地分号后付款，是汇兑与存款结合。此种逆汇，不仅收取汇费，还计利息。这种财务创新，一是满足了商人异地采购急需款项的需求；二是减少了票号资金闲置，增加了利息收入；三是减少了异地现银运送，称作"酌盈济虚，抽疲转快"。②

（四）安全支付

1. 讨保交付

票号为了保证款项安全支付，应商家要求，采取了"讨保交付"和"面生讨保"的办法。凡商家要求票号必须保证其汇款不遗失时，票号即在其汇票上盖有"讨保交付"的戳记。此种汇款，交付时必须取得商保。"面生讨保"则是在取款人生疏的情况下才要保人。

2. 汇票挂失

对于遗失的汇票，视各地具体情况，采取了不同的应对办法。京师、保定多为"登报声明"，曰"日后此票复出，俱作废纸，不得为凭……特此布知"，"望中外绅商，切勿使用"。汉口、重庆则通知当地分号料理，并报告当地政府、商会总会，同时照会驻当地各国领事。下面是 1905 年 4 月 21 日《大公报》一则公告：③

> 声明失票永作废纸启
> 因小号本年正月十二、十七两次由山东省城福兴润信局寄京信包迄今未到。查有天庆恒二月十二日期市平足银一千零四十八两四，永顺隆三月底期市平足银一千零四十八两四，又一宗四月半期市平足银一千零四十八两四，会票共三张，均在其内，该信局京号并不知情，而其山东人位全行逃走，以致无从根究，合即登报声明。日后此票复出，俱作废纸，不得为凭。诚恐华洋官商军民误为使用，特此布闻，伏望雅鉴。
> 京都新泰厚汇票庄顿启

3. 出具甘结

在办理公款的汇兑上，尽管晋商相信官场一般不会有诈，但也不敢掉以轻心。为防万一，采取了领汇票要具甘结的措施，即除立汇票外，还要以票号名义与汇款人写下有汇款性质、数量、汇费等内容的字据。下面是

---

① 《东方杂志》1917 年第十四卷。

②③ 中国人民银行山西省分行、山西财经学院：《山西票号史料》，山西人民出版社 1990 年版。

源丰润票号福州分号与闽海关的一份甘结。[①]

具甘结号商源丰润今于与甘结遵依结得闽海关汇解度支部

福厦二口光绪二十八年八月二十六日起至七月二十五日止，连润计十二个月，洋税支销项下扣减六两平银一千零八十九两三钱六分四厘，三都口自光绪二十八年八月二十九日起至二十九年七月二十八日止，连润计十二个月，洋税支销项下扣减六两平银一百六十四两六钱二分二厘二，共扣平银一千二百五十三两九钱八分六厘。系遵照部砝兑交，不敢丝毫短少，除另立汇票外，合具甘结是实。

光绪三十三年六月十六日

具甘结号商福州源丰润记（印）

七、创新记账核算符号

由于明清货币是银铜平行本位，铜制钱以个计数，由于私铸原因，制钱计数常常根据地区情况大小搭配，或者实行"短陌钱"，如内蒙古"归化厅与外厅向不一致，相传乾嘉时以八十抵百，历年递减，至光绪季年，低至一八抵百，而外厅则较稳定，凡短陌钱俗谓之城钱，足百谓之满钱。"[②] 白银货币也有银两成色、平砝的不同。因而会计账目记载常常需要记明什么标准的钱、多少钱。晋商在货币收付和会计核算中，逐渐创造出了一些记账符号，方便了账目记载和审查。举例如下：

山西民间票帖票面特别数字文字释义

票面特别数字文字	今用数字文字
Ⅰ	1（或"一"）
Ⅱ	2（或"二"）
Ⅲ（或"三"）	3（或"三"）
×	4（或"四"）
ɤ	5（或"五"）
丄	6（或"六"）
亠	7（或"七"）
亖	8（或"八"）
文	9（或"九"）
十	10（或"十"）

[①] 中国人民银行山西省分行、山西财经学院：《山西票号史料》，山西人民出版社1990年版。

[②] 《绥远通志稿》民国抄本第三十八卷。

票面特别数字文字	今用数字文字
廿	20（或"二十"）
卅	30（或"三十"）
㠪	28（或"二八"）
尥	96（或"九六"）
尥	99（或"九九"）
伯	百（或"佰"）
弍	贰
肂	肆
魍	拨兑
娖	外兑
愿	平好心
🎴	千文
籴	（待考）
尥钱	名为铜钱一千，实付九百九十枚
尥钱	名为铜钱一千，实付九百六十枚
㠪钱	一千铜钱中增值杂私钱二百枚
文钱	一千铜钱中夹杂私钱一百枚
大钱	全数为制钱
满钱	名为铜钱一千，实付一千枚

资料来源：王雪农、刘建民：《中国山西民间票帖》，中华书局2001年版。

山西商人对于中国会计学的贡献，限于历史上官方没有商人档案资料，民间史料又由于战争、政治运动等原因损失很大，挖掘史料困难颇多。好在现在人们已经认识到了历史资料的重要性，一些民间收藏家正在把眼光盯住商业文物，会计史料将有望有新的发现。

晋商的企业制度及其现实意义

背景说明

本文是 2006 年 5 月 20 日在中国 "首届商帮峰会（杭州）会议" 上的演讲稿。晋商企业制度的主要内容可概括为 12 个方面，晋商成功的内部管理制度虽然已经湮没了半个多世纪，但在当代社会主义市场经济中仍然有一定的现实意义，一些办法仍然可以为现代企业家所参考和借鉴。

企业，一是要有一定的自有资本，二是要从事一定的生产经营活动并取得盈利，三是要自负盈亏，符合这三点，就应当是企业。晋商的商号，符合这些条件，而且也符合经济学上讲的人合公司、资合公司、两合公司、无限责任公司。

晋商企业制度与其他商帮比较，有很多的区别，这至少是晋商称雄商界 500 年的部分秘密。晋商企业的这些制度，不仅成就了晋商的历史辉煌，而且现在看来，仍然具有一定的现实意义，有些制度甚至是现代管理学的理论前沿。

一、晋商企业制度的精髓

（一）股份企业制度

山西人在明代就已经开始组织股份制企业，合作投资，资本金根据投资人的经济实力与意愿确定股份多少，作为股东，经营成果按照股份多寡承担风险和享有收益，创造了中国最早的股份企业制度。晋商企业大部分都是股份制企业，与中国其他商帮的独资企业不同。

（二）两权分离制度

晋商的股份企业确定，首先要聘请大掌柜（总经理）。事先调查物色好人选后，并托中间人议定条件，然后邀请中证人与拟聘大掌柜聚餐，正式签订合约，委以全权。企业所有权属于东家，经营权委托由大掌柜独揽。东家平时不问号事，待大账期时，到号决定分配方案。"将资本交付于管事人（大掌柜）一人，而管事于营业上一切事项，如何办理，财东均不闻问，既不预定方针于事前，又不施其监督于事后"，谓之"用人不疑，疑人不用"。这种全权委托的东掌关系，看似出资人风险较大，但实际上将大掌柜的经营置于全社会的监督之下，大掌柜若经营不善或不够尽心，会面临信誉的损失，在当时的经理人市场上被人低看，大掌柜威信扫地，没有出路，对大掌柜的保人也不利。所以大掌柜都是尽心尽力的，谓之"受人之托，忠人之事"。

（三）联号制度

晋商企业实行总分支机构制，总号设在山西本地，分支机构遍布全国各地以至国外。总号对分号实行集中管理，分号的开立、经营、人员配置、资金、收益等都归总号调度，实行统一制度、统一管理、统一核算，统一资金调度。例如票号的分号设立。总号对分号的控制：一是考核制度；二是报告制度。考核制度：对分号的考核，是以"结利疲账定功过"，但以不对他号造成损失为原则，否则给予处罚。报告制度：①书面报告，如正报、附报、行市、叙事报、年终报告；②口头报告，如每日晚上面报、大掌柜巡视面报、班期回总号面报。

（四）人力资本制度

人力资本制度的主要内容：将企业内的管理层职工和业务骨干，按其职责、能力和贡献大小确定"身股"多寡，作为人力资本股，与财东的货币资本股一起参与利润分配，谓之"有钱出钱，有力出力，出钱者为东家，出力者为伙计，东伙共商之"。定期人事考核，增加身股，载入"万金账"。晋商人身股制度比美国的期权制度早了400多年。某企业高管人员说："有了人身股，没有烂眼虎。"[①]

---

① 烂眼虎是指工作中的滥竽充数、眼高手低、马马虎虎。

（五）人力资源管理制度

1. 员工选拔

新员工选拔制：①社会权威人士推荐；②考察三代；③笔试；④面试；⑤铺保；⑥吃苦精神考验。

2. 薪酬激励

薪酬激励措施：①人身股；②应支；③津贴；④伙食；⑤衣资；⑥婚丧大事随礼、贺吊；⑦退休身股分红；⑧故股分红；⑨关照子弟就业。

3. 人才培育与选拔

事业的成功，离不开天时、地利、人和，三者之间则"天时不如地利，地利不如人和"，人是第一因素，影响制度执行力靠的是人。票号用人，"以懂得信义为根据"。他们认为，"凡人心险于山川，难于知天，故用人之法非实验无以知其究竟。远则易欺，远使而观其忠；近则易狎，近使而观其敬；烦则难理，烦使而观其能；卒则难辨，卒间以观其智；急而易爽，急期以观其信；财则易贪，委财以观其仁；危则亦变，告危以观其节；久则易惰，班期二年以观其惰；杂处易淫，派往繁华以观其色，期在练或磨不砺，涅而不淄，方足以任大事。所以一号之中，不能断言尽是忠、敬、能、智、信、仁、有节有规十全之士，但不肖之徒难以立足"。

4. 学徒制

学徒期：3 年，且不得回家，考核成熟正式录用。

5. 宗法与担保约束

利用宗法关系，雇用职员，只用山西人，他省人一律不得援用，事实上主要还是山西中区人，一般都是有身份的当地人引荐，并且为之担保。如果被担保人在号中表现不好被开除出号，不仅断了一家人的财路，还有辱祖宗的面子，家族自然不依；同时，学徒、员工进入商号，需要商铺担保，被担保人出事，不仅累及担保人名誉，担保人还要遭受经济损失，担保人更不允许。

6. 严格的号规约束

晋商在人力资源管理上的人身股与薪酬激励机制、员工选拔与训育机制、铺保与号规约束机制，是晋商企业的高效执行力的动力机制。票号有着严格的内控制度。票号的内部控制制度的核心是对人的控制，在人身股的激励制度和铺保约束制度的基础上，授权大掌柜统领号事。内控制度的主要措施有：①号内人事由总号大掌柜安排，财东不得举荐人位，干预人事。②财东平时不得在号内食宿、借钱或指使号内人员为自己办事。③大掌柜巡视分号，各分号人位不宜、同人不端、手续不合、市面情形变迁诸事，可立即处置。④各分号不准买空卖空、囤积货物，节外生枝。⑤职员不准在外巨数支使；不准私自捎物；不准就外厚道；不准私代亲族；不准私行囤积放人名贷款；不准奢侈滥费；不准侵袭号中积蓄；不准花酒赌博至堕品行；不准吸食鸦片；不准亲友浮挪暂借；不准向财东和掌柜送礼；不准到财东和掌柜家闲坐；不准到小号串门；伙友之间不准互相送礼；下班归里不准私先回家后到柜上汇报等。严格的内控制度杜绝了票号内部营私舞弊现象的发生。

（六）资本管理制度

晋商企业的资本金有正本与副本之分。正本是股东的投资，在万金账中记载。副本也是"护本"或者"倍股"。副本（护本或倍股），是在企业利润分红后，按股东股份比例（包括实物资本股和人身股），提取一部分红利留在企业参加周转使用，这部分资金仍归个人所有，只付给利息不分红，借以扩大经营中的流动资本。另有"厚成"、"公座厚利"。"厚成"，是在年终结账时，将应收账款、现存资产予以一定折扣，使企业实际资产超过账面资产。"公座厚利"是在账期分红时，在财东银股和职工身股未分配之前先提取利润的一部分作为"公座"，以便"厚利"，相当于公积金。这些都是为了在经营中尽可能扩大流动资本，争取更多盈利。因为晋商主要是依靠自有资本进行经营，用此办法，可以确保流动资本的充足率。

（七）票据融资制度

流动资金是企业经营活动中的血液。晋商解决流动资金问题，主要依靠信用贷货，其次有少数信用贷款。信用贷货就是商业信用（商品赊销），空口无凭，创造了商业票据融资。信用贷款是晋商钱庄、账局、票号等金融机构对商号提供无抵押、一般也无担保的贷款。晋商在其商业贸易活动中的资金周转大量使用商业票据与银行票据，现金收付比较少。当时他们使用的商业票据和银行票据有六种：凭帖（类似本票）；兑帖（类似支票）；上帖（银行汇票）；上票（商业汇票）；壶瓶帖（类似空头票）；期帖（类似远期汇票）。商业票据背书流通转让制度。

（八）转账结算制度

下面是山西货币商人"照内地习惯"在内蒙古的金融活动的记载。

"在有清一代，在现款凭帖而外，大宗过付，有拨兑一法……乃由各商转账，借资周转。"拨兑之外，还有谱银，"盖与拨兑之源流同。其初以汉人来此经商至清中叶渐臻繁盛，初仅以货易货，继则加用银两，代替货币，但以边地银少用巨，乃因利乘便，规定谱银，各商经钱行往来拨账，借资周转，此谱银之所勃兴也。虽其作用类似货币，而无实质，然各商使无相当价值之货物，以为抵备，则钱行自不预互相转账，其交易即不能成立"。当时银两转账为谱拨银，铜制钱转账为拨兑钱。

与转账制度相关的是银行清算制度。商户之间转账结算的结果形成各个钱庄之间的债券债务关系，在钱行商会的组织下通过"订卯"结清，即在规定时间，各钱商齐集钱业商会，"会同总领，举行总核对"。"如甲号以过拨结果存有乙号之款，乙号不愿存放，则提出另兑丙号收存，甲号如无实现指向，可以转拨别号，则本标骤期，营业立呈险象，本行均予拒绝往来。故钱行往往以出放过多而收项少致受亏折。""订卯时互对账目，或发现宗项错误，或虽经过账，空无指项，则付出之款仍可收回，不生效力，俗谓之回账。其应回账之款，虽在过拨时辗转数号，甚或延期数年，亦可根据各号账目逐予回销，此亦拨兑钱市特有之办法"。但是"如为面拨之项，则不能回账"。银行间清算以白银十两或制钱十吊为起点。山西银行间的清算有两种情况：一是系统内清算，如票号各地分支机构相互之间在一定时间内发生的汇差，我欠人，人欠我，以"月清年结"两种账向总号报账，月账年账均以"收汇"和"交汇"两项分列，既有细数，又有合计，均按与各分号和总号业务清列。总号收到报来的清账，核对无误后，将月清收汇和交汇差额分别记入各分号与总号的往来账，收大于交，差额为分号收存总号款项数；交大于收，差额为总号短欠分号款项数，互不计息。二是各金融机构在为企业办理转账结算之后，形成金融机构之间的债券债务，规定定期"订卯"，相互冲销，差额清结。一般是按照标期进行。

（九）财务稽核制度

晋商在财务核算的协调上，以经济活动为基础，按会计核算程序，分别从进缴表（收支表）和存该表（资产负债表）两个方面进行核算，然后"合龙门"。如果两表不能合拢，说明核算过程有问题，就要查找原因。这就是中国早期的复式记账，又是财务稽核，以此保证财务核算的准确无误。

（十）本平制度

为此晋商建立了自身统一的记账货币单位（自己的平砝），即"本平制度"。本平制度的创立，不仅便利了它的存放款和汇兑业务，而且使其总分号账务的记录及汇总有了一个统一的记账货币单位，便于票号的会计核算。

（十一）银行密押制度

为了异地汇款所用汇票的真实而不发生假票伪票冒领款项，票号创造了严密的密押制度。一是汇票一律使用总号统一印制的汇票，计数管理；二是汇票内加水印；三是专人书写，字体在总号和各分号预留备案；四是汇票需要加盖6枚印鉴：抬头章、押款章、落地章、防伪章、套字章、骑缝章等；五是汇票暗号，汇票金额、汇款时间均设有暗号，即银数暗号、时间暗号，汇款人、持票人无法知道，只有票号内部专人才能辨认真假。暗号编成歌诀，以便记忆。月暗号："谨防假票冒取，勿忘细视书章"十二个字为一至十二月代号；日暗号："堪笑世情薄，天道最公平，昧必图自利，阴谋害他人，善恶终有报，到头必分明"三十个字为一至三十日代号；钱数暗号："国宝流通"分别代表万仟佰拾，如"三月五日伍仟两"，即写"假薄壁宝"；自暗号：为了万无一失，在暗号之外再加一道锁，叫自暗号："盘查奸诈智，庶几保安宁。"各票号密押不定期更换，新的代号均编成押韵口诀，号内有关人员必须死记硬背，烂在脑子里。

（十二）信约公履制度

商品交易产生了大量的商业信用和银行信用关系，即"信用贷货"与"信用贷款"的债券债务关系。其债券债务的清偿，按照合约，在标期清偿。他们创立了镖局、标期与标利制度，即社会信约的公履制度。根据镖局押运商品物质与现银的距离远近决定标期，按照标期时间长短和标内标外决定利率高低谓之标利。过标时，第一天清偿银两债务，第二天清偿制钱债券，第三天"订卯"（金融机构间轧差清算）。不能按时履行信约，就不能获得信用。如太谷商会对太谷季标的标期安排，规定了太谷标，太汾标，春夏秋冬四标的具体日期。

二、晋商企业制度的现实意义

晋商企业的股份制度、两权分离制度、联号制度、人力资源管理制度、资本管理制度、票据融资制度、财务稽核制度、风险控制制度、社会信用公履制度等，在当时曾经发挥过十分重要的作用，是晋商成功的内部制度因素。晋商的这些制度虽然已经湮没了半个世纪，但是随着计划经济转轨为市场经济，晋商成功的企业管理制度，仍然有一定的现实意义，一些办法仍然可以为现代企业家所参考借鉴。

20 世纪 80 年代以来，从美国开始时兴一种期股制度，亦称人力资本制度，被称为是当代管理学的前沿。其实晋商的人力资本制度在明朝已有，流传至今。它始于明政府实行食盐"开中法"，晋商输粮换引时，就边购地种植委托代理人管理的创新。至今 500 年左右。

晋商的资本管理制度中，设置正本与副本，一是为了扩大经营中的流动资本，争取更多盈利；二是冲销亏损，以保证不亏蚀老本。确保资本充足率。这项制度，与巴塞尔银行监管委员会提出的新资本协议草案（第三稿）提出的从管制性资本到经济性资本的转变是一致的。管制性资本，按协议必须具有的最低资本额，如 8%；经济性资本，处于谨慎性原则考虑，自身设定的资本额。巴塞尔协议关于管制性资本的设立，具有强制性和约束性；经济性资本的设立不具有强制性和约束性。设置经济性资本的目的在于降低破产的可能性，同时为经营活动提供融资。

现代商品交易，使用商业票据较少，多为现货交易，支票付款。现行商业汇票的背书转让也只能三次，一般多不使用。原因在于诚信问题。诚信是商品交易的通行证，诚信就是资本。只要有诚信，就不存在资金不足问题。

由于票号严密的银行密押制度，历史资料中没有发现票号被假汇票骗走货币资财的实例。而今天我们的现代银行竟然多次被骗子用假汇票骗走他人存款，动辄数亿元。现在支票只盖三个印章，是不是还需要在技术制度方面做出改进？

当然，晋商的企业制度并不都是科学的，如两权分离后，总经理权力过大，没有董事会、监事会，企业经营全靠总经理的智慧，缺少监督机制；晋商的企业实行股东无限责任制度，今天看来肯定是不可取的。

明清十大商帮至清末民初基本衰落，只有宁波帮、洞庭帮勉强存活下来，后来演变成为以上海为中心的江浙财团。浙商、苏商的灵活性、远见性，是晋商需要认真学习的。

晋商企业的人力资源管理制度

背景说明

本文是 2006 年 6 月 30 日在大同市对企业界、10 月 20 日在国际儒联企业国学大讲堂、西安交大 EMBA、清华大学对外交流中心"思维战略与领导韬略高级研修班暨中国当代名家清华大讲坛"的讲座稿。文章评价了晋商企业人力资源管理的内容方法，其中人力资本制度至今仍然是管理学的前沿问题。

一、晋商与其他商帮比较

晋商与其他商帮比较，有很大的区别，特别是晋商的企业制度，这是晋商称雄商界 500 年的有力武器。晋商与其他商帮的共同点：一是时代背景相同，同处于中国商业革命时期；二是诚实守信；三是艰苦奋斗；四是聘用同乡人；五是重视行会作用。十大商帮在 20 世纪上半期基本衰落了，晋商也在此时盛极而衰，唯宁波商、洞庭商①经过曲折的道路得以存活。晋商与洞庭商、宁波商的差异：一是资本形成，前者实行股份制，后者独资；二是所有权与经营权，前者两权分离，后者两权集中；三是机构设置，前者实行联号制，后者很少有分支机构；四是人力资本，前者实行人身股，后者没有，只是洞庭商个别有领本制②；五是利润投向，前者多为

---

① 洞庭商，指苏州洞庭商人，即苏商。
② 领本制，是苏商的合作形式。有钱人家，家中无人可以经营商业，而没有本钱的人家有人可以经营，经协商同意，有能力经营的无本金者，领用有钱人家的资本去经商，按协议分享经营利润。

农商，赚了钱在老家购买房地产，后者是投资近代工商业；六是对政府的态度，前者近政府后者远政府；七是对外国资本侵入的态度，前者一般不合作，后者学习甚至充当买办；等等。

可见晋商的企业制度很值得研究，这里仅就晋商的人力资源管理进行专门分析。

二、晋商人力资源管理的内容

晋商的人力资源管理制度，包含选拔训育机制、薪酬与社会保障激励机制、宗法铺保与行规号规约束机制，具体内容可以概括为新员工选拔制度、学徒制度、人力资本制度、薪酬激励制度、宗法与担保约束、人本主义的教育与关心、人才培育与提拔等。

（一）新员工选拔制度

晋商企业选拔新员工，一般均依次有以下程序：第一步是有影响的人士推荐，限本地十五六岁俊秀男青年，当然是有财产者推荐，无人推荐是不可能进入选拔范围的；第二步是查三代，前两代人好，本人也坏不到哪里，前两代人不好，本人也好不到哪里，注重家庭教育与出身；第三步是笔试，大掌柜审阅被推荐者写的毛笔字大小楷书，考察其心性稳重还是毛糙；第四步是面试，由大掌柜当面提问，观察其面相是否端庄可靠，思维是否敏捷，口齿是否伶俐，性格是否温顺和婉；第五步是殷实商铺担保，签署保荐书；第六步是吃苦精神考验，如大盛魁从晋中太谷、祁县选中的优秀青年，须先从老家步行到归化（今呼和浩特），然后改乘骆驼穿沙漠瀚海到外蒙古西部的科布多总号；第七步是"请进"，举行一个简单的仪式，宣布其成为本商号学徒，大掌柜训示，伙友祝贺，提高新学徒对本号的亲近感、归属感以及本人的自信心。

（二）学徒制度

晋商对新员工实行学徒制，限期三年。第一年，为掌柜"提三壶"（茶壶、水壶、尿壶），打水、扫地、干杂活，伺候掌柜，不设坐位。晚上练习打算盘、写字，掌柜考察是不是忠诚、克勤克俭，有无出息，适合不适合做生意。第二年由掌柜口传背记"平砝银色折合口诀"，做抄写或帮账之事。第三年在柜上跟着师傅（老职工）学习做生意。三年内不得回家，不合格者着即遣返，考核成熟者正式录用。

（三）人力资本制度

晋商企业对高层管理人员和业务骨干，实行人身股制度。此制度始于明代中期。当年晋商在与沿边（长城）商人合作纳粮中盐中曾经通过合约实行"朋合营利"。明隆庆年间（1567～1572年）总理闽盐都御史庞尚鹏的《清理延绥屯田疏》可以证明："间有山西运商前来镇城，将巨资交与土商朋合营利，各私立契约，捐资本者，讨利若干，躬输纳者，分息若干，有无相资，劳逸共济。"后来演变为委托代理关系的所有权与经营权两权分离，并且给经理人员顶以股份，有钱出钱，有力出力，出钱者为股东，出力者为伙计，东伙共而商之。

晋商人身股制度的基本内容是：第一，顶人身股的条件。企业的主要管理人员与业务骨干，可以顶零点几厘到几厘以至1股的股份，通常大掌柜顶1股，也有顶8～9厘的，超过1股者极少。二掌柜以下数厘不等，直至零点几厘。人身股不是人人有份，新招学徒在三年学徒期内不能顶股，期满合格被录用为正式职工后，一般要经过几年的锻炼，德、勤、能、绩优秀者才能顶股，最快一两年。有的职员可能十几年甚至更长的时间也不能顶股。第二，人身股的考核与晋升。谁可以顶股，股份多少，由财东和大掌柜根据职工任职时间、能力、贡献大小决定。每遇大账期，都要进行人事考核，根据劳动者的品质、能力和绩效来决定是否晋升，晋升多少。有功者，增加人身股厘数，记入万金账①。当时晋商已经把劳动力当作了资本，对劳动力资本进行衡量与考核，已经注意到了劳动者的劳动数量和质量。第三，人身股的分红。在大账期②结账时，掌柜伙计的"人身股"与财东的货币资本股一起参与企业利润分红。在不同的企业，一股的货币资本的数量是不同的，有的企业一股高达一万数千两白银，如大型金融类企业；有的只有数百两之多，如一些中小型商号。所以，不同企业的人身股的含量是不同的。第四，人身股的继承和退出。一般企业的货币资本股是不清退的，但可以转让。人身股不能转让，享有人身股的职工被辞退、解雇或者自动离职，当即终止人身股。享有人身股的职工退休以后，其原有股份照常分红，待遇不变；顶股员工亡故后，仍可以享受两个会计年度的分红，称为"故股"，但是家属子女不能继承。

如大德通票号，祁县乔家在中堂为主投资，据光绪十五年（1889年）

---

① "万金账"是晋商企业的股本账，专门记载各货币投资人——财东投资金额与股数，也记载各享有人身股的员工的人身股数。在会计年度分红时，凭依分红。

② 大账期指会计年度，晋商当年会计核算年度，由于分支机构遍布全国，受交通、信息条件限制，不可能按自然年度清结，规定3～5年为一个账期，进行总核算并分派红利。最早时5年一个大账期，后来改为4年，有的3年一个大账期。

分红账记载：光绪十一至十五年（1885～1889 年）账期大德通共获利 24723.03 两。货币资本股和人身股共 29.7 股，每股分红 850 两。其中乔在中堂等货币资本股 20 股，马培德等 23 名职员人身股 9.7 股，以人身股参与分红的 23 名职员中，有 3 名是已去世的职工。又如大盛魁，太谷商人王相卿和祁县史大学、张杰合作开设，成立于康熙初年，历经 230 多年，职工人数达到 7000 多人，规定每 3 年为一个大账期，进行一次决算分红。分红时把公积金的积累和运用放在重要的地位，以公积金的增长为衡量 3 年经营成果的主要标志，然后才是每股分红。其晚期人身股总数超过了东家的货币资本股总数。

"人身股"是晋商称雄商界 500 多年的"秘密武器"。职工只要工作勤奋，没有过失，成绩优秀就可以顶股。一经认可，就将其名字录入"万金账"，参与分红。晋商人身股制度比美国的期权制度早了 400 多年。

（四）薪酬激励制度

晋商的薪酬社保激励制度主要有九部分：①人身股；②应支；③津贴；④伙食；⑤衣资；⑥婚丧大事随礼、贺吊；⑦退休身股分红；⑧故股分红；⑨关照子弟就业。顶有人身股的职员没有薪金，每年发给"应支"和"津贴"。应支在分红时扣除，相当于预支；津贴是柜上出账，计入经营成本。大掌柜人身股 1 股，津贴大约每年相当于 1000 银元，以下职员数百、数十两不等。津贴与应支数量大体上各半。无身股的职员发给薪金，月薪数十两、数两不等。平时食宿费用一律由号上支付，驻外员工有衣资补助，职工遇有婚丧大事，掌柜同事随礼并派人贺吊。大掌柜身故，享受 8 年应支、津贴和红利；未任掌柜而身股为 1 股者享受 7 年；身股不足 1 股者享受 6 年；身股六七厘者享受 5 年；身股四五厘者享受 4 年；身股三四厘者享受 3 年；身股一二厘者享受 2 年。已故职员所遗子弟，才能良好者可以入号当学徒，愿意到别号就业者，亦可以代为介绍和担保。这样，使得全体职员无不竭尽全力为企业卖命，感到这是为东家效力，更是为自己干活，是东家和大掌柜创造了职工自己为自己赚钱的机会。人身股把东家和职工的利益紧密地拴在了一起，同舟共济，形成了强大的凝聚力。社会对顶股的职员都刮目相看，特别是票号职工，因为分红高，更多了几分神气。

（五）宗法与担保约束

利用宗法关系约束，是晋商人力资源管理的一个特点。他们雇用职员，一般只用东家原籍本地人，乡里乡亲，相互了解。如果被担保人在号中表现不端，被开除出号，便断了一家人的财路；若被担保人因过失造成商号重大经济损失，不仅累及担保人名誉，还要负责经济赔偿；若担保人携资潜逃，在落叶归根时是不能进祖坟的，有辱祖宗面子，家族自然不依。

（六）行规号规约束

严格的行会行规与商号的号规约束是晋商企业的内控制度。首先是对东家与大掌柜权力的约束，规定号内人事由总号大掌柜安排，财东不得举荐人位，干预人事；财东平时不得在号内食宿、借钱或指使号内人员为自己办事；大掌柜巡视分号，各分号人位不宜、同人不端、手续不合、市面情形变迁诸事，可立即处置；等等。其次是对所属分支机构的约束，规定各分号不准买空卖空、囤积货物，节外生枝；考核分号"以结利疲账定功过"，但以不造成他号损失为前提。最后是对职员的约束，规定不准在外巨数支使；不准私自捎物；不准就外厚道；不准私代亲族；不准私行囤积放人名贷款；不准奢侈浪费；不准侵袭号中积蓄；不准花酒赌博至堕品行；不准吸食鸦片；不准亲友浮挪暂借；不准向财东和掌柜送礼；不准到财东和掌柜家闲坐；不准到小号串门；伙友之间不准互相送礼；下班归里不准私先回家后到柜上汇报等。严格的内控制度杜绝了内部营私舞弊现象的发生。

（七）教育与关心

1. 创业传统教育

晋商认为勤俭既是治生之道，又是修身立业之本。不少商人家族和商号，把祖宗创业时的讨饭碗、货郎担、背搭子供奉在楼上或者祠堂里，逢年过节要烧香跪拜，教育子孙。大盛魁规定，每年除夕全体职员喝小米稀粥，不忘创业时的艰辛。康熙曾说："晋俗勤劳朴素。勤劳易于进取，朴素易于保守。故晋人之长在于商，车辙马迹遍天下。齐鲁秦晋燕赵诸大市，执商市之牛耳者，咸晋人。故晋人之富，甲于天下。"[①]

2. 行为道德与修养教育

比如晋商学徒教材《贸易须知》，要求"学生意先要立品行，但行有行品，立有立品，坐有坐品，食有食品，睡有睡品。以上五品，务要端

---

① 《康熙南巡秘记》。

正，方成体统。行者，务须平身垂手，望前看，足而行，如遇尊长，必须逊让，你若獐头鼠目，东张西望，摇膊乱跪，卖呆望蜜，如犯此样，急宜改之；立者，必须挺身而立，沉重端严，不可依墙靠壁，托腮咬指，禁之戒之；坐者，务必平平正正，只坐半椅，鼻须对心，切勿仰坐偏斜，摇腿跷足，如犯此形，规矩何在？食者，必从容缓食，箸碗无声，菜须省俭，大可厌者，贪吞抢咽，箸不停留，满碗乱叉，还嘴龇鼻，扒于桌子，这样丑态，速速屏去；睡者，贵乎曲膝侧卧，闭目吻口，先睡心后睡目，最忌者瞌睡岔脚，露膊弓膝，多言多语，打呼喷气，一有此坏样，起早除之"。晋商要求职员为人处世以中和之道，中正不偏，和为贵，和气生财，对内忠义，对外诚信，既有竞争又有合作，先义后利，以义制利，教育职员以儒家思想和关公精神管理与经营自己的生意。东家"将资本交付于管事人（大掌柜）一人，而管事于营业上一切事项，如何办理，财东均不闻问，既不预定方针于事前，又不施其监督于事后"，谓之"用人不疑，用人不疑"，将大掌柜的经营置于社会监督之下，大掌柜若经营不善或不够尽心，会面临信誉的损失，在当时的经理人市场上自然威信扫地，所以都能尽心尽力，谓之"受人之托，忠人之事"。

3. 业务技术教育

对职员的算盘、写字、平色折合、记账等业务技术要求严格，特别是学徒期的训练，达不到要求被视为愚钝者将被辞退。

4. 办义学，教育商人子弟

明代以前山西运城盐商办了商人子弟学校，清道光年间，山西商人行会在归化城出资办了"四大义学"。

5. 扶贫济困

驻外分支机构的晋商职员，均受到驻地晋商会馆的关照，会馆购买公用土地，建立公共墓地，资助困难同人。

6. 举办文化娱乐活动

每遇祭祀、庆典、节日，以戏曲酬神和娱人，在省外的企业或商会重金邀请家乡戏班到所在地演出。商人资助建立的剧团，祁县有三庆戏班、聚梨园，榆次有四喜戏班、三合班、二保和娃娃班，徐沟有舞霓园、小自成班，太谷有锦霓园，清源有小梨园、太平班，张家口有狼山戏班和商人票友自乐班等。晋商重视武术，武术有健身和攻防双重功能，鼓励员工练功强身防卫。

（八）人才培育与提拔

事业的成功，离不开天时、地利、人和，三者之间则"天时不如地利，地利不如人和"，人是第一因素，影响制度执行力靠的是人。票号用人，"以懂得信义为根据"。注重对员工在实践中培养与考察。他们认为，"凡人心险于山川，难于知天，故用人之法非实验无以知其究竟。远则易欺，远使而观其忠；近则易狎，近使而观其敬；烦则难理，烦使而观其能；卒则难辨，卒间以观其智；急而易爽，急期以观其信；财则易贪，委财以观其仁；危则亦变，告危以观其节；久则易惰，班期二年以观其惰；杂处易淫，派往繁华以观其色，期在练或磨不砺，涅而不淄，方足任大事。所以一号之中，不能断言尽是忠、敬、能、智、信、仁、有节有规十全之士，但不肖之徒难以立足。"[①]

总之，可以肯定，晋商在人力资源管理上设置的选拔机制、训育机制、激励机制，是晋商企业的高效执行力的动力源泉。

三、晋商人力资源管理的核心

晋商人力资源管理的核心制度是人身股。它体现了人力资本的产权价值，使企业各层次劳动力之间的产权关系明晰。因为，货币资本是物化劳动投入企业的资本，人力资本是活劳动投入企业的资本。任何企业的生产经营过程都是实物资本与人力资本相结合的过程。晋商股份制企业实行无限责任制，财东凭实物资本拥有对企业的所有权、处分权和新增价值的索取权，并对企业承担无限责任。掌柜及所有顶股职员，凭人身股享有对商号的新增价值的索取权，对企业负有限责任，即企业发生经营亏赔时，以其人身股的"护本"对企业负责。护本，是货币资本股东和人身股股东，在企业分红时从红利中提取一定比例的收入，存在企业作为护本，不分红利，付给利息，所有权归个人，但不得提取，企业发生亏损时可以用于偿债，类同风险基金。

晋商人身股解决了劳资双方对立的矛盾，协调了劳资关系，实现了劳资双赢的经营格局。因为人身股是在不减少财东利益的前提下，从增量财富（利润）中分割出一块让渡给员工，作为员工拥有的资产，这样就使员工从纯粹的无产者变为有产者。这种做法之所以能为财东所接受，是因

---

① 卫聚贤：《山西票号史》，重庆说文社 1941 年版。

为财东并没有无偿割让既有的存量资产，只是期利的承诺。这种做法之所以也能使员工接受，是因为员工在获得劳动收入的同时，还可以从利润中分割出一块作为自己的资产。在可以获得一定资产的预期下，员工热情高涨、积极主动地投入工作，使得企业的增量财富（利润）大幅增加。人身股制度使员工的利益、财东利益、商号利益统一起来，上下一心，同舟共济，劳资关系得以协调，经营效益得以提高。人身股对掌柜及伙计来说，既是一种物质上的激励，也是一种精神上的激励。人身股多少，标志着个人的能力、地位、贡献，激发员工的成就感和归属意识，实现了物质激励与精神激励的协调一致。晋商的财东与掌柜之间的关系是典型的委托代理关系，财东将自己的企业财产全权交由大掌柜经营，前提条件是顶以股份。这正是委托人激励代理人降低委托—代理成本和风险的创新。

人身股又是一种长期有效的激励机制和动力机制。因为顶身股者只有在大账期才能参加对企业利润的分红，一个账期一般是 3~5 年时间不等，这一机制具有延期支付的特点，是一种长期的激励机制，可避免掌柜与伙计的短期化行为。由于物质刺激，这一激励机制会呈现一种良性循环：人身股使掌柜伙计努力工作，从而提高企业绩效，带来利润分红增加，刺激员工进一步努力，提升身股，企业业绩继续上升。收益的无限性必然产生激励的无限性，从而极大地增强了这一激励机制的可持续性。

人身股有利于职业经理人队伍的成长。晋商商号的掌柜们是中国早期的职业经理人。随着科技进步，社会分工越来越细化，职业经理人阶层队伍的发展和扩大是必然的。人身股制度不仅为职业经理人提供了激励，也设置了责任和压力，使之不能随便应聘或者退出，有利于企业管理的稳定，也有利于职业经理人水平的提高和整个队伍的成长。

人身股制度比较好地解决了共同富裕的问题。人身股可以使先富者与后富者的矛盾得以统一，使雇佣者与被雇佣者在新创造价值上利益共享。人身股坚持共同富裕的方向，并且在实践中创造性地解决了使无产者变成有产者的重大问题，这无论在理论上还是实践上都是一个重大突破。

人力资本制度在美国的具体操作比较复杂，有职工持股、虚拟股票、股票期权计划等形式。近年我国一些企业正在引入美国办法进行试验，效果尚不明显。然而晋商的人身股比美国的期股制度能够调动更多人的积极性，是中国自己创造的通行数百年的适合中国人文习惯的办法，而且简便易行，有着重要的现实意义。

晋商的企业制度

背景说明

本文是在清华大学对外交流中心"思维战略与领导韬略高级研修班暨中国当代名家清华大讲坛"上的讲稿，原载《山西财政税务专科学校学报》2007年第3期。文章从企业治理、人力资源、财务融资、信约公履四个方面评价了晋商的企业管理制度，包括股份制、两权分离、联号制、人力资本、资本金管理、人力资源管理、票据融资、财务稽核、内部控制等，其中有许多是晋商称雄商界500年的秘密武器，对当代企业管理具有重要的现实意义。

晋商的企业制度与其他商帮比较，有很大的区别，下面介绍晋商企业制度的部分精髓，可以发现晋商称雄商界500年的一些秘密。

一、晋商企业治理制度

（一）股份企业制度

山西人在明代就已经开始组织股份制企业，合作投资，资本金根据投资人的经济实力与意愿确定股份多少，作为股东，经营成果按照股份多寡承担风险和享有收益，创造了中国最早的股份企业制度。很多有名大企业资本雄厚，都非一家一户投资，而为多家共同投资。与中国其他商帮的独资企业不同。

（二）两权分离制度

投资人一经确定成立某企业，首先要聘请大掌柜（总经理），事先调查物色好人选，托中间人议定条件，然后邀请中证人与拟聘大掌柜共餐，言明投资若干、经营什么业务，为大掌柜顶股份多少，正式签订合约，委以全权。企业所有权属于东家，经营权委托大掌柜独揽。东家平时不问号事，待大账期时，到号决定分配方案。"既不预定方针于事前，又不施其监督于事后"，谓之"用人不疑，疑人不用"。这种全权委托的东掌关系，看似出资人风险较大，但实际上将大掌柜的经营水平置于社会的监督之下，大掌柜若经营不善或不够尽心，会面临信誉的损失，在当时的经理人市场信誉扫地，再没有出路，大掌柜的保人也要跟着受连累。所以大掌柜都是尽心尽力的，谓之"受人之托，忠人之事"。

（三）联号制度

晋商企业实行总分支机构制，总号设在山西本地，分支机构遍布全国各地以至国外。总号对分号实行集中管理，从分号的开立、经营、人员配置、资金、收益等都归总号调度，实行统一制度、统一管理、统一核算，统一资金调度。总号对分号的控制，一是考核制度；二是报告制度。总号对分号的考核，以"结利疲账定功过"，且以不对他号造成损失为原则，否则予以处罚。报告制度为书面报告与口头报告两种，书面报告有正报、附报、行市、叙事报和年终报告五种，口头报告是每日晚上面报主管、每年两次大掌柜（或委托钦差）巡视时分号掌柜面报、班期回总号面报等。

（四）人力资本制度

人力资本制度的主要内容：对企业内的管理层职工和业务骨干，按其职责、能力和贡献大小确定"身股"多寡，作为人力资本股，记载于万金账，与财东的"银股"即货币资本股一起参与利润分配，谓之"有钱出钱，有力出力，出钱者为东家，出力者为伙计，东伙共商之。"定期进行人事考核，增加身股，载入"万金账"。晋商人身股制度比美国的人力资本制度早了400多年。

（五）资本管理制度

晋商企业，特别是金融企业，资本金有正本与副本之分。正本是股东的货币投资，在"万金账"中记载。副本也叫"护本"或"倍股"，是在企业利润分红后，按股份比例（包括实物资本股和人身股）提取一部分红利留在企业以便周转使用，这部分资金仍归个人所有，只付给利息不分红。经营中若发生亏损，由副本支付，借以确保资本充足率。这项制度，与近年巴塞尔银行监管委员会提出的新资本协议草案（第三稿）提出的从管制性资本到经济性资本的转变是一致的。管制性资本是必须具有的最低资本额，如8%；经济性资本是出于谨慎性原则考虑，自身设定的资本额。管制性资本的设立具有强制性和约束性；经济性资本的设立不具有强制性和约束性。设置经济性资本的目的在于降低破产的可能性，同时为经营活动提供融资。晋商的正本、副本的资本金管理制度，在一定意义上比巴塞尔委员会新资本协议早将近400年。

二、人力资源管理制度

晋商认为经营成功与否，天时不如地利，地利不如人和，人的因素第一。在人力资源管理方面，内容丰富。

（一）新员工选拔制度

新员工一律招用十五六岁男青年，须由有社会地位的人士推荐，考察其三代、笔试、面试、铺保、吃苦精神考验、请进当学徒，请进形式较隆重，给新学徒以地位感、荣誉感、归属感。

（二）学徒制度

新招员工需要经过三年学徒期：第一年为掌柜"提三壶"（茶壶、水壶、尿壶），打水、扫地、干杂活，伺候掌柜，不设坐位。晚上练习打算盘、写字，掌柜考察其是不是忠诚克勤，有无出息，适不适合做票号生意。第二年由掌柜口传训练背记"平砝银色折口诀"，做一些抄写或帮账之事。第三年在柜上跟着师傅（老职工）学习做生意。三年内不得回家，考核成熟正式录用。基本形成徒弟—师傅—掌柜的阶梯，不仅激励员工奋斗，而且上下指挥如意，具有高效执行力。

（三）薪酬激励制度

业务骨干顶人身股，享有应支（预支现银，大约每年相当于1000银元，分红时扣除）、津贴（每年大约1000银元，记入经营成本）。没有顶身股的员工发给薪金。所有员工均享有伙食、衣资，每遇婚丧大事，掌柜遇同事随礼、并派人贺吊。退休员工身股继续分红。掌柜身故，享受8年应支、津贴和红利；未任掌柜而身股一股者享受7年；身股不足1股者享受6年；身股六七厘者享受5年；身股四五厘者享受4年，身股三四厘者享受3年，身股一二厘者享受2年。已故职员所遗子弟才能良好者，可以入号当学徒，愿意到别号就业者，亦可以代为介绍和担保。

（四）关心员工生活

第一，创业传统教育，晋商认为勤俭既是治生之道，又是修身立业之本。不少晋商家族和商号，把祖宗创业时的讨饭碗、货郎担、背搭子供奉在楼上或者祠堂里，教育子孙。大盛魁规定每年除夕喝小米稀粥。第二，对员工进行行为道德教育，《贸易须知》要求"学生意先要立品行，但行有行品，立有立品，坐有坐品，食有食品，睡有睡品。以上五品，务要端正，方成体统。行者，务必平身垂手，望前看，足而行，如遇尊长，必须逊让，你若獐头鼠目，东张西望，摇膊乱跪，卖呆望蜜，如犯此样，急宜改之；立者，必须挺身而立，沉重端严，不可依墙靠壁，托腮咬指，禁之戒之；坐者，务必平平正正，只坐半椅，鼻须对心，切勿仰坐、偏斜、摇腿、跷足，如犯此形，规矩何在？食者，必从容缓食，箸碗无声，菜须省俭，大可厌者，贪吞抢咽，箸不停留，满碗乱叉，还嘴觥鼻，扒于桌子，这样丑态，速速屏去；睡者，贵乎曲膝侧卧，闭目吻口，先睡心后睡目，最忌者瞌睡岔脚，露膊弓膝，多言多语，打呼喷气，一有此坏样，起早除之。"第三，办义学，教育子弟。明代以前，山西运城盐商就办了商人子弟学校。清道光年间，山西商人行会在归化出资办了所谓"四大义学"。第四，商会购买土地，建立公开墓地，资助困难同人。西宁就有山西商人的公用墓地。第五，举办文化娱乐活动。在祭祀、庆典、节日中都要以戏曲酬神和娱人，在省外的晋商重金邀请家乡戏班到所在地演出，修建关帝庙，争相出资举办梆子戏班。祁县有三庆戏班、聚梨园，榆次有四喜戏班、三合班、二保和娃娃班，徐沟有舞霓园、小自成班，太谷锦霓园、清源小梨园、太平班，平遥有小祝丰园，壶关的十万班。在张家口的晋商有狼山戏班和商人票友自乐班。第六，练武术，为解决物质运送和货币的清算的安全问题，设立镖局，镖局师傅需要有高强的武术。而且武术具有健身和攻防双重功能。晋商有不少人自己练武，以强身防卫。山西是中国心意拳和形意拳的发祥地，一直受到当地富商的鼓励与支持。

（五）宗法与担保约束

晋商雇用职员，只用山西人，他省人一律不用，因为本乡本土，知根知底，落叶归根，某人在号中表现不端被开除出号，不仅断了一家人的财路，又有辱祖宗的面子，家族亦不依，无法进祖坟。同时，所有员工都要有殷实商铺为之担保，如果被担保出事，不仅累及担保人名誉，还要遭受经济损失。

（六）严格的号规约束

晋商在人身股的激励制度和铺保约束制度的基础上，授权大掌柜统领号事，有严格的内控制度：号内人事由总号大掌柜安排，财东不得举荐人位、干预人事；财东平时不得在号内食宿、借钱或指使号内人员为自己办事；大掌柜巡视分号，各分号人位不宜、同人不端、手续不合、市面情形变迁诸事，可立即处置；各分号不准买空卖空、囤积货物，节外生枝；职员不准在外巨数支使；不准私自捎物；不准就外厚道；不准私代亲族；不准私行囤积放人名贷款；不准奢侈浪费；不准侵袭号中积蓄；不准花酒赌博至堕品行；不准吸食鸦片；不准亲友浮挪暂借；不准向财东和掌柜送礼；不准到财东和掌柜家闲坐；不准到小号串门；伙友之间不准互相送礼；下班归里不准私先回家后到柜上汇报等。严格的内控制度杜绝了内部营私舞弊现象的发生。

（七）人才培育与选拔

晋商用人，"以懂得信义为根据"，其经营理念的核心思想是中庸，认为义利相通，要求对内对外诚信忠义，既有竞争又有合作。主张和为贵，和气生财，提拔使用人才，注重实际考验，认为"凡人心险于山川，难于知天，故用人之法非实验无以知其究竟。远则易欺，远使之而观其忠；近则易狎，近使之而观其敬；烦则难理，烦使之而观其能；卒则难辨，卒然间以观其智；急易则爽，急与之期而观其信；财易起贪，委之以财而观其仁；危易改节，告之以危而观其节；久事则易惰，一班二年而观其惰；杂处易淫，派往繁华观其色，期在练或磨而不砺，涅而不淄，方足以任大事也。故一号之中，不敢断言尽皆忠、敬、能、智、信、仁、有节有规十全之士，但不肖之徒难以立足"。[①]

晋商在人力资源管理上的人身股与薪酬激励机制、员工选拔与训育机制、铺保与号规约束机制，是晋商企业的高效执行力的动力机制。

三、融资与财务制度

（一）票据融资制度

流动资金是企业经营活动中的血液。晋商解决流动资金问题，主要依靠信用贷货，其次是信用贷款。信用贷货就是商业信用（商品赊销），空口无凭，创造了商业票据融资制度。信用贷款是晋商钱庄、账局、票号等金融机构对商号提供无抵押，一般亦无担保的贷款。晋商在其商业贸易活

---

① 颉尊三：《山西票号之结构》，载卫聚贤：《山西票号史》，重庆说文社1942年版。

动中的资金周转大量使用商业票据与银行票据，现金收付比较少。当时他们使用的商业票据和银行票据有六种：一是凭帖，类似现代本票；二是兑帖，类似现代支票；三是上帖，类似现代银行汇票；四是上票，类似现代商业汇票；五是壶瓶帖，类似现代融通票据；六是期帖，类似现代远期汇票。[①] 前三种见票即付现款，如同现金，信用最好，使用最多；后三种不一定立即付款，信用较差，使用较少。并且商业票据在使用中，可以经过背书而流通转让，如光绪元年十月七日山西平遥蔚长永出具的一张票据，背书有 34 次之多，流通时间近一年[②]，极大地解决了商品交易中的现金短缺的问题。

（二）转账结算制度

下面是山西货币商人"照内地习惯"在内蒙古的金融活动的记载。"在有清一代，在现款凭帖而外，大宗过付，有拨兑一法。……乃由各商转账，借资周转。"拨兑之外，还有谱银，"盖与拨兑之源流同。其初以汉人来此经商，至清中期渐臻繁盛，初仅以货易货，继则加用银两，代替货币，但以边地银少用巨，乃因利乘便，规定谱银，各商经钱行往来拨账，借资周转，此谱银之所勃兴也。虽其作用类似货币，而无实质，然各商使无相当价值之货物，以为抵备，则钱行自不预互相转账，其交易即不能成立"。[③] 当时银两转账为谱拨银，铜制钱转账为拨兑钱。

商户之间转账结算的结果，形成各个钱庄之间的债券债务关系，在钱行商会的组织下通过"订卯"结清，这是中国最早的银行清算制度。在规定时间，各钱商齐集钱业商会，"会同总领，举行总核对"，"如甲号以过拨结果存有乙号之款，乙号不愿存放，则提出另兑丙号收存，甲号如无实现指向，可以转拨别号，则本标骤期，营业立呈险象，本行均予拒绝往来。故钱行往往以出放过多而收项少致受亏折"。"订卯时互对账目，或发现宗项错误，或虽经过账，空无指项，则付出之款仍可收回，不生效力，俗谓之回账。其应回账之款，虽在过拨时辗转数号，甚或延期数年，亦可根据各号账目遞予回销，此亦拨兑钱市特有之办法。"但是"如为面拨之项，则不能回账"。银行间清算以白银十两或制钱十吊为起点。山西银行间的清算有两种情况：一是系统内清算，如票号各地分支机构相互之

① 《中国近代货币史资料》第一辑上册，中华书局 1964 年版。
② 王雪农、刘建民：《中国山西民间票帖》，中华书局 2001 年版。
③ 《绥远通志稿》卷三八，民国年间未刊稿。

间在一定时间内发生的汇差，我欠人，人欠我，以"月清年结"两种账向总号报账，月账年账均以"收汇"和"交汇"两项分列，既有细数，又有合计，均按与各分号和总号业务清列。总号收到报来的清账，核对无误后，将月清收汇和交汇差额分别记入各分号与总号的往来账，收大于交，差额为分号收存总号款项数；交大于收，差额为总号短欠分号款项数，互不计息。二是各金融机构在为企业办理转账结算之后，形成金融机构之间的债券债务，规定定期"订卯"，相互冲销，差额清结。一般是按照标期进行。[①]

（三）本平制度

明清商人收受银两，每次都要鉴定银两成色，称量银两重量，而由于各地的天平砝码不统一，公私银炉并存，熔炼白银技术差异较大，各地所铸银锭的成色不一。票号为了较量各地平砝的大小，以便建立自身统一的记账货币单位，在度量衡没有国家统一标准的情况下，每个票号都不得不建立自己的平砝制度，与各地之平砝权衡，较出每百两比自置的平砝大多少或小作为若干，银两收交的标准，并凭以记账，维护交易双方的利益，这种制度就是票号的本平制度。[②] 晋商的本平制度，不仅有力地促进了全国各地汇兑业务及存放款业务的开展，同时使其总分号账务的记录及汇总有了一个统一的记账货币单位，便于票号的会计核算。

（四）财务稽核制度

相传明末清初，山西太原人傅山参考当时官厅会计和"四柱清册"记账方法，为晋商设计出了一套既简单又明确的适用于民间商业的会计核算方法"龙门账"。其要点是，"将民间商业中的全部经济事项，按性质、渠道，科学地划分为进、缴、存、该四大类，分别设立账目核算。所谓进，是指全部收入；缴，是指全部支出（包括销售商品进价和各种费用等支出）；存，是指资产并包括债权；该，也称欠，是指负债并包括业主投资。当时的民间商业，一般只在年度终了办理结算（即现在的决算），就是核实和整理一年的经营成果，以便向业主交代。年结，就是通过'进'与'缴'的差额，同时也通过'存'与'该'的差额平行计算盈亏。如果'进'大于'缴'，就有盈利；否则，就有亏损。它应该与

---

① 《绥远通志稿》卷三八，民国年间未刊稿。

② 《乔殿蛟访问记录》，人民银行山西省分行、山西财经学院：《山西票号史料》，山西人民出版社1990年版。

'存'、'该'的差额（即盈亏）相等。"① 每当结算时，以此来验算两方差额是否相等，并据以确定当年盈亏，称为"合龙门"。如果两表不能合拢，说明核算过程有问题，就要查找原因。通过进、缴、存、该四大类的记账、算账、报账等环节，可以对商业经营过程进行控制和观测，为经营管理提供信息，作为经营者决策的依据。也就是反映经营情况、监督经营行为和促进经营发展的基本职能。能不能实现合龙门，实际也是财务稽核，以此保证财务核算的准确无误。

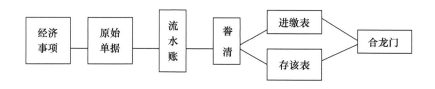

合龙门账务处理程序

（五）银行密押制度

为了异地汇款所用汇票的真实而不发生假票伪票冒领款项，山西票号创造了严密的密押制度。一是汇票一律使用总号统一印制的汇票，计数管理；二是印制汇票，内加水印；三是专人书写，字体在总号和各分号预留备案；四是汇票需要加盖6枚印鉴：抬头章、押款章、落地章、防伪章、套字章、骑缝章；五是汇票暗号，汇票金额、汇款时间均设有暗号，即银数暗号、时间暗号，汇款人、持票人无法知道，只有票号内部专人才能辨认真假。暗号编成歌诀，以便记忆。月暗号，如以"谨防假票冒取，勿忘细视书章"十二字分别为一至十二月代号；日暗号，如以"堪笑世情薄，天道最公平，昧必图自利，阴谋害他人，善恶终有报，到头必分明"30个字分别代表初一至三十日；钱数暗号，如以"国宝流通"分别代表万仟佰拾。若三月五日汇出伍仟两，即背书"假薄壁宝"，付汇分号一看便明。为了万无一失，在暗号之外再加一道锁，叫自暗号。各号密押不定期更换，新的代号均编成押韵口诀，号内有关人员必须死记硬背，烂在脑子里。

---

① 侯以茳：《傅山的龙门账》，载《晋商史料与研究》，山西人民出版社1996年版。

四、信约公履制度

社会信用与合约的执行，即商品交易与金融交易中的债券债务的清偿问题，是一个重要的社会问题。晋商在商品交易大量运用商业信用和银行信用，即"信用贷货"与"信用贷款"产生的大量债券债务关系如何清偿，是晋商商会的重要任务，商会通过标期制度来实现。晋商商会根据镖局押运商品物质与现银的距离远近决定各地标期时日，再按照标期的时间长短和标内标外的信用合约决定利率高低谓之标利。

标期有年标、季标（一年内分春夏秋冬四标）、月标（亦称骡标）。在商品交易中，不论信用放货，还是信用放款、介绍放款，其货款清偿和借贷，都按约定标期履行清债之责任，至标而不能履行清偿债务者，谓之"顶标"。一经顶标，债务者立即停止再借再赊，没有人与之交往，就可能成为倒闭之商号。按照春、夏、秋、冬四标归还欠款，在商界十分严格，不能超过一日，否则其经营顿归失败。但是居民住户，赊欠商家之账，则于标后逐渐清收，不以过标之日为严限。民户欠项，每到过标，多数先付半数，等到年终，才全部清偿。商人对住户之所以能够这样宽松，主要是由于商号采购办货付款期限较长，有很大的回旋余地，比如南茶北马和俄罗斯商品，多为年镖清结，有一些是隔一个两个镖期清结。所以，"苟使信用有素，购存货物，无须筹备现款，及期满应行归款，在营业周转一年或数标之内，已可以货易款，本利均回。此固尔时物力丰盈所致"。①

清末民初，山西省总商会设在太谷县，太谷是华北金融中心，各商家间的债券债务，多因批发交易而引起，决定了现银运送以及货款清偿、贷款归还大多集中于太谷进行。太谷周围各县，如太原府的祁县、榆次、徐沟、清源和汾州府的平遥、介休、汾阳、文水、交城各县的债券债务，批发贸易较少，多为零售交易引起，故太谷县虽然是太原府属，却是一个独立的标期，叫太谷标，各路运来的现银，在太谷集中并办理交收后，开出利率，然后其他各县以太谷为准过标、清算，并且形成各县的利率。周围各县均属太汾标（太原、汾州两府）。过标时，第一天清偿银两债务，第二天清偿制钱债券，第三天"订卯"，金融机构间轧差清算。不能按时履

① 《绥远通志稿》卷三八（未刊稿）。

行信约，就不能获得信用。

标期来临，犹如过关，亦如过节，关系到所有商号资金供求和资产负债能否平衡，是企业兴衰存亡的关键时刻，晋商所有总号分庄，无不重视。过标时由商会组织。当运载现银的标车到达，一般是在下午时分，夕阳西斜，明标到来（解现银者谓之明标），接近城门，便鸣火枪一声，赶车人高扬长鞭，人欢马叫，高喊而入，络绎不绝。商会还要组织唱戏，即从过标的第二天起，所有商号和金融机构，要筹措资金，聘请梨园优伶到城中的财神庙或关帝庙唱戏三天，娱乐庆贺，并祈求神灵保佑，发财致富，吉利平安。

总的来看，晋商企业的股份制度、两权分离制度、联号制度、人力资源管理制度、资本管理制度、票据融资制度、财务稽核制度、风险控制制度、社会信用公履制度等，在当时曾经发挥过十分重要的作用，是晋商成功的内部制度因素。晋商的这些制度虽然已经湮没了半个世纪，但是随着计划经济转轨为市场经济，晋商成功的企业管理制度，仍然有一定的现实意义，一些办法仍然可以为现代企业家参考借鉴。

当然，晋商的企业制度并不都是科学的，比如两权分离后，总经理权力过大，没有董事会、监事会，企业经营监督机制缺位；晋商的企业实行股东无限责任制度等，今天看来肯定是不可取的。十大商帮主清末民初基本衰落，只有宁波帮、洞庭帮勉强存在下来了。后来演变成为以上海为中心的江浙财团。

杨德龄：汾酒商人转型的领头人

背景说明

本文写于 2008 年 1 月 14 日，评价了晋商大掌柜杨德龄为汾酒的创新发展与生产、销售、管理所做的贡献，从中可以看到晋商的企业制度与商业伦理、处世哲学。

进入 20 世纪初，中国十大商帮逐渐失去了当年的勃勃生机，多数走向衰落。称雄商界 500 年的晋商也红极而衰，大多被淹没在时代变换的浪潮之中。只有为数不多的晋商，经艰难的转型，由以异地贩运贸易为主的封建商人转变为现代工商业企业家。汾酒商人就是其中一颗璀璨的明星，其掌舵人就是杨德龄先生。

一、晋商显赫的分支：汾酒商人

据史料记载，汾阳酒商久远，北齐武成帝高湛（公元 534～565 年）在晋阳写信向洛阳的康舒王孝瑜推荐"汾清"酒："吾饮汾清二杯，劝汝于邺灼两杯。"历经唐宋的重大发展，到元代开始出口西欧。元末山西杏花村各酒坊的汾酒已经成为汾州的代名词。汾州孝义生产的白色莹彻、如冰清美的羊羔酒，贴着杏花村商标出口英法等国。到明朝，国家废除酒类专卖实行征税制，推动了酿酒业的发展，晋商把汾酒制作工艺带到了全国各地，山西人在直隶全省开设烧锅 1000 余家，其中口北道和宣化府有烧锅数百家，承德府开设烧锅 200 余家，酿酒工人不下六七千名。当今国宴所用的茅台酒，最初是 1704 年山西汾阳商人郭某在贵州茅台镇雇用汾酒酿造工人用汾酒配方制造，供茅台镇的山西、陕西盐商们饮用，如今东北的烧锅、新疆的古城大曲、青海的青稞酒、武昌的汉汾酒、湖南的湘汾酒、邯郸的邯郸酒等，据考证都是汾酒的变种。汾酒商人在明清时期已经与晋商的茶商、票商等一起登上国际市场，成为世界名牌名商。

二、汾阳王家慧眼识人

清光绪元年（1875 年），汾阳县南垣寨王协舒，已经在北京、天津开设多处商号、银号，这一年又在杏花村东堡卢家街独资开办了宝泉益酒坊，聘请孝义人杨德龄（1859～1945 年）为大掌柜。同年王氏兄弟分家，宝泉益酒坊由其三弟王协卿接管经营，改名义泉泳，增加投资，改善条件，仍然由杨德龄任大掌柜。杨德龄先对酒坊进行增资改造，接着与杏花村的德厚成、崇盛永等几家酿酒作坊协商，进行合并重组，沿用了义泉泳的牌子。新的义泉泳实力壮大，技术力量加强，汾酒质量明显提高，成为当时晋商酒业最大的汾酒生产销售企业。

义泉泳的产品分为两类：一是汾酒，以老白汾酒为代表；二是以老白汾酒为基酒的配制酒，先后试制成功葡萄、黄汾、茵陈、五加皮、木瓜、佛手、玫瑰、桂花、白玉、状元红、三甲屠苏 10 余种低度配制汾酒露，加上清初大学者傅山先生配方的竹叶青生产工艺，形成了中国白酒业第一个以白酒为主、配制酒为辅的完整的品牌体系。其中白玉、竹叶青、状元红、玫瑰与老白汾酒并驾齐驱，成为杏花村五大名酒。[①]

1915 年，义泉泳生产的老白汾酒在美国旧金山市举办的巴拿马万国博览会上一举夺魁，荣获甲等金质大奖章。为使这一殊荣永垂青史，王协卿、杨德龄请汾阳籍文人申季庄撰写了《申明亭酒泉记》，立石于杏花村古井旁。文中写道："自晋唐以来，开设酒肆历有年所。大清光绪中邑绅王姓，因其故址，轩敞其门楣，轮扬其亭馆，泉之左右，焕然一新。岁乙卯王东协卿慨然兴起，独立整顿，易其名曰：'义泉泳'。延子九杨君、瑞符韩君、辅廷曹君、爵轩张君、祥甫张君等，法酒正五齐之式，用酒官六物之监，黍稷必丰其材，曲糵必洁其母。佳酿之誉宇内交驰，凡王公士庶，逢月夜花辰，莫不以争先一酌为快……越明年丙辰，巴拿马赛会航海七万里，而遥陈列其间，冠绝岛国，得邀金牌之奖，于是汾酒之名，不惟

---

① 山西杏花村汾酒集团有限责任公司：《汾酒文化》第一辑。

渐被于东西亚欧，并且暨讫于南北美洲矣！"[1] 1949 年后，著名考古学专家张颔先生在《杏花村汾酒厂碑记》中，准确而简洁地记述了汾酒商人的历史："唐时，杏花村酒肆如林，作坊七十有二。由宋迄明，沉浮辗转历时六百余年。清代中叶酒坊增至 220 余所，其佼佼者以卢家街之'甘露堂'为最。光绪元年，有南垣寨乡绅王氏独资兴办'宝泉益'，声名颇著。当时亦有'厚德成'、'崇盛永'、'义顺魁'数家与之抗衡，分沾其润。至民国初年，计有酒坊 19 所。民国四年，'宝泉益'易名'义泉泳'，杨德龄出任经理之职，着力整顿，改进工艺，仿《周礼》酒正五齐之式，用酒官六物之监，尊古遗法，乃创酿造之七大要诀曰'人必得其精，水必得其甘，曲必得其时，高粱必得其实，器必得其洁，缸必得其湿，火必得其缓'也。循法所制之酒，质量尤逾前人。是年，'义泉泳'汾酒荣获'巴拿马万国博览会'甲等金质大奖章，一举而名播寰宇。有汾邑举人申季庄撰《申明亭酒泉记》，传其盛事。"[2]

三、杨德龄带领汾酒商转型

巴拿马赛会获奖的消息一经传出，引起了当时正在极力倡导振兴山西商务的山西省督军阎锡山的高度关注，他试图通过政府与商人的合作，大力发展山西汾酒，遂指定专人与杨德龄协商。但是，双方没有达成协议，官商合营之事就此搁浅。督军公署副官张汝萍见官商合办不成，便联络了一批朋友，集股开设推销汾酒的企业，接着把义泉泳经理杨德龄请来协商。最后决定，组建晋裕汾酒有限公司，负责包销，义泉泳负责生产。民国八年（1919 年）1 月晋裕汾酒有限公司在太原正式挂牌，公司经理亦由杨德龄担任。

晋裕汾酒有限公司引进了西方股份企业的组织制度，制定章程，确定了晋裕汾酒有限公司经营管理的基本制度：

（一）资本责任有限制

参照海外一般股份有限公司的习惯做法，新公司实行有限责任制，改变了晋商股东无限责任制度的传统。

（二）资本股份制

总资本银元 5000 元，其中股东张汝萍等 5 人各 500 元，合计 2500 元

---

[1] 山西杏花村汾酒集团有限责任公司：《汾酒文化》第一辑。

[2] 碑藏杏花村汾酒厂。

股份；义泉泳以酒入股，为 2500 元股份。

（三）管理分权制

公司设立股东代表大会和董事会、监事会，股东代表大会每年召开一次，董事会三年一选，监事会一年一选，改变了晋商大掌柜一人说了算的制度，公司总经理杨德龄负责日常事务，指挥全面工作，各部门各司其职，遇有重大事件，召开联席会议商决。历届董事、监事，除张汝萍等发起人外，以后陆续增选的有冀贡泉（汾阳人，曾任山西大学法学院院长、山西省教育厅厅长等职）、傅瑶（汾阳人，曾任山西省银行副经理）等诸多社会名流。

（四）薪俸三三制

薪俸由月薪、红利、红包三部分组成。月薪，按月发薪，改变了晋商传统的年薪制，按优良、普通、劣等三个等级确定，劣等留用一年，表现好可晋升普通级，如仍无长进，年终即行辞退；红包，也叫赏钱，一年一次，奖优罚劣；红利，根据全年利润，按照股份多寡分红，年底一次分派。

（五）人事避亲制

公司用人，不得使用亲眷，实行避亲原则。杨经理子孙满堂，无一亲人跟随其左右，起到了很好的表率作用。

（六）新式会计制

杨德龄推行了新的会计制度，采用了新式簿记和记账方法。

传统的晋商义泉泳酒坊与现代的晋裕股份有限公司的合作，仅仅经过了八年，到民国十六年（1927 年），义泉泳因供酒价格问题与晋裕公司发生矛盾，加之义泉泳内部分裂，决定不再供应晋裕公司汾酒，接着义泉泳东家撤销了杨德龄的义泉泳酒坊大掌柜的职务。其时，晋裕公司的资本已经增加到 5 万银元，在当时山西 500 家酒业中居于首位。杨德龄沉着应对，集中精力，锐意经营晋裕公司，于当年在杏花村购得地皮房产，成立了晋裕公司酿造厂，其规模与义泉泳相当，自产自销，原义泉泳有一半职员投奔杨德龄。分裂后的义泉泳因经营方式陈旧，管理不善，日渐萧条，到民国二十一年（1932 年）晋裕公司便以 9600 银元的价格收购了义泉泳的房产、设备、招牌全部资产，彻底兼并了义泉泳。最大最强的老式汾酒作坊被新式的汾酒股份有限公司替代，标志着汾酒业的领头羊彻底告别了旧的管理模式，进入现代公司化经营的时代。

从此，汾酒商人进入了它的黄金时代。晋裕汾酒股份有限公司在兼并义泉泳前的民国十九年（1930年）纯收益为3683.8元，兼并后的1935年，纯收益为8377.2元，1936年达到12544.7元，每股红利7.5元，日产汾酒2000斤。新公司新建了太原罐头厂、新华泰料器厂、平遥面粉厂、杏花村晋裕酿造厂，扩建了义泉泳造酒厂，成为当时中国规模最大的白酒企业集团公司。

晋裕汾酒有限公司坚持"振兴国酒，品优价廉，信誉至上，优质为本，决不以劣货欺世盗名"理念，精益求精，品牌声誉日隆，多次参加酒赛，几乎囊括了民国年间全国性展览赛会的全部金奖，如1918年中华国货展览会金质奖，1922年南洋劝业会赛一等奖，1934年山东国货陈列馆特等金奖，1935年、1936年蝉联全国铁路沿线出产货物品展览会特等金奖。抗战爆发前共获国际金奖2次，在国内6次夺魁，共获金牌8枚。山西督军阎锡山先后题写了"中外驰名"、"名闻海外"、"名震四海"、"味重西凉"4块金字牌匾。

随着汾酒销售市场扩大，杨德龄带领公司改进包装，增设批发、零售网点，在汾阳县城开设了通信诚销售商号，在山西各县市及省城各大饭店、商号设点代销，同时在北平的前门大街、大栅栏、琉璃厂和天津的法租界、南京的中正街、市府路以及上海、石家庄等地设立了分公司或代销店。据上海社会科学出版社出版的《上海工商社团志》记载：1935年，上海有关酒业的同业公会共有6家，其中酒类专业协会3家，参加汾酒公会的业主数量高达226家，是当时上海最大的酒类专业协会。以山西大本营和北京、天津、上海、南京、石家庄省外五大城市为中心，汾酒及其系列产品很快辐射到全国各地，成为当时中国遥遥领先的第一大名酒。

但是，后来由于日寇侵华，杨德龄等一批具有现代精神的商人艰苦奋斗的事业被战乱阻止，晋裕汾酒公司日渐衰竭，奄奄一息。1949年汾阳解放后，人民政府以8000元价款收购了晋裕汾酒公司在杏花村的酿造厂。晋裕公司以这笔钱与另一私商合并经营文具业务至1951年倒闭。晋裕汾酒有限公司被后来的山西杏花村汾酒股份有限公司代替，得以发展，成为驰名中外的汾酒集团公司。

四、杨德龄开创晋商转型的新路径

在农业经济时代，随着生产力发展，商品化、货币化、市场化、城市化水平不断提高，到 16 世纪出现了商业革命，即商业资本主义，进而推动了工业化和工业经济时代的诞生。在英、法等西方国家，那些商业革命中发展起来的大商人，后来大部分转变为工业社会的工商企业家，日本早期的商人家族诸如住友、松下等也转化为现代企业。但是，在中国，明清商业革命中发展起来的商人家族，除了宁波商人、洞庭商人两帮经过曲折的买办道路，大部分得以存在并转变为后来的江浙财团外，其他商帮基本没有实现这一跳越，在外来资本的冲击下，逐渐衰落而退出了市场。十大商帮中最显赫的晋商也大部分退出了历史舞台，只有汾酒商人等少数晋商得以延续和发展，由早期的商人资本转变为现代工商企业。

杨德龄先生带领汾酒商人转型的路径，使人们看到：汾州商人中旅俄商人多，受欧洲商人影响深。汾阳商人不仅走北京、天津、山东、江浙、两湖、两广、云贵川，而且远走蒙古、俄罗斯，特别是旅俄汾阳商人相当活跃。俄国十月革命后，晋商在俄资产全部被没收，由俄罗斯返回的汾阳商人有 1 万人。旅俄汾商牛允宽（1870～1936 年），少年时即为了生计，随亲戚奔赴俄罗斯学生意，不仅熟读四书五经，口算、珠算也十分精通，而且学得一口流利的俄语，走遍俄罗斯各地，掌握了俄罗斯多个少数民族的语言，先后在莫斯科、恰克图、库伦开设碧光发商号，经营皮毛与茶叶生意，远走华沙、格但斯克、柏林、莱比锡、东京等地，与俄罗斯、英国、美国、法国、德国均有贸易关系。他多次回到汾阳省亲，带去其三弟、四弟、五弟及不少亲戚同乡到俄罗斯经商。汾阳商人吕凤翥回忆说："因为我的姨丈在俄国圣彼得堡经商，早年被带到俄国随姨丈生活。我先在俄国的上乌金斯克上学，数年后有了俄语基础，即被介绍到恰克图的碧光发商号……这商号初为中俄两国商人合股经营，最后数年由牛裕和（允宽）独营。恰克图还有十多家较大的商号，都是本省商人开设的……有很多汾阳人。"[1] 旅俄汾商直接带回了欧洲商人的经营思想与管理理念，这是汾州商人的突出特点。汾酒商人经销特点是产销结合，资本运作特殊。汾酒商人经营白酒，生产与销售连为一体，由于生产性企业与纯粹异地贩运贸易企业的资本运营不同，导致纯贸易企业盈利导向的机遇性与生产企业投资盈利导向的持续性的差异，决定了汾酒商人经营理念更接近于工业社会的企业家。汾酒商企业管理体制的扁平性特点，易于改革决策。

---

[1] 渠绍淼、庞义才：《山西外贸志》，山西地方史志丛刊。

汾酒商人由于技术性和生产性强，比较茶庄、票号的分支机构和管理层次少，整体管理框架相对扁平化，决策层次少，杨德龄直接统率生产与销售，不仅容易接受外来新事物，而且决策快，易于成功。杨德龄对待山西省督军府试图官商合办义泉泳酒坊的要求，断然拒绝，而顺利地接受了非官方的股份有限公司的合作形式，这是明智之举，当年北洋政府搞了许多官商合办或官督商办企业，善终者无几。汾酒商人杨德龄先生能够高瞻远瞩，确实是难能可贵的，这也是汾酒商人转型成功的重要原因。汾酒商人选择向股份有限公司转变是家族企业发展的必由之路，这种转变，扩大了资本金，提高了企业自身的抗风险能力；同时建立董事会，提高了企业决策的民主性、科学性；建立监事会，增加了企业约束机制；改革企业工资发放等薪酬制度，调动了职员的积极性，从而为一个老式的家族企业注入了新的现代企业的血液，使其生机勃勃，实现了由封建商人家族企业向现代企业过渡。

五、杨德龄给当今家族企业的启示

汾酒商人与商人资本的转型，使其实现了历史性的跨越，在衰势中新生，对照近年在改革开放中崛起的大量家族企业、民营企业，我们似乎可以看到，古往今来的家族企业，是市场经济发展的必然路径，但是当其发展到一定阶段，需要化蛹为蝶时，要求企业决策者抓住机遇，果断抉择。特别是在社会发生重大变革时，小的家族企业必须审时度势，改变自己不适应时代发展的落后的企业制度和管理办法，与时俱进。历史的经验教训，正在启迪着当代家族企业和民营企业。

从用人制度看晋商的伦理哲学与心智素养

背景说明

本文是2010年1月17日在山西财经大学EMBA班、中北大学、太原科技大学、云南师大等高校的演讲稿。文章评价了晋商的"以懂得信义为依据"、"以结利疲账定功过"的用人制度，进而对其诚信义利的商业伦理与中和之道的处世哲学进行了讨论。认为晋商的"义是生财道，和是化滞丸"和"仁义礼智信信中取利，温良恭俭让让内求财"的商业思想仍然是当代值得推崇的。

一、从晋商用人制度说起

晋商认为，经营能否成功，"天时不如地利，地利不如人和"。人的因素第一。晋商用人，"以懂得信义为依据"。对分支机构的考核，"以结利疲账定功过"。主要用人制度，可以概括如下：

（一）新员工选拔制

新员工选拔制规定：①同乡人；②推荐；③查三代；④笔试；⑤面试；⑥铺保；⑦考验；⑧请进。

（二）学徒制

第一年杂务训练，洒水、敬茶、奉侍掌柜，俗称"提三壶"。不设坐位；晚则写字，习记账，演珠算，详记银色与平砝，练习仪容言语，道德修养。第二年业务学习，包括文化课（四书五经、外语或少数民族语音）和业务课（珠算、记账、抄录信稿、商业信函，了解商品性能，熟记银两成色等），也可以做些抄写、帮账事务。第三年在柜上跟着师傅（老职工）学生意技巧。三年内不得回家，考核成熟正式录用。

学徒由总号资深者训育。训练科目：技术——算盘、习字、银色、平码、信稿、记账。道德——"重信义，除虚伪，节情欲，敦品行，贵忠诚，鄙利己，奉博爱，薄嫉恨，喜辛苦，戒奢华，他如恒心、通达、守分、和婉、正直、宽大、刚勇、贤明。皆为一贯之教训"。三年内始终贯穿道德教育。

"学生意，要有耳性，有记才，有血色，有和气，此四件万不可少。有耳性者，则听人吩咐教导；有记才者，学问的事就不能忘却了；有血色者，自己就顾廉耻了；有和颜者，则有活泼之象，又叫着事个生意脸，且而人人见了欢喜你，岂不美哉。"

"学生意先要立品行，但行有行品，立有立品，坐有坐品，食有食品，睡有睡品。以上五品，务要端正，方成体统。行者，务必平身垂手，望前看，足而行，如遇尊长，必须逊让，你若獐头鼠目，东张西望，摇膊乱跪，卖呆望蜜，如犯此样，急宜改之；立者，必须挺身而立，沉重端严，不可依墙靠壁，托腮咬指，禁之戒之；坐者，务必平平正正，只坐半椅，鼻须对心，切勿仰坐、偏斜、摇腿、跷足，如犯此形，规矩何在？食者，必从容缓食，箸碗无声，菜须省俭，大可厌者，贪吞抢咽，箸不停留，满碗乱叉，还嘴齁鼻，扒于桌子，这样丑态，速速屏去；睡者，贵乎曲膝侧卧，闭目吻口，先睡心后睡目，最忌者瞌睡岔脚，露膊弓膝，多言多语，打呼喷气，一有此坏样，起早除之。"

（三）薪酬激励制

薪酬激励制规定：①人身股；②应支；③津贴；④伙食；⑤衣资；⑥婚丧大事随礼、贺吊；⑦退休身股分红；⑧故股分红；⑨关照子弟就业，推荐并承担铺保。

（四）关心员工生活与教育

第一，创业传统教育。不少晋商家族和商号，把祖宗创业时的讨饭碗、货郎担、背褡子供奉在楼上或者祠堂里，教育子孙。大盛魁规定每年除夕喝小米稀粥。

第二，道德修养教育。"大德通"对入号同人并学徒教育以儒学为主，

"命阆号同人皆读《中庸》、《大学》，盖取正心、修身，而杜邪教之人"。

第三，办义学，教育子弟。明以前运城盐商商人子弟学校。清道光年间，山西商人行会在归化出资办了所谓"四大义学"。高平赵家办了8所学校。

第四，资助困难同人，建立公开墓地，关心生老病死。

第五，举办文化娱乐活动。祭祀、庆典、节日以戏曲酬神和娱人。

第六，练武术。有健身和攻防双重功能。镖局需要镖师傅，大家族需看家护院。中国心意拳和形意拳的发祥地。

（五）宗法与担保约束

职员只用本地人，本乡本土，知根知底，落叶归根。聘用掌柜员工，殷实商铺担保。

（六）严格的号规约束

号内人事由大掌柜安排；财东平时不得在号内食宿、借钱或指使号内人员为自己办事；大掌柜巡视分号，发现人位不宜、同人不端，可立即处置；不准买空卖空、囤积货物，节外生枝；职员不准在外巨数支使；不准私自捎物；不准就外厚道；不准私代亲族；不准私行囤积放人名贷款；不准奢侈浪费；不准侵袭号中积蓄；不准花酒赌博至堕品行；不准吸食鸦片；不准亲友浮挪暂借；不准向财东和掌柜送礼；不准到财东和掌柜家闲坐；不准到小号串门；伙友之间不准互相送礼；下班归里不准私先回家后到柜上汇报等。

（七）人才培育与选拔

"用人不疑，疑人不用"；"受人之托，忠人之事"。认为和为贵，主张和气生财，善待"相与"，既有竞争又有合作。提拔使用人才，注重实际考验。提拔使用人才"以懂得信义为根据"。注重实际考验。六必居：临汾西社赵家创办。张夺标光绪二十二年当学徒，在后院磨房筛罗，喂骡马，光绪二十六年，在庚子之乱时保护了六必居牌匾，辛亥革命时又奋力保护商号财产。事后东家宣布："张夺标就是咱六必居的大掌柜"。1955年退休。

"凡人心险于山川，难于知天，故用人之法非实验无以知其究竟。远则易欺，远使之而观其志；近则易狎，近使之而观其敬；烦则难理，烦使之而观其能；卒则难辨，卒间以观其智；急则易爽，急期以观其信；财则易贪，委财以观其仁；危则易变，告危以观其节；久则易惰，一班二年而观其则；杂处易淫，派往繁华而观其色。期在练或磨而不砾，涅而不淄，方足以任大事也。如测验其人确实可用，分配各分号任事。" 义是生财道，和是化滞丸。"仁义礼智信信中取利，温良恭俭让让内求财。" 晋商用人制度，使东家、经理、伙计以相互信任为基础，形成了劳资协调，和谐相处，合作经营的关系。从而形成了晋商文化的核心，这就是诚信义利的商业伦理中和之道的处世哲学。

二、晋商伦理与处世哲学

商业伦理是诚信义利；处世哲学为中和之道。晋商认为义是生财道，和是化滞丸。仁义礼智信信中取利，温良恭俭让让内求财。

（一）商业伦理

在处理利和义的关系上，晋商主张见利思义，先义后利，以义制利，义利相通相济，利在义中，有德才有利。晋商的义利观，从诚信开始。仁、义、礼、智、信五常，必须以诚为起点和终点。信，为笃诚品德，承诺的事一定要兑现。言而有信，是人立足于社会，处理好各方面关系的行为准则；义，为"是非之心"，是面临选择时的责任心；利，是商人最终追求的目标。晋商伦理观，诚是基础；信是准绳；义是更高的标准；利是这个金字塔最顶层的奖赏。商人要堂堂正正地获利，必须从诚开始。

公关崇拜，教育员工，在东家与大掌柜间、大掌柜与伙计间、伙计之间、商号与商号间，形成了忠义为特征的文化氛围，从而产生了企业的卓越的创造力、高效的执行力、强大的吸引力，成为晋商企业的软实力。在山西榆次后沟村的村口有一座关帝庙，内供关公夜读春秋塑像，殿门对联："汉封侯宋封王明封大帝，儒称圣释称佛道称天尊。"横批："山西夫子。"关公塑像上方有一巨匾，上书"道即财源"。这应当是晋商商业伦理的核心思想。

（二）处世哲学

史料记载，祁县乔家大德通票号，对入号同人教育以儒学为主。乔致庸"命阖号同人皆读《中庸》、《大学》，盖取正心、修身，而杜邪教之人"。中庸之道，一是无过不及；二是和而不同；三是权中时变。中庸之道乃孔子思想，它指向人与人关系、人与物关系的正确认识和处理。中庸之道乃人的明德之性，是人性的表现。子思在人性上阐发了中庸所表现的心理实质，把中庸之道在更深的层次上归结为一个中和之道。子思说：

"喜怒哀乐之未发，谓之中；发而皆中节，谓之和。中也者，天下之太平也；和也者，天下之达道也。致中和，天地位焉，万物育焉。"

中和之道，是"君子"的思想行为，人民的决定、选择、爆发，都必须要有一个最和谐、最符合自然根本规律的结果，这就是中和。庸，就是不改变。中庸就是说要按中和行事不能改变。中和要达到的目的，就是要按宇宙自然间最根本的规律办事，即和谐。

总之，以"和而不流"的自我意识，做到"中立而不倚"，"求同存异"，以"同则相亲，异则相敬"的规则，"与时偕行"，实现"和而不同"；"以和为贵"，义以制事，以求其所得。所以说，中和之道是宇宙万物、天下万邦和谐相处的普遍法则。

晋商企业管理制度处处体现这一理念。如人身股制度，谓之"有钱出钱，有力出力，出钱者为东家，出力者为伙计，东伙共商之"。例如企业的治理机制，是两权分离的委托—代理制度，谓之"用人不疑，疑人不用"；"受人之托，忠人之事"。与人打交道，与物打交道，处人、理事、经营，坚持道御经营，和贯始终。

祁县乔家堡大门前照壁的对联："损人欲以复天理，蓄道德而能文章。"横批："履和"。

三、中国商人的经营原则

晋商为人处世及经营管理的原则是"中庸之道"。执两用中，无过不及。处人适情，处物适则，处事适理。人和、物义、事中。坚持中庸之道，无过不及，和而不同，权中时变。表现为：

（一）执两用中的为人之道

晋商认为经商能否成功，是与人打交道，与物打交道，处人、理事、经营，要坚持道御经营，和贯始终。"义是生财道，和是化气丹"；"仁义礼智信信中取利，温良恭俭让让内求财"。

（二）和气生财的理财理念

笃信"和气生财"，主张和为贵。重视社会各方面的和谐相处。建立"相与"。凡"相与"，善始善终，同舟共济。

（三）人本思想的企业文化

晋商的企业治理机制两权分离。所以员工都有希望"顶生意"，即以劳动力顶股份，参与企业利润分配，并且退休后股份照常享受，去世后还可以享受股份待遇2~8年。

（四）竞争合作的群体精神

亲缘、地缘形成的亲情、乡情，是晋商群体精神的联结纽带，来源于儒家的孝悌思想。晋商通过会馆，供奉关帝圣君，联乡谊，通信息，增进相互了解，讲帮靠，协调关系，形成商帮群体。

四、中国商人的心智素养

晋商的成功与其重视个人的心智素养关系密切。晋商称雄，在时间上延绵500年，在空间上覆盖全国东西南北。行行有帮，帮帮有会，处处领头。晋商之所以能够挈领中国商人精神，诚如蒲州商人王文显说："夫商与士，异术而同心。故善商者，处财货之场，而修高明之行，是故虽利而不污。善士者引先王之经，而绝货利之途，是故必名而有成。故利以义制，名以清修，各守其业，天之鉴也。如此则子孙必昌，自安而家肥富。"

商士同性，都需要修身正己。所以，家庭教育、私塾教育、商号训育，都很重视商人的心智素养。晋商诚信义利的商业伦理，中和之道的处世哲学，不仅形成了自己独特的经营理念、企业制度、商业技术、金融体系、信用工具等商业智慧；而且形成了自己的与人为善、求同存异，和气生财、博大宽厚、乐施好善、自强不息的为人之道的情商。情商比智商更重要，需要心智双修。人的心智修养，要达到智、仁、勇。"智者不惑，仁者不忧，勇者不惧。"学校教育要同时重视智育、情育、意育。智育——专业知识，达到"智者不惑"。情育——养成普遍人格，了悟人生大道，达到"仁者不忧"。意育——磨炼意志，保持勇气，达到"勇者不惧"。《礼记》说"圣人所以治七情，修十义，讲信修睦，尚辞让，去争夺，舍礼何以治之？"七情：喜、怒、哀、惧、爱、恶、欲。十义：父慈、子孝、兄友、弟恭、夫义、妇节、长惠、幼顺、君仁、臣忠。治七情，修十义，社会和谐。这是晋商家庭教育和商号教育的主要内容。

晋商当年的心智素养主要是：

（一）儒贾相通观

商士同性，贾儒相通，行贾习儒。榆次北常"十大玉"、南常"十大昌"。均是"世兼儒贾为业"。榆次常家10世常怀愉80寿序讲到："其深藏若虚也，有良贾风；其亿及屡中也，有端木风。持义如崇山，杖信如介石，虽古之陶朱不让焉。"常家 12～13 世，有 4 贡士、5 举人、1 进士；14～16 世有 4 位留学生、10 位大学生。

（二）义利相济观

义利相通相济，利在义中，诚信戒欺，重视商誉。日升昌票号大掌柜雷履泰住宅大厅屏风上书四联：首联为"诚者物之始终不诚无物是故君子诚之为贵"；二联为"利不可两忠不可兼不去小利则大利不得不去小忠则大忠不至"；三联为"作事必谋始出言必顾行常德必固持然诺重应见喜如己出见恶如己病"；末联是"恭为德首慎为行基言则忠信行则笃敬"。

（三）谋略竞争观

白圭"人弃我取，人取我予"。蓝海战略。王海峰由兰州转赴天津，开发长芦盐成功。"始亦以居货走四方，而中负隐隐与众不同。青沧者故太公管仲之盐荚之区，陶朱公据以累致千金者也。国家亦有榷务存焉，法弊利雍。诸贾过，不以正目视之。公独曰：此可居也。遂相地制宜，审时观变，究览蹉政……人所弃我则取之，人所去我则就之，而公之业益饶。"

（四）修身正己观

修身正己是使人具备担当治国平天下重任的基本素质的必经之路。榆次《常氏家乘》记载："居艰辛，弗避暑，数十年如一日，居恒薄于自奉，无事不戒其奢华，用人尤以诚信待之……由是生意日隆，岁入倍常，事业之隆，肇基于此。"

（五）科技应用观

晋商很重视对数学、地理、交通等科学知识的研究应用。汾阳商人王文素，经商于河北饶阳，边商边研习珠算，著有《新集通证古今算学宝鉴》，胜过明代钱塘吴敬《九章算比类大全》、安徽程大位《直指算法统宗》。成为中国历史上最著名的珠算大师。明末清初，晋商创新发展了"合龙门"记账法，促进记账方法向复式记账过渡，发展了记账原理，为现代商业会计奠定了基础。商人张四教，"尤精《九章算术》，凡方田粟布勾股商分等……皆按籍妙解……治业滋久，诸于东方蹉科原委，分布、调度具有操纵，末年业用大裕"。

（六）经世致用观

晋商学习研究和社会实际相结合，不尚空谈，活学活用，在语言学、文学、地理学、历史学、地方志、戏剧、武术、书画艺术等多方面做出贡献。

《交易须知》、《商人要录》、《湖海必须》等晋商著述，渗透着晋商的商业伦理、处世哲学及其心智素养，它直接关系到商号的生命力、创造力和凝聚力，也是企业的核心竞争力。

晋商的企业制度在中国商业革命中一路领先，引领了 16～19 世纪中国的商业革命与金融革命。19 世纪 60 年代，杭州胡雪岩、慈溪严信厚、南京李经楚、洞庭席志前以及云南、湖南、南昌、上海、新疆等商人曾经十分重视学习晋商的经验。胡雪岩就按照晋商的办法在杭州、上海开办票号，经营异地款项汇兑与存贷业务。

从晋商用人制度我们看到了晋商的商业伦理与处世哲学，看到了当年晋商要求掌柜与员工，都要有很高的心智素养。那么如何正确认识商业和商人呢？中国自古以来占统治地位的是贱商抑商。商人不能进入主流社会。其实，古今中外无商不富，无商不城。

2000 多年了，商人始终是四民之末，不能登上政治舞台。山西是中国重商思想的发源地之一。明末清初，产生了商人进入主流社会的呼吁。商人能否进入主流社会，这对于社会经济发展是至关重要的。明末清初的顾炎武、傅山、戴廷轼、阎尔梅、阎若琚、王士祯、屈大钧等聚会祁县丹枫阁。呼吁商人的政治地位。傅山说："生人之有为也，本以富生人。富生人，而治人者乃有为。""市井贱夫可以平治天下。"

清中期后，一批研究地理学的学者如祁寯藻、张穆、徐继畬等，不仅研究西北、蒙古地理商路，而且研究世界地理。徐继畬说："欧罗巴诸国，皆善权子母，以商贾为本计，关有税而田无赋。航海贸迁，不辞险远，四海之内，遍设埠头，固由其善于操舟，亦因国计全在于此，不得不尽心而为之也。"[①]

曾任山西巡抚的洋务派人物张之洞、曾国荃、胡聘之以及戊戌变法中被杀头的"六君子"山西人杨深秀等，都是商人精神进入主流社会的推动者。

1500～1750 年欧洲商业革命 250 年导致欧洲工业化；同时发生的中国商业革命 350 年后才出现了一线工业化的曙光。为什么？

光绪年间一次乡试中，试题是西商富、华商困的原因。一位举子写

①　徐继畬：《瀛寰志略》。

道："良由商学无专门，商律无专条，商会无专责，而中西商情悬绝。"

欧洲的文艺复兴运动使欧洲的神权得以清算，人权得以张扬，科学与民主成为时尚，使欧洲的商业精神、重商主义与市民思想成为社会的主流，导致工业化在欧洲崛起。中国的皇权始终没有得到清算，戊戌变法没有能够像明治维新那样获得成功，中国商人精神始终未成为社会主流。重商思想虽然较早地出现在山西，但并没有进入主流社会。中国商人精神始终未能登上政治舞台。其实，晋商文化、晋商伦理、晋商精神是今天建设和谐社会的重要社会资本。和谐社会，需要新的核心价值观，即社会的绝大部分人必须认可的价值观和理念，这是建立理性社会的基础。理性社会要求人们在思考问题时，有是非观念，不把个人好恶放在第一位。

一个理性社会的形成，要靠一些思想家引导，传递给公共知识分子，再通过媒体走向大众。孔子德侔天地，道冠古今，删述六经，垂宪万世，他的思想影响了中国 2500 年，其核心是仁爱和中庸。他认为人类应有的一种人伦关系，立身处世的标准应当是忠义、诚信、礼节、德政，以此建立一种稳固、和谐的人伦关系，实现"天下为公"、"讲信修睦"的大同世界。人相爱，爱人利物；公正合理，讲究恩谊；社会有序，道德规范；聪明智慧；诚实不欺，言而有信。但是，自从五四运动以来的百年间，孔孟之道被认为束缚了中国人的思想，提出了"打倒孔家店"，历经多次政治运动，传统的儒家文化基本被人们遗弃。似乎孔夫子已经出国了，儒家思想成了南韩、新加坡、日本以及东南亚国家与地区人们发展经济、建设国家的指导思想。1999 年世界诺贝尔奖获得者在巴黎集会发表的《巴黎宣言》称："21 世纪人类要生活得更好，需要回到 2500 年以前从孔子那里寻找智慧。""古之欲明明德于天下者，先治其国；欲治其国者，先齐其家；欲齐其家者，先修其身；欲修其身者，先正其心；欲正其心者，先诚其意；欲诚其意者，先致其知；致知在格物。物格而后知致，知致而后意诚，意诚而后心正，心正而后身修，身修而后家齐，家齐而后国治，国治而后天下平。自天子以至于庶人，壹是皆以修身为本。"[①] 传统文化的核心是孔学。孔学是关于人类生命存在、生存价值和群体关怀的人文学说。其精髓在于为人们提供一种关于人与自然、人与社会、人与人行为规范的基本原则。即如何解决时代的矛盾冲突，为解决这种矛盾冲突提供一

---

① 《大学》。

种理论的指导原则或指导思想的理论基础。孔子为解决当时社会冲突，提出了两个理论原则：一是仁，二是和。仁的功能和价值，不仅是调整生产方式变革、社会制度改革、社会观念转变的外在方法、工具和钥匙，而且是和谐三者的内在原则和规范。和既是解决冲突的方法，也是促使人类社会持续发展的动力。

"读书好经商亦好学好便好，创业难守成亦难知难不难。"在当前理想迷失，伦理道德丧失以及精神家园崩溃的时候，必须学习国学经典，以国学规范人我关系，严于律己，宽以待人。昔日晋商的商业伦理与处世哲学以及他们的心智素养所反映的中和之道，是我们建设和谐社会的重要社会资本。只要政府确立天地之间人为贵，以民为本，实惠于民，"利民而不费"，为天地立志，为生民立道；只要企业家确立独富贵君子为耻，互惠互利，共同发展，大富大红大德，相济于业，于国于家两相宜，就能够建立起我们共同的基本信念、价值取向、企业精神、思维方式、行为准则。那么，仁爱、正义、礼让、理智、诚信的氛围，和谐发展的新局面就是可以看得见的目标。时代要求尽快树立中国商人的核心价值观，建设当代中国商业文明。这需要从企业家的摇篮——商科大学学子们的心智素养开始。

晋商行会

18 世纪初至 20 世纪初内蒙古南部地区的民间行会

背景说明

　　1983 年作者在内蒙古做社会调查，一份内蒙古图书馆收藏的 20 世纪初的日文资料，记述了清代至民国内蒙古地区商业行会和民间社团的情况，与其他资料和实物、遗迹相印证，对晋商行会研究有很大的参考价值。遂和张小林一起完成了译文。

一、中国民间行会的起源

　　中国古代的民俗把土神的"社"作为信仰的对象，25 家或数户组成一个部落，这种情形在历史上至少在盛唐的玄宗时代就已呈盛况，而且几乎风靡全国。然而，所有这些都是民间自治团体，并不是行政制度的敷衍。即使元代已经有了按朝廷颁布的法令，民家每 50 户组成一社的史实，但这绝不能说是当时所独创的制度。因为当时的社会非常不安定，豪强横暴，盗贼出没，十分猖獗，所以在民间，这种地方自治团体兴盛是大势所趋，朝廷当时看到了这种形势，只好正式承认其存在。因此说来，这种民俗在元代以前很久就已经出现了。

　　这种"社"在穷人中被称作行或行会，这种制度恰好和欧洲中世纪的基尔特（Guild）是相似的。

　　中国的社，发祥于黄河流域的汉民族，由于与水患斗争，在治水中开始萌发，到汉代已在民间有了很大发展，至盛唐，在民间兴起了与政府的

189

地方行政毫无关系的俗称社邑或社的民间的亲睦、教养、经济上相互扶助的机关。在唐代的商人中间，这种自治习惯已经相当普及，同业商人间萌生了称作行会的同业公会制度。当时城市设立一定的商业区域，街面上同一行业的店铺排列起来，这种一列或一角被叫作行，例如米店的行列叫作米行，肉店的行列叫肉行，最后又统称为行，在其下面加上意为会合的会字，便俗称行会了。

然而，到了宋代，这种限制性的市制崩溃了。随着时势向自由商业时代的变迁，以往依仗市制几乎占据了垄断地位的商业买卖越来越担心受到其他方面的侵害，为了保护共同的利益，强化行会的呼声越来越高。后来，这种习惯得到继承，历经几个朝代，形成了近代的行会制。

二、内蒙古地区行会的发展

在内蒙古巴盟地区的行会组织，大约距今200年前即清康熙年间就已经开始出现了。汉民从明朝中期开始向内蒙古内部地区移居。从康熙年间开始，这种状况又有所发展。当时解除了土地的禁封，并大力奖励开垦荒地。康熙末年，住在归化城的理发师同业者中间已经组织了叫作净发社的亲睦机关，这可以被看作社的开端。当然，这是将各社的牌文（规约）、庙的现存碑铭加以比较对照而得出的结论。此外，难以断言完全没有属于古昔的东西，无论哪种，都已经是200年前的事情，这个地区社的起步，其证据属实。从这些事实中可以推断出，即使明清时期，民间仍然存在着结社的习惯。在社会生活方面，社受到重视。下面特举出能够判明社成立的年代的调查结果。

表1　社成立年代调查

时代	社名	年代	所在地
康熙	净发社	康熙末年	呼市南茶坊关帝庙内
雍正	金炉社	雍正十年	呼市南茶坊关帝庙内
雍正	农圃社	雍正十一年	呼市南龙王庙内
乾隆	六合社	乾隆三十一年	呼市南茶坊关帝庙内
乾隆	鲁班社	乾隆三十二年	萨拉齐县
乾隆	义合社	乾隆六十年	萨拉齐县
道光	南茶坊平安社	道光七年	呼市南茶坊关帝庙内
同治	鲁班社	同治元年	包头
光绪	公议社	光绪三十三年	包头
民国	和议财神社	民国十五年	包头

在这一地区农民中间成立社开始于雍正十一年，以归化城郊外蔬菜种植农民中间组织的所谓农圃社为开端，接着，嘉庆年间又成立了农民社。这是归化城的乡村农民成立的广泛性的组织。另外，在农圃社成立前一年，也就是雍正十年归化城内由锻造工成立了金炉社。综合这些事实，随着清朝远征军的驻屯，理发师、兵器的修理制造等的现场补给就十分必要，所以像铁匠这样的技术人员就不再随军迁移了。

雍正、乾隆、道光，随着年代的变迁，各地的社层出不穷，于是在归化城及绥远城内成立了俗称大行的所谓社的联合体。这就是今天商务会的前身，主要是市内商人间所进行的小社联合。最初是 12 社的联合，乾隆末年，扩大成 15 社的联合，也称祭祀关帝的单刀会，进而清末又改称为商贾公所，但一般商人习惯上仍然称大行。绥远城的绥丰社是城内的商人、商户根据商业种类的单纯关系组织成的单一体，这方面与归化城的大行有所不同，但不管哪个，在谋求保护商人相互的共同利益上无疑是一致的。这样，即使清代，民间也对社十分尊重，这种倾向实际上一直持续到民国十五年左右，应该注意的是民国十五年最后的社——包头的财神社宣告成立。

三、行会活动举例

这些"社"是如何活动的呢？现根据一些行社的碑文，举例如下。

（一）钱法的紊乱和农民的起诉

当时归化城中的钱法由于奸商和官吏的危害非常混乱。咸丰九年时，制钱 50 多文为一结，可以当作 100 文使用，但轮到农民纳税时，全部必须征收 100 文。四乡的农民深受其害。翌年春，农民向新上任的厅主庚某申诉此事，改革的结果将一结改为 60 文，其后每月初一和十五各加 1 文，并发布命令，此后数年连续这样做，直到达到 100 文。但当增添到 80 文时，也就是同年十一月，庚厅主调离此地，接着新厅主庆某走马上任了。此人被奸商和官吏的花言巧语所迷惑，再次使钱法紊乱，农民进而将此事向军营的成将军申诉，后来农民的要求得到承认，于是又按照庚厅主的指令，恢复了以 80 文为基准，逐渐增加的做法。龙王庙中叫作隆峨的住持与奸商官吏沆瀣一气，诬告了农民社，此外新上任的庆厅主也对农民社没有好感，并伺机报复，趁此机会，追究社首的罪责，官家又同时没收了社内的所有牌匾，随即将农民社解散。然而社首陈德智不堪忍受五月的旱灾，沿袭旧社的规矩，开庙举行了祈雨祭会。奸僧隆峨又将此事报告了官方。这样社首陈德智受到了严刑拷打，残酷虐待。于是，那一年农耕荒废，加之秋天又遭受了风灾霜害，农民面对灾年和沉重的课税，实在无法忍受。农民认为遭此灾难直接与废社有关，于是心中产生复社的念头。同治元年春，农民恳请德大将军准予复社，将军派出委员 30 多次，详细了解调查农民的冤恨，澄清事实之后，于同年六月，终于准许恢复社。

（二）沙钱整理和官社合作

这也是归化城中发生的事情。从清朝末年开始，在归化一带，除了官定的制钱外，还流通私造的沙钱，到光绪年间，沙钱越来越多，其弊端也越来越大，当局在发出布告、命令严禁使用的同时，召集各社的年长者咨议，结果在三贤庙内设立交换所，让人们以同等重量的沙钱换取制钱。然后，又发出公告：一旦发现再有沙钱流通，应即刻告发，官府将严惩不贷。此外，又用回收的沙钱熔化铸成铜碑，官方在各社的通力合作下达到了预期的目的，并将事情的原委记录在用回收的沙钱铸成的铜碑上，将碑立在三贤庙内。是时光绪十五年八月。

（三）马王社和共同利益的保护

马王社是归化城内的马车业者们成立的社。由于成立较早，逐渐社规有所紊乱。所以外来车业者与社首相互勾结，抢劫乘客财物之事屡屡发生。宣统元年，萨拉齐的车业者来到归化城，与社首王玉柱相互勾结，狼狈为奸，胡作非为。社员们对此忍无可忍，便向官方起诉，以谋匡正。官方对事情进行了调查，最后宣布由外来者及王玉柱分别向社缴纳衮灯一对和挂灯一对，并向大家赔罪道歉。此后，无论外来者还是社员都做到了恪守社规。

四、关于社的传说

关于各社中祭祀的诸神，有很多的传说，这里概要地讲述一下包头金龙社的传说及净发社祖师爷的由来。

（一）金龙四大王和金龙社

宋人谢绪在山西省浑源州（今山西浑源县）为州牧官。有一年春天，浑源州洪水大发，水势凶猛，瞬时间，河水泛滥，直朝城墙逼来。谢绪动员起官员、民丁，堵塞城门，加深防水作业。谢绪亲自登上城头，察看水情，指挥抢险。城下浊流翻滚，水借风势，风助水威，泡沫飞溅，滔滔然向城头涌来。城内的民众面对严峻的形势极度恐惧，悲泣哀嚎，不知如何是好。谢绪身为一州之牧民官，愁断肝肠。他奋然摘下头上冠帽，迅速跳入水中向上天祈祷："老天爷哟，请您开恩，体察绪之爱民之心，速将洪水引退吧!"庄重虔诚的祈祷一结束，果然水势开始缓解，继而下降数尺，但不久又涨上来。谢绪横下一条心，便高声祈求："本官愿以性命换取民众之得救"，说罢便纵身跳入水中。不久洪水退去，危机解除。大伙儿找遍各个角落，均未能寻到谢绪的尸体。此后有一天，身着锦衣袍带的谢绪出现在城头上："余已被禹王封为金龙四大王，今任黄河之主护，汝等随余来。"说罢便消失得无影无踪。见此状，州民火速建起庙宇，供香祭祀。

（二）蛇神和庙会

清末有一年的九月十七日，是包头金龙社的秋祭日，一大清早，人们纷纷来到黄河边请神。仪式开始后，社首从岸上下来，将盆浸入水中，口中诵经，其他的人们也各自献上香火，虔诚祈祷。忽然，河面上水声大作，不久一条额上有金色斑点、长约一尺的蛇出现了。那蛇向盆爬来，社首和众人见此奇景，都惊诧不已，手足无措。社首恭恭敬敬将它放入轿中迎回庙里，供奉于殿内上座，于是庙会便隆重开始。轮到献戏对，社首将演戏目录一一读出，乞求神的恩准，于是蛇神高高把头仰起，应着社首的乞求，通过点头以示自己的喜好。就这样选定戏目后，依次开始演出。日暮时分，庙会圆满结束，大伙又来到江岸举行了送神仪式，蛇神离开盆中，回到河里。这个故事出自于一名敦厚朴实的和尚之口，他是直接从一位当时在场目睹此事的老人那儿听到的。

（三）罗祖和净发社

罗祖，清初年间出生于江西省，姓称罗，名却不得而知。康熙时代，来到北京，是游荡于市井的贫寒道士。当时皇帝的额头起了肿疮，苦不堪言，宫中专职的理发师们奉命侍候皇帝或梳结辫发，或剃发，均未能满足皇帝御意。皇帝勃然大怒，将宫中专职理发师全部处以极刑，又从民间选拔。但入选者一旦进宫就没有能活着出来的，京师理发匠无不战战兢兢。随着岁月的流逝，京师的理发师越来越少，民心惴惴不安。罗公见此情景十分担忧，又十分怜悯，便思考有无良策。最后，自己亲自研究理发工具，并刻意进行改造，在使用技术方面也做了新的探索，掌握了技巧。不久，此事传入宫中，罗公最后被召入宫，侍奉的结果，皇帝非常满意，盛赞其技法高明，很快，肿疮消失，皇帝痊愈。

侍奉中，罗公染病在身，不久病故。皇帝念其生前功德，封他为"恬淡守一真人"，葬在白云观中。后来，理发师们敬罗公为师，为报恩而给以祭祀。

五、商业行会的类别及其信仰

社的构成大致可分为社会的营生构成和信仰的精神构成两方面。所谓社会的营生构成就是按照职业关系、同乡关系、居住关系、自治关系等，根据各自的生活环境构成的社。其中主要目的是社会生活方面相互亲睦，经济上给予扶助，即所谓保护共同利益。信仰本身是一种观念性的东西，但社的中心一定依赖于信仰，这是应该注意的现象。

如社员中有人违反了社规时，重视的是让其在神灵面前忏悔并发誓改正，而不是对其进行制裁。从这点上说，是属于信仰方面的。但是它又不是纯粹的信仰组织，这一点前面已经有所叙述。下面是关于信仰的精神构成，这可分为团体的和社会的两个方面。土默特旗的职员间组成的所谓灵佑社是团体的，另外，像呼市的宗文社可以说是社会的，但不管是哪一类，其性质与南北朝时期佛教信徒们组成的会邑不同，虽然也带有较为浓厚的信仰色彩，但其真挚性却实在无法和昔日相比。

表2 以职业命名的"社"及其信仰

信仰	社名	所在地	状况
关帝	醇厚社	呼和浩特市	民国九年消亡
关帝、轩辕帝	生皮社	呼和浩特市	现存
关帝、轩辕帝	威镇社	呼和浩特市	现存
关帝、酒仙 { 李白 杜康 吕祖	仙翁社	呼和浩特市	1926 年消亡
金龙四大王	金龙社	呼和浩特市	1926 年消亡
马王	结锦社	呼和浩特市	1914 年逐渐消亡
张飞	德胜社	呼和浩特市	辛亥革命后渐消亡
药王	药王社	呼和浩特市	1929 年消亡、1941 年复活
关帝、酒仙 { 李白 杜康 吕祖	聚仙社	呼和浩特市	1926 年消亡

信仰	社名	所在地	状况
关帝	诚敬社	呼和浩特市	1920 年消亡
关帝	义和社	呼和浩特市	现存
孙膑	钉鞋社	呼和浩特市	现存
蔡伦	纸房社	呼和浩特市	现为纸房公会
蔡伦	纸房公益社	呼和浩特市	现存
马王	马王社	呼和浩特市	消亡
关帝	聚锦社	呼和浩特市	现为客店货业公会
罗祖	净发社	呼和浩特市	现为理发业公会
老君	金炉社	呼和浩特市	现为锻冶公会
吴道子	吴真社	呼和浩特市	现为油漆公会
鲁班	公议社	呼和浩特市	消亡
关帝	合议社	呼和浩特市	消亡
关帝	六合社	呼和浩特市	清宣统时消亡
轩辕帝	义和社	呼和浩特市	清宣统时消亡
轩辕帝	成衣社	呼和浩特市	现为成衣社
财神	青龙社	呼和浩特市	现存
财神	云中社		1929 年消亡
财神	宝丰社	呼和浩特市	1929 年消亡
财神	集义社	呼和浩特市	1920 年消亡
河神	平安社	呼和浩特市	1920 年消亡
财神	毡 社	呼和浩特市	1920 年消亡
财神	定福社	呼和浩特市	1920 年消亡
财神	应泽社	呼和浩特市	1920 年消亡
财神	缸油社	呼和浩特市	1920 年消亡
财神	集锦社	呼和浩特市	1920 年消亡
恒山老祖 水果园神	恒山社	萨拉齐县	现存
蔡伦	纸房社	萨拉齐县	现存
蔡伦	公义社	萨拉齐县	现存
罗祖	净发社	萨拉齐县	1937 年消亡
老君	金炉社	萨拉齐县	现存
鲁班	鲁班社	萨拉齐县	现存
牛马王	全区社	萨拉齐县	现存

信仰	社名	所在地	状况
粉仙	生金社	呼和浩特市	现存
白头佛	生皮社	呼和浩特市	现存
张飞	德胜社	呼和浩特市	现存
灶神、关帝	仙翁社	呼和浩特市	现存
财神	毛绒社	呼和浩特市	现存
悟真道人	悟真社	呼和浩特市	现存
药王	药王社	呼和浩特市	现存
鲁班	鲁班社	包头市	现存
白头佛	公议社	包头市	
毡毛古佛	公立社	包头市	
梅葛仙翁	义仙社	包头市	
关帝	合义社	包头市	
张飞	德胜社	包头市	
关帝	生皮社	包头市	
孙膑	集义社	包头市	
轩辕帝	威镇社	包头市	
灶神、关帝	福全社	包头市	
仙翁	仙翁合义社	包头市	
毡毛古佛 恒山老祖	中义社	包头市	
水果园神	恒山社	包头市	
行雨龙王		包头市	
油仙	油仙社	包头市	
范丹老祖	清水社	包头市	
财神	绒毛社	包头市	
罗祖	净发社	包头市	
王维	绘仙社	包头市	
白头佛	义合社	包头市	
玉皇大帝	福虎社	呼和浩特市	1928年消亡
金花圣母	银行社	呼和浩特市	1926年消亡
马王、火神	骡店社	呼和浩特市	
王皇	义贤社	呼和浩特市	
马王	车店社	呼和浩特市	
梅葛仙翁	敬仙社	呼和浩特市	
三皇	公议茶社	呼和浩特市	

表3　从同乡命名的"社"

信仰	社名	所在地	状况
关帝	忻州社	呼和浩特市	1914 年消亡
关帝	太谷社	呼和浩特市	1914 年消亡
关帝	宁武社	呼和浩特市	1914 年消亡
关帝	祁县社	呼和浩特市	1934 年消亡
关帝	文水社	呼和浩特市	1934 年消亡
关帝	寿阳社	呼和浩特市	1920 年消亡
马王、火神	新疆社	呼和浩特市	1929 年消亡
天皇、地皇、高王	京都社	呼和浩特市	现消亡
关帝	晋阳社	呼和浩特市	1922 年消亡
关帝	太原社	呼和浩特市	1922 年消亡
关帝	平遥社	呼和浩特市	1922 年消亡
关帝	崞县社	呼和浩特市	1919 年消亡
关帝	定襄社	呼和浩特市	1919 年消亡
关帝	蔚州社	呼和浩特市	1919 年消亡
关帝	介休社	呼和浩特市	清末消亡
关帝	榆次社		现存
财神、关帝	忻定社	萨拉齐县	现存
财神、关帝	代州社	包头市	现存
财神、关帝	祁太社	包头市	现存
财神、关帝	忻定社	包头市	现存

总的考察，按照职业所敬神别，大体可以归纳为：生皮业、熟皮业、细毛匠、成衣业、皮衣行、白皮行敬轩辕帝；茶馆、饭馆业、造酒业敬酒仙，即李白、杜康、吕祖；茶庄、票号（金融）行敬金龙四大王；驼户、车业敬马王；猪肉商敬张飞；药行敬药王；钉鞋业、靴鞋业敬孙膑；造纸业、纸行敬蔡伦；理发业敬罗祖；铁匠、熔炼业敬老君；木匠、泥匠、石匠、绳匠敬鲁班；漆匠、书匠敬吴道子；洗皮业敬河神；水果业、摊贩、山货业敬恒山老祖；水果园神、行雨敬龙王；糖粉业敬范丹老祖；染业敬梅葛仙翁；画匠和裱画业敬王维；书铺和印刷业敬文昌帝君；笔匠敬蒙恬真人；砚匠敬子路贤人，等等。但所有商人又都共敬财神，农民的社敬龙

王、牛马王。同乡关系的社，敬祀关帝。从巴盟的两三个地区庙的现存数来推测社会一般的信仰，其数字中，龙王庙最多，萨拉齐一县就有 73 座庙，其次是关帝庙，有 34 座，五道庙 21 座。

六、行会的组织制度

（一）社的名称

就社的名称而言，同乡关系的全部都冠之以故乡的县名，如忻定社、代州社就属此类。忻定社是由忻州出身或定襄出身的人组织起来的，代州社是由代州出身的人成立的。新疆出身的人组织成了新疆社并一直存在到 1929 年，这十分引人注目。这种同乡社在 1929 年左右几乎都已消亡，所剩无几。职业关系的社是冠以神名或使用职业名称，还有的为了避开这些影响而选用表示职业兴旺、团结意思的名称，这其中有冠以神名的金龙社、鲁班社、马王社，有使用职业名称的净发社、成衣社、生皮社，也有表示事业兴旺发达的德胜社、定福社、宝丰社，还有体现团结意义的义和社、六合社、公议社、合义社、集义社等，表示团结意思的最多。其他居住关系、自治关系、信仰关系所组成的社，都与此大同小异。

（二）社的特征

社的组织分联社和单社，其内容各不相同，要说明这个问题，应对一般社的特征做一番调查。所有的社分为职业方面的或社会方面的，各级各层分别组成了自己的社。鲁班社是劳资合作性的，主从共同组织成一社。店主、职工们统一在社下，关系良好，同心协力。像萨拉齐县的义合社起初就是劳资协同的，道光九年左右，劳资分立，资方组织了纸房社，劳方组织了公义社，后来各自以此经营着社中生活。这可根据其社牌进行考证。另外，作为一般社的特征，规定凡有庙会，全体社员必须参拜，如有不参加者，根据有关条例，予以惩罚。

（三）社的组织

社的联合体俗称大行，归化城的大行大约于乾隆末年起始，它们是归化城内的醇厚社、宝丰社及其他商人中间成立的 15 社的联合组织，各社的社首构成联合体的领导班子，这些人称作乡耆，其上有正乡耆、副乡耆各 1 个，称作乡总，相当于联社的总管。但是，这些乡总的资格不是由他们个人的能力决定，而是根据其所在社的资格如何而定。单社的组织社首1 名、副社首 2 名，另外还有叫作跑庙的临时佣人。在最简易的组织中，没有下层组织或会议构成等制度，作为全体会议，在召开春秋两次庙会时决定社的议事或改选干部。干部的任期大致定为一年，春季庙会选出的干部一直任期到第二年春季，义务轮流任职。但是这些组织与自治关系的社或信仰关系的社没有很大的差别，而其敬神这一核心远胜于现在的自治组织、同业公会等无核心组织。

（四）社的制度

社内一般有称作社牌的社规，它规定社员的义务、行为，规定惩罚手段等来约束社员。其手段因社的性质不同而多少有些差异，但就惩罚规则而言可分为四种：罚买供神品、罚钱、退社、告官。此外，旧时还有叫作罚唱戏的，即开庙会时，令其负担献戏费用，现在这种做法已不再实行。社的经费一般从社员的负担中筹措。其规定虽不尽相同，难以一概而论。但大体来看，商人们的社多半按各社员的销售额及生产量而定，农民则按土地的所有数进行摊派，职工按其收入额进行负担。这些必须在春秋庙会上分别予以落实。

（五）行（社）制与欧洲商人基尔特的比较

与大行相对应，叫作小行或只叫行，如牲畜牙行、估衣行、毛口袋行、零吃食行（扁担社）、粮行。前面谈过，这些行（社）的制度与欧洲的基尔特制度相似，下面将两者加以对照，看一下它们的相似点。

表4 行（社）制和基尔特制的对比

行社制度	基尔特制度
职业方面	职业方面
①工作时间的限制：庙会及三大节日一律休业	①生产品价格的限制
②生产品价格的限制：品质的差异应依据对此认可的一定的标准价格进行买卖，严禁个人的随意性	②生产品数量的限制
③工资的制定：商行不可随意决定，必须按社的工资规定雇工	③生产品质量的限制
	④用人的限制
	⑤工作时间的限制
社员的生活方面	社员的生活方面
①住宿限制：社的职工应使用店主所指定的宿舍，休假日也不得在外住宿	①日常生活的一致
②祖师爷信仰：各职业必须祭祀各自的祖师爷（社规中没有明确的规定，但一般采用因袭制）	②信仰的一致

如上表所示，两者非常相似，在社制方面，没有要求社员生活一致的规定，但在注重品行、不允许在外住宿这点上，却没有什么差别。

（六）话数字与保密

此外，社里还有一种所谓的话数字，即社员们相互间进行商业交易时使用的数的暗号，一般来说因社而异，这些话数字绝对不能告诉别人。经常制定新的用语，社员们所使用的不十分一定。现举其二三例。

牲畜牙行讲数字：

1——榴、2——抓、3——品、4——瞎、5——拐、6——挠、7——猴、8——桥、9——勾、10——卦、11——鸟、12——赶、13——太保、14——榴虎、15——圆、16——一坪、17——榴猴、18——榴桥、19——榴勾、20——两卦。

扁担社讲数字：

1——点儿、2——格儿、3——恭敬、4——悉练、5——呵拉格、6——免勒更、7——倒鬼、8——鞯、9——底盖、10——默儿。

粮行讲数字：

1——旦根、2——断工、3——勉川、4——外回、5——曲丑、6——断大、7——毛根、8——入开、9——回湾、10——秃千。

估衣行讲数字：

1——喜、2——道、3——廷、4——飞、5——口、6——抓、7——谢、8——盛、9——湾、10——大喜。

（七）社的事业

社的事业中最主要的除了社员间的相互扶助，调停纠纷外，还设置共同墓地，可供社员们使用。农村的社一直设立教育机关，为子弟接受教育提供方便。另外，在商人间还有积累金，只对社员提供低息贷款。除了上述这些，还有庙的修筑、负责召开庙会等。

晋商行会：自治自束自卫的商人机构

背景说明

　　本文是 1993 年 8 月在"晋商国际学术研讨会"上的演讲稿，原载《文史研究》1994 年第 1 期、第 2 期合刊。晋商行会制度是令人折服的，极其严密的行规制度、组织管理能力、影响和地位，具有辅助政府管理社会的功能。包头商会拥有自己的武装卫队——商团，有"巡查弹压，拘捕人犯"、维护社会治安的职能。归化城的商团，有一个蒙人骑兵团和一个汉人骑兵团。商业行会是商人自治、自束、自卫的组织。晋商行会和欧洲商人行会有比较大的差异，可能是文化背景的不同，晋商行会比较欧洲商人行会，不仅存在的时间长而且作用大。这种严密的组织和管理是晋商成功的原因之一。

　　晋商的自我管理、自我约束，以及利益自卫，是通过其自治机构——晋商行会实现的，而且政府对社会经济的管理，也常常依靠晋商行会来实现。晋商行会发生、发展以及活动形成，与欧洲商人"基尔特"是很相似的，但它也有自己的特色。本文试图通过晋商行会的研究，揭示晋商经济活动的自治、自束、自卫规律性，并通过与欧洲商人基尔特的比较，探索中国古近代商品经济发展中宏观调节方面的问题。

一、晋商行会的形成与发展

　　中国的商业行会，起源于民间的结社习俗。社是民间的一种自治组织，按照民意自行形成的以敬神为中心的自治机构，随着商业发展，汉唐时期政府实行坊市制，工商业户在固定的坊市内按商品类别排成行列，称之为行。唐有二百二十行，宋有三百六十行。盛唐时，在坊巷乡间出现了一种以亲睦、教养、经济上相互帮助为宗旨的机构——社邑或社，唐天宝七年（748 年）已流行全国。同行商人组织起来的自治社就是商业行会。山西商人行会发生于何时，史料记载很少，现有史料说明，大约在明代万历年间（16 世纪中期），晋商行会就已经很完善了。

晋商行会组织名称似乎始终没有统一的规范，各依自己的信仰及偏好而命名。有的叫社，有的为会馆，后来有的改称公所或公会，有的改用商会。下面摘录北京、归化两个城市的部分晋商行会情况：

表 1　北京晋商行会

颜料会馆	平遥颜料商人行会（明代）
临襄会馆	临汾、襄陵油盐粮商人行会（明代）
临汾东馆	临汾纸张、干果、烟叶、杂货商行会（明代）
临汾西馆	临汾商人行会（明代）
潞安馆	潞安铜、铁、锡、炭、烟商行会（明代）
河东会馆	山西烟商行会（清代）
太平会馆	太平县（今属襄汾县）商人行会（清代）
晋翼会馆	山西布商行会（清代）
通州晋翼会馆	山西翼城商人行会（清代）
盂县会馆	山西盂县毹氆商人行会（清代）
平定会馆	山西平定雨衣、钱庄、染坊商人行会（清代）

表 2　归化晋商行会

生皮社	皮商行会（清代）	鲁班社	木业木器商行会（清代）
仙翁社	酒饭商行会（清代）	吴真社	油漆商行会（清代）
德胜社	肉商行会（清代）	成衣社	服装业行会（清代）
药王社	医药商行会（清代）	集锦社	当铺商行会（清代）
钉鞋社	修鞋商行会（清代）	宝丰社	钱庄商行会（清代）
纸房社	纸商行会（清代）	银行社	票号商行会（清代）
聚锦社	百货商行会（清代）	忻州社	忻州商人行会（清代）
净发社	理发业行会（清代）	太谷社	太谷商人行会（清代）
金炉社	铁业商行会（清代）		

北京有多少晋商行会组织，没有史料可以说明。归化城晋商行会，据有关史料粗略统计，按职业划分的有 39 个，按籍贯划分的有 13 个。从以上两个城市部分晋商行会的名称看，可以分为两类：一是以籍贯形成，并以籍贯命名，因为他们经商在外，远离家乡和亲人，必须相互关心，团结一致，以防御外人欺侮，并顺利从事商业活动。二是以职业为纽带形成的行会，这类行会命名有以神名命名的，如马王社、鲁班社、金龙社等；有以职业命名的，如净发社、成衣社、生皮社等；有以吉祥的词语命名的，如宝丰社、德胜社等；有以团结义气命名的，如义和社、公信社、集义社等。

晋商行会，还都崇祀某种偶像，以作为联结社友的纽带或精神支柱。多数晋商是祀奉关帝的，他们尊三国时的名将关云长为财神，以关公的义气教育约束同行，以关公的武功保护财产安全和经营隆昌。除崇拜关云长为保护神外，还有少数行会又供奉自己的行业神灵，如牲畜行崇祀马王，酒饭行供李白、杜康，铁行供老君，纸行供蔡伦，理发行供罗祖，油漆裱糊行供吴道子，修鞋行供孙膑，肉行供张飞，票号供金花圣母，银钱行供金龙四大王等，但他们也不排除关云长。关帝是山西商人共同崇拜的偶像，所以山西商人每到一地经商，一经发展，便集资修建关帝庙。清代归化城有 7 座关帝庙，他们在这里开会议事，关帝庙就是行会的办公地点。

山西商人会馆遗址遍布全国各地，现今保存较好的还有很多，如苏州全晋会馆、洛阳山陕会馆、开封山陕会馆、聊城山西会馆、阜阳山西会馆等。

二、晋商行会的组织与制度

（一）晋商行会的组织

晋商行会，有单会（社）和联会（社）之分。单会（社）就是单一的行会组织，称为小行或行，独立活动；联会（社）是由若干会（社）联合成一个群合体，有共同的会首与办事机构，管理共同的事务，称为大行。

小行的参加人，多数是不分师傅或徒弟，资方或劳方共同参加；少数是单纯劳方或单纯资方组成的。归化城的鲁班社是劳资合作性的，师徒都可以参加，店主与伙计在一社之内，关系良好，同心协力。也有的劳资合作社逐渐发生变化，改为分设，如内蒙古萨拉齐的义合社是劳资协同的，但道光九年（1829 年）左右劳资分立，资方组成了纸房社，劳方组成了公义社，但仍然关系良好，同在一地办公，通过协商，发布统一的公告，维系他们的业务关系。[①] 小行的会首也称执事，一正一副，或一正二副，另有干事一名，称跑庙，处理会内事务。有的小行，还置有"义地"，也叫"香粮地"，出租给当地农民，其实物地租为行会收入之一，该义地还作为会内成员死亡后的公用墓地。行会收入除香粮地收入外，还有各商号捐助，捐助金额按各号资本大小和业务情况而定。支出主要是看库人员（和尚、道士）生活费用，及行会办事支出。这些资金在已收未支之前也常存入商号、钱庄生息，财务公开。

大行会首一正一副，为大行的总管，由各小行会首轮流义务担任，其威信资格不是以个人能力来决定，而是由所在的小行的地位决定。每年春季庙会，改选大行会首，任期一般为一年。归化城的大行为 12 行的联合体，大约为清雍正年以前成立，到乾隆末年，已成为 15 社联合体，也被称为祭祀关公的单刀会，清末改称商务公所，人们习惯上仍称呼其为大行。

大行会首之下，还有若干办事人员，处理会内事务。清末，有些大行还有自己的武装卫队，也称商团。他们除处理商务活动以外，甚至协助地方政府，"巡查弹压，拘捕人犯"。"包关长久以来，一直是由关帝庙的'大行'和东河的'农圃社'利用'死人沟'的'梁山'来维持市面。"[②]著名的大盛魁商号末任经理段敬斋，当了归化城的商务会长后又兼保商团团长（共两个团，一个蒙人骑兵团，一个汉人骑兵团）。[③] 徐沟商人张联辉商于河南陈州，当捻军活动逼近陈州时，他在行会内动员商人捐资，组织军队，协助清政府正规部队作战，曾被清廷赏穿"黄马褂"。

（二）晋商行会的目标与制度

晋商行会的目标，可以从北京的山西票号商人行会章程中得到了解："商会之设，原所以联络同业情谊，广通声息。中华商情向称散涣，不过同业争利而已。殊不知一人智慧无多，纵能争利亦属无几何，不务其大者而为之。若能时相聚议，各抒己见，必能得巧机关，以获厚利。即或一人力所不及，彼此信义相孚，不难通力合作，以收集思广益之效。兹定于每

① 《蒙疆的土俗信仰》（日文版）。
② 《包头史料荟要》第二辑。
③ 吕洛青：《大盛魁印票庄简介》。

月初一、十五两日为大会之期，准于上午十一钟聚会，下午一钟散会，同业各家执事齐集到会，或有益于商务者，或有病于商务者，即可公平定议，禀请大部核夺施行。如同业中有重要事宜，尽可由该号将情告知商会董事，派发传单随时定期集议。"① 所以，行会的"主要目的都是社会生活方面的相互亲睦，经济上给予扶助，即所谓维护共同利益。信仰本身是一种观念的东西，但'社会'的中心一定依赖于信仰。"② 平遥颜料行于清乾隆六年在北京会馆碑记说："夫事创始者难，继其志者亦复不易。我行先辈，立业都门，崇祀梅、葛仙翁，香火悠长，自明代以至国朝，百有余年矣。"③ 北京临襄会馆碑记："朋友居五伦之一，四海之内，以义相投，皆为兄弟，然籍同里井者，其情较恰；籍同里井而于他乡遇之则尤恰。"④ "遂各筹同乡会聚之地，及停柩厝棺之所，与夫永久经费之预备。于是会馆义园置产之建设，因之以起。意至美，法至善也。"⑤ "各捐资财，置买地基，创建会馆……以叙乡谊、通商情、安旅故，洵为盛举。"⑥ 可见，晋商会馆的目标就是联络同乡同行，实行自我管理，约束同行，保护同行利益。简言之，自治、自束、自卫。既是自治，自然以一种信仰为精神支柱，以行业神灵的崇拜来实现联络，实现自我约束。同时订有共同遵守的行会纪律。行会纪律为会（社）规，凡立会（社），必有自己的会（社）规。

会（社）规，也称"规牌"。主要规定会员义务、行为、会费及惩罚办法等。归化城鲁班社清道光九年（1829 年）的《新立规碑记》记载："兹因世道不古，人心不齐，有亏于圣事者多矣。我鲁班社由来已久，是属祖师胜会，而布施隐藏遗漏，以致会首屡屡赔苦，若不整齐，社事将衰矣。我们不忍坐视，遂合公议，严立新规，严其责于铺户、工头，董其事于值年会首……使无耻工作，知其新规，有所警畏，而从前隐徇掩护之弊，可以顿除也。今将新立条例开列于左，以志永远不朽之尔。"下列社规四条：一是铺户等设攒钱牌 14 面，字号钱数开列于上，值年会首各执一牌，按街挨户攒收，每月一周；二是铺中人员各量其资本、业务而上布施，刚出师的徒工每月以两日工资为限；三是泥、木、石工工头立总牌一

---

① 《山西票号史料》，山西人民出版社 1990 年版。
② 《蒙疆的土俗信仰》（日文版）。
③④⑤ 李华：《明清以来北京工商业会馆碑刻选编》。
⑥ 《重修山陕会馆碑记》（碑存河南赊旗镇）。

面，每人每月以 50 文攒钱；四是临时工布施按两天工资由工头扣除交社，以及领签交纳。还规定值年会首及跑庙若不认真收款要罚烛 10 斤，应交款社员被传不到罚烛 5 斤，等等。"倘有不遵法者，大家举官究治。"北京山西票号商人行会会规规定：中国汇兑银号，除汇兑银两外，间有与官家、商家通融借贷之事，息银多少各有不同，书立信据，书明归还日期，即应如期归还；中国汇兑银两无论官商，立据后如有退款不办之事，议定不退兑费；中国汇兑银两收交以票、信为凭，往来以折条为据；中国汇兑银两，应以本地之通行银色收交，一律两不相亏；开设商号宜慎之于始；交库上兑须益加郑重也；出银票之商家宜认真整顿；空盘不宜成作以归核实。

查阅大量行会会规，各会大同小异，其违规惩罚办法，大体有四种：罚买供神品、罚钱交会、驱逐出会、告官治罪。这里不再详述。

三、晋商行会与欧洲商人基尔特的比较

欧洲中世纪的商人基尔特（Guild）活跃于 12 ~ 13 世纪，它随着城市兴起、商业发展而发展起来，在欧洲经济发展中有着重要的影响。这里我们就晋商行会与欧洲商人基尔特作一比较。

（一）晋商行会与欧洲商人基尔特的共同点

1. 所处的时代背景相同

欧洲商人基尔特兴起于 12 世纪，盛行于 13 世纪，相当于中国的南宋到元中期。晋商行会虽相对晚了两个世纪，但它们都处于封建社会商人资本的发展时代，手工工场出现并向资本主义生产方面转变后，他们开始逐渐没落。这种发展趋势，中外是一致的。晋商行会与欧洲基尔特一样都是商人资本发展的产物。

2. 参加行会的人员相同

欧洲商人基尔特，"所有的成员，住在城市中同一街区内。所有不属行会的劳工都被排除出去。每个从事手艺的人，必须属于一个特殊'工场等级制'，从学徒逐步上升到帮工和匠师的制度。匠师与学徒之间的关系，是家长式的。学徒被看作匠师家庭的成员，他的品德教育是和他的技术教育同样受到注意的。他不可以结婚，或寄宿在匠师家以外"。[1] 晋商

---

[1] 汤普逊：《中世纪经济社会史》（下册），商务印书馆 1984 年版。

行会也是这样，只要是同行，不分师傅或徒弟，也不分东家或伙伴，都参加同一行会。

3. 独立于政府行政机构之外

欧洲商人基尔特，是下层社会觉得他们在商界活动中有必要结成团体而由各行各业生产者自发组织起来的，它不同于政府行政机构，也不受政府行政干预。晋商行会也是自发组成，纯属民间商人机构，官府不加干涉。但是中外政府都设法利用行会的力量维持市场稳定。

4. 行内限制严格

欧洲商人基尔特，对内限制相当严格，有工作时间、产品数量、产品质量、产品价格、雇工、日常生活等诸多方面的限制。如学徒不可以结婚，不可以寄宿在匠师家以外，学徒期 2～5 年中没有工资。晋商同样对行内成员禁条很多：规定庙会及三大节日（春节、端午节、中秋节）休息，其余为工作时间；按规定的标准价格做买卖，严禁个人的随意性；雇工工资由行会统一规定，商号不得自行决定；职工只能住号内宿舍，不得在外住宿；学徒 3～5 年出师，未出师前只管食宿，不开工资；限制会员、雇工及学徒人数，不得超过；公平交易，不得欺骗顾客；等等。可见，晋商行会与欧洲商人基尔特一样对内相互保护和保证，禁止竞争。

5. 对外的排他性

欧洲商人基尔特在行会之外的任何活动，不加限制，甚至"鼓励他们的成员进行对外的竞争来扼杀对方，就是他们可以随便什么价格'在外地出售'东西"。[1] 晋商行会也有强烈的排他性，如控制和排斥行外人营业，垄断货源，不准成员借牌私营等。这些充分表现了封建垄断。

6. 行内信仰一致

无论欧洲商人基尔特，还是晋商行会，在行内都有统一的信仰，或信某一宗教，或敬某一神灵与祖师爷。

（二）晋商行会与欧洲商人基尔特的差异

晋商行会与欧洲商人基尔特最突出的差异是行内矛盾与协调。欧洲商人基尔特"在初期原来是有内部民主精神的，但不久有一种分裂发展起来，而这项到 13 世纪末期就固定下来。匠师成长为行会成员中的贵族，后来拒绝了普通工人入会，这样就把行会改为一种关门主义的资本家集

---

① 汤普逊：《中世纪经济社会史》（下册），商务印书馆 1984 年版。

团，而他们的会员资格，限于已属于行会的富裕的家庭中间，是由父传子，子传孙的职位。"① 在这一过程中，行会内部劳资双方斗争激烈，多次出现"罢工"以至发生暴动和叛乱。而晋商行会内部，尽管也有师徒之间、劳资之间的矛盾，但基本上未酿成大的冲突，表现得相对和平与协调。其原因可能在于中国传统文化——孔孟伦理道德与中庸之道、和为贵、和气生财等思想的影响。新学徒入店多为亲友引进，亲缘关系使其矛盾在家庭的封建礼教之下得以化解。这正是中国传统文化对经济生活的影响。

晋商行会与欧洲商人基尔特最突出的差异之二是行会的延续时间。欧洲商人基尔特大体活跃于 12～13 世纪，而山西商人行会则活跃于 16 世纪中期至 20 世纪初期，近四个世纪。平遥颜料商人在康熙十七年（1678年）重修北京会馆碑记，说会馆已存在 100 多年，可以推到明朝万历七年以前，以此计算，晋商行会即明中期到民国时抗日战争爆发，各地商人行会相继关门为止，历 400 余年。这正好与中国封建社会长期延续，自然经济解体缓慢，资本主义经济发展迟缓是一致的。

四、晋商行会的性质与作用

从晋商行会发生发展的历史背景与它的组织制度可以看出，它是一个封建商人的团体，是民间商人的自治、自束、自卫的组织。

晋商行会的这一性质，体现在它发生发展的社会背景和经济基础。它发生于中国封建社会，衰落于中国资本主义经济发展之后，由于中国封建自然经济解体和资本主义经济发展的缓慢性，晋商行会的活跃时间相当长。这期间，封建商人与商业资本的发展与资本主义的经济因素的缓慢生长并存。我们不可以把封建的山西商人资本与资本主义商业资本相混同，如果把晋商行会当作资本主义的行业公会，就无法解释在甲午战争后，尤其到辛亥革命以后山西商人资本迅速衰败的历史原因。晋商行会的这一性质，也体现在它的组织制度和业务管理的封闭性、排外性，对内信义第一、团结互助的行会会规之中；同时，晋商行会也千方百计取信政府和官员，希望得到政府和官员的支持，而业务活动又千方百计不受政府制约，通过自己的行业组织管理行内活动及对外关系，约束会员避免内部争斗，

---

① 汤普逊：《中世纪经济社会史》（下册），商务印书馆 1984 年版。

而一致对外。

可以肯定，晋商在中国明清两代称雄数百年，并能引起国外经济社会各方面的重视，这与行会组织的强有力的经济管理和协调是分不开的。晋商行会在经济社会中的作用，可以概括为以下几点：

（一）组织市场公平交易

晋商行会维护市场公平交易，不仅是因为山西商人做生意需要有一个稳定的市场环境，同时也是行会取信政府，维护本行会员利益的必需。故经常根据需要，在政府支持下，制订相应的管理办法并付诸实施。清雍正二年（1724年），河南省赊旗镇因市场上戥称问题，经行会协商立石道："原初，码头买卖行户原有数家，年来人烟稠多，开张卖载者二十余家，其间即有改换戥秤，大小不一，独网其利，内弊难除。是以合行商贾会同集头等齐集关帝庙，公议称足十六两，戥依天平为则，庶乎样准均匀，公平无私，俱各遵依。同行有和气之雅，宾主无疎戾之情，公议之后，不得暗私戥秤之更换，犯此者，罚戏三台。如不遵者，举称禀官究治。惟日后紊乱规则，同众禀明县主蔡老爷，发批钧谕，永除大弊。"到同治九年（1870年），又重刻石，告示商民，以维护市场公平交易。

（二）整理货币维护经济秩序

清朝末，市场上不法之徒，私造沙板钱，冒充法定制钱流通，归化城一带到光绪年间，沙钱越来越多，为维护经济秩序，归化城各行会积极配合当局，整理货币。经各行会负责人与有威信的长者共同协商，决定在三贤庙内设立交换所，让人们以同等重量的沙钱换足制钱，并将沙钱熔毁，铸成铜碑一块，立于三贤庙内，上书"严禁沙钱碑"，碑文写道："如再有不法之徒仍蹈故辙，禀官究治，决不宽恕。"立碑经理人为归化城十五社与外十五社。这是清光绪十五年（1889年）的事。类似此种记述，还有海窟龙王庙内《重整四农民社碑记》所述关于处理商人使用短陌钱问题的情况，南茶坊关帝庙端内《整立钱法序》所述对钱业行会宝丰社短陌钱抽拨整理情况等。晋商行会为维护正常货币流通，做了大量有益的工作。

（三）维护本会共同利益

晋商行会本系维护共同利益所设，自然对本会共同利益要特别重视。清末时，日本人柏原文太郎在《中国经济全书》中记述："上海汇业公所是山西票号设立的……各票号还依赖公所图谋相互的利益。如果有同业违背公所协定的规约时，协同加以制止，并且在发生交涉事件的时候，董事加以裁决，在中国这种公所是为他们利益唯一的机关，其规约是严正而不可侵犯的。"为了维护发展本行会利益，行会积极发展各方面的关系，适应业务发展需要，及时调整自己的发展战略。如 1908 年 11 月 13 日《大公报》报道："商界各行向不联络，每行各设会馆，各为风气，不相闻问，亦交通之一大阻滞也。近由蔚泰厚票商发起，拟联络票商、钱行、当商组织商会，以期商业发达，逐渐推广，已在三晋会馆会议一次……大约不久即可成立。"①

（四）处理商务纠纷

山西商人在外经营，不可避免会发生与行内、行外之间的业务纠纷。对此，商人行会有调解与仲裁的义务及权利。《中国经济全书》描述道："同业组合者，即票庄同业者所组织之公所是也……凡与外商交涉事件，及同业中交涉事件，皆由总董裁决……然为总董者，既有同业者共同选定，自得同业者全般之信用，故于总董提议之事，或裁决之事，几无不服从者也。"归化城马王社是同城马车业者的行会，因成立较早，社规废弛，外来车业者与会员勾结，抢劫乘客财物之事屡屡发生。宣统元年（1909 年）萨拉齐车业者来归化城后，与会首王玉柱勾结，胡作非为，会员忍无可忍，向当局起诉，经官方调查，罚外来车业者与王玉柱分别向马王社缴衮灯一对和挂灯一对，并向会员赔礼道歉。对此事行会刻石于海窟龙王庙内，无论外来者还是本会会员都必须恪守社规，以维持本行会会员的利益。

（五）维护社会秩序

维护社会秩序的安定本是政府的任务，晋商行会为了保卫自己的经济利益，积极协助政府，维护社会秩序。内蒙古包头，原是一个村子，后来包头与祁县乔家生意共同发展，当地流传："先有复字号，后有包头城。"包头城市发展了，但长期没有政府办事机构，直到清末，仍是由萨拉齐厅派一个巡检来负责，到民国初年也只由萨拉齐巡警分设了一个驻所。此时包头商民五六万人，社会治安基本是由大行和农民的农圃社维持局面。秩序直到包头建县以前，一直是大行出代表 4 人，农圃社出代表 1 人，组成议事机构，在大行内办公。受萨拉齐厅委托，由巡检和巡官监督协助，处

---

① 《山西票号史料》，山西人民出版社 1990 年版。

理包头地方各种事务，大行基本代替了行政机构。当然，这也许是一个特例。但行会参与地方政事，协助城市公共设施建设等，却是肯定的。

（六）团结教育商人，举办社会公益事业

晋商行会对商人及其子弟的教育是十分重视的。明代以前，山西运城盐商就办了商人子弟学校。清道光年间，山西商人行会在归化出资办了所谓"四大义学"，同治七年以后，私塾进一步发展。他们对子弟教育，除四书之外，学习珠算，五七言《千家诗》、《幼学琼林》、《尺牍》等。旅蒙商还对职工进行俄罗斯语、蒙古语、维吾尔语的培训，提高商人的语言适应能力。他们又通过师徒关系进行业务教育，提高青年商人的业务能力。在文化娱乐方面，各行会每遇年节都要演戏庆祝，荣河潘家甚至有自己的剧团。晋商对山西梆子的发展有一定影响。张家口和内蒙古人爱看山西梆子也是由晋商引起的。据说女人演戏就是由张家口的晋剧开始的。晋商行会积极支持地方义举，修桥、铺路、建庙等，无不解囊捐助，大同九龙壁、华严寺、应县木塔、太原晋祠、苏州全晋会馆、昆明金殿、河南朱仙镇……到处都可以看到晋商留下的捐钱功德碑，杭州的瘦西湖、个园等江南园林，都是山西商人的文化遗产，从而形成了晋商文化的独特风范。

晋商行会的形成与发展

背景说明

　　本文应约为《当代山西商会》创刊号而写，载于该刊 1994 年第 1 期。文章讨论晋商行会的发生、发展，晋商行会源于唐代的社，明朝万历时期已经有了一定的发展，并且有了各自崇拜的偶像。到清代就更加规范，有单会（社）和联会（社）之分，联会称为大行。其组织制度、目标职责均比较完备，已经成为服务、管理、约束本行业的商人组织。

　　中国的商业行会，起源于民间的结社习俗。社是一种民间的自治组织，按照民意自行形成的以敬神为中心的自治机构。随着商业发展，汉唐时期政府实行坊市制，工商业户在固定的坊市内按商品类别排成行列，称之为行。盛唐时，在坊巷乡间出现了一种以亲睦、教养、经济上相互帮助的机构——社邑或社，在唐天宝七年（公元 748 年）已流行全国。同行商人组织起来的自治社就是商业行会。山西商人行会发生于何时，史料记载很少，现有史料说明，大约在明代万历年间（16 世纪中期），晋商行会就已经很完善了。

　　晋商行会组织名称似乎始终没有统一的规范，各依自己的信仰及偏好而命名。大致可以分为两类：一类是以籍贯形成，并以籍贯命名，因为他们经商在外，远离家庭和亲人，必须相互关心，相互照顾，团结一致，以防御外人欺侮，并顺利从事商业活动。另一类是以职业为纽带形成的行会，这类行会命名有以神名命名的，有以职业命名的，有以吉祥的词语命名的，有以团结义气命名的。

晋商行会，以作为联结社友的纽带或精神支柱，多数晋商是供奉关帝的，他们尊三国时的名将关云长为财神，以关公的义气教育约束同行，以关公的武功保护财产安全和经营隆昌，除崇拜关云长为保护神外，还有少数行会又供奉自己的行业神灵，如牲畜行祭祀马王，酒饭行供李白、杜康，铁行供老君，纸行供蔡伦，理发行供罗祖，油漆裱糊行供吴道子，修鞋行供孙膑，肉行供张飞，票号供金花圣母，银钱行供金龙四大王等，但他们也不排除关云长。关帝是山西商人共同崇拜的偶像。所以山西商人每到一地经商，一经发展，便集资修建关帝庙，他们在这里开会议事，关帝庙就是行会的办公地点。

山西商人会馆遗址遍布全国各地，现今保存较好的有很多，如苏州全晋会馆、洛阳山陕会馆、开封山陕会馆、聊城山西会馆、阜阳山西会馆等。据一位日本学者说，他曾听老人们讲他们家不远的街上也有一家山西会馆。山西商人所到之处，大多留下他们的行会遗迹。

一、晋商行会的组织与制度

（一）晋商行会的组织

晋商行会，有单会（社）和联会（社）之分。单会（社）就是单一的行会组织，称为小行或行，独立活动。联会（社）是若干会（社）联合成一个联合体，有共同的会首与办事机构，管理共同的事务，称为"大行"。

小行的参加人，多数是不分师傅或徒弟、资方或劳方共同参加；少数是单纯资方组成的，或单纯劳方组成的，也有的劳资合作社逐渐发生变化，改为分社。小行的会首也称执事，一正一副，或一正二副，另有干事一名，称跑庙，处理会内事务。有的小行，还置有"义地"，也叫"香粮地"，出租给当地农民，其实物地租为行会收入之一，该义地用作会内成员死亡后的公用墓地。行会收入除香粮地收入之外，还有各商号捐助，捐助金额按各号资本大小和业务情况而定。支出主要是看庙人员（和尚、道士）生活费用，及行会办事支出。这些资金在已收未支之前也常存入商号、钱庄生息，财务公开。

大行会首一正一副，为大行的总管，由各小行会首轮流义务担任，其威信资格不是以个人能力来决定，而是由所在的小行的地位决定。每年春季庙会，改选大行会首，任期一般为一年。

大行在会首的领导下，还有若干办事人员，处理会内事务。清末，有些大行还有自己的武装卫队，也称商团。他们除处理商务活动以外，甚至协助地方政府，"巡查弹压，拘捕人犯"。

（二）晋商行会的目标与制度

晋商行会的目标，可以从北京的山西票号商人行会章程中得到了解："商会之设，原所以联络同业情义，广通声息。中华商情向称散涣，不过同行争利而已。殊不知一人智慧无多，纵能争利亦属无几何，不务其大者而为之。若能时相聚议，各抒己见，必能得巧机关，以获厚利。即或一人力所不及，彼此信义相孚，不难通力合作，以收集思广益之效。兹定于每月初一、十五两日为大会之期，准于上午十一钟聚会，下午一钟散会，同业各家执事齐集到会，或有益于商务者，或有病于商务者，即可公平定议，禀请大部核夺施行。如同业中有重要事宜，尽可由该号将情告知商会董事，派发传单随时定期集议。"可见，晋商行会的目的就是联络同乡同行，实行自我管理，约束同行，保护同行利益，简言之，自治、自束、自卫。既是自治，自然以一种信仰为精神支柱，以行业神灵的崇拜来实现联络，实现自我约束。同时订有共同遵守的行会纪律。行会纪律为会（社）规，凡立会（社），必有自己的会（社）规。

会（社）规，也称"规牌"。主要规定会员义务、行为、会费及惩罚办法等。查阅大量行会会规，各会大同小异。其违规惩罚办法，大体有四种：罚买供神品、罚钱交会、驱逐出会、告官治罪。这里不再详述。

二、晋商行会的性质与作用

从晋商行会发生发展的历史背景与它的组织制度可以看出，它是一个封建商人的团体，是民间商人的自治、自束、自卫的组织。

晋商行会的这一性质，体现在它发生发展的社会背景和经济基础上。它发生于中国封建社会，衰落于中国资本主义经济发展之后，由于中国封建自然经济解体和资本主义经济发生发展的缓慢性，使晋商行会的活跃时间相当长。这期间，封建商人与商业资本的发展与资本主义商业资本相混同，如果把晋商行会当作资本主义的行业公会，就无法解释在甲午战争后，尤其到辛亥革命以后，山西商人资本迅速衰败的历史原因。晋商行会的这一性质，也体现在它的组织制度和业务管理的封闭性、排外性，对内信义第一、团结互助的行会会规之中，同时，晋商行会也千方百计不受政府制约，通过自己的行业组织，管理行内活动及对外关系，约束会员避免内部争斗，而一致对外。

可以肯定，晋商在中国明清两代称雄国内数百年，并能引起国外经济社会各方面的重视，这与行会组织的强有力的经济管理和协调是分不开的。晋商行会在经济社会中的作用，可以概括为以下几点：

（一）组织市场公平交易

晋商行会维护市场公平交易，不仅是因为山西商人做生意需要有一个稳定的市场环境，同时也是行会取信政府，维持本行会员利益的必需。故经常根据需要，在政府支持下制订相应的管理办法并付诸实施。

（二）整理货币维护经济秩序

晋商行会为维持正常货币流通，杜绝市场上不法之徒私造沙板钱冒充法定制钱流通，为维护经济秩序，行会积极配合当局整理货币。"严禁制沙钱碑"，为此做了大量有益的工作。

（三）维护本会共同利益

晋商行会本系维护共同利益所设，自然对本行会共同利益要特别重视。为了维护发展本行会利益，行会积极发展各方面的关系，适应业务发展需要，及时调整自己的发展战略。

（四）处理商务纠纷

山西商人在外经营，不可避免会发生与行内、行外之间的业务纠纷。对此，商人行会有调解与仲裁的义务及权利。《中国经济全书》描述道："同业组合者，即票庄同业者所组织之公所是也……凡与外商交涉事件，及同业中交涉事件，皆由总董裁决……然为总董者，既有同业者共同选定，自得同业者全般之信用，故于总董提议之事，或裁决之事，几无不服从者也。"无论外来者还是本会会员都必须恪守社规，以维持本行会会员的利益。

（五）维护社会秩序

维护社会秩序的安定本是政府的任务，晋商行会为了保卫自己的经济利益，积极协助政府，参与地方政事，协助建设城市公共设施、维护社会秩序。

（六）团结教育商人，举办社会公益事业

晋商行会对商人及其子弟的教育是十分重视的。明代以前，晋商就办了商人子弟学校。他们对子弟教育，除四书之外，还学习珠算，五七言、《千家诗》、《幼学琼林》、《尺牍》等。对职工进行俄罗斯语、蒙古语、维吾尔语等各种语言培训，提高商人的语言适应能力。在文化娱乐方面，各行会每遇年节都要演戏庆祝。晋商对山西梆子的发展有一定影响，张家口和内蒙古人爱看山西梆子也是由晋商引起的。晋商行会积极支持地方义举，修桥、铺路、建庙等，无不解囊捐助，大同九龙壁、华严寺、应县木塔、太原晋祠、苏州全晋会馆、昆明金殿、河南朱仙镇……到处都可以看到晋商留下的捐钱功德碑，杭州的瘦西湖、个园等江南园林，都是山西商人的文化遗产。从而形成了晋商文化的独特风范。

从以上的分析可以看出，晋商行会可以说是商会的最初形式，晋商行会是晋商的自治机构。晋商的自我管理、自我约束，以及利益自然是通过其自治机构晋商行会实现的。而且，政府对社会经济的管理，也常常依靠晋商行会来实现，随着晋商的发展，商会代替了晋商行会，成为民间商业经营的组织形式。这对商品经济逐步发展的社会主义市场经济条件下，现代民间商会的团结、帮助、引导、教育具有一定的现实意义。

晋商商会与晋商文化的发展

背景说明

　　本文是 2004 年 9 月为"中国商会史学术讨论会"提交的论文。文章从晋商商会的视角讨论了晋商文化问题，晋商文化涉及的内容很广，从商业伦理、经营理念、创业之路、管理之道、企业文化、展业思想等方面看，其特点可以概括为六点：一是关公崇拜；二是唐晋遗风；三是地缘贸易；四是乡土轴心；五是人本思想；六是官商相维。这些都与晋商商会有着密切的联系。

　　商业文化在企业发展中的重要性是不言而喻的。在晋商史料的挖掘整理中发现，晋商商会对于晋商文化的创新、规范、发展和传播起着主导作用。研究商会对商业文化的关系，有助于我们对当代商会在经济社会发展中地位的认识，进而发挥其应有的作用。但是由于人们对有关概念的理解不同，这里对相关概念做一点说明。

一、相关概念的说明

　　（一）关于商人

　　自古以来，那些从事贩运贸易获取差价者和那些边加工边出卖的手工业匠人，统称为商人。广义上说，凡是从事生产加工和经营活动获取利润者，都可以称为商人。在计划经济时期，工厂生产什么、生产多少，由国家下达计划，工厂无须考虑资金来源、原材料购进和产品的销售，统一由国家调拨，那时工业与商业界限分明。市场经济下，工商业很难截然分开。工商与服务业都可以称为商业，其经营者亦都可以称为商人。

（二）关于晋商文化

商业文化是商人创造的物质财富与精神财富的总称，但是具体包括什么？近几年在山西大家经常使用晋商文化这一概念，具体什么内容，也没有定论。笔者个人的理解，晋商文化是由山西商人创造的物质财富和精神财富，包括晋商的商业财富、商业伦理、商业组织、经营艺术、管理制度、商业技术、商业教育以及他们的商路关隘、城乡建筑、庙宇俸祀、社会习俗等整个商业文明体系。

（三）关于商会

就笔者所了解的情况，理论界对商会的理解也不一致。笔者个人认为，近代商会以前的商业行会组织，不论它叫会馆、行、社等什么名称，也不论是专业行会、乡谊行会，不论是大行还是小行，只要是商人自发组织的服务于商人，具有自治、自卫、自律的功能的商人组织，都属于商会性质。当代的商业联合会、工业联合会、工商联合会、企业联合会、商会以及各种专业协会，都属于商会的范畴。它是沟通企业与政府的桥梁，其功能主要是：组织市场公平交易；维护经济秩序；维护本会共同利益；处理商务纠纷；团结教育商人；举办社会公益事业等。①

二、晋商商会与晋商文化

晋商文化涉及的内容很广，从商业伦理、经营理念、创业之路、管理之道、企业文化、展业思想等方面看，其特点可以概括为六点：一是关公崇拜；二是唐晋遗风；三是地缘贸易；四是乡土轴心；五是人本思想；六是官商相维。这些都与晋商商会有着密切的联系。

（一）关公崇拜的商业伦理

关公是忠实地实践了孔子的仁、义、忠、信的典范。几年前美国出版的《人民年鉴手册》将孔子列于世界十大思想家之首。孔子（公元前551～前479年）山东人，著《春秋》，述《论语》，思想博大精深，被尊为中国的"圣人"。孔子思想影响了中国2500年，其核心是仁爱和中庸。他认为人类应有的一种人伦关系，"己所不欲，勿施于人"，"己欲立而立人，己欲达而达人"，立身处世的标准应当是忠义、诚信、礼节、德政。

---

① 孔祥毅：《晋商行会：自治自束自卫的商人机构》，《文史资料》1994年第1、第2期合刊。

以此建立一种稳固、和谐的人际关系，实现"天下为公"、"讲信修睦"的大同世界。这是中国人几千年以来的一套特定的思维范式和行为准则。三国名将关公，山西人，一生身体力行忠义二字，忠肝义胆，诚信磊落，令万民景仰，被政府封为关圣大帝，民间视为战神、财神。明朝以后，山西商人财雄势大，足迹所至，到处建有规模宏大的"关帝圣庙"作为会馆，关公崇拜达到了顶点，以至于"县县有孔庙，村村有关庙"。

晋商的关公崇拜，一是与关公有地缘亲情，以关公的忠义楷模教育约束员工；二是政府的褒封，关公已经神化，借关帝君的神威保卫商人事业的发展和财产的安全。晋商对关公的崇拜影响了国内商界以至海外华人，几乎世界所有华人商店无一不供奉关公圣像。晋商除崇拜关公外，还有少数专业行会又供奉自己的行业神灵，如牲畜行马王、酒饭行杜康、铁行老君、纸行蔡伦、理发行罗祖、油漆裱糊行吴道子、修鞋行孙膑、肉行张飞、票号金花圣母、银钱行金龙四大王等，但都在关公之下，关公是晋商商会崇拜的偶像。河南舞阳北舞渡山西会馆有一块《创建戏楼碑记》说："山左有孔子道德高于万山，世人重其文也，然有文以为之经，必有武以为之纬。惟我关羽生于山右，仕于汉朝，功略盖天地，神武冠三军，尤可称秉烛达旦，大节垂于史册，淘足媲美孔子，躬当武夫子称，护国佑民，由中达外，至今普天有血气者，莫不尊亲，三晋商贾贸易□□（原碑文不清）上者夙托神庇无往不利……"[①]

晋商以关公的忠义伦理约束自己的行为，在义和利发生矛盾时，"先义后利"，"以义制利"，诚信经营，童叟无欺。德国学者马克斯·韦伯说中国商人没有独立的宗教信仰，没有独立的伦理体系和价值核心，所以中国商人是"不诚实的"。但他又确实听到许多对中国商业诚信的赞誉，他大惑不解。于是提出了"中国商人伦理西来说"，这显然是错误的。晋商行会在全国各地的办公地一般都在自己修建的关帝庙，用山西特有的建材琉璃瓦、特有的工匠，建设有山西特色也有当地特点的庙宇、舞台，雕梁画栋，红墙蓝瓦，高大雄伟。如苏州全晋会馆、多伦山西会馆、社旗山西会馆、周村山西会馆、开封山陕会馆、聊城山西会馆、亳州山西会馆等至今仍是游人观赏的重要景点。仅北京一地就有晋商会馆40多处。晋商会馆及其住宅建筑巍峨壮丽，装饰华丽，尤以砖雕、石雕、木雕精美绝伦。

---

① 《北舞渡山陕会馆碑文》，《文史研究》1995 年第 1、第 2 期合刊。

其中有人物、山水、花卉、鸟兽、算盘、账簿，显露出浓郁的商业气氛，都是集建筑、雕刻、绘画、陶瓷工艺为一体的宫殿式建筑物。晋商商会积极支持地方义举，修桥、铺路、建庙等，无不解囊捐助，大同九龙壁、华严寺、应县木塔、太原晋祠、苏州全晋会馆、昆明金殿、河南朱仙镇……到处都可以看到晋商留下的捐钱功德碑，从而形成了晋商文化的独特风范。晋商的发展，不仅让他们有能力在家乡盖起高墙大院、水榭楼台，而且建设发展了很多城市，特别是北方边远的新城市，如包头、西宁、定远营、科布多、张家口、朝阳、满洲里等。

（二）唐晋遗风的经营理念

中国古代的尧、舜、禹、夏，都在山西建都。周朝建立以后，周成王封其弟叔虞为唐侯，唐后来改为晋，唐叔虞就是晋国的始祖。当时周成王要求叔虞到唐地（今山西晋南一带）后要"启以夏政，疆以戎索"，一是因为唐地地处夏墟，需要根据实际情况适当保留夏代以来的一些政治经济制度和习惯；二是因为唐地系民族杂居地区，应当按照游牧民族的生产方式和生活习惯来分配牧地。唐叔虞按照中央政府的要求制定的施政方针，既适当保留了夏代以来的一些制度，维护夏人的传统习俗，暂不实行以周礼为中心的宗法制度；同时依照游牧民族生产和生活习惯分配土地，开设田间疆界，以便利农牧生产，暂不实行周朝规定的井田制度，实行了不完全等同于周朝的政治经济政策。由此晋国孕育出有别于其他诸侯国的文化内涵的唐晋文化。相对于以周礼为基础的周、鲁、齐、燕文化，具有政治上博大宽厚、兼容并蓄，经济上求同存异、自强不息的内力与特点[①]。晋国计然的"贾人旱则资舟，水则资车"、"平籴齐物，关市不乏"的经营理念；计然的徒弟范蠡的"贵上极则反贱，贱下极则反贵"的商业思想；猗顿的"欲速富，当畜五牸"的经验；白圭的"人弃我取，人取我予"的商业艺术，成为晋商取之不尽、用之不竭的智慧源泉。晋商的经营艺术，比较突出的首先是"人弃我取，人取我予"，在业务经营中，别人不干我干，别人都干我就不去干。其次是"和气生财，善待相与"，主张"和为贵"，对经常有业务往来的诚信客户称为"相与"，凡是"相与"，不讲价格，友好相处，一旦发现有假，永不往来。最后是灵活机动，薄利多销，业务经营审时度势，在价格上有利就行，薄利多销，不贪图暴利。

---

① 卫文选：《浅议晋商与晋商文化》，载《晋商史料研究》，山西人民出版社 2001 年版。

这些经营理念，需要市场的公平交易环境，晋商行会为了维护市场公平交易，维护本行会员利益，经常根据需要，在政府的支持下制订相应的管理办法并付诸实施。如清雍正二年（1724年），河南省赊旗镇因市场上戥称问题，经行会协商立石道："年来人烟稠多，开张卖载者二十余家，其间即有改换戥秤，大小不一，独网其利，内弊难除。是以合行商贾会同集头等齐集关帝庙，公议称足十六两，戥依天平为则，庶乎校准均匀，公平无私、俱备遵依。同行有和气之雅，宾主无戾之情。公议之后，不得暗私戥秤之更换，犯此者，罚戏三台。如不遵者，举称禀官究治。惟日后紊乱规则，同众禀明县主蔡老爷，发批钧谕，永除大弊。"到同治九年（1870年）又重刻石，告示商民，维护生产公平交易。光绪年间，归化城沙钱越来越多，为维护经济秩序，十五年（1889年）归化城各行会积极配合当局，整理货币。经各行会负责人共同协商，决定在三贤庙内设立交换所，让人们以同等重量的沙钱换取足制钱，并将沙钱熔毁铸成铜碑一块，立于三贤庙内，上书"严禁沙钱碑"，碑文写道："如再有不法之徒仍蹈故辙，察官究治，决不宽恕。"立碑经理人为归化城十五社与外十五社。[①]归化海窟龙王庙内《重整四农民社碑记》、南茶坊关帝庙内《整立钱法序》亦有钱业行会宝丰社等对短陌钱抽拨整理情况的记载。这一些，商会及各专业行会都起了积极的作用。

为了不断适应商务发展对商业技术的要求，晋商商会组织商人不断创新票据制度、转账结算、本平制度、密押制度以及珠算、会计学等商业技术，如当时金属货币数量不足，实行资金"拨兑"转账，票据凭帖（本票）、兑帖（支票）、上帖（银行汇票）、上票（商业汇票）、壶瓶帖（融通票据）、期帖（远期汇票）同时流通[②]，并且可以多次背书转让，如果没有商会权威性的协调、支持是不可能的。实行信用贷货与信用贷款，经常把商业信用与银行信用用来解决资金不足问题，所有债券债务通过镖局、标期和标利进行清偿，标期成为社会信约公履期，全部由商会组织实施。商品经营资本与货币经营资本相配合，混合生长。还有"预提倒款，抽疲转快"，即企业利润分配时，预先提取一定比例的利润留存企业，建立风险基金；各分支机构的资金需要根据市场变化，灵活调度，加快周转，充分发挥资金的效用。

---

① 《蒙疆的土俗信仰》（日文版）。

② 孔祥毅：《近代史上的山西商人与商业资本》，载《近代的山西》，山西人民出版社1988年版。

（三）地缘贸易的创业之路

晋商的活动舞台虽然遍及全国各地以至国外，但是因为重心在北方。山西北部跨过长城就是蒙古游牧民族，是农牧两大经济区的交接边缘。游牧民族的蒙古人不善经商，历史上的茶马贸易一向是汉人掌握。明清晋商很多成功者多是闯口外起家的，如祁县乔家、太谷王家、榆次常家等，都是先在口外发展起来然后才拓展到了南方。闯口外的人几乎都是那些勤劳勇敢、敢冒风险的农民，并且善于和人合作，加上明朝的"开中法"与清王朝统一了北方蒙古地区和东北，为其提供了广阔的市场，山西人得天时、地利和吃苦耐劳、诚信忠厚的人的因素，进行异地贩运贸易，驰骋九州。

据有关史料粗略统计，内蒙古归化城的晋商行会，按职业划分有39个，按籍贯划分有13个，这些机构联络团结同人，成就了晋商在内外蒙古地区的商业活动。这些专业行会是生皮社（皮商行会）、仙翁社（酒饭商行会）、德胜社（肉商行会）、药王社（医药商行会）、钉鞋社（修鞋商行会）、纸房社（纸商行会）、聚锦社（百货商行会）、净发社（理发业行会）、金炉社（铁业商行会）、鲁班社（木业木器商行会）、吴真社（油漆商行会）、成衣社（服装业行会）、集锦社（当铺商行会）、宝丰社（钱庄商行会）、银行社（票号商行会）、忻州社（忻州商人行会）、太谷社（太谷商人行会）等。[①]

（四）乡土轴心的管理之道

晋商的理财思想与技术，发端于农业文明与传统的家规，从结构上说是以亲属和乡土关系为轴心，从内容上说还是治家要勤俭，对人要讲信义。不仅有传统式的严禁纳妾、宿娼和赌博的家规，而且还有一套理财的商道、商德，即一套相应的管理制度号规、行规。

晋商企业特别是金融业，在风险控制上有一套系统的管理制度，包括"正本"与"副本"制度、"公座厚利"制度、铺保制度、密押制度、行会约束制度和企业内部控制制度等。这些制度充分利用了宗法关系，他们雇用职员，只用山西人，他省人一律不得援用，事实上主要还是山西中区人，一般都是由有身份的当地人引荐，并且为之担保。如果被担保人在号中表现不好被开除出号，不仅断了一家人的财路，又有辱祖宗的面子，家

---

① 《蒙疆的土俗信仰》（日文版）。

族自然不依；同时，职工进入票号，需要商铺担保，被担保人出事，不仅累及担保人名誉，担保人还要遭受经济损失，担保人更不允许。依靠宗法的力量和经济社会力量来约束职工，这是晋商有效执行力的又一个根源。

对于新进职员实行学徒制，时间三年，一般在总号训练，聪明出众者两年也可以派往分号，过分愚笨者不到三年就会打发回家。学徒第一阶段是为掌柜"提三壶"（茶壶、水壶、尿壶），打水、扫地、干杂活，伺候掌柜，不设坐位。晚上练习打算盘、写字，掌柜考察其是不是忠诚克勤，有无出息，适不适合做票号生意。第二阶段由掌柜口传训练背记"平砝银色折"，做一些抄写或帮账之事。第三阶段就可以在柜上跟着师傅（老职工）学习做生意。而且新员工选拔时需要通过笔试、面试、铺保、吃苦精神考核等程序。学徒期内，同时训育道德修养，重信义，除虚伪，节情欲，敦品行，贵忠诚，鄙利己，奉博爱，薄嫉恨，喜辛苦，戒奢华，达到恒心、通达、守分、和婉、正直、宽大、刚勇、贤明。如此训育，掌柜—师傅—徒弟，安有不服从不执行之理？

晋商设立会馆，"报神恩，联乡情，诚义举"，为晋商企业雇佣同乡人、稳定同乡人积极创造条件。

明清时期晋商遍走长城内外，大江南北，为解决物资运送和货币清算的安全问题，创造了镖局。镖局的镖师傅需要有高强的武术。山西是中国心意拳和形意拳的发祥地，一直受到当地富商的鼓励与支持。不少富商聘任武林高手为护院拳师，或者充任镖局的镖师傅，武术具有健身和攻防双重功能。晋商有不少人自己练就武术以强身和防卫盗贼袭击，甚至参加军事斗争抗击入侵海盗。明嘉靖三十三年（1554 年），山陕盐商为抗击日本海盗入侵，曾选善射骁勇者 500 名商兵防守扬州。

（五）人本思想的企业文化

晋商与其他商帮在企业治理制度上最大的差别是"有钱出钱，有力出力，出钱者为东家，出力者为伙计，东伙共而商之"，即"人身股"制度，由一股到零点几厘不等，货币资本与人力资本共同参与企业利润分配。四五百年以后的今天，美国的一些企业方试行高层领导期股制，被认为是管理学的创新，人力资源会计被认为是会计学的学科前沿。16 世纪以后晋商开始实行股份制的企业制度，两权分离，企业所有权属于东家，经营权委托大掌柜独揽。东家平时不问号事，待大账期时，到号决定分配方案的制度。在东家方面，是"疑人不用，用人不疑"；在大掌柜方面，忠心耿耿为东家效力，是"受人之托，忠人之事"。这实际上是诚信与以人为本的统一。为了人的培育，明代以前山西运城盐商就办了商人子弟学校。清道光年间，山西商人行会在归化出资办了"四大义学"教育子弟。商会购买土地，建立公开墓地，资助困难同乡。在文化娱乐方面，元末明初北杂剧逐渐成为上层专利，当地民间艺人将民歌小曲搬上戏曲舞台，称梆子腔。有秦腔、蒲剧、中路梆子、上党梆子等。富商们在祭祀、庆典、节日中都要以戏曲酬神和娱人。在省外的晋商重金邀请家乡戏班到所在地演出。到清朝后期，晋商争相出资举办梆子戏班：祁县有三庆戏班、聚梨园，榆次有四喜戏班、三合班、二保和娃娃班，徐沟有舞霓园、小自成班，太谷锦霓园、清源小梨园、太平班，平遥有小祝丰园，壶关的十万班，在张家口的晋商有狼山戏班和商人票友自乐班。祁县商人曾成立戏曲研究社，对晋剧的剧本、音乐、声腔、表演艺术等进行了系统的研究和改革。同时对地方小戏的发展也给予了支持。太谷县引进安徽凤阳花鼓、湖南采茶调等，使秧歌向戏曲化发展，逐渐形成地方小戏种。相传女子演戏就是由张家口的晋剧开始的。晋商商会为文艺戏曲的繁荣做出了重要贡献。

（六）官商相维的展业思想

经商发迹的山西商人，总要千方百计结交官僚，借以谋求业务的进一步拓展。努尔哈赤的对明宣战的"七大恨"是由晋商传入关内的，因而在清入关以后，朝廷封晋商八大家为皇商。为了与官僚和政府交结，晋商捐纳、报效、买官，耗费巨资，咸丰三年（1853 年）五月初三到十月初十山西各票号与账局捐资白银 34 万两、钱 7 万吊，十月下旬日升昌等 13 家又捐 6000 两。平遥毛鸿翙的父辈至玄孙男子 31 名捐官，女子亦捐夫人、恭人。[①]晋商住宅建筑也体现了这种思想，比如灵石王家楼栏石雕的"辈辈封侯"，沁水柳家大门墩石的雕鼓与元宝等。维护社会秩序的安定本是政府的任务，晋商行会为了维护自己的经济利益，积极协助政府，维护社会秩序。内蒙古包头原是一个村子，后来包头随着商业的发展而发展了，但长期没有政府办事机构，直到清末仍是由萨拉齐厅派一个巡检来负责，到民国初年也只由萨拉齐县巡警分设了一个驻所。此时包头商民五六万人，社会治安基本是由"大行"和农民的"农圃社"维持局面。直到

---

① 孔祥毅：《山西票号与清政府的勾结》，《中国经济社会史研究》1994 年第 3 期。

包头建县以前，一直是大行出代表4人，农圃社出代表1人，组成议事机构，在大行内办公。受萨拉齐厅委托，由巡检和巡官监督协助，处理包头地方各种事务，大行基本代替了行政机构。

晋商商会是引导晋商文化创新、发展、规范和传播的主角。

三、历史启示

历史上的晋商商会对晋商、晋商文化以及中国经济社会的发展做出了巨大贡献，由此想到了当代的商会。

新中国成立后，随着对私营资本主义工商业的社会主义改造的完成和高度集中计划经济制度的建立，商会也就失去了它的必要性，随之产生了工商联合会，作为统战对象之一。近几年经济体制改革的发展，多种经济成分并存，国有独资企业所占比重下降，民营企业迅速发展，国家专门管理国有经济的有关部门的撤销，代表工商企业利益的商会又发展起来。当前，有国家、省、市的取代政府管理工商企业的有关厅局的商业联合会、工业联合会，有企业自发组织的企业联合会，还有原来的统战系统的工商联合会等，机构职能重叠，工商业户多头负担，而且计划经济时期的工业与商业完全分离的状况已经不存在，工业活动与商业活动很难分开。因而，中国商会的组织与力量整合是非常必要的。

市场经济与多种经济并存，决定了商会的必要性。当前商会的现实客观上要求组织的整顿与改革。

名商名号名行

山西名商小传

背景说明

本文是 20 世纪 80 年代担任《山西财经学院学报》兼职编辑时，为了解决学报编辑排版时的白页，而临时插加的补白。原载该刊 1983 年第 2 期。

山西商人，是中国名商，也是世界名商之一。从战国时期的猗顿发富于临猗，到汉代靠边贸发家的聂翁壹，已为国内财界羡慕。而元代山西商人远走印度加尔各答，更为罗马旅游家称道。特别是明清两代，在北起满洲里、库伦（今乌兰巴托）、科布多，南到香港、潮州，从西北塔尔巴哈台、伊犁，到海滨城市天津、上海的广袤的大地上，以至中国的邻邦俄罗斯、伊朗、日本、朝鲜都留下了山西商人的足迹。一些山西商人甚至能用蒙古语、哈萨克语、俄语、日语、英语与中外客商对答如流。这里，想陆续介绍若干山西名商小传，为本刊补白。

一、疏通中俄茶叶贸易的程化鹏

程化鹏，山西忻县人，生于清道光四年（1824 年），自幼即随亲友到归化城（今呼和浩特市）学商，专心商务机巧。咸丰初（1851 年）曾贩运中国内地杂货取道外蒙古到达俄罗斯西伯利亚，进行贸易活动，获利数倍，并且调查了解了俄国市场的商品需求，中国茶叶最受俄罗斯人欢迎，运茶外销利润极厚。由于清政府对外实行闭关政策，对内实行盐茶统治贸易，商人运茶北销必须在绥远将军署请领茶引，否则视为私茶，按律问罪。而所领茶引，只能销于内外蒙古和新疆，严禁出口。山西茶叶商人为了谋求厚利，以合法名义将茶运至外蒙古，再辗转私售俄国人。沿边官吏、卡伦一经查出，或是扣货，或是苛罚，或是索贿，以缉私为名，大发横财，从而成为中国对俄贸易的一大障碍。

程化鹏为保全商人利益，亲赴京师，上书理藩院，陈明出口茶叶是利国利民的好事，列数当时输茶出口的若干好处和存在问题，他认为禁茶出口，只能"病商业，捐国课"，"大非国家保商裕饷之本"，不如明定税则，准许商人运茶叶与外国人贸易，"既可增国货输出以益税收，又可免吏役之勒索以减商苦，公私交便"。清政府根据商界吁请，批示"准行"，并给予"四联信票"，允许茶商在归化城设立茶肆，运茶出口，在恰克图和塔尔巴哈台等处与俄国人交易。于是，经营茶叶的山西商人接踵而来，程化鹏均帮助他们取得"信票"，与各茶商互相提携，为山西茶帮商人开辟了一大利源。输俄茶叶逐年增加，1845～1847 年以前每年输俄茶叶大约 4 万箱，1852 年以后达到 17.5 万箱以上，俄国商人又将茶叶转贩欧洲市场，获取厚利，沙俄商人从而大批地钻进了中国市场。正如马克思所说：他们"独享内地陆路贸易，成了他们没有可能参加海上贸易的一种补偿"。"由于这种贸易的增长……恰克图就由一种普通的要塞和集镇发展成一个相当大的城市了。"程化鹏因之成为巨富。至光绪十八年（1892年）病逝，终年 66 岁。

原载《山西财经学院学报》1982 年第 3 期。

二、保护洋商致富的买办商人陈吉昌

陈吉昌，山西忻州人，清道光十一年（1831 年）生。自幼家境贫困，无以为生，14 岁徒步北走，抵达归化城（今呼和浩特），访求亲友，以求介绍职业，进入一家当铺当学徒，以后又进入一家贸易货栈当店员。由于他讲礼貌，以诚待客，恪守信用，在该栈寄存货物，虽隔多年，毫无差错，所以各地赴绥商贩，都乐于住他的客栈，生意逐渐兴隆，陈吉昌的声名逐渐扩大。绥远地方官吏处理商务事情，多向之询问，征求意见。每遇这种场合，陈吉昌积极参与筹划，取得了地方官吏的信任。后来凡有关地方兴革大事，多召陈吉昌商议。

光绪初年（1875 年）以后，英国、俄国、法国、意大利等国商人先后到归化城推销洋货，收购蒙古绒毛皮张，均住陈吉昌客寓，陈更是殷勤接待。商客间偶然发生争执，他必多方劝解，平息事态，得到洋商信任。

1900 年义和团发动起义，愤杀外国侵略者，在晋洋商及与洋人有勾结的人，有不少被杀戮。洋人躲避无隙，生命难保，而陈吉昌却千方百计藏匿洋人，保护洋商。凡受庇洋商，得以保全性命，因之感激涕零。庚子事变由于清政府的卖国投降，依靠洋人镇压义和团而平息，洋人更加嚣张，洋商赴蒙者日增。他们在蒙古地区收购皮毛畜产时，转运收发一概委托陈吉昌代办。陈吉昌为洋商收购土产，推销洋货，大搞买办业务，收入剧增，仅运货费收入每年都在万两左右，由此成为巨富。光绪三十四年（1908 年）陈吉昌病逝，终年 77 岁。

原载《山西财经学院学报》1983 年第 1 期。

三、协助政府镇压捻军的商人张联辉

张联辉，字耀庭，号煜臣，清嘉庆十七年（1812 年）出生于徐沟县城东南坊一商业世家。联辉幼年时，天资聪颖，喜武术，熟练弓马，曾就学于县立武库。后到河南周家口经商。由于经营有术，很快顶了身股，不久升任经理。

咸丰三年（1853 年），捻军活跃于安徽、河南一带，清廷命皖、豫两省驻军夹剿，却久久不能平息捻军革命斗争烈火。农民运动危及商人、地主和高利贷者的利益，驻南北物资集散中心的中原商业重镇周家口的商人惶惶然不可终日，该地的商人在此经营钱庄、票号、当铺、皮毛、茶叶、粮食、百货等行业，积极支持以山西帮为主筹措防御办法。张联辉遂聚众商商议，一致认为"匪乱未已，官军战未得胜，人心浮动，势危矣。吾辈资财生命全系于斯。今日之计，唯有兴办团练，以捍卫地区，庶人心稳固，商业亦得自保"。会议举张联辉充当团长，会后报经政府同意，山西商人皆踊跃出资，招募兵士，修筑城堡，训练队伍。时值固始县团练首领张曜因败于捻军，乞援，联辉率兵相助。军中呼张曜为"张大哥"，呼张联辉"张老六"（排行第六）。咸丰八年（1858 年）捻军进攻周家口，张联辉率领的商办军队与捻军相持 40 个昼夜，致使捻军未能攻下。咸丰十年（1860 年）清政府派亲王僧格林沁在豫皖消灭捻军，张联辉主动向僧请战，随营助剿。因为镇压捻军有功，僧格林沁亲自向咸丰皇帝报告，皇帝赏赐蓝翎，并受都司军职。捻军起义被镇压下去以后，张联辉返回周家口，继续经营商业。

　　张联辉经商的策略是：一地经商，以其资本分别设立钱庄、当铺、粮行、百货，由钱庄发行钱币，顾客或以银换钱，或以物来当，或以粮来售，或以钱购货，不出他的街巷，所要办的事都可以解决，因之乐于使用他的纸币，自然商行资金无枯竭之虑。同样，在原籍徐沟开店，亦按徐沟人消费需要，在城东南坊、城南街、东后街设立各种店肆。所以盈利丰盛，商务发达。

　　晚年，张联辉又组织徐沟县王答、郝村等村镇，举办引汾灌溉诸水利工程。同治十一年（1872 年）"举廉方正"。光绪十八年（1892 年）病故，终年 80 岁。

清代北方最大的通事行——大盛魁

背景说明

　　1983 年在内蒙古进行过有关山西商人与票号的调查，在内蒙古图书馆看到活跃于蒙古地区的晋商史料，当时特别感慨大盛魁，它从康熙初年一直经营到 1928 年，是经营时间最长、规模最大、覆盖地域最广的早期中国企业，所以写了此文，发表于中国社科院财贸所内刊《财贸经济资料》1984 年第 1 期，《山西文史资料》1984 年第 34 辑，后被收录入《山西商人的理财之道》，文史出版社 1986 年出版。这篇文章没有把大盛魁印票庄写进去，后由研究生王鹏补写，参见《金融研究》2002 年第 8 期。大盛魁是商品经营资本和货币经营资本混合的，商品交易与信用交易结合、商业金融与政府金融结合，带有金融集团公司的某些特征，很值得研究。

　　"通事"，是古代北方人对于翻译人员的称呼。"通事行"，是清代对专门从事对蒙古和俄国贸易活动的商行的称呼。在清代，蒙古族以放牧为业，鄙视商业，生活用品和自己生产的畜产品的买进卖出全赖汉族商人，遂出现专门"跑草地"的通事行。大盛魁就是清代北方最大的一家通事行。极盛时，职工有六七千人，骆驼商队有骆驼 1.6 万~2 万头，业务重心在内外蒙古，活动地区包括喀尔喀四大部、唐努乌梁海、科布多、乌里雅苏台、库伦、恰克图，以及内蒙古各盟旗和新疆乌鲁木齐、库车、伊犁、塔尔巴哈台和俄国西伯利亚、莫斯科等地，内地则以北京、山西、山

233

东、河北、湖北、湖南、广东等为主要活动舞台。其资本周转额，仅在外蒙古即达 1000 万两白银以上。它的全部资产，人们说，"可以用五十两重的银元宝，从库伦到北京铺一条路"。

一、从"丹门庆"到垄断商行

大盛魁的创始人，是清康熙年间的三个穷汉，即山西太谷县武家堡的王相卿和祁县祁城村的张杰、史大学。康熙三十五年（1696 年），他们因生活无着，随着康熙征剿噶尔丹的部队进入外蒙古乌里雅苏台（前营）、科布多（后营）做生意。当时仅是肩挑小贩，蒙古人称为"丹门庆"（货郎）。征服噶尔丹以后，清兵移驻大青山后的武川，而部队供应仍主要依靠该部原驻防地山西右玉杀虎口。三人后来就在杀虎口开了一个名叫吉盛堂的商号。到康熙末年（亦说雍正初年），吉盛堂改为大盛魁，设总号于外蒙古科布多，以后又移总号于归化城（今呼和浩特）。

大盛魁的股本很特殊，一般商号仅有银股（资本股）和身股（人力股）两种，它则有财神股、银股、身股和狗股四种。传说，最初三人经营的小通事行，经营了数年，营业极坏，甚至连食用也赚不回来。一年除夕，伙计三人熬了一锅小米粥过年。刚端起碗，来了一位身穿蒙古袍的人拉着头骆驼要投宿，三人殷勤接待。来人放下行囊，即说出去找朋友，一走不返。以后长期查访亦无下落，打开驮子，尽是白银。三人商议将这笔钱当作贷款使用，按本计息，另账待还，但数十年以后仍无人认领。他们临终时吩咐子孙说，这是财神送来的钱，记入"万金账"，算作财神股。此股所分红利，专项存储，作为护本。那位身着蒙古袍的人究竟是外出后身遭不幸，还是别的什么原因，今不可考，然而财神股则延续下来，到民国年间，仍参加分红。这是财神股的来历。至于狗股，传说不一。一说某年库伦遭灾，物价上腾，让狗送信归化，大盛魁及时得到商情，囤货北运，获利丰厚，狗立了大功；一说一次经理单人行走，途中病倒在草地上，是狗报了信，救了主人；一说草原无路，易迷失方向，狗可以领路，且能在途中起保护作用。所以，大盛魁的狗地位很高，凡养狗者，均顶狗股，每条狗可顶一二厘，参与分红。大盛魁经常养狗 800 只以上，每当养狗到 1000 只时，就要给狗演一台戏。

二、组织机构和经营对象

大盛魁的组织机构精干，灵活机动，指挥如意，办事效率较高。总号经理掌握人事安排、公积金运用、货物进出以及财务会计、营业管理等大权。下属机构，按不同性质分两部分。

一种是直属机构。在外蒙古只有科布多和乌里雅苏台两个分号，不设过多的中间环节，总号对直属机构直接发号施令，各营业单位在总号的直接指挥下，由归化城载货外出销售；收购回来的牲畜、皮毛和药材等土特产品，也交总号统一经销。整个蒙古地区东西6000多华里，南北2000余华里，基本是依靠总号和两个分庄组织贸易活动，并垄断着蒙区贸易。这里就有着大盛魁组织管理的独特之处：它销售商品主要不是靠开设铺面在柜台上做生意，而是利用驼队在草原上流动贸易。当时人们称骆驼队为"货房子"。每顶货房子就是一个销货单位，由归化城总号运货到外蒙古后，每顶货房子包括帐篷一顶和三个押货人（由三头骆驼运载），一匹找水用的马，7～10条狗，下有骆驼14把，每把14头，一把骆驼连成一串，由一名驼工拉牵，每顶货房子共有骆驼和马200头，职员和驼工20多人，每顶货房子就分别进入指定的盟旗进行货易。到旗之后，将货物成批赊销，不做零星买卖。这就是大盛魁的批发部分。另外再组织一部分骆驼队，专做串蒙古包的零售业务。驼队大小，视商品情况，有分有合，灵活变换，有时是一顶房子的驼队，载着帐篷货物；有时只用三五头或一二头骆驼，驮着少量货物，住在蒙古人的毡房里做买卖。这种骆驼商队有大有小，有来有去，串东走西，由归化城总号和科布多、乌里雅苏台分庄直接调度。

另一种是小号。它与驼队的毡房贸易不同，是由总号投资独立经营的单位，进行独立的经济核算。总号是小号的财东。小号进货和销货均由自己直接组织。最初，大盛魁运往蒙区的百货，仅在归化城购进，随着业务的发展，资本的扩大，为了保证货源和商品的质量，扩张业务，便自己投资，逐渐开设了许多经营各类业务的小号。这些，小号的购销活动，多以总号的目标为目标，必须服从总号的全局利益。这些小号按业务大体可以分作普通商品经营业和货币经营业两大类。经营普通商品的小号，大多设在内地，主要任务是购进内地农产品和手工业产品，为前述直属骆驼队货房子采办商品和推销畜产品，在不违背总号宗旨下，当然也可以经营当地业务。这类小号有专营茶叶的三玉川茶庄、长盛川茶庄，有专营绸缎布匹的天顺泰绸布庄，有专营牲畜的德盛魁羊马店，有专营经纪业的货栈东升店，以及药材、粮店、饭馆等商店，可以说应有尽有。货币经营业有大盛川票号、裕盛厚银号、宏盛银号以及其他钱庄、当铺等。它的茶庄，既是商业，又是手工业，设庄于湖北、湖南产茶地区，就地收购鲜茶，按照华北人喜欢花茶、蒙古和新疆人喜欢砖茶、俄罗斯和欧洲人喜欢红茶的不同习惯和要求，加工成不同种类的茶，并按不同品种的不同销量，分别包装，北运销售。蒙古牧民只要看到砖茶上印有"三玉川"、"长盛川"的字样，便争相购买。茶庄分号在北方则设在茶叶转销堆栈地张家口、归化、包头、宁夏等地。天顺泰绸布庄经常派人往返于京、津、苏、杭等地采办纺织品。专营马匹的小号南设汉口，专营羊的小号则设北京。如此庞大的南北物资交流需要巨额的资金运转，大盛魁只通过自己的银号、票号、钱庄借贷、存放、汇兑、融通资金，就可以从全国各地进货；通过归化城、库伦、科布多、恰克图，行销于蒙古草原、新疆、西藏与俄罗斯；又从那里运回北方和欧洲特产，转销内地。南来北去的物资有茶叶、烟丝、绸缎、布匹、铁器、银器、白酒、食糖、炒米、糕点、木桶、木碗、药包、蒙靴、马毡、马鞍等；北来南往的物资主要有牛、马、骆驼、羊、皮张、绒毛、药材，还有俄国的哈喇、毕图绒、哔叽、羽翎绸、羽毛纱、毛呢等。大盛魁财雄塞北，垄断一方，每逢秋冬过标时，各地骆驼队先后返回归化，带来大量商品，顿时归化城热闹非凡，戏园饭馆也都活跃起来。那些拉骆驼的人从茂司嘎哇（莫斯科）回来，坐在茶馆里，津津有味地给人们讲述俄罗斯的风土人情。

三、进货原则和销货方式

大盛魁购进商品，有几条原则：第一，按照蒙古人的生活习惯和要求组织货源。如砖茶消食，蒙民以肉食为主，喜用砖茶，它便自设茶庄，加工"三九砖茶"，保证质量。牧民喜欢用斜纹布做衣服，结实耐穿，朴素大方，它便大量购进，年购进斜纹布约占布匹购进总量的4/5。第二，凡大宗进货，全部现款交易，不还价，以示厚道，并拉关系，建立"相与"。遇到价高货次者，便永不往来，以保持大盛魁货真价实、恪守信用的声誉。第三，从手工业匠铺进货，以质量第一，选定以后，世代交往，永不变换。这些小手工业铺户发生资金困难，大盛魁给予垫资。小手工业者难得这样大的包卖主，自然保证质量，按时交货。第四，蒙民和喇嘛需要的专用商品，一般实行专门订货，不随意采购，如蒙靴、马毡、木桶、木碗和喝奶茶使用的爨壶，寺庙喇嘛用品，都是选择工匠，特别定制。这不仅保证了商品齐全，质量过硬，而且都是蒙民欢迎的畅销货，所以能做到勤进快销，没有积压。一般购买者只认商标，不问价格，只要是大盛魁的商品，就不怀疑其质量。

大盛魁的销货方式特殊。他们了解到蒙古人手中未必有大量现银，于是采用赊销办法，到期亦不收取现金，而以牧民的畜产品折价偿还；然后再将这些畜产品运转内地销售，获取双重商品利益。既是赊销，自然要计算利息，以商品赊销金额为本金，加上利息，折合为牲畜或皮张若干，到期用实物还本付息，于是又获取了一重高利贷的利息收入。这个办法尽管剥削很重，但是由于保证了蒙民日常生活用品的及时供应，也解决了蒙民土特产品的适时销售，所以颇受牧民欢迎。对于王公贵族奢侈生活的特殊需要和每年进京值勤的物资供应和资金借贷，大盛魁则全部包了下来，满足供应，从而又获得蒙古贵族的欢心。至于赊销债务是否能够全部按时收回，大盛魁并非全部凭个人信用，而是使用一种"印票"。凡欲赊购商品者，须持有地方官吏负责担保的约据，上盖地方政府印章，俗称"印票"，交给大盛魁。印票上写着："父债子还，夫债妻还，死亡绝后，由旗公还。"这样，大盛魁就没有放债收不回来的现象了。

四、经营思想和服务态度

作为封建商人资本的大盛魁的经营活动以利润为目标。为了获取尽可能多的利润，一是利用蒙古人远处草地，不了解市场价格行情的情况，进行不等价交换；二是千方百计扩大营业额，尽量多做生意。

由于大盛魁的业务以印票销售为主，称为放印票账，故大盛魁亦称大盛魁印票庄。不仅放账时日用百货作价高，偿还时牲畜皮张作价低，且高利计息，有时还将收购的牛马羊等牲畜暂不赶走，交给牧民代为喂养，待膘肥肉圆时再赶走，并不付给牧民报酬。

为了多做买卖，他们精心研究蒙人生活习惯，尽力迎合消费者的心理。鉴于牧民不擅长算账，他们就把衣料和绸缎拉成不同尺寸的蒙古袍料，大人有大人的尺寸，小孩有小孩的尺寸，任蒙人选购。蒙医治病用的药，习惯用药包，分七十二味、四十八味、三十六味、二十四味四种，大盛魁就将中药按此分包，药包上用蒙、汉、藏三种文字注明药名和效用。甚至每年冬至以后，用白面和羊肉加工大量的饺子、自然冷冻，运往蒙古包销售，作为春节的应时商品。不论什么商品，只要蒙人需要，他们就经营，应有尽有。有时遇到不了解大盛魁经营作风的新顾客，售货人若发现对方怀疑商品质量，例如怀疑布鞋鞋底内用的是布还是草纸，他就当着众人的面，用刀将鞋底砍为两段，借以宣传，扩大影响，从而增加营业额。至今，蒙古人提起大盛魁，除对其不等价交换表示痛恨外，对它的服务态度，却是很赞赏的。

五、劳动管理和盈利

大盛魁职工众多，业务活动远及亚、欧，自称"一年三百六十天，天天路上有骆驼"。那么它在劳动管理上有什么特殊办法呢？首先，重视对职工进行传统教育。200 多年，不论业务扩展多大，也不忘创始人的艰苦创业，为教育职工发扬艰苦创业的传统，将一条扁担、两只水箱等标志艰苦创业的纪念物品永久陈列在财神庙内。和其他商号一样，每年除夕都要大摆宴席，但在山珍海味之后，总要有一道小米粥。其次，重视职工的语言和业务训练。新职工的补充，一般由山西祁县亲朋引进，但只有精明能干、相貌端正的十五六岁的男青年才能入选。新来的伙计称为学生意的学徒，由祁县北抵归化城后，大多数都要骑骆驼到外蒙科布多接受专门训练，由教师教授蒙古语、维吾尔语、哈萨克语和俄语。然后再分配到各地分支机构跟着老职工学习业务。再次，有严格的号规。其号规与其他山西商人的号规大体相仿，此处不再赘述，唯大盛魁远营蒙、俄贸易，新入号的学徒，要先干 15 年才能第一次回家（一般商号是二年或三年），休假2~3 年再去上班，以后就是 3 年一次探亲。最后，注意职工的福利，使其卖力为号办事。号内从掌柜到学徒，等级森严，但是对于最底层的工人，如拉骆驼的驮工和放羊的羊工，生活待遇都比较好。据内蒙古民间传说，大盛魁的羊工吃的都是白面馍馍，比一般小商号职员待遇都高。所以在祁县，姑娘只要能嫁给住大盛魁的人，不论是喂猪还是做饭，都很受人羡慕。

由于大盛魁机构层次简单，商品周转环节少，商品质量可靠，融商业、手工业和金融业于一体，职工卖力，所以垄断了蒙汉贸易和北方对俄贸易，营业旺盛，利润极高。它每 3 年为一个账期，结算分红一次。每次账期，都把公积金的积累和运用放在首位，以公积金的增长数量，作为衡量 3 年内经营成果的主要标志，然后才是每股红利。最盛时，每股一次可以分到 1 万两白银。每遇账期总结时，都要评定人员功过，检查 3 年的成绩和问题，整顿号规、调整人事，确定后 3 年即下一个账期的营业方针。这些措施，都是大盛魁历经 200 多年而不败的重要因素。

六、交结蒙古王公贵族

大盛魁的总经理和分号掌柜，多数在清代捐官制度下，用白银买有各种官衔，归化城、科布多、乌里雅苏台经理无不花翎顶戴，最高者有候补道员、加捐二品顶戴。所以大盛魁的债务不仅一般牧民不敢抗拒，就是蒙古贵族到期不还也不行。经理常常衣冠整齐，翎戴辉煌地去见执掌地方政权的王爷，要求替他催债。这些王公大人也都是大盛魁的债务人，自然得依其行政权力，为大盛魁催账。大盛魁不仅利用捐纳职衔，通过印票，垄断蒙古地区贸易和信用，充当蒙古王公和阿拉布特（庶民）的债权人，而且与清廷代表、蒙古王公三方面组成议定蒙古物价的"朝勒格个"，决定市场物价，形成大盛魁的垄断价格体系。辛亥革命以后，绥远地方当局筹设平市官钱局，由大盛魁出资，以后又开设绥远面粉厂，亦因资金不足由大盛魁出资。大盛魁实际上成了支撑蒙古地方政权的财政支柱。其归化城总号的上层人物，在外蒙古独立以后，并未甘心退出外蒙古市场，仍然积极参与旧中国中央政府的政治军事活动，协助收编土匪，训练军队，筹措饷款。然而，历史的发展并不能按照封建商业资本家的意愿进行，终于在 1928 年倒闭了。大盛魁停业以后，总经理段敬斋（祁县南社村人）因其熟习外蒙和俄国情况，充任了外交部参事，以后又任财政部咨议，一直是政治经济界的活跃人物。

七、大盛魁的倒闭

大盛魁自清康熙年间成立，到 1928 年 10 月倒闭，历经 230 余年，其倒闭的根本原因和其他山西商人衰败的原因一样，是外国资本主义的入侵。晚清时期，随着沙俄在我国内蒙古、新疆和东北侵略活动的不断扩大，沙俄商人深入我国内蒙古、新疆等地进行活动，且享有许多特权，使大盛魁的市场日益缩小，业务一天天衰落下来。1911 年外蒙古宣布独立，蒙俄订立库伦通商协定，俄国人取得了在外蒙古无税自由贸易的特权。大盛魁在蒙古的市场进一步缩小，内地小号也都一天天不景气了。大盛魁倒闭的直接原因，是 1921 年外蒙古再次宣布独立，在苏联帮助下，1924 年建立了蒙古人民共和国，实行公有制，大盛魁在外蒙古的资产全部丧失。

其在俄国境内的商业资本，已在 1917 年俄国十月革命后被没收。至此，其通事行舞台，只剩下内蒙古和新疆，从而使总号资产负债难以平衡，不得不向外举债，积欠平市官钱局 10 万银元，不得已将其独资经营的绥远电灯公司作价偿还债务，独资经营的裕盛厚银号折价转让平市官钱局；其他小号，亦先后如此处理。在其收账歇业清算之中，号中要人玩弄手腕，装入私囊者，不知凡几。大盛魁祁县财东，不仅家资赔尽，还落了个沿街乞讨。赫赫有名的大盛魁就如此退出了历史舞台。

本文资料来源：

（一）笔者先后访问了内蒙古自治区文史馆馆员、呼和浩特市政协委员刘映元。中国人民解放军雁北军分区前政委范世承，中国钱币学会理事、呼和浩特市支行卫月望，人民银行内蒙古自治区分行办公室主任乔晓金，内蒙古自治区供销社冯炳俊等老人。

（二）参阅资料有：《绥远通志稿》卷三八、四九；《祁县志》上册（初稿）；荣赓麟、荣祥：《土默特沿革》；王勤堉：《蒙古问题》；张印堂：《蒙古问题》；张栻如：《旧管见闻》；卜昭文：《旅蒙商史话》等。

在此谨向以上各位老同志及作者致以谢忱。

乔家商业的兴衰

背景说明

2006 年初，电视剧《乔家大院》播出以后，中央电视台曾邀约做一评论，被作者谢绝。但应《山西晚报》与山西财经大学合办的人文大讲堂要求做了三场讲座，第一讲《乔家商业的兴衰》，讲稿的部分内容《山西晚报》以《二百年乔家兴衰史》为题发表在 2006 年 3 月 7 日文化专题版。该报编者按语："央视一套正在播出的《乔家大院》使许多观众看得如醉如痴，对晋商尤其是乔家的发展产生了浓厚的兴趣。《乔家大院》是艺术作品，那么历史上真实的乔家经历了怎样的商业兴衰？真实的乔致庸是一个什么样的人呢？为此，3 月 3 日，本报专门请晋商研究专家、山西财经大学博士生导师孔祥毅教授在山西财经大学做了一次生动权威的专题讲座。由于版面有限，节选其中主要部分以飨读者。"这里基本按演讲录音记录略加删改。

晋商在中国历史上辉煌了 500 年左右。大体从明初开始，晋商得明政府边防驻军物资供应的地理优势，与其他商帮比较成本低，于是在南北物资运送与食盐贸易等主要商品市场上独占鳌头。如山西永济、运城、临汾、襄汾、浮山、阳城、沁水、长治、洪洞、介休、平遥、祁县、太谷、榆次、代县、宁武、大同等商人都很活跃。但是祁县乔家的发迹不是在明朝，也不在清初，而是在清乾隆时期。

一、乔家发展中的关键人物及贡献

乔家发展中有三个划时代的人物，即乔贵发、乔致庸、乔映霞。

（一）早期：艰苦创业乔贵发

乔家起家比较晚，活跃了200多年。虽然时间比较短，但是发家很快，而且衰落也比较晚，这是乔家与其他商家不同之处。据《清稗类钞》记载，山西商人在全国最富，山西商人最富的是临汾亢家，"临汾亢家号称数千万两，实为最巨"，民间传说，亢家可以用50两一锭的银子，从临汾摆到北京。这是指光绪年间，当时介休侯家七八百万两，太谷曹家六七百万两，祁县乔家四五百万两。乔家发展中有三个起到划时代作用的人：乔贵发、乔贵发的孙子乔致庸、乔致庸的孙子乔映霞。他们三人在乔家的发展史上的作用是决定性的。

乔贵发，生于清代，是乔家商业的创始人。他从小没有父母，在舅舅家长大，但他舅妈对他不太好，别人也瞧不起他。因为他说话不是很利索，就是非常老实，很能干活。有次本家一个侄儿结婚，他去帮忙，拉风箱，到拜本家的时候，有人说乔贵发也要拜一下，有人却说，这样的人不值得拜，丢人！他听后很伤心，一赌气走了"西口"，打算在绥远、包头一带做小买卖。

刚出去的时候和一位姓秦的徐沟人开了一个草料铺，经营豆腐、豆芽、烧饼、切面以及零星杂货，后来又经营银炉，打造妇女头上戴的头饰，两个人同心协力，省吃俭用，苦心经营，加上待人接物态度好，生意日见起色。后起名为广盛公。这是乔家第一个有名称的商号。

乾隆后期，乔、秦两家把广盛公改为复盛公，以经营油、粮、米、面为主。后又开设了当铺、估衣铺、钱铺，逐渐向外拓展。当时包头就是个村子，是内蒙古游牧地区和中原汉族地区交界的地方，土地肥沃，交通便利，没有政府机构，随着商业的发展，社会事务由商人自己管理。包头的商会代替政府的职能，管理社会治安，后来有了自己的武装卫队——商团，有一个骑兵团，一个步兵团，巡查弹压、拘捕人犯均由商团负责。这里地方势力最强的就是乔家，一直垄断着往来贸易，资力越来越大，买卖越做越发达，财力越来越雄厚。后来，复盛公繁衍出许多子公司，最多时有14家，但许多财东抽大烟，逐渐撤走了资金，有人卖，乔家就买下来，到最后，秦家也撤资了，复盛公渐渐成为乔家的独家生意。

（二）中期：中兴家业乔致庸

乔致庸，生于清嘉庆二十三年（1818 年），卒于光绪三十二年（1907年），享年 89 岁，历经嘉庆、道光、咸丰、同治、光绪五帝。他继承祖业，分家的时候取号在中堂，意中庸之道。乔致庸认为经商第一要重信用，第二讲义，第三才是利。他按信义利排序，受到了顾客的认可。

乔致庸接班后，继续巩固家业，经过 20 年的奋斗，复盛公的根基巩固，信誉日彰。为了扩大经营，在中堂又独立资本，在包头增设了复盛全、复盛西。咸丰以后又增设了复盛菜园 280 亩及复盛协、复盛信、复盛油场等，统称复字号，形成庞大的商业网络。复字号以其发达的商业促进了包头的市场繁荣，对包头城的形成和建设起了推动作用，故有"先有复盛公，后有包头城"之说。"在中堂"凭借包头这块发祥地，垄断操纵了蒙古市场，进而把商业字号陆续延伸至平津、东北直到长江流域各大商埠。

光绪十年（1884 年）乔家创办了大德通、大德恒两个票号。山西商人的商业发展，必然要有安全及时的资金调度，因此从经营资本分离出来一种专门进行货币经营的商人，成立金融机构。晋商创造的金融机构里第一种是当铺，第二种叫钱铺，第三是印局，第四是账局，第五是票号。山西商人的金融机构，票号生意做得最大，到了 1900 年以后成为了清政府的财政支柱。清政府大量向票号借款，也使票号出了名。乔家商业特别是大德通、大德恒票号，积累了白银 1000 多万两。可以说乔致庸时期是乔家商业的高峰，财富最多。

（三）晚期：自强不息乔映霞

光绪十年以后，社会动荡，兵荒马乱，外国入侵，生意不好做了，但乔家仍然自强不息，代表人物是乔映霞，他是乔致庸次子乔景仪之子，为乔致庸长孙，"在中堂"后期的家务主持人。

乔映霞事业心强，青年时代倾向孙中山的资产阶级革命，他率领剪辫子队，带着狼狗，在街上看见谁的长辫子上去就剪，非常激进。而且，解放妇女的小脚他也带头，对商务企业也进行过整顿。

民国初年，在中堂由他当家，治家严格，兄弟成家后均让其另立门户，独立为生。还自命名自强不息斋、退思补过斋、知不足斋、昨非今是斋、不得不勉斋、日新斋、习勤斋、时新斋等。

在他执掌家务期间，在中堂的生意又有了大的飞跃。民国二年，他出任祁县第三区区长。当时，他竭力禁种鸦片。因强行铲除烟苗，与农民发生争执，结果酿成人命案，避祸于天津。走后由他的弟弟执掌大权，做了很多工作，但大势所趋，乔家逐渐走向衰落。

二、乔家主要商号及经营范围

乔家的商号业务重心在内蒙古。包头有复盛公、复盛西、复盛全（19 个门面，400~500 员工）、复盛菜园、复盛油坊、复盛兴（粮店）、复盛和（粮店）、复盛西（粮店）、通和店（粮店）、广顺恒（钱铺）、复盛协（钱铺）、复盛锦（钱铺）。呼和浩特有通顺南店（百货）、通顺北店（皮毛）、大德店（粮店）、德兴店（粮店）、德兴长（面铺）、法中庸（钱铺）。其他地区也有太原晋泉源（钱铺）、保晋公司（煤矿），太谷恒豫（钱铺），祁县大德通（票号）、大德恒（票号）、义中恒（钱铺）、大德兴（茶庄）、大德诚（茶庄）、万川汇（百货）、油面铺。在北京、天津、东北、四川、湖南、湖北等地，设有钱庄、当铺、粮店、茶庄等。

大德兴茶庄，在咸丰时就兼营汇兑，同治初年专营汇兑，光绪十年（1884 年）四月正式定名大德通票号。大德通票号总经理高钰，最初资本 6 万两，中期 12 万两，最后增至 35 万两，分号有北京、天津、张家口、石家庄、沈阳、营口、呼和浩特、包头、济南、周村、周家口、正阳关、三原、上海、汉口、沙市、开封、常德、重庆、苏州等，30 年代改为银号。大德恒总经理阎维藩，亦在全国各地设置分支机构。

三、乔家与官场联系紧密

庚子事变，慈禧西逃途经太原，向票号借款 30 万两，大德恒太原经理贾继英一口答应。得到总经理阎维藩的赏识。说"五百年必有王者兴，一千年也出不了一个贾继英"。慈禧当时就住在乔家大德通票号，又得到捐银 10 万两，其间大德通总经理高钰与护驾大臣桂月亭、端方、两湖总督瑞澂等书信频繁，全力筹办皇差。乔家大门上悬挂的"福种琅环"匾牌，就是山西巡抚丁宝铨面谕慈禧后赠赐的。

李鸿章组建北洋舰队，乔家捐银 10 万两购军舰一艘，李鸿章赠铜牌联一对，亲书："子孙贤，族将大；兄弟睦，家之大"。赠匾"仁周义溥"。

左宗棠平定西北，乔家票号曾为之办理款项汇兑，事毕返京就任军机大臣途经山西时，专程到乔家堡拜会乔致庸，乔致庸率众下跪，左宗棠急忙握住乔致庸的手说："亮大哥，久仰了。"左宗棠为在建的乔家大门前的百寿图题联道："损人欲以复天理，蓄道德而能文章。"横批"履和"。

大德通票号总经理高钰与官场交往甚密，与户部尚书赵尔巽堪称密友；与雁平道恩大任、朔州知事徐葆生称兄道弟；陕西巡抚端方曾派兵为大德通护送镖车。大德恒票号总经理阎维藩，先在平遥蔚长厚票号福州分号掌柜，结识福州都司恩寿，恩寿升迁向阎维藩借款15万两，总号拟予处罚，正好恩寿升为汉口将军，乔致庸趁势将阎维藩聘为大德恒总经理。恩寿写信给山西巡抚胡聘之，要求予以关照。

1933年，孔祥熙返回太谷参加铭贤学校毕业典礼，乔映奎隆重宴请了孔祥熙夫妇。

四、乔家的家风与店规

（一）乔家的家规

乔家在中堂的家规有六条：一不准纳妾；二不准虐仆；三不准嫖妓；四不准吸毒；五不准赌博；六不准酗酒。乔致庸规定《朱子治家格言》是其儿孙们启蒙必读课，并写在屏门扇上，以作平日之鉴。乔致庸亲拟对联刻挂在内宅门上："求名求利莫求人，须求己；惜衣惜食非惜财，缘惜福"。

乔家尊师重教，要求子弟学习非常严格，以家塾请师就读。民国前是由家族的长者任教。在中堂院内有百年树人、读书滋味长等门额。民国初年乔映霞当家时，扩大了家塾，改变了只读四书五经的教学，开设了文史、数理化、英语等课程，新聘了三名教师，不仅各房子弟就读，还吸收了年轻媳妇。子弟在家读完中学课程后，外出报考大学，大学毕业后再出国留学深造。"在中堂"请的教师是有名望的饱学之士，平时一位教师两个书童伺候，逢年过节设专宴款待，送红包，宴请宾朋时请教师坐正席。平时教师回家以轿车接送，主人们一字排开送到大门外，等教师上车后才回去。目的是在子弟心目中树立教师的尊严和威望，让子弟尊敬教师，这与乔家人才辈出、兴旺发达、财源茂盛是有关系的。

（二）乔家店规

乔家店规严格，如光绪十年（1884年）由大德兴茶庄改大德通票号时，议定号规30条，从"新事招牌"、"账簿格式"、"经营范围"、"码头人位"各种禁忌等均有详细规定。号内用人要看相貌，品貌端正，珠算楷书考试及格，且三世清白者，方可入号为学徒，期限三年，学徒期满，考核合格方可站柜台。规定七不准：一不准接眷出外；二不准在外娶小纳妾；三不准嫖娼、赌博；四不准在外私自开商店；五不准习染不良嗜好；六不准储私放贷；七不准用号款借与亲友。犯者，视情节轻重或处罚或开除出号。

五、乔家的衰落

乔家比别的商号晚了将近300年，但是衰落也很晚。这值得我们深思。辛亥革命后山西票号大部分破产，但是乔家的大德通、大德恒没有立即垮台。辛亥革命前南方革命党活动频繁，高钰感到大清江上朝不保夕，继而慈禧太后驾崩，高钰命南方汉口等分号收缩业务，警惕时局变化。果不久武昌起义，乔家票号资产未遭直接损失。辛亥革命以后，大德通、大德恒盈利也在逐年减少。1937年前大德恒票号将总号迁往北平，改组为银号，勉强经营至1951年。

乔家的衰落始于民国十五年（1926年）。1826年冯玉祥部队向西北撤退，军饷由包头商号筹垫，乔家复盛公、复盛全、复盛西损失粮食300万担、150多万银元，合计大约190多万银元。1937年10月，日本军占领包头，复盛西、复盛公、复盛全3家当铺和估衣店并入日伪新亚当；2家钱庄并入日伪同和实业银行。资金、实物等一律被日本人占有，剩下少数商业企业苟延残喘，到1951年停业。

汾酒商人转型研究

背景说明

　　本文是 2007 年 10 月 14 日在杏花村召开的"晋商与汾酒文化学术研讨会"上的发言。文章通过汾酒商人历史变迁的研究，探讨汾酒商人在近代中国商人资本受到世界资本主义经济势力影响后，如何由商人资本成功地实现了向现代企业的转变。汾阳商人由于多商于天津与俄罗斯等地，受国外资本主义影响较深，较早地脱离了农商的思维，能够大胆地引进西方企业管理的先进经验。

　　进入 20 世纪初，明清中国十大商帮逐渐失去了当年的勃勃生机，多数走向衰落。唯宁波商、洞庭商经过买办的曲折道路得以延续和发展，成为后来的江浙财团，封建商人一跃成为现代企业家。而晋商、徽商、陕商等均红极而衰，在近代社会到来之时，没有能够实现商人资本向现代工商业的转型，大部分被淹没在时代潮流变换之中。晋商称雄商界 500 多年，最终转变为现代企业家者为数寥寥，而汾酒商人就是其中一颗璀璨的明星。

一、汾酒商人是明清晋商显赫的一支

　　明清汾酒商人是当代中国白酒业之明星山西杏花村汾酒集团有限责任公司的先驱，他们是明清晋商中的一支。

　　据史料记载，汾阳酒商久远，北齐武成帝高湛（公元 534～565 年）

在晋阳写信向洛阳的康舒王孝瑜推荐"汾清"酒："吾饮汾清二杯，劝汝于邺灼两杯。""历经唐宋的重大发展、转变后，在元代开始出口西欧。"到元朝末杏花村各酒坊的酒已经成为汾州特产甚至成为汾州的代名词。汾酒商人还生产一种羊羔酒，"明代王世贞在《酒品》中曾赞曰：'羊羔酒出汾州孝义等县，白色莹彻，如冰清美，饶有风味，远出襄陵（酒）之上。'"贴着杏花村商标出口英法等国。①

明朝，国家废除酒类专卖，实行征税制，推动了酿酒业的发展。明代崛起的晋商走向全国，也逐渐把汾酒制作工艺带到了全国各地。"山西商人在直隶全省开设烧锅 1000 余家，其中口北道和宣化府有烧锅数百家，承德府开设烧锅 200 余家，每家（酒工）少则 10 余名，多则 30 名，统计不下六七千名。"② 特别值得提到的是贵州茅台酒。据贵州省工商联合会：《贵州茅台酒史》记载："茅台村位于赤水河畔……由四川入黔东盐船，经泸州、合江溯流而上，直达茅台村。这个地方就形成了一个食盐转运点，逐渐繁荣起来。当时运销食盐的商人和票号，大都是山西人和陕西人……这些商人腰缠万贯，生活奢靡，终日饮宴。为了提高酒的质量，就从山西雇了酿造杏花村汾酒的工人来茅台村和本地酿造工人共同研究制造。据说最初是 1704 年由山西商人郭某雇工制造，继而由陕西商人宋某、毛某先后雇工加工改良。"又说，"茅台酒的产生，最初只是茅台镇的山西、陕西人经营的盐号为了酿酒自饮而附设的个别小酒坊……据 1841 年《遵义府志》记载，当时专为销售而酿造的烧坊'不下一二十家'"。③ 逐渐演变成如今的茅台酒。

酒是公关的必要工具，明清晋商走到那里，把酒带到那里，汾酒传遍祖国各地，并且产生了许多变种。

汾酒制作与销售商人在明清时期与其他山西商品经营资本一样，有了巨大的发展，与晋商的茶商、票商等一起登上国际市场，成为世界名牌、名商。

清光绪元年（1875 年），汾阳县南垣寨王协舒在杏花村东堡卢家街，独资开办了宝泉益酒坊，王氏当时已经在北京、天津开设多处商号、银号，到民国四年（1915 年），王协舒的资产已经达到 2000 两白银。同年，宝泉益酒坊由其三弟王协卿接管经营，改名义泉泳。王协卿增加投资，改

---

① ② 山西杏花村汾酒集团有限责任公司：《汾酒文化》。
③ 《工商史料 1》，文史资料出版社 1980 年版。

善条件，聘请前宝泉益的大掌柜孝义人杨德龄（1859～1945 年）为经理，对酒坊进行整顿改造。同一时期，杏花村还有德厚成、崇盛永等几家制酒作坊，义泉泳东家与掌柜通过友好协商，获得了德厚成、崇盛永支持，以义泉泳为主，进行了合并重组，成为当时晋商酒业最大的汾酒生产销售企业。新的义泉泳实力壮大，技术力量加强，汾酒的质量明显提高。

表1　杏花村汾酒与各地酒的关系

地区	酒名	时间	资料说明
东北	烧锅		周铁峰：《辽阳县志》
新疆	古城大曲	乾隆二十二年	
青海	青稞酒	乾隆年间	
直隶	烧锅	乾隆年间	
贵州	茅台酒	咸丰以前	贵州省工商联：《贵州茅台酒史》
武昌	汉汾酒	康熙元年	《湖北通志》、《武昌府志》
湖南	湘汾酒	康熙年间	
邯郸	邯郸酒	1908 年	
江西	江西酒	光绪年间	
江苏泗洪	江苏酒	乾隆初年	《泗洪县志》

资料来源：山西杏花村汾酒集团有限责任公司：《汾酒文化》。

"义泉泳的产品主要分为两类：一类是汾酒，以老白汾酒为代表；另一类是以老白汾酒为基酒的果露、配制酒，以白玉露、玫瑰露、状元红和竹叶露为代表。""自1904 年起，义泉泳在杨德龄经理的带领下大规模研制配制药酒、果露酒。他们以老白汾酒为基酒，先后试制成功'葡萄'、'黄汾'、'茵陈'、'五加皮'、'木瓜'、'佛手'、'玫瑰'、'桂花'、'白玉'、'状元红'、'三甲屠苏'10 余种低度配制汾酒露，加上清初大学者傅山先生配方的竹叶青生产工艺，形成了中国白酒业第一个以白酒为主、配制酒为辅的完整的品牌体系。其中'白玉'、'竹叶青'、'状元红'、'玫瑰'与'老白汾酒'并驾齐驱，成为杏花村五大名酒。"[①]

1915 年，义泉泳生产的"老白汾酒"在美国旧金山市举办的巴拿马

---

① 山西杏花村汾酒集团有限责任公司：《汾酒文化》。

万国博览会上一举夺魁，荣获甲等金质大奖章。为使这一殊荣永垂青史，王协卿、杨德龄请汾阳籍文人申季庄撰写了《申明亭酒泉记》，详述始末，立石于杏花村古井旁。文中写道："自晋唐以来，开设酒肆历有年所。大清光绪中邑绅王姓，因其故址，轩敞其门槛，轮扬其亭馆，泉之左右，焕然一新。岁乙卯王东协卿慨然兴起，独立整顿，易其名曰：'义泉泳'。延子九杨君、瑞符韩君、辅廷曹君、爵轩张君、祥甫张君等，法酒正五齐之式，用酒官六物之监，黍稷必丰其材，曲蘖必洁其母。佳酿之誉宇内交驰，凡王公士庶，逢月夜花辰，莫不以争先一酌为快。……越明年丙辰，巴拿马赛会航海七万里，而遥陈列其间，冠绝岛国，得邀金牌之奖，于是汾酒之名，不惟渐被于东西亚欧，并且暨讫于南北美洲矣！"[①]新中国成立后，著名考古学专家张颔先生在《杏花村汾酒厂碑记》中，准确而简洁地记述了汾酒商人的历史："唐时，杏花村酒肆如林，作坊七十有二。由宋迄明，沉浮辗转历时六百余年。清代中叶酒坊增至220余所，其佼佼者以卢家街之'甘露堂'为最。光绪元年，有南垣寨乡绅王氏独资兴办'宝泉益'，声名颇著。当时亦有'厚德成'、'崇盛永'、'义顺魁'数家与之抗衡，分沾其润。至民国初年，计有酒坊19所。民国四年，'宝泉益'易名'义泉泳'，杨德龄出任经理之职，着力整顿，改进工艺，仿《周礼》酒正五齐之式，用酒官六物之监，尊古遗法，乃创酿造之七大要诀曰'人必得其精，水必得其甘，曲必得其时，高粱必得其实，器必得其洁，缸必得其湿，火必得其缓'也。循法所制之酒，质量尤逾前人。是年，'义泉泳'汾酒荣获'巴拿马万国博览会'甲等金质大奖章，一举而名播寰宇。有汾邑举人申季庄撰《申明亭酒泉记》，传其盛事。"[②]

进入20世纪后，晋商的各帮商人，包括茶商、盐商、布商、绸缎商、当商、钱庄商、票号商等，均先后衰落，在商人资本向现代企业转变过程中，绝大部分都没有能够转化为现代产业和现代企业家，而汾酒商人却实现了这一步惊险的跳越，继续发展，演变为现代产业。

二、汾酒商人资本的转型

汾酒在巴拿马赛会获奖的消息一经传出，引起了当时正在极力倡导

---

① 山西杏花村汾酒集团有限责任公司：《汾酒文化》。
② 碑藏杏花村汾酒厂。

振兴山西商务的山西省督军阎锡山的高度关注，他试图通过政府与商人的合作，大力发展山西汾酒，遂指定专人与杨德龄协商。但是，双方没有达成协议，官商合营之事就此搁浅。督军公署副官张汝萍见官商合办不成，便联络了一批朋友，集股开设推销汾酒的企业，接着把义泉泳经理杨德龄请来协商。最后决定，由张汝萍等5人认股份现银元2500元；义泉泳以酒入股，即实物与技术股份2500元，共计5000元股本，组成晋裕汾酒有限公司。不过这个公司只是一个销售公司，并不负责汾酒的生产。义泉泳负责生产汾酒，晋裕公司负责包销。协议达成后，晋裕汾酒有限公司于民国八年（1919年）一月在太原正式挂牌成立，公司经理亦由杨德龄担任。

晋裕汾酒有限公司引进了西方股份企业的组织制度，制定章程，确定了晋裕汾酒有限公司经营管理的基本制度：

（一）资本责任有限制

参照海外一般股份有限公司的习惯做法，实行有限责任制，改变了晋商股东无限责任制度的传统。

（二）资本股份制

总资本银元5000元，其中股东张汝萍等5人各500元，合计2500元股份；义泉泳以酒入股，为2500元股份，共计5000元股本。

（三）管理分权制

公司设立股东代表大会和董事会、监事会，股东代表大会每年召开一次，董事会三年一选，监事会一年一选，改变了晋商大掌柜一人说了算的制度，公司总经理杨德龄负责日常事务，指挥全面工作，各部门各司其职，遇有重大事件，召开联席会议商决。历届董事、监事，除张汝萍等发起人外，以后陆续增选的有冀贡泉（汾阳人，曾任山西大学法学院院长、山西省教育厅厅长等职）、傅瑶（汾阳人，曾任山西省银行副经理）等许多社会名流。

（四）薪俸三三制

薪俸由月薪、红利、红包三部分组成。月薪，按月发薪，改变了晋商传统的年薪制，按优良、普通、劣等三个等级确定，劣等留用一年，表现好可晋升普通级，如仍无长进，年终即行辞退；红包，也叫赏钱，一年一次，奖优罚劣；红利，根据全年利润，按照股份多寡分红，年底一次分派。

（五）人事避亲制

公司用人，不得使用亲眷，实行避亲原则。杨经理子孙满堂，无一亲人跟随其左右，起到了很好的表率作用。

（六）新式会计制

杨德龄推行了新的会计制度，采用了新式簿记和记账方法。

1923年5月4日，北洋政府颁布了我国商标史上第一部《商标法》，第二年晋裕汾酒公司就率先注册了中国白酒业的第一枚商标——高粱穗汾酒商标。

义泉泳与晋裕公司的合作，仅仅经过了8年，到民国十六年（1927年），义泉泳因供酒价格问题与晋裕公司的售出价格悬殊太大，要求提价，晋裕公司不同意调整价格，加之义泉泳内部分裂，决定不再供应晋裕公司汾酒，接着义泉泳撤销了杨德龄的经理职务。

当时，晋裕公司的资本已经增加到5万元，在当时山西500家酒业中居于首位。杨德龄被免除义泉泳经理后，一气之下，带走了义泉泳的半套人马，集中精力锐意经营晋裕汾酒股份有限公司，于当年在杏花村购得房产，成立了晋裕公司酿造厂，自产自销，其规模与义泉泳相当。分裂后的义泉泳，因经营方式陈旧，管理不善，日渐萧条，到民国二十一年（1932年）晋裕公司便以9600元的价格收购了义泉泳全部资产，包括房产、生产工具和招牌，彻底兼并了义泉泳。最大最强的老式汾酒企业被新式的汾酒股份有限公司替代，标志着汾酒业的领头羊彻底告别了旧的管理模式，进入现代公司化经营的时代，新式汾酒商人代替了旧式汾酒商人。

从此，汾酒商人进入了它的黄金时代。晋裕汾酒股份有限公司在兼并义泉泳前的民国十九年（1930年），其纯收益为3683.8元，兼并后的1935年，纯收益为8377.2元，1936年达到12544.7元，每股红利7.5元，日产汾酒2000斤。新公司新建了太原罐头厂、新华泰料器厂、平遥面粉厂、杏花村晋裕酿造厂，扩建了义泉泳造酒厂，成为当时中国规模最大的白酒企业集团公司。

晋裕汾酒有限公司坚持"振兴国酒，品优价廉，信誉至上，优质为本，决不以劣货欺世盗名"理念，精益求精，品牌声誉日隆，多次参加酒赛，几乎囊括了民国年间全国性展览赛会的全部金奖，如1918年中华国货展览会金质奖，1922年南洋劝业会赛一等奖，1934年山东国货陈列馆特等金奖，1935 年、1936 年蝉联全国铁路沿线出产货物品展览会特等金奖。抗战开始前共获国际金奖 2 次，在国内 6 次夺魁，共获金牌 8 枚。山西督军阎锡山先后题写了"中外驰名"、"名闻海外"、"名震四海"、"味重西凉" 4 块金字牌匾。

随着汾酒销售市场的扩大，公司改进包装，增设批发、零售网点，在汾阳县城开设了通信诚销售商号，在山西各县市及省城各大饭店、商号设点代销，同时在北平的前门大街、大栅栏、琉璃厂和天津的法租界、南京的中正街、市府路以及上海、石家庄等地设立了分公司或代销店。据上海社会科学出版社出版的《上海工商社团志》记载：1935 年，上海有关酒业的同业公会共有 6 家，其中酒类专业协会 3 家，参加汾酒公会的业主数量高达 226 家，是当时上海最大的酒类专业协会。以山西大本营和北京、天津、上海、南京、石家庄省外五大城市为中心，汾酒及其系列产品很快辐射到全国各地，成为当时中国遥遥领先的第一大名酒。

但是，后来由于日寇侵华，杨德龄等一批具有现代精神的商人艰苦奋斗的事业被战乱阻止，晋裕汾酒公司日渐衰竭，奄奄一息。1949 年汾阳解放后，人民政府以 8000 元价款收购了晋裕汾酒公司在杏花村的酿造厂。晋裕公司以这笔钱与另一私商合并经营文具业务至 1951 年倒闭。晋裕汾酒有限公司被后来的山西杏花村汾酒股份有限公司代替，得以发展，成为如今驰名中外的汾酒集团公司。

三、汾酒商人转型背景与路径分析

在农业经济时代，随着生产力发展，商品化、货币化、市场化、城市化水平不断提高，到 16 世纪出现了商业革命，也就是商业资本主义的发展，进而推动了工业化和工业经济时代的诞生。在英、法等西方国家，那些商业革命中发展起来的大商人，后来大部分转变为工业社会的工商企业家，日本早期的商人家族诸如住友、松下等也转化为现代企业。但是，在中国，明清商业革命中发展起来的商人家族，除了宁波商人、洞庭商人两帮经过曲折的买办道路，大部分得以存在，转变为后来的江浙财团外，其他商帮基本没有实现这一跳跃，在外来资本的冲击下，逐渐衰落而退出了市场。十大商帮中最为显赫的晋商也同样退出了历史舞台，只有汾酒商人等少数晋商得以延续和发展，由早期的商人资本转变为现代工商企业。

笔者认为汾酒商人资本转型的背景与路径，与以下情况不无关系：

（一）汾州商人中旅俄商人多，受欧洲商人影响深

汾阳商人外出经营，不仅走北京、天津、山东、江浙、两湖、两广、云贵川，而且远走蒙古、俄罗斯，特别是旅俄晋商中，汾阳商人相当活跃。俄国十月革命后，晋商在俄资产被没收，大批旅俄晋商纷纷返回国内，其中汾阳人最多。据台湾出版的《革命人物传》中《阎锡山传》记述，1919 年阎锡山听说很多山西商人从俄罗斯返回十分震惊，遂在省府接见了汾阳旅俄商人代表，当问到在俄罗斯有多少晋商时，汾阳代表回答：不清楚，仅由俄罗斯返回的汾阳商人有 1 万人。旅俄汾商最杰出的商人是汾阳城大南关牛允宽（1870～1936 年），其父是清朝秀才，家境贫寒，以教书为生。允宽兄弟五人，排行为长，少年时为了生计，随一位田姓亲戚奔赴俄罗斯学生意，不仅熟读四书五经，口算、珠算也十分精通，而且学得一口流利的俄语，走遍俄罗斯各地，掌握了俄罗斯多个少数民族的语言，先后在莫斯科、恰克图、库伦开设商号碧光发商号，经营皮毛与茶叶生意，远走华沙、格但斯克、柏林、莱比锡、东京等地，与俄罗斯、英国、美国、法国、德国均有贸易关系。他多次回到汾阳省亲，带去其三弟、四弟、五弟及不少亲戚同乡到国外经商。晚年在天津开设"伊碧光发皮毛公司"。[①] 汾阳商人吕凤翥回忆说："因为我的姨丈在俄国圣彼得堡经商，早年被带到俄国随姨丈生活。我先在俄国的上乌金斯克上学，数年后有了俄语基础，即被介绍到恰克图的碧光发商号……这商号初为中俄两国商人合股经营，最后数年由牛裕和（允宽）独营。恰克图还有十多家较大的商号，都是本省商人开设的……有很多汾阳人。"[②] 乾隆二十八年（1763 年），青海某回商欲挤入恰克图中俄贸易市场，汾阳商人赵越（人称小院子）等排挤这家回商被治罪。《高宗实录》卷六八八记载："兹有恰克图奸商小院子等，阻挠伯德尔各回人贸易，降旨于桑斋多尔济等，令其查那，解赴热河治罪。""查有万盛永记铺内商民赵越，人称小院子，讯供得知系汾州府汾阳县人，不准其从事出口贸易。"[③] 旅俄晋商，汾阳人是比较多的商帮之一，他们直接带回了欧洲商人的经营思想与管理理念，这是汾州商人的突出特点。

---

① 《晋商文化旅游志》，山西人民出版社 2005 年版。
②③ 渠绍森、庞义才：《山西外贸志》，山西地方史志丛刊。

（二）汾酒商人经销特点是产销结合，资本运作特殊

汾州商人中的汾酒商人，经营对象是白酒，一开始就是生产与销售连在一起，生产技术与生产管理的水平，直接影响销售与盈利。经营的对象虽然也是食品类型，但是白酒技术含量大，稀缺性比粮食、蔬菜、普通调味品强，可替代性很小。由于生产性企业与纯贸易性企业的资本运营的不同，导致纯贸易企业盈利导向的机遇性与生产企业投资盈利导向的持续性的差异，决定了汾酒商人经营理念更接近于工业社会的企业家。经济社会发展的农业社会、商业资本主义、工业社会的顺序，证明了手工业生产接近于工业社会的生产方式。

（三）汾酒商人商号管理体制的扁平性特点，易于改革决策

汾酒商人的企业管理，由于它的技术性和生产性强，所以它比较茶庄、票号等企业，分支机构和管理层次少，整体管理框架相对扁平化，在决策层次比较少的体制下，杨德龄直接统率生产与销售，其经营思想与理念比较开明与先进，很容易接受外来新事物，比较当年蔚丰厚票号驻北京经理李宏龄等呼吁票号改革，自然要容易得多。

（四）汾酒商人不与政府合作

义泉泳的经理杨德龄，对待山西省督军府试图官商合办汾酒义泉泳要求，断然拒绝，而顺利地接受了非官方的股份有限公司的合作形式，这是明智之举。当年北洋政府搞了许多官商合办或官督商办企业，善终者无几。汾酒商人杨德龄能够高瞻远瞩，实属难能可贵，这也是汾酒商人转型成功的重要原因。

（五）汾酒商人选择向股份有限公司转变是家族企业发展的必由之路

这种转变，扩大了资本金，提高了企业自身的抗风险能力；同时建立董事会，提高了企业决策的民主性、科学性；建立监事会，增加了企业约束机制；改革企业工资发放等薪酬制度，调动了职员的积极性，从而为一个老式的家族企业注入了新的现代企业的血液，使其生机勃勃，实现了由封建商人家族企业向现代企业过渡。

四、汾酒商人转型的历史启示

汾酒商人与商人资本的转型，使其实现了历史性的跨越，比较其他晋商的衰落，对照近年在改革开放中崛起的大量家族企业，我们似乎可以看到，古往今来的家族企业，都是市场经济发展必然路径，但是当其发展到

一定阶段，需要化蛹为蝶时，要求企业的决策者抓住机遇，果断抉择。特别是在社会发生重大变革时，小的家族企业必须审时度势，学习别人的先进经验，改变自己不适应时代发展的落后的企业制度和管理办法，与时俱进。

历史的经验教训，正在启迪着新晋商，也启迪着当代家族企业和民营企业。

晋商老字号六味斋转型发展的轨迹

背景说明

　　本文是 2008 年 11 月 1 日在晋商老字号太原六味斋店庆 270 周年举办的"传承、创新与科学发展论坛"上的演讲提纲。文章讨论了老字号六味斋在近代成功转型的路径，改革开放以后六味斋经历几级跳，享誉全省以至全国，创造了自己的企业文化，并提出新晋商如何传承晋商文脉的问题。

一、六味斋：转型发展的路径

　　六味斋自清朝乾隆三年（1738 年）山西、山东两位弃儒从商的人在京城创办"天福号"，到民国二十七年（1938 年）四掌柜盛荣广迁回太原组建"福记店"，以及 1943 年更名"六味斋"，实现了向现代转型的成功飞跃。

　　新中国成立后，1956 年公私合营，上品种上规模，1959 年半坡街扩展，1963 年桥头街扩建，1973 年半机械化操作，从达达巷—桥头街—半坡街—桃园路走向长治路，经营场地由 20 平方米—40 平方米—100 平方米到 1000 平方米，特别是 1995 年，阎继红总经理借改革开放之机遇，在企业制度上转变为有限公司，六味斋经历了几级跳，达到了名牌、名品，享誉全省以至全国。

　　六味斋创新了"熟而不烂、甘而不浓、咸而不涩、辛而不烈、淡而不薄、香而不厌、肥而不腻、瘦而不柴"的肉食品，酱肉系列产品被评定为"山西标志性名牌产品"、"山西省著名商标"，成为全国生产加工酱肉系列产品最大企业。

六味斋坚持"笃守诚信，质量就是生命"理念，加工精细、质量第一、六心服务、诚信为本、以德兴企，传承270年，是中国长寿企业之一，需要很好地总结其转型与发展的历史经验，研究其厚重的文化积淀和企业成功的路径：

本土文化：日本占了北京，迁回太原，依靠本土文化，得以发展。

质量保证：质量就是市场，操作工艺，一丝不苟，确保质量。

诚信经营：形势变环境变，诚信不变，死守福字号的诚信理念。

不断创新：技术创新、品种创新、管理创新、体制创新。

二、六味斋：老晋商到新晋商

六味斋是老晋商，也是新晋商。是老晋商转型来的新晋商。既有传承，又有创新，在传承与创新中发展。其有老晋商的精神气质（重商立业的人生观，诚信义利的价值观，艰苦奋斗的创新精神，同舟共济的协调思想），又有时代赋予的新特征（共同富裕，大富大红大德，包容大度合作）。

新晋商本来是一个很生动形象的称谓，可是现在大家印象不好，宣传造势给了晋籍的富豪，不管是不是山西成长起来的，也不管是不是在市场上摸爬滚打中崛起的，从而扭曲了新晋商的形象。

必须看到，晋商研究与宣传走入了误区，一些人不调查不研究，一抄再抄，文章雷同，一些人云里雾里，谈晋商尽显昔日的辉煌，没有实实在在研究晋商成功的经验与转型中失误的教训，更没有把当代山西人学习晋商什么，如何传承老晋商的精神，促进新晋商的成长等作为研究的重点。以至于使一些年轻人网上发帖"打倒晋商"。大讲晋商辉煌者和高叫"打倒晋商"者，可能都是恨铁不成钢。

那么走出误区的路子在哪里？那就是告诉新晋商，老晋商有哪些需要学习，怎样学习，帮助新晋商理出行进的路子来，走出山西，走向世界，走向成功。比如，老晋商的企业治理机制，人力资源管理中的选拔机制、训育机制、激励机制、约束机制、干部选拔考核机制，金融风险控制机制等，都是很有现实意义可学的精髓。树立新晋商形象，需要新晋商自立，心智双修，也需要公共知识分子和社会的舆论与支持，更需要大众媒体的传播。晋商研究的当务之急是把老晋商的精髓交给当代晋商，促进新晋商队伍的成长。

三、晋商的文脉

晋商与全国其他商帮到底有什么不同？晋商独到之处很多，过去我们讲了很多，问题是为什么会有不同？晋商的根脉由来，深植于唐晋遗风。尧都平阳，舜都蒲阪，禹都安邑。舜耕于厉山，渔于雷泽，陶于河滨，就时于负夏。舜的中国商祖。西周初年，成王封叔虞与唐国，后称晋，唐叔虞根据成王的"启以夏政，疆以戎索"，开创了政治上求同存异，经济上自强不息的唐晋文化，后来孔子总结了尧舜禹汤周文王、武王、周公的思想，创立了儒家思想，山西的关云长是最忠实的实践者，忠义仁勇，晋商以关公崇拜传承了唐晋遗风与儒家思想。这是晋商成功的文化根源。

四、晋商的落伍与新晋商的崛起

为什么晋商在20世纪落后了？必须明白，晋商没有全军覆没，虽然大部分没有转化为现代工商业企业家。六味斋商人、汾酒商人等就成功地实现了向现代企业的转型。

为什么新晋商迟迟不能发展？同样的山西，同样的晋山晋水晋文化，新晋商的发展却如此艰难？现在不是天不蓝了，地不绿了，水不清了吗？需要看到，山西在20世纪30年代就是军事共产主义，近七八十年来，基本上不知商品经济为何物，你要山西人像浙商一样是不现实的。所以，很多山西人走出去成功，在山西就干不成？这种"出生入死"的状况令人寒心。

但是，传统的丢失在官方，在政府，不在民间。传统文化在山西民间仍然可以看到。但是它没有成为社会主流。只要政府引导正确、得法，新晋商的崛起是有希望的。

《寻访晋商家园》序

背景说明

本文是应乔琰、李平要求，为其《寻访晋商家园》一书所写序言，山西经济出版社 2009 年 8 月出版。原书图文并茂，是一部实地考察晋商遗迹的重要史料性极强的研究性著作。乔琰现任《山西商报》副主编，李平现任《山西商报》编辑部主任。

由乔琰、李平同志撰写的《寻访晋商家园》一书的书稿送来让笔者看，要笔者写篇序言。通读全书，确实令人兴奋，因为笔者从中深深感到了一种来自乡间散发着田野泥土和禾苗的清香，这种气味是新鲜的，让人心旷神怡，不像一些炒冷饭者或者贩卖者从已有论著中搬来的情节、话语中带着霉味令人烦心的感觉。非常感谢乔琰、李平等同志，他们不仅为读者提供了一道精神大餐，而且也开辟出一条研究晋商的新路径，尽管走这条小径的人不多，但是它打开了晋商百花园的又一个园区的大门。

一、史料 史实 史论

"巧妇难为无米之炊"，研究历史必须重视史料的收集与整理。"千年的文字会说话"，史料，白纸黑字，是历史史实的证据。由于时间的推移、社会的变革，历史史料完整地保存下来是很不容易的。研究历史最难的是史料收集。同时，已有的史料中，有时也常常混杂一些似是而非或者相互矛盾的记载，常常使后人很难一眼看明历史的真相，需要经过考证、鉴别、分析研究，才能清晰起来。而史论，无论是论文抑或专著，都是在史料基础上产生的，是论者著者的个人感想与观点。从这个角度说，史料珍贵，史料重要，史料是万岁的，挖掘史料也是在积功德；而史论，限于著作者的知识、阅历、考证、时代局限引起的认识变化等，常常不一定完全为后人所接受，因而一些史论也可能是短命的。所以，研究者必须珍惜史料，尊重史实，积极客观地评价历史。

晋商研究的第一个高潮，是在20世纪二三十年代，少数学者和当年的个别掌柜们写了一些回忆文章、调查报告和专门著作，但是到30年代由于日本侵华战争爆发，这些研究被迫停了下来。晋商研究的第二个高潮是在60年代前期。山西财经学院（今山西财经大学）在时为山西省副省长兼财经学院党委书记武光汤、院长郭高岚的支持下，成立课题组，从1960年开始研究，从山西票号史料入手，到1965年完成了上百万字的《山西票号史料》初稿，送中华书局审阅出版，中华书局给予极高的评价，说此项研究填补了中国经济史的空白，未经出版，"文化大革命"就开始了，退回了书稿，中断了研究。直到1977年，在中国人民银行总行的支持下，由山西财经学院与人民银行山西省分行合作，重组研究机构，寻找散落的资料，几经周折，1990年方由山西人民出版社出版。1991年，在当时山西省委书记王茂林同志的支持下，晋商研究出现又一个高潮，民间成立了学术团体，省委《工作与研究》刊发了孔祥毅、张正明同志合写的《山西商人及其历史启示》，王茂林书记亲自写了1000多字的批语，下发全省县团级以上干部。几个月后，《山西日报》用两天两个整版公开发表了这篇文章。从此晋商研究走出了经院，在干部及知识界展开了广泛的议论。于是，晋商的研究者、讨论者越来越多，研究成果诸如文章、著作、电视剧等，也越来越多，在全国产生了巨大影响。但是，近几年来，挖掘史料的人少见，创新研究的人亦少见，甚至出现了一些时序颠倒、地理混乱等不太严肃的作品。乔琰、李平等人的这本书，另辟蹊径，作者们在晋商当年生活的乡间、城市寻访遗迹遗物、人物故事、口传历史，这一创新不能不让人敬佩。

二、档案　遗迹　口传

研究历史依靠的史料在哪里？档案最为重要，是最重要的依据。史书也是重要的依据，需要研究者很好地把握写作背景和内容。在史料、史书缺乏的条件下，研究者就必须特别重视历史遗迹遗物的考查，重视民间的口传历史。中国商人家族历史，包括家谱，均不记述经商的情况与历史，商号也不重视档案资料。笔者研究清代晋商对俄罗斯贸易的一些数据，是来自马克思的《俄国的对华贸易》和俄国人写的书。现在寻找晋商企业档案几乎没有可能，那么晋商遗迹的调查研究就显得特别重要。在乡村里遗存着许多古老建筑、碑刻牌匾、账本信件、古玩杂物，这些可能就是再现晋商历史的重要史料。山西大部分古村镇多与当时晋商有着千丝万缕的联系，寻访晋商家园，是弥补档案缺失，挖掘民间口传历史最好的途径。乔琰、李平等人的这本书中，讲到了很多生动的故事、人物、事件，还有很多精美的照片，足以证明这一研究方法的必要性和重要性。

三、案例　史话　通史

20 多年来的晋商研究，已经有很多生动有趣的案例，它构成了晋商历史鲜活的血肉。这一项研究非常重要，历史就是史实说话，没有案例就说不清楚问题。但是，血肉需要有骨骼与经络的有机结合。这骨骼与经络，就是晋商活动的历史背景、环境，即当时中国、世界社会经济的整体状况。晋商不是孤立的，它是中国的晋商，是世界的晋商，只有把晋商放到当时的国内、国际的大环境中，这些鲜活的案例才能显现出晋商的历史地位与贡献，显现出晋商的灵魂与个性。有了这样的基础，无论用通俗史话形式、用严肃的通史形式、用形象的影视形式，都会脍炙人口，广受欢迎。

乔琰、李平等同志的这本书，在一定程度上提供了大量的案例或案例线索，是成就史话、通史的基础，是成就电视剧作的向导。

乔琰、李平等同志的寻访，是从太原市开始的，太原市作为晋商之都，理所当然。但愿乔琰、李平等同志能够走完太原，再向南、向东、向西、向北走一走，寻遍全省晋商的家园，然后再走出山西，寻访晋商商路、寻访省外晋商旧号、寻访晋商会馆、寻访国外晋商，等等，找回散落在世界各地的晋商之魂。

《汾商访谈录》序

背景说明

本文是 2010 年 11 月 20 日为吕梁市史志办公室主任王希良同志的《汾商访谈录》（近年又补充史料，待出版中）一书所写序言。

又一本晋商专著将要出版了，这就是汾阳市原史志办公室主任王希良同志的《汾商访谈录》。这本书与以往的晋商著作不同，它内容新鲜、体例新颖、不与现有成果重复，虽然它仅有 10 多万字，但它比数十万言的翻版制作的价值要高很多，它完全来自晋商最活跃地区民间的记忆，实在可喜可贺。

汾商，是汾阳商人，也可以说汾州商人或者汾州府商人的简称。汾州所辖汾阳、平遥、孝义、介休地区，汾州府则包括现在吕梁市的大部分县。汾商在明清时期是晋商最活跃的商帮之一。

2008 年汾阳市东龙观村出土了宋金时期的商人墓葬，墓室壁画有一幅经营钱币兑换的场景，墓主人王立生活在公元 1196 年以前，说明 900 年以前汾阳商人已经开办了钱庄。汾阳商人经营账局、印局在全国著名，在湖北汉口经营账局与印局的大部分商人是汾阳人，凡经营此业，须加入其行会，该行会名曰"山西汾州账庄商会"，足见其在汉口的垄断性。光绪年间重修汉口山陕会馆时，汾州帮捐银 1000 两，是太原帮的 2 倍，核桃帮捐款也达到 600 余两，足见其实力之强。汾商经营于外蒙古，特别是俄罗斯影响最大，台北出版的《革命人物传·阎锡山传》讲到，俄国十月革命后，在俄晋商纷纷返回，阎锡山很震惊，1920 年接见旅俄汾阳商人代表，当阎问到在俄有多少山西人时，汾商代表回答有 1 万多人。在恰克图市博物馆里，至今还保存着乾隆八年（1743 年）汾州府汾阳县商人捐铸恰克图寺庙的大铁钟，数十名汾商的大名赫然镌刻其上。可见汾州人经商之久，商路之遥，活动范围之广，经营成就之盛，汾商是晋商队伍中的佼佼者。所以，挖掘、整理、研究汾商史料，是填补晋商研究空白、填补中国经济史研究空白的重要方面。《汾商访谈录》的重要意义正在于此。

《汾商访谈录》是一本口述史。口述史著作虽然不多见，但却是一种重要的史书形式。人们生活中所见、所历、所闻、所传闻的种种活动、认知，不一定都能载入史册。晋商活动的史料，能够留下来的文字资料为数不多，也许是当时货币商人为了给客户保密，档案、文献等很少保存下来。所以，晋商史料不能不重视口述史。王希良同志的《汾商访谈录》是晋商研究中迄今唯一的口述史专著，它生动地记述了大量汾商活动的珍贵史实，实属难能可贵，王希良同志为晋商研究立了一大功。

口述史，涉及被采访人、采访人、采访时间与地点，本书作者在每篇采访记录之后都用简短的文字，提示采访人、受访人和采访的基本信息，并且在每篇文稿前面均列有标题，既便于读者查询，又还原了采访场景，使人读起来感到十分亲切，如同身临其境。王希良同志采访了数十位当事人、见证人、知情人，年纪最长者 90 多岁，每一篇采访记录都是十分珍贵的资料。

口述历史并不是简单的笔录，而是通过笔录、录音等方法，记录历史事件当事人、知情者的回忆，经由史学家、研究者从原始记录中抽取有关的史料，与其他历史资料对比，经过认真的学术分析，让历史更接近具体真实，然后与文字档案核实，整理成文稿。所以，口述史是发掘历史与认识历史相结合的史学形式，不是道听途说，更不是编故事，是一项极其严肃的学术研究。

王希良同志的《汾商访谈录》能够让我先睹为快，并请笔者为之写序，笔者欣然接受。故以此感是为序。

《晋商巨族祁县何氏家族》序

背景说明

本文是应祁县晋商研究所所长范维令要求，为其主编的《晋商巨族祁县何氏家族》一书所写序言，中国社会科学出版社2010年7月出版。原书图文并茂，是一部研究晋商的史料性极强的研究性论著。

祁县晋商文化研究所所长范维令送来了他的新作《晋商巨族祁县何氏家族》书稿，本书尚未出版，希望笔者为之写序，这就给了笔者先睹为快的机会。认真拜读书稿，觉得这是一本晋商家族的浓缩景观，不由得使笔者想起了以晋商大院为主题的晋中文化旅游和县域经济发展战略的往事，想起了晋商研究走过的路程。

一、学术研究到经济战略研究

晋商研究在20世纪初到20世纪30年代就已经开始，当年一些晋商的职业经理人士和国内外学者，曾经写了一批晋商票号的回忆文章、调查报告、专题专著，由于日本侵华战争爆发而被迫停止。60年代前期，山西财经学院（今山西财经大学）的学者开始研究山西票号，到1965年完成了100多万字的《山西票号史料》初稿，遗憾的是未经出版就因"文化大革命"而中断。1974年，在人民银行总行的支持下，人民银行山西省分行与山西财经学院合作研究民国山西金融史，1980年由中国社会科学出版社出版了《阎锡山与山西省银行》，继而又合作研究山西票号，

1990 年由山西人民出版社出版了《山西票号史料》。80 年代中后期，山西省社科院、山西大学等一些研究机构的学者也介入晋商研究，写文章、著书立说。但是，直到 90 年代初，参与晋商研究的研究者，基本都是高等学校和研究机构的学者们，始终是经院式学术性研究。

1995 年，晋中市的领导以高度的战略眼光，积极与中国商业史学会和山西省晋商文化研究会联合，在晋中召开大型晋商研讨会，探讨以晋商大院文化为主要景观，建设晋中晋商文化旅游走廊的经济发展战略，并成立了晋中市晋商研究院，与市、县地方志办公室共同研究，开发晋商大院文化展览、晋商专题博物馆，制作晋商影视产品，很快形成了晋商大院文化旅游热，从而使晋商研究直接转化为生产力，真正体现出了晋商研究的社会价值和经济意义。

祁县在晋商文化研究与经济开发结合的道路上，始终走在前列，乔家大院晋中民俗博物馆和渠家大院晋商文化博物馆，开晋商博物馆之先。后来又有茶叶博物馆、镖局博物馆、度量衡博物馆、算具博物馆、明清家具博物馆诞生。遗憾的是，祁县三大巨商家族，只有乔家、渠家与世人见面。今天，范维令同志的《晋商巨族祁县何氏家族》，集中反映了祁县第三巨商何家的全貌，是祁县晋商研究与经济开发研究结合的又一项重要成果。

二、经院研究到民间研究

20 世纪 60 年代以前的经院式的晋商研究，虽然经历了很多曲折、困难，但毕竟当年的史料收集比较容易，那些当年在晋商茶庄、绸缎庄、票庄、账庄、钱庄等当过掌柜、伙计的老者，还有不少人健在，当时的研究者能够把一些活档案收集起来，实属难能可贵。到 90 年代初，经当时的山西省委书记王茂林同志的倡导，山西省很多非研究机构的一些熟悉和对晋商有兴趣的同志也加入了晋商研究队伍。毫不奇怪，当年晋商的后人不就在这些人中间吗？加上省、市、县史志办公室的研究人员的地方志研究，使晋商研究达到高潮。接着，民间一些收藏家和企业家，也投资开办了一些展出兼研究的专题博物馆。这样，就使得经院研究与社会研究、官方研究和民间研究结合起来了，晋商文化产业在全省范围得到了迅速发展。

特别令人欣喜的是，现在晋中又出现了由离退休干部自发组织起来的民办晋商研究机构——祁县晋商文化研究所，这在山西还是第一家，所长范维令同志的《晋商巨族祁县何氏家族》，就是这个民间晋商文化研究所的重要贡献。

三、晋商研究到晋商学研究

晋商和票号的历史，不仅仅是山西省商业和金融业的发展历史，它更涉及山西及全国的社会、经济、交通、地理、文化、艺术、建筑、民俗、谱牒等方面的问题，研究的范围相当广泛。1997 年 10 月，我曾在中国商业史学会与山西财经学院联合主办的明清商业史专业委员会成立及学术讨论会上，提出综合性的"晋商学"研究的设想，呼吁社会科学界朋友，共同研究开发晋商学领域，得到了参加会议的原商业部部长、中国商业史学会会长胡平和全国著名经济史专家吴承明、方行等一批老专家的充分肯定和支持。山西大学在 2007 年成立了晋商学研究所，直到 2008 年 4 月拙著《晋商学》由经济科学出版社出版，晋商学的概念获得了社会的认同。

晋商学的研究对象，是以明清到民国时期山西商人及其商品经营资本和货币经营资本的活动为研究对象，探讨山西商人资本的发生发展规律性，研究晋商企业的经营战略、管理艺术、企业文化，研究晋商与政府、与外商、与亚欧经济交往的关系，研究晋商精神、商业伦理、处世哲学，研究晋商教育、文化、戏剧、武术、建筑等方面的创新与特点，是一门探讨中国商业文明与经济社会发展的多学科交叉的综合性的科学。马克思曾经说过，商人资本有两种形式或者说两个亚种，即商品资本经营和货币资本经营。晋商企业就是商品经营资本与货币经营资本混合生长的。晋商学研究需要从晋商发生发展的社会经济背景入手，澄清晋商活动舞台、贩运贸易、业务活动、管理技术、内部组织、行会约束等经营管理活动的演进；分析研究晋商经营管理的基本经验教训和历史必然性；还要多角度地分析晋商在各个科学领域的活动与技术创新、理论建树，诸如贸易地理、企业管理、市场营销、金融、会计、珠算、行为科学、人力资源管理、哲学、戏剧、教育、建筑、民俗、谱牒以及重商思想等多方面的成就与贡献。

范维令同志的《晋商巨族祁县何氏家族》，虽然只是讲晋商巨族何家，但是它不仅比较全面地查清了何家的历史谱系，还研究了何家的商业活动，全面评介了何家的文化艺术，包括文学、艺术、戏剧、图书收藏与研究的成就与贡献，分析了何家参与社会政治活动等问题。这本书，通过对何家的案例分析，真实地再现了明清到民国时期晋商的历史、经济、社会、哲学、文学、艺术等多方面的晋商学问题。例如，现今祁县图书馆藏古籍线装书 5.03 万册，祁县渠家、乔家、何家三大巨商家族捐书占到 77.3%，其中何家占到 42.65%。透过何家，可以看到晋商与山西社会的基本面貌。

总之，范维令同志的《晋商巨族祁县何氏家族》，是一本晋中商业家族的浓缩景观。谨以此为序。

《乔家大院史料综览》序

背景说明

　　本文是应祁县晋商研究所所长范维令与乔家大院博物馆馆长王正前要求，为王正前主编的《乔家大院史料综览》一书所写的序言，山西经济出版社 2012 年 8 月出版。原书图文并茂，是一部研究晋商的重要史料。

　　2009 年，祁县晋商文化研究所写了一部《晋商巨族祁县何氏家族》，出版前让笔者先睹为快。当时之所以高兴，是因为祁县的晋商研究已经深入一个家族的专题研究。这本书通过讲述何家的历史谱系、商业活动、文化艺术以及何家参与社会活动等史料，反映了明清到民国时期晋商的历史、经济、社会、哲学、文学、艺术等多方面的问题。今天，山西经济出版社吉琦震先生转来乔家大院博物馆的朋友们写的《乔家大院史料综览》，请笔者为之写序，笔者再一次高兴地看到祁县晋商家族专题研究的又一项新成果。

　　对于乔家的研究，笔者还真有一点特殊的感情，山西财经大学今年 60 年校庆，笔者在这里工作了 48 年多。这所大学的前身山西省商业干部学校，最初就是在乔家大院办学的，笔者虽然没有赶上在乔家大院生活和工作，但是乔家的故事很早就知道不少，今天竟看到了乔家大院博物馆研究整理的《乔家大院史料综览》，自然喜出望外。

　　乔家在晋商中崛起得比较晚，清乾隆时期乔贵发开始创业，其孙子乔致庸把乔家生意推向极致，清末经营环境恶化，生意艰难，是乔致庸的孙子乔映霞担当了艰难的管理重任。在清末民初，很多晋商家族由异地贩运贸易向近代工商业转型过程失利的情况下，乔家由于长期重视家庭教育，重视人才培养，乔映霞一代使乔氏家业继续发展，实现了向近代工商业的成功转型，其企业包括工业、商业、金融业，在山西、内蒙古、北京、天津等地仍然生意兴隆。乔家这三代人，都是老晋商中榜上有名的大商人。

早期艰苦创业的乔贵发。乔家的创业者乔贵发，自幼失去父母，在舅舅家长大，虽然说话不很利索，但是为人忠厚老实，干活利落，穷而有志。为了改变生活的窘境，不受人歧视，一赌气走了西口，在绥远包头一带做小买卖，和一位姓秦的徐沟人合作，开草料铺兼营豆腐、豆芽、烧饼、切面以及零星杂货，同心协力，和气待人，省吃俭用，苦心经营，生意日见起色，后起名为广盛公。乾隆后期，乔、秦两家把广盛公改为复盛公，以经营油、粮、米、面为主，后来又将利润转化为投资，开设了当铺、估衣铺、钱铺，逐渐向外拓展，复盛公繁衍出许多子公司。发展过程中，有的财东逐渐撤走资金，乔家就买下来，以致复盛公发展成为包头最大的商业集团，成为乔氏家族的独立企业。

中期振兴家业的乔致庸。乔致庸一生历经嘉庆、道光、咸丰、同治、光绪五个皇帝，他继承祖业，分家的时候取号在中堂，寓意坚持中庸之道，本人的名字也是力致中庸。他坚持和气生财的理念，重视家教，严格要求子女。他常讲，经商第一要重信用，第二要讲义，第三才是利。经过20年的奋斗，在复盛公基础上又增设了复盛全、复盛西、复盛协、复盛信、复盛油场、复盛菜园，等等，统称复字号，以其活跃的商业贸易促进了包头市场的繁荣，对包头城的形成和建设起了重大作用，故在内蒙古有"先有复盛公，后有包头城"的民谣。光绪十年（1884 年）乔致庸创办了大德通、大德恒两个票号，承办对清政府放款，借垫饷银。彼时，乔家财富积累达到了白银 1000 多万两。

晚期自强不息的乔映霞。晚清社会动荡，兵荒马乱，外资入侵，市场缩小，生意艰难。但乔家在中堂当家人乔映霞自强不息，事业心极强，并且拥戴孙中山社会革命，剪辫子，放小脚，查禁鸦片，处处带头。同时整顿乔家企业，严格治家。几兄弟成家后，均让其另立门户，独立为生，还自命斋名：自强不息斋、退思补过斋、知不足斋、昨非今是斋、不得不勉斋、日新斋、习勤斋、时新斋等。在他执掌家务期间，在中堂的生意又有了一个大的飞跃。遗憾的是北洋军阀时期，军阀部队向西北撤退，强迫包头商号筹垫，乔家复盛公、复盛全、复盛西损失粮食300万担，还有大量银钱，约合150万~190万银元。1937年10月日寇侵占包头，乔家的3个当铺和两个钱庄均被日伪政权征收，损失惨重。但是，乔家仍然还有一批企业，一直坚持到新中国成立以后，在新中国"一化三改"中走向公私合营。

乔家之所以长盛不衰，得益于乔家的家庭教育，子女培养。清军机大臣左宗棠为乔家"百寿图"题联道："损人欲以复天理，蓄道德而能文章。"横批"履和"，印证了乔家修齐治平、诚信义利、中和之道、艰苦奋斗、与时俱进的为商为人的核心价值观成就事业的历史。

笔者经常好说史料的价值是万岁的，时间越长价值越高；而史论文章能够千古流传的是凤毛麟角。所以，笔者对晋商史料收集整理者的工作一向很尊重，就因为他们做的是"前人未做，后人必需"之事。《乔家大院史料综览》收集了乔家数百年的历史资料，这些晋商珍品，不仅是研究历史学、社会学、经济学、晋商学难得的历史依据，而且也是当代晋商和未来晋商难得的教科书和成功明鉴。因而，我十分高兴为《乔家大院史料综览》写了这段话，是为序。

晋商与茶叶之路

茶叶之路传播商业文明

背景说明

　　本文是 2010 年 8 月 18～20 日山西财经大学晋商研究院主办的"第三届晋商国际学术讨论会"上的主题发言，原载《财经国家周刊·城市特刊》2012 年 7 月出版。出席会议的有中蒙俄三国代表，文章简要概括茶叶之路的兴起，重点讨论茶叶之路对中国商业文明的传播，用历史史实说明 17～19 世纪，中国商业文明，如对市场的管理与治安、引导生产与运销、商事习惯与制度、文化往来与交流等，通过茶叶之路传播于蒙古、布里亚特与俄罗斯诸民族；外域的优秀文化也在一定程度上影响着中国的商人与商业。尽管茶叶之路近百年冷落了，但是在经济全球化的当代世界，仍然有希望开发成为中蒙俄茶叶文化旅游之路，重续昔日的辉煌。

一、茶叶之路的兴起

　　中国对外贸易的茶叶之路，有陆路与海路之分。陆路贸易是由中国南方产茶区，经湖北、河南、山西北上，由内蒙古向西进入新疆、俄罗斯、西亚；向东北进入呼伦贝尔以至朝鲜、东西伯利亚，向北进入外蒙古、俄罗斯以至欧洲。还有一路从云南、四川产茶区进入青海、西藏以至印度。海上贸易，一是是由江南茶区通向日本，此路远自唐朝已经开始，后来日本引进中国茶叶生产，减少了进口；二是由福建、广东一带通向南洋诸国，进而经马来西亚半岛、印度半岛通向地中海和欧洲诸国与美洲各地。1606 年，荷兰人从澳门贩茶到印度尼西亚，后运回欧洲销售。后来英法等国纷纷来华贩茶，17 世纪下半叶起，中国茶叶分陆路与海路大量进入欧洲国家。

陆路与海上茶叶之路，都有山西商人参与。清代广州有一条长街叫濠畔街，其房子多是山西的票号、杂货商、药材商修建的，那里的广生远、广懋兴、广益义等商号，都是晋商的企业。由海上出口的茶叶，如销往印度尼西亚的茶，有相当一部分是由山西商人在产地收购，运往广州，潮帮商人又从山西商人手中购进转销南洋的①。但是，由于陆路运输茶叶经过草地沙漠，到达俄罗斯和欧洲以后，茶叶味道反而更好，而经过海上船舶运输到达欧洲的茶叶味道苦涩，海运茶叶远远不如陆运的质量好，俄罗斯人与欧洲人最喜欢经库伦、恰克图来的中国茶叶。所以，尽管茶叶之路一般认为有多条，而真正流量最大、影响最大当然还是以恰克图为转运中心的茶路贸易，而这条路线也正是晋商基本垄断的一条茶叶之路。

在西北方向，道光、咸丰时期，"甘肃茶务，负责的引地②是甘肃、陕西、青海、新疆，兼及蒙古和西藏，每年销茶 28996 引，每引 100 斤，另带损耗 14 斤。茶叶主要来自湖南安化的黑茶（即红茶），运抵陕西泾阳，部分压制成砖茶，每块重 5 斤。四川茶叶亦有少量运入。西北引商分为东西两柜，东柜是晋商与陕商，西柜是回族商人"。③ 在同治、光绪年间，左宗棠曾整顿西北茶务，发行茶票，晋商领票贩运，遂为主力。不仅因为晋商是西北官茶引商，而且从归化城（今呼和浩特）经蒙古西部的科布多运转新疆古城、乌鲁木齐、伊犁、塔尔巴哈台、和田、叶尔羌等地。"大概南路天暖，人民喜食细茶；北路地寒，大家喜食粗茶。晋茶就多是粗茶；官茶就多是细茶。这样，一以北路为主要市场，一以南路为主要市场，双方平分秋色。"④

在北部边疆，晋商的茶叶贸易是蒙古地区。早在康熙年间，驻库伦经销茶叶的山西商号就有 12 家，商会为 12 家各举一董为 12 甲首，在东营子办公。在中俄交易市场上，还有中俄边界的土著民，如蒙古人、哈萨克人和通古斯语系的达斡尔、鄂温克、布里雅特、鄂伦春等猎游部族。至乾

---

① 许轼如：《旧管见闻》。
② 引地亦作引岸，历史政府对食盐、茶叶实行专卖政策时批准商人指定销售地区。
③④ 秦翰才：《左文襄公在西北》，岳麓书社 1984 年版。

隆、嘉庆年间增加到 50 多家，人数有 6000 多。清代后期，库伦的旅蒙商号发展至 400 余家，其中开办茶庄的晋商有 100 多家，2 万多人。他们不仅向高原汉人和游牧民族供应茶叶，而且还大量组织出口茶叶于俄罗斯转售欧洲市场，外贸规模越来越大。库伦东营子的晋商与货物因之迅速发展。

清初，俄国所需的中国商品是从蒙古地区得到的。晋商是蒙古地区的主要商人。晋商将丝绸、茶叶、瓷器及生活日用品贩往蒙古地区，俄国商人再从此处购得这些商品运回本国。也有的晋商经喀尔喀蒙古地区至色楞格额塞同俄国商人进行直接贸易。此前，1689 年（康熙二十八年）中俄签订《尼布楚条约》，开始了正式贸易往来。俄国商队纷纷来到中国北京、库伦（今乌兰巴托）、归化（今呼和浩特）、张家口经商，而这些地方几乎完全被晋商垄断。因此，中俄早期贸易自然不得不依靠晋商来进行。由于俄国已从贸易中获得丰厚的利润，俄政府希望能与中国扩大两国间贸易。清政府为断绝俄国与噶尔丹分裂势力的勾结，于 1727 年（雍正五年）和 1728 年（雍正六年）同俄国签署了《布连斯基条约》和《恰克图条约》，划定边界，明确规定俄国来华经商人数不得超过 200 人，每 3 年来北京 1 次，免除关税；同时在两国边界处的恰克图、尼布楚、祖鲁海尔互市。1728 ~ 1730 年，中俄两国的恰克图市场已经建立起来，在边界两侧各设一个贸易圈，俄国市圈称 "恰克图"，中国市圈称 "买卖城"。两国市圈毗邻，中间仅一木栅相隔。市圈内建有市场、商号、货摊以及贮藏货物的库房。中俄双方各派官员管理。1755 年（乾隆二十年），清政府终止了俄国商人来北京贸易，全部集中在恰克图进行。山西商人凭借北方贸易优势和资本实力，在恰克图开设商号，开辟库伦到恰克图的商路，贸易额迅速上升。1777 年（乾隆四十二年）"俄国输入者 1484712 卢布，输出者则为 1383621 卢布，合计 2868233 卢布"。很快恰克图就成为中俄贸易的重要基地。

1851 年（咸丰初年）曾经贩运中国内地杂货取道外蒙古到达俄罗斯西伯利亚的山西忻州商人程化鹏，在俄获利数倍，并且调查了俄罗斯市场的商品需求，曾上书理藩院，陈明输茶出口的好处和存在问题，认为禁茶出口只能 "病商业，损国课"，"大非国家保商裕饷之本"，不如明定税则，准许商人运茶直接与外国人贸易，"既可以增国货输出以益税收，也可免吏役之勒索以减商苦，公私交便"。清政府根据商人吁请，批示 "准行"，并给以"四联信票"，允许茶商在归化城设立茶肆，运茶叶在恰克图和塔尔巴哈台等处与俄罗斯人交易。遂使输俄茶叶逐年增加，1845年到1847年以前每年输出俄罗斯茶叶大约4万箱，1852年以后达到17.5万箱以上，俄罗斯商人将茶叶转贩欧洲市场，获取厚利。正如马克思所说：俄罗斯"独享内地陆路贸易，成了他们没有可能参加海上贸易的一种补偿。""由于这种贸易的增长……恰克图就由一种普通的要塞和集镇发展成一个相当大的城市了。"① 史料记载："恰克图……都是晋帮商号……各商号在莫斯科、多木斯克、耶尔古特斯克、赤塔、克拉斯诺亚尔斯克、新西伯利亚、巴尔纳乌、巴尔古今、比西克、上乌金斯克、聂尔庆斯克"等地都设有商号②。

在俄罗斯和西欧的文献中，恰克图被称为"西伯利亚汉堡"和"沙漠威尼斯"。以茶叶等日常消费品为主要商品的恰克图互市持续了近两个世纪。特别是19世纪中叶前，中俄贸易几乎全部集中于此。荒漠之丘变成了茶叶之路的咽喉。1727年（雍正五年）建市并确定为中俄贸易的国际商埠时，仅有4家商号，至嘉庆初发展到60余家③。到道光年间，仅茶庄发展到了100家左右，全部为晋商经营。

在库伦和恰克图的茶商中，实力最雄厚的是大德玉、大升玉、大泉玉、锦泰亨、锦泉涌、广全喜、公合泉、恒隆广、祥发永等十几家晋商。乾隆后期，晋商由漠北输入俄国的茶叶不下200万斤。1800年（嘉庆五年），仅由恰克图销往俄国的茶叶就达2799900俄磅，约250多万斤。进入道光年间，中俄茶叶贸易空前繁荣，出口数额大增。1836～1839年（道光十六至十九年），中国通过蒙古输入俄国的茶叶每年平均为8071880俄磅，合700多万斤，价值800多万卢布④。"1843年，运至恰克图交易的茶叶120000箱，其中花茶80000箱，家茶40000箱。价格数年没有变动。此时一方箱家茶为60卢布，一箱二级花茶为120卢布，一长方箱（比方箱大1/2）家茶为80卢布"⑤。这时的茶叶贸易每年可折合白银约500万～600万两。咸丰初年，仍然保持着良好的势头，卖给俄商的茶叶

① 《马克思恩格斯全集》，人民出版社1965年版。
② 路履仁：《外蒙古见闻纪略》，《文史资料选辑》第63辑。
③ 清外务部档案，外交类，中俄关系卷，参见李三谋、张卫：《晚清晋商与茶文化》，《清史研究》2001年第1期。
④ 《Chinese Repository》，转引自李三谋、张卫：《晚清晋商与茶文化》，《清史研究》2001年第1期。
⑤ 姚贤镐：《中国近代对外贸易史资料》第2册，中华书局1962年版。

一年达 15 万箱，计 900 多万斤①。19 世纪 40 年代，茶叶出口已占居首位，1852 年（咸丰二年）茶叶占全部出口额的 93%。

恰克图贸易给双方商人带来了巨额利润。俄国商人在恰克图以 2 卢布买 1 磅茶叶，转运至彼得堡可卖 3 卢布 1 磅，赚利三四成。有些商品转运至西欧，获利更丰。同时，还给俄国政府带来了不菲的关税收入。1760 年俄国从恰克图收的关税已占俄国全国关税收入的 24%，1775 年又上升到 38.5%。道光年间（1821～1850 年）恰克图一处俄国对华贸易额，占俄国全部对外贸易的 40%～60%，最高时达到 60% 以上，而中国对外输出商品的 16% 和输入商品的 19% 是通过这里进行的。在东北的海拉尔和新疆的塔尔巴哈台对俄罗斯贸易市场也相当活跃。这一时期的中俄贸易基本上是平等互利，双方商务亦为公平贸易。并且年年呈现顺差，不少白银从俄罗斯流入中国。

二、市场管理与治安

1727 年（雍正五年），中俄签订《恰克图条约》以后，确定了两国商人可以在恰克图进行边境贸易，而晋商中的旅蒙商亦已开拓了蒙古草原市场，逐渐形成了中国内地商品烟酒糖布茶等与蒙古、俄罗斯的牛羊骆驼马等畜牧产品的交换市场。内地商品以张家口即东口和杀虎口、归化城（西口）② 为集散地，再经戈壁沙漠到库伦（乌兰巴托），直至恰克图、上乌金斯克、伊尔库茨克、新西伯利亚、秋明、莫斯科。这条被称为茶叶之路的国际商路，对中国内地、蒙古和俄罗斯经济、文化的交流和发展有着重要的意义。清朝政府为保证这条商路畅通无阻，需要市场管理，确保正常交易与商旅驼队的安全。

1737 年 3 月（乾隆二年二月）清政府正式开工兴建了绥远城，历时两年零四个月完工，成为塞外第一重镇，驻守这座衙署的绥远将军是统领这一地区的最高官吏，与驻西宁的巡抚将军同为全国两大常设将军，一品封疆大吏。绥远城是西北地区最高权力机关的驻地，对北方商贸集散地和商旅安全发挥着保护作用。在将军衙署经费紧张时，归化城的大商户也常常出资赞助或者予以借支，以保证地区贸易平安。设在库伦的札尔古齐衙

---

① 李三谋、张卫：《晚清晋商与茶文化》，《清史研究》2001 年第 1 期。
② 西口最初是指杀虎口，后来改为归化城。东、西两口是对内外蒙古草原的商品集散地和税务管理机构所在地，也是对和俄罗斯商品输出的必经之地。

门（库伦商民事务章京处，由 5 名汉人和 10 名蒙古人组成），监督贸易，处理商务纠纷，负责检验和发放旅蒙商的营业执照，并征收税款，每年发印票 90～120 份左右，每照收取 6.5 箱砖茶（折合 100 银卢布）。

确实，当年商路上时有盗匪劫掠，将军衙署就得出兵整治，铲除匪患。当时清政府通过设在绥远城和鄂尔昆城的两个驻防城，出动军队，维持秩序。同时在茶叶之路上还设有驿站，也驻有少量军队，共同维护茶叶之路的畅通①。由于中俄双方在关税规定、越境犯罪处理等问题上的分歧，清政府曾三次停止恰克图贸易。第三次停止贸易的原因，是双方对乌拉尔斋越境抢劫案的处理严重分歧。俄国人乌拉尔斋越境抢劫了中国商队茶叶后逃回，俄边境官员将其逮捕流放，拒绝了中国根据条约规定双方会审的要求。到 1790 年发生另一起袭击中国边兵事件时，俄方主动把犯人带来会审，乾隆皇帝才决定与俄方缔结《恰克图市约》，于 1792 年重开贸易，贸易额开始稳定增长。中俄几次中断贸易，均因为中国要求维护边界安定和贸易秩序。当时俄国政府方面曾考虑对清开战，因多数大臣担心丢失贸易利益而坚决反对，最终做了和平和保护商人利益的选择。清政府本着让利于商、让利于各部族的原则，对贸易货物始终维持税制上的优惠，只征收很轻的厘税。而"信票"管理，如每年发行、交旧换新，对国家与商人都是有益的。

同时，清政府在恰克图设官稽查并管理市场，规定了商人赴恰克图贸易的具体办法。1759 年（乾隆二十四年）议准："库伦、恰克图贸易事务日繁，驻扎司官应给关防务一颗印。凡各商至库伦、恰克图者，皆给以理藩院票。由直隶出口者，在察哈尔都统或多伦诺尔同知衙门领票。由山西出口者，在绥远城将军衙门领票。以该商姓名、货物及所住之地起程日期，书单粘合院票，给予其已至所住之处。又欲他往者，许呈明该处将军大臣扎萨克改给执照。其各商领票后，至库伦者，由库伦办事大臣理藩院司官稽查。至恰克图者，出卡伦时，由卡伦上会哨之扎萨克稽查，至商集，由恰克图理藩院司官稽查。"② 在这一政策推动下，大批晋商涌向恰克图。

但是，市场的管理、交易的规则，也是经过了许多周折才逐步建立起来。如 1765 年 12 月 20 日（乾隆三十年十一月十九日），"恰克图贸易一

---

① 《清朝绥远城与"茶叶之路"的关系》，第一茶叶网，2010 年 3 月 5 日。
② 何秋涛：《朔方备乘》卷三十七。

事，近因俄罗斯不遵旧例，违背禁约，甚至多收货税，苦累商人，是以降旨停止。"①。停市之后，中国一个叫"丑达"的官吏，伙同喀尔喀亲王桑斋多尔济私与俄罗斯贸易，结果立即被"正法"②。清政府先是通过关闭边市予以制裁，后来又通过签订《恰克图界约》，保证贸易的顺利进行和两国商民的安全。《恰克图界约》第十条规定："两国嗣后于所属之人，如有逃走者，於拿获地方，即行正法。如有持械越境杀人、行窃者，亦照此正法。如无文据而持械越境，虽未杀人，行窃，亦酌量治罪。军人逃走或携主人之物逃走者，于拿获地方，中国之人，斩；俄国之人，绞。其物仍给原主。如越境偷窃骆驼、牲畜者，一经拿获，交该头人治罪。其罪初犯者，估其所盗之物价值，罚取十倍。再犯者，罚二十倍。三次犯者，斩。"③ 尽管条约规定的明明白白，沙俄还是一犯再犯。1785 年（乾隆五十年）春，又发生了俄国布里雅特数人抢劫中国商民的事件。虽然俄方查捕罪犯，又经中俄双方会审，证据确实，俄方不予处理，却私放了罪犯。清政府不得不又一次决定停止恰克图贸易。经过几年的交涉，俄方处理了该罪犯之后，复于1791 年（乾隆五十六年）冬开关市易。并在1792 年 2 月 20 日（乾隆五十七年正月二十八日）中俄签订的五条《恰克图市约》中，明确指出："若复失和，罔再希冀开市。"④ 经过多年的努力，政府为恰克图贸易争得了和平环境。从 18 世纪末到 19 世纪 60 年代，再没有发生抢劫我国商民事件。

三、引导产运与销售

晋商贩运销售茶叶，最初的生产采购基地在福建武夷山。收购茶叶的"茶市在下梅，附近各县所产茶，均集中于此。竹筏三百辆转运不绝……清初茶业均系西客经营，由江西转河南，运销关外。西客者山西商人也，每家资本约二三十万至百万。货物往还络绎不绝，首春客至，由行东赴河口欢迎⑤。到地将款及所购茶单，交点行东，恣所为不问。茶事毕，始结

---

① 清理藩院档案，方观承乾隆二十四年二月初三日奏折。

② 赵尔巽等：《清史稿》卷十二，中华书局点校本。

③④ 王铁崖：《中外旧约章汇编》第1 册。

⑤ 晋商到武夷山采购茶叶，一般由九江进入江西铅山县，至河口镇时，会有武夷山茶农行头在此迎候，承揽生意。

算别去。"① 为了保证茶叶质量，晋商在武夷山通过代理商"行东"以包买的形式控制一些茶叶加工作坊，要求其按自己的要求进行茶叶加工，将制茶作坊置于自己的监督之下。清咸丰年间，晋商逐渐将采购茶叶的基地西移至两湖。因为"自粤逆窜扰两楚，金陵道梗，商贩不行，佣工失业。"② 在政局动荡、商务艰难的时候，晋商不得不转向湖南安化采购茶叶，"便产生了新辟茶源的思想。即他们在运货途中逐渐感到武昌府的崇阳、蒲圻两县交界处的羊楼洞、羊楼司一带地方，雨量充足，气候湿润，土地肥沃，为栽植茶树之佳壤。并且，地理位置好，处于江汉平原之东，交通较为方便。可以在此开辟一个产、运、销一体化的茶叶经济基地。计划一定，便马上去实施"。③

史料记载，"羊楼峒……以多山之故，茶产自属相宜。其起源虽不可考，但据地志所载，前清咸丰年间，晋皖茶商往湘经商，该地为必经之路。茶商见该地适于种茶，始指导土人，教栽培及制造红、绿茶之法"④。当地人与晋商联手开办茶山、茶园、茶厂。山西商人在长期经营茶叶中，较系统地掌握了许多有关茶叶的生产及其加工知识，毫不保留地传授给当地农民。"使得崇阳人和蒲圻羊楼洞人逐渐学会了坑种法、育苗移栽法、茶花间作法和压条法等。更学会了炒青、蒸青等加工技术。当时生产的主要是红茶，也有少数绿茶。其新茶种逐渐传播到通山、咸宁等地。有关培育和加工技术也随之在鄂东南地区推广、普及，形成了较大范围的产茶热潮。在晋商的鼓动和茶利的诱使下，每到春天茶芽初发，乡间农人竞相力务红茶，摘之、踩之、焙之，忙得不可开交。"⑤崇阳、咸宁山区"筛茶之男工、拣茶之女工，日夜歌笑市中，声如雷、汗如雨"⑥。咸丰、同治时期，蒲圻、崇阳等县，按照山西商人的指导，已能够制作上好的青茶。红茶加工技术最早由广东商人在道光末年从其故乡传入湖南安化，继由山西商人传播到鄂东南以至鄂北。蒲、崇等县乡民依其而行。民户制成其成品后，存入竹器，等待晋商收购，或送往客商处出卖。清咸、同时期的茶叶尚为散茶，晋商收购后，要对之实行较为复杂的包装。由于散装茶叶体积

---

① 袤于：《茶市杂咏》，见林复泉《武夷茶叶之生产制造及运销》，转引自李三谋、张卫：《晚清晋商与茶文化》，《清史研究》2001 年第 1 期。

② 王懿德：《王靖毅公年谱》卷上，咸丰三年，四月纪事。

③⑤ 李三谋、张卫：《晚清晋商与茶文化》《清史研究》2001 年第 1 期。

④ 戴啸州：《湖北羊楼峒之茶叶》，《国际贸易报告》1936 年第 5 期。

⑥ 同治《崇阳县志》卷三。

大，重量轻，运输不便，而且装入竹篓需踩压结实方能载运，耗损不少。自光绪初年，始压制砖茶。"由山西商人开其端。其压制法极为幼稚，置茶叶于蒸笼中，架锅上蒸之，倾入模型中，置木架压榨器中，借杠杆力，压榨之，移时，在模中托出，放于楼上，听其自然干燥。"① "晋商……再一次充当了制茶新技术的传播者。在湖北的崇、蒲地方，红茶是由商贸的需要而兴起、发展，又因商贸的需要而相应地转变其加工形式和制作手段。在相当长的一段时期内，商贸因素在茶叶生产中占据了主导地位。"②

据《蒲圻志》记载，道光有山西茶商天顺长、天一香（后改名义兴茶砖厂）、大德生、大德常、大川昌、长裕川、三玉川、长盛川、洪元川、宝聚川、德原生、顺丰昌、兴隆茂等 40 余家。长裕川规模最大，时间最长，其前身是乾嘉时期的长顺川。最早进入蒲圻的晋商是长顺川、三玉川、巨盛川。清诗人周顺侗《咏天一香茶砖》云："茶乡生计即山农，压作方砖白纸封。别有红笺书小字，西商监制自芙蓉。"③ 民国二十四年刊印的《中国实业志·湖南卷》载：当时，聂家市有晋商独资茶庄 5 家，晋商、聂市商人合资茶庄 12 家，共计 17 家。最早开办的 3 家茶庄，就是晋商独资企业大涌玉、巨贞和、晋裕川。

1893 年（光绪十九年）前后，晋商受俄罗斯商人的启发，在羊楼洞开始使用气压机和水压机制砖茶，后于 1897 年（光绪二十三年）购进英国怡维生公司生产的烘干机，焙制散茶，色味俱佳④。可见，晋商在茶叶贸易中，逐渐地由异地贩运贸易的商人向近代民族产业资本家转型，这也是湖北新一代的近代加工工业的雏形。

茶叶之路上从事主要商品茶叶的生产、加工、运输、销售的商人有分工有合作，各自根据自己的资力、优势有所选择。少数特大型茶商，从茶叶产地采购加工到运输、销售一条龙，在武夷山或者羊楼自己设立茶叶加工作坊，采购、加工制作、长途运输直到销售地，向俄罗斯商人批发零售，完全依靠自己的力量。比如大盛魁，它的骆驼商队有 2 万多峰；榆次常家在恰克图专门做茶叶生意的茶庄 6 家，也有自己的运输队伍。多数晋商参与茶叶之路的贸易，常常是分段进行的：茶叶产地采购加工有专门商

① 戴啸州：《湖北羊楼峒之茶叶》，《国际贸易报告》1936 年第 5 期。
② 李三谋、张卫：《晚清晋商与茶文化》，《清史研究》2001 年第 1 期。
③ 芙蓉指芙蓉山，即羊楼洞松峰山。
④ 《农学报》卷八 1897 年版。

号；茶叶运输，多有运输商人由产地到河南赊旗镇，由赊旗镇到山西祁县，由山西祁县到张家口或者归化；由张家口、归化到库伦和恰克图分段进行。分段运输的好处，承运商人路途熟悉，成本较低，自然风险小，盈利多，也是一种专业区域分工。销售茶叶也有不少茶商是在东口或者西口批量购进，转销库伦、恰克图。对购进的俄罗斯商品，也有专门的商号经销，如山西徐沟的"万胜通"、"万胜顺"、"万胜高"、"豫盛达"等商号，就是专门在山西销售俄国货的"羌货庄"。

茶叶之路不仅带动了江南产茶地区的种植业与加工业的发展，也带动了茶叶之路沿途的大批农民从事水陆运输业的发展，特别是带动了中国北部经济社会的发展，使归化、库伦、多伦、张家口、包头、乌里雅苏台、科布多、海拉尔、齐齐哈尔、集宁等一大批地处边塞的中小城市得到了迅猛发展。归化和包头，在其繁华之盛时，并不弱于江南。归化城的运输骆驼总数，在最盛时曾达到了16万峰之多。①

恰克图贸易促进了欧洲的工业品的出口，继而带动了俄国国内工业的发展。18世纪50年代，莫斯科生产呢绒和棉织品的工厂，产品经恰克图运往中国。恰克图经西伯利亚至莫斯科茶叶之路的沿途居民，因为茶叶之路而获得了生计，仅运输费用一项就高达350万卢布。2010年6月作者在恰克图考察时，恰克图市议员尼古拉·费力中亲口讲，他的祖父就是为恰克图俄商与中国山西商人赶车运送茶叶的，学会了中国话，可以在中俄商人间自由交谈，日子过得很好，后来茶叶交易减少了，生活曾一度过得很紧。

由于俄罗斯人嗜茶如命，俄国茶商获利极其丰厚，就越来越不满足于在恰克图从晋商手中购进茶叶再运转欧洲了，千方百计直接进入中国内地产茶区直接采购、设厂加工，绕过山西商人之手。后来又购进中国茶叶种子在俄国试种。1883年起，多次引进中国茶籽、茶苗，试图栽培茶树，1884年，索洛沃佐夫从汉口购去茶苗12000株和成箱的茶籽，在查瓦克——巴统附近开辟一小茶园；1888年，俄人波波夫来华购买茶籽和茶苗，聘请刘峻周为首的茶叶技工10名，在高加索地区试种成功，对俄国茶叶产业做出了很大贡献。俄国人在汉口采购茶叶时，俄茶商彼特金曾捐资在汉口鄱阳街与天津路交会处建了一座类似恰克图东正教教堂的汉口东

---

① 梅锋：《恰克图与茶叶之路》，中国经济网，2009年3月23日。

正教教堂，是保存至今的汉口唯一典型的俄罗斯风格建筑。俄国茶商1888 年在汉口兰陵路口建立的茶厂新泰大厦至今仍然屹立，鄱阳路和洞庭路口的"巴公房子"就是当年俄国茶商的公寓。

四、商事习惯与制度

在与俄罗斯商人的往来中，晋商特殊的企业制度对俄商的影响也不小。太谷曹家企业是对外贸易为主的企业，19 世纪 20～50 年代有 13 种行业，640 多个商号，3.7 万名职工，资本达 1000 多万两白银。其商号名称多数冠以"锦"字，如锦霞明、锦丰庆、锦亨泰绸缎庄，锦泉涌、锦泉汇、锦丰焕、锦丰典、锦隆德钱庄、锦元懋账庄，锦生润票号等，由砺金德、三晋川、用通五三个账局管理其"锦"囊集团中的全部曹家商业网络。在各商号保持独立核算基础上，由上一级商号领导相互进行信息交换、联合采办商品、融通资金、调剂人才等，发挥了综合优势，形成强有力的曹家企业集团。独资企业之外，合伙企业也很多。对此，在清末俄国驻中国领事馆官员尼·维·鲍戈亚夫连斯基在他的《长城外的中国西部地区》一书中曾说："汉族人则特别喜欢联合行事，特别喜欢各种形式的合股……有些商行掌握了整省整省的贸易。其办法就是把某一地区的所有商人都招来入股。因此，在中国早已有了现代美国托拉斯式企业的成熟样板，当前在中国西部地区的主要是山西和天津的商行。"

在恰克图的晋商茶庄等商号有大昌玉、保和玉、三德玉、顺德玉、大涌玉、泰和玉、三和源、福源德、天和兴、大成兴、永玉恒、天庆隆、永光发、壁光发、兴泰隆、公和盛、万庆泰、公和浚、万盛永、永玉亨、大成庆、广全泰、永和玉、大珍玉等 100 多家。与俄商的商品交易，当然离不开货币，但是实际上不是使用金币，诚如马克思所说："恰克图的边境贸易，事实上和条约上都是物物交换，钱在其中不过是价值尺度。"砖茶价格，1882～1892 年，每箱 12 两白银，后来提高到 15～16 两。每箱 24 块青砖茶。清政府理藩院对茶商发给茶票，每茶 300 箱给票一张，收取规费 50 两。每票只准使用一次，不准复用，所领茶票限期一年内交回。管理严格。虽然是易货贸易为主，但是不能没有货币，一是纳税，二是交易差额的清算。俄国没有什么商品可以大量输出，基本年年入超，不得不支付白银。俄国政府不许白银出口，俄商就把白银加工制成粗糙的银工艺品以易货名义支付。在贸易出超的情况下，俄商不能随交易支付硬货币，曾

繁荣的恰克图贸易打造了"仓廪实而知礼节"的氛围。何秋涛在《朔方备乘》中写道："盖外国人（俄国人）初同内地民人市集交易，一切唯恐见笑，故其辞色似少逊顺，经恰克图司员喻以中外一家之道，俄罗斯欢喜感激，信睦尤著。"18世纪的俄国学者帕尔申在他的《外贝加尔边区纪行》记载了一次俄国节日里双方政商人物的聚会："中国人衣着非常讲究……当（俄国官员）提议举杯敬祝皇帝（沙皇）陛下健康时，全体中国人都肃然起立，与我们一起欢呼'乌拉'，并且兴高采烈地举起酒杯。这个场面我觉得非常美好。"①

饮食习惯与生活也是茶叶之路上的问题。将中国的茶文化传播到海外，是商人们的功劳，进一步促进了中俄经济和文化交流。史料记载，对俄罗斯的砖茶贸易，使"涅尔琴斯克（今乌兰乌德）边区的所有居民不论贫富、年长或年幼，都嗜饮砖茶。茶是不可缺少的主要饮料，早晨就面包喝茶，当作早餐。不喝茶就不去上工。午饭后必须有茶。每天喝茶可达五次之多，爱好喝茶的人能喝十至十五杯。不论你什么时候去到哪家去，必定用茶款待。"② 实际上，"所有亚洲西部游牧民族均大量饮用砖茶，时常把砖茶当作交易的媒介"③，即把茶叶当作货币作为支付手段。"晋商与湖广茶农培育和制作了最适合俄国和西亚人饮用的红茶，并将之积极组织出口外销，在世界饮食文明史上留下了不可磨灭的功绩。"④，帕尔申评论道："一个恰克图抵得上三个省，它通过自己的贸易活动将人民的财富变成宝贵和富有生机的液汁，输送到西伯利亚。"随着茶叶之路从恰克图向欧洲延伸，一个又一个新兴城市应运而生。通过茶叶之路，反而在中国找到了更为广阔的天地，如俄产毛呢，就占据了中国市场相当大的份额。⑤

有趣的是，在俄罗斯的西伯利亚地区，作者亲历并享受了俄罗斯人的包子铺。俄罗斯人的牛肉包子与中国包子完全一样，只是大了一点儿，也是灌汤肉包，连味道也一样。由于晋商当年在西伯利亚的人数众多，带来了中国的厨师，中国饭菜受到当地人的欢迎，所以至今，俄罗斯人叫茶为"cha"，包子亦作"baozi"，称饺子为"bianshi"，与山西南部、河南等处称"扁食"一样发音。

---

①⑤ 梅锋：《恰克图与茶叶之路》，中国经济网，2009年3月23日。

② 瓦西里·帕尔申：《外贝加尔边区纪行》，商务印书馆1976年版。

③ 姚贤镐：《中国近代对外贸易史资料》第2册，中华书局1962年版。

④ 李三谋、张卫：《晚清晋商与茶文化》，《清史研究》2001年第1期。

1894 年，一位在茶叶贸易发了财的俄国商人捐资修建了恰克图博物馆，至今保存完好，馆内珍藏着大量茶叶之路的文物，其中有 19 世纪末恰克图商人捐赠的价值昂贵的砖茶、人头茶、白毫茶和花茶，放置在专用的中国铅、锡盒子内。恰克图以收藏集《茶之俄罗斯——旧都》参展莫斯科举行的"2006 国际博览"获胜。当今，布里亚特共和国自豪地称恰克图"处处是金"，"在过去的几个世纪中邻国俄罗斯和中国的大多产品都蜂拥而至（其中最多的是茶叶）交易额达数百万，这里甚至出现了百万富翁街"。茶叶之路"使恰克图的增长如同加了酵母"。

六、茶叶之路的未来

茶叶之路兴盛 200 年以后，逐渐衰落了。其原因很多，最直接的原因，一是俄罗斯从莫斯科经西伯利亚到中国东北的铁路通车以后，商路改变；二是弱国无强商，清政府晚期国力下降，屈从于西方列强，从产地购茶到恰克图，俄商取得了种种特权，俄商与晋商所承担的税款相差 50 多倍，华商无法与之竞争；三是 20 世纪 20 年代的政治巨变，自由市场贸易消失，也就谈不到中俄商人的恰克图市场了；等等。然而，晋商经茶叶之路对中国商业文明的对外传播，让外域人接受了大量中华文明商贸与文化，也使中国人得到了大量白银，得到优秀的外域文化，为世界文明的演进做出了贡献。

不管如何，被俄罗斯人称作"威尼斯沙城"的恰克图，"这里每一步都是历史"。布里亚特共和国不仅是茶叶之路的枢纽，而且拥抱着神奇的贝加尔湖，古老的原始森林，广袤的草原，神奇的泉水，咆哮的瀑布，艳丽的各色珠宝，原始的"全家徒"部落，西伯利亚的亚热带森林，等等，都是令人向往的，而中国茶叶产地武夷山、羊楼洞、安化和经营万里茶路的山西商人的故里，更为俄罗斯人感到神秘。虽然布里亚特与蒙古现在饮用着经莫斯科来自印度和斯里兰卡的袋装红茶，很少能看到中国的青砖茶，但是老年人传说中的中国青砖茶仍然在诱惑着那里的居民，他们等待着中国青砖茶的到来并大量购买。

现在，重现茶路贸易、拓展茶路旅游，并不是梦想。

茶路·茶商·茶文化

背景说明

　　本文是 2011 年 6 月 11 日在天益美名茶饮公司所做《茶路、茶商、茶文化》讲座的提纲。茶商是晋商中很有影响的商帮，文章主谈茶源、茶路、茶商和茶文化。

一、茶源

　　茶是世界最流行的饮料。4800 年以前，"神农尝百草，日遇七十二毒，得茶而解之"。（《神农百草经》）"茶之为饮，发乎神农氏。"（陆羽《茶经》）2200 年前，王褒《僮约》记载西汉有"烹茶尽具"，"武阳买茶"。20 世纪 80 年代新疆塔里木出土墓葬有 2200 年前的茶叶。2000 年前，湖北姑娘王昭君在草原制作奶茶。公元 641 年，文成公主在西藏用酥油茶招待大臣。

　　饮茶好处：一是饮茶可以提神；二是饮茶可以解酒；三是饮茶可解烟毒；四是饮茶减肥润肤；五是饮茶防治牙蛀；六是饮茶降脂降压；七是饮茶消食开胃。

　　"茶是怎样来的"？有四种说法：一是祭品说；二是药物说；三是食物说；四是同步说。

　　中国的茶树原产地在哪里？有四种说法：一是西南说；二是四川说；三是云南说；四是江浙说。全国有 10 个省区 198 处发现野生大茶树，其中云南的一株，树龄已达 1700 年左右。云南省树干直径在一米以上的就有 10 多株。最早茶树生长在什么地方？资料表明，现在全国有 10 个省区 198 处发现野生大茶树，其中云南的一株，树龄已达 1700 年左右，仅云南省内树干直径在一米以上的就有 10 多株。

研究证明，我国西南地区是茶树原产地的中心地带。

二、茶路

（一）茶在国内的传播

先秦两汉时，巴蜀是中国茶业的摇篮。西汉时，成都是我国茶叶消费中心和集散中心。

三国西晋时，长江中游和华中地区成为茶业中心。东晋南朝时，茶产业向长江下游和东南沿海发展。

唐宋时，长江中下游地区成为中国茶叶生产和技术中心。唐代茶叶产区遍及四川、陕西、湖北、云南、广西、贵州、湖南、广东、福建、江西、浙江、江苏、安徽、河南 14 个省区。

中原和西北少数民族地区嗜茶成俗，南方茶的生产，随之蓬勃发展起来。茶叶生产和技术中心转移到了长江中下游。

（二）茶在国外的传播

传到西亚。西汉时，随丝绸之路进入西亚。南北朝时，与土耳其贸易中有茶叶。1292 年，元世祖派马可波罗陪送公主嫁到波斯，从泉州带去 4 箱茶叶。

传到日本。唐顺宗永贞元年（805 年），在华学佛的日本最澄禅师回国，带茶籽种植日本滋贺县。

传到东南亚、阿拉伯、非洲。宋、元时期，我国对外贸易的港口有八九处，陶瓷和茶叶成为重要出口商品。明代，郑和七下西洋，遍游东南亚、阿拉伯半岛，直达非洲，茶叶输出量大量增加。

传到非洲、欧洲。1607 年（明万历三十五年），荷兰海船自爪哇来我国澳门贩茶转运欧洲，茶叶成为荷兰人最时髦的饮料，饮茶之风波及英、法等国。1631 年，英国威忒船长专程率船队来华，首次从中国直接运去大量茶叶。先在金融区的咖啡馆销售。葡萄牙凯瑟琳公主嫁到英王查理二世时，除了嫁妆还有茶叶、泡茶方法。茶叶在英国通向商业成功之路，直接取道王室，继而是贵族小贵族、有抱负的普通人。清代，饮茶之风波及欧洲国家。最初茶叶在欧洲价格昂贵，视为"贡品"和奢侈品。后成为民间的日常饮料。英国人是世界上最大的茶客。

传到印度。印度是红碎茶生产和出口最多的国家，其茶种源于中国。1780年，英国和荷兰人从中国输入茶籽在印度种茶。1824年印度发现有野生茶树。

到19世纪，中国茶叶传播全球。中国是茶叶的故乡，中国人民创造了世界上最好的饮料。1886年，茶叶出口量达268万担。现在全世界有50多个国家种茶。

（三）海上茶叶之路

中国茶叶，与丝绸、瓷器、香料一样，在国际上享有盛誉。故有丝绸之路、茶叶之路、瓷器之路、香料之路的提法。

浙东—日本、朝鲜。

闽粤—南洋—马来半岛—印度半岛—地中海—欧、非、美等大洲。

广州—南洋、欧洲、美洲。

总之，海上茶路是从福建省宁德三都澳、厦门、泉州，到广东省汕头、广州、香港、澳门一线几个重要港口，装船运往南洋、欧洲、美洲各国。

（四）陆地茶叶之路

海运茶叶苦涩，陆运茶叶香甜可口。陆上茶路大体上分为五条路：

（1）西南茶路（茶马古道）。茶马古道是中国西南地区，以马帮为主要交通工具的民间国际商贸通道，分为两路：川藏道、滇藏道。连接川、滇、藏地区。形成"两横一纵"的交通格局，即"干"字形的路线。两横一纵之外，还有若干支线，如由雅安—松潘—甘南支线；由川藏道北部支线—四川德格—青海玉树—西宁—洮州（临潭）支线；由昌都向北经类乌齐—丁青—通往藏北支线。共同构成向外延伸至南亚、西亚、中亚和东南亚，远达欧洲。向北、东北、西北是主线。

（2）经运河—北京—沈阳—丹东—朝鲜。

（3）武夷山、羊楼洞、安化—汉口—襄樊—社旗—清化—晋城—长治—子洪口—鲁村—太原—雁门关—黄花梁—张家口—多伦诺尔—齐齐哈尔—呼伦贝尔—东西伯利亚。

（4）武夷山、羊楼洞、安化—汉口—襄樊—社旗—清化—晋城—长治—子洪口—鲁村—太原—雁门关—黄花梁—杀虎口—呼和浩特—乌兰巴托—恰克图—伊尔库茨克—新西伯利亚—莫斯科—彼得堡。

（5）武夷山、羊楼洞、安化—汉口—襄樊——社旗—清化—晋城—长治—子洪口—鲁村—太原—雁门关—黄花梁—杀虎口—呼和浩特—乌兰巴托—科布多—奇台—乌鲁木齐—伊犁—塔尔巴哈台—俄罗斯。或者杀虎口—包头—银川—兰州—乌鲁木齐—俄罗斯或者西亚。

茶叶之路有多条，流量最大、影响最大还是以经汉口、河南、山西出长城的茶路贸易，这是中蒙俄共同创造的友谊之路。

陆路茶叶到消费地口感更好，海运输茶叶味道苦涩。新疆、内外蒙古和俄罗斯人、欧洲人最喜欢经山西、库伦、恰克图来的中国茶叶。

黄花梁—右玉—杀虎口—呼和浩特—库伦—恰克图—伊尔库茨克—新西伯利亚—秋明—莫斯科—彼得堡。

黄花梁—大同—张家口—库伦—科布多—古城—迪化—塔尔巴哈台—俄罗斯黄花梁—大同—张家口—多伦诺尔—齐齐哈尔—呼伦贝尔（海拉尔）—满洲里—俄罗斯。

明隆庆五年（1571年），明廷和蒙古俺答汗议和，并在宣府张家口堡，大同府新平堡、得胜堡，太原府水泉营堡设立"茶马互市"。

太原—大同—张家口—张北—太仆寺旗—（越浑善达克沙漠）—库伦。

张库大道（张家口—库伦）上的商户，清初80家，道光年间260家，同治年间530家，民国初年仅大境门外的店铺就达1500多家。

张家口八大皇商。通事行（旅蒙商）。

三、茶商

1700年，中国茶农0.45公斤卖1便士，欧洲商店0.45公斤茶卖3英镑（300便士）。东印度公司垄断。走私让茶叶价格逐渐下降。

1784年英国茶叶关税由120%下降到12.5%。1800年茶在工厂车间随处可见。

茶商最大最多最强者是晋商茶帮。晋商最突出的祁县、榆次、太谷、汾阳等。祁县在清咸丰同治朝有20家大茶商：长裕川、巨贞川、永聚祥、大玉川、裕盛泉、德逢源、大德诚、巨盛川、大德川、宝聚川、长源川、宏源川、通川盛、长盛川、福廉泰、大德兴等。1853年（咸丰三年）京师茶庄57家，其中晋商17家，内有祁县帮6家。1881年（光绪七年）汉口晋商茶庄38家，其中祁县10家。祁县茶商在西安、汉口、天津、北京、包头、太原、安化、长沙、南昌、扬州、十二圩、张家口、绥远、赤峰、恰克图、多伦、库伦等地都是实力最强的茶商。祁县渠家的长盛川；乔家的大德诚、大德兴、亿中恒；大盛魁的大玉川（三玉川）、巨盛川；何家的永聚祥。祁县先后12家票号，其中6家是茶庄改组的：合盛元、大德兴、大德恒、大德通、长盛川、大德源。祁县民谚"做官的入了阁，不如在茶票庄当了客"。

内蒙古多伦淖尔4000家商号，大部分是晋商，十几座关帝庙，2万山西人。多伦的山西会馆是建筑艺术极高的会馆，特别是演戏的舞台，其中设置的共鸣箱，使十多里之外仍然可以听戏。

张家口是晋商茶路上的重要商关。张家口—多伦—齐齐哈尔—满洲里—东西伯利亚；张家口—库伦（张库大道）—恰克图—西伯利亚—莫斯科—彼得堡。

经杀虎口到呼和浩特。呼和浩特是汉蒙商品交易的重要市场。仅票号就有大美玉、大德玉、义成谦、大德恒、大盛川、恒义隆、裕源永、大德通、长盛川、存义公、协成乾、长慎湧、崇义公、瑞生润、合盛元、大生玉、蔚丰厚；钱庄：东义源、协和成、谦益恒、谦益永、法中庸、德太和、义成德、瑞盛庆、谦恒永、永和号、复泉茂、万昌通、隆昌旺、大德生、达泉胜、蔚隆泰、开亨永、裕盛厚、泰和昌、聚义昌、德顺和、天生德、恒生昌、恒玉昌、谦益永、元享泰、义泰祥、元恒泰、双兴厚、义泰祥、元享泰、泰和昌、晋义祥、义丰祥、天享永、聚义恒、云集祥、恒玉昌、乾元通等；账庄：中兴永、天顺昌、法如春。

包头有票号——大德恒、大德通、大盛川、大盛魁、裕盛源、裕源永；钱庄——复盛公、源恒长、广顺长、广顺恒、宝昌玉复聚恒、兴盛号、兴隆永、谦和诚、天兴恒广义贞、广恒源、宏义源、复信恒、懋和元聚兴、广义和、兴隆长；银炉——复义和、天聚号、西盛公、崇集义、福元生巨川汇、宝聚西、聚兴全。

恰克图。"买卖城内由一条东西走向的横街和三条南北巷子组成，西巷有常家的大泉玉，中巷有常家的大升玉，东巷有常家的独慎玉。"

恰克图的茶商有福源德、天和兴、大成兴、永玉恒、天庆隆、永光发、壁光发、兴泰隆、公和盛、万庆泰、公和浚、万盛永、永玉亨、大成庆、广全泰、永和玉、大珍玉等。

在俄罗斯有很多晋商的金融企业，其中账局有大升玉，大泉玉、大美玉、独慎玉、恒隆光、祥发永、大盛魁；票号有大德玉、独慎玉；钱庄有锦泉涌、锦泰亨等。对外金融业务还有贸易融资、放印票等。

祁县人常常把茶庄与票庄联系在一起，茶庄与票庄为什么关系密切？①资本金要求高；②分支机构最多；③蒙俄市场最大；④业务关系紧密；⑤砖茶常当货币；⑥东家投资集中。

四、茶文化

茶艺是烹茶饮茶的艺术，是一种以茶为媒的生活礼仪，是修身养性的一种方式。通过沏茶、赏茶、闻茶、饮茶，增进友谊，美心修德，学习礼法。喝茶能静心、静神，有助于陶冶情操、去除杂念。茶道是茶文化的核心、灵魂。

中国内地手工艺品和边境民族特色商品的交流，扩大了中俄两国经济文化交流的范围。

晋商的商业伦理、中道哲学在外贸中始终如一。诚信义利，和衷共济，相互关爱。

谢尔盖先生讲，恰克图人现在仍然有此传统。谦逊礼让，生活简朴、助人为乐、不争名利。

晋商在恰克图逢年过节都要举办中国传统的庆典活动。春节最热闹，头三天，周围居民可以自由进入买卖城。买卖城张灯结彩，人们拥挤在这里观赏中国艺人的表演和变戏法等精彩节目。

俄商也赠给中国朋友贺礼。晋商非常热情地用中国糖果点心和山西的汾酒、竹叶青招待客人。妇女们往往带着孩子们涌进店铺，毫不客气地大嚼糖果，痛饮给他们端来的中国酒。

1874年山西崞县商人苏丕振的蒙古语学习笔记本，抄有晋商谜语，举例："大学之道，肆情免聿。女子之嫁，圭田五十。填然鼓之，照临下土。"打四字。谜底："套娃真好。"

乌兰巴托汗王宫大钟，铭文讲到库伦晋商"十二甲首"敬心铸造新钟，以视对关帝圣君的诚敬之意。十二甲首是："源发乾、广全泰、义合德、义合忠、永茂盛、义合盛、元盛大、豫和昌、兴隆昌、源泉涌、万顺亿、□昌魁（原文不清）的大掌柜。"

1708年，康熙谕旨建立了中国第一所俄语学校。但不可能满足商人的需要。

恰克图市场的神奇之处，就在于中俄商人的直接交流。当年，在热闹的集市上，可以随时听到俄国腔的汉语、中文腔的俄语，还有蒙古调的俄语和汉语，或者俄调和汉调的蒙语，各种语言的交流几乎没有障碍。

汾阳县在俄国经商 1917 年以后返回来 1 万人。

1894 年，一位俄国商人捐资修建了恰克图博物馆，馆内珍藏大量茶路文物，其中有 19 世纪末恰克图商人捐赠的价值昂贵的砖茶、人头茶、白毫茶和花茶（红玫瑰），放置在专用的中国铅、锡盒子内。

茶路的贡献：

（1）茶叶之路是中蒙俄和平相处、互利贸易的产物。

（2）发展了中国对外贸易，大量白银从俄罗斯流入中国。

（3）解决了蒙古与布里亚特地区游牧民族生活必需品。

（4）带动了产茶地区的种植业与加工业，带动了茶路沿途的大批农民从事水陆运输业。

（5）促进了欧洲工业品的出口和俄国工业的发展，西伯利亚到欧洲茶路沿途居民获得了生计，仅运输费用收入约 350 万卢布。

晋商经茶叶之路对中国商业文明的对外传播，让外域人接受了大量中华商业文化，也使中国人得到了大量白银，汲取了优秀的外域文化，为世界商业文明演进做出了历史贡献。

恰克图是茶路枢纽。也是布里亚特共和国的"威尼斯沙城"，这里拥抱着神奇的贝加尔湖，古老的原始森林，广袤的草原，神奇的泉水，咆哮的瀑布，艳丽的各色珠宝，原始的"全家徒"部落以及西伯利亚的原始森林，看过之后令人流连忘返。而中国茶叶产地武夷山、羊楼洞、安化，特别是经营万里茶路的山西商人的故里，更使俄罗斯人感到神秘。

万里茶路的历史贡献

背景说明

本文原载《市场信息报·当代晋商》2013 年 7 月 20 日（总第 48 期）。该刊编者按："'中蒙俄万里茶路文化旅游产业项目推介暨合作洽谈会'，作为山西省首届文博会活动内容之一，由省委宣传部、省旅游局，省外办，省贸促会等联合主办，于2013 年 7 月 1 日，在太原煤炭交易厅举行，主题为多元、合作、创新、共赢。'万里茶路'兴于明末，盛于清中期，是一条以晋茶商为主力军的，从中国福建武夷山出发，贯通蒙古、俄罗斯、欧洲和中亚各国，途经 235 个城镇，总长 13 万多公里的国际商路。万里茶路是继丝绸之路与茶马古道之后的，又一条在历史上发挥过重要商业动脉作用的陆上国际商路。经历 200 年时间长河的冲刷与积淀之后，这条商路演变为一条国际黄金文化旅游线路，期待新时期的辉煌。山西财经大学晋商研究专家孔祥毅教授、《中国俄罗斯》杂志主编弗拉基米尔别列日内赫、俄罗斯恰克图议员尼古拉弗里申、中国旅游研究院院长戴兵、上海师范大学文学与传播学院副院长金定海、武汉科技大学中南分校旅游系主任、湖北省社科院《茶叶之路》课题组专家等做了精彩的主题演讲。三国专家学者、实践工作者和会场观众互劝，畅谈茶路对中蒙俄三国历史文化的作用，为'万里茶路'文化旅游开发献计献策。现特刊发孔祥毅教授的演讲，以飨读者。"

一、万里茶路的兴起

4800 年以前，中国人发现了茶叶的妙用。几千年来，茶叶始终是世界上人们饮用最多、流行最广的饮料。

西汉时，茶叶随丝绸之路进入西亚。王昭君把茶叶带到蒙古，创造了奶茶。

南北朝时，与土耳其贸易中有茶叶输出。

唐顺宗永贞元年（805 年），在华日本僧人最澄禅师回国时带茶籽在日本滋贺县种植成功。茶叶传到日本。

元朝时，马可·波罗陪送公主嫁到波斯，曾从泉州带去四箱茶叶作陪嫁。忽必烈把饮茶与茶叶贸易扩展到了北亚和西亚。

1607 年（明万历三十五年）荷兰海船来到中国澳门贩茶于欧洲，茶叶成为荷兰人最时髦的饮料，饮茶之风波及英法等国。

1638 年（明崇祯十一年），俄国大使拜见蒙古可汗，以貂皮、麝香作见面礼，可汗向沙皇回赠了 200 包中国茶叶，沙皇十分喜爱。茶叶在俄罗斯由宫廷传到了贵族名门。

1689 年中俄签订《尼布楚条约》，康熙皇帝与彼得大帝推动了中俄茶叶贸易。

1727 年（雍正五年）中俄签订《恰克图条约》，在雍正、乾隆和叶卡捷琳娜一世的推动下，恰克图成为中蒙俄茶叶贸易的枢纽，万里茶路得以开通。

1824 年（道光四年）恰克图茶叶贸易达到巅峰。

19 世纪，中国茶叶传播全球。

中国的茶叶外输路线，海上有 3 条，陆上有 5 条。但是，里程最远、影响最大的是贯穿中国南北、穿越蒙古沙漠瀚海、进入俄罗斯、沟通亚欧大陆的长达 1.3 万多里的万里茶叶之路。这是中蒙俄三国人民互通有无、友好往来的结晶。至今 3 个多世纪。由于陆路运输的茶叶到达消费地后口感更好，而海运茶叶味道苦涩，俄罗斯人与欧洲人最喜欢经库伦、恰克图来的中国茶叶。

这条茶路大体为：中国福建武夷山的茶叶经江西铅山、九江沿长江西进到汉口，湖南安化的茶叶经益阳、洞庭湖、长江到达汉口，湖北蒲圻羊楼洞的茶叶北运抵达汉口，这些茶叶再由汉口沿汉水北上，经湖北襄樊，河南社旗、洛阳，山西晋城、长治、祁县、太原、忻州雁门关、朔州黄花梁，分别向东北、西北行进，东北方向经张家口、多伦诺尔、齐齐哈尔、呼伦贝尔、东西伯利亚；西北经杀虎口、呼和浩特、恰克图、伊尔库茨克、新西伯利亚、莫斯科、彼得堡到欧洲各国。一部分经内外蒙古向西部进入新疆哈密、乌鲁木齐、塔尔巴哈台，到俄罗斯，或南行进入西亚。

万里茶路的总枢纽在恰克图。1728～1730年恰克图市场建成。1894年俄国茶商捐资修建的恰克图博物馆，现在仍然珍藏大量茶路文物，其中有19世纪末恰克图商人捐赠的价值昂贵的砖茶、球形茶、白毫茶、玫瑰茶、茉莉花茶，放置在芦苇竹子编制的茶篓和专用的中国锡盒子内。恰克图博物馆以收藏集《茶之俄罗斯——旧都》参展莫斯科"2006国际博览"获得金奖。在万里茶路上最为活跃的中国商人是晋商。当年在买卖城的晋商，有茶商福源德、天和兴、大成兴、永玉恒、天庆隆、永光发、壁光发、兴泰隆、公和盛、万庆泰、公和浚、万盛永、永玉亨、大成庆、广全泰、永和玉、大珍玉等。在俄罗斯很多城镇，还有晋商的金融机构，如账局大升玉、大泉玉、大美玉、独慎玉、恒隆光、祥发永、大盛魁；票号大德玉、独慎玉；钱庄锦泉涌、锦泰亨等，从事茶叶贸易的款项汇兑、存储、信贷以及贸易融资和放印票等。

到乾隆后期，通过茶叶之路，年输俄茶叶200万斤，1800年为250多万斤，1836～1839年年输俄700多万斤（价值800多万卢布）。万里茶路上还有中蒙俄大量其他商品的长途贩运与交流。

二、万里茶路的历史贡献

当年，清政府为了商旅安全，很重视市场管理，在内蒙古新建了绥远城，设将军衙署，在外蒙古库伦设札尔古齐衙门，监督贸易，处理商务纠纷，负责检验和对商人发放到俄蒙贸易的营业执照，并征收税款。其间曾有过三次闭市、四次开市的曲折。但是，早期的中俄贸易基本上是平等互利，公平贸易的，它为中蒙俄以至欧洲的社会经济发展做出了积极的贡献。

（一）万里茶路发展了中俄贸易，双方商人与国家都得到了好处

俄国商人在恰克图用2卢布买1磅茶叶，到彼得堡3卢布1磅出售，若转运至西欧，则获利更丰。1821～1850年，恰克图对华贸易占全部外贸的40%～60%，最高时达到60%以上。马克思在《俄国对华贸易》一

文中描述道："由 1768 年叶卡捷琳娜二世统治时期订立的条约规定下来的贸易，是以恰克图为主要的（如果不是唯一的）活动中心，恰克图……在 1845～1847 年以前，平均每年从这里输走茶叶 4 万箱左右，1852 年却达 17.5 万箱"，还有"少量的糖、棉花、生丝和丝织品……俄国人则付出数量大致相等的棉织品和毛织品，再加上少量的俄国皮革，精制的金属制品、毛皮以及鸦片"，"运往恰克图供应 1855 年集市的茶叶不下 112000 箱"。"由于这种贸易的增长，位于俄国境内的恰克图就由一个普通的要塞和集市地点发展成一个相当大的城市了。"[①] 1777 年（清乾隆四十二年）恰克图对外贸易关税收入占俄国全部关税收入的 38.5%。[②] 俄国茶商卢茨尼克夫，在恰克图交易市场圈不到 200 米的地方，建有豪宅，常常邀请晋商来家做客。至今，恰克图完好地保留着当年那条百万富翁大街（现在叫列宁大道）。俄国人帕尔申在他的书中写道："一个恰克图抵得上三个省，它通过自己的贸易活动将人民的财富变成宝贵和富有生机的液汁，输送到西伯利亚。"到 1900 年，俄国在蒙古地区的贸易总额已达 1690 万卢布，比 1861 年增加了 80 倍。[③]

（二）万里茶路解决了俄罗斯和蒙古地区游牧民族对茶叶、纺织品、烟酒等生活用品的供应，解决了中国农业手工业地区的耕牛驼马和牛羊肉食以及皮毛等需求

"南来烟酒糖布茶，北来牛羊骆驼马。"中蒙俄商品交易的发展，必然要求相应的资金融通借贷、款项划拨的金融服务，特别是在中国年年出超，俄国年年入超，俄商在货币资金短缺时，常常不得不将白银加工成粗糙的银工艺品来向中国商人易货，或者向晋商作贸易融资。茶路也促进了中国金融机构走向了世界市场。

（三）万里茶路带动了产茶地区的茶叶种植与加工业

万里茶路的开辟，为中国江南茶叶产区开辟了广阔的市场。江南产茶地区的茶叶种植面积不断扩大，并且使从事茶叶生产加工的区域不断扩大，人数不断增加，成为一个重要的产业，大大推动了中国农业产业的发展。

---

① 《马克思恩格斯全集》，人民出版社 1965 年版。
② 高春平：《晋商血色茶贸》，《国家财经城市特刊》2012 年 7 月 9 日。
③ 《蒙古族简史》。

（四）万里茶路带动了茶路沿途大批农民从事水陆运输

在中国从江南到大漠，沿途很多人参与了茶叶包装工具的制作加工、车船马匹的驮运、货栈旅店饭馆的开设等运输及其服务，形成庞大的茶叶运输和服务行业。在西伯利亚到欧洲茶路沿途的居民也获得了生计，仅运输费用收入约 350 万卢布。2010 年，恰克图市议员尼古拉·费力中说，他祖父就是为俄商与晋商赶车运送茶叶的车夫，日子过得很好，后来因为茶路衰落，家庭生活也就日渐困难了。

（五）万里茶路带动了亚洲北部城市的迅速崛起

如张家口、多伦、海拉尔、包头、呼和浩特、库伦、科布多、买卖城以及恰克图、多木斯克、耶尔古特斯克、聂尔庆斯克、克拉斯诺亚尔斯克、新西伯利亚、巴尔纳乌、巴尔古今、比西克、上乌金斯克等大批中小城镇迅速崛起。随着茶路从恰克图向欧洲延伸，一个又一个新兴城市应运而生，俄罗斯人的生活及其习惯也受到影响。布里亚特很多城镇都有中国包子铺。

（六）万里茶路促进了欧洲工业品的出口和俄国工业的发展，中国商人也从中学习到了欧洲人的现代工业思想与技术

19 世纪后半期，俄国商人进入中国内地直接采购茶叶甚至设厂加工，尤其是在湖北羊楼洞与晋商展开茶叶竞争。受俄商启发，晋商在羊楼洞使用气压机和水压机制砖茶，购买英国烘干机，焙制散茶。这也是湖北新一代的近代加工工业的雏形。后来俄商研究探索购进中国茶种，在高加索试种并获得成功。在万里茶路上中蒙俄的交易、合作、竞争与相互学习、交流，对各方都带来了巨大利益。

（七）万里茶路使中蒙俄的传统文化与商业文明得以交流与传播

1708 年，康熙谕旨建立了中国第一所俄语学校，但不可能满足商人的需要。恰克图市场的神奇之处，就是中蒙俄商人的直接交流。当年，在热闹的集市上，可以随时听到俄国腔的汉语、中文腔的俄语，还有蒙古调的俄语和汉语，或者俄调和汉调的蒙语，各种语言的交流几乎没有障碍。晋商在恰克图逢年过节都要举办中国传统的庆典活动。春节最热闹，头三天，周围居民可以自由进入买卖城。买卖城张灯结彩，人们拥挤在这里观赏中国艺人的表演和变戏法等精彩节目。俄商也赠给中国朋友贺礼。晋商非常热情地用中国糖果点心和山西汾酒、竹叶青招待客人。妇女们往往带着孩子们涌进店铺，毫不客气地大嚼糖果，痛饮给他们端来的中国酒。驻

俄巨商壁光发的东家，在汾阳南关建造的大院，至今仍然保留着俄罗斯风格，这座牛家大院与恰克图交易市场大门几乎一模一样。中国商人诚信义利的商业伦理与中和之道的处世哲学，在茶路贸易中向外传播。恰克图人现在仍然保留着谦逊礼让，生活简朴、助人为乐、不争名利的传统。

当今，俄罗斯联邦的布里亚特自豪地称恰克图"处处是金"。《布里亚特旅游大全》称："在过去的几个世纪中，邻国俄罗斯和中国的大多产品都蜂拥而至（其中最多的是茶叶），交易额达数百万，这里甚至出现了百万富翁街。"茶叶之路"使恰克图的增长如同加了酵母"。开拓万里茶路的主要商人晋商，不仅对外传播着中国的商业文明，也汲取了优秀的蒙古与俄罗斯文化，为世界商业文明的发展做出了历史贡献。

三、茶路之旅将重振茶路辉煌

恰克图是万里茶路的枢纽，也是布里亚特的"威尼斯沙城"。这里拥抱着神奇的贝加尔湖，古老的原始森林，广袤的草原，神奇的泉水，咆哮的瀑布，艳丽的各色珠宝，原始的"全家徒"部落以及西伯利亚的亚热带森林，看过之后令人流连忘返。而中国武夷山、羊楼洞、安化等地的名茶，特别是经营万里茶路的山西商人的故里，更使俄罗斯人感到神秘。

现在，虽然布里亚特与蒙古都饮用着经莫斯科，来自印度和斯里兰卡的袋装红茶，很少能看到中国的青砖茶，但是老年人传说中的中国青砖茶仍然诱惑着那里的居民，《布里亚特旅游大全》说他们"等待着中国青砖茶的到来并大量购买"。

拓展万里茶路旅游，重振万里茶路辉煌。

社旗是万里茶路的枢纽

背景说明

　　本文是 2013 年 9 月河南省文物局、南阳市人民政府在社旗举办的"中国万里茶路文化遗产保护利用研讨会"上的演讲，收录在张春玲、凌寒编著的《万里茶路枢纽社店》，中国地图出版社 2014 年 9 月出版。社旗镇是万里茶路上的重要节点，社旗镇南船北马，江南茶叶在此转分三条旱路北运，沿途百姓获益甚多，社旗镇有石雕、木雕、砖雕、泥塑、铁铸、绘画、建筑、琉璃八大艺术融为一体的罕见古建筑群，社旗镇与万里茶路相关的历史文化遗产很值得挖掘，是一处少有的文化遗产宝库。

　　万里茶路文化遗产的研究，最早从山西财经大学开始，至今已有 53 年。笔者参加工作以来，一直从事这项研究工作，到现在整整 50 年了。当时研究成果一直没有受到重视，进入领导决策层能够为社会服务，经历了艰难的过程。笔者在 1988 年曾参加山西省 1988~2000 年经济社会发展规划起草小组，在起草文件时，曾经有过激烈的争论，一种意见认为山西一向闭关保守，连阎锡山修铁路也和别人不一样，小道轨，山西的火车可以开出去，外面的火车开不进来。当时笔者说小道轨是山西人自力更生，与洋人斗争的结果。山西人一向开拓进取，"凡是麻雀能飞到的地方，都有山西人"，山西人经商走遍全国。后来笔者和山西省社会科学院张正明先生合作写了一篇文章"山西商人及其历史启示"，1.8 万字，省委书记王茂林同志看到后，非常高兴，亲自写了 1000 多字的批示，发在省委内刊《工作与研究》上，要求全省干部认真学习。他说："谁说山西人一向闭关自守？请大家看看这篇文章。不是山西人保守，而是我们这些当干部的不行。"很快，明清晋商走遍全国成为家喻户晓、妇孺皆知。随后，有了山西晋中地委和专员公署邀请中国商业史学会和山西省晋商文化研究会，到晋中研究讨论开发晋商大院文化旅游走廊的讨论会，确立以晋商大院文化旅游走廊作为晋中经济社会发展战略。随后形成了晋商文化挖掘、研究、宣传、开发的热潮，包括电视剧、小说等，产生了很大的影响。当年祁县晋商文化节主打的内容就包括享誉全国的祁县茶商开辟万里茶路的故事。万里茶路包括福建、湖北、湖南、河南、山西、河北、内外蒙古及俄罗斯等地。我觉得万里茶路的保护、利用、开发大有希望。

一、社旗是万里茶路的枢纽

茶叶是世界上最有影响的饮料，时间越长，影响越大。茶叶的原产地是中国。4000多年前，当茶还是野生状态的时候，我国西南地区的横断山脉以南，如云南的北部就开始了采摘饮用茶叶。最早种植茶树的是四川雅安地区，随着茶树的广泛栽培，我国西南部的茶叶往北输送到西藏、青海，有一部分经拉萨出口到印度，这条运送茶叶的道路，就是西南茶马古道。

中国茶叶运销道路，陆上有5条，海上有3条，向南洋和欧洲运送茶叶走的就是3条海路。陆上的5条茶路，除了茶马古道，其他4条茶路基本以社旗为中心，所以社旗是茶路的节点。福建武夷山的茶叶，经江西沿长江西进到汉口，湖南安化的茶叶、湖北羊楼洞的茶叶，也经水路运到汉口，然后沿着汉水北上到襄樊，有部分继续北上到河口，然后进入山西，这部分数量不多，而从汉口来的大量的茶叶是在襄樊转唐河进入社旗，然后从社旗向北、向东、向西北几条路延伸。

第一条路从社旗出发向北转向东北，河南、山东，沿着运河经天津、东北，到朝鲜半岛。虽然运送的茶叶数量不太多，但应该说是一条固定的线路。第二条路从社旗往北走，进入洛阳，或者直接经郑州、开封向河北方向到北京，继续向北，经古北口、多伦、齐齐哈尔、海拉尔，到东西伯利亚。第三条路是从社旗出发向北经洛阳、郑州、沁阳，经山西的晋城、长治、祁县、太谷、太原，出雁门关，过黄花梁，或出西口即杀虎口、呼和浩特，或出东口即张家口，进入内蒙古北上外蒙古库伦、买卖城、恰克图。第四条道路是茶叶运销的主线，从社旗走洛阳，经山西杀虎口到呼和浩特，经库伦、恰克图，绕贝加尔湖，然后经西伯利亚、莫斯科到达圣彼得堡，这一条路线就是我们现在所讨论的万里茶路。这条茶路总长 26000多里，我们所说的万里茶路，指的是国内的里程，如果延伸到俄罗斯是 2万多里，这条茶路是主要的。第五条路是从社旗出发，经南阳、邓州、虢县、陕西渭南、泾阳到甘肃、新疆的塔城，到达哈萨克斯坦以至阿拉伯地区。

二、万里茶路的历史渊源

世界上有很多种饮料，但是历史上规模最大、影响最大的是茶叶，茶叶具有其他饮料无法比拟的优点。万里茶路到底有多长时间，有人说 200多年，这话也对，这是指清康熙皇帝与俄国沙皇携手开启中俄茶叶贸易。但是到 19 世纪末俄国人开拓西伯利亚铁路和海参崴海运之后，这条茶路就逐渐冷落了。但不完全对，新疆的地下墓葬中曾发现一包茶叶，是汉朝时候的，现在还有茶味。新疆不产茶叶，说明从南方到西域的茶路早就通了。

万里茶路带来了沿线经济的发展和民族的交融，它不仅为北方带去了茶叶，还带去了草原地区需要的烟、酒、糖、布等生活用品；北方也给中原地区带来了牛羊、骆驼、马匹、皮毛等中原地区需要产品。宋朝时与西藏、青海、蒙古地区就有茶马互市，就是用茶叶和马匹进行贸易。

万里茶路的形成，应该感谢两个人，其中一个是山西蒲州商人王家子弟王崇古，为宣大总兵，一个是王崇古的外甥山西蒲州商人张家子弟张四维。他们说服朝廷大臣，实现了明朝 1570 年的"隆庆议和"，汉蒙友好互市，自此蒙古人和汉人不再打仗，定期开始贸易。明朝万里茶路已经开始，但开始只局限在蒙古地区，中国商人还不能到俄国去。后来在中俄共同努力下签订了条约，才开启了通往俄罗斯的万里茶路。

万里茶路可以分为南、中、北三段，南段是茶叶由产地集中到汉口这个东方最大的茶港，这段是茶叶的生产加工基地。这些基地很多都是晋商参与建设的，如山西榆次常家在武夷山下梅村，山西祁县渠家在湖南安化。山西祁县在湖北羊楼洞等。万里茶路的中段，是从汉口启程，水运到河南社旗镇，改驮运、马拉到山西北部长城一线的关口——杀虎口、张家口。这是山西商人的大本营，晋商占主导。万里茶路的北段，是越过长城进入内外蒙古地区，然后俄罗斯，直达圣彼得堡。

社旗往南的湖北襄阳，有山西晋商的 30 多家票号，在那里的当铺仅山西介休冀家就有十几家，那里的金融机构基本上为晋商经营，所以说万里茶路的中段，河南人和山西人做了很大贡献。在几条运输线路上开饭馆的、开店的、养骆驼养马的、赶牛车的，沿途老百姓均得益于这条茶路。所以我们不能只看到茶叶，还要看到骆驼和马，因为交易是多方面的。现在恰克图的博物馆还能看到很多在山西看不到的东西，恰克图博物馆是当年和晋商做买卖发了财的俄罗斯商人捐资建的，在里边可以看见湖北、湖南过去的一些东西，比如运输的工具等。

社旗是万里茶路的枢纽，晋商在这里开办了票号，解决了款项的异地汇兑、支付等问题。社旗不仅有 200 年的茶路文化，由于几条茶路在这里分汇，通过社旗向东、北、西几个路线延伸，形成了多种文化的交汇和融合。茶路值得深入研究的东西很多，晋商虽然起了主导作用，但河南中州地区在这条路上的贡献很大，这些都有待于进一步深入研究。

三、万里茶路上的文物保护和利用

晋商文物看起来很神秘，其实从 1960 年开始，山西财经学院就收集晋中票号的资料，后来"文化大革命"中断了 10 年，1976 年以后第二次有组织地整理票号史料，直到 1990 年才把这部 100 多万字《山西票号史料》正式出版。现在写书出专著的、拍电视剧的、搞旅游开发的等，基本上都是看那部资料，但是资料并不完全，现在又发现很多新的东西，很多是从晋中地区的民间收集的。刚开始收集的时候，还没有意识到它们是文物，后来知道了，我们曾把手里的有关晋商文物资料主动上交文物局了。后来我去博物馆查阅时，文物局的同志说，这些资料还是你们单位送过来的，文物局只是保管，博物馆是仓库，需要研究人员的开发。

关于文化遗产的保护利用问题。我参加文物会议不是第一次，但是参加像今天这样文物部门和万里茶路研究人员联合会议还是第一次。社旗县在文物的保护、利用、开发方面做得很好，社旗镇文物艺术品包括石雕、木雕、砖雕、泥塑、铁铸、绘画、建筑、琉璃等艺术的融合，在其他地方很难看到，只有社旗山陕会馆。过去的琉璃艺术是山西做的，江苏、苏州山西会馆的琉璃是从山西运过去的，施工也是从山西调工人过去，建筑基本上还是北方文化特点，和南方结合的少一点。

怎样保护地方的文化遗产？我觉得文化遗产的开发，不能搞破坏性开发。万里茶路上的杀虎口，就是"走西口"的那个口，是被山西开发者把原型破坏了。1983年笔者去看的时候，是长城上的一个大门洞，下面可以走汽车，尽管是土路，汽车在下面穿行得很好。城墙上面有一排窑洞，有个老先生跟笔者说，以前这上面能住一个连。笔者第二次去杀虎口的时候已经不存在了，被开发者挖掉了"走西口"的杀虎口大门，挖了一个很大的缺口，两面各修了一个小城楼，四不像，杀虎口看不见了。杀虎口有两个堡，就是政府收税的那个地方，现在也正在变，原来那个路现在也看不见了，有些地方只能看见一点点。文物的开发利用一定注意不要破坏性的开发。怎么避免这一点呢，应该把研究历史的、研究经济学的、研究文物的专家和开发商聚到一起来搞，不要让开发商自己单独干。当然没有政府支持啥也做不成，但是做的时候不要急，不要把钱交给开发商，或者让开发商自己搞时，一定要把学者和专家召集来一块儿商量，这样才能既保护又利用，才能为申报世界遗产做贡献。

关于文物，还包括很多东西，如当年捻军造反，到处抢东西，把社旗春秋楼烧了，山西商人张联辉火得不行，就找山西商人商量，要么撤回山西，要么抵抗，最后商人们一致同意组织一支商团，商人武装就这样成立了，配合政府武装镇压捻军。捻军被镇压以后，山西商人张联辉被赏穿黄马褂，退休以后回到山西，自己拿钱，修灌渠，引汾河河水浇地，这些工程至今还在为当地老百姓造福。这些史料山西有，河南应该也有，口传的、纸质的，或者留下其他什么东西，希望两地能够合作，共同研究。

2012年由22个民营企业家捐款，筹资几千万元成立了一个山西省晋商文化基金会。基金会每年拿这个钱运作晋商文化事业，主要是传承晋商的文化，弘扬晋商的精神，开发晋商的产品，并且对晋商文化的传承做出贡献的人员进行奖励，计划两年开一次奖，奖金100万元。对于晋商史料的整理，我们正在出一套大型晋商史料系列丛书，计划利用五年左右的时间，由山西古籍出版社与中华书局联合出版，最少出100本以上，精装、彩色影印，以保留晋商原始资料的真实性。如果有这方面的资料，我们基金会负责出资出版，如果捐献，我们会给予奖励。我们从事这方面文化产品的开发，是为了旅游的开发利用，也为专家著书立说，为艺术家搞文学创作、搞电视剧提供历史资料，服务社会。笔者希望我们能够合作，在万里茶路以至更宽的领域携手做出贡献。

晋商精神

晋商精神

背景说明

本文是 2004 年应山西省商业联合会主办的《晋商》会刊创刊号约写的一篇文章,《新晋商》杂志 2005 年 7 月号部分转载。早在 1991 年夏季,当时的山西省委书记王茂林同志约写了一篇《晋商及其历史启示》,书记亲自写了 1000 余字的批示发在《工作与研究》上,要求山西各级干部学习,解放思想,不要埋怨山西群众落后,山西历史上是开拓进取的。当时曾经给晋商精神的含义做了简单的概括,就是重商立业的人生观、诚信义利的价值观、艰苦奋斗的创业精神、同舟共济的协调思想。这篇文章专门就此进行了讨论。

近年来,晋商、晋商大院、晋商文化以及晋商精神不仅是人们茶余饭后议论的内容,而且也成为政府会议中常常谈及的经济战略。尤其是晋商精神一词使用越来越广泛。那么什么是晋商精神,晋商精神的内涵是什么,需要有一个共识。本文试就此问题谈一些看法,与朋友们讨论。

一、晋商精神的内涵

晋商精神是晋商在长期的商业活动中形成的一种相对稳定的思想方法、行为范式和价值观念,它是晋商文化的核心内容,集中体现为重商立业的人生观、诚信义利的价值观、艰苦奋斗的创业精神和同舟共济的协调思想。

（一）重商立业的人生观

中国在长期的封建社会中，社会各阶层的地位是以"士、农、工、商"为序，崇尚"万般皆下品，唯有读书高"，历代政府都实行重农抑商的政策，商业和商人的社会地位最低。但是，宋元以来，山西人逐渐形成了重商思想，清人纪晓岚在他的《阅微草堂笔记》中说："山西人多商于外，十余岁辄从人学贸易，俟蓄积有资，始归纳妇。"清雍正皇帝在其《朱批谕旨》中写道："山右大约商贾居首，其次者尤肯力农，再次者谋入营伍，最下者方令读书。"①

其实，"朝廷贵农，而不乐于种，朝廷贱商，而人日趋入市，则以商贾之利胜于农也。"②虽然经商在外，"必远父母，别妻子，离乡井，淹日月，归来无期"，然而"幸获多资，走马牵牛，捆载而归，不幸则困死于外者往往也"。然而，人心思富，人心向上，"走远方，积金钱，夸耀闾里，外出车骑，入则广厦，交接缙绅"，人人羡慕。所以，山西在明清时期，在民间形成了一种重商观念，即"以商致财，用财守本"的立业思想，这就是通过经商获得金钱，然后置房产买田地，再以土地出租和放高利贷或经商，获取经营利润，以其商业收入发展商业和金融业，建立以商业为始点的价值循环和增值机制。这种与传统伦理观念相悖的人生观，是山西商业发达、财富由国外省外源源流回山西的思想基础。

从世界经济社会发展的进程看，在由农业社会向工业社会转变的过程中，都经历了一段商业革命和金融革命时期，中国明清资本主义萌芽也可以称为中国的商业革命与金融革命，商业革命带头人山西商人的重商立业思想和欧洲重商主义的产生与发展是同一的社会经济背景。山西人的重商立业的人生观产生与发展有其社会历史的必然性。改革开放以来随着商品经济发展和旅游热，晋商、晋商大院、晋商精神正在开启着人们的市场经济的心扉。

（二）诚信义利的价值观

几千年来，不管有多少思想创新或者是变革的风暴，在山西人的头脑中，大概是关云长故里的缘故，孔孟之道影响至深。在其重商立业思想指导下，对"诚"、"信"、"义"、"利"有其独特的理解和行为规范。以诚信、节俭、朴实著称于天下的晋商，坚持儒家伦理思想的内核：先义后

---

① 《雍正朱批谕旨》第四十七册，雍正二年五月十二日。
② 《怡青堂诗文集》卷一。

利，以义制利。认为人们追求功利的行为不能纵欲妄为，必须受到一种为人们公认的社会行为准则的规范和制约，这就是义。孟子说："义，人之正路也"。《左传》说："义，利之本也"，"利，义之和也"。义作为一种行为规范与人们的具体利益结合在一起，便形成了中国传统文化中在崇尚功利的同时，更注意以义制利，先义后利，甚至舍利取义的思想。他们认为，"君子爱财，取之有道"，十分珍视诚信。大概也是因为地缘亲缘关系，晋商尊关云长为财神，以其信义教育同行，以其武功保佑自己的商业利益。晋商在外，一赚了钱，首先想到的是修建关帝庙，以关公为诚、信、忠、义的化身，无论在何地，也无论是那个行业会馆，都供奉关云长为关帝君。全国各地的关帝庙大部分是山西商人捐资修建或者参与修建的。并且在各行业行规内规定："重信义，除虚伪，节情欲，敦品行，贵忠诚，鄙利己，奉博爱，薄嫉恨，喜辛苦，戒奢华"，反对采用任何卑劣手段骗取钱财，不惜折本亏赔也要保证企业信誉。祁县乔家在包头的复盛油房，运胡麻油回山西销售，经手职工为图厚利，在油中掺假，掌柜发现后，即令另行换装，经济虽受了损失，却招得近悦远来。咸丰年间，复盛西面铺掌柜立账把斗秤放大，比市上加一成，市民争相到该号购买。所以各地老百姓，对山西商人经营的商品，只认商标，不还价格。晋商王文显，初涉宦海不成而经商，但善心计，识重轻，适时机变，恪守信义，40年间，足迹几半天下，成为富庶大户。他训诫其子说："夫商与士同心。故善商者处财货之场而修高明之行，是故虽利而不污……故利以义制，名以清修，各守其业，天之鉴也。如此则子孙必昌，自安而家肥富。"

晋商的成功可以说是建立在商业诚信基础上的，诚信给他们也带来了丰硕的回报，因为诚信而成功，因为成功而更加诚信，二者相得益彰，他们对待悉心建立起来的诚信、商誉看得比什么都重要。

（三）艰苦奋斗的创业精神

山西地处黄土高原，自然条件差。清代康基田在《晋乘搜略》中说："山西土瘠天寒，生物鲜少……盖其土之所有不能给半，岁之食不能得，不得不贸迁有无，取给他乡。"而往来于"茶马之路"的山西商人，贩茶于福建、湖南、安徽、江西，销售于大漠之北，千山万水，穿沙漠瀚海，夏则头顶烈日，冬则餐饮冰雪，"饥渴劳病，寇贼虫狼，日与为伴"，年复一年，奔波于商途，尤其经商于新疆、蒙古、俄国、日本的山西商人，更要通过语言和生活习惯之障碍，没有艰苦奋斗的创业精神是难以称雄于商界的。

艰苦奋斗不仅包含着山西商人的百折不挠和积极进取精神，而且包含着山西商人的创新思想。创新是经济社会发展不竭的动力，没有创新就没有发展。晋商的创新意识、创新能力以及创新的历史贡献是令人注目的，在商业与金融机构创新、商业与金融业务技术创新、商业与金融工具创新、商业与金融制度创新以及商业与金融理论创新等方面有很多惊人的成就，如两权分离、人力资本、银行汇票、转账结算、旅行支票、银行密押、珠算理论与技术等都不晚于西方。在晋商的成功因素中包括突出的创新精神。

（四）同舟共济的协调思想

山西商人笃信"和气生财"，重视社会各方面的和谐相处。在同业往来中，既要保持平等竞争，又要相互支持和关照。他们称友好的同行为"相与"，凡是"相与"，必须善始善终，同舟共济。建立"相与"关系，须经过了解，认为可以共事，才与之银钱往来，否则婉言谢绝。榆次常家天亨玉掌柜王盛林在东家发生破产还债抽走资本时，向其"相与"大盛魁借银三四千两，天亨玉在毫无资本的情况下全赖"相与"借款维持，以致度过了关门停业的危机。后来大盛魁危机，王掌柜派人送去 2 万银元，同事坚决反对，认为绝无归还的可能，王掌柜说："假如没有二十年前大盛魁的维持，哪有我们的今天？"晋商企业有明确的号规，号规规范了东家和掌柜之间、掌柜和职工之间、职工上下级之间、总号和分号之间、分号和分号之间、本号和他号之间的关系，要求"各处人位，皆取和衷为贵，在上位者固宜宽容爱护，慎勿偏袒；在下位者亦当体谅自重，无得放肆。倘有不公不法之徒，不可朦胧含糊，外请者就便开销；由祁请用者，即早着令下班回祁出号。珍之重之。"山西人经商在外，建立有以乡谊为纽带的县或联县的会馆和以行业为纽带的大会馆，把同行聚集在一起，同舟共济，互相支持。这些会馆多数都有自己的资产，甚至还为同仁备有公共墓地。大德通票号北京分号经理李宏岭著书《同舟忠告》说："区区商号如一叶扁舟，浮沉于惊涛骇浪之中，稍一不慎倾覆随之……必须同心以共济。"

19 世纪中期以后，由于科技进步，商路改变，政局变化，财东腐败，疏于管理，拒绝改革，晋商开始走向低潮，20 世纪 20 年代以后迅速衰落，晋商在中国的地位很快让位于江浙商人。但是，晋商在全国以至世界的影响是永久的，晋商精神是永存的。晋商精神不仅是古代山西人的精神支柱，而且永远是山西人的晋魂。

二、晋商精神的渊源

晋商精神是根植于黄河文化沃土的。

黄河流域是中华民族的发祥地，山西人当引以为骄傲。传说后稷教稼于稷山，嫘祖养蚕于夏县，推动了中国早期原始农业的发展。《易·系辞》记载："日中为市，致天下之民，聚天下之货，交易而退，各得其所"，说的就是当时晋南地区发生的商品交易活动。到晋文公称霸年代，山西的榆次、安邑，已是有名的商业集镇，对内使"工商食官"，对外便"轻关易道通商"。①

古代山西是个民族杂处的区域。当以农业为生的汉民族最先进入封建社会时，而游牧为主的匈奴、鲜卑、契丹等还处于相对落后的部落制度，他们之间时有矛盾、冲突以至战争，但大部分时间里是友好互市、互通有无，进行着经济文化的交流，共同开发了山西，撰写了民族融合的友好史诗。据《汉书》记载："匈奴自单于以下皆亲汉，往来长城下，汉使马邑（朔县）人聂翁壹，间阑出物，与匈奴交易。"② 三国时，山西境内的匈奴人分别以兹氏（汾阳）、祁（县）、蒲子（隰县）、新兴（忻州）、太陵（文水）为中心，形成五部，达数十万人。"鲜卑酋长曾至魏贡献，并求通市。曹操表之为王。鲜卑之人尝诣并州互市。"③ 到了宋代，北宋政权与辽贵族（契丹）的关系虽然很紧张，但贸易往来并未中断。当时，不仅在并州（太原）有交易市场，沿边一带仍有榷场，辽对宋在山西境内有朔州榷场、唐隆镇（今山西偏关东）马市；宋对辽在代州等地也设有榷场。北宋政府曾与辽贸易，"并州西边合河（兴县）、保德北临（黄）河；夏人西来，辽兵南下，聚于麟、府二州界上，对渡之合河、保德当中受敌，征调无时。辽、夏皆利于互市，时以此为控御之道。互市以缯帛罗绮易驼、马、羊、玉、毡毯、甘草；以香药、瓷漆器、姜、桂等物易蜜蜡、麝脐、毛褐、羚角、硇砂、柴胡、苁蓉、红花、翎毛。非官市者，听

---

① 《国语·晋语》。
② 《汉书》卷九四《匈奴传》。
③ 陈灿：《中国商业史》，商务印书馆 1946 年版。

其与民交易"。① 有时管理也很严格。而与此同时，私市也很多，政府官员、投机商人和冒禁边民多设法避开巡检，从事走私贸易。

明初，汉蒙关系曾一度紧张。边界交易中断，明政府构筑长城，驻重兵防御蒙古人南下，蒙古人民不能长期忍受"爨无釜"的艰难生活，经多次谈判，达成边界定期开市的协议。驻大同边镇的明王朝将领徐谓参与谈判后赋诗道："千里赤兔匿宛城，一只黄羊奉老营。自古着棋嫌尽杀，大家和气免输赢。"在山西边境上的开关互市地点有得胜堡、杀虎口、新平堡、水泉营堡等。到清初康熙皇帝统一内外蒙古以后，这种商品交易获得了进一步的发展，东起黑龙江、呼伦贝尔，经内外蒙古到西北新疆塔尔巴哈台、伊犁，都有晋商，无论行商、坐商。都很活跃。

晋商除重视与北方各民族发展往来贸易外，同时向全国开拓市场。他们贩牛羊骆驼马南下，输烟酒糖布茶北上，运四川夏布东去，购东北人参西来，推动全国物资大交流。至今在北京、辽宁、吉林、黑龙江、河南、河北、安徽、山东、上海、江苏、福建、江西、湖北、湖南、四川、贵州、云南、广西、广东、陕西、甘肃、宁夏、青海、西藏、新疆等地还有不少晋商的遗迹。如洛阳泽潞会馆、亳州花戏楼、聊城山西会馆、苏州全晋会馆、北京六必居、辽宁朝阳县、内蒙古包头城、外蒙科布多、宁夏鼎远营、甘肃老西庙、贵州茅台等。

山西人不仅很早就重视国内贸易活动，而且从事国际贸易也有悠久历史。早在公元7世纪前已经介入了国际贸易。在唐代时，山西人就进入了丝绸之路，当时销往中亚一带的丝绸多数是山西潞安府产品，其次是河南鲁山、山东潍县等地的绸子。当时高平、阳城、沁水的丝绸不仅进贡皇家，而且出口西域各国。除丝绸外，出口品有临汾的麻纸、太原铜制品等。这些商品沿太原—长安西去的丝绸之路，销往波斯、印度和阿拉伯国家。途中山西灵石县有个"胡贾堡"，传说该村得名于其为西域商人往来旅居之处。《通典·边防》中《经行记》说：杜环在天宝十年（公元751年）随镇西节度使高仙芝西征，被俘十载，他在食（今阿拉伯）的都城亚俱罗（即关德，今伊拉克境内），看见河东人乐、品礼两人正在织绢。② 著名的威尼斯商人马可·波罗曾游历山西，他在《马可·波罗游记》中留下了这样的回忆："这里（太原一带）的商业相当发达，各种各样的物

① 康基田：《晋乘鬼略》卷二〇。
② 庞义才、梁绍森：《唐代山西出口商品小考》，《山西日报》1982年10月31日。

品都能制造，尤其是武器和其他军需品更加出名。这些军械，专供皇家的军队使用，十分便利……离开太原府，再西（南）行七天，经过一个美丽的区域（指晋中盆地），这里有许多城市和要塞。商业、制造业兴旺发达。这一带的商人遍及全国各地，获得巨额利润。过了这个区域，到达一个很重要的大城市，叫平阳城，城内同样有许多商人和手工艺品，这里盛产生丝……"

清康熙二十八年（1689年）《中俄尼布楚条约》签订以后，凡两国人民持有"护照"，俱得过界往来，并许其互市。从此山西商人就北进俄罗斯，以至欧洲，直达彼得堡经商。在俄经商的山西人到1917年总数达1万多人，大部是汾阳、徐沟等晋中商人。榆次的常家大德玉、大美玉、独慎玉，汾阳牛家壁光发，太谷曹家锦泰亨，祁县王、史合作的大盛魁，乔家恒隆光，平遥蔚盛长等，他们以恰克图为中心，对蒙古、俄罗斯和欧洲进行贸易。所以马克思说："由于这种贸易的增长，位于俄国境内的恰克图就由一个普通的要塞和集市地点发展成一个相当大的城市了。"[1]

山西人在俄活动的主要城市有莫斯科、多木斯克、耶尔克特斯克、克拉斯诺亚茨斯克、新西伯利亚、巴尔纳乌、巴尔古今、比西克、上乌金斯克、聂尔庆斯克、彼得堡等。

随着国内外贸易的发展，晋商开拓了明清时期的山西南北、东西两条交会的国际大商道。纵贯山西省境的南北商路大略是：福建、江苏、浙江和两广特产分别经水路运抵汉口、襄樊，然后用骆驼、骡马装载经河南社旗镇、清化至泽州（晋城）、潞安（长治）、子洪口运抵晋中，经必要的分装，然后继续北上，沿着旧日的军事通道，经忻州、崞县，出雁门关，至山阴县黄花梁分作两路：一路出东口（张家口），一路出西口（杀虎口），东西两口是南北物资交流的大市场，两口以北是辽阔的牧区。出东口的物资，经多伦诺尔、齐齐哈尔，到达呼伦贝尔草原；或北上库伦（乌兰巴托）至恰克图；出西口的物资，一路北上库伦、恰克图，出俄罗斯，经伊尔库茨克、新西伯利亚、莫斯科、彼得堡，进入欧洲市场；一路到库伦后西行乌里雅苏台、科布多、哈密、乌鲁木齐、塔尔巴哈台进入哈萨克地区。横穿山西北部的东西商路基本上沿长城内侧行进，形成于明代，即由北京、张家口、天成卫（天镇）、阳和卫（阳高）、大同、杀虎

---

① 《马克思恩格斯全集》，人民出版社1965年版。

口、榆林卫、包头、宁夏、凉州、甘州、肃州、敦煌、和田、叶尔羌、喀什噶尔，连接古丝绸之路，越葱岭，进入阿拉伯地区。

山西商人对外贸易的重点虽然在陆路，但也没有放弃对海上贸易的竞争。清代山西介休皇商范家曾垄断中国对日本的生铜贸易七十多年。介休张原村范家，在明代已有"市易边城"的有名商贾，因其在清入关前就与满贵族贸易往来，清入关后，赐其"皇商"，隶内务府籍，被清廷特许采办日本生铜，解决国家铸造铜钱用料的困难。1666年（康熙三十八年），采购日本生铜由沿海商人承办，后范氏提出减价交售日铜的竞争条件，被清政府允准，每年从长江口出海，乘季风开往日本长崎，运中国生丝及丝织品、药材及土产等，换日本生铜，运回国内。参与这一活动的还有山西洪洞商人刘光晟等数家，年购铜约190万斤，最多时达600万斤。在这一贸易中，山西的潞安党参、左权麝香和无名异，泽州芽香、大同香皮和石绿、花班石、黄芪，汾州甘草、沁州石菖蒲、平阳龙骨、太原瓷器、天花粉等输往日本。除对日贸易外，山西商人还将金融机构设往日本。祁县合盛元票号将其分支机构设往日本横滨、大阪、东京、神户和朝鲜的仁川，称为合盛元银行，从事国际金融业务。

晋商在其长期的奋斗中，有成功，也有失败，他们背井离乡、风餐露宿、长年累月、劳身焦思、前赴后继，用数百年的坎坷与辛劳，积累了宝贵的精神财富和经营宝训，这就是晋商精神。这是一笔泽被世人、恩惠后代的伟大遗产。晋商以其勤劳、智慧传承富裕、文明，声名震欧亚，成为一股生生不息的力量渊泉，滋润晋人，激励世人。

三、晋商精神的变异

中国自汉唐宋元明到清前期的繁荣，并没有持续下去，清中期以后，中国落后了。19世纪中叶开始，国民生产总水平低于欧洲，并且沦为半殖民地。晋商的路子也从此越走越艰难，晋商精神随之渐渐发生了变异。

19世纪50年代，咸丰年间因为外有侵略者的大炮鸦片进攻，内有太平天国运动，政府财政极度困难，不得不实行卖官鬻爵，以补充财政收入。山西货币商人发现了为捐官者代办捐纳、印结的新业务，后来感觉到为自己为祖先购买实官或者虚衔，花翎顶戴，可以方便与官员往来，出入衙门，不仅可以揽到更多的业务，而且也可以出入威风，光宗耀祖。祁县乔家当时的成人几乎全部捐了官。政府以虚实官衔换得了商人的白银，商人以白银换得权利和荣誉。由重商立业回到了官商兼顾、官商相维，以至发展到官本位。这是山西文化价值取向在近代史上的大转变，到现代就愈演愈烈了，很多人在想权、要权、谋权、滥用职权，人人怕权、恨权，权力与腐败使得很多好事都难以办成。

近百年来，"打倒孔家店"，"否定孔孟之道"一浪又一浪，孔孟之道中的传统精华"诚"、"信"、"忠"、"义"亦被当作封建糟粕受到了批判，严重影响了传统的社会诚信。加上供给制、"共产风"，使很多人认为国有企业、国有银行、国家干部都是国家的，你的也是我的，我的也是你的，贷款还不了就"豁免"，于是"有借有还，再借不难"的传统渐渐也就遗忘了。这样，社会信用缺失，出现了诚信危机，"债权人成了孙子，债务人成了爷爷"，有人说是"黄世仁怕杨白劳"。经济往来中，转账支票不敢收受，商业汇票难以推广，坑蒙拐骗，敲诈勒索，骗钱逃债，已成为社会公害。

山西与东南部地区相比，虽然是苦寒地区，但是除了特大旱灾，一般都可以勉强生活，不至于饿死。加上 18 世纪中期到 20 世纪中期，社会变乱、战事频繁，在多变环境下，惧怕风险，逐渐堕化了人们的进取精神，安贫乐道，少富即安，宁可在家门口晒太阳，或者拣烂菜叶过日子，也不想"下岗"无事"走西口"，与当年山西人与贫穷和命运挑战而"走口外"、"闯关东"的先辈们形成鲜明的对照。

虽然梁启超先生曾经分析过山西商人与欧洲商人有很多相似之处，但是，欧洲商业革命与金融革命很快发展到了工业革命，而同期的中国商业革命，即明清资本主义萌芽，却迟迟看不见中国工业化的曙光，让欧洲走在了前头，而且距离越拉越大。需要指出，欧洲商业革命开始于文艺复兴运动和地理大发现，那是一场针对宗教统治和落后的农业社会的思想解放运动，是对神权的清算，是对人权的张扬，是对科学的崇尚，进而造成人性的解放和技术的进步、保护和推广，加上商业革命和金融革命所带来的国际交流、资本积累和企业组织制度的创新，使工业革命成为不可阻挡的潮流。而中国商业革命缺少思想文化的解放。天朝帝国居高临下，不可能有社会制度和经济制度创新的环境和条件，而且自从晋商将视野盯住官场以后，很容易获得丰厚利润，通过商业与金融创新去寻求新发展就不再重要了。对晋商企业存在的制度性缺陷没有及时进行改革，比如票号很多驻外分号经理呼吁改革，在京票商经理李宏龄联合在北京的祁、太、平三帮票号经理，倡议各票号共同入股，组建股份有限公司形式的三晋汇业银行，得到了各地票号经理响应，纷纷寄信山西总号，劝导财东和掌柜改组票号，设立银行，与大清银行等现代金融业抗衡，以保晋商之利益。此时票号在全国80多个城镇和国外多处设立分店，营业机构达到近400个，本可以适应交通通讯发展，改革各地分号伙友班期（三年一班不准回京改为二年以下，以近人情，调动伙友积极性），开办电报汇兑，创办自己的现代学校，学习外语和现代业务技术，以便与洋商交易，组织经理出洋考察，了解外情，接受新潮，实施改革措施，进行资产重组。建议者满腔热情草拟改组银行的章程计划，上书总号，然而被总号负责人骂作"自谋发财"，"勿庸审议，束之高阁"，以致坐失良机。加上财东腐败，坐家享受，不知业务艰辛，嫖娼纳妾，赌博吸毒，不理号事，而各地商号管理人员见财东腐败，也乘机捣鬼，亏赔增加。

看来，整个国家的经济社会发展环境是制约工商业发展的关键，企业决策人墨守成规，拒绝改革更是企业发展的致命伤。创新是企业发展的不竭动力，停止创新也就停止了发展。

四、晋商精神的传承与弘扬

经济社会发展史证明，商可以富民，商可以强国，流通也是生产力。没有流通，商品价值就无法实现，也就没有再生产，因而也就没有社会的繁荣和发展。贱商、抑商是没有理论依据的。农业的现代化，就是商品化、市场化、城市化、工业化。当今社会，无商不富，无商不城，事实上当代社会已是商业社会。欧洲商业革命中出现了重商主义者，后来在工业革命的初期受到了古典经济学家亚当·斯密的批判，20世纪30年代以后又有了凯恩斯的否定之否定，以及新重商主义等。现在看来，发达国家向外扩张，需要自由贸易和自由放任；不发达国家加快自己的区域经济发展，需要必要的干预和管理。重商主义对不发达国家来说需要的，在一个国家的不发达省区同样也是需要的。

近一个世纪以来，虽然重商立业的人生观在山西发生了一定的变异，但是并不是荡然无存，思想意识的转变总是落后于经济社会变革的。在当代山西人身上，仍然有很多晋商的遗风：当代山西绝大多数人勤劳节俭、精打细算、善于积蓄，是对晋商善于理财思想的传承；当代山西绝大多数人忠厚老实、办事沉稳、令人信赖，也是对晋商精神的传承。有一位走南闯北的山东儒商一年前曾对笔者说过："我接触过很多企业，雇员中被炒鱿鱼者山西人最少，虽然山西人走出去的不多，一旦被录用，一般都会长期使用，提拔也不慢，不像其他地方的人坑蒙拐骗，山西商人还是要出头的。"改革开放以来的20多年，山西成长起来的一大批当代晋商，都是晋商精神的传承人和弘扬者。晋商精神尚在，晋商精神需要进一步弘扬。

弘扬晋商精神，要有一个大商业的概念，摒弃计划经济时期的传统商业思想。当年晋商的商业活动，虽然异地贩运贸易占有重要比例，但是总体上它包括了商品生产、采购、加工、包装、运输、销售，包括了资金融通、汇划和金银货币熔炼、铸造、票据发行、承兑、货币兑换等业务，即工商业和金融业。计划经济时期的商业仅指消费品流通，即消费品采购、储备、批发和零售。在市场经济下，工业和商业很难分得开，我们所说的大商业，不仅涵盖了当年晋商的工商业、金融业，还包括了现代服务贸易，以至其他产业的经营活动。当代晋商的服装道具和舞台远远超过了历史上的晋商，一定能够演出更加辉煌历史话剧。

弘扬晋商精神，要敢于进市场、下商海、闯洋场，与省内外国内外商人交朋友、谈生意、做买卖。这里最主要的是如何认识风险、判断风险、驾驭风险。风险是客观存在，干什么事都会有风险，一般说，利益越大风险就越大，利益越小风险越小。风险是有规律的，可以分析、判断，可以分散、规避和转嫁，但是不可能消灭。驾驭风险的实战经验只能在实际中学习、摸索和提高。

弘扬晋商精神，要把诚信交易放在首位。包括尧文化、关公文化、晋商文化在内的博大精深的三晋文化哺育的山西人，我们一定要以圣哲先辈的思想约束自己，不愧为尧王关圣之后，不要为设租和寻租者眼红，掘租和腐败都将是短命的。

今天，我们正在深化国内改革，走进新世纪；又在对外开放，迎接"入世"的挑战。改革开放，必须具有世界的眼光，历史上的晋商看到的地方，当代晋商也一定能够看到；历史上的晋商做到的，当代晋商也一定能够做到；历史上的晋商精神造就了山西几个世纪的辉煌，在市场经济大发展的今天，当代晋商也一定能够弘扬晋商精神，创造出山西新的辉煌。

晋商：挈领中国商人精神

背景说明

　　本文原载《北大商业评论》2007 年第 9 期。晋商精神是从晋商人生观、价值观、创业精神与处世哲学方面来概括，这就是重商立业的人生观，诚信义利的价值观，艰苦奋斗的创业精神，同舟共济的协调思想。晋商精神的哲学思想是中和之道，执两用中，无过不及，处人适情，处物适则，处事适理，人和、物义、事中。晋商精神影响了中国商人精神，并且也会影响当代中国商人。

　　16～18 世纪，中国与欧洲同时发生了一场商业革命。欧洲商业革命导致了欧洲的工业化，而中国的工业化由于多种原因，工业化进程来得非常缓慢，不管后来如何，中国商业革命是实实在在发生了。当时中国出现了十大商帮，晋商被公认为实力最大的商帮。晋商作为中国商业革命领头羊，其商业精神对明清中国商人的商业精神有着重要影响。

一、晋商的精神特征

（一）重商立业的人生观

　　中国主流社会长期以来以"士、农、工、商"为序，"学而优则仕"，重农抑商，商人社会地位最低。但是宋元以来，山西人逐渐形成了重商思想，清雍正皇帝在其《朱批谕旨》中写道："山右大约商贾居首，其次者尤肯力农，再次者谋入营伍，最下者方令读书。"① 其实，"朝廷贵农，而不乐于种，朝廷贱商，而人日趋入市，则以商贾之利胜于农也"。人心思富，人心向上，"走远方，积金钱，夸耀闾里，外出车骑，入则广厦，交接缙绅"②，人人羡慕。明清时期在山西民间形成了一种重商观念，即以商致财，用财守本的立业思想，这种与传统伦理观念相悖的人生观，是山西商业发达、财富由国外省外源源流回山西的思想基础。

（二）诚信义利的价值观

晋商的业务经营以诚信为第一原则，对义和利有其独特的理解和行为规范，坚持先义后利，以义制利，反对采用任何卑劣手段骗取钱财，不惜折本亏赔也要保证企业信誉。孟子说："义，人之正路也。"《左传》道："义，利之本也"，"利，义之和也"。晋商货币商人行会要求自己的会员，"重信义，除虚伪，节情欲，敦品行，贵忠诚，鄙利己，奉博爱，薄嫉恨，喜辛苦，戒奢华，他如恒心、通达、守分、和婉、正直、宽大、刚勇、贤明。皆为一贯之教训"。③

（三）艰苦奋斗的创业精神

"山西土瘠天寒，生物鲜少……盖其土之所有不能给半，岁之食不能得，不得不贸迁有无，取给他乡。"④ 贩茶于福建、湖南、安徽、江西，销售于大漠之北，夏则头顶烈日，冬则餐饮冰雪，饥渴劳病，寇贼虫狼，日与为伴，尤其经商于新疆、蒙古、俄国、日本的山西商人，更要通过语言和生活习惯之障碍，没有艰苦奋斗的创业精神是难以称雄于商界的。山西商人的百折不挠，积极进取，同时包含着不断地创新，如企业组织制度、商业技术、平色折合、票据转让、转账结算、银行密押、财务核算等，均是山西商人通过实践而做出的创新。

（四）同舟共济的协调思想

晋商笃信"和气生财"，重视社会各方面的和谐相处，他们称友好的同行或客户为"相与"，凡是"相与"必善始善终，同舟共济。晋商号规对东家和掌柜、掌柜和职工、职工上下级、总号和分号、分号和分号、本号和他号的关系有明确的规范，要求各处人位，皆取和衷为贵。

---

① 《雍正朱批谕旨》第四十七册，雍正二年五月十二日。
② 《怡青堂诗文集》卷一。
③ 卫聚贤：《山西票号史》，重庆说文社 1941 年版。
④ 清康基田：《晋乘搜略》。

19 世纪中期以后，由于科技进步，中国对欧洲贸易的商路改变，山西商人失去对欧洲陆路贸易的地利优势；近代政局变化，战乱不停，太平天国、捻军起义、鸦片战争、甲午战争、庚子事变、辛亥革命、十月革命、蒙古独立等，战争动乱使晋商资产损失惨重；主观上疏于审时度势，没有抓住机遇，适时改革，与时俱进，在外商势力进入中国后，逐渐走向低潮，到 20 世纪上半期衰败下来，晋商在中国商界的龙头老大地位让位于江浙财团。但是，晋商精神却在中国商业史上留下了不灭的印迹。

二、晋商精神的文化背景

晋商精神体现在晋商文化之中，其明显的特点表现为六个方面：

（一）唐晋遗风的管理思想

山西乃上古陶唐之地，尧、舜、禹、夏，都在山西建都。周朝建立以后，周成王封其弟叔虞为唐候，唐后来改为晋，唐叔虞就是晋国的始祖。当时周成王要求叔虞到唐地"启以夏政，疆以戎索"。一是因为唐地地处夏墟，需要根据实际情况适当保留夏代以来的一些政治制度和习惯；二是因为唐地系民族杂居地区，应当按照游牧民族的生产方式和生活习惯来分配牧地。叔虞按照中央政府要求制定的施政方针，既适当保留了夏代以来的一些制度，维护夏人的传统习俗，暂不实行以周礼为中心的宗法制度；同时依照游牧民族生产和生活习惯分配土地，开设田间疆界，以便利农牧生产，暂不实行周朝规定的井田制度，实行了不完全等同于周朝中央的政治经济政策。由此，晋国孕育出有别于其他诸侯国（今各省区）的文化内涵的唐晋文化，政治上博大宽厚、兼容并蓄，经济上求同存异、自强不息。

计然（传说晋国公子）的"贾人旱则资舟，水则资车"、"平籴齐物，关市不乏"的经营理念；范蠡（传说曾向计然讨教）的"贵上极则反贱，贱下极则反贵"的商业思想；猗顿（在山西运城经商致富）实践成功的"欲速富，当畜五字"的经验；白圭（太原白氏家族认为是其先祖）的"人弃我取，人取我予"的商业艺术，成为晋商取之不尽、用之不竭的智慧源泉。

（二）重商立业的价值观念

山西人自唐宋以后，逐渐形成"以商为本"、"学而优则贾"的人生价值观。"生子有才可作商，不羡七品空堂皇，好好写字打算盘，将来住入茶票庄。"晋人以商为荣，坦然为贾，搏击商场。清代纪晓岚在《阅微草堂笔记》中说："山西人多商于外，十余岁辄从人学贸易，俟蓄积有资，始归纳妇。"山西民间有一种"以商致财，用财守本"的立业思想。

（三）关公崇拜的商业伦理

关公是忠实实践孔子思想的典范，一生身体力行忠义二字，忠肝义胆，诚信磊落，令万民景仰，被当政者封为"关圣帝君"。晋商的关公崇拜，一是因为与关公有地缘亲情；二是为了以关公的忠义楷模教育约束员工；三是借关帝君的神威保卫商人事业的发展和财产的安全。

晋商关公崇拜的商业伦理，集中体现在先义后利、以义制利的价值观上。他们认为义利相济相通，有义有德才有财，主张见利思义，先义后利，以义制利，不发不义之财。"仁中取利真君子，义内求财大丈夫。"一个商号的命名，反映着起名者的道德观、价值观。晋商大部分商号名字都带有义、德、诚、信、厚、公、合等字词。"信"是五常（仁、义、礼、智、信）之一，"诚"为五常之本、百行之源。晋商还认为商士同性，贾儒相通，行贾需要习儒，需要修身正己。

明代晋商王文显，初涉宦海不成而经商，但善心计，识重轻，适时机变，恪守信义，40年间足迹几半天下，成为富庶大户。他训诫其子说："夫商与士，异术而同心。故善商者处财货之场而修高明之行，是故虽利而不污；善士者引先王之经而绝货利之径，是故名必有成。"①

（四）和气生财的理财理念

晋商笃信"和气生财"，重视社会各方面的和谐相处。在同业往来中，既要保持平等竞争，又要相互支持和关照，主张和为贵，善待相与。建立"相与"关系，须经过了解，认为可以共事，才与之银钱往来，否则婉言谢绝。榆次常家天亨玉掌柜王盛林在东家发生破产还债抽走资本时，向其"相与"大盛魁借银三四千两，天亨玉在毫无资本的情况下全赖"相与"借款维持，以致度过了关门停业的危机。后来大盛魁危机，王掌柜派人送去2万银元，同事坚决反对，认为绝无归还的可能，王掌柜说："假如没有二十年前大盛魁的维持，哪有我们的今天？"大盛魁进货300两白银以下的，现银交易，不驳价，表示厚待"相与"。若价高货次，则永不再与之共事。凡选中的手工业户，世代相传，不随便更换加工户。

---

① 李梦阳：《空同集》卷四四《明故王文显墓志铭》。

当手工业户资金短缺、周转困难时，便借垫银两，予以扶持。每逢账期，大盛魁对"相与"商号予以宴请。但宴请时有厚有薄：凡共事年久或大量供货的商号，则请该号全体人员，并请经理到最好的馆子吃酒席；一般的"相与"，只请一位客人在较次的馆子吃普通酒席。

（五）人本思想的企业文化

明沈思孝在《晋录》中说："平阳、泽潞豪商大贾甲天下……其人以行止相高，其合伙而商者，名曰伙计。一人出本，众伙共而商之。"可以看出东家、经理、伙计以相互信任为基础，劳资协调、和谐相处、合作经营的关系。

晋商企业的人本思想最突出的表现为人身股与薪酬激励以及行会职责等。晋商伙计在职、退休薪酬优厚，顶股职员病故后在八年内享有不同红利、应支、津贴等待遇，东家关心职工的生活、教育、文化娱乐以及生老病死，设有义学、义地、公墓，办有剧团或员工票友班等。

（六）官商相维的展业战略

晋商在财富经营到一定水平，为了谋求进一步发展，总要千方百计交结官僚，借以拓展业务。清入关前，就与在张家口的晋商有密切的贸易关系，努尔哈赤的"七大恨"是由晋商传入关内的，所以清初有范永斗等八大家被封为皇商。咸丰年间开始，晋商对捐纳、报效与买官很舍得耗费，咸丰三年（1853年）五月初三到十月初十半年内山西各票号与账局捐资白银34万多两、钱7万多吊。平遥毛鸿翙的父辈至玄孙男子31名捐官，女子亦捐夫人、恭人。襄汾北柴村王协1781年、1785年两次主动请求承办乾隆下江南的皇差，获多次加封，并有乾隆亲笔题词，成为两淮与运城大盐商，商界政界一帆风顺。大德通票号经理高钰与户部尚书赵尔巽堪称密友，在财政上支持赵，赵给票号许多方便，并且与雁平道恩大人、朔州知事徐葆生称兄道弟。庚子事变，慈禧太后经祁县，行宫就设在大德通票号。事后山西票号获得了大量公款汇兑与融资机会。

三、晋商精神的哲学基础

从晋商精神及其文化特点可以看出，晋商为人处世及经营管理的基本原则是中庸之道。一是不极左极右，力求恰到好处，执两用中，无过不及；二是与人相处，和为贵，只要实践证明诚实守信，就可以成为"相与"，世代友好；三是权中时变，注意市场与社会信息，预测、识机，随时调整经营策略，守道权变。晋商认为，中为道，和为本，经商能否成功，实际是与人打交道，与物打交道，处人、理事、经营，坚持道御经营，和贯始终。晋商商谚说："义是生财道，和是化气丹"；"与人到处无非议，生意之间即是春"；"仁义礼智信信中取利，温良恭俭让让内求财"；等等。其例举不胜举。

明代蒙汉长期对峙，蒙古民族生活用品供应困难，蒙汉时有战争发生。明隆庆四年（1570年），出身山西永济商人家族的新任宣、大、山西总督王崇古，经过多方交涉周旋，疏通蒙古上层贵族关系，说服朝廷决策当局，实现"俺达封贡"，汉蒙互市，使东起延永，西抵嘉峪七镇，数千里军民乐业。驻大同边镇将领徐谓曾赋诗道："千里赤兔匿宛城，一只黄羊奉老营。自古着棋嫌尽杀，大家和气免输赢。"山西边境上的得胜堡、杀虎堡、新平堡、水泉营堡等开关互市。到清康熙统一内外蒙古，汉蒙贸易获得了进一步发展，东起黑龙江、呼伦贝尔，经内外蒙古到西北新疆塔尔巴哈台、伊犁，无论行商、坐商，晋商十分活跃。

清代祁县合盛元票号在安东（今丹东）设立分庄后，又在被俄国势力控制的朝鲜新义州设立了支庄。光绪三十年（1904年）日俄爆发战争，次年俄国战败，放弃在朝鲜的特权，并与日本在东北重新划分势力范围。合盛元票号在夹缝中求生存，求发展，先后在四平、哈尔滨、齐齐哈尔、黑河等地设立了分庄，并进而向日本本土发展。光绪三十三年（1907年）在日本神户设立了合盛元银行神户支行。合盛元银行不仅为留学生汇兑学杂费，还对海外侨胞给予汇兑等照顾和优待。应当说合盛元不惧风险，远渡重洋，与各方和谐相处，扩展分支机构，开创了我国金融机构在海外设庄的纪录。

中国社会一般认为儒以名高，贾以厚利，贾儒目标不一。但是晋商却认为贾儒相通，行贾也可习儒，儒可贾，贾可仕，仕可不失贾业。君子需财，取之有道；君子拥财，用之有道。将经商作为一种事业，而不是纯粹为了赚钱。

简单说，晋商的核心价值观就是孔子的仁义礼智信。榆次常家家训要求"凡语必忠信"，"凡行必笃敬"。祁县乔家是"在中堂"，义在中庸，乔家中兴的核心人物乔致庸，也是要致达中庸。做人应当恪守仁义礼智信，这是和谐社会做人的道德底线。孟子认为，"恻隐之心，仁也；羞恶之心，义也；恭敬之心，礼也；是非之心，智也"，"求则得之，舍则失之"。晋商对员工的恻隐之心、羞恶之心、恭敬之心、是非之心的训练可以见之于当时的手抄教本《贸易须知》。

四、对中国商人精神的影响

山西商人经历了 500 多年的辉煌，到 20 世纪初开始走下坡路，票号业在 20 年代先后倒闭，钱庄、当铺、银号、银行在艰难中经营。受票号资本垮台的拖累，加上一次又一次的战乱洗劫，其商品经营资本亦不再显赫。但是晋商并没有彻底垮掉，直到 1949 年北京解放，北京城内不少行业还是由晋商垄断着，如米面、颜料山西祁县人，纸张山西临汾襄汾人，布匹山西翼城人，干果山西文水人，山西商人的老字号都一处、六必居、同仁堂、通三益、三义顺等仍然红火，直到 20 世纪 50 年代由国营企业所代替。

到现在，在中国北方包括西北、东北特别是内蒙古的主要城市，有很多山西移民，他们操着山西口音过着与晋人相似的生活，在外蒙古、俄罗斯也有不少山西侨民。晋商精神，尤其是晋商伦理不仅影响了国内各大商帮与海外华商，关帝庙比孔子庙还要多，县县有文庙，村村有关庙，关帝庙也建到了海外。自从五四运动提出"打倒孔家店"口号以来，后经历次政治运动，虽然儒家文化逐渐被人们淡化，晋商后人的商业伦理仍然在冥冥之中闪烁，传统的礼义廉耻也不是荡然无存。当代中国商人，无论北方南方或者西部东部，大小商场无不供奉关公，关公被广泛地尊为财神。晋商精神在一定程度上影响了中国商人精神。

晋商垄断近一个世纪的对日海上贸易，晋商开拓了南起武夷山、北达彼得堡的万里茶叶之路，晋商以其连锁企业制度将自己的网络与舞台伸向全国商埠、蒙古包，伸向朝鲜、日本、俄罗斯的城市商埠，其活动空间是其他商帮无法比拟的。晋商自明初食盐开中时走向全国，从 14 世纪后期一直延续到 20 世纪 40 年代末，在时间上经历了将近 20 代人的前赴后继，其商业道统自然流传广袤、延续长久。无怪 2004 年，河南省南阳市政府决定将晋商在河南社旗镇的关帝庙定为南阳市诚信教育基地。在晋商时空优势之外，晋商的企业制度更是在中国商业革命中一路领先的，如股份合作制度、两权分离制度、职业经理人制度、人力资本制度、资本金管理制度、票据流通制度、转账结算制度、银行密押制度、财务稽核制度等，有着大量的技术创新、工具创新、业务创新、制度创新。

五、商人精神的主流之痛

然而，商人精神进入主流社会却是十分艰难的。历史发展的实践证明，商业精神能否进入主流社会，这对于社会经济发展是至关重要的。本来，春秋战国时期，社会贤达与商人已经提出了士、农、工、商"四民"地位问题，主张各司其职。2000 多年了，商人始终是四民之末，不能登上政治舞台。到明末清初，山西重商立业理念的出现，同时亦产生了商人思想进入上层社会的要求，而封建王朝始终没有答应。山西民间有大量的传说，顾炎武、傅山等人，为了实现反清复明的政治主张，在山西组织镖局，支持形意拳等武术训练，名为服务商人货物、白银异地押运及守库护院，安全保卫，实则暗中积蓄武装力量。山西票号的很多规章制度包括会计核算等，多为顾炎武、傅山等帮助制定。祁县商家出身的名士戴廷栻修建了"丹枫阁"，就是顾炎武、傅山、阎尔梅、阎若璩、王士禛、屈大钧等聚会之所，这些名士多有商人家族背景。他们曾站在商人立场上，呼吁商人的政治地位，傅山提出"市井贱夫可以平治天下"的主张，他认为商人最懂理（事物的法则）。对商品生产、交换、流通、供求以及财富创造、经营管理等最为了解，他说："何以聚人？曰财。自然贫士难乎有群矣，家国亦然。故讳言财者，自是一教化头骨相耳。常贫贱骄语仁义之人，大容易做也。"[1] "生人之有为也，本以富生人。富生人，而治人者乃有为。"[2] 明确提出有为的人关键是创造财富。李贽也说："不言理财者，决不能平治天下。"[3]

清中期以后，一批山西籍的研究地理学的学者如祁寯藻、张穆、徐继畬等，不仅研究西北、蒙古地理商路，而且研究世界地理。徐继畬说："欧罗巴诸国，皆善权子母，以商贾为本计，关有税而田无赋。航海贸迁，不辞险远，四海之内，遍设埔头，固由其善于操舟，亦因国计全在于此，不得不尽心而为之也。"[4] 并且提出中国应当借鉴西方经济社会制度的问题。曾任山西巡抚的洋务派人物张之洞、曾国荃、胡聘之以及戊戌变法被杀头的"六君子"杨深秀等都是商人精神进入主流社会的推动者。

---

① 魏宗禹：《晋阳人文精神》，山西古籍出版社 2003 年版。
② 傅山：《霜红龛集》卷三十五。
③ 李贽：《大学评》。
④ 徐继畬：《瀛寰志略》卷四。

欧洲的文艺复兴运动使欧洲的神权得以清算，人权得以张扬，科学与民主成为时尚，使欧洲的商业精神、重商主义与市民思想成为社会的主流，导致工业化在欧洲崛起。中国的皇权始终没有得到清算，戊戌变法没有能够像明治维新那样获得成功，中国商人精神始终没有登上政治舞台，成为社会主流。

晋商与晋商精神

背景说明

　　由北京大学、台湾大学、英国剑桥大学、美国斯坦福大学、新加坡国立大学五校共同发起的"实践家教育集团"的中道学院，跨越全球八大区域，汇集 60 位中西顶级为渴望领跑华商的优秀企业家"建一个圈、立一个道场、创一个智库、铸一个平台"，帮助企业重回中道，走向巅峰，作者应邀于 2014 年 7 月 27 日在平遥县麒麟阁做了《晋商与晋商精神》讲座。

一、从中国商祖出山西说起

　　古人建都，天地交通，王者居中。中土之国，就是"中国"。"中国"形成的物化标志是陶寺圭尺的出土。

　　"尧都平阳，舜都蒲坂，禹都安邑。"中国古代圣贤尧、舜、禹起于陶唐，最早的商业活动发生于陶唐，舜帝是华夏商祖。

　　商代，晋阳及其周边地区出现了不少城市，特别是封国和方国的封地中心，"比如今长治市西南、榆社、介休西南、太原南部、平陆县北、石楼县，都为商人们开辟了市场。此外，部落酋长的驻地和商王朝在山西统辖范围以外的周边部族，也是商人的贸易之地。他们用珠玉、饰品、食盐、织物、牲畜、毛皮以及奴隶等进行交易；酒不仅是当时社会上层不可缺少的饮料，而且也是社会下层普遍需求的商品。当时有所谓'屠畜易酒’之说，这大概指的是一般平民。"[①] 因为晋阳地区始终是汉民族与北方游牧民族的交叉地带，这对商品交换流通影响很大。由于专门从事产品交换的人不断增多，逐渐形成了商人阶层，商业开始成为社会经济的重要组成部分。充当商品交换媒介物的物品种类由宽泛变得简约，在晋阳及其周边地区有当地农具铲子，有打仗或者自卫用的刀，有纺轮，也有来自海边的装饰品海贝，海贝数量不能满足需要，就用兽骨、玉石磨制骨贝、石贝，青铜出现以后，就用青铜仿制海贝。1971 年山西考古工作者在保德县林遮峪商代墓葬中发掘出铜贝 109 枚，海贝 112 枚。证明商代在晋阳地区已经开始使用了铜铸币。

商人和商业，起始于商地的一个原始部落。始祖名契，黄帝的四代孙，跟随大禹治水有功，被封亳（商）。契的六世孙王亥发明了牛车，驯服牛用以挽车，"肇牵车牛远服贾"。公元前 1551 年，王亥的六世孙汤，率商部落灭夏，史称商朝。周灭商以后，因殷商之人善于从事商品贸易，周公允许商之遗民继续做买卖。"氓之蚩蚩，抱布贸丝"（诗经）。后来人们将从事这种商品交易活动的人称为商人，这个行业称为商业。

商地在哪里？商地两说。七迁。

商圣：王亥、白圭、计然、范蠡、猗顿、子贡。商祖商圣大部分活动于山西及周边。

二、货通天下

山西地处中原农耕与北方游牧的民族接壤地区，被"边墙"（万里长城）隔开，从西汉到明代，无论是和平或战争时期，"边贸"始终没有停止。

（一）边贸是山西人的传统

周初，成王封其弟叔虞为唐国候，当时周成王要求叔虞在唐地要"启以夏政，疆以戎索"，又因为唐地系民族杂居地区，应当按照游牧民族的生产方式和生活习惯来分配牧地。唐叔虞按照中央政府的要求制定的施政方针，既适当保留了夏代以来的一些制度，维护夏人的传统习俗，暂不实行以周礼为中心的宗法制度；同时依照游牧民族生产和生活习惯分配土地，便利农牧生产，暂不实行中央的井田制度，实行了不完全等同于周

---

① 黎风：《山西古代经济》，山西经济出版社 1997 年版。

朝的政治经济政策。由此晋国孕育出政治上博大宽厚、兼容并蓄，经济上求同存异、自强不息的管理理念。

战国时，帮助越王勾践复国的范蠡，后来弃政经商，成为巨富，三次分散财富于人，三次致富，称为陶朱公。但是范蠡经商曾向计然讨教，计然的"贾人旱则资舟，水则资车"、"平籴齐物，关市不乏"的经营理念影响了范蠡，范蠡则发展为"贵上极则反贱，贱下极则反贵"。不过有人说计然是晋国公子，有人说计然不是人名，而是计而然之。大商人白圭，《史记》说他是魏国人，但是太原徐沟白氏族谱，记载白圭是他们的祖先，距徐沟不远就有祁县白圭镇，白圭提出了"人弃我取，人取我予"的商业经营艺术。不管计然、白圭是不是古晋阳人，唐晋遗风绵延流长，始终是历代晋商取之不尽、用之不竭的智慧源泉。

到了春秋战国时期，商品化程度提高，晋阳地区经济富庶，手工业发达，很多农产品与手工业制品进入市场，加上汾河与黄河水上交通，商业空前繁荣。晋文公（公元前697～前628年）登基时，把百工和商贾纳入政府管理之列，使之成为官工和官商，即所谓"工商食官"，制定了"轻关易道，通商宽农"政策[①]，即减轻商税，除盗安民，商旅沿途往来安全。随着领主封建制向地主封建制过渡，"工商食官"制度逐渐废弃，自由商人大批出现。《史记·赵世家》记载：上党"有城市邑十七"。在这些城邑里，一般"列市成行，店铺林立"，牲畜也在交易之列。在晋阳以北以西地区，农牧相杂或以牧为主，以游牧狩猎为业的戎狄民族，不仅用牲畜和畜产品与商人进行贸易，而且"贵货易土"，连他们赖以发展畜牧业的草地和宅圃，有时也用来同商人交易，换取其所需物资。所以商人们在那里也开辟了广阔的市场。山西自古有"盐铁之饶"，凡经营盐铁的商人，都很快发迹。《国语·晋语》中提到这些暴发为巨富商人时曾这样记载："夫晋之富商"，"能金玉其车，文错其服，能行诸侯之贿，而无寻尺之禄"。[②] 司马迁说："昔唐人都河东，殷人都河内，周人都河南，夫三河在天下之中，若鼎足，王者所更居也。建国各数百千岁，土地狭，民人众，都国诸侯所聚会。故其俗纤俭习事。杨（今洪洞）、平阳（今临汾）陈西贾秦、翟（指陕西和西北戎狄民族），北贾种、代（山西阳高和河北蔚县一带）。种、代，石北也，地边胡，数被寇。然迫近北夷，师旅亟

---

① 《国语·晋语四》。

② 黎风：《山西古代经济史》，山西经济出版社1997年版。

往，中国委输时有奇羡。其民羯羠不均，自全晋之时……其谣俗犹有赵之风也。故杨、平阳陈掾其间，得所欲。温（温县）、轵（济源）西贾上党，北贾赵、中山。"① 可见晋阳地区确实已经成为中原商业枢纽。随着商品交换的频繁和规模的扩大，以生产工具和其他实物作为媒介物越来越不方便，不易分割，不易携带，体积大，价值低，而铜的出现与运用，使商品交换的媒介物逐渐被青铜替代。前述 1971 年保德林遮峪商代（公元前 1600～前 1100 年）墓葬铜贝出土，堪称中国铜铸币之滥觞，也是世界上最早的金属铸币，比公元前 600 多年地中海地区一些国家铸币早 500～1000 年（公元前 700～前 600 年小亚细亚和希腊铸造金银币，是西方铸币之始）。

古晋国大量铸造金属货币，山西考古专家朱华在他的《三晋货币》一书中说："在侯马东周晋国遗址内出土空首布的地方还清理出一处铸造青铜器的作坊遗址，于大量铸造青铜器的陶范中还同时出土相当数量的空首布陶范和布首銎内的范芯，空首布陶范中以范芯尤多，如一个 4 米×4 米的发掘方中范芯的堆积厚达 60 厘米，据多年来积累所得范芯估计约有数十万件。有的布范内还留有尚未取出的空首布。这些现象足以说明当时铸造空首布的规模与数量是相当庞大的。"② 这显然是一个规模宏大的造币厂，公元前 5～前 8 世纪的古晋国造币厂比欧洲出土的公元后 3 世纪罗马铸币工场早 700～1000 年。

贝币从殷商至春秋初行用较多，并经历了从真贝到铜贝的演变过程。铜贝行用约三四百年，东周初逐渐退出流通。侯马晋国遗址曾一次出土铜贝 1600 多枚，属东周初期货币。在古晋国出土春秋战国空首布的地点有太原、榆次、寿阳、侯马牛村、运城李店铺、稷山吴城等地；出土平首布的地点有太原瓜地沟、太原金胜、祁县下王、交城、汾阳、高平箭头、阳高天桥、原平武彦、陵川、天镇、盂县洪塘、盂县东固、盂县南村、夏县司马、洪洞师士、朔县沙楞、襄汾小赵、运城西袁庄、屯留、代县沱阳、浮山大邢、山阴、翼城上吴、侯马、朔县北旺庄、黎城、繁峙牛村、夏县、怀仁、平陆、大寨、忻州、朔县秋寺院、定襄南关、右玉梁家油坊、左云、灵丘、五台、忻县、万荣西解、永济薛家岩、芮城城南等地；出土刀币的有交城、山阴故驿、永济薛家岩、高平箭头、原平武彦、朔县沙

① 《史记》，天津古籍出版社 1995 年版。
② 朱华：《三晋货币》，山西人民出版社 1994 年版。

楞、盂县南村、浑源、神池、怀仁、右玉梁家油坊、左云等地；出土圆钱地地点有闻喜苍底、侯马东门外、侯马、翼城上吴等。

晋阳地区出土布币的文字大体上有：晋阳（太原晋源）、甘丹（邯郸西南）、榆即（榆次境内）、兹氏（汾阳境内）、蔺（离石西）、离石（离石西）、平匋（文水平陶）、文阳（文水境内）、肤虒（五台古城）、中阳（中阳境内）、西都（孝义境内）、平州（介休境内）、寿阴（寿阳境内）、北兹（汾阳北）、新城（朔县南）、藿人（繁峙境内）、阳曲（阳曲境内）、辛城（朔县南）、处奴（太原郊区）、隰城（隰县）、土匀（石楼）、阳邑（太谷阳邑）、祁（祁县古县）、中都（平遥中都）、邬（介休邬城）、乌疋（介休邬城）、鄩氏（沁水端氏）、平阳（临汾西南）、长子（长子西）、露（潞城东北）、屯留（屯留县南）、涅（武乡故城）、同是（沁县西南）、高都（晋城高都）、襄垣（襄垣县北）、莆子（蒲县略东村）、奇氏（临猗境内）、北曲（吉县北）、皮氏（河津太阳）、虞阳（平陆县北）、霍（霍县北）、安邑（夏县禹王城）、蒲反（永济蒲州城）、垣（垣曲县北）等。属于三晋货币的还有很多在当时赵、魏、韩的货币在今河北、内蒙古、河南、陕西铸造者有20处，还有现在尚未能辨认的货币铸造地约32处。[①] 最精美的布币是晋阳布。公元前497～前247年，晋国公卿大夫赵简子执政时，铸有耸肩大尖足布、小布和类圆足布，币文“晋易”即晋阳，此币在山西原平、阳高县等均有出土，形如铲，是接近器物原状的早期货币，耸肩尖足小布，铸有“晋易半”三字是大尖布的一半，这是中国最早的主币与辅币之分。

（二）秦汉中原商业的北拓

秦国时期，建立了太原郡，郡治设在晋阳，秦统一了币制，“半两”钱在山西河津县、安泽县、榆次市均有出土。

汉高祖六年（公元前201年），为了防御匈奴南下，高祖刘邦改太原郡为韩国，都城设在晋阳，封韩信为行王，坐镇北方。公元前196年，又把雁北和太原郡划在一起，称为代国，封他的儿子刘恒为代王。晋阳又成为代国的都城。公元前180年（汉高后八年）吕后去世，周勃等拥戴刘恒继位，史称汉文帝。刘恒苦心经营的晋阳，不仅是军事重镇，也是北方商业中心，农业也很发达，手工业水平很高，能造耀眼夺目的钢镜、铁镜

① 朱华：《三晋货币》，山西人民出版社1994年版。

等商品。据《汉书·地理志》记载，汉代太原郡"户十六万九千八百六十三，口六十八万四千八十八，县二十一"。当时，在今天的山西境内有252万余人，可见其中有近30%的人口生活在太原地区。从晋阳城创建，经秦到两汉时期，这个时期是古晋阳的又一个兴旺时期。虽然汉民族与匈奴时有战争发生，但因为地理关系，晋人出塞与匈奴进行贸易很频繁，多在边关进行，称为"关市"。《汉书》卷九十四上《匈奴传》记载："匈奴自单于以下皆亲汉，往来长城下，汉使马邑人聂翁壹，间阑出物，与匈奴交易。"① 聂翁壹"以财雄边"，他除经营大牧群外，还和匈奴进行走私贸易，聂翁壹的后代张辽，也与匈奴勾结进行走私贸易，谋取厚利。张辽曾经通过边地贸易，为曹魏筹集军饷。除了"关市"以外，还有一种市易叫"军市"，即沿边驻军和军屯之地，都有小型市集。"汉发三将军屯北地，代屯勾注。"② 勾注即雁门山，就设有军市，通过商人贩运货物，补充军用物资。与北边游牧民族和边防驻军的贸易，始终是古晋阳商贸发展的一个特点。

西汉以来，潞、泽栽桑养蚕、缫丝织帛已很普遍，使山西得以用丝绸对外易货，除有少数山西商人经"丝绸之路"西去做丝绸买卖外，多半是西域商人来山西交易，间或有欧洲商人前来，各地多留有他们的足迹。《中国交通史料汇编》曾记有："清末西人在山西霍州灵石县地方掘得罗马古铜钱十六枚。现钱面镌文，盖悉为罗马皇帝梯拜流斯至安教皇帝时代所铸者也"，梯拜流斯为罗马第三代皇帝，时值我国西汉末、东汉初。当时，灵石为山西古代三大都会之一，是来往于晋阳，洛阳、长安之间的要冲。灵石出土外币说明那时外商是假"丝绸之路"之便而来到山西的。与此同时，北越长城，途经蒙古，到西伯利亚转欧洲的商路，成了当时东西方贸易的另一条"丝绸之路"的分支。这从西伯利亚和山西境内发掘的青铜器，以及太原通往蒙、俄边境和林的路上挖掘出土的汉代漆器都可以得到证明。③（山西卫视农网，2006年8月10日）两汉时期，晋阳地区商业贸易进一步发展，除了盐铁及其他日用品外，粮食也经汾河、黄河漕运长安。《汉书》卷七十六载："霍光秉政，诸霍在平阳，奴客持刀，入

---

① 《二十五史》，上海人民出版社、上海书店出版社1986年第一版。
② 吕思勉：《秦汉史》。
③ 中央电视台国际台"探索与发现"2003年12月10日。

市斗变，吏不能禁。及翁归为市吏，莫敢犯者。公廉不受馈，百贾畏之。"① 可以看出，两汉时期城市商业管理已经显得十分重要。

（三）北魏北齐的商业贸易

西晋（公元 265～316 年）以后，到北魏统一北方以前，战乱不停，冲击农耕，商业凋敝。北魏建都平城（今大同，公元 398 年）以后，社会稳定，商品交换随着经济恢复与发展而趋于活跃，除与南朝通商外，还恢复陆上丝路贸易。随着佛教交流活动的发展而有了频繁的商业往来。翦伯赞的《中国史纲要》一书中提到，在今吐鲁番、西宁、太原等地，均先后发现过 4 世纪以来的拜占庭金币和波斯银币，即为佐证。在北齐（公元 550～577 年），晋阳城是各地物资集散地，大量的畜产品、手工业产品在此交易，与国内以至西域诸国贸易往来。甚至城内出现了依靠租赁店铺而获取利润的人。当时，中亚、西亚人成群结队，络绎不绝，在晋阳地区进行贸易。政府还设立专门供西方商人开展贸易的场所，便利来华外商的生活和商务活动，促进了中外贸易的发展。1999 年 7 月 9 日，太原市晋源区王郭村发掘了隋代虞弘墓，经山西省考古研究所考证，虞弘的祖先出自西域，他从其父起就已经转变为或者依附于一个柔然的部落，成为柔然手下的官员，曾出使波斯和吐谷浑，北齐时作为使节来到中原。不久柔然王朝被高车族灭亡后起用了他，随后又在北周、隋朝受到重用，临终前为隋朝的仪同三司，封爵广兴县开国伯，食邑达到了六百多户之多。在他 59 岁时，死在了晋阳城，选择太原作为归宿之所。虞弘在 579 年前后曾统领代州、并州、介州三州的检校萨保府。萨保府是专管入华西域人事务的机构，其首领多为粟特、突厥等胡人，由于职能特殊，萨保的身份非同一般，检校萨保府级别还要高于萨保，这就是虞弘。② 在虞弘墓出土地 5 公里外的太原市王家峰，有北齐将军徐显秀的墓，墓内壁画墓主人仪仗队中也有胡人形象。太原之所以具有这样大的吸引力，主要是晋阳向西与灵州相通；向南可达长安和洛阳；向北通漠北突厥；向东则可到达河北道重镇恒州和幽州。天然的地理优势，使晋阳地区成为民族融合的大舞台。从魏晋南北朝到隋唐，晋阳地区始终参与了与西域文明大交融，特别是素有"古代世界商贩"的中亚粟特人的络绎而至，带来了异域的物产、风俗与文化，在一定程度上强化了晋阳商业文化多民族融合的特点。

---

① 《二十五史》，上海人民出版社、上海书店出版社 1986 年第一版。
② 渠绍淼：《山西与"丝绸之路"》。

图1　太原虞弘墓石刻

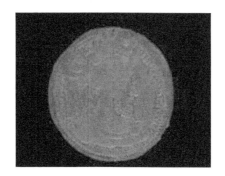

图2　波斯金币

图3　太原出土的波斯金币

（四）隋唐商业与票据萌芽

公元 581 年杨坚灭周建立隋朝，封次子杨广为晋王，镇守太原郡，驻扎晋阳。杨广后来继承皇位称为隋炀帝，在北齐建筑的晋阳宫外筑起城墙名曰"新城"，后又在新城边筑一座"仓城"，重修了晋阳宫。当时国家统一，社会安定，经济繁荣，开皇元年（公元 581 年）铸"五铢"钱，禁以前各种货币与私钱流通，史称开皇五铢，制作精良。公元 618 年李渊父子灭隋，因其发祥地晋阳是古唐国，祖父李虎又在南北朝时北周封为唐公，李渊继承这一爵位，故立国号为唐，晋阳是大唐帝国的发祥地，遂升为大总管府，领十三县。公元 690 年改称"北都"，公元 742 年再改为"北京"。唐王朝在晋阳不仅储备军用物资，又大修宫殿城池，贞观十一年（公元 637 年）李世明派大将李勤在汾河东岸修建东城。后来女皇武则天派刺史崔神庆在汾河之上建筑中城，形成了都城、东城、中城水上连城的北方最大的景观。晋阳规模宏伟，府库殷实，户丁雄盛，成为除长安之外最大的城市。在李渊执政时的武德四年（公元 621 年），实行货币改革，铸行"开元通宝"钱，废止了自汉武帝以来至隋朝通行的"五铢钱"。虽然钱的形状与前代相同，但不再以重量为名，标准钱改称"通宝"、"元宝"，加重的大钱称为"重宝"。这种制度一直沿用了 1300 多年。当时的晋阳交通四通八达，经济富庶，手工业、商业十分发达，是全国铸造货币的中心。铁制武器日臻完善，并州剪刀锋利无比，铁镜、铜镜盛誉全国。此外，晋阳硝石、葡萄酒都是当时的贡品。唐代的晋阳不仅城市繁华，而且文化荟萃，人才辈出。《通典·边防》中《经行记》记载，唐人杜环随镇西节度使高仙芝西征，天宝十年（公元 751 年）至西海（即地中海），在坦罗斯战役后被俘，在大食（今阿拉伯）共十年，后被释放，从海路回到广州。他到过该国的都城亚俱罗（即关德，今属伊拉克），看到"梭绢机杼"和"织络者河东人乐义懁、吕礼"[①]。说明山西手工业在公元 8 世纪就已在阿拉伯国家传授技艺。公元 742 年（唐玄宗天宝元年）改晋阳为北京，与首都长安及南京（成都府）、西京（凤翔府）、东京（河南府）合称五京。据记载，当时的太原府"领县十三，户十二万八千九百五，口七十七万八千二百七十八"，太原进入了历史上的鼎盛时期。《通典》卷七说：唐代开元年间，"南诣荆襄，北至太原、范阳，

---

① 《山西地方史志资料丛刊》，《山西外贸志》。

西至蜀川、凉府，皆有店肆，以供商旅，远适数千里，不持寸刃"。

中国民间的借贷活动发展到南北朝时，已经出现了一些办理借贷活动的信用机构，谓之"质店"。到唐朝出现"柜坊"、"僦柜"、"寄附铺"等信用机构，这些办理信用业务的机构多是兼营，还不是专业金融机构。晋阳与晋阳人参与当时信用机构，史料亦有记载，比如存款于寺庙，《会昌解颐录·牛生》记载了柜坊的事："牛生自河东赴举……至菩提寺……僧喜曰，晋阳常寄钱三千贯文在此，绝不复来取。某年老，一朝溘至，便无所付，今尽以相遇。"① 晚唐晋中祁县人温庭筠（约公元 812～870 年），在他的《乾馔子》中《扶风宝父》记载："尝有胡人米亮，因饥寒，父见辄与钱财帛，凡七年不之问。异日，父见亮，哀其饥寒，又与钱五千文。亮因感激而谓人曰：亮终有所报大郎。父方闲居无何，亮且至，谓父曰：崇贤里有小宅出卖，直二百千文，大郎速买之。父西市柜坊，锁钱盈余，即以直出钱市之。书契日，亮与父曰：亮攻于览玉，尝见宅内有黑石，人罕知之，是捣衣砧，真于阗玉，大郎且立致富矣。"② 货币的借贷活动，空口无凭，需要立约为证，作为最早的、最简单的信用工具借条（借据），在春秋战国时期已经出现。唐代出现了异地款项汇兑的票据——"飞钱"，作为当时北都或北京的太原，与长安之间飞钱当是可能的。特别值得重视的是支票支取存款是不是最早在晋阳发生，这是个很有趣的事情。《太平广记》卷 243 引《唐逸史·尉迟敬德》一段故事耐人寻味。尉迟敬德（586～658 年）山西朔州人，传说曾在太原打过铁，文中说："隋末有书生，居太原，苦于家贫，以教授为业。所居抵官库，因穴而入。其内有钱数万贯，遂欲携挈。有金甲人持戈，曰：汝要钱，可索取尉迟公帖来。此是尉迟敬德钱也。书生访求，不见。至铁冶处，有锻铁尉迟敬德者，方袒露蓬首，锻炼之次。书生伺其歇，乃前拜之。尉迟公问曰：何故？曰：某贫困，足下富贵，欲乞钱五百贯，得否？尉迟公怒曰：某打铁人，安有富贵，乃侮我耳。生曰：若能哀悯，但赐一帖，他日自知。尉迟公不得已，令书生执笔曰：钱付某乙五百贯，具月日，署名于后。书生拜谢持去。尉迟公与其徒拊掌大笑，以为妄也。书生既得帖，却至库中。复见金甲人，呈之，笑曰：是也。令系于梁上高处，遣书生取钱，止于五百贯。后敬德左神尧立殊功，请归乡里。敕赐钱，并一库物未曾开者，遂得

---

① ② 彭信威：《中国货币史》，上海人民出版社 1965 年版。

此钱。阅簿欠五百贯，将罪主者。忽于梁上得帖子，敬德视之，乃打铁时书帖。"中国著名的金融史专家彭信威评论说："这帖或书帖大概可以说是世界上最早的支票，上面有付款数目，出帖日期，收款人姓名，出帖人署名，所和现代支票不同的，就是出于临时书写，而不是印好的空白格式。"① 公元907～979年，晋阳古城经历了后唐、后晋、后汉、北汉等几个王朝，轮番占领，经济凋敝。公元960年赵匡胤建立宋王朝，969年派兵攻打北汉，979年赵光义率兵攻取晋阳，放火焚烧晋阳城，第二年又引汾水灌了晋阳城废墟，先后几次将晋阳地区商民强迫迁往河南等地，很多人离开家园，失去土地，被迫走上了商途。

（五）宋代茶马互市

康基田：《晋乘搜略》卷二十第21册第64页："仁宗天圣中，诏府州岢岚军省马，五岁已上十二岁已下，骨骼良善行者，悉纲送估马司及并州拣马司。庆历时出藏绢三万市马于府州。并州守以越界趋利辄请罢之。张若谷知并州，以为互市所以利戎落而通蕃情，且中国得战马亟罢之则猜阻不安，奏复市如故，并州路置场和市。并州西边合河保德皆临河，夏人西来，辽兵南下，聚于麟、府二州界上，对渡之合河、保德当冲受敌，征调无时，辽夏皆利于和市，时以此为控御之道。互市以缯帛罗绮易驼马牛羊、玉、毡、毯、甘草，以香药、瓷漆器、姜桂等物易蜜蜡、麝脐、毛褐原、羚角、硇沙、柴胡、苁蓉、红花、翎毛，非官市者听其与民交易，惟私市硫磺、焰硝入外界禁例綦严。后西人侵耕屈野河地，合河对岸。即屈野河入黄之口，知并州庞籍谓：非绝其互市，则内侵不已；若互市不通，其国必归罪讹，庞年岁间然后可与计议，遂禁边民无得私相贸易，而私贩不能止。申诏禁绝。既而麟州复奏夏人之请，乃令鬻铜锡以市马，而马入岁增，蕃情亦顺，并州之供输得少息矣。""宋地理志，河东路……地有盐铁之饶……朔方娄烦马之所出，岁增贸市，以充盐牧之用。"② 在唐代对外贸易繁盛的基础上，宋代的对外经济贸易又有了进一步的发展。虽然在北宋初期，曾规定与邻国贸易一律由政府进行，禁止民间擅自买卖，但"颇闻禁令不行"。二十年后不得不取消禁令，反过来还鼓励中外商人越界贩卖。虽然国内和边境时有战事。但"丝绸之路"的贸易并未因此而受到影响，还有了一定的发展，与阿拉伯国家的贸易比以前更加广泛。阿

---

① 彭信威：《中国货币史》，上海人民出版社1965年版。
② 《晋乘搜略》卷二十。

拉伯国家也曾先后 40 多次派来使节，以促进通好和贸易。

随着手工业生产的继续发展，宋朝逐渐形成出口商品的王牌产品，主要是丝绸、瓷器和漆器，特别将丝绸和瓷器确定为对外贸易的法定品种，积极鼓励其生产。此时，山西丝织业又有了很大发展，潞、泽一带出现了家庭手工业专业户。而且其时机织生产与农业户已分开，织户多在城镇，农户则逐渐转向养蚕缫丝。其丝织品无论从产量、质量和花色品种上，都大大超过了前代。

在对外支付方面，宋王朝规定，除使用金、银、铅、锡外，还可用杂色帛和粗瓷器作为支付手段，易回西域诸国的商品，这无疑是对丝织生产的一种鼓励。

（六）元代的山西边贸

元统一全国后，建立了横跨欧、亚的大帝国。世祖忽必烈继位以后，实行了一些奖励生产、安抚流亡的措施，农业生产逐步得以恢复，又采取了一系列奖励对外贸易的政策。由于驿站完备，交通通畅，商业活动更加频繁旺盛，经"丝绸之路"来中国的外国商人络绎不绝。山西与阿拉伯国家之间的贸易活动仍通过古老商道进行。意大利人马可·波罗就是这时从西方经陆路来中国的。他到过山西的太原、平阳（今临汾）和大同。在其行记中除介绍山西的繁荣商业和"养蚕业极为发达"外，还记述有不少晋商"自此发足前往印度等地经商谋利"的事迹。经其宣传介绍，有更多的外国商人慕名逐利来到山西，使山西和外国之间通过"丝绸之路"的贸易更加频繁。由于商务昌盛，本省所产丝绸已不敷输出之用。商人们还要从外地进货。这时输出的主要商品除丝绸外，还有布、纸张、瓷器、金银器和铜制品等。输入的商品仍大多是供上层社会人士享用的奢侈品。

（七）明隆庆议和后的蒙汉互市

明清中国发生商业革命。"隆正议和"在这场商业革命中的地位不能忽视。入明以后，由于交通的进一步发达和山西工商业的空前发展，促使晋商将更多的商品远销到国外，晋商已成为全国最著名的商帮。嘉靖以后，晋商中出现不少大的盐商和丝商。叶梦珠在《阅世篇》中写道："山右或盐或丝，或转贩，或窖粟，其富甚于新安。"可见晋商已经超过徽商。他们的贩卖贸易不择手段、地点和商品种类，为追逐商业利润而奔走四方。把山西和全国各地的产品如丝绸、棉布、瓷器等通过海路输送海外，东到高丽（今朝鲜）、日本，南到印度和南洋各地，还在海口与葡萄牙、西班牙商人交易。但他们没有忘记"丝绸之路"这条贸易通道，继续把以丝绸为主的商品陆运西方。这时向中东各国所输出的商品种类已大大增多，甚至凤台县（今晋城市）大阳镇生产的缝衣针和绣花针也已大量出口，几乎进入了中东各国的每个家庭，并久负盛名。在晋东南流传了数百年的"大阳好钢针"民歌，是其生动的纪实。

商业的昌盛，又转来刺激生产，省内出现了生产专门化的地区，如潞州（今长治、长子、屯留、潞城、壶关、黎城、襄垣等县）的丝织业即是如此。当时在全国生产丝绸的专门化地区，有四川阆中和本省潞洲，潞丝和阆中蚕丝在国外同享盛誉。潞州营此业的家庭颇多，原料除来自本省外，还去江南和四川等地采集。盛时有织机 1.3 万余张，登机鸣杼者数千家。其产品质量也是全国最好的，郭子章《蚕论》中有"西北之机潞最工"之说。当时所织丝绸五颜六色，洋洋大观，使阿拉伯和欧洲人对这五彩纷呈的闪闪发光的织物，惊羡不已。不过这种经"丝绸之路"的对外贸易，山西和全国一样，都只维持到明末。清初，山西蚕丝生产几遭灭顶之灾，只有长治、高平两县尚存织机不足 2000，每年只能生产丝绸3000 匹。

明隆庆四年（1570 年），影响后世的著名的隆庆议和改变了中国北方长期以来的蒙汉对抗。促成议和的两位重要人物均是晋商的子弟。一是王崇古（1515～1588 年）山西蒲州（永济）人，晋商王瑶之子，隆庆四年（1570 年）总督山西、宣大军务，力主与俺答汗议和互市；二是其外甥张四维（1526～1585 年），蒲州豪贾张允龄之子，时任吏部右侍郎，后为礼部尚书，内阁首辅。这一文一武甥舅二人分别对蒙古首领阿拉坦汗（1507～1582 年，即俺答汗）和朝廷两方面做了大量工作。当时阿拉坦汗，成吉思汗黄金家族后裔，16 世纪后期蒙古土默特部重要首领，是著名的政治家、军事家。游牧于呼和浩特地区，逐原察哈尔部于辽东，控制东起宣化、大同以北，西至河套，北抵戈壁沙漠，南临长城地区，又征服青海，用兵西藏。汗妃三娘子（1550～1613 年）在 1582 年俺答汗去世后主政掌兵达 30 年之久，约束各部与明朝和平通贡互市。明隆庆六年（1572 年），与阿拉坦汗共同主持修建库库和屯城，皇帝赐名归化城（今呼和浩特）。为蒙汉和好通市贡献巨大。使茶马互市得到了进一步发展。"明时茶法有三：曰官茶，储边易马；曰商茶，给引征课；曰贡茶，则上用也。清因之，于陕、甘易番马。他省则召商发引征课，间有商人赴部领销者，亦有小贩领于本州县者。又有州县承引，无商可给，发种给茶户经纪者。"① 商人每运茶 100 斤，除交官茶 50 斤外，余 50 斤包括附茶共 64 斤，商人可自行销售。

（八）清代崛起的万里茶路

清初康熙皇帝征剿噶尔丹统一外蒙古后，康熙与俄罗斯的彼得大帝、继任的雍正皇帝与叶卡捷琳娜继续发展中俄以茶叶为主的两国贸易，特别是在恰克图协定以后，很快形成了中俄万里茶路。

1. 蒙古

（1）中原与蒙古互市初在长城关口。其中张家口（东口）和杀虎口（西口）是两个最重要的节点。张家口是著名的张库大道起点，一直延伸至恰克图、毛斯科洼（莫斯科）。张家口是最大的茶叶出口基地和皮毛集散地，被誉为"陆路商埠"、"皮都"。长城脚下的大境门内外，店铺林立，牛马驼成群，货物堆积如山。清入关前，后金与晋商的联系就比较多，努尔哈赤的"七大恨"是晋商传入关内的。"七大恨"是后金可汗努尔哈赤发布的讨明檄文。天命三年（万历四十六年，1618 年）正月，努尔哈赤宣布：吾意已决，今岁必征大明国！四月十三日以"七大恨"告天，起兵反明。杀虎口位于山西西北角右玉县城西北，占地约四平方公里，分杀虎关、杀虎堡和栅子外三部分。苍头河由南向北纵贯其中，形成一条长 3000 米、宽 300 米的狭长走廊，河东西两侧，山岭相对，坡陡壁立，构成天然关隘。明九边中的绝塞。明代中后期，蒙古右翼鄂尔多斯及土默特部强盛，常常南侵明边。杀胡堡设于明嘉靖二十三年（1544 年），周二里，高三丈五尺。明万历四十三年（1615 年），于旧堡之南近关处另筑新堡一座。新旧两堡之间东西筑墙，设门为中关，实为二堡一关。明万历四十五年（1617 年），杀虎口"汉夷贸迁，蚁聚城市，日不下五六百骑"。俺答互市点十处，"卜石兔部夷约五万有余，在大同得胜堡、杀胡堡、新平堡互市"。

清初，漠南蒙古相继成为清朝藩属。康熙二十九年（1690 年），蒙古准噶尔部噶尔丹叛乱，康熙亲征，三十五年（1696 年）归来，十二月初七驻杀虎口九龙桥西湾。"雍正十三年（1735 年），定潘桃、古北、杀虎

---

① 《清史稿·食货志》。

三口给商印票，兼满、汉、蒙三体文字"，规定"商人运载货物，例需直赴杀虎口输税，不许绕避别口私走。"乾隆三十三年（1768 年），定杀虎口、归化城交山西巡抚，商人"龙票"也到绥远城将军处领取。

杀虎关初设时，年征关税正额 1.3 万两；乾隆中期增至 32300 两，正额外有溢额，盈余 12100 余两，合 44400 余两。嘉庆二年（1797 年）税额为 15414 两。极盛年解税银 13 万两。清后期，清政府杀虎口税关，征收东自山西天镇、西至陕西神木全部进出口关税。杀虎堡城内商人有摊贩、商店、旅店、邮政，也有采购、加工、贩运的店铺作坊等，约千家。店铺林立，集市繁荣，蒙汉商贾云集于此。设有户部抽分署、中军都司、协镇、驿传道、巡检司、副将、守备、千总署八大衙门。宫观寺庙 50 多座，住户达 3600 户，近 5 万人。筑边墙，设有马市楼一座，下设暗门，门洞低狭，只可单身行旅徒步出入。驿站设官员 2 人，官马 280 匹，兵丁 528 名，喂马人 20 名。

随着长城沿线杀虎口、张家口等关口汉蒙互市之后，内外蒙古地区逐渐发展起商业城市，如包头、多伦淖尔、满洲里、库伦东营、科布多等。内蒙古地区有很多民谚传说商业城市的发展，如"先有复字号，后有包头城"；"先有曹家店，后有朝阳县"；"先有晋益老，后有西宁城"；"先有祥泰隆，后有定远营"等。山西太谷曹家在朝阳起家，后发展到陵水、凌源、沈阳、四平、长春等地，有 640 个商号，涉及 13 行，有员工 37000 多人，资本 1000 多万两。1933 年 7 月 1 日山海关报告：东北沦陷后，有 17 万晋商由关外返回，仅占在东北晋商的 1/3。

康熙年间，费扬古部驻防杀虎口，祁县何太谷人王相卿、张杰、史大学在军中当厨夫服杂役，为军队采购日用品，经常出入边市，同蒙古人交易，学会了简单的蒙语，懂得蒙人礼节习惯。当费扬古军西征进入乌里雅苏台和科布多时，王相卿等以小商贩身份，肩挑货物随军贸易。后来在杀虎口开了"吉盛堂"店。后来发展成为大盛魁，总号在乌里雅苏台，后移至归化城。大盛魁是最大的旅蒙商，极盛时六七千员工，商队骆驼 2 万头，活动于喀尔喀四大部、科布多、乌里雅苏台、库伦、恰克图、内蒙古各盟旗、新疆乌鲁木齐、库车、伊犁和俄国西伯利亚、莫斯科等地。民间传说，其资产可用五十两银元宝，从库伦铺到北京。经营砖茶，装茶箱子固定，一箱 36 块三六茶，专销张家口；一箱 24 块二四茶，专销归化、包头；一箱 39 块三九砖茶，运往外蒙乌里雅苏台、科布多、唐努乌梁海等地。

图4　大盛魁在呼和浩特的总号大门遗迹

图5　大盛魁从货郎担起家

出张家口向北达呼伦贝尔、东西伯利亚；出张家口向西北达库伦、恰克图、欧洲。出杀虎口向北达库伦、恰克图、欧洲；由库伦西行科布多进入新疆塔尔巴哈台；出杀虎口也可以向西北达包头、新疆塔尔巴哈台。

晋商由北京经古北口到多伦淖尔，"多伦淖尔会盟"时，康熙皇帝还批准了蒙古王公关于蒙汉通商的要求，并派遣北京八家大商号到多伦淖尔开办分号。这些"从六品"的商人手持"龙票"、头戴顶戴，亦官亦商，很快带动了多伦的商业。这些"龙票商人"甚至随身带有清政府理藩院发给的手铐脚镣，遇有捣乱者，可以铐起来送到当地的王爷府惩处。由于蒙汉贸易利润丰厚，其他地区的商人也纷纷前往，多伦淖尔很快成为享誉中外的高原商埠。7平方公里的土地上，人口达到18万之多，在册商户4000多家，其中以山西商户最多，仅正式注册的就有1000多家。

多伦票号：长慎涌、大盛魁、义成谦、长盛川。

（2）呼和浩特（古称归绥）。公元前306年，赵武灵王在阴山下筑长城，设云中郡，故址在今呼和浩特市西南托克托县。明隆庆六年（1572年），蒙古土默特部领主俺答汗来丰州一带驻牧，统一了蒙古各地和漠南地区。万历九年（1581年），俺答汗和三娘子在这里筑城，青砖砌墙。乾隆中期，清廷决定商人"龙票"的颁发机关由绥远城将军署领取，归绥城的地位提升，额定税收年白银16600两。道光二十一年（1841年），实征银23656两。光绪十三年（1887年），征银65279两。

归绥城有山西票号：大美玉、大德玉、义成谦、大德恒、大盛川、恒义隆、裕源永、大德通、长盛川、存义公、协成乾、长慎涌、崇义公、瑞生润、合盛元、大生玉、蔚丰厚。归绥城的山西钱庄：东义源、协和成、谦益恒、谦益永、法中庸、德太和、义成德、瑞盛庆、谦恒永、永和号、复泉茂、万昌通、隆昌旺、大德生、达泉胜、蔚隆泰、开亨永、裕盛厚、

泰和昌、聚义昌、德顺和、天生德、恒生昌、恒玉昌、谦益永、元享泰、
义泰祥、元恒泰、双兴厚、义泰祥、元享泰、泰和昌、晋义祥、义丰祥、
天享永、聚义恒、云集祥、恒玉昌、乾元通等。归绥城的山西账庄：中兴
永、天顺昌、法如春。

（3）包头城。清乾隆五年（1741 年），萨拉齐开始建筑，设协理通
判，是包头最早的行政建制。同治九年（1870 年）包头修筑城墙，形成
了近代包头的规模。19 世纪后期至 20 世纪初，包头成为我国西北著名的
皮毛集散地和水旱码头。

图 6　1931 年复盛西钱庄人员春节合影

包头票号：大德恒、大德通、大盛川、大盛魁、裕盛源、裕源永。

钱庄：复盛公、源恒长、广顺长、广顺恒、宝昌玉、复聚恒、兴盛
号、兴隆永、谦和诚、天兴恒广义贞、广恒源、宏义源、复信恒、懋和
元、聚兴、广义和、兴隆长。

银炉：复义和、天聚号、西盛公、崇集义、福元生巨川汇、宝聚西、
聚兴全。

2. 新疆

陕甘茶马，旧分五司。西宁司驻西宁，洮州司驻岷州，河州司驻河
州，庄浪司驻平番，甘州司驻兰州。清统一新疆后至乾隆五十二年
（1787 年），每年输入官茶（包括"搭放兵饷"11 万余斤）约为 18 万余
封，90 万余斤。嘉庆十年（1805 年）至道光年间，每年输入官茶改为 20
万余封，100 余万斤。新疆规复后，实施以票代引。《新疆图志》记载，
"旧发茶票三百五十张，南商改办晋茶，续发茶票一百五十张。伊犁创办
公司，请发茶票三百五十张，常年销数"。又说："昔承平之时，官茶引
课咸属晋商，谓之晋茶。乱后流离，湘人遂专其利。"

茶路也有了北道和南道两路。从张家口、归化城前往新疆的茶叶，部
分由蒙古的骆驼队运输，部分由归化城商人自养的骆驼队运输。其中规模
最大的是元德魁和天聚德。

（1）奇台（古城）。明永乐十六（1418 年）为准噶尔游牧地区。清乾隆三十八年（1773 年）建县，名"靖宁城"（今老奇台镇）。乾隆四十一年（1776 年）设奇台县。

（2）今日古城。光绪十五年（1889 年）由"靖宁城"迁入唐朝墩古城，亦名"古城"。当时古城有商号 690 家，驼队 4 万余峰，有谚"千峰骆驼走奇台，百辆大车进古城"。享有"金奇台"、"旱码头"的美誉。奇台县是晋商在新疆的大本营。

晋商经呼和浩特、科布多、奇台到乌鲁木齐、伊犁、塔尔巴哈台。

古城，"地方极大，极热闹。北路通蒙古台站，由张家口到京者，从此直北去，蒙古食路全仗此间"。"口外茶商自归化城出来到此销售，将米面各物贩回北路，以济乌里雅苏台等处，关系最重。茶叶又运至回疆南路八城，获利尤重。"（方士淦《东归日记》）进入古城前，有老西庙。老西庙原名"扎木次布那卜楞庙"，建于光绪七年（1882 年），50 年前，一度曾有门徒近百人。在前几年出版的地图上还可以看到老西庙的标识，现已破落。不过仍然还有人去旅游，寻找晋商遗迹。

（3）迪化（乌鲁木齐）。准噶尔蒙古语意为"优美的牧场"。旧为厄鲁特蒙古的游牧地。汉代西域都护府开始派兵在此屯田，隋代始有"互市"活动。

新疆分别与苏联、蒙古、巴基斯坦、印度、阿富汗五个国家接壤。

乌鲁木齐与奇台、哈密、伊犁并称为新疆四大商埠。票号：蔚丰厚、蔚成亨。伊宁、塔尔巴哈台。

在奇台之外，在伊宁现在也能看到大量晋商遗迹。如伊宁市区内，当年有一个 900 多人小村庄被称为"小祁县"，80%～90% 说祁县话。

（4）伊宁。新疆巴里坤县网友王鹏寻亲续家谱：爷爷王喜杰和其兄王喜侯带领骆驼队在新疆遭抢劫，王喜侯身亡，王喜杰定居巴里坤。60 年代，王喜侯之子王明世来到巴里坤带走王喜侯的遗骨。后来寄一张一家四口照片。王明世当时在太原铁路。

（5）今日塔城。1850 年，清政府与俄国签订《中俄伊犁塔尔巴哈台通商章程》，塔城成为新疆首次对外开放口岸。此后，俄商在塔城开洋行、办银行，商业网络延伸到乌苏、乌鲁木齐。俄侨涌入塔城置业。"自斜米至塔城道上，俄商驼铃不绝于途。"塔城对外贸易额占全新疆 40% 以上，成为名扬中亚、欧洲的繁华商埠。

3. 外蒙古

（1）库伦（乌兰巴托）。晋商在库伦晋商始于清代。原为外蒙古的宗教、政治中心。最初晋商进入以后只允许在东营子做买卖。后来发展到甘丹寺和汗王宫附近。

（2）乌兰巴托甘丹寺。

库伦的票号：大盛川。

账局：恒隆光。

银号：裕盛厚、宏盛。

其他商号：人和义、东富有、隆和玉、兴和公、人和厚、福来号、万盛京、隆顺玉、恒和义、万泰号、通兴义、通和号、隆昌玉、龙兴号、长兴厚、马生号、福坤财、义丰号、万通号、永泰公、长德泰、天聚德、聚丰恒、协和公、全聚德、桂兰财、福孔财。

（3）乌兰巴托汗王宫。库伦茶商：乾嘉年50多家，6000多人。清后期100多家，20000多人。

乌兰巴托汗王宫有一口大钟，铭文讲到库伦晋商十二甲首敬心铸造新钟，以视对关帝圣君的诚敬之意。十二甲首是：源发乾、广全泰、义合德、义合忠、永茂盛、义合盛、元盛大、豫和昌、兴隆昌、源泉涌、万顺亿、□昌魁（原文不清）。

图7 乌兰巴托汗王宫内的山西商人遗物

图8 由乌兰巴托开往俄罗斯乌兰乌德的国际大巴——乌兰巴托到恰克图市途中的风光

4. 俄罗斯

俄罗斯输出：皮毛、呢绒、金属制品。中国输出：茶叶、丝绸。晋商活跃的地区：恰克图、聂尔庆斯克、上乌金斯克、巴尔纳乌、巴尔古今、多木斯克、耶尔库茨克、克拉斯诺亚尔斯克、新西伯利亚、比西克、莫斯科、彼得堡等。1728～1730年，恰克图市场建成。俄方称恰克图；中方称买卖城。之间几百米距离。

图9 恰克图的教堂

图10 当年站在恰克图看买卖城

恰克图1843年输俄茶叶12万箱值1240万卢布，还有曲沃烟丝、晋城衣针、大同铜器、太原陈醋等。1844年（道光二十四年），以恰克图为主的对俄进出口分别占当年中国进出口的16%和19%。俄国对华贸易占其进出口的40%～60%。

图11 当年的买卖城建筑

图12 当年的买卖城街道

买卖城榆次常家的商号——大泉玉，常家；大升玉，常家；独慎玉，常家；大昌玉，常家；保和玉，常家；三德玉，常家；顺德玉，常家；大涌玉，常家；泰和玉，常家；三和源，常家。其中有六家专营茶叶。

"买卖城内由一条东西向横街和三条南北巷子组成，西巷有常家的大泉玉，中巷有常家的大升玉，东巷有常家的独慎玉。"

恰克图的企业还有：福源德、天和兴、大成兴、永玉恒、天庆隆、永光发、壁光发、兴泰隆、公和盛、万庆泰、公和浚、万盛永、永玉亨、大成庆、广全泰、永和玉、大珍玉等。

乾隆后期年输俄200万斤茶叶。1800年输俄250多万斤茶叶。1836～1839年年输俄700多万斤茶叶（价值800多万卢布）。

没有硬货币时，就向华商作贸易融资。在俄罗斯有很多晋商金融机构：账局有（符号是否合适）大升玉、大泉玉、大美玉、独慎玉、恒隆光、祥发永、大盛魁；票号有：大德玉、独慎玉；钱庄有：锦泉涌、锦泰亨等进行贸易融资，印票庄，（符号）将商品贸易与印票融资相结合。

为商旅安全、管理市场清政府新建了绥远城，设将军衙署，库伦设札尔古齐衙门。监督贸易，处理商务纠纷，负责检验和发放旅蒙商的营业执照，并征收税款。三次闭市四次开市。1821～1850年中俄贸易基本上是平等互利，公平贸易。

俄国一位驻华官员说："汉族人则特别喜欢联合行事，特别喜欢各种形式的合股。……有些商行掌握了整省整省的贸易。其办法就是把某一地区的所有商人都招来入股。因此，在中国早已有了现代美国托拉斯式企业的成熟样板，当前在中国西部地区的主要是山西和天津的商行。"（鲍戈亚夫连斯基：《长城外的中国西部地区》）帕尔申评论道："一个恰克图抵得上三个省，它通过自己的贸易活动将人民的财富变成宝贵和富有生机的液汁，输送到西伯利亚。"在恰克图有一条百万富翁大街。

1894年一俄商捐修的恰克图博物馆，珍藏大量茶路文物，其中有19世纪末恰克图商人捐赠的价值昂贵的砖茶、人头茶、白毫茶和花茶（红玫瑰），放置在专用的中国铅、锡盒子内。俄国茶商卢茨尼克夫，在恰克图交易市场圈不到200米的地方，建有豪宅，常常邀请晋商来家做客。

图13 当年俄国茶商卢茨尼克夫的住宅

马克思评论恰克图贸易说："恰克图的边境贸易，事实上和条约上都是物物交换，钱在其中不过是价值尺度。"虽然是易货贸易为主，但是纳税、交易差额清算、贸易融资以及商业票据使用，不能没有货币和银行。当时俄国没什么商品可供大量输出，年年入超，不得不支付白银。政府不许白银出口，俄商就把白银加工制成粗糙的银工艺品来支付。没有硬货币时，就向华商作贸易融资。

后来俄国越来越不满足于在恰克图从晋商手中购茶，千方百计直接进入中国内地直接采购、加工。羊楼洞与晋商竞争。俄茶商彼特金曾捐资，在汉口建了一座类似恰克图东正教教堂的汉口东正教教堂，建立了茶厂新泰大厦。郡阳路和洞庭路口的"巴公房子"就是当年俄国茶商的公寓。后来购进中国茶种，聘中国茶叶技工在高加索试种成功，使俄增加一个新的产业。19世纪宁波茶厂技术员刘峻周应邀到格鲁吉亚种茶、办茶厂，被格鲁吉亚及独联体国家誉为"茶叶之父"、"红茶大王"。恰克图博物馆以收藏集《茶之俄罗斯——旧都》参展莫斯科"2006国际博览"获得金奖。

晋商依靠优越的地理条件和历史机遇，很快在财富积累、商路开拓、国际贸易、企业组织、经营管理、金融创新、商业文化等方面获得巨大成功，并逐步创造出了自己独特的营业策略、管理思想、理财理念、企业文化、价值观念、商业伦理等，成为中国商界最具活力的一支商帮。

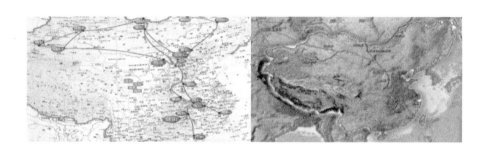

图14　茶叶之路　　　　　　　图15　茶叶之路

国外市场——朝鲜、日本、俄罗斯、欧洲。在朝鲜经营人参、夏布。采购日本生铜。票号设于朝鲜、日本。俄罗斯的莫斯科、多木斯克、耶尔古特斯克、克拉斯诺亚尔斯克、新西伯利亚、巴尔纳乌、巴尔古今、比西克、上乌金斯克、彼得堡等都有山西人。十月革命后由苏联返回山西的晋商达1万人。

图16　当年恰克图茶叶市场

图17　在恰克图的晋商茶庄

1728～1730 年，恰克图市场建成。乾隆后期年输俄 200 万斤茶叶。1800 年输俄 250 多万斤茶叶。1836～1839 年输俄 700 多万斤茶叶（价值 800 多万卢布）。

图 18　在莫斯科的榆次独慎玉账局

蒙古市场——外蒙古：库伦、科布多……内蒙古：归化、包头、海拉尔、多伦……张家口八大皇商，"龙票"。

西北市场——"先有祥泰隆，后有定远营"。"先有晋益老，后有西宁城"。新疆奇台、乌鲁木齐、塔城、叶尔羌……伊宁祁县村。

西南市场——自流井、巴塘、里塘、打箭炉、雅安。茅台酒是盐商汾阳郭氏 1704 年（康熙四十三年）参照汾酒技术酿造成功的。

东北市场——朝阳、营口、沈阳、丹东、齐齐哈尔。1933 年山海关报告：九一八事变后由东北返回关内的晋商 17 万人，占在东北晋商的 1/3。

图 19　《都门会馆》目录看山西在京会馆数量

东南市场——扬州淮盐。瘦西湖、个园是临汾亢家、大同黄家的花园。武夷山，包山收购加工茶叶运销蒙俄常家。

中南市场——河南开封、周口、洛阳、南阳、社旗、朱仙镇。阳城商人在豫33县经商。安化、羊楼洞是晋商茶叶基地。徐沟张联辉在陈州组织商团配合清军镇压捻军，赏穿黄马褂。

北京市场——明代晋商会馆占全城沈阳会馆的36%。新中国成立前晋商在北京垄断性行业很多。都一处、六必居、乐仁堂、通三益、天义顺、王麻子刀剪等皆晋商。

三、汇通天下

（一）出土文物例证

1. 先秦货币

公元前3000～前1122年海贝成为支付手段。公元前1600～前1300年海贝不足，铸造铜贝。1971年山西保德商代墓葬出土109枚青铜贝。是世界最早的金属货币。

图20 山西保德出土的商代青铜贝（正面、背面）

20世纪60年代，侯马出土迄今为止世界最早的铸币工厂遗址。空首布范数十万件。

图21 山西侯马出土的古晋国造币厂遗址与货币

2. 唐代铸币工场

唐代"天下铸炉九十九，降州三十"。

3. 宋金货币兑换

金明昌七年（1196 年）汾阳已经有货币兑换店（钱庄）。（2008 年出土宋金墓葬壁画，墓主人王全）。

图 22　宋金时期汾阳东龙观商人墓葬壁画——钱庄

（二）明清山西货币商人的金融创新

明清晋商不仅引领中国商业革命，也引领中国金融革命。外国人统称山西货币商人的企业为"山西银行"。1909 年日本出版的《天津志》记载："汇票庄俗称票庄，总称是山西银行。据说在一百多年以前业已成立。主要从事中国国内的汇兑交易，执行地方银行的事务。"

德国学者李希霍芬（1833～1905 年），清同治年间多次到山西考察，著《中国》三卷。"山西人具有卓越的商才和大企业精神，当时居于领导地位的金融机关——山西票号，掌握着全中国，支配着金融市场，可以说计算的智能劳动是该省的唯一输出的商品，这也是财富不断流入该省的原因。"

山西货币商人有几十项金融创新：

1. 晋商的金融机构创新

（1）当铺。从事消费抵押信用的金融机构。1685 年（康熙二十四年）全国 7695 家，其中山西 1281 家，占 16.6%；1753 年（乾隆十八年）全国 18075 家，山西 5175 家，占 28.6%。19 世纪 50 年代，北京有 159 家，其中晋商 109 家，占 68.55%。

（2）钱庄。从事钱币兑换业务的金融机构。1765 年（乾隆三十年）苏州有山西钱庄 81 家。1853 年（咸丰三十四年）北京有山西钱庄 40 余家。

图 23　当铺账簿

（3）印局。办理短期小额信用放款的金融机构。"京城内外，现有山西等省民人开设铺面，名曰印局，所有大小铺户及军民人等，俱向其借用钱文"，"京师地方，五方杂处，商贾云集，各铺借资余利，买卖可以流通，军民偶有匮乏日用以资接济，是全赖印局的周转，实为不可少之事"。（清内阁大学士祁寯藻）

图 24　印局账簿

（4）账局。专门办理放款的金融机构。17 世纪中后期，山西账局和钱铺迅速发展。1853 年北京有账局 268 家，其中晋商账局 210 家。当时负责管理货币事务的户部右侍郎王茂荫说"账局帮伙不下万人"。

图 25　日升昌票号大门

图 26　山西票号的分支机构地图

（5）票号。办理异地款项汇兑的金融机构。平帮、祁帮、谷帮、南帮。1862 年上海有 22 家票号，对钱庄放款达 300 多万两。1883 年金融危机中，上海 78 家钱庄关闭了 68 家，票号却未受损失。

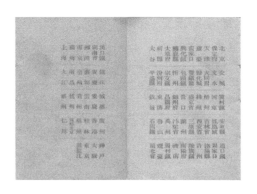

图 27　合盛元银行日本东京出账所的宣传册的两页所列分支机构

（6）乡账商号。专门对农户的小额贷款。清代山西货币商人在河南、安徽、江苏、山东放"乡账"。已发现有文字资料的，约 240 余家乡账商号。

图 28　晋商在鲁苏豫皖地区的乡账商号调查报告

图 29　灵石县账商号分布图

（7）金融行会。货币商人的行业商会。如上海汇业公所、北京账庄商会、绥远宝丰社、包头裕丰社、大同恒丰社。

2. 金融工具创新

（1）凭帖。

（2）兑帖。

（3）上帖。

图30　凭帖。光绪元年山西居间流通的"凭帖"，本写出票，由本号随时兑现，相当于现在的本票

图31　兑帖。也称附帖。本号出票，到另一号兑取现银或者制钱，相当于现在的支票

（4）上票。

（5）壶瓶帖。

（6）期帖。

图32　上帖。有由当铺上给钱铺的上帖和钱铺上给当帖之分，双方已有合同在先，负责兑付，类似现在的银行汇票

图33　壶瓶帖。有些商号（包括钱庄）因逢年过节资金周转不灵，自由钱帖，盖以印记，用以搪塞债务，因其不能保证随时兑现，只得暂时"装入壶瓶，并无实用"，故称壶瓶帖，相当于现在的融通票据

（7）会券。

（8）旅行支票。

图34　期帖。该票据有指定日期，到期时始能取钱。
需计算期内利息，类似现在的远期汇票

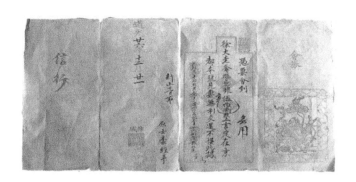

图35　汇票

（9）票据流通。

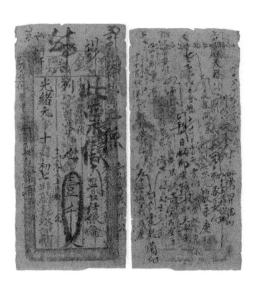

图36　光绪元年平遥一张票据的背书

光绪元年十月七日平遥"蔚长永钱票"背书记录："丙十月初七日收任振伦"、"十月十九日收刘佩常"、"十三（十月二十三日）恒长奎付"、"十一月初五日郝春荣"、"十一月十一日收关帝庙"、"十一月二十六日雷天云付"、"十一月二十八日义盛厚毛"、"十二月初八日收王清树"、"十二月初九日收义升公"、"（十二月十七日）收永庆和"、"十二月二十一日收讳广富"、"正月二十八收范居中与"、"二月初六日收毛会鹏"、"二月初七日收霍起兰付"、"二月十一口光参"、"二月十四日收阴荣保"、"二月十七日盛魁口"、"二月二十九日耿长泰付"、"三月十九（三1文）收天宁号"、"三月二十一日收张思元"、"三月二十二日收程开业"、"三月二十四日段村赵广源"、"四月初一日收邱兴口"、"x①（四月十七日）收德和义"、"四月十八日收张万顺"、"（五月十一日）常升德付"、"七月初二日收赵富有吊"、"七月二十四日收天裕公"、"九月十三日收义成厚"、"九月十四日刘秉有"、"九月十七日收张成纯"、"文（九月十八日）史泰安付"、"九月口日收史记山"、"口月十四日收义长口"，共34条。

3. 金融制度创新

（1）投资股份制度。

（2）两权分离制度。

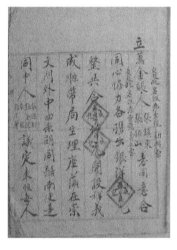

图37　人身股合约

---

① 原文不清。

（3）人力资本制度。

（4）正本副本制度。

（5）信约公履制度。

镖局。标期。标利。过标。拨兑、丁卯。过标即过关过年（符号是否合适）。

（6）金融控股集团公司（联号制），如太谷曹家。

图 38 镖局过标的标牌

图 39 太谷砺金德账局的大门

4. 金融业务创新

（1）本平。

（2）顺汇与逆汇。

（3）贴现。

（4）代办捐纳印结。

（5）转账结算。

（6）银行清算。

图 40 清代的山西股票

5. 风控机制创新

（1）资本金管理。

（2）薪酬社保激励。

（3）宗法与担保。

（4）银行密押。

（5）金融稽核。

（6）内控制度。

图41　清代晋商票据的水印

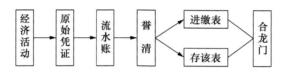

图42　晋商创新的金融稽核示意图

6. 经营战略创新

（1）分支机构随盈利风险伸缩。

（2）资金随经济社会需要而松紧。

（3）资金调度"酌盈济虚，抽疲转快"（北存南放）。

（4）重人信用大于重物信用。

7. 对外金融活动创新

（1）国外采购货币金属。

（2）对俄商贸易融资。

（3）国外设立金融机构（俄罗斯、朝鲜、日本）。

图43　合盛元票号在日本申办分号的外交文件

图 44　合盛元票号在神户的广告

图 45　合盛元票号的掌柜们

恰克图的部分山西金融机构：账局——大升玉、大泉玉、大美玉、独慎玉、恒隆光、祥发永、大盛魁；票号——大德玉；钱庄——锦泉涌、锦泰亨。

8. 从事政府金融

（1）汇兑军协饷银。

（2）借垫汇款。

（3）贷款。

（4）代办政府证券业务。

（5）代理地方金库。

（6）充当清政府的财政支柱。

晋商股份合作制度、两权分离制度、职业经理人制度、人力资本制度、资本金管理制度、票据流通制度、转账结算制度、银行密押制度、财务稽核制度以及各种技术创新、工具创新、业务创新，引起国内其他商帮的关注。

图 46 "损人欲以复天理，蓄道德而能文章"，"履和"——左宗棠为乔家照壁所题对联

19 世纪 60 年代，杭州胡雪岩、慈溪严信厚、南京李经楚、洞庭席志前以及云南、湖南、南昌、上海、新疆等商人曾学习晋商的企业制度。

（三）民国时期的金融先导

1. 20 世纪 20 年代

（1）大汉银行。

（2）山西官钱局与晋胜银行。

（3）划一币制。

（4）成立铜元兑换所。

（5）成立山西省银行。

（6）成立中华国家银行、中华国家银行学校。

2. 20 世纪 30 年代的十年建设计划案

（1）改组山西省银行。

（2）成立铁路银号、垦业银号、盐业银号。

（3）省铁垦盐四银行号实物十足准备库。

（4）山西省人民公营事业董事会。

（5）省钞发酵。

（6）向富户无息借款。

（7）利用外资。

（8）风险股票债券。

20 世纪 30 年代，山西省政府以 110 万银元作资本，经过 5 年经营，建成了铁路960公里，创建了采煤、冶金、电力、化工、机械制造、纺织、造纸等轻重工业，总资产达2亿银元。

图47 阎锡山

3. 抗日根据地孕育了新中国的央行

1938年8月日寇侵占山西，共产党领导的八路军开赴敌后开展游击战争，建立抗日根据地。根据地的经济发展，急需金融支持。1938年9月开始，在根据地创建自己的银行。按"统一政策，多元发展"的原则，先后有上党银号、兴县农民银行、晋察冀边区银行、冀南银行等。后来发展为太行山、五台山、吕梁山三大银行。

1948年10月，晋察冀边区银行、冀南银行在石家庄合并成立华北人民银行。12月1日与西北农民银行和山东的北海银行合并，组建中国人民银行，发行人民币，招收知识青年，在山西榆次培训银行人才，然后随解放军进入北京，接管了官僚资本银行，取缔了外国在华银行的特权，改造了民族资本主义金融业，形成了向全国迅猛发展的新中国力量。

历史上，晋商成功的最重要的秘密是人力资本制度；还有商品经营资本与货币经营资本的混合生长。可以说，金融强省是明清"泽潞富豪甲天下"的秘密，也是民国山西模范省的重要秘密，后来成为新中国金融的有生力量。

四、晋商文化

晋商文化是山西商人创造的物质财富和精神财富的概括，包括它的企业制度、商业技术、经营管理、营销艺术、商业伦理、社会习俗、信仰俸祀、城市建设、民居建筑、文学艺术、戏剧武术等整个商业文明体系。

晋商文化的主要特点：

第一，博大宽厚的唐晋遗风。

第二，关公崇拜的商业伦理。

第三，不囿传统的创新精神。

第四，严格谨慎的管理之道。

第五，执用两中的和谐思想。

第六，和气生财的理财理念。

晋商文化的核心内容在其商业伦理和处世哲学。

（一）商业伦理

晋商的商业伦理简单说就是诚信义利。在义和利的问题上，他们认为义和利是相通相济的。在处理利和义的关系上，必须见利思义，先义后利，以义制利，义利相通相济。认为利在义中，有德才有利。晋商的义利观，从诚信开始。讲信、讲义，最后才能得到利。

日升昌：光绪初年一天，日升昌柜台前来了一位衣衫褴褛的老妇人，摸出一张同治七年的 12000 两的巨额汇票。要求兑换。将近 30 年的事，是不是真实汇票？兑不兑？大掌柜张兴帮该如何处理？

图 48　雷履泰家客厅的屏风四条幅

雷履泰四联屏风：

诚者，物之始终，不诚，无物。是故，君子诚之为贵。

利不可两，忠不可兼。不去小利，则大利不得，不去小忠，则大忠不至。

作事必谋始，出言必顾行。常德必固持，然诺必重应，见喜如己出，见恶如己病。

恭为德首，慎为行基；言则忠信，行则笃敬。

"文显之为商也，善心计，识轻重，能与时低昂，以故饶裕。与人交，信义秋霜，能析利于毫末，故人乐取其资斧。又善审势伸缩，故终身弗陷于井罗……""夫商与士，异术而同心，故善商者，处财货之场，而修高明之行，是故虽利而不污。善士者引先王之经，而绝货利之途，是故必名而有成。故利以义制，名以清修，各守其业，天之鉴也。如此则子孙必昌，自安而家肥富。"[1]

晋商为人之本、为商之道，是儒家思想。并将此化作关公崇拜。走到哪里，赚了钱就修关帝庙，建立山西会馆。一是地缘亲情；二是关公一生是忠义仁勇的化身；三是关公被尊为财神。

图 49　河南社旗山陕会馆

图 50　山陕会馆牌坊和福禄寿三星

图 51　关公夜读春秋铜像

---

① 李梦阳：《王文显墓志铭》。

图 52　榆次后沟村关帝庙的主殿夜读春秋塑像与"道即财源"的牌匾

（二）处世哲学

晋商的处世哲学是中和之道。一是不左不右；二是和而不同；三是权中时变。晋商主张"和气生财"。"仁义礼智信信中取利，温良恭俭让让中求财。"

大德通对人号同人教育以儒学为主。"命阖号同人皆读《中庸》、《大学》，盖取正心、修身，而杜邪教之人。"重视商人修身正己，心智双修。

图 53　乔致庸画像

包头大顺公绒毛店，拖欠乔家复盛公现洋1000银元，破产后家境凄凉。乔财东到包头巡视，召见了这位破产商人，问明情由后，决定分文不取，象征性地收了一把斧头和一只箩筐。光绪年间，乔家大德通、渠家百川通票号将业务拓展到东北。传言乔渠两家钱票要贬值，两票号突遭挤兑，一时难以应付。乔渠两家向太谷曹家求援。曹家公开宣布所有曹家各票号、银号均代大德通、百川通的钱帖兑付现金，很快平息了挤兑风潮。

晋商的东掌关系："用人不疑，疑人不用"；"受人之托，忠人之事"。"有钱出钱，有力出力。出钱者为东家，出力者为伙计，东伙共而商之。"

晋商企业与客户的关系：善待"相与"。

晋商企业与员工的关系：以人为本。

阎锡山"中的哲学"：不偏不倚、情理兼顾、不过又无不及是为中，事之恰好处是为中；人事得中则成，失中则毁；承认矛盾，要用二的分析法分析矛盾，以求得矛盾的不矛盾，使矛盾对消，达到适中，以求生存。

2009年3月18日，《纽约时报》刊登了"中国山西票号"的特写文章，为什么？被媒体解读为"美国大力推销晋商精神，借以警醒处于经营危机和信任危机下的AIG类的金融巨头们。"华尔街金融大亨得向山西大掌柜学习什么？山西票号值得当今中外银行家学习的地方很多，最重要的是稳健审慎的经营原则，诚信义利的商业伦理，恪尽职守的职业操守。其实，现代西方经济学有违其老祖宗的训导。"国富论"必须与"道德情操论"结合，才能保证效率与公平双目标。大德通票号大掌柜阎维藩，给成都分号关于章程修改的四条指示：第一条"宗旨宜坚定也"。说的是经营战略原则，一是分号必须坚持本号办号宗旨；二是严格履行本号规矩，"凡事待人以德"；三是"初开张不必贪展，宜先虑后动，站稳脚跟，再图发展"；四是"以营求浮存为要义，不宜大利上款"，"作佃官场，为号规所忌。"第二条"择主宜认真也"。说的是业务的审慎原则，要求"占庄因以求利为本，而尤以择主为贵。凡做迟期生意，则须极意详慎选择"，在此"多事之秋，宜诸从活便，庶可进退欲如。勤阅报纸，耳目流通，更吾等分内之事。"第三条"操守宜讲明也"。说的是对员工的品德要求的标准。"我号谦慎相传，以高傲自满、奢华靡丽为深戒。且勤为黄金之本，谦和圣贤之基。"第四条"自立宜切究也"。"自立之道维何？一曰实事求是，二曰一意从公，三曰随机应变，四曰返璞归真。"阎维藩的四条指示，我们可以窥见晋商的中道哲学。

（三）晋商精神

晋商精神，是山西商人从事商业活动的一种相对稳定的思想方法、行为范式和价值观念。晋商精神可以概括为：重商立业的人生观，诚信义利的价值观，艰苦奋斗的创业精神，同舟共济的协调思想。

1. 重商立业的人生观

中国主流社会长期以"士、农、工、商"为序，重农抑商。宋元以来，山西人逐渐形成了重商思想。清雍正皇帝《朱批谕旨》："山右大约商贾居首，其次者尤肯力农，再次者谋入营伍，最下者方令读书。""生子有才可作商，不羡七品空堂皇，好好写字打算盘，将来住入茶票庄。"明清时期在山西民间形成了一种重商观念，即以商致财，用财守本的立业思想。

2. 诚信义利的价值观

晋商认为义利相济相通，坚持先义后利，以义制利，反对采用任何卑劣手段骗取钱财，不惜折本亏赔也要保证企业信誉。票号要求员工："重信义，除虚伪，节情欲，敦品行，贵忠诚，鄙利己，奉博爱，薄嫉恨，喜辛苦，戒奢华，他如恒心、通达、守分、和婉、正直、宽大、刚勇、贤明。皆为一贯之教训。"

3. 艰苦奋斗的创业精神

康基田："山西土瘠天寒，生物鲜少……盖其土之所有不能给半，岁之食不能得，不得不贸迁有无，取给他乡。"山西商人的勤劳节俭，艰苦奋斗，积极进取，同时包含着不断地创新。诸如企业组织制度、商业技术、平色折合、票据转让、转账结算、银行密押、财务核算等均在实践中做了大量的摸索与创新。

4. 同舟共济的协调思想

晋商认为"和气生财"，重视社会各方面的和谐相处。凡是"相与"必善始善终，同舟共济。号规对东家和掌柜、掌柜和职工、职工上下级、总号和分号、分号和分号、本号和他号的关系有明确的规范，要求各处人位，皆取和衷为贵，在上位者宜宽容爱护，慎勿偏袒；在下位者当体谅自重，得不放肆。"君子需财，取之有道；君子拥财，用之有道。"晋商企业要求员工将经商作为一种事业，必须重视个人的心智素养。

诚信义利的商业伦理，为人处世的中和之道，与行业人员修身正己的心智素养，是晋商精神的核心内容，是他们称雄商界的软实力。

但是，商人精神能否进入主流社会，这对于社会经济发展是至关重要的。2000多年了，商人始终是四民之末，不能登上政治舞台。明末清初，山西重商思想的出现，产生了商人进入上层社会的强烈要求。明末清初顾炎武、傅山、戴廷栻、阎若琚等聚会祁县丹枫阁。傅山："市井贱夫可以平治天下。"傅山说："生人之有为也，本以富生人。富生人，而治人者乃有为。"清中后期，一批研究地理学的学者，如祁寯藻、张穆、何秋涛、徐继畲等，不仅研究西北、蒙古地理商路，而且研究世界地理。徐继畲说："欧罗巴诸国，皆善权子母，以商贾为本计，关有税而田无赋。航海贸迁，不辞险远，四海之内，遍设埠头，固由其善于操舟，亦因国计全在于此，不得不尽心而为之也。"曾任山西巡抚的张之洞、曾国荃、胡聘之以及戊戌变法被杀头的"六君子"杨深秀等，都是商人精神进入主流社会的推动者。

鸦片战争后，外国资本进入中国，在半个世纪里，出现三次外资在华设立银行的高潮。并且通过政治借款、实业借款操纵中国经济命脉。中国的爱国志士面对帝国主义的侵略，不断地寻求自强的道路，提出"师夷长技以制夷"的思想。使得引进欧美企业与金融制度成为热潮。

新中国成立后，开始了社会主义道路的艰辛探索。先是新中国成立初的"走俄国人的路"，后来发展为"走自己的路"。形成了高度集中的计划经济。1978年改革开放以来，中国出现了第二轮引进欧美经济理论与企业制度的高潮。

今天，中国商业文化需要发展，需要传承，也需要引进，更需要创新。一个民族倘若丢失了自己的民族文化，这个民族也就不存在了；如果一个民族完全拒绝外来的优秀文化，这个民族是不可能进步的；如果一个民族失去创新，这个民族就只能永远跟在别人后面爬行。借鉴国外先进的商业文化，传承并创新自己的商业文化，创造性地发展中国特色的企业制度是当今企业家的共同任务。特别需要海内外华商的合作创新。

"实践家教育集团"开启了一个很好的中道智库平台，祝贺"中道实践学堂"越办越好。

《晋商精神论》序

背景说明

本文是 2013 年 12 月 18 日为崔满红教授研究的成果《晋商精神论》（待出版中）一书所写序言。崔满红原为山西财经大学研究生学院院长兼晋商研究院院长，财政金融学教授、博导，现任山西省金融职业学院院长。该书是他承担山西省人文社科重点研究基地课题之一。

最近，崔满红教授将其书稿《晋商精神论》送笔者征求意见并望写序，让笔者能够对这部书先睹为快，甚为高兴。

崔满红教授擅长于从多维度观察同一个事物，所以常常有新的观点和思想推出，这种治学方法也是他成功的原因之一。《晋商精神论》从纵向论证了晋商精神的形成与发展，又从横向做了必要的比较与分析，进而拉长问题的时间序列，延伸至当代晋商及其精神进行分析与研究，发掘出了很多人还没有意识到的新的思想。很值得一读。

一、明清晋商精神

晋商精神，应当说是在明清时期形成的。1991 年夏季，笔者和张正明先生在《山西商人及其历史启示》一文中，就从晋商的人生观、价值观、创新精神与处世哲学几方面来概括，提出了晋商的"重商立业的人生观、诚信义利的价值观、艰苦奋斗的创业精神、同舟共济的协调思想的晋商精神"，继而又多次撰文讲到晋商诚信义利的商业伦理和执两用中的

372

人和、物义、事中之处世哲学。后来不少学者甚至政府官员也对晋商精神进行过很多研究，有多种不同的表述与提法。那些表述与提法，都是很好的。崔满红教授专论晋商精神的这本专著，更为全面地、历史地，也更现实地研究了晋商精神，不仅具有理论意义，更具现实意义。

世界历史发展证明，商人能否进入主流社会，这对社会经济发展至关重要。本来，春秋战国时期，社会贤达与商人已经提出了士、农、工、商"四民"地位平等，主张各司其职。2000多年封建政府持续的"重农抑商"政策，使商人始终是"四民"之末，不能进入主流社会。到明末清初，在山西不仅形成了重商立业人生观，同时也产生了商人进入主流社会的要求。明末清初的著名学者山西太原傅山先生曾经说："何以聚人？曰财。白然贫士难乎有群矣，家国亦然。故讳言财者，自是一教化头骨相耳。常贫贱骄语仁义之人，大容易做也。""生人之有为也，本以富生人。富生人，而治人者乃有为。"甚至直截了当提出"市井贱夫可以平治天下"。与当时的南方学者李贽"不言理财者决不能平治天下"的主张南北呼应。后来，清代著名学者山西五台徐继畬进一步说："欧罗巴诸国，皆善权子母，以商贾为本计，关有税而田无赋。航海贸迁，不辞险远，四海之内，遍设埔头，固由其善于操舟，亦因国计全在于此，不得不尽心而为之也。"主张借鉴西方经济社会制度，呼吁发展工商业以成为国家财富的主要来源。但是，中国商人始终是"四民"之末，不能进入主流社会。欧洲商人之所以能够在16世纪以后成为社会主流，得益于欧洲一场成功的文艺复兴运动，这场运动使神权得以清算，人权得以张扬，科学与民主成为时尚，使欧洲的商业精神、重商主义与市民思想成为社会主流，导致工业化在欧洲迅速崛起。中国的皇权始终没有得到清算，清末戊戌变法没有能够像日本明治维新那样获得成功，中国商人始终没有登上政治舞台，晋商精神也没有成为社会主流。晋商精神曾挈领了中国商人精神，但是未能够成为影响中国经济社会发展的主要推动力。

二、晋商精神是发展的

商人精神在历史上不是一成不变的，而是发展变化的，常常具有一定的时代特征。它不仅受到商人经营成果、经营水平的制约，更重要的是受到经营环境、政治背景、社会制度等多方面的制约和影响。19世纪中期以后，由于科技进步，火车轮船的开通，中国与欧洲贸易商路改变，山西商人失去对欧陆路贸易的地利优势；再加上晚清以后，政局变化，战乱不停，晋商在动乱中损失惨重，不仅资产损失，市场缩小，同时在外商势力进入中国后，经营方向、经营理念、经营方法与经营技术都受到了巨大的冲击，使晋商逐渐走入低潮。在半封建半殖民地的旧中国，晋商的路子越走越艰难。近百年来，几度打倒"孔家店"、否定孔孟之道，使得孔孟之道中的传统精华"诚"、"信"、"忠"、"义"亦被当作封建糟粕受到了批判，严重影响了传统的社会诚信。加上供给制、"共产风"，使很多人认为国有企业、国有银行、国家干部都是国家的，都姓公，是你的也是我的，贷款还不了就"豁免"，于是"有借有还，再借不难"的传统渐渐就被遗忘，造成了社会信用缺失和诚信危机。经济往来中，信用票据难以运用，坑蒙拐骗，敲诈勒索，骗钱逃债，成为社会公害。

三、在传承创新中发展晋商精神

改革开放以来，市场经济的迅猛发展，唤回了商人与商人精神，重整晋商雄风，弘扬晋商精神成为山西人的共识。在现代市场经济中弘扬晋商精神，既要传承，更要创新发展。传承和创新晋商精神，要有一个大商业的理念，彻底摒弃计划经济时期的商业概念。传承和创新晋商精神，要敢于进市场、闯洋场，与省内外、国内外商人交朋友、谈生意、做买卖。传承与创新晋商精神，要把诚信交易放在首位，用尧、舜、关公圣哲先辈的思想约束自己，不愧为尧舜关圣之后。改革开放30多年来，新一代晋商经历了一段被人误解为就是"煤老板"的尴尬以后，现在正向人们展示出新的形象。新晋商立足企业，将企业作为实现价值理念的平台，从依赖自然资源，逐渐转向循环经济业态，延长产业链条，实现资源综合利用，并积极构建和谐劳动关系，关心社会，积极承担社会责任，以周到的服务、合格的产品、合理的价格服务社会，以大富、大德、大贵的形象出现于新时代，体现出责任晋商的新形象；新晋商传承了老晋商的诚信，把诚信作为资本，作为市场的通行证，作为企业命根子和自觉行为、精神境界，体现出诚信晋商的新形象；新晋商在当今知识经济时代，以科学、知识为基础发展自己的事业，推进工艺创新和产品换代，在现代科技支撑中登高望远、正确决策、占领先机，体现出知识晋商的新形象；新晋商已经或者正在开放眼界、开放境界、开放胸怀，吸收一切有利于企业发展的新事物，以世界眼光和思维，把对外开放与内部发展相结合，积极使家族企业、合伙企业走向现代企业，使晋商企业走向全国、走向世界，体现出开放晋商的新形象。

　　崔满红教授的《晋商精神论》，从明清晋商谈到当代新晋商，讨论到了商人精神、商人的核心价值观和现代市场运营的新理念、新思想，很值得所有新晋商与关心晋商发展的企业家、政府经济管理工作者和各界朋友们参考。

晋商文化

山西商人与教育

背景说明

本文原载《晋中师范专科学校学报》2002 年第 1 期，收录本书略作修改。晋商对教育是比较重视的，但偏重商业专业教育，对于全面的素质教育重视不足，使晋人对于现代社会发展趋势和走向不敏感，在 19 世纪与 20 世纪之交的世界经济社会大变革的形势下，未能高瞻远瞩，跟上时代的变化。尤其令人惋惜的是清末政府邀请票号参与组建国家银行，驻外分号的经理们也强烈要求进行改革，适应时代变化，但是都没有结果。这不能不说与票号的决策者们的知识结构、认识水平和思维方法有一定联系，决策者们的素质与他们所受到的教育是有关系的。

山西商人称雄中国商界 500 年，其中有一条重要原因，就是重视教育。不仅重视基础教育，更重视专业教育，由此成就了一批又一批商人。本文拟就山西商人教育问题进行探讨。

一、山西商人的基础教育

明清时期山西商人基础教育的组织形式，主要是家庭教育、私塾和义学与书院。

家庭教育在商人家庭非常重视。好多大商业家族定有家训和家规。榆次常家家训要求"凡语必忠信"，"凡行必笃敬"，"饮食必慎节"，"字画必楷正"，"容貌必端庄"，"衣冠必肃整"，"步履必安详"，"作事必谋始"，"出言必顾行"。

书院、义学多为公办或民办公助，也有公办民助，由政府管理，为科举制度服务。有不少史料记载，山西商人为书院、义学捐款助学。如临猗县孙家庄荆百达，"幼好读书，以家贫贸易河南。因始不染市井气习，年迈归里，修理祠堂，教训子弟。"① 翼城县"绅商酌劝捐获银八千两，发当生息，以为聘（书院）山长之资，生童膏火之费，至今约三十余年矣。"② 永济县"秦魁炎，上阳村人，少壮业商，而苦读于小学。尝于村东购麻谷，废寺创立书院名曰'归儒'。"③ 新绛县"韩杰，字汉卿，例贡，鸿胪寺序班，业贾游吴越，胸次洒落，绰有风致……捐舍修学为诸生昌。平生所积，以仗义散尽。"④ 高平县大商业家族赵家在侯庄修建书房学馆七所，其中在清乾隆末年"三和堂"分居鼎立，各修学馆一所，其院落至今还在。到清咸丰同治时，赵家第七代传人又捐资建立义学一所，不仅供自己家子弟读书使用，同时供全村孩子学习使用。在内蒙古包头，清道光年间有山西商人所办义学四所，私塾更多。⑤ 私塾也称散书房，以村或街村举办，请当地生员或失业之旧商作坐塾师。山西人在明清时期已形成一种重商立业的人生观。据《雍正朱批谕旨》，雍正二年（1724年）五月九日刘於义奏疏："山右积习，重利之念，甚于重名。子弟之俊秀者，多入贸易一途，其次宁为胥吏。至于中材以下，方使之读书应试。"所以自然形成了书院、义学、私塾不仅仅是为科举制度服务，也为经商服务。不过，尽管商人捐款资助书院、义学事例很多，但多数孩子还是就读于私塾。私塾是山西商人基础教育的主要基地。"年至九岁入塾，教以《百家姓》、《三字经》、《千字文》三种小书，次第读之。十岁以上，次第读《论语》、《大学》、《中庸》、《孟子》，谓之四书。十三岁以上讲授《论语》，其书曰《二论典故》或《二论讲义》，均以白话解释书义，谓之开讲。"按山西私塾习惯，私塾读到此时，基础教育开始向专业教育分化，"有意于举业者，则续读《诗》、《书》、《礼》、《易》、《礼记》、《春秋》各经及古文辞，时文试帖。初学时文及试帖之摹制，谓之开笔"。而

---

① 《续猗氏县志》（光绪版），卷上。
② 《翼城县志》（光绪版），卷十二。
③ 《永济县志》（光绪版），卷十三。
④ 《新绛县志》（民国版），卷五。
⑤ 秦邦桢：《旧包头教育亲历记》，《包头史料荟要》。

"有意经商者，于四书之外兼学珠算、五七言《千家诗》、《幼学》、《尺牍》"。①

读书至 15 岁，即算基本完成了基础教育。准备经商者，即要寻找"上工"的地方。一般"书生至十五岁后，其父兄即请戚友于太谷、祁等县商家说荐，先以所写之'仿'送商家阅。其'仿'有书'遇贵人提携吉地……'字样，然后引趋相见。看中，择日到铺，谓之上工"。②

山西商人的基础教育还有一种特殊形式，也是一种特例，即元代以至明清的"河东运学"。河东运学，即河东陕西都转运盐使司学，是一所盐商子弟学校。创于 1299 年（元大德三年）。据雍正年《河东盐法志》卷八记载，"盖以郇瑕（山西猗氏县西南，泛指河东）为财赋之薮，沃土之民逸则忘善，建有义学，则师道立而教化行，礼仪明而风俗美。是河东设有专学者，所以厚商也，志运学"。河东运学之所以特殊，在于其专收盐商子弟入学，"系行盐子弟方准考试，其他籍童生不得混入冒考"。但事实上也很难那样严格，非盐商子弟也有入学的。至清光绪时，河东运学成为河东商学。③

二、山西商人的专业教育

山西商人的专业教育主要形式是学徒制。新吸收的人员一律经过学徒阶段，一般为三年，届满，优秀者录为正式员工，表现不好，资质又差者，辞退回家。

（一）学徒的选拔

学徒的选拔实质上也是员工的选拔。新学徒的来源，原则上只在商号财东或经理的同乡人中选拔，在对其家庭出身、上辈人的为人处世、德行信誉等都很了解的人员中挑选，多为亲朋引进，知根知底，推荐人都很认真负责，事关个人信誉，绝不敢推荐不肖子弟。当了学徒表现不好被开除回家者，别的商号多不再录用。故一旦被开除，将会绝其后路，所以学徒都很遵守商规号规。

如创始于康熙初年的大盛魁商号，历经 200 多年，从业人员达 7000 多人，其招收学徒的做法是：在该商号财东或掌柜原籍太谷、祁县挑选十五六岁的优秀青年，个子不高不低，相貌俊秀，精明聪颖者，经面试合格

---

① ② 刘文炳：《徐沟县志》教育志 1942 年版。
③ 石凌虚：《中国历史上第一所盐商子弟学校》。

后，先徒步行至内蒙古归化城分号，然后骑骆驼至外蒙古科布多大盛魁总号所在地集中进行语言培训。授以蒙古语、维吾尔语、俄罗斯语，用汉语注音，死记硬背外语商业用语，达到能够用相应语言在蒙古、新疆和俄罗斯地区谈生意、做买卖为目标。然后将其分配到各地商号柜上，跟着老员工学习业务，先当学徒，老员工就是师傅。[①]

（二）学徒的训练

学徒训练一般为三年，分三个阶段：

第一阶段，主要是日常杂务训练，白天"即司洒水、敬茶、奉侍掌柜一切等项"，俗称"提三壶"，即水壶、茶壶、夜壶（尿壶）；"晚则写字，习记账，演珠算，详记货品及价格、银之品色与钱之易价，练习对于掌柜顾客之仪容言语。"[②] 同时，在道德和商人修养方面进行训练，要求学徒重信用、除虚伪、节情欲、敦品行、贵忠诚、鄙利己、奉博爱、薄嫉恨、喜辛苦、戒奢华。

第二阶段，老职工或掌柜口传训练，教念《平码银色摺》和其他商人教科书，也可以做一些抄信、帮账等事务。

第三阶段，选拔在第二阶段优秀者，也就是掌柜认为有出息者授以经商之道。

（三）山西商人的教科书

山西商人的专业教材，根据笔者所见资料有以下几种：

1. 识字读本

在山西，民间传抄几种类似《千字文》的读本，是民间的识字读本，也是山西商人的识字读本，用毛笔楷书，字迹工整，是练毛笔字的范本；读之朗朗上口，便于记忆，内容丰富，知识广泛，也是知识读本。如讲四时和农务："雨水已过，惊蛰地通，拉土送粪，早些动身。""春分之日，昼夜相停，一百五日，寒节清明。""谷雨前后，庄稼动土……小寒腊月，大寒年终。""二十三日，祭献灶君……债主逼债，都寻上门，活活逼煞，真真遭瘟。闹过年关，才得歇心。"如讲资本和借贷："生意买卖，没本不行"，"当卖揭借，兑下窟窿"。"打下粮食，把债还清，凑成银钱，出放与人。立下借约，要凭保人。每月行利，定要三分。口省肚俭，熬成高翁"。如讲开办商号："安设生意，写立合同。俸股谢仪，伙计财东，当

---

① 许轼如：《旧管见闻》。
② 刘文炳：《徐沟县志》。

家掌柜，站柜相公。局子当铺，估衣客人，盐店银号，珠宝人参，银剪戥秤，砝码天平，图章笔砚，货架账簿。浮存暂记，月总日清"。如讲外出经商："拣个日子，搭伴起身，辞别亲友，叩别双亲，抛妻撇子，难舍难分……走过直隶，又上天津，湖北湖南，广东广西，苏杭扬州，南北两京，山陕二西，河南山东，云贵四川，福建绍兴，北口西藏，宣化大同，登山涉水，万苦千辛"。如讲商业经营："起标发货，各省驰名。疍装零卖，主顾客人，收买出换，贩卖交银。童叟无欺，价实货真。本多利厚，贸易兴隆。每年开俸，足有千金。旧管新收，开除实存。镜面元宝，冰光纹银，耗羡羊肚，元系中锭。积蓄殷实，百万有零"。发财以后，还要捐官，以体面经商："没有顶戴，体面不成，花上几两，捐个前程。一百八两，出结加平；捐个国学，监生出身；心想荣耀，再加州同；六品职衔，也道威风。"

2.《贸易须知》

《贸易须知》也是手抄本，笔者看到的这个本子有 112 条，是庞义才先生在太谷县民间抄来的，与张正明先生从日本京都大学抄来的《贸易须知》基本相同。只是内容多了 22 条。《贸易须知》既然在太谷曹家发现，作为山西商人使用的教材是肯定无疑的。其内容诚如张正明先生所说："十分丰富，包括如何学徒、如何站柜台、如何讨账、如何进货、如何当掌柜、如何做伙计等。"

3. 尺牍

尺牍一类工具书民间流传得很多，如《湖海必须》就是其中之一，为山西洪洞县"静远堂藏版"，手抄本，洪洞县商人王镛编辑。其主要内容包括一年月令、各类礼札、书信、对联等。如向洲县官员拜年、祝寿、贺喜；如向父母、伯叔、兄弟、岳父母、同窗亲友等写书信，都有范文。

（四）学徒的学习内容

学徒阶段的学习内容，大致可以概括为：一是商人修养；二是写字；三是珠算；四是记账；五是秤平银色；六是经营技术与业务。

1. 商人修养

商人修养是商人必备素质的基本要求。按《贸易须知》要求："学生意，第一要守规矩，受拘束。不守规矩则不成方圆，不受拘束则不能收敛深藏。即顽石须经琢磨方成器耳"；"学生意，清晨起来，即扫地、掸柜、摸桌、擦椅、添砚水、润笔、擦戥子、舀水舆人洗脸、烧香、冲茶，俱系初学之事"；"学生意不要口钝怯阵。但戥头、银水、算盘、笔道、言谈、礼貌诸事，需要请教人……切不可拙口钝腮，一言不发，犹如木头一般"。"学生意先要立品行，但行有行品，立有立品，坐有坐品，食有食品，睡有睡品。以上五品，务要端正，方成体统。行者，务必平身垂手，望前看，足而行，如遇尊长，必须逊让，你若獐头鼠目，东张西望，摇膊乱跪，卖呆望蜜，如犯此样，急宜改之；立者，必须挺身而立，沉重端严，不可依墙靠壁，托腮咬指，禁之戒之；坐者，务必平平正正，只坐半椅，鼻须对心，切勿仰坐、偏斜、摇腿、跷足，如犯此形，规矩何在？食者，必从容缓食，箸碗无声，菜须省俭，大可厌者，贫吞抢咽，箸不停留，满碗乱叉……扒于桌子，这样丑态，速速屏去；睡者，贵乎曲膝侧卧，闭目吻口，先睡心后睡目，最忌者睡觉岔脚，露膊弓膝，多言多语，打呼喷气，一有此坏样，起早除之。""学生意，要有耳性，有记才，有血色，有和气，此四件万不可少。有耳性者，则听人吩咐教导；有记才者，学问的事就不能忘却了；有血色者，自己就顾廉耻了；有和颜者，则有活泼之象，又叫着事个生意脸，且而人人见了欢喜你，岂不美哉。"

2. 写字

写字是商人训练的必修课。学徒每天都要练毛笔书法。但是，《贸易须知》要求"笔道习字，可以在柜上习学、操练，如有事，切不可。"晋商中有很多人书法很好，从留存于今天的信札、账簿、契约等都可以看出当年晋商的书法成就。

3. 珠算

打算盘是商人的基本功。《贸易须知》说，"学算盘，日间不可学。但生意之家，忌的白日打空算盘，务要在晚上无事学算盘，请教人指明算法，全要揣悟自省。"要求职员对加、减、乘、除，编成歌诀，地亩折算，容积体积计量，在算盘上都要使用自如。晋商在珠算史上有着重大的贡献，如山西汾阳商人王文素，明成化年间随父王林经商于河北真定府、饶阳，从小就练打算盘，长于算法，研究历代算法，1524 年（明嘉靖三年）编成《新集通证古今算学宝鉴》四十二卷，并设教传习。书中涉及平园求积、孤田求积、洼田求积、梯田求长阔、环田求周径、梭田求积等内容。

4. 记账

山西商人的会计方法是旧复式记账法，账簿比较多，大致可分四类：

一是流水账，记交易各项，然后过入老账；二是老账，包括万金账（即股份账，包括资本股、人身股）、钱往来账、银往来账、各铺往来账、外该该外借贷账、薪金衣资账；三是现金账；四是浮记账。记账必须日结、月清、年总结，必须与实物存付相一致。《贸易须知》说："一切账目，需要检点清白，腾抄的实。又道：随手上账，免后思想。再者，毋许连环钩搭，扯东补西，不清不白，忘其所然。如此，即是攒账、混账、花账之说。做生意之人，唯独账目为要，头一要清白。又道：美账如扫荡，好算账不折至竭之言。""给票与客，须将客货件数、斤两、折头、价值一一算明，查清对号，落于自家底簿，然后给票，照票给起之后，再查再对，重算重宣，则无伪错矣。"

5. 秤平银色

明清货币是银铜平行本位，银两成色差异很大，戥秤平码不一，各种银两之间、各种戥秤之间的折合很复杂，故商人将其编成歌诀，熟背如流。如《周行银色歌》："天津化宝松江平，纹银出在广朝城，上洋豆规诚别致，公估纹银西安行……二五估宝属武汉，桂梧化银记分明。"① 关于秤平，《贸易须知》要求"称戥子，将毫厘清拿定提好，勿使一绞一懒，总要在手里活便些。称小戥务必平口，称大戥务必平眉，不可恍惚高低，称准方可报数"。"看银水成色，整锭者，看其底脸，审其路数，是那一处出的，但成色一样，销手百般，细察要紧。如整锭无重边者，钻铅无疑。有云：银无重边即是假。如疑惑认不真者，剪开便知明白。块头者，看其宝色、墙光、底脸、茬口，纹银是纹银底脸，九五是九五底脸，如底脸不相顾者，必须存神。又道无二色，如再墙光打闪，滑头滑脑者，即剪开，则见银铜矣"。

6. 经营技术与业务

《贸易须知》说："交易言谈不可太多，太多则令人犯厌，只在寡要说的确当。你若言多不在理路话多还说你是个骗子哩"。对一切来往人客说话，俱要存神留意，听他之出口你随机应变，还需聆音、察理、鉴貌、辨色，你若獐失致不审来历，只晓得随口说出来，并不管前照后，诚恐话内有关系机密，岂不令人参破识透？但凡一切事思忖思忖方可做，一切话亦要想想说，三思而后行方免后悔。

---

① 《山西票号史料》，山西人民出版社1990年版。

"置货要看彼处行情，如客稀货广，就停着些买；如货少客多，就要量自己行销，酌量置之；如货有长短，则买有跌意，暂停。又道：宁买迎头长，不买迎头跌"。"货物贵极者必贱，贱极者必贵，此乃至理。但贵极者不可买，买则防贱；贱极者可买，买则防贵。如贵底子贱此时卖无利者随即堆垛等价。又道：货无百日贵，亦无百日贱；又云：货极必反；谚云：家无千日货，不是长财人。又曰：家无滞货不发。总而言之：须耐得、守得为锦囊也。

"开行开店之人，三朝五日要在众行走走，讨讨信息，街上各店坐坐，谈谈各货情形，亦不可一去整日不回，有误自家生意，若呆钝钝坐在家里，则不知行情有早晚之分、朝夕之变。"

（五）教育方法

山西商人认为，"舆子弟学生意者，切莫先送入大店。何也？但大店内本钱是大的，生意是大的，气概是大的，眼眶是大的，穿的是绸缎，吃的是美味，如此排场，难免嫖赌，将以上行为日逐看在眼里，日久成风，岂不误却终身。就是学成顶好的生意，总是立于险地，岂有千年不散之宴席？倘一时不合解，出则生意难寻。小店之生意岂不艰难乎？但有子弟必须先送在小店，虽说本小，但为事俱是寸金步子。论穿者，不过布草衣服；论吃者，不过粗茶淡饭。银钱细算，分文厘毫，不肯费用，只讲勤俭，并不奢华，寻常日用必需，犹若居家一样，况而烧锅煮饭，上门下门，他既受过这般苦楚，见这等行为，就晓得银钱非容易寻，亦知当家过日。但人情物理才明白，如果生意学成有六七分，然后再入大店提领，自此世务明白，则不肯妄为，而雄伟渐高，见识渐远，为人毕竟超群。又道：不经一番寒彻骨，怎得梅花扑鼻香，不吃苦上苦，难为人上人。又道：近朱者赤，近墨者黑。而处世小就大则易，大就小则难，此说良有以也。"

学习经商要重视实践，在干中学。"学生意的周年两载，生意有点眉眼有点摸路，就要硬着头在柜上任意勉强做生意，不可退后。如你做不下来者，自有旁人接应，你一回两回胆大者就好向前做了，你如不向前终是胆小，何能展放到什么时候才能够做生意？又道：若要会人前累。"

师傅带徒弟必须讲究教育方法。"教徒弟，论其资质如何，聪敏有聪敏教法，鲁钝作鲁钝教法。聪敏者不可过分严警他，必须缓言相训，怎长怎短，始末根由，指点明白，甚的事怎样做，甚的话怎样说，你若不向他细说分明，他怎能晓得？论语云：生而知之者，上也。你看世上有多少生而知之人乎，皆系口传心授，学而知之。鲁钝者，其教不同前，可以不同前，即乎同前一样教法，他也只当耳旁风，岂有为师的有两样教法？奈乎着力教者不能成，不着力教者成矣。只此贤愚别矣。""教鲁钝之徒弟，只可漫漫管束，亦不致替他说那些细话，俟学下两年如有一线之通，再教可也。如仍然照前鲁钝，则无教导之说说，即或教成了亦是个灰黑会黑者，系麦秀出来的黑穗一包黑炭，并非麦子，所以不成物者，故名。倒不如称早打发他回去，免敝自己之名。但教徒弟的时节，切不可洒骰归盆，粗言苯语，非打（即）骂，狠头狠脑，使出这样行为，唬得那徒弟再不能向前也。所以，店东伙计为师者，亦要有些涵养，有些护惜，倘那徒弟如聪敏伶俐，不皮顽者。必须要着意教他，生意到后来成人，决不忘你教授之恩也。"

学习经商是否能够学成，关键在徒弟本人。"徒弟务要识好歹，如那人既朝训诲你，又不过于严厉你，你就努力奋志，把生意放在心上，早晚盘桓，晨昏省悟，精微生意滋味，再莫有个不成之说。又道：世上无难事，只怕心不专。你若是终日顽皮、贪懒、好嬉、胡闹，有心没事，东撺西撺，全不学生意诸事，又不放在心上，就是那人钻在你肚里，又是不中用的。如此者，倒不如早些回去，可以再想别图还好。"

三、山西商人教育的启示

山西商人教育历史对我们的启示，至少有以下几点：

（一）家庭教育很重要，在一定程度上决定着人的志向和道德

家庭教育是社会教育的一部分。但是家庭教育的内容、方法在教育中的地位和重要性没有得到应有的重视。在建设社会主义市场经济的今天，需要有一种与之相适应的家庭教育学。

（二）专业教育的实践环节很重要

山西商人中的那么多企业家、理财家都经过了学徒阶段的训练，既读过传统典籍，又有长期的实践经验。当代企业家的培养，更需要重视实践环节。

（三）诚信教育和诚信道德的养成是培养一代企业家和造就一代社会风气的不可或缺的社会教育的重要内容

当代商业信用和社会信用的失范，已经成为社会主义市场经济发展的

重要障碍。诚信社会和诚信市场的建立，必须把基础教育、专业教育、社会教育摆到重要地位。

（四）传统文化中有很多真、善、美的东西，应当挖掘、整理，用于今天的事业，丰富今天的生活

近几十年来，我们对传统文化中的好的东西丢的太多，而在不批判传统的今天，传统中假、恶、丑的东西反倒比好的东西发展得还要快，需要引起各方面的重视。弘扬优秀传统文化，弘扬优秀商业文化需要大力提倡。

但是还要看到，山西商人重视专业教育的同时，对素质教育似乎有所忽视。商人的素质，在商业技术、业务和策略之外，对经济走向和社会发展以及商业战略方面的教育也要摆在重要位置。19 世纪末 20 世纪初，几十家票号的决策者几乎没有一家能够认清形势，改革图新，跟上社会发展的潮流，和这些决策人的所受教育可能有一定的关系。专业教育方面重业务技术轻理论基础，重个人修养轻人文化社会知识，也许是一个教训。

诚信晋商的历史与现实

背景说明

　　本文是 2003 年 9 月在山西财税专科学校的演讲稿，原载《山西财政税务专科学校学报》2003 年第 6 期，中国人民大学书报资料中心复印资料《商贸经济》2004 年第 5 期全文转载。文章对经济社会发展中的诚信作了简要的历史考察，诚信是为人之本、为商之道，并分析了晋商的诚信品格与特点，对近年社会信用危机的状况及原因进行了讨论，进而提出了诚信社会建设的模式，指出诚信建设需要由政府唱主角，把道德教化与法治整处相结合，当前需以法治为主。

一、诚信与欺诈的历史考察

（一）诚信乃为人之本

　　孔夫子说，人而无信，不知其可也。这里的"信"指信用。信用一词有多种含义，广义说，诚实守信，遵守诺言，实践成约；狭义说是以偿还为条件的价值运动的特殊形式，如商业信用、银行信用、国家信用、民间信用、个人信用、消费信用、国际信用等。"诚信"一词，一般是说经济社会活动中，实事求是，诚守诺言，说话算数，借债要还。计划经济时期，信用一般多指银行信贷，现在所谓社会信用，包含着各种信用和诚信经营等比较广泛的内容。诚信，是为人之本，是为商之道。

　　几千年来，中华民族传统文化和道德规范的核心内容之一就是诚信守诺，言行一致。从西周开始，中国文化传统认为人需要建立一种有序的人伦关系，把这种人伦关系确定下来并运用到人们全部活动中去的规范就是"礼"；而把贯穿其中的精神加以提炼而成的思想叫作"仁"。在《国语·周语上》有"礼所以观忠、信、仁、义也……信所以守也。"此后，"信"不断发扬光大，成为儒家着重倡导的行为道德规范之一。孔子把"信"作为仁的重要表现，要求"敬事而有信"、"谨而信"、"与朋友交，言而有信"。[①] 孟子认为"可欲之谓善，有诸己之谓信"，[②] 自身确实具有善德称为"信"。《礼记·礼运》中关于"大同"和"小康"的论述，对于我们了解传统文化关于"信"的认识是一个重要的文献。大同世界的特点是"天下为公"，这是一个"讲信修睦"的"大道之行"的人伦世界。

以信义为核心的儒家哲学、智慧是中国人几千年来追求的真理，亦是人类"求道"实践的文明成果。在此基础上，稳固、和谐了人际关系。当然它是以宗法关系作主干建立起来的。宗法人伦道德，成为齐家、治国、平天下的基本原则，成为中国人一整套特定的思维范式和行为体系。

（二）诚信是为商之道

社会经济发展大体可以分为物物交换时期、货币经济时期、信用经济时期等几个不同发展阶段，物物交换时期亦称自然经济时期，以货币为主要交换媒介时期称为货币经济时期，以信用交易为主导的时期称为信用经济时期。在市场经济中，物流和资金流的快速周转，都是依赖信用为桥梁和渠道的，所以市场经济就是信用经济。也可以说，信用是财富，信用是资本，信用是资格和能力。信用高，风险低；信用低，风险高。信用是经济社会中的生命和灵魂，是市场经济的通行证。凡是信用好、信誉高的企业，在激烈的市场竞争中一般都能够"任凭风浪起，稳坐钓鱼台"，总是生意兴隆，财源滚滚。世界 500 强企业的成功之道，有一个共同点就是诚实守信。不守信用的企业和个人，只能骗人一时，时间长了，就没有人与之往来。所以说失信是蚁穴，失信是毒瘤，诚信是企业的未来，诚信是市场经济秩序的关键。

（三）晋商诚信品格的特点

2000 年来，不管有多少思想创新或者是变革的风暴，在山西人的头脑中，大概是关云长故里的缘故，孔孟之道影响至深。在其重商立业思想

---

① 《论语·学而》。
② 《孟子·尽心下》。

指导下，对"诚"、"信"、"义"、"利"，有其独特的理解和行为规范。以诚信、节俭、朴实著称于天下的晋商，坚持儒家伦理思想的内核：见利思义，先义后利，以义制利。认为人们追求功利的行为不能纵欲妄为，必须受到一种为人们公认的社会行为准则的规范和制约，这就是义。《孟子》说："义，人之正路也"。《左传》说："义，利之本也"，"利，义之和也"。义作为一种行为规范与人们的具体利益结合在一起，便形成了中国传统文化中在崇尚功利的同时，更注意先义后利，以义制利，先义后利，甚至舍利取义的思想。他们认为，"君子爱财，取之有道"，十分珍视诚信。明代晋商王文显，初涉宦海不成而经商，但"善心计，识重轻，适时机变，恪守信义"，"与人交，信义秋霜，能析利于毫末，故人乐取资斧。又善审势伸缩，故终身弗陷于井罗。"他提出"凡事以道德信义为依据"。这里看出王文显经商中的诀窍就是既能计算运筹，取利于毫末，又能宽诚待人，严守信义；既善于心计却不行奸诈，能取利又无市井之气。40 年间，足迹几半天下，成为一代名商。他训诫其子说："夫商与士同心。故善商者处财货之场而修高明之行，是故虽利而不污……故利以义制，名以清修……如此则子孙必昌，自安而家肥富。"[①] 就连乔家大院的乔致庸也对信义与利润作过次序排队：首重信，次讲义，第三才是利。以此训鉴后人。

晋商的成功可以说是建立在商业诚信基础上的，诚信给他们也带来了丰硕的回报，因为诚信而成功，因为成功而更加诚信，二者相得益彰，他们对待悉心建立起来的诚信、商誉看得比什么都重要。

晋商诚信品格的特点主要表现在以下几方面：

1. 出售商品货真价实

晋中商家孩童习读的《俗言杂字》说："冐装零卖，主顾客人，收买出换，贩卖交银。童叟无欺，价实货真。本多利厚，贸易兴隆。每年开俸，足有千金"，自幼就灌输诚信经商才能致富的思想。祁县乔家在包头的复盛油房，运胡麻油回山西销售，经手职工为图厚利，在油中掺假，掌柜发现后，即令另行换装，经济上虽一时受了点损失，却招得近悦远来。咸丰年间，复盛西面铺掌柜立账，把斗秤放大，比市上加一成，市民争相到该号购买。所以各地老百姓，对山西商人经营的商品，只认商标，不还

---

① 李梦阳：《空心集》卷四《明故王文显墓志铭》。

价格。

2. 货币借贷按期偿还

晋商放款，以信用放款为主，其次是保证放款，很少抵押放款。票号重信用，轻抵押，这与意大利金钱商有着惊人的相似之处。他们不做抵押贷款的原因有三：一是他们从事的大部分是商业性贷款，具有自偿性。二是大商家以信誉为生命，而且资力雄厚。三是无合适抵押物。首先商家贷款采购的商品不宜作抵押物，若商品损毁，抵押物也无用；其次他们的家产不宜作抵押物，行商们背井离乡，行游天下，其家产可能远在千里万里之外，不易估价也不易处理；最后，当时没有发达的金融市场，也没有适合的金融工具用于抵押。

3. 赊购商品公约标期

商品赊购的货款清偿和货币借贷的归还期限，一般按标期确定，到期必偿。标期是商业行会按照镖局押运商品和现银由甲地到乙地的时间计算的期限作为债务清偿期，有太谷标（太谷县一县一标）、太汾标（太原府和汾阳府两府为一标）。以太谷为中心，太谷标在前，周围各县在后，标期一到，一切债务必须立即清偿，成为山西商人的公约履信期。

4. 家庭教育信义忠实

很多大商业家族定有家训和家规。榆次常家家训要求"凡语必忠信"，"凡行必笃敬"，"饮食必慎节"，"字画必楷正"，"容貌必端庄"，"衣冠必肃整"，"步履必安详"，"作事必谋始"，"出言必顾行"。力求戒除富家子弟坐享荣华富贵、骄奢淫秽的恶习。从而使子孙具有承接祖业所必备的自律、自尊、自爱、自信的良好素质，对晋商维持久盛不衰起了积极作用。

5. 商号号规诚信约束

晋商教材《贸易须知》说："一切账目，需要检点清白，腾抄的实"，"随手上账，免后思想"，"毋许连环钩搭，扯东补西，不清不白，忘其所然。如此，即是攒账、混账、花账之说。做生意之人，惟独账目为要，头一要清白"。又道："美账如扫荡，好算账不折至竭之言"。"给票与客，须将客货件数、斤两、折头、价值一一算明，查清对号，落于自家底簿，然后给票，照票给起之后，再查再对，重算重宣，则无伪错矣。"

6. 行业协会严格监督

晋商在各地经营商业，有许多商帮和行会。建会馆，修关庙，尊关云长为财神,以其信义教育同行,以其武功保佑他们的商业利益。晋商在外,一赚了钱,首先想到的是修建关帝庙,以关公为诚、信、忠、义的化身,无论在何地,也无论是哪个行业会馆,都供奉关云长为关圣帝君。全国各地的关帝庙大部分是山西商人捐资修建或者参与修建的。同时,行会执事由各商号经理轮流担任,定有严格的行规,负责处理商务纠纷甚至巡查弹压,拘捕人犯,维护市场秩序和商民利益。要求各商重信义,除虚伪,节情欲,敦品行,贵忠诚,鄙利己,奉博爱,薄嫉恨,喜辛苦,戒奢华,反对采用任何卑劣手段骗取钱财,不惜折本亏赔也要保证企业信誉。

7. 商家用人宗族约束

商号新学徒的来源,原则上只在商号财东或经理的同乡人中选拔,在对其家庭出身、上辈人的为人处世、德行信誉等都很了解的人员中挑选,所以多为亲朋引进,知根知底,事关个人信誉,推荐人都很认真负责,绝不敢推荐不肖子弟。当了学徒表现不好被开除回家者,别的商号多不再录用。故一旦被开除,将会绝其后路,所以学徒都很遵守商规号规。

8. 重视相与和谐团结

孟子说:"天时不如地利,地利不如人和"。中国传统文化中很重视人的作用,注重以人为本。重人首先是重人的和谐、人的团结、人的凝聚、人的群体,一句话就是重视人的群体价值。晋商对传统儒家文化的"人和"精神的传承,是其历经数百年昌盛不衰的一个重要原因。晋商的组织形式——两权分离和人身股制度就体现着这种和谐精神。他们有钱出钱,有力出力,出钱为股东,出力者为伙计,"东伙共而商之"。掌柜全权负责,东家不问号事。相互信赖,体现了企业内部"和为贵"的精神。晋商还互相认定"相与",相与之间都是经过了解,认为可以共事,可以与之金钱往来的同行。既是"相与",必诚信往来,即使无利可图,也不中途绝交,必定善始善终,同舟共济。

这里需要说明的是,虽然晋商诚信经营非常突出,但是不等于说没有欺诈哄骗。晋商的晚期,驻外经理人员,不执行总号规定,贪污作弊以至挟资潜逃的事例史料亦有记述。

(四)近代社会诚信问题的估计

近代中国社会诚信似有江河日下之势,从鸦片战争到五四运动,这一时期中国社会处于半封建半殖民地社会,但民间传统的社会信用尚好,受传统文化的影响,人与人之间讲究诚信守约,儒家文化仍然统治着人们的思想，影响着人们的行动。从五四运动到新中国成立这一时期，由于五四运动在反帝反封建的口号下，提出"打倒孔家店"，动摇了儒家的道统，虽然在客观上对传统文化有一定的消极影响，但社会信用尚好。从新中国成立到1957年"反右斗争"之前，这是新中国成立之初的一段宝贵时间，人们真诚相处，沐浴着共和国的春风，工作热情积极，这一时期的社会信用是好的。从"反右斗争"到"文化大革命"结束，由于"反右斗争"的扩大化，人们从反面接受了教训，认为说真话吃亏，人与人之间的真诚关系受到了影响，为日后信用埋下了隐患。"文化大革命"阶级斗争的无限扩大，更加剧了这种不信任，整个社会信用受到了破坏。从"文革"结束到现在，中国进入改革开放时期，外商的进入以及外资企业、乡镇企业、个体私营者等多种经济的不断发展，致富成了中国人的追求，但也导致一些人为了谋财致富，不择手段，以至抗蒙拐骗，肆意欺诈。人们的价值观发生了一定程度的变化。几千年来中国传统文化中的思想精髓——诚信守诺、以诚待人的价值观和信用意识受到冲击，异化的道德意识、处世哲学在整个社会弥漫，不论物质领域还是精神领域都不同程度地存在着一定的问题，诚信社会面临严峻的信用危机。

纵观人类社会发展史，信用观念和信用是随着经济社会制度的变迁和商品交换、法律道德建设的发展变化而变化的。但是社会信用制度和信用体系的建立则是市场经济发展到一定阶段的产物。从假烟、假酒到毒米、注水肉，从厦门远华案到郑百文事件，从牟其中案到广东虚开增值税发票案……面对发生在身边的走私、诈骗、假货泛滥、股市黑幕等一桩桩触目惊心的案例，而且充斥金融、证券、合同、会计等各个方面。企业之间的"三角债"、银企之间的逾期贷款居高不下，企业假破产真逃债，逃废银行债务问题时有发生，这些已经成为经济运行中的一大顽症。中国的许多企业并不以欠钱不还为耻，甚至有个别企业，以欠钱不还为要挟手段，迫使银行继续借款。此外，牵涉到个人信用不良记录的现象更多，诸如恶意贷款、恶意透支、住房不付房租以及申请助学贷款毕业后"失踪"等现象越来越平常。

当然，欺诈问题不仅仅是在中国频频发生，在国外亦呈同样趋势。

据安永会计师事务所的反欺诈全球性调查，目前全世界欺诈行为呈现增加趋势，经路透社商业版头条披露的近10年有38.5万篇报道，近年平均已经倍增到9万篇一年。在欺诈案例中，不发达国家和地区欺诈行为多于发达国家。

我国信用缺失、欺诈频频的成因是多方面的，有经济的原因，也有社会的原因，包括历史的、教育的、法治的原因等。其中最突出的是：第一，"打倒孔家店"的后遗症。"打倒孔家店"的口号提出以来，打倒儒家文化中的糟粕是必要的，但也使儒家思想中的义利观、诚信观、秩序观等好的东西受到一定的破坏，没有建立起一种更新更好的理念，伦理道德方面出现一定的真空。第二，"文化大革命"的后遗症。"文化大革命"中的怀疑一切，打倒一切，严重影响了人们之间的关系，谁都不相信谁，谁也不敢相信谁，互相猜忌，"批林批孔"等运动使人们心目中缺少了行为规则，这些都不同程度地动摇了社会信用，扰乱了社会信用秩序。第三，公有制的心理影响。由于"极左思潮"的影响，在社会主义初级阶段就想搞单一全民所有制，高度集中的计划经济，使人们产生公家的是你的也是我的，特别是几次银行贷款的豁免，给人留下欠账可以不还的先例。同时，产权不明晰，也扭曲了一部分人的行为和处世原则。第四，政府低效率的示范效应。计划经济体制实际也是权力经济，政府机构人浮于事，相互扯皮，办事拖拉，影响了人们的信用。吹牛皮、说假话，浮夸风，"官出数字，数字出官"，"不说假话办不成大事"成了人们的普遍观念。阿谀奉承，说假话，往往可以升迁。而诚实信用的人，反而被讥为"窝囊废"。加上对腐败官吏制裁不力，一定程度上助长了欺诈行为。第五，市场经济内生的负面影响。市场经济实际也是以利润为中心的集体的逐利活动，在经济活动趋利性规律下，过分夸大企业利润是唯一目标，而忽视企业的社会功能，必然伴生假冒伪劣、欺诈哄骗，扭曲义和利的关系。第六，法制建设滞后。由于改革开放发展迅速，法律制度建设和执法跟不上，又疏于德治教化。

欺诈不是新鲜事物，历史上一直存在。但是为什么全球近年在增加？从世界范围看，欺诈行为增多的原因大体如下：一是社会企业组织构架日益复杂；二是传统上对此不予关注；三是内部审计功能人手不足；四是很多人将某种程度的欺诈视作经营成本；五是过时而无效的内部控制制度；六是激进的会计操作；七是管理人员的频繁更替和软约束。

经济发展中的正反两方面的经验教训给我们的启示是：发展经济必须走市场经济之路，市场经济是建立在信用基础上的经济，如果不讲信用，结果是"损人不利己"，只能是无序与恶性竞争的市场。一个国家、一个民族的经济和社会要发展，必须正确处理"义"和"利"的关系，以诚实的劳动和良好的信誉发展经济，促进社会进步。总之，完善信用制度的任务迫在眉睫，我们应当强化对于社会信用建设的认识，为新世纪中国经济的持续、快速、健康发展营造一个良好的社会信用环境。

二、诚信社会的建设

（一）中国社会信用建设的形势

中国社会信用建设问题在实践中被引起重视，是从20世纪80年代中期开始的。1987年9月中国工商银行太原企业信用度鉴定公司、经济信息咨询公司同时成立，1988年6月中国农业银行太原信用度评估鉴定公司成立。这些机构的建立，有力地推动了社会企业的信用需求。1990年国务院下发《关于在全国范围内开展清理三角债工作的通知》后，诚信社会建设加快了步伐。90年代初，社会信用评估机构在全国各地建立与发展起来。当时主要是适应企业发行债券和资本市场发展的相关评估需要，如中国诚信、上海远东等，公司业务有信用调查、信用评估、信用担保、讨债追债等。90年代中期是信用社会建设的发展阶段。最突出的表现为信用担保公司的快速发展。首先是政府投资成立，后来民间资本也进入了，山西阳泉就有个私人担保公司。到2001年末，全国有360家信用担保公司，担保资本100亿元，50%是民间资本。[①] 2000年以来社会信用建设进一步发展，政府为主体的信用信息披露体系和社会中介为主体的信用联合征集体系的起步和推进，使社会各方面都重视了社会信用建设，有的省区向社会开通了企业信用信息系统。2000年4月中央十部委下发了信用管理指导意见；2002年3月国务院开始启动企业和个人征信立法与实施方案的起草工作；2002年4月财政部、经贸委、人行联手进行全国信用担保机构调查；2002年6月人行企业信用登记咨询系统实行全国跨省联网；中国工业联合会推动信用工程；中国商业联合会着手组建商业信用中心；工商、证券、保险、税务、旅游及注册会计师等领域信用体系建设加快；民间信用中介机构发展，"中国联合信用网"正在建设；外国信用中介机构进入中国，如邓白氏、惠誉、科法斯等；上海、北京、广东汕头、浙江富阳等政府信用披露系统联网并为全国提供服务。

---

① 陈洪隽：《我国社会信用建设的回顾、问题、展望》，《经济研究参考》2002年第44期。

总之，政府信用披露的程度已经大大提高，人们对信用建设的认识有了明显改变，信用市场竞争机制有了增强，信用机构生存和发展的环境正在不断改善。但是，社会信用建设的发展极不平衡，问题还比较多。一是对于社会信用的概念认识不一致，社会信用范围有多大，缺乏统一界定；二是信用业务操作政企不分；三是信用机构的行业自律没有建立起来；四是信用服务行为如何保护，需要法律保证；五是由于社会认识水平还不够高，信用产品市场需求不足。

（二）中国社会信用体系建设的模式

一个国家的信用体系如何建设，世界上大体有两种模式：一是美国模式，即社会信用体系是以民营征信服务为特征的市场模式，其机构由私人或法人投资组成，其信息来自金融机构和商业机构，信息服务于金融业、工商业和政府部门；二是欧洲模式，即社会信用体系是公共信用调查系统的模式，欧洲中央银行行长会议定义"作为向商业银行、中央银行和其他金融监管部门提供关于公司、个人乃至整个金融系统的负责的情况而设计的一套信息系统。"[①]

我国采取什么模式，是当前社会信用建设中必须很快解决的问题。我赞成有人提出的四个信用体系同时发展，共同构成国家社会信用体系：以各级政府为主体和电子政务为基础的政务信息公共披露体系；以行业协会为主体和会员单位为基础的自律维权同业信用体系；以企业自身为主体和风险管理为基础的独立的自我内控信用体系；以信用中介为主体和市场运行为基础的社会商务服务信用体系。[②] 政府、协会、企业和中介同时发展各自的信用体系，形成全国的社会信用体系，并且互联互通，信息共享。

三、政府在社会信用建设中的作用

长期的计划经济，使得我国社会信用建设缺乏必要的基础，包括信用中介机构、社会信用制度、社会信用观念、企业信用管理、政府公务信用的透明度和由此形成的信用记录的公开披露。所以，建设社会信用必须是政府唱主角，抓紧健全信用法治、培育信用需求、提高政务信用信息透明度，并积极推动上述四个信用体系的建设和互联互通，信息共享。这项工作没有政府的牵头和努力，仅靠行业协会和企业是办不成的，而且成本也

---

① 张军扩等：《建立社会信用体系的模式比较》，《中国经济时报》2003 年 2 月 17 日。
② 陈洪隽：《我国社会信用建设的回顾、问题、展望》，《经济研究参考》2002 年第 44 期。

是很高的。

当前在转变政府职能中，拆除"寻租"温床，治理市场经济秩序，充分发挥商会、行业协会等企业自律组织和中介组织的作用，在继续培育发展市场和提高市场运作管理水平的同时，进一步提高对市场秩序的监管水平。政府各部门应通力合作、大力支持用市场手段建立发达的诚信服务业，鼓励中外合资、合作开办信用管理服务机构，用法律和经济手段规范从业行为，在市场竞争中树立公正、中立的形象，避免政府垄断重新出现。政府有关部门对信用管理公司这些中介机构包括会计师事务所和律师事务所，实行联合年检，以确保它的客观、公正、中立，避免政府部门对企业的多头管理和可能产生的过多干预及对企业的管、卡、压，利用市场的力量制约、平衡各种利益关系，达到维护市场秩序、促进经济发展的目的。

诚信建设问题，是涉及道德和法律两个方面的问题。政府要重视加强公民与企业的信用意识教育，使国民树立信用光荣、无信可耻的观念。这种教育对青少年尤为重要。诚信教育和诚信道德的养成是培养一代企业家和造就一代社会风气的不可或缺的社会教育的重要内容。必须把基础教育、专业教育、社会教育摆到重要地位。所以，在小学、中学、大学开设诚信教育课程，培养人们的信用意识，培养信用管理人才是非常必要的。只有当每个人都能在信用社会以"德"立身时，每个人才会像爱惜自己的眼珠一样，维护自己的信用。但是，仅有道德教育是不行的，在信用严重缺失的今天，重点是从法治角度着手整治，严刑峻法。在立法环节，加重处罚标准，使严厉打击有法可依；在地方，则主要是抓执法环节，解决行政执法软弱无力的问题。从公安、法院、银行、税务等部门加大力度，应将公民个人和法人企业的各种违法犯罪记录、民事诉讼记录、欠贷款和信用卡恶意透支记录、偷逃漏税记录向社会开放，允许任何人查询。在信用方面已经无可救药的人，只有依靠法律手段来加以制裁，将信用制度破坏者绳之以法。特别是加强对司法人员诚信执法的监督，同时严禁失信人员担任企业、政府的管理人员，尤其是担任企业的董事长、董事、经理、会计、审计师、律师等职务。在此过程中，新闻媒体要宣传重信守诺的社会美德，披露不讲信用的人和事，谴责不讲信用者，营造一种诚信社会氛围，让那些失信者、背信者、无信者、骗信者的恶名昭然天下、无处躲藏，让不守信用、不讲信誉者在社会上无法立足，付出更高的成本，把精神文明、物质文明和政治文明统一起来，一个诚信社会就会向我们走来。

苏商与晋商：竞合、差异、
经验与教训

背景说明

　　本文是 2004 年 8 月 14 日在江苏省南通市召开"首届苏商高层论坛"上的演讲稿，原载《苏商》2004 年第 1 期，《新晋商》2005 年 8 月予以转载。浙商有宁波商与龙游商两帮，龙游商后来与晋商一样衰落了，宁波商与洞庭商即苏商一起成为以上海为中心的江浙财团的主要力量。

　　明清时期，中国发生了一场商业革命，这是农业经济时代向工业经济时代转变的过渡时期。在这场商业革命中，中国出现了十大商帮，即山西帮、徽州帮、陕西帮、宁波帮、江右帮、山东帮、广东帮、福建帮、洞庭帮、龙游帮。山西帮活动舞台最大，实力最强。然而在 20 世纪初期，迅速衰落，而苏商与浙商却发展下来，在 20 世纪后期迅速崛起。这里有很多经验与教训值得当代商人深思。

一、晋商与苏商的竞合

　　明清时期，晋商与苏商之间有着友好的交往和业务的竞争。明代，借助政府的"开中制"，两淮盐场与扬州成就了晋商的盐帮，山西临汾亢家在扬州的瘦西湖、山西大同黄家在扬州的个园，等等，着实使晋商在江苏风光了几百年。明末清初，昆山顾炎武与山西太原傅山、戴廷轼曾与晋商有密切联系，传说策划了志成信票号的规章制度。清初，作为皇商的山西商人范永斗等八大皇商，从浙商手中夺得了海上对日本的铜贸易权，18世纪往返于长江口与日本长崎之间，垄断对日本进口铜的贸易80余年，就是以扬州为基地组织出口，由吴淞口进入黄海的。清乾隆三十三年（1768年）在苏州有山西钱庄81家，他们以全晋会馆为中心，组织了苏州的银钱市场，服务于苏州商民。在南京、苏州、镇江、常州、清江浦、扬州、徐州的山西票号的分支机构多达数十家，服务于苏商在全国以至与国外的经济交往。但是，山西商人业务重心在北方，山西商人开发的由内地通往国外的主要商路是：两广、两湖、武夷山—长江—汉口—襄樊—社旗—清化—晋城—潞安—子洪口—晋中—太原—忻州—雁门关—黄花梁—东口（张家口）—库伦—恰克图—伊尔库茨克—新西伯利亚—莫斯科—彼得堡。或者黄花梁—西口（杀虎口）—归化—库伦—恰克图—伊尔库茨克—新西伯利亚—莫斯科—彼得堡；或者西口—归化—库伦—科布多—古城—乌鲁木齐—伊犁—塔尔巴哈台—西亚地区。或者哈密—吐鲁番—喀什噶尔—叶尔羌—西亚。

晋商的活动舞台，国外市场主要是朝鲜、日本、俄罗斯，国内市场有蒙古市场、西北市场、西南市场、东北市场、东南市场、中南市场、北京市场，其重心在长城以北。洞庭商人一般贩运货物不出长城，远达东口（张家口）而止。江苏的绸缎、布匹、茶叶、砂糖等农业手工艺产品，经过晋商之手销往华北、内外蒙古地区以及俄罗斯的莫斯科、多木斯克、耶尔古特斯克、克拉斯诺亚尔斯克、新西伯利亚、巴尔纳乌、巴尔古今、比西克、上乌金斯克、彼得堡。苏商同时也从晋商之手获得了来自蒙俄的皮毛、呢绒、金属制品等。

可以说，晋商与苏商的竞争与合作，是南方农业手工业地区与北方游牧民族、俄罗斯以至欧洲的陆路商品交易的纽带与桥梁。

二、晋商与苏商的比较

晋商称雄明清商界数百年，并且创造了票号、账局等金融机构，创造了大量服务经济发展需要的金融工具、金融业务以及相应的金融制度，为中国商业革命与金融革命做出了巨大贡献。但是在工业革命的曙光初露之时败下阵来。然而，苏商却以长江三角洲为中心，由商人资本转向工业资本，由封建商人转变为现代企业家。

（一）兴盛的比较

晋商在明清时期迅速崛起的原因，可以说是天时地利人和共同作用的结果，即历史原因、地理原因和人的因素的很好地结合。从历史因素看，一是人口迁徙，背井离乡。宋王朝赵匡胤、赵匡义在解决太原北汉割据政权时三次将晋民 10 多万人强迫迁往河南，明代政府几次移晋民充实南京、北京、安徽等地，这些移民如同周灭商时的商民一样，有相当一部分人被迫从商。二是食盐开中，捷足先登。明王朝为了解决大量北部边防驻军的物资供应，实行食盐开中法，山西人就近输送军用物资于张家口、大同、绥德等边关，取得淮盐、长芦盐、潞盐经营权，迅速走向全国。三是得官所助，官商结合。清入关前，晋商已经与其建立了联系，并将努尔哈赤对明王朝宣战的"七大恨"带回关内，清入关后曾给晋商许多优惠，特别是清后期，票号为政府借垫汇兑款项，成为清政府的财政支柱，与政府及其官员关系密切。从地理因素看，一是土地瘠薄，生计困难。山西天寒地脊，生物鲜少，人民生计困难，不得不远走他乡，谋取什一之利。二是地处边塞，位扼通衢。明王朝与北部游牧民族以长城为界，山西地处北部游牧民族与中原农业地区之间的物资交流的中间地带，具有地理优势。三是资源丰富，手工业发达。山西虽然农业条件较差，但是工矿资源丰富，手工业发达，山西铁货、衣针供应北亚各地。从人的因素看，即晋商精神。一是重商立业的人生观。宋元以来，山西人逐渐形成了离经叛道的重商思想，清人纪晓岚在他的《阅微草堂笔记》中说："山西人多商于外，十余岁辄从人学贸易，俟蓄积有资，始归纳妇。"清雍正皇帝也在其《朱批谕旨》中写道："山右大约商贾居首，其次者尤肯力农，再次者谋入营伍，最下者方令读书。"在民间形成了一种"以商致财，用财守本"的立业思想。二是诚信义利的价值观。大概是关云长故里的缘故，孔孟之道影响至深，对"诚"、"信"、"义"、"利"有其独特的理解和行为规范：先义后利，以义制利，并且成为晋人公认的社会行为准则，反对采用任何卑劣手段骗取钱财，不惜折本亏赔也要保证企业信誉。三是艰苦奋斗的创业精神。山西商人贩茶于浙闽，销售于大漠之北，千山万水，沙漠瀚海，夏则头顶烈日，冬则餐饮冰雪，寇贼虫狼，日与为伴，年复一年，奔波于商途，百折不挠，积极进取，不断创新。四是同舟共济的协调思想。山西商人笃信"和气生财"，重视社会各方面的和谐相处。在同业往来中，既要保持平等竞争，又要相互支持和关照。他们称友好的客户为"相与"，凡"相与"必须善始善终，同舟共济。

洞庭商人的兴盛，不是因为太湖流域自然条件不好，而是自然条件太好，国家对苏松常镇嘉湖杭课以重赋，此 7 府土地占全国不足 5%，税粮却占 20%，老百姓不得不大量种植桑棉等经济作物，以便纳赋瞻家。经济作物的大量种植带动了农业的商品化和手工业的发展，成为洞庭商人发展的基础，加上明清社会安定，借助太湖长江便利低廉的水上运输，成为中国南方商品的集散地。特别是太湖流域文化底蕴深厚，人性灵活机敏，不仅在明清时期成就了洞庭商人，特别是在 20 世纪初中国被迫开放的情况下在与外国资本的竞争中保存和发展了自己。在 20 世纪后期中国的主动改革开放中，能够抓住机遇，高速发展，使苏商成为举世瞩目的亮点，世界各大市场上无不摆放着江苏制造的商品。苏商已经成为当代中国的名牌。

（二）特点的比较

历史上的晋商与苏商比较，其共同点至少有：第一，时代背景相同，同是发展于中国商业革命时期；第二，诚信义利的价值观，供奉关帝君；第三，聘用同乡人，利用宗法约束规避风险；第四，产业资本与金融资本的混合生长；第五，依托行会，自治、自律、自卫。

晋商与苏商的不同点如下：

表 1　晋商与苏商的差异

内　容	晋　商	苏　商
企业治理结构	股份制 人身股制 两权分离 联号制	独资 领本制 两权集中 分支机构少
主要投资	老家的房地产	近代工商业
对政府的态度	近政府	远政府
对外开放态度	撤离、拒绝	买办、学习
时局变化态度	拒绝改革	与时俱进
结局	衰败	发展

19 世纪末至 20 世纪上半期，晋商迅速没落，苏商却成功地实现了由贩运贸易商人向现代工商企业家的转变。比较晋商与浙商的不同特点与结局，它告诉人们三个道理：一是商人的事业是商业，相信自己，相信市场，商路坦荡；商人商业异化，相信官本位，商路只能越走越窄。二是积

极面对开放，可以发现机遇，柳暗花明；闭关拒外，死守家门，只能坐吃山空。三是与时俱进，前程如锦；拒绝改革，死路一条。

三、晋商的经验与教训

古有晋商称雄，今有苏商遍地。虽然当代晋商远远落后于当代苏商，但是历史上的晋商毕竟有数百年的辉煌，其间确实有许多值得当代商人借鉴的经验与教训。

（一）经验

1. 两权分离制度

明清晋商商号实行股份制的企业治理结构。企业所有权属于东家，经营权委托大掌柜独揽。东家平时不问号事，待大账期时，到号决定分配方案。但是必须指出，晋商的两权分离，有成功的一面，东家对大掌柜委以全权，决策快，指挥灵活；但又有它不足的一面，董事长（东家）不参与决策，总经理（大掌柜）权力过大，缺少监督机制，也有不少弊端。

2. 人力资本股制度

明清晋商股份制实行有钱出钱，有力出力，出钱者为股东，出力者为伙计，"东伙共而商之"。大掌柜与高级管理人员、业务骨干可以顶"人身股"，由一股到零点几厘不等，货币资本股与人力资本股共同参与利润分配。这是一种很好的企业激励机制。美国的期权制度与晋商人身股制度有许多共同之处。

3. 联号制度（网络制度）

明清晋商商号实行总分支机构制，总号一般设在山西本地，分支机构遍布全国各地以至国外。总分支机构实行统一制度、统一管理、统一核算，实行"酌盈济虚，抽疲转快"的资金统一调度制度。对分号的考核，是以"结利疲账定功过"，但以不对他号造成损失为原则，否则给予处罚。

4. 人力资源管理制度

明清晋商人力资源管理的特点：一是东家"疑人不用，用人不疑"，大掌柜"受人之托，忠人之事"；二是定期人事考核，增加身股，载入"万金账"；三是新员工选拔制需要通过笔试、面试、铺保、吃苦精神考核等程序；四是三年学徒制；五是严格的号规对职工进行约束；六是对东家的约束制度，如东家不得在号内食宿，不得指使号内人员为其办事，不得在号内借支银两。

5. 控制风险制度

晋商企业特别是金融业，在风险控制上有一套系统的管理制度，包括"正本"与"副本"制度、"倍本"、"厚成"、"公座厚利"制度、铺保制度、密押制度、行会约束制度和企业内部控制制度等。

6. 企业经营战略

晋商的企业经营战略有审时度势，人弃我取；周到服务，薄利多销；信用贷货，银贸结合；严格号规，节欲杜弊；教育员工，德智并重；行会协调，和气生财；重视信息，灵活机动；预提倒款，抽疲转快等。

（二）晋商的教训

晋商称雄商界数百年，为什么在 20 世纪衰落了？又为什么在改革开放中迟迟不能重振雄风？

晋商在 20 世纪初的衰落既有客观原因，又有主观原因。客观方面，一是科技进步，商路改变。欧洲工业革命后，火车、轮船的开通，欧洲与中国海上贸易迅速发展。陆路贸易冷落，晋商失去地理优势。二是政治动荡，实力损伤。太平天国运动、捻军起义、俄国十月革命、外蒙古独立、辛亥革命，每一次政治动荡，都使晋商损失惨重，资产被抢或者被没收。主观方面，一是农商思想，不能远谋。晋商致富以后，将商业利润主要用来置买土地，建筑豪华住宅。到清末晋商后人有很多吸食鸦片，不问号事，致使产业衰败。二是故步自封，拒绝改革。在外商进入中国以后，市场竞争激烈，驻外经理人员一致建议总号东家掌柜实行改革，学习西方经营经验与技术，都被决策者拒绝，使晋商特别是票号钱庄不能顺应时代变革，竞争力越来越弱。三是依托官府，职能异化。票号本来是随着商业的发展而发展，但是后来尤其是在咸丰年间开始迅速结托官场，发生异化，一般商人不予往来，500 两银子以下不予汇兑，由商业金融转向了政府金融，不得不在辛亥革命后一败涂地。四是企业治理，缺失制衡。晋商企业的股份制度，有两个致命的缺陷：第一是两权分离中，大掌柜权力过大，股东不过问经营，缺少监督机制；第二是晋商企业实行股份无限责任制，企业破产累及家庭财产，票号倒闭使很多票号东家倾家荡产，流落街头。

改革开放以来，晋商发展缓慢，山西从 80 年代中期的全国中游水平，到 90 年代中期以来人均收入一直在全国末位徘徊。客观上，从 20 世纪 30 年代到 70 年代末，山西基本处于军事共产主义和高度集中的计划经济，数十年不知市场经济为何物；主观上，主要是以权力经济思想搞市场经济建设，就不好搞，也搞不好，再加上计划经济思想指导下的能源重化工基地定位，也耽误了不少时间。

当代苏商弘扬了洞庭商人的精神，抓住了机遇，稳扎稳打，创造了改革开放以来的奇迹，并且成为当代世界上最具竞争力的商人之一。这是苏江的骄傲，也是中国人的骄傲。

晋商文化及其特点

背景说明

本文是 2004 年 9 月初三晋文化研究会、山西省晋商文化研究会和晋中史志研究院联合在榆次召开的"晋商与常氏文化学术研讨会"上的发言稿,收录于《晋商巨擘》,山西经济出版社 2005 年 12 月出版。

公元前 11～前 2 世纪,山西是古晋国的封疆。古代晋国曾"开放关市,招徕商贾,以有易无,各得所需,四方来集",商业已经有了一定的发展。到明代中叶以后,中国发生了一场商业革命,最活跃的有十大商帮。山西商人开辟了穿越蒙古沙漠瀚海的中国到欧洲的茶叶之路,其活动舞台遍及国内以及日本、朝鲜、俄罗斯等国家,创造了票号等多种金融机构,成为十大商帮之首,被称为晋商。

近年,在山西大家经常使用晋商文化这一概念,但是晋商文化的具体是什么?没有统一的概念。本文试图就晋商文化的内涵及其特点进行讨论,以就教于同行。

一、晋商文化的内涵

商业文化是商人创造的物质财富与精神财富的总称。晋商文化是由山西商人创造的物质财富和精神财富,包括晋商的财富及商业组织制度、商业技术、经营艺术、商路关隘、城乡建筑、庙宇俸祀和商业教育、社会习俗等整个商业文明体系。晋商文化的内涵十分丰富,下面就其主要内容略加概述。

（一）晋商企业的组织制度

晋商的组织制度包括企业治理制度、商业行会制度。如晋商的企业制度与中国其他商帮比较，有许多自己的特点，突出表现为六个方面：

1. 股份制度

16 世纪以后，晋商开始实行股份制的企业制度。多数企业由数家或者数十家合伙投资，定有合约，投资人为东家，这与中国其他商帮是不同的。中国的股权融资制度由晋商首创。

2. 两权分离制度

旧时的股份制企业，所有权属于东家，但是经营权委托大掌柜独揽。东家平时不问号事，待大账期时，才到号听取大掌柜的经营情况汇报，并决定分配方案。

3. 人力资本制度

晋商办企业，有钱出钱，有力出力，出钱者为股东，出力者为伙计，"东伙共而商之"。大掌柜与高级管理人员、业务骨干可以顶"人身股"，由一股到零点几厘不等，与货币资本股共同参与利润分配。

4. 联号制度（网络制度）

晋商企业实行总分支机构制，总号设在山西本地，分支机构遍布全国各地以及国外。实行统一制度、统一管理、统一核算，统一资金调度。对分号的考核，是以"结利疲账定功过"，但以不对它号造成损失为原则，否则给予处罚。

5. 人力资源管理制度

晋商企业人力资源管理的特点：一是东家"疑人不用，用人不疑"，授大掌柜以全权，不设监事会；大掌柜"受人之托，忠人之事"，兢兢业业带领同人崎岖前进，假若自己没有把握，则主动向东家交代，绝不侥幸冒险。二是定期人事考核，增加身股，载入"万金账"。三是新员工选拔制需要通过笔试、面试、铺保、吃苦精神考核等程序。四是三年学徒制。五是以严格的号规对职工进行约束。

6. 风险控制制度

晋商企业特别是金融业，在风险控制上有一套系统的管理制度，包括"正本"与"副本"制度、"公座厚利"制度、铺保制度、密押制度、行会约束制度和企业内部控制制度等。

（二）晋商的商业技术

晋商对珠算应用、会计记账、银币本平、银行密押、票据交易、转账结算、旅行支票等商业技术都有精深的研究、严格的规范，对中国商业科技做出了重要贡献。

1. 珠算

珠算是中国发明的应用数学技术。明代山西汾州商人王文素，1513年撰成《新集通证古今界学宝鉴》30卷10册，1524年又撰写成《新集通证古今算学宝鉴》42卷12册。其成果：一是理论价值高，用珠算解决开方等计算技术；二是通俗易学，释义、解题，并有绘图及算学口诀，有很高的应用价值；三是校正了过去算学著作中的一些错误，处于当时世界领先水平。

2. 会计学

晋商在明末清初创新发展了"龙门账"记账法，促进记账方法向复式记账过渡，发展了记账原理，为现代商业会计奠定基础。通过进、缴、存、该四大类的记账、复账、报账等几个环节对商业经营过程进行控制和观察，为经营管理提供信息和决策依据。起到了反映经营情况、监督经营行为和促进经营发展的作用。

3. 本平制度

当时中国货币是银铜平行本位，商号收受银两，每次都要称量。由于各地的天平砝码不统一，交易不便，且无法记账。为此晋商建立了自身的记账货币单位（自己的平砝），即"本平制度"，方便顾客并维护双方利益。

4. 票据制度

晋商在其商业贸易活动中，最早使用了商业票据和银行票据，当时的票据有：凭帖（类似本票）、兑帖（类似支票）、上帖（银行汇票）、上票（商业汇票）、壶瓶帖（类似融通票据）、期帖（类似远期汇票）。

5. 转账结算

中国最早的转账结算制度创始于晋商，当时叫拨兑（客兑）。清代呼和浩特的宝丰社作为钱庄的联合体，就承担银行间的清算轧差，谓之"订卯"。

6. 银行密押制度

票号的"会票"，由票根、存票、送票三张构成，统一印制，四角是水印暗记；专人书写，字迹在总号及各分号预留备案；加盖特殊印鉴（印鉴通常是不同样式、不同位置的 6 枚，即抬头章、押款章、落地章、防伪章、套字章、骑缝章）；汇款金额、时间，设有银暗号、月暗号和日暗号；等等。

7. 社会信约公履制度

商品交易过程中的商业信用和银行信用的期限、利率与偿还清结问题，晋商在实践中逐渐形成了一种镖局、标期与标利的社会信用公履制度。稳定的社会诚信环境和严密的信约公履制度，保证了晋商广泛地运用商业信用和银行信用，无论商品交易做多大不因资金问题犯愁。

（三）晋商的经营艺术

1. 人弃我取，人取我与

在业务经营中，别人不干我干，别人都干我就不去干。

2. 和气生财，善待相与

晋商主张"和为贵"，认为"和气生财"。经常有业务往来的诚信客户称为"相与"。凡是相与，不讲价格，友好相处，世代相传；一旦发现不诚，永不往来。

3. 灵活机动，薄利多销

业务经营审时度势，灵活机动，在价格上，有利就行，薄利多销，不图暴利。

4. 信用贷货，银贸结合

晋商在商业经营中，经常用信用贷款和信用贷货两种办法来解决资金问题，并且商业与金融业混合生长。

5. "预提倒款，抽疲转快"

企业在利润分配时，预先提取一定比例的利润留存企业，建立风险基金。同时，各分支机构的资金需要根据市场变化，灵活调度，加快周转。

（四）晋商与城乡建设

晋商的发展，不仅成就了他们在原籍农村盖起了高楼大厦、水榭歌台，而且建设发展了很多城市，特别是北方边远的新城市。北方有谚曰："先有曹家号，后有朝阳县"，"先有复字号，后有包头城"，"先有晋益老，后有西宁城"。晋商在全国各地修建了很多会馆（关帝庙），用山西特有的建材琉璃瓦、特有的工匠，建设山西特色的庙宇、戏剧舞台，雕梁画栋，红墙蓝瓦，高大雄伟，至今仍是游人观赏的重要景点。北京山西会馆、苏州全晋会馆、多伦山西会馆、社旗山西会馆、周村山西会馆、开封山陕会馆、聊城山西会馆、亳州山西会馆等，仅北京一地就有晋商会馆40 多处。晋商会馆及其住宅建筑巍峨壮丽，装饰华丽，尤以砖雕、石雕、木雕精美绝伦。其中有人物、山水、花卉、鸟兽、算盘、账簿，显露出浓郁的商业气氛，都是集建筑、雕刻、绘画、陶瓷工艺于一体的宫殿式建筑物。

（五）晋商与社会文化

1. 晋商与教育

晋商对于基础教育与商业教育都很重视。元朝有盐商子弟学校。明清时山西商人的幼儿教育灌输经商致富思想；6～14 岁读私塾，加授珠算等商业应用技术；十五六岁进入商号当学徒。并且由商人捐款办了很多义学和私塾。

2. 晋商与戏剧

山陕豫交界地是北杂剧发祥地。元末明初北杂剧逐渐在上层流行开来，当地民间艺人将民歌小曲搬上舞台，称梆子腔，如秦腔、蒲剧、中路梆子、上党梆子等。富商们在祭祀、庆典、节日中都要以戏曲酬神和娱人。在省外的晋商重金邀请家乡戏班到所在地演出。到清朝后期，晋商争相出资举办梆子戏班：祁县有三庆戏班、聚梨园，榆次有四喜戏班、三合班、二保和娃娃班，徐沟有舞霓园、小自成班，太谷有锦霓园，清源有小梨园、太平班，平遥有小祝丰园，壶关十万班，张家口有狼山戏班和商人票友自乐班。祁县商人曾成立戏曲研究社，对晋剧的剧本、音乐、声腔、表演艺术等进行了系统的研究和改革。晋商对地方小戏的发展也给予了支持，太谷县引进安徽凤阳花鼓、湖南采茶调等，使秧歌向戏曲化发展，逐渐形成许多地方小戏种。

3. 晋商与镖局武术

明清时期晋商遍走长城内外、大江南北，为解决物质运送和货币清算的安全问题，创造了镖局。镖局的镖师需要很高强的武艺。晋商有不少人自己练就武术以强身和防卫盗贼袭击，甚至参加军事斗争抗击入侵海盗。明嘉靖三十三年（1554 年），山陕盐商为抗击日本海盗入侵，曾选善射骁勇者 500 名商兵防守扬州。山西是中国心意拳和形意拳的发祥地，一直受到当地富商的鼓励与支持。不少富商聘任武林高手为护院拳师，或者充任镖局的镖师。

4. 晋商与文物收藏

晋商中有很多人喜欢收藏文物、古玩、珍宝和名人字画。太谷县富商曹家现存一尊"金火车钟"，此物原为法国工艺品，用黄金、钨金、白金制成，重 42.25 公斤。祁县乔家有一件文物，是用七八十块寿田、青田等名贵玉石，组成由明代著名篆刻家文彭操刀刻制的印章，每块上面刻文一句，合起来是一篇《文昌帝君阴文》。此物原为清贵族端方之物，端方和乔家素有来往，此物后归乔家。北京琉璃厂内，就有很多古董商人是晋商，如英古斋、德宝斋、书业堂、荣录堂、永宝斋、奇观阁、渊识斋、晋秀斋、永誉斋、振寰阁、宝名斋等，襄汾商人最多。

二、晋商文化的特点

晋商文化的特点可以概括为以下几点：

（一）唐晋遗风的管理思想

中国古代的尧、舜、禹、夏，都在山西建都。周朝建立以后，周成王封其弟叔虞为唐候，唐后来改为晋，唐叔虞就是晋国的始祖。当时周成王要求叔虞到唐地（今山西晋南一带）后要实行"启以夏政，疆以戎索"的施政方针。唐叔虞按照中央政府的要求制定的施政方针，既适当保留了夏代以来的一些制度，维护夏人的传统习俗，暂不实行以周礼为中心的宗法制度；同时依照游牧民族生产和生活习惯分配土地，开设田间疆界，以便利农牧生产，暂不实行周朝规定的井田制度，实行了不完全等同于周朝的政治经济政策。由此晋国孕育出有别于其他诸侯国（今各省区）文化内涵的唐晋文化。它相对于以周礼为基础的周、鲁、齐、燕文化，具有政治上博大宽厚、兼容并蓄，经济上求同存异、自强不息的内力与特点。

（二）关公崇拜的商业伦理

孔子作《春秋》，述《论语》，思想博大精深，成为中国的"圣人"。孔子思想影响了中国 2500 年，其核心是仁爱和中庸。他认为人类应有的一种人伦关系、立身处世的标准应当是忠义、诚信、礼节、德政，以此建立一种稳固、和谐的人际关系，实现"天下为公"、"讲信修睦"的大同世界。这是中国人几千年以来的一整套特定的思维范式和行为准则。关公一生身体力行"忠义"二字，是忠实实践孔子仁义、忠信的典范，忠肝义胆，诚信磊落，令万民景仰，被政府封为"关圣大帝"，民间视其为战神、财神。山西商人财雄势大，足迹所至，到处建有规模宏大的"关帝圣庙"作为会馆。晋商关公崇拜的根源：一是与关公有地域亲情，以关公的忠义楷模教育约束员工；二是政府的褒封，关公已被神化，借关帝君的神威保卫商人事业的发展和财产的安全。德国学者马克斯·韦伯说中国商人没有独立的宗教信仰，没有独立的伦理体系和价值核心，所以中国商人是"不诚实的"。但他又确实听到许多对中国商业诚信的赞誉，他大惑不解。于是提出了"中国商人伦理西来说"，这显然是错误的。

（三）地缘贸易的创业之路

山西北方横隔万里长城，其北边就是蒙古游牧民族。山西是农牧两大经济区的交接地带。游牧民族的蒙古人不善经商，历史上的茶马贸易一向由汉人掌握。明清晋商很多成功者多是闯口外起家的。祁县乔家、太谷王家、榆次常家等。闯口外的人几乎都是那些勤劳勇敢、敢冒风险的农民，并且是善于和人合作的人才。加上明朝的"开中法"与清王朝统一了北方蒙古地区和东北，山西人得"三才"（天地人）之利，即历史机遇（天时）、地缘优势（地利）和人的精神（人才），进行异地贩运贸易，驰骋九州。

（四）乡土轴心的理财理念

晋商的理财理念与技术，发端于农业文明与传统的家规，从结构上说是以亲属和乡土关系为轴心，从内容上说是指治家要勤俭，对人要讲信义、讲厚道，反对营私、巧取。不仅有传统式的严禁纳妾、宿娼和赌博的家规，而且还有一套理财的哲学，如提倡商道、商德，先义后利，以义制利，童叟无欺。同时有一套相应的管理制度。

（五）人本思想的企业文化

晋商文化的人本思想突出表现为人身股制度。四五百年以后的今天，美国的一些企业高层领导人试行期股，被认为是管理学的创新而人力资本会计是会计学的学科前缘。这些都已在晋商的人身股制度中有体现。晋商行会的很多职责：义学、义地、娱乐活动等。

（六）官商相维的展业战略

经商发迹的山西商人，总要千方百计交结官僚，借以谋求业务的进一步拓展。据说努尔哈赤对明宣战的"七大恨"是由晋商传入关内的，因而在清入关以后，朝廷封晋商八大家为皇商。为了与官僚和政府交结，晋商捐纳、报效、买官，耗费巨资，咸丰三年（1853年）五月初三到十月初十山西各票号与账局捐资白银34万两、钱7万吊，十月下旬日升昌等

13 家又捐 6000 两。平遥毛鸿翔的父辈至玄孙男子 31 名捐官，女子亦捐夫人、恭人。[①] 晋商住宅建筑也体现了这种思想，如灵石王家楼栏石雕的"辈辈封侯"，沁水柳家大门墩石的雕鼓与元宝等。维护社会秩序的安定本是政府的任务，晋商行会为了保卫自己的经济利益，积极协助政府，维护社会秩序。清代包头商民五六万人，社会治安由商会负责，他们受萨拉齐厅委托，由巡检和巡官监督协助，"大行"和"农圃社"组成议事机构，在大行内办公，处理包头地方治安事务，大行基本代替了部分行政职能。

晋商文化是一个广博精湛的智慧宝库，需要挖掘、研究和整理。它对现代经济社会发展和企业经营管理都有着重要的参考价值。

---

① 孔祥毅：《山西票号与清政府的勾结》，《中国经济社会史研究》1994 年第 3 期。

诚信乃为人之本、为商之道

背景说明

　　本文是 2005 年 11 月 15 日在太原召开的 "诚信与文明学术讨论会" 上的发言提纲。文章从历史的视角，观察诚信在金融业发展中的重要性，提出诚信社会的建设，德治是基础、法治是保障、政府信用是前提等意见。

　　孔夫子说，人而无信，不知其可也。这里的 "信" 指信用。信用一词有多种含义，广义说是诚实守信，遵守诺言，实践成约；狭义说是以偿还为条件的价值运动的特殊形式，如商业信用、银行信用、国家信用、民间信用、个人信用、消费信用、国际信用等。简单地说它是在社会经济活动中实事求是，诚守诺言，说话算数，借债偿还。它是为人之本，是为商之道，是金融运行的必要环境。

一、诚信是为人之本

　　几年前美国出版了《人民年鉴手册》，将孔子列为世界十大思想家之首。孔子（公元前 551 ~ 前 479 年），作《春秋》，述《论语》，思想博大精深，成为中国的 "圣人"。孔子思想影响了中国 2500 年，其核心是仁爱和中庸。他认为人类应有的一种人伦关系是 "己所不欲，勿施于人"，"己欲立而立人，己欲达而达人"。立身处世的标准应当是忠义、诚信、礼节、德政。主张以此建立一种稳固、和谐的人伦关系，实现 "天下为公"、"讲信修睦" 的大同世界。这是中国人几千年以来的一整套特定的思维范式和行为准则。关公一生身体力行"忠义"二字，忠肝义胆，诚信磊落，是忠实实践孔子仁、义、忠、信的典范，令万民景仰，被视为战神、财神。隋唐以后历代政府对关云长都有褒封，明朝达二十四字，核心是"关圣大帝"。

几千年来，中华民族传统文化和道德规范的核心内容之一就是诚信守诺，言行一致。从孔夫子到孙中山，提倡"天下为公"，建设"讲信修睦"的大同世界。这是人类"求道"实践的文明成果。成为中国一代又一代人齐家、治国、平天下的基本原则，是中国人特定的思维范式和行为体系，是世界上人类公认的真理。

二、诚信是为商之道

在经济生活中，物流和资金流的快速周转，都是依赖信用为桥梁和渠道的，可以说市场经济就是信用经济。诚信是一种无形资本，是一种生产和经营要素，它能使所有者和经营者依托有形资产获得更多的效益。所以，信用是财富，信用是资本，信用是资格和能力。信用高，风险低；信用低，风险高。信用是经济社会中的生命和灵魂，是市场经济的通行证。

中国早期的金融业票号的成功，其核心竞争力是金融创新，但是，金融创新成功的关键在于诚信。它不仅仅体现在一些案例故事中，更主要是体现在它的整个体制、企业治理结构、规章制度、业务活动之中。如票号的企业治理，实行两权分离，股东委托可靠的有经营能力的人为大掌柜（总经理），授以经营管理企业的全权。"将资本交付于管事人（大掌柜）一人，而管事于营业上一切事项，如何办理，财东均不闻问，既不预定方针于事前，又不施其监督于事后"，谓之"用人不疑，疑人不用"；大掌柜对东家则是尽心尽力的，谓之"受人之托，忠人之事"。这种委托代理的两权分离制度的基础就是诚信。又比如，当时金属货币数量不足，而且不方便，山西商人创造了大量金融工具，解决商品交易中的支付问题，包括凭帖（相当于现在的本票）、兑帖（相当于现在的支票）、上帖（相当于现在的银行汇票）、上票（相当于现在的商业汇票）、壶瓶帖（相当于现在的融通票据）、期帖（类似现代的远期汇票）、会券（汇票）。商品交易中产生的大量"信用贷货"与"信用贷款"，其债券债务的清偿，通过镖局、标期与标利制度，即社会信约的公履制度来约束。过标时，第一天清偿银两债务，第二天清偿制钱债券，第三天"订卯"（金融机构间轧差清算）。不能按时履行信约，就不能获得信用。

晋商的诚信是正确的道德理念和经营价值观的结合。晋商诚信中隐含的问题：第一，诚信缺乏法律保障；第二，行会的约束惩罚机制与激励机制不对称。为此，他们制定了很多行业自律的制度，如制定银行密押制度，防止假票冒领款项。在财务管理上，创造了"合龙门"金融稽核制度，保证财务核算的准确无误。

凡是信用好、信誉高的企业，在激烈的市场竞争中一般都能够"任凭风浪起，稳坐钓鱼台"，总是生意兴隆，财源滚滚。世界 500 强企业的成功之道，有一个共同点就是诚实守信。不守信用的企业和个人，只能骗人一时，时间长了，就没有人与之往来。

2004 年河南省南阳市政府提出："社旗山陕会馆是打造诚信南阳的一个重要教育基地。"社旗镇是中州四大名镇之一，号称"天下第一店"。16 个省的商人在此经商。山陕会馆是山西商人和陕西商人的商会办公地。现存石碑 9 块，反映了商会组织和监督"诚信为本"的商业伦理和商业规范的历史事迹。正殿前的石牌坊正中顶部石雕为福禄寿三星，与北斗七星、南斗六星，共为十六星。缺斤短两会折寿，少一两即少一星，先折福禄寿星。

三、诚信是金融运行的必要环境

（一）从诚信与金融运行的关系看

金融乃资金的融通，它是以按期还本付息为条件的价值的特殊运动，其运行的特点是二重支付二重回流的过程。金融企业借贷资本出借—企业用于生产经营支出—企业销售商品与服务收回货款和服务费—归还借款并支付利息，之后金融企业才能再进行融资。借贷资本运动的这种二重支付和二重回流的过程一旦中断，金融运行也将中断。

（二）从诚信对金融业影响看

金融业经营的是借贷资本。借贷资本出借时，是一种资本商品出卖，不过出卖的是货币资本的使用权，而不是所有权。借款不还，等于占有了资本的所有权，从而否定了商品交易的基本原则。

（三）从诚信社会的特点看

诚信具有外部性。当事人选择守信或失信行为，不仅对自身产生后果，还会给他人带来影响，这就是外部性。一般情况下，如果能够产生正面影响的守信行为得不到足够的奖励，即当事人的守信收益小于社会的守信收益，而能够产生负面影响的失信行为又得不到必要的惩罚，即当事人的失信成本小于社会的失信成本，其结果只能是守信行为倾向于减少，而失信行为倾向于增多。

因此建设诚信企业与诚信社会，诚信激励机制和失信的惩罚机制的建设至关重要。

四、中国社会信用体系建设

诚信作为现代社会的行为准则，作为金融运行的必要环境，应当包括道德规范、契约规范和法律规范。

世界上国家的信用体系的模式大体上有两种：一是美国模式。美国社会信用体系是以民营征信服务为特征的市场模式。二是欧洲模式。欧洲社会信用体系是公共信用调查系统的模式。

我国信用体系建设，根据目前的实际，需要以信用中介为主体和市场运行为基础的社会商务服务信用体系、以行业协会为主体和会员单位为基础的自律维权同业信用体系、以企业自身为主体和风险管理为基础的独立的自我内控信用体系、以各级政府为主体和电子政务为基础的政务信息公共披露体系同时并重，信用机构、政府部门、行业协会和企业同时发展各自的信用体系，形成全国的社会信用体系，互联互通，信息共享。

总之，诚信社会的建设，德治是基础，法治是保障，政府信用是前提。

晋商的商业伦理

背景说明

本文是 2005 年、2006 年先后在山西财经大学马列学院研究
生班、山西国学大讲堂、国际儒学联合会企业国学大讲堂等的讲
稿的基础上形成的，原载《山西社会主义学院学报》2006 年第
4 期，《太原日报》曾部分发表，后由山西省商业联合会主办的
《新晋商》2007 年第 3 期转载。

晋商的成功，与晋商的商业伦理道德有重要关系，这里仅就晋商伦理
问题进行探讨。

一、晋商伦理的基本内涵与特点

中国人的伦理道德的核心是"仁爱"，儒家把"仁"概括为人的道德
的最高原则，认为其他的具体道德准则都是由"仁"衍生出来的，这种
"仁"的根本含义就是爱人。"己欲立而立人，己欲达而达人"，"己所不
欲，勿施于人"。商人以商品交易为职业，以经营利润为生活来源。如何
把"仁爱"思想与利润统一起来，是中国商人伦理的基本内容，这就是
"以义制利，先义后利，义利相通相济"。晋商作为中国商人的一部分，
当然也不能不具有这一商人伦理的共同性，但是晋商作为一支商业劲旅，
自然也会有自己的商业伦理特点。

（一）晋商伦理的核心

晋商伦理首先与中国商人伦理有其同一性，但是也有其特殊性。一个

商号的命名，和一个人的名字一样，反映着起名者的道德观、价值观。请看部分山西票号的名字：志成信、协成乾、会通远、世义信、锦生润、恒隆光、徐成德、大德玉、大德川、大德通、大德恒、大盛川、存义公、三和源等。晋商大部分商号名字都带着义、德、诚、信、厚、公、合等字词。从各票号的命名，可以感觉出晋商祈望生意兴盛隆昌、宣示崇奉商德伦理、把信义与利益结合在一起的思想。事实上晋商确实是以诚信笃实、义孚天下，称雄商界500多年。

山西商人认为，"利以义制，名以清修"，坚持"先义后利"，"以义制利"。规定"重信义，除虚伪，节情欲，敦品行，贵忠诚，鄙利己，奉博爱，薄嫉恨，喜辛苦，戒奢华"，反对采用任何卑劣手段骗取钱财，不惜折本亏赔也要保证企业信誉。明清山西商人讲究见利思义，不发不义之财。"仁中取利真君子，义内求财大丈夫"，义利相济相通。在义利相通观的影响下，先义后利、以义制利成为晋商伦理的核心。诚信戒欺、重视商誉是山西商人的商业道德观。利以义制、名以清修的伦理思想表现为：勤劳节俭，保守财富；诚信义利，关公崇拜；和气生财，善待相与；重人信用，人本管理；贾儒相通，贾士同心。明代晋商王文显，初涉宦海不成而经商，但善心计，识重轻，适时机变，恪守信义，40年间，足迹几半天下，成为富庶大户。他训诫其子说："夫商与士，异术而同心。故善商者处财货之场而修高明之行，是故，虽利而不污；善士者引先王之经，而绝货利之径，是故，名必有成，故利以义制，名以清修，各守其业，天之鉴也。如此则子孙必昌，自安而家肥富。"

（二）晋商伦理的特点

1. 勤劳节俭，保守财富

自古以来，货殖家们尽管积财万千，但是仍然注意节俭。勤俭既是他们的治生之道，又是修身、立业之本。山西地方志不论县州府志，多有"晋俗之俭，自古而然"、"民性朴质，好尚节俭，力田绩纺，尤尚商贾"、"商贾隆冬走山谷，布袄之外，袭老羊皮马褂"等。（明）沈思孝说："晋中俗俭朴古，有唐虞夏之风。百金之家，夏无布帽，千金之家，冬无长衣，万金之家，食无兼味……故其居奇能饶。"康熙说："朕闻东南巨商大贾，号称辐辏，今朕行历吴越州郡，察其市肆贸迁，多属晋省之人，而土著者益寡，良由晋风多俭，积累易饶，南人习俗奢靡，家无储蓄。"①
"晋俗勤劳朴素。勤劳易于进取，朴素易于保守。故晋人之长在于商，车
辙马迹遍天下。齐鲁秦晋燕赵诸大市，执商市之牛耳者，咸晋人。故晋人
之富，甲于天下。"② 这里所说的保守，首先是保守财富。乾隆版《祁县
志》说："唐俗勤俭，勤者生财之道，俭者用财之道。圣人教之，不越乎
勤俭而已。"商家联语道："一粥一饭，当思来之不易；半丝半缕，恒念
物力维艰。"所以，不少商家把祖宗创业时的讨饭碗、货郎担、背搭子供
奉在楼上或者祠堂里，教育子孙。

2. 义利相通，关公崇拜

山西商人讲究见利思义，不发不义之财，主张"诚召天下客，义纳
八方财"。清代著名的山西介休商人范永斗，就是由于"与辽左通货财，
久著信义"而受到清政府的垂青，当上皇商，并由此获得厚利。其子范
毓𬱟，极重义气，官办铜铅，有王某者亏帑83万银两，既死，范氏则代
王某"按期加额赔补"。诚信是完美人格的道德前提；诚信是沟通人际关
系，促进人与人之间相互信任的精神纽带。"君子爱财，取之有道"。
"信"是五常（仁、义、礼、智、信）之一，"诚"是五常之本、百行之
源。"诚"具有最高的道德境界，是儒家的道德要求。"信"作为人的立
身之本，是社会关系中一种最起码的道德原则。

诚信本身不讲功利，甚至超越功利，但它和功利似有某种内在的联
系。这就是诚信的双重性，即诚信的本质是利他的；反过来，在利他的同
时以利己，"有德则有财"。祁县乔家在包头的复盛油房，运胡麻油回山
西销售，经手职工为图厚利，在油中掺假，掌柜发现后，即令另行换装，
经济虽受了损失，却招得近悦远来。咸丰年间，复盛西面铺掌柜立账把斗
秤放大，比市上加一成，市民争相到该号购买。所以各地老百姓对山西商
人经营的商品，只认商标，不还价格。

商品交易中产生大量的商业信用和银行信用关系，晋商谓之"信用
贷货"与"信用贷款"。为便于债券债务的清偿和诚信约束，创立了镖
局、标期与标利制度，即社会信约的公履制度。根据镖局押运商品物质与
现银的距离远近决定标期，按照标期时间长短和标内标外决定利率（标
利）。过标时，第一天清偿银两债务，第二天清偿制钱债券，第三天"订

---

① 《东华录》康熙二十八年版。
② 《康熙南巡秘记》。

卯"（金融机构间轧差清算）。不能按时履行信约，就不能获得信用。

晋商的诚信义利观集中表现为关公崇拜，尊关云长为财神，以其信义教育同行，以其武功保佑自己的商业利益。一赚了钱，首先想到的是修建关帝庙，以关公为诚、信、忠、义的化身，无论在何地，也无论是哪个行业，都供奉"关帝圣庙"。足迹所至，到处建有规模宏大的"关帝庙"作为会馆。晋商关公崇拜的根源：一是与关公有地域亲情；二是以关公的忠义楷模教育约束员工；三是借关帝君的神威保卫商人事业的发展和财产的安全。晋商对关公的崇拜影响了商界，以至几乎世界所有华人商店无一不供奉关公圣像。台湾岛现有关公庙400多座，经常顶礼膜拜的信徒约有1000万人。华侨所至的各个国家也都建立了为数众多的关帝庙。晋商的成功可以说是建立在商业诚信基础上的，诚信给他们也带来了丰硕的回报，因为诚信而成功，因为成功而更加诚信，二者相得益彰，他们对待悉心建立起来的诚信、商誉看得比什么都重要。

（三）以人为本，和气生财

晋商的人本思想突出表现在晋商企业管理制度方面，如人身股制度。将企业内的管理层职工和业务骨干，按其职责、能力和贡献大小确定"身股"多寡，作为人力资本股，与财东的货币资本股一起参与利润分配。谓之"有钱出钱，有力出力，出钱者为东家，出力者为伙计，东伙共商之"。

东掌的委托—代理关系。晋商企业的治理结构，实行两权分离制度。股东委托可靠的有经营能力的人为大掌柜（总经理），授以经营管理企业的全权。"将资本交付于管事人（大掌柜）一人，而管事于营业上一切事项，如何办理，财东均不闻问，既不预定方针于事前，又不施其监督于事后。"谓之"用人不疑，疑人不用"。这种完全信任的东掌关系，看似出资人风险较大，但实际上将大掌柜的经营置于全社会的监督之下，大掌柜若经营不善或不够尽心，一方面会面临信誉的损失，另一方面在当时的经理人市场上被人看低，这样的结果对东家、大掌柜及大掌柜的保人都不利，所以大掌柜都是尽心尽力的，兢兢业业带领同人崎岖前进，假若自己没有把握，则主动向东家交代，绝不侥幸冒险。谓之"受人之托，忠人之事"。

重人信用大于重物信用。晋商无论是商品交易与信用活动，特别重视人的信用。商品交易大量使用信用贷货、信用贷款两种办法来解决资金问题。在信用交易中多为凭人信用，很少见凭物信用。极少抵押贷款。

善待相与。晋商主张和为贵，笃信"和气生财"，重视社会各方面的和谐相处，他们在同业往来中，既要保持平等竞争，又要相互支持和关照。他们称友好的同行为"相与"，凡是"相与"，必须善始善终，同舟共济。凡是相与，不讲价格，友好相处，一旦发现有假，永不往来。建立"相与"关系，须经过了解，认为可以共事，才与之银钱往来，否则婉言谢绝。榆次常家天亨玉掌柜王盛林在东家发生破产还债抽走资本时，向其"相与"大盛魁借银三四千两，天亨玉在毫无资本的情况下全赖"相与"借款维持，从而度过了关门停业的危机。后来大盛魁危机，王掌柜派人送去二万银元，同事坚决反对，认为绝无归还的可能，王掌柜说："假如没有二十年前大盛魁的维持，哪有我们的今天？"在"相与"遇到困难时鼎力相助。如大盛魁：大盛魁进货 300 两白银以下的，现银交易，不驳价，表示厚待"相与"。但如果价高货次，则永不再与之共事。凡选中的手工业户，世代相传，不随便更换加工户。当手工业户资金短缺、周转困难时，便借垫银两，予以扶持。每逢账期，大盛魁对"相与"商号予以宴请。但宴请时有厚有薄：凡共事年久或大量供货的商号，则请该号全体人员，并请经理到最好的馆子吃酒席；一般的"相与"，只请一位客人在较次的馆子吃普通酒席。吃好酒席的，觉着与大盛魁交情厚，引以为荣。孟县商人张静轩说："（经商）结交务存吃亏心，酬酢务存退让心，日用务存节俭心，操持务存含忍心。愿使人鄙我疾，勿使人防我诈也……前人之愚，断非后人之智所可及，忠厚留有余。"此外还有义举，如筑桥、铺路、修水利、办义学、赈灾救荒、举办文化娱乐活动等。

（四）贾儒相通，行贾习儒

中国社会一般人认为"儒以名高，贾以厚利"。贾儒目标不一。但是晋商却是贾儒相通，"认为行贾也可习儒，儒可贾，贾可仕，仕可不失贾业"。儒贾财富观：君子需财，取之有道；君子拥财，用之有道。将经商作为一种事业，而不只是赚钱的工具。"士以修治，农以具养，工以利器，商以通货，各就其资之所进，力以所及者业焉，以求其尽心。其归要在于有益于生人之道。"

（五）商士同性，修身正己

蒲州商人王文显说："夫商与士，异术而同心。故善商者，处财货之场，而修高明之行，是放虽利而不污。善士者引先王之经，而绝货利之途，是故必名而有成。故利以义制，名以清修，各守其业，天之鉴也。"
"修身、正己、齐家、治国、平天下"，以自我修养为前提。一本晋商的
教科书《贸易须知》讲到，"学生意先要立品行，但行有行品，立有立
品，坐有坐品，食有食品，睡有睡品。以上五品，务要端正，方成体统。
行者，务必平身垂手，望前看，足而行，如遇尊长，必须逊让，你若獐头
鼠目，东张西望，摇膊乱跪，卖呆望蜜，如犯此样，急宜改之；立者，必
须挺身而立，沉重端严，不可依墙靠壁，托腮咬指，禁之戒之；坐者，务
必平平正正，只坐半椅，鼻须对心，切勿仰坐、偏斜、摇腿、跷足，如犯
此形，规矩何在？食者，必从容缓食，箸碗无声，菜须省俭，大可厌者，
贫吞抢噎，箸不停留，满碗乱叉，噎嘴鼽鼻，扒于桌上，这样丑态，速速
屏去；睡者，贵乎曲膝侧卧，闭目吻口，先睡心后睡目，最忌者瞌睡岔
脚，露膊弓膝，多言多语，打呼喷气，一有此坏样，起早除之"。"学生
意，要有耳性，有记才，有血色，有和气，此四件万不可少。有耳性者，
则听人吩咐教导；有记才者，学问的事就不能忘却了；有血色者，自己就
顾廉耻了；有和颜者，则有活泼之象，又叫着是个生意脸，且而人人见了
欢喜你，岂不美哉。"

　　明清山西商人很重视修身正己，并结合自身经商的特点，提出了经商
与人才的关系，主张用儒意通商，择人委任。因而晋商用人唯贤是举。凡
被选中者须精明强干，精通本行业务，了解本行全部商业活动，具有运筹
帷幄之中、决胜千里之外的胆识与谋略。山西商人还很重视勤劳节俭。他
们认为勤俭才能致富，致富必须勤俭，勤俭是经商之本。明人沈思孝说：
"晋俗勤俭，善殖利于外。"这就是晋商勤俭善商的很好概括。因此，勤
俭经商也是晋商修身正己的一个重要内容。

二、晋商伦理的历史渊源

　　德国学者马克斯·韦伯说中国商人没有独立的宗教信仰，没有独立的
伦理体系和价值核心，所以中国商人是"不诚实的"。但他又确实听到许
多对中国商业诚信的赞誉，他大惑不解。于是提出了"中国商人伦理西
来说"，这显然是错误的。日本人比德国人了解中国。安东不二雄在100
多年前说中国人具有优于他国之人有益于经商的特殊品质，一是"中国
人富于忍耐、节俭、勤勉之能力与习惯"，二是"中国人善于处世之术"，
"勤勉、节俭、忍耐、能够永续其业"，而且讲信用，重情义，"同业者富

于团结一致之心"，"论讲求货殖之道之慎密周致，除犹太人之外，天下当莫如支那人"。[①]

晋商商业伦理形成的历史渊源，一是来自于唐晋遗风，二是来自于地理环境，三是来自于儒家思想。

（一）唐晋遗风

晋商伦理根植于黄河文化的沃土。黄河流域是中华民族的发祥地，山西人当引以为骄傲。传说后稷教稼于稷山，嫘祖养蚕于夏县，推动了中国早期原始农业的发展。"日中为市，致天下之民，聚天下之货，交易而退，各得其所"，说的就是当时晋南地区发生的商品交易活动。中国古代的尧、舜、禹、夏，都在山西建都。周朝建立以后，周成王封其弟叔虞为唐侯，唐后来改为晋，唐叔虞就是晋国的始祖。当时周成王要求叔虞到唐地（今山西晋南一带）后要实行"启以夏政，疆以戎索"的施政方针。一是唐地地处夏墟，需要根据实际情况适当保留夏代以来的一些政治制度和习惯；二是唐地系民族杂居地区，应当按照游牧民族的生产方式和生活习惯来分配牧地。唐叔虞按照中央政府的要求制定的施政方针，既适当保留了夏代以来的一些制度，维护夏人的传统习俗，暂不实行以周礼为中心的宗法制度；同时依照游牧民族生产和生活习惯分配土地，开设田间疆界，以便利农牧生产，暂不实行周朝规定的井田制度，实行了不完全等同于周朝的政治经济政策。由此晋国孕育出有别于其他诸侯国（今各省区）文化内涵的唐晋文化。它相对于以周礼为基础的周、鲁、齐、燕文化，具有政治上博大宽厚、兼容并蓄，经济上求同存异、自强不息的内力与特点。晋国计然的"贾人旱则资舟，水则资车"、"平籴齐物，关市不乏"的经营理念，计然的徒弟范蠡的"贵上极则反贱，贱下极则反贵"的商业思想，猗顿的"欲速富，当畜五牸"的经验，白圭的"人弃我取，人取我予"的商业艺术，成为晋商取之不尽用之不竭的智慧源泉。这些，都受到唐晋遗风的影响。

（二）地理环境

山西人外出经商，原出无奈，由于地理条件不好，生计困难，不得不远走他乡，谋取什一之利。为了养家糊口，为了取得经营资本，不得不勤劳节俭；离家在外，也不得不与人和睦相处，温良恭俭让，广交朋友，争

---

① 《支那漫游实记》。

取生存发展的空间。康基田说山西"土狭天寒，生物鲜少，故禹贡冀州无贡物，诗云：好乐无荒，良土瞿瞿。朱子以为唐魏勤俭，土风使然，而实地本瘠寒，以人事补其不足耳。太原以南多服贾远方，或数年不归，非自有余而逐什一也。盖其土之所有不能给半，岁之食不能得，不得不明确有余，取给他乡；太原以北岗陵邱阜，硗薄难耕，乡民唯以垦种上岭下板，汗牛痛仆，仰天待命，无平地沃土之饶，无水泉灌溉之益，无舟车鱼米之利，兼拙于远营，终岁不出远门，甘食蔬粝，亦势使之然。而或厌其嗜利，或病其节啬，皆未深悉西人之苦，原其不得已之初心也。"[①]

（三）儒家思想

关公崇拜的商业伦理源自儒家思想。关公一生忠义肝胆，诚信磊落，是实践孔子的仁、义、忠、信的典范。几年前美国出版的《人民年鉴手册》将孔子列为世界十大思想家之首。孔子作《春秋》，述《论语》，思想博大精深，成为中国的"圣人"。孔子思想影响了中国2500年，其核心是仁爱和中庸。他认为人类应有的一种人伦关系，"己所不欲，勿施于人"，"己欲立而立人，己欲达而达人"。立身处世的标准应当是忠义、诚信、礼节、德政。义作为一种行为规范与人们的具体利益结合在一起，便形成了中国传统文化中在崇尚功利的同时，更注意以义制利、先义后利，甚至舍利取义的思想。山西人经商在外，建立有以乡谊为纽带的会馆和以行业为纽带的大会馆，把同行凝聚在一起，同舟共济，互相支持。这些会馆多数都有自己的资产，甚至还为同仁备有公共墓地。大德通票号北京分号经理李宏岭著书《同舟忠告》说："区区商号如一叶扁舟，浮沉于惊涛骇浪之中，稍一不慎倾覆随之……必须同心以共济。"由于唐晋遗风的影响，由于自然条件地理环境的约束，由于儒家思想的传统，晋商在长期的商业活动中，形成了自己独特的晋商精神。这就是：重商立业的人生观；诚信义利的价值观；艰苦奋斗的创业精神；同舟共济的协调思想。

三、晋商伦理的现代意义

中国自汉唐宋元明到清前期的繁荣，并没有持续下去，清中期以后，中国落后了。19世纪中叶开始，国民生产总水平低于欧洲，并且沦为半殖民地。晋商的路子也从此越走越艰难，晋商精神随之渐渐发生了变异。

---

① 康基田：《晋乘搜略》。

19 世纪 50 年代，咸丰年间因为外有侵略者的大炮鸦片进攻，内有太平天国运动，政府财政极度困难，不得不实行卖官鬻爵，以补充财政收入。山西票号发现了为捐官者代办捐纳、印结的新业务，后来感觉到为自己为祖先购买实官或者虚衔，花翎顶戴，可以方便与官员往来，出入衙门，不仅可以揽到更多的业务，而且也可以出入威风，荣宗耀祖。政府以虚实官衔换得了商人的白银，商人以白银换得权利和荣誉。由重商立业回到了官商兼顾、官商相维，以致发展到官本位。这是山西文化价值取向在近代史上的大转变，到现代就愈演愈烈了。

近百年来，"打倒孔家店"、"否定孔孟之道"一浪又一浪，孔孟之道中的传统精华"诚"、"信"、"忠"、"义"亦被当作封建糟粕受到了批判，严重影响了传统的社会诚信。供给制、"共产风"使很多人认为国有企业、国有银行、国家干部都是国家的，"你的也是我的，我的也是你的"，贷款还不了就"豁免"，出现了信用危机。坑蒙拐骗，敲诈勒索，骗钱逃债，已成为社会公害。山西与东南部地区比较，虽然是苦寒地区，但是除了特大旱灾，一般都可以勉强生活，不至于饿死。加上 18 世纪中期到 20 世纪中期，社会变乱、战事频繁，在多变环境下，惧怕风险逐渐堕化了人们的进取精神，安贫乐道，少富即安，宁可"下岗"无事也不敢"走西口"。欧洲商业革命很快发展到了工业革命，而同期的中国商业革命，即明清资本主义萌芽，却迟迟看不见中国工业化的曙光，让欧洲走在了前头。欧洲商业革命开始于文艺复兴运动和地理大发现，那是一场针对宗教统治和落后的农业社会的思想解放运动，是对神权的清算，是对人权的张扬，是对科学的崇尚，进而造成人性的解放和技术的进步、保护和推广，加上商业革命和金融革命所带来的国际交流、资本积累和企业组织制度的创新，使工业革命成为不可阻挡的潮流。而中国商业革命缺少思想的解放。天朝帝国居高临下，不可能有社会制度和经济制度创新的环境和条件，而且自从晋商将视野盯在官场以后，很容易获得丰厚利润，通过商业与金融创新去寻求新发展就不再重要了。对晋商企业存在的制度性缺陷没有及时进行改革，票号很多驻外分号经理呼吁改革，在京票商经理李宏龄联合在北京的祁、太、平三帮票号经理，倡议各票号共同入股，组建股份有限公司形式的三晋汇业银行，得到了各地票号经理响应，纷纷寄信山西总号，劝导财东和掌柜改组票号，设立银行，与大清银行等现代金融业抗衡，以保晋商之利益。此时票号在全国 80 多个城镇和国外多处设立分店，营业机构达到近 400 个，本可以适应交通通信发展，改革各地分号伙友班期（三年一班不准回家改为二年以下，以近人情，调动伙友积极性），开办电报汇兑，创办自己的现代学校，学习外语和现代业务技术，以便与洋商交易，组织经理出洋考察，了解外情，接受新潮，实施改革措施，进行资产重组。建议者满腔热情草拟改组银行的章程计划，上书总号，然而被总号负责人骂作"自谋发财"，"勿庸审议，束之高阁"，以致坐失良机。加上财东腐败，坐家享受，不知业务艰辛，嫖娼纳妾，赌博吸毒，不理号事，而各地商号管理人员见财东腐败，也乘机捣鬼，亏赔增加。看来，整个国家的经济社会发展环境是制约工商业发展的关键，企业决策人墨守成规、拒绝改革更是企业发展的致命伤。创新是企业发展的不竭动力，停止创新也就停止了发展。

在经济制度变迁的过程中，人的经济行为必然会受到历史传统的影响，这就是所谓的"路径依赖"。"儒商精神"就是体现在东方式经营管理中的东方价值观和思想方式，它能够弥补"西商精神"中的工具理性和分析性思维的不足。还有一种观点认为，"儒商精神"的核心，就是"以义取利"和以"利"济世、济人。

什么是"儒商"呢？就是追求"利"的方法，要以"义"作为准绳，要有所为，有所不为。不能见利忘义、为利而不择手段。同时，还要"得之於社会，用之於社会"，就是现代的"儒商精神"。如香港的李嘉诚、邵逸夫等，就是具有现代"儒商精神"的商人。儒商应具有以下特征：为商以德、诚信为本、谋利有度、竞争有义、利泽长流、和善待客、当机立断、宽厚圆融、精于核算。

经济社会发展史证明，商可以富民，商可以强国，流通也是生产力。没有流通，商品价值就无法实现，也就没有再生产，因而也就没有社会的繁荣和发展。贱商、抑商是没有理论依据的。农业的现代化，就是商品化、市场化、城市化、工业化。当今社会，无商不富，无商不诚，事实上当代社会已是商业社会。欧洲商业革命中出现了重商主义者，后来在工业革命的初期受到了古典经济学家亚当·斯密的批判，20 世纪 30 年代以后又有了凯恩斯的否定之否定，以及新重商主义等。现在来看，发达国家向外扩张，需要自由贸易和自由放任；不发达国家加快自己的区域经济发展，需要必要的干预和管理。重商主义对不发达国家来说是需要的，在一个国家的不发达省区同样也是需要的。

　　近一个世纪以来，虽然重商立业的人生观在山西大地发生了一定的变异，但是并不是荡然无存，思想意识的转变总是落后于经济社会变革的。在当代山西人身上，仍然有很多晋商的遗风：绝大多数人勤劳节俭、精打细算、善于积蓄，是对晋商善于理财思想的传承；忠厚老实、办事沉稳，令人信赖，也是对晋商精神的传承。有一位山东儒商对我说过："我接触过很多企业，雇员中被炒鱿鱼者山西人最少，虽然山西人走出去的不多，一旦被录用，一般都会长期使用，提拔也不慢，不像其他地方的人坑蒙拐骗，山西商人还是要出头的。"改革开放以来的 20 多年，山西成长起来的一大批当代晋商，都是晋商精神的传承人和弘扬者。弘扬晋商精神，要敢于进市场、下商海、闯洋场，与省内外国内外商人交朋友、谈生意、做买卖。这里最重要的是诚信义利的商德商规。弘扬晋商精神，要把诚信交易放在首位。用包括尧文化、关公文化在内的博大精深的圣哲先辈的诚信义利的思想约束自己，不愧为尧王关圣之后，不要眼红设租和寻租者，掘租和腐败都将是短命的。晋商在全国乃至世界的影响是永久的，晋商伦理与精神是永存的。晋商伦理与晋商精神不仅是古代晋人的精神支柱，更是当代山西人须臾不可远离的晋魂。

晋商文化：和谐发展
新山西的社会资本

背景说明

本文是 2007 年 1 月 19 日在山西大讲堂的演讲稿。社会资本是一个社会和谐发展的非物质"本钱"，建立在信任和互助合作的基础上，通过推动协调的行动来提高社会效率。基于血缘、地缘、业缘形成的习俗、制度、网络、信任与承诺等的合作关系，源于区域文化习俗与市场契约背景。晋商文化，就是建设和谐发展新山西的尚未被完全利用的重要的社会资本。

建设和谐发展的新山西，需要三种资本：一要钱，即货币资本；二要人，即人力资本；三要无形资本，即社会资本。社会资本是一个社会和谐发展的非物质"本钱"，建立在信任和互助合作基础上的社会关系，即通过推动协调的行动来提高社会效率的信任、规范和网络关系。这种社会资本是一种基于血缘、地缘、业缘基础上形成的习俗、制度、网络、信任与承诺等的合作关系，来源于区域文化习俗与市场契约背景。晋商文化，就是建设和谐发展新山西的尚未完全被利用的重要的社会资本。

一、晋商文化及其特点

据《易·系辞下》载："包牺氏没，神农氏作……日中为市，致天下之民，聚天下之货，交易而退，各得其所。"[1] 这是中国最早的商业活动。《易·系辞下》接着说，"神农氏没，黄帝、尧、舜氏作，通其变……刳木为舟，剡木为楫。舟楫之利，以济不通，致远以利天下……服牛乘马，引重致远，以利天下"，进行商品交换。"舜耕历山，渔雷泽，陶河滨，作什器于寿丘，就时于负夏。"[2] 就是说舜做过农夫、渔夫、手工业者和小贩。在贱的地方买，到贵的地方卖，可以说舜帝就是中国第一商人，称得上华夏商祖。公元前11～前2世纪，古晋国曾"开放关市，招徕商贾，以有易无，各得所需，四方来集"，商业已经有了一定的发展。到明代中期以后，中国发生了一场商业革命，山西商人开辟了穿越蒙古沙漠瀚海的中国到欧洲的茶叶之路，其活动舞台遍及国内以及日本、朝鲜、俄罗斯等国家，创造了票号等多种金融机构，成为十大商帮之首。我们所说的晋商文化，就是由山西商人创造的物质财富和精神财富的总的概括，包括晋商的商路（海上商路、茶叶之路）、舞台（蒙古市场、中南市场、东北市场、西北市场、西南市场、东南市场、北京市场）、商业组织（商号、镖局、票号、钱庄、账局、当铺、印局、行会）、企业制度（股份制、人身股制、两权分离制、正本副本制、联号制、学徒制、保荐制、倍股厚成制）、商业技术（信用贷货、商业票据、平砝折合、复式记账、财务稽核）、金融技术（客钱、普银、票据流通、背书转让、标期标利、订卯、酌盈济虚、顺汇逆汇、资金晨市、金银鉴定）、经营艺术（人弃我取、薄利多销、销运结合、商金互济）以及商业伦理、商业教育、居住俸祀、社会习俗等的整个商业文明体系，是博大精深的知识宝库，内容丰富多彩。如果对晋商文化做一个概括，可以概括为以下几个特点：

（一）唐晋遗风的管理思想

中国古代的尧、舜、禹、夏，都在山西建都。周朝建立以后，周成王封其弟叔虞为唐（今山西）侯，唐后来改为晋，唐叔虞就是晋国的始祖。当时周成王指示："启以夏政，疆以戎索。"叔虞到山西后按照成王要求制定的施政方针，既适当保留了夏代以来的一些制度，维护夏人的传统习俗，暂不实行以周礼为中心的宗法制度；同时依照游牧民族生产和生活习惯分配土地，开设田间疆界，以便利农牧生产，暂不实行中央政府规定的井田制度，实行了不完全等同于周朝的政治经济政策。由此晋国孕育出有

---

① 陈鼓应等：《周易今注今译》，商务印书馆2005年版。
② 《史记·五帝本纪》，载《史记》三卷本上册，天津古籍出版社1993年版。

别于其他诸侯国的唐晋文化，具有政治上博大宽厚、兼容并蓄，经济上求同存异、自强不息的特点。晋国计然的"贾人旱则资舟，水则资车"、"平籴齐物，关市不乏"的经营理念，计然的徒弟范蠡的"贵上极则反贱，贱下极则反贵"的商业思想，猗顿的"欲速富，当畜五字"的经验，白圭的"人弃我取，人取我予"的商业艺术，后来成为晋商取之不尽用之不竭的智慧源泉。

（二）关公崇拜的商业习俗

关公是三国时名将，山西解州人，一生忠肝义胆，诚信磊落，令万民景仰。明万历皇帝题联："午夜何人能秉烛，九州无处不焚香"；清道光皇帝敕封"忠义神武灵佑仁勇威显关圣大帝"；民间视为战神、财神。因为关公的忠义仁勇，因为与关公的地缘亲情，晋商以关公的忠义楷模教育约束员工，借关帝君的神威保卫商人事业的发展和财产的安全。山西商人财雄势大，足迹所至，到处建有规模宏大的关帝庙作为会馆。晋商对关公的崇拜影响了商界以及海外华人，几乎世界所有华人商店无一不供奉关公圣像。

（三）地缘贸易的创业之路

山西北边横隔万里长城，其外是蒙古游牧民族，地处农牧两大经济区交接地带，物资交换断不可少。明朝的"开中法"鼓励纳粮中盐，山西人借地理优势捷足先登。特别是因为山西土狭民贫，不足以温饱，清王朝统一了北方蒙古地区后，政府鼓励农民到内蒙古垦种，终年劳作不得温饱的山西农民便接踵走西口，太谷王家、榆次常家、祁县乔家等，勤劳善良的山西农民在内蒙古垦殖，发现内外蒙古牧民很需要内地日用品，于是他们络绎不绝带着晋人忠厚善良而又灵活机动的性格走上商途，与当地人友好合作，生意越做越大，商路越走越远，贩运贸易，驰骋九州。

（四）和气生财的理财理念

晋商的理财理念与技术，发端于农业文明与传统的家规，不仅重视治家要勤俭，对人要讲信义、讲厚道，反对营私、巧取。更重要的是有一套传统式理财哲学，和气生财，以儒家的和合精神，事事处处以和为贵，善待相与，友好往来，世代相传，严守商道商德。同时不断创新记账核算信用贷货信用贷款、信约公履、财务稽核等制度，如创设"本平"与记账货币，创造商业票据流通与背书转让，创设"客钱"、"拨兑"转账结算，创造标期标利、订卯轧差，创造龙门账实行财务稽核，等等，产生了晋商独特的理财理念、操作技术、管理方法。

（五）人本思想的企业制度

晋商文化的人本思想突出表现为人身股制度。四五百年以后的今天，美国的一些企业高层领导人试行期股，被认为是管理学的创新，人力资本会计是会计学的学科前缘。其实晋商的人力资本制度与人力资本会计核算比美国早了400多年。不仅体现了东伙友好合作，劳资双方和谐相处，股权融资制度、资本管理的正本副本制度、总分支机构的网络制度、员工退休后的社会保障制度等，都体现了以人为本的精神。特别是晋商商业行会（大行）及专业行会（小行）在协调商业事务，处理商务纠纷，组织同人公益活动，解决商号与晋人自己不能解决的困难，诸如办义学、置义地、举办文化娱乐活动等方面，都体现了人本思想。

（六）官商相维的展业策略

晋商经商发迹之后，总要千方百计交结官僚，借以谋求业务的拓展。努尔哈赤的"七大恨"据说就是由晋商传人关内的，所以清入关后才有晋商的张家口八大皇商。晋商也通过捐纳报效交结官场，咸丰三年（1853年）五月初三到十月初十山西各票号与账局捐资白银34万两、钱7万吊，平遥毛鸿翙的父辈至玄孙男子31名捐官，女子亦捐夫人、恭人，借以疏通与政府及官员的关系，博取有利商机，拓展自己的业务。

二、晋商文化的内核

晋商文化内容与特点的描述，只是晋商文化的外壳，其内核表现为商业伦理，即晋商普遍共识的人生观、价值观。晋商伦理可以用八个字概括："先义后利，以义制利。"他们"重信义，除虚伪，节情欲，敦品行，贵忠诚，鄙利己，奉博爱，薄嫉恨，喜辛苦，戒奢华"，反对采用任何卑劣手段骗取钱财，不惜折本亏赔也要保证企业信誉。认为"仁中取利真君子，义内求财大丈夫"。"先义后利，以义制利"的伦理道德，可以从他们的经营思想与行为上得到表现。

（一）勤劳节俭

《东华录》康熙二十八年说："晋俗勤劳朴素。勤劳易于进取，朴素易于保守。故晋人之长在于商，车辙马迹遍天下。齐鲁秦晋燕赵诸大市，执商市之牛耳者，咸晋人。故晋人之富，甲于天下。"这里所说的保守，首先是保守财富。"勤者生财之道，俭者用财之道。圣人教之，不越乎勤俭而已。"① 所以，不少商家把祖宗创业时的讨饭碗、货郎担、背搭子供奉在楼上神龛或者祠堂里，教育子孙。认为勤俭才能致富，致富必须勤俭，勤俭是经商之本。

（二）义利相通

山西商人讲究见利思义，不发不义之财，主张"诚召天下客，义纳八方财"。介休商人范永斗，由于"与辽左通货财，久著信义"而受到清政府的垂青，后来当上皇商，并由此获得厚利。其子范毓宾，"极重义气，官办铜铅，有王某者亏帑 83 万银两，既死，范氏则代王某按期加额赔补"。义是完美人格的道德前提；诚是沟通人际关系，促进人与人之间相互信任的精神纽带。"君子爱财，取之有道"。商品交易中产生大量的商业信用和银行信用关系，为便于其债券债务的清偿，创立了镖局、标期与标利制度，商会根据镖局押运商品物质与现银的距离远近决定标期，按照标期长短和标内标外决定利率（标利）高低，过标时，第一天清偿银两债务，第二天清偿制钱债券，第三天"订卯"（金融机构间轧差清算）。不能按时履行信约就不能获得信用，是晋商的不易之规。

（三）和谐相处

如企业管理中的人身股制度，将企业内的管理层职工和业务骨干，按其职责、能力和贡献大小确定"身股"多寡，作为人力资本股，参与企业利润分配，谓之"有钱出钱，有力出力，出钱者为东家，出力者为伙计，东伙共商之"。又如晋商企业的治理，实行典型的东掌委托—代理关系，东家委托可靠的有经营能力的人为大掌柜（总经理），授以经营管理企业的全权，"而管事于营业上一切事项，如何办理，财东均不闻问，既不预定方针于事前，又不施其监督于事后"，谓之"用人不疑，疑人不用"。对于东家的信任，大掌柜报以忠义，尽心尽力、兢兢业业带领同人崎岖前进，假若自己没有把握，则主动向东家交代，绝不侥幸冒险，谓之"受人之托，忠人之事"。晋商在经营中，重人信用大于重物信用，无论是商品交易或信用借贷，特别重视人的信用，不需实物抵押。他们主张和为贵，笃信"和气生财"。他们在同业往来中，既保持平等竞争，又相互支持和关照，称友好的同行或客户为"相与"，凡"相与"必善始善终，同舟共济。一旦发现有假，永不往来。榆次常家天亨玉掌柜王盛林在东家

---

① 《祁县志》（乾隆版）。

发生破产还债抽走资本时，向其"相与"大盛魁借银三四千两，天亨玉在毫无资本的情况下全赖"相与"借款维持，从而度过了关门停业的危机。后来大盛魁危机，王掌柜派人送去银元2万元，同事坚决反对，认为绝无归还的可能，王掌柜说："假如没有二十年前大盛魁的维持，哪有我们的今天？"在"相与"遇到困难时鼎力相助。大盛魁进货300两白银以下的现银交易，不驳价，表示厚待"相与"。孟县商人张静轩说："（经商）结交务存吃亏心，酬酢务存退让心，日用务存节俭心，操持务存含忍心。愿使人鄙我疾，勿使人防我诈也……前人之愚，断非后人之智所可及，忠厚留有余。"

（四）贾儒相通

中国社会一般人认为"儒以名高，贾以厚利"。贾儒目标不一。但是晋商却认为贾儒相通，"行贾也可习儒，儒可贾，贾可仕，仕可不失贾业"，君子需财，取之有道；君子拥财，用之有道。将经商作为一种事业，而不只是赚钱的工具。"士以修治，农以具养，工以利器，商以通货，各就其资之所进，力以所及者业焉，以求其尽心。其归要在于有益于人生之道。"

（五）商士同性

蒲州商人王文显经商40多年，足迹半天下，他在鉴子书中说："夫商与士，异术而同心。故善商者，处财货之场，而修高明之行，是放虽利而不污。善士者引先王之经，而绝货利之途，是故必名而有成。故利以义制，名以清修，各守其业，天之鉴也。如此则子孙必昌，自安而家肥富。"因为儒意通商，商士同性，商人也要修身正己，择人委任，唯贤是举，凡被选中者须精明强干，精通本行业务，了解本行全部商业活动，具有运筹帷幄之中、决胜千里之外的胆识与谋略。

晋商的核心价值观表现为关公崇拜，实际是孔子思想，其核心是仁爱和中庸。关公是孔子思想的忠实实践者，儒家思想的典范。孔子认为"己所不欲，勿施于人"，"己欲立而立人，己欲达而达人"，立身处世的标准应当是忠义、诚信、礼节、德政。以此建立一种稳固、和谐的人际关系，实现"天下为公"、"讲信修睦"的大同世界。主张人相爱，爱人利物；公正合理，讲究恩谊；社会有序，道德规范；聪明智慧；诚实不欺，言而有信。简单说，晋商的核心价值观就是孔子的仁、义、礼、智、信。榆次常家家训要求"凡语必忠信"，"凡行必笃敬"。祁县乔家的堂名是

"在中堂"，意在中庸，乔家中兴的核心人物乔治庸，其名也是要达到中庸的意思。中庸，一是不偏不倚，不左不右，取其中正；二是和而不同，不是同而不和；三是时中权变，随着环境的变化而变化。这些都体现着和合精神。做人应当恪守仁义礼智信，这是和谐社会做人的基本要求、道德底线。孟子认为，"恻隐之心，仁也；羞恶之心，义也；恭敬之心，礼也；是非之心，智也"，"求则得之，舍则失之"。晋商对员工的恻隐之心、羞恶之心、恭敬之心、是非之心的训练可以见之于当时的手抄教本《贸易须知》。

三、晋商文化是建设和谐发展新山西的社会资本

山西商人经历了 500 余年的辉煌，虽然到 20 世纪初开始走了下坡路，票号经营资本在 20 年代先后倒闭，但是钱庄、当铺、银号、银行仍然在艰难中继续经营。受票号资本垮台的拖累，晋商的商品经营资本亦不再显赫，让位于以上海为中心的江浙财团。但是晋商并没有彻底垮掉，直到 1949 年新中国成立，北京城内不少行业还是由晋商垄断着，如米面、颜料有山西祁县人，纸张有山西临汾襄汾人，布匹有山西翼城人，干果有山西文水人，山西商人的老字号都一处、六必居、乐仁堂等仍然红火，直到 20 世纪 50 年代晋商才由国营企业所代替。到现在，在中国北方包括西北、东北，特别是内蒙古的主要城市，有很多山西移民，操着山西口音过着与晋人相似的生活，在蒙古、俄罗斯也有山西侨民。自从五四运动提出"打倒孔家店"口号以来，后经历次政治运动，虽然儒家文化逐渐被人们遗弃，晋商后人的商业伦理仍然在默默闪烁，传统的礼义廉耻也不是荡然无存。一个理性社会的形成，需要思想家和政府的引导，需要公共知识分子和社会媒体向大众传播。孟子说，"恻隐之心，仁也；羞恶之心，义也；恭敬之心，礼也；是非之心，智也"，"求则得之，舍则失之"。如何重新唤起恻隐之心、羞恶之心、恭敬之心、是非之心？这是晋商和谐社会的必修课。确认晋商文化晋商伦理是我们建设和谐发展的新山西的社会资本，政府确立天地之间人为贵，以民为本，实惠于民，"利民而不费"，为天地立志为生民立道；企业家确立独富贵君子为耻，互惠互利，共同发展，大富大红大德，相济于业，于国于家两相宜，就能够建立起我们共同的基本信念、价值取向、企业精神、思维方式、行为准则，仁爱、正义、礼让、理智、诚信的氛围，和谐发展的新山西就是可以看得见的目标。

晋商的商事纠纷与诉讼

背景说明

本文是 2007 年 11 月 26 日在山西财经大学法学院的演讲稿。晋商研究中，商事纠纷与诉讼与商会关系密切，很多纠纷在商会解决了，不一定到政府衙门，他们认为"不能把钱花到衙门里"，主张内部化解矛盾。也可能正是因为如此，晋商对商法商律重视不足，成为后来没有及时实现企业制度改造，失去向现代企业制度转型的最佳时机。晋商与法制的研究课题很少，很需要有人介入此项研究。

一、晋商与晋商行会

晋商开辟了通往欧洲的贸易路线，开发了一批北疆城市，创造了中国特色的企业制度，创新了大量实用商业技术，创新了中国的金融工具、机构、业务、制度，形成了独具特色的晋商文化与晋商精神。晋商行会在晋商发展中起到了很重要的作用。

中国商业行会，源于民间结社。社是民间自治组织，自行形成的以敬神为中心的机构。汉唐坊市制，二百二十行，宋三百六十行。盛唐时出现经济上相互帮助的社。同行商人的自治社就是商业行会。山西商业行会在明万历时期（16 世纪中期）已经比较完善。

晋商行会名称没有统一规范，依自己的信仰及偏好命名。先后有社、会馆、公所、公会、商会等不同叫法。行会一般都崇祀某种偶像，晋商行会祀奉关帝。而各个行业又供奉自己的行业神灵：油漆裱糊行供吴道子，修鞋行供孙膑，牲畜行崇祀马王，铁行供祀老君，纸行供蔡伦，理发行供罗祖，票号供金花圣母，银钱行供金龙四大王等。

晋商行会有大行与小行之分，即单会和联合会。单会是指单一的行业组织，称小行或行。小行，多数不分师徒、资劳共同参加，置有义地（香粮地），各商号亦有捐助。联合会是若干单会的联合体，会首为总管，由小行会首轮流担任。清代归化城的大行，在雍正年间为十二社的联合体，乾隆时期为十五社联合体，清末改称商务公所。大行有武装卫队，称为商团。

晋商行会可以分两类：一是以籍贯形成，按籍贯命名。二是以职业为纽带，有以神名命名的，如马王社、鲁班社等；有以职业命名的，如成衣社、生皮社等；有以吉祥的词语命名的，如宝丰社、德胜社等；有以团结义气命名的，如义和社、公信社。晋商在北京的行会，有明代平遥颜料商人的颜料会馆，明代襄陵油盐粮商人的临襄会馆，明代临汾纸张、干果、烟叶、杂货行临汾东馆，明代临汾商人行会的临汾西馆，明代潞安铜、铁、锡、炭、烟商行会的潞安会馆，清代河东烟商的河东会馆，清代太平县商人的太平会馆，清代布商的晋冀会馆，清代翼城商人的通州晋翼会馆，清代孟县鞄鞻商的孟县会馆，清代平定雨衣、钱庄、染坊商人的平定会馆。清代归化城有皮商的生皮社、酒饭商的仙翁社、肉商的得胜社、医药商的药王社、修鞋商的钉鞋社、纸商的纸房社、百货商的聚锦社、理发业的净发社、铁业商的金炉社、木业商的鲁班社、油漆商的吴真社、服装业的成衣社、当铺商的集锦社、钱庄商的宝丰社、票号商的银行社、忻州商人的忻州社、太谷商人的太谷社等。开封山陕甘会馆是乾隆年间旅汴晋商集资兴建的，道光时陕商加入，1933年甘肃商加入，建筑巍峨壮丽，布局严谨、装饰华丽，砖雕、石雕、木雕堪称"三绝"。

晋商行会是山西商人自发的社会团体，是商人自治、自律、自卫组织。具有一定的封闭性、排他性。晋商行会的职能是：

（一）组织市场公平交易

晋商行会常常在政府支持下，制定相应的管理办法并付诸实施。如社旗镇关帝庙戥秤合约。"原初，码头买卖行户原有数家，年来人烟稠多，开张卖载者二十余家，其间即有改换戥秤，大小不一，独网其利，内弊难除。是以合行商贾会同集头等齐集关帝庙，公议称足十六两，戥依天平为则，庶乎校准均匀，公平无私、俱备遵依。同行有和气之雅，宾主无戾之情。公议之后，不得暗私戥秤之更换，犯此者，罚戏三台。如不遵者，举称禀官究治。惟日后紊乱规则，同众禀明县主蔡老爷，发批钧谕，永除大弊。"

（二）整理货币维护经济秩序

清光绪十五年（1889年）归化沙钱泛滥，各行会配合当局，整理货币，在三贤庙设立交换所，让人们以同等重量的沙钱换取足制钱，将沙钱熔毁铸成铜碑一块，立于三贤庙内，上书"严禁沙钱碑"。碑文写道："如再有不法之徒仍蹈故辙，察官究治，决不宽恕。"立碑经理人为归化城十五社与外十五社。海窟龙王庙内《重整四农民社碑记》、南茶坊关帝庙内《整立钱法序》都对宝丰社短百钱抽拨整理情况有记载。

（三）维护本会共同利益

"各票号还依赖公所图谋相互的利益。如果有同业违背公所协定的规约时，协同加以制止，并且在发生交涉事件的时候，董事加以裁决。在中国这种公所是为他们利益唯一的机关，其规约是严正而不可侵犯的。"

（四）处理商务纠纷

在外经营不可避免会发生与行内、外之间的业务纠纷，对此，商人行会有调解与仲裁的义务及权利。"同业组合者，即票庄同业者所组织之公所是也……凡与外商交涉事件，及同业中交涉事件，皆由总董裁决……然为总董者，既有同业者共同选定，自得同业者全般之信用，故于总董提议之事，或裁决之事，几无不服从者也。"

（五）维护社会秩序

晋商行会为保卫商人利益，积极协助政府，维护社会秩序。包头商民五六万人，社会治安由大行和农圃社维持。

（六）团结教育商人，举办社会公益事业

如明代盐商子弟学校，道光归化四大义学，组织文化娱乐，遇年节酬神娱乐演戏，义举，修桥、铺路、建庙等。萨县公义（纸房）社共立规章，纸房公义社同面议定："本行无论本地外路各师傅不可扰乱行规。如有夜不归宿，不能入作房居住，按公议定罚大布施抄洋九元，打杂洋七元二毛，晒纸洋六元二角，一律施行。李毛旦因不守行规，逐出行外，永不能再入作房居住任用。各宜禀遵。成纪七三五年五月五日，萨县纸房社会首二人：谊收泉、德生泉。"萨县公义（纸房）社公定工资章程行规："纸房公义两社议定：抄纸工洋三元七毛，打杂工洋一元零一分六厘，晒纸工洋八角九分六厘，坎麻工洋四元，染退麻工洋一元，破麻工洋二元六角，解、斩、整麻绳工洋三元四角。打杂抄纸晒纸工人之外乡人入萨县时抄纸须报纸房社出大布施洋十八元，打杂出大布施洋十四元四角，晒纸大布施洋十二元六角，不论本地外路老师傅不能扰乱行规或夜不归宿。成纪七三六年十月初十会情形而定工资（依照历遗规章）立。公义、纸房社规牌萨县公义、纸房社具。"

商会常常是商人诉求的受理对象。当然商人也向官府投诉。

中国商事纠纷与诉讼的审判，常依据情理断决，按照习惯的价值判断。中国商法到底是依据相关的法律条文裁决，还是依据民间情理决断劝导当事者平息纠纷，日本学者贺秀山与美国学者黄宗智看法相左。明清法制史研究，晋商是个可以突破的缺口。

二、晋商的商事纠纷与诉讼

（一）东掌间的信义纠纷

清道光中期，山西介休人侯生芸，领本县吴龙图等 16 户资本白银各数万两，在外经商，自奉天以至浙江，皆有字号。每 3 年一个账期，解交利银，几年中一直如此。后来因生意萧条，盈利不多，各位财东怀疑侯生芸从中侵蚀。侯则因各东得利多年，稍有亏折，遂起闲言，心有不快。道光十八年（1838 年）财东吴等以骗吞等名义将侯告到县衙。

（二）违反行会规章的商事纠纷

清末天津染业有 45 家，其中晋商 17 家，当地 28 家。染业为规范经营，防止恶性跌价竞争，于宣统元年（1909 年）三月议定章程 13 条，约束同行遵守。六月有唐官屯万顺号买同生成市布 20 匹，交晋商义顺祥染店染色，被当地恒顺祥号人看见。两天后在染业公地议事时，本地染业领袖杜肖琴指责义顺祥不遵定章，例应罚款 200 银元。义顺祥掌柜李克斋解释，所染之布匹并非外客之货，有账可查，而且此前各号屡犯条规从未处罚，显然是欺压异乡。义顺祥后向商务局禀控。

（三）商会财产纠纷

天津估衣街道山西会馆建于乾隆四年（1739 年），光绪二十六年（1900 年）馆董李柱臣将灰瓦房 4 间和前后门共计 53 间出租给华商张幼仙和日商森山元开设福义公华洋栈，年租金 460 银元。后来栈房歇业，张幼仙转租他人收租。光绪三十二年在津晋商集议，以房改建学堂，向馆董催收房院，馆董以霸租名义将张幼仙告到官衙。张贿通日人赤井嘉吉，自称森山元代表，受托处理房产。山西商帮公启，要求商会饬令张幼仙交房，并查处转租。晋商 12 帮联名禀文直隶总督，指控张幼仙霸租，又私自转租、贿通洋人杠帮违抗，日人违约开栈，请求交涉，严禁日人帮讼。直隶总督批转商会处理。

（四）不同商帮间的利益纠纷

淮安、扬州盐商麇集，山陕商人定有商籍。子弟附入淮阳就读考试。崇祯五年（1632 年）代摄盐政的巡按御史史某，疏请建运学获准。科考时山陕商人不依，"喧哗于有司"。史某已离职。扬州知府山西人，赞同晋商，此事搁置。崇祯十六年（1643 年），徽商援引前旨，旧话重提，"西人复大喧哗，争讼不已"，徽商建学未能如愿。

（五）商帮与牙行间的商事纠纷

清前期杭州山西丝绸帮预先在新丝上市时寻找牙人，面同机户讲定价格，将货银交发牙人，牙人转发机户为定金，到期交货。康熙五十年（1711 年）晋商收货时，"奸徒"赵文奎、孙公仁等，陈禀仁和县，请禁放账。晋商向仁和县控诉，陈述理由。县令批示"商银机货，两下现交"。地棍借势舆论。阎丰有等 34 家晋商联名控告到杭州府，批示"已交之银，货未全给，欲借前批侵吞，殊属不法"。饬令仁和县追查，查得地棍冒充牙人，裁断"交银定货，原属不禁。嗣后商人机户要三面公同立票，交银定货，牙人经纪不得折扣私交，机户也不得领价花消。倘有侵吞不交货物及地棍借端扰客者，许各商据实指名，赴县呈控，以凭详宪法处，各宜遵守"。

（六）晋商利益斗争的败诉

恰克图市场一向由晋商垄断。乾隆二十八年，一青海回商欲进入买卖城，跻身对俄贸易。晋商对这家回商进行排挤引起争讼。晋商败诉，带头人汾阳赵越（人称小院子）被逐出市场。"兹有恰克图奸商小院子等，阻挠伯德尔格回人贸易。降旨桑斋多尔济等，令其查拿，解赴热河治罪。""查有万盛永铺内商民赵越，人称小院子，讯供得知系汾州府汾阳县人，不准其从事出口贸易。"

（七）涉外商事诉讼一

平定槐树铺厘金案。咸丰十一年（1861 年）四月二十一日英商宝顺洋行顺记从天津运洋布 308 件到榆次出售。洋行享受子口半税，在槐树铺不纳厘卡。河北获鹿涌合福、泉恒义等几家华商亦贩洋布于榆次赶会，按章需要在槐树铺缴税87.3两，求洋商庇护借机逃税。宝顺洋行于事后向槐树铺厘卡讨要所征厘金，槐树铺厘卡不退。洋人谎报英领事馆，英照会清政府不遵条约，出言不逊。清政府急令山西查处。山西厘捐局汇报"并无洋行凭据，货物早过，始持海关照单来卡"。商贩承认"取巧"，英领事并不罢休，最后逼令退款方止。

（八）涉外商事诉讼二

英商在山西滋事案。同治元年（1862年）七月，英商利渣士、洛询由张家口运货往丰镇，由当地人王善领路。有玻璃8箱、搭布18匹、西洋画1箱、洋呢布一箱、望远镜1个。未交子口税，系游历执照夹带私货。被丰镇厅同知扣押。洋人竟辟门而去，将货托王善。丰镇同知令雇车8辆运回，脚价12.6万文。该厅垫付4万文，派陈泰携公文护送。到张家口后，车夫将货物向英商点交清楚并无异言。车夫与王善向利渣士索要车价，对方不给，拔枪鸣击，并状告察哈尔都统衙门，说车夫滋事。都统给皇上奏本，皇上命山西巡抚查办。

（九）涉外商事诉讼三

意商在娘子关滋事。光绪三十一年（1905年）意商布士果自天津至娘子关开酒店，常常侮辱华人，威吓铁路洋员，持枪作恶。津海关道照会意领事询办。领事馆复照"中国政府不得干预"。津海关据"洋人在内地作为不法，应由地方官拿获交就近领事馆惩办"约章，派巡警拿解。布士果开枪致伤巡警逃窜，被巡警击伤捕获，后又逃匿。意使馆、中国政府双方行文20多件，意以布士果是否意籍不明，竟无限期拖延不办。

（十）在恰克图与俄商的债权债务诉讼案

光绪二十五年至二十六年（1899～1900年）俄商米德尔样夫等5家，欠大泉玉、大升玉、独慎玉、兴泰隆、祥发永、碧光发、公和盛、万庆泰、公和浚、复源德、大珍玉、永玉和、广全泰、锦泰亨、永玉亨、天和兴16家白银62万两，延抗不还。宣统二年至三年库伦大臣上报外务部，照会俄领事。

晋商的商事纠纷与诉讼，比较徽商，似乎相对少一些。但是仍然是存在的。研究晋商的商事诉讼，涉及明清国家商律法规、商会行帮的行规、商号的号规、民间社会习俗。明清晋商商事纠纷诉讼关系中国商法史，尚待开发。

三、晋商对商法的认识

晋商对民间习惯法比较重视，这与其商业伦理、处世哲学关系密切。对国家的商法的认识似乎比较迟缓。清政府在第一次鸦片战争后有了变革思想，虽然官方意见并不一致，但毕竟有了学习西方先进技术与管理的意识。第二次鸦片战争后开始付诸行动，有了洋务运动，19 世纪末又有戊戌变法。如清政府颁发《商人通例》、《公司律》、《破产律》、《商会简明章程》等，要求用西方企业模式改造中国传统工商业。但是晋商尚无动于衷。晋商对于企业管理体制必须转型的意识，是 1907～1908 年才有的，以保晋运动和票号改组为标志。

晋商十分重视内部管理的号规、行规，对于新的国家商法的认识不足。迷恋于自己长期实行的股东无限责任制，贷款重人轻物。假如在政府颁发《商人通例》、《公司律》、《破产律》前后能够改革企业制度，就不一定有那样的悲惨结局。一个国家、一个企业，需要德治，更需要法治。晋商与法制的研究，是一个需要研究开发的项目。未来，也许是法学史专家开发晋商与商法商规法制史，也许是晋商商法商规研究造就一代新的法学史专家。

晋商与社会文化

背景说明

本文是 2007 年 11 月 28 日山西财经大学"晋商学专题"《晋商与社会文化》的讲座提纲。晋商在中国人文社会科学方面的贡献，包括教育、科学研究、社会文化，如数学、珠算、建筑、考据、戏剧、武术等。

从公元前 11 世纪的西周到公元前 5～前 3 世纪的战国时期，山西商业比较活跃，宋代又有了很大的发展。在 16 世纪初到 18 世纪，晋商的财富、组织、管理以及文化，逐渐形成了自己的特色，成为中国商人势力中的一支劲旅，称雄中国商界 500 多年。

晋商文化，是由山西商人创造的物质财富和精神财富的总的概括，包括晋商的商路舞台、商业组织、企业制度、商业技术、金融技术、经营艺术以及商业伦理、商业教育、居住俸祀、社会习俗等在内的整个商业文明体系，是一个博大精深的智慧宝库，内容丰富多彩。这里主要介绍一下晋商与社会文化，包括晋商与教育、与科学研究、与文学艺术、与建筑等的关系。

一、晋商与教育

儒贾相通。在儒贾相通思想指导下，晋商重视子弟教育。教育组织形式有家庭教育、私塾、乡镇义学、府州县学、书院。

家庭教育：商业家族定有家训和家规。榆次常家家训要求："凡语必忠信"，"凡行必笃敬"，"饮食必慎节"，"字画必楷正"，"容貌必端庄"，"衣冠必肃整"，"步履必安详"，"作事必谋始"，"出言必顾行"。

私塾是晋商基础教育的主要基地。"年至九岁入塾，教以《百家姓》、《三字经》、《千字文》三种小书，次第读之。十岁以上，次第读《论语》、《大学》、《中庸》、《孟子》，谓之四书。十三岁以上讲授《论语》，其书曰《二论典故》或《二论讲义》，均以白话解释书义，谓之开讲"。按山西私塾习惯，私塾读到此时，基础教育开始向专业教育分化，"有意于举业者，则续读《诗》、《书》、《礼》、《易》、《礼记》、《春秋》各经及古文辞，时文试帖。初学时文及试帖之摹制，谓之开笔"。而"有意经商者，于四书之外兼学珠算、五七言《千家诗》、《幼学》、《尺牍》"。

捐资助教：翼城县"绅商酌劝捐获银八千两，发当生息，以为聘（书院）山长之资，生童膏火之费，至今约三十余年矣"。高平赵家在侯庄修建书房学馆七所，其中在清乾隆末年"三和堂"分居鼎立，各修学馆一所，其院落至今还在。到清咸丰同治时，赵家第七代传人又捐资建立义学一所，不仅供自己家子弟读书使用，同时供全村孩子学习使用。

晋商学徒教育：一是商人修养；二是写字；三是珠算；四是记账；五是秤平银色；六是经营技术与业务。

二、晋商与科学研究

（一）应用科学研究

数学、珠算、会计等计算科技与商人的经商活动有着密切关系，因此明清山西商人很重视对数学、珠算、会计等计算科技的研究与实际应用。

数学家张敦仁（1755～1833年），阳城人。商人家族。主要著作《辑古算经细草》二卷、《开方补记》九卷、《求一算术》三卷。

珠算大师王文素，汾阳人。早年随父到河北饶阳经商，自幼涉猎书史诸子百家，又由于经商的需要，他很小就练打算盘，尤长于算法。正德八年（1513年）撰成《新集通证古今界学宝鉴》十册三十卷。嘉靖三年（1524年），六十岁的王文素倾其毕生精力编成《新集通证古今算学宝鉴》。全书共42卷203条，117诀，1267问，分订十二册。这是一部优秀的应用数学之作，内容之丰富，科学性之强，胜过明代钱塘吴敬《九章算比类大全》、安徽程大位《直指算法统宗》。

会计学。明末清初晋商实行的"龙门账",就是一套既简单又明确的商业会计法。其价值与意义对我国会计学的发展有一定贡献,"龙门账"的"会龙门"至今仍然是科学的会计原理之一。有的会计学家甚至认为"龙门账"是我国会计的开端。清末民初出现的"三脚账",便是在"龙门账"的基础上发展起来的。后来又在"龙门账"的基础上发展成"四脚账",更具备了复式记账的某些特点。

(二)人文社科研究

《康熙字典》与陈廷敬。陈廷敬(1639~1712年),阳城人,其祖为煤铁商人。其一生著作甚多,担任过《明史》等书总裁官,晚年编纂《康熙字典》,为总阅官。

考据学家阎若璩(1636~1704年),太原人。其七世祖经营淮盐,迁居淮安。15岁以商籍补山阳学生员,后返太原,是清代最有名的考据学家。与傅山、顾炎武交好。著述很多,以《古文尚书疏正》为代表作。黄宗羲读前四卷说:"一生疑团,见此尽破矣。"去世后,雍正致祭诗一首,"读书等身,一字无假,孔思周情,旨深言大"。

三、晋商与文学艺术

明清山西的文学以诗歌为盛,小说、剧本也不少。进入光绪山西通志文学录的400多人,不少有商人家族背景。清末民初山西省总商会会长曹润堂,是光绪时期的名诗人。

晋商与戏剧。山陕豫交界地是北杂剧发祥地。元末明初北杂剧逐渐成为上层专利。当地民间艺人将民歌小曲搬上戏曲舞台,称梆子腔,有秦腔、蒲剧、中路梆子、上党梆子、北路梆子等。富商们在祭祀、庆典、节日中都要以戏曲酬神和娱人。在省外的晋商重金邀请家乡戏班到所在地演出。清后期,晋商争相出资举办梆子戏班:祁县有三庆戏班、聚梨园,榆次有四喜班、三合班、二保和娃娃班,徐沟有舞霓园、小自成班,太谷有锦霓园,清源有小梨园、太平班,平遥有小祝丰园,壶关有十万班,张家口有狼山戏班、商人票友自乐班。祁县商人曾成立戏曲研究社,对晋剧的剧本、音乐、声腔、表演艺术等进行了系统的研究和改革。晋商对地方小戏的发展也给予了支持。太谷县引进安徽凤阳花鼓、湖南采茶调等,使秧歌向戏曲化发展,逐渐形成地方小戏种。祁太秧歌正在申报世界非物质文化遗产。

四、晋商与社会文化

（一）晋商与建筑

晋商不仅在原籍盖起了高楼大厦、水榭歌台，而且建设了很多边远的新城市，如包头、呼和浩特、张家口、朝阳、西宁、海拉尔、科布多、恰克图，内地城市，如扬州、苏州、亳州、聊城……那里晋商会馆、住宅建筑巍峨壮丽，装饰华丽，尤以砖雕、石雕、木雕精美绝伦，其中有人物、山水、花卉、鸟兽、算盘、账簿，显露出浓郁的商业气氛，集建筑、雕刻、绘画、陶瓷工艺于一体。

（二）晋商与武术

明清晋商遍走长城内外，大江南北，为解决商品运输和金属货币支付清算的安全问题，创造了镖局。镖局的镖师需要很高强的武艺。明嘉靖三十三年（1554 年），山陕盐商为抗击日本海盗入侵，曾选善射骁勇者 500 名商兵防守扬州。山西是中国心意拳和形意拳的发祥地。武术有健身和攻防双重功能，商人练功者很多。

（三）晋商与文物收藏

北京琉璃厂，有很多古董商人是晋商：英古斋、德宝斋、书业堂、荣录堂、永宝斋、奇观阁、渊识斋、晋秀斋、永誉斋、振寰阁、宝名斋等，襄汾商人最多。晋商有很多人收藏文物、古玩、珍宝和名人字画。太谷曹家现存一尊"金火车钟"，重 42.25 公斤。乔家有一件文物，是用七八十块寿田、青田名贵玉石，组成由明代著名篆刻家文彭操刀刻制的印章，每块上面刻文一句，合起来是一篇《文昌帝君阴文》。此物原为清贵族端方之物。

（四）民间社会习俗文化

包括衣食住行、婚丧嫁娶、建筑风水、岁时民俗、神道祭祀、家庙家谱。

晋商文化，是一个广博精湛的智慧宝库，是五百年商业文明的产物，需要挖掘、研究和整理。它对现代中国特色的社会主义市场经济发展有着重要的价值。

形意拳与晋商同步发展

背景说明

中华武术形意拳的产生与发展，得力于晋商的需要与支持。2010 年 1 月作者接受电视纪录片《形意拳》制作组采访，谈形意拳发展与晋商的关系。这是当时谈话要点的记录。

一、形意拳由南而北

形意拳已有 300 多年的历史了，公认的鼻祖是山西省永济县尊村人姬际可（字龙峰），生于 1602 年（明神宗万历三十年），卒于 1683 年（清康熙二十二年）。从小学文习武，无不专心。1644 年后，姬际可在少林寺学艺 10 年，创建了心意六合拳，称之为少林外家支派，是形意拳的始祖。

祁县小韩村人戴隆邦，生于 1713 年（康熙五十二年），卒于 1802 年（嘉庆七年）。戴家是祁县名商，曾在河南、安徽一代经商。戴隆邦拜师于曹继武，深得先师爱重，赠予隆邦《姬际可自述》和《拳论十法摘要》。在师祖姬公心意十形拳基础上创编发展为心意十二形拳。传给儿子戴文雄（二闾），戴隆邦父子开设"晋盛镖局"，服务晋商。北传发展为戴氏心意拳。

戴文雄将心意拳传给李飞羽，李飞羽又发展创新为形意拳。李飞羽字能然，世称"李老农"（1808～1890 年），河北深县人。师从戴文雄（戴隆邦二子），继承心意拳，以"心意诚于中而肢体形于外"的理论创立"形意拳"，传给太谷车二。车二即车永宏（1833～1914 年），字毅斋，排行二，人称车二，太谷贾家堡人。为巨贾武柏年的车夫，后经太谷巨商孟綷如介绍，拜师于李老农学习形意拳，在孟綷如协助下，李老农与车二将形意拳变成口诀，将儒释道文化贯穿其中，形成形意拳的理论体系。

形意拳的传承与发展得到孔祥熙的支持。1935 年，在孔祥熙资助下，太谷成立了国术馆，车二的徒弟布学宽任馆长。在太谷铭贤学校教授国术，使之达到了形意拳器械练法的顶峰。学生毕业后多随孔祥熙从政、经商、行武，在港、台以及海外拳艺界有一定的影响。

二、形意拳与晋商同步

晋商崛起于明代，明中期后迅速走向全国。但是，在全省各地发展是不平衡的，大体上由南而北先后崛起。据现有地方志的史料看，明代蒲州商人最为活跃。2007 年《晋商史料全览·运城卷》介绍运城明清名商 40人，其中永济 12 人，为王现、王瑶、张允龄、张遐龄、沈廷珍、张四教、展玉泉、范世奎、王海峰、王冕、张沛、尚恒发。典型的是张家与王家，张四维的父亲张允龄、弟弟张四教、姑祖父沈廷珍、二弟张四端的妻祖父李季，五弟张四象前后两位妻子均商人之女，继妻范式之祖父范世奎、张四维之女婿之弟马自强是陕西富商，张四维之母亲是王崇古的二姐，王崇古的父亲王瑶、伯父王现都是大商人。王崇古（1515～1588 年）为永济王瑶之子，隆庆四年（1570 年）任总督山西军务，力主与俺答议和互市，在隆庆议和中做出了巨大贡献。张四维（1526～1585 年），永济张允龄之子，王崇古之外甥。隆庆议和时是吏部右侍郎。后为礼部尚书，内阁首辅。王崇古与张四维甥舅共同为蒙汉和好通市做出了巨大贡献。张允龄"服贾远游，足迹半天下"，王崇古父辈"尝西至洮陇，逾张掖、敦煌、穷玉塞，历金城，已转而入巴蜀，沿长江下吴越，又涉汾晋，践婧原，迈九边河，翱翔长芦之域，竟客死郑家口"。

所以明代永济商人势力的发展水平，产生练武保家护路的心理是无疑的。他们距河南登封少林寺很近，学习少林功夫很自然。

明末清初晋中地区商人势力发展起来，引进心意拳①功夫顺理成章。心意拳进入祁县之后，很快被各商家重视，特别是太谷孟家孟綷（fu）如。清代太谷孟家为大户人家，进士、举人辈出，出了 7 位知府，20 位布政使理问。

---

① 心意拳与形意拳师出同源。

州同、同知、知县，开设 30 多家钱庄、当铺和粮布等百货商号，城内有 7 座祠堂，城外有花园，孔祥熙的宅院就是孟家卖给孔家的。当年，山西省财政金库收缴税银，"其元宝上有太谷县孟家银炉所印的'孟合'二字，即当作十足银使用而不化验"。[①] 孟家历代仗义疏财，广交名士，对形意拳感兴趣，并全力予以支持是正常的。

三、形意拳成就镖局

镖局是专门武装押解商品、现银等重要物资和钱财，保卫其安全运转的专业机构，是专业保卫组织。其是什么时候产生的，说法不一。有说镖局是在清乾隆年间出现的："考创设标（镖）局之鼻祖，乃系清乾隆时……山西神拳无敌张黑五者请于达摩王，转奏乾隆，领圣旨，开设兴隆镖局于北京顺天府前门大街，嗣由其子怀玉，继以走镖，是为镖局之嚆矢。"[②] 据著名考据学家卫聚贤先生说，相传镖局为清初顾炎武与傅山、戴廷栻为了反清复明而创设。他们招雇有武功的人，积蓄革命力量，为躲避清政府的注意，以保护商人运送现金或货物为名，组织镖局。镖局所雇武术高超的人叫镖师，腰系镖囊，内装飞镖，手持长矛，于镖车或驮轿上插上一个小旗，上书镖师的姓，因怯于镖师的大名，强盗不敢来犯。戴廷栻是山西祁县人，明末清初思想家，出身于山西商人之家，与山西太原傅山和江苏昆山顾炎武为好友，卒于 1694 年（康熙三十三年）。卫聚贤先生考证，蒲松龄写《聊斋》是在 1689 年（康熙二十八年），书中已经提到镖局，可见在康熙年间镖局已经存在。戴廷栻在山西祁县城建有"丹枫阁"，丹者，朱也，枫，祁县发音洪，阁与武为音转，连起来寓意为"朱洪武"。由于反清复明的政治意识，顾炎武与傅山等常在这里聚会，利用山西商人在全国各地经商的大量物资押运和现银押解需要保镖的背景，组设镖局。[③] 票号志诚信的东家太谷县沟子村员家后人员文绣在其回忆文章中说，1679 年（康熙十八年）其先祖员成望创设志诚信票号，"在太谷西大街设总号，随即在北京打磨厂开办了义合昌汇兑庄和志一堂镖局（也称隆盛镖局）"。[④] 看来，镖局创立时间最迟在康熙年间。

镖局运送现银先集中在太谷，进行债权债务的清偿，并且确定下一标

①②③　卫聚贤：《山西票号史》，重庆说文社 1941 年版。

④　员文绣口述、董维平整理：《我所了解的员家志诚信票号》，载《晋商史料研究》，山西人民出版社 2001 年版。

利率，然后其他县城以其与太谷县城的距离确定标期，以太谷标的标利为其他各县利率的基准。可见标期、标利以太谷为中心，向各县辐射。因而在标期的地域空间上太谷县独占一标，其他县统属太汾标。太原、汾阳两府除太谷外，其他各县的标期都在太谷之后。以时间和空间共同决定标期，形成了以太谷为中心的晋商金融贸易清偿和支付的网络体系。

四、结论

形意拳发展由南而北，从永济到祁县，再到太谷。

形意拳发展与晋商同步。因为形意拳发展需要商人的支持，富商家与商号需要武装保卫。太原府与汾州府两府一个山西太汾标，而太原府的太谷县就单有一个太谷标。太谷是晋商金融中心，也是形意拳后期的传承发展中心。

形意拳与镖局关系密切。远距离的货物、现银运送需要武装护卫，镖局因此得以发展。镖局运送现银以太谷为中心。

《贸易须知》评价

本文是《晋商史料系列丛书》中《晋商读本卷》的《贸易须知》的评价。《贸易须知》是清代晋商的读本，即商人教科书，为毛笔抄写，广为流传。经考证，原为清嘉庆年间江苏省句容商人王秉元原创，流传中，晋商根据自己的需要有所改动。此书至今仍然值得当代商人学习。

《贸易须知》是清代商人读本，从清代到民国时期广为流传。该读本是语录式条文，一条一条记述商人贸易活动的理念、修养、技术等生意经。如学徒学习、站柜、售货、议价、交货、收银、记账、采购、旅行、住店、饮食、烟酒、交友、待客、创业等，商人经营活动的各个方面几乎无不涉及。现在民间收藏家收藏有《贸易须知》的多种版本，但流传最广的是"炳记"《贸易须知》，而且"炳记"也不止一个版本，它不仅在当时是商人的教科书，当代仍然是一本值得借鉴参阅的极好资料。

一、炳记《贸易须知》

第一本《贸易须知》，封面有"炳记"字样，是从庞义才先生处看到的手抄本复印本。据庞先生说，他在山西太谷县北光村曹家资料中看到，便复印了来。炳记《贸易须知》既然在太谷曹家发现，作为山西商人使用的读本则是肯定无疑的。

《贸易须知》还有日本京都抄本，可见张正明先生的《晋商兴衰史》

（山西人民出版社 1989 年版）的《贸易须知辑录》（炳记）。张先生在附录按语中说："这部炳记《贸易须知》（上、下卷）原由日本京都大学人文科学研究所谷井阳子女士保存，本人于 1994 年作为该所招聘学者与小野和子教授合作研究时，蒙谷井阳子借读抄录此书。"

日本京都抄本《贸易须知》（炳记）有 98 条，比山西曹家大院的炳记《贸易须知》内容少了 20 多条。一些条文内容观点一致，文字语言略有出入。如：

山西炳记《贸易须知》第 1 条："学生意，第一要受（守）规矩、受拘束。不受（守）规矩，则不成方员（圆）；不受拘束，则不能收敛深藏，即顽石须经琢磨，方成器耳。"而日本京都《贸易须知》（炳记）抄本第 1 条则是："学小官，第一要守规矩、受拘束。不以规矩，不能成方圆；不受拘束，则不能收敛深藏。譬如美玉，必须琢磨成器，况顽石乎！"

山西炳记第 2 条是："学生意，清晨起来，即扫地、担（掸）柜、抹桌、擦椅（原文不清）、添砚水、润笔、擦戥子，舀水与人洗脸，烧香，冲茶，俱系初学之事。"而京都抄本第 2 条则是："学小官，清晨起来，即扫地、掸柜、抹桌、□椅（原文不清）、添砚池水润笔、擦戥子，拎水与人洗脸，烧香，冲茶，俱系初学之事。"

山西炳记第 3 条是："学生意，要站在柜后，照看柜外柜里。看人做生意，听人说甚的话，买卖（时）彼此交谈问答，对敌（答）贯串，必须听而记之。"而京都抄本第 3 条是："学小官，要站在柜后，照看柜里柜外，看人做生意，听人说甚话的，买卖彼此交谈问答，对答贯串，必须听而记之。"

山西炳记第 13 条："学生意，柜内无你坐之理，只好一天站到晚，止（只）有吃饭许你坐。并非不许你坐，但柜内俱系比你长的，不是店东，就是伙计，总是为你师之人，你焉敢坐也。"但是京都炳记没有此条。

山西炳记第 20 条："称戥子，将毫厘清拿定提好，勿使一翘一懒，总要在手里活便。称小戥务必平口；称大戥务必平眉，不可恍惚高低，称准方可报数。"第 21 条："看银子呈（成）色，整锭者看其底脸，审其路数，是那一处出的。但呈（成）色一样，销手百般细察要紧，如整锭无重边者，鑽铅无疑。有云：'银无重边即是假'。如疑惑认不真者，剪开便知明白。块头者，看其宝色、墙光、底脸、察口，纹银是纹银底脸，九五是九五底脸，如底脸不相顾者，必须存神，又（有）道'（银）无二色'。如再墙光打闪，滑头滑脑者，即剪开则见银铜矣。"京都抄本没有此两条。等等。

山西炳记一律使用"学生意"，而不用"学小官"一词。"小官"是南方人对学习生意的学徒的称谓。这与《商人世事初阶》一书中使用"学小官"一致。炳记《贸易须知》的山西抄本与京都抄本的差异，不仅有传抄者的错漏或者各取所需，而且有《贸易须知》与《生意世事初阶》两书抄本的混淆。

所以，炳记《贸易须知》有人认为是山西商人的作品，也有人认为是南方商人的作品。由于南北商界流传甚广，传抄错漏在所难免，但是它确实在明清时期成了中国南北商人经商的圣经，无论坐商或者行贾，都将此书当作教科书。

二、《贸易须知》的原创者

《贸易须知》的原创者是谁？晋商银行王永亮先生收藏的清朝嘉庆年间"文成堂梓行"的《贸易须知算法全书》将《贸易须知》与《银谱算法》两书合订刻印成册，又增附《算法全书》。该书开篇是《贸易须知辑要》上下卷，上卷之前有"序"，落款为"王秉元自序"。王秉元在"自序"中写道："余贸易半生，无微不烛，每念人生，斯世士农工商，各执一业。士朝夕诵习诗书，本也；农春耕秋敛，亦本也；工商揭资贸易，亦父母之资本也，可不慎乎？溯自童年入店，洒扫应对，固幼时所习之本也。及长而代人谋，挟本远行，虽他人之银钱，亦由自己之本领也。故孔子曰'君子务本'，此之谓欤！予此书原不欲问世，无如亲近抄写者甚众，因不惜重资付梓刊行，公诸同好，不惟有益于后生者固多，并有以裨于成家立业者亦复不少，正古人所云，开卷有益是也。吾辈诚能执卷而观之，揣摩简练，非为人不我欺，抑且我不欺人。静言思之，洵雅俗共赏之书也。爰不却坊间之请，而付之梓，何敢云尽美尽善也。是为序。"

在《贸易须知辑要》后面，还有"王秉元自跋"。跋文说："右编一百五十三条，皆系指事而言，其编言虽浅易，无非引领迷蒙意少文惟在近情通俗。余著斯言，为目击警心，犹耳提面命，而初学者可以温习、盘桓、深究、玩味，虽其俗语，大有益于身心固是妄谈，多达知于世路，依其准绳循规矩，由其道义履中和，异日有成，出人头地，则余一片婆心用之不妄者哉！"

《贸易须知》上卷正文开头，明确写着："句曲王秉元纂集。"句曲，即今之江苏省句容县。可见《贸易须知》的原作者，应当是江苏省句容商人王秉元。

《贸易须知》与《生意世事初阶》两书有很多相同之处，这又是怎么回事呢？南京大学范金明教授在《清抄本〈生意世事初阶〉述略》一文（《文献》1990 年第 2 期）中讲到：署名为句曲王秉元开初氏纂集、沙城西麓主人汪溟增订（句曲为江苏句容县的古称）。书前有增订者汪溟作于乾隆五十一年丙午的序。序云："余向以舌耕为事，不以猥琐撄心。迨至知非之年，欲效方人之术，始见挟本居奇，无微不入，特以江湖远涉，不克面诲儿曹。因阅王子《世事》一册，重加删润，邮寄子侄，聊节手示之劳。"由此可知，《生意世事初阶》是由汪溟依据王秉元《世事》一书重加增删润色而成的。而王氏何时纂集成《世事》，目前尚不清楚，但无疑是在汪氏增订时的乾隆五十一年以前。《生意世事初阶》为语录式条文，计 72 条。后来发展为《贸易须知》。王永亮先生的清朝嘉庆年间"文成堂梓行"的《贸易须知算法全书》，写着"嘉庆乙巳秋月新镌"字样，说明了这套书是"嘉庆乙巳"，即 1809 年秋天的再版书。

复旦大学张海英在《明清社会变迁与商人意识形态》一文也讲到：此后，在王秉元此稿本的基础上，又有《贸易须知》（光绪五年刊本）。该本题有嘉庆十四年（1809 年）王秉元序，道光二十四年（1844 年）杭州项名达续刊。光绪五年（1879 年），蠡城言慎金在王、项两刊本基础上，"不揣鄙陋，重加厘定"，再刊，内容多与《生意世事初阶》相似。还有经清代山西商人在"《生意世事初阶》基础上增删而成的更适合山西人使用"的（炳记）《贸易须知》，主要内容也与之类同。参见张正明的《晋商兴衰史》（山西古籍出版社 1995 年版）。1922 年，上海宏大善书局石印《生意经络》（不分卷），封面为"王秉元著"，卷内又名《贸易指南》（不分卷），"句曲王秉元著"。较之《生意世事初阶》，所论学徒规矩相同之处甚多，只是内容更加丰富，增加了"如何辨识洋钿"、"鸦片之危害”等条目，显然增加了适合时代需要的新内容。①

总的来看，《贸易须知》是王贡元于清乾隆年间在自己的《世事》基础上发展修订而成的，内容有了很多的补充。后人又在此基础上有所发展增删，在一定程度上，可以说是中国南北商人的集体成果，但是必须肯定原创者应当是江苏商人王秉元。

三、炳记《贸易须知》与王秉元《贸易须知》的差异

山西流传的炳记《贸易须知》与江苏商人王秉元《贸易须知》比较，山西商人在传抄中，有一些删节修改。王秉元《贸易须知》中的以下条文，在山西炳记《贸易须知》中就没有抄录，在一定程度上也反映了晋商与苏商在经营环境、理念上一些微细差异。晋商删节的条文内容举例如下：

“过江搭船务拣满载而搭，满船人足则开矣，若只有个把人在舡上，不可上去，你若上去，且替他做子等人，满载终可开船，岂不耽搁工夫。至于到岸，切不可乱，俟人走走你再徐徐查点行李上岸未迟。你若抢在人前上岸，则手慌脚忙，恐其失物，又（有）道：‘混堂花酒店，饭店散人船’又云：‘舡到岸，不必乱。’慢些不妨。

“入人店，柜内不可靠银钱之所坐立，过后犹恐彼有伪舛错误，就要疑你三分，又道：‘失物数来人。’再者，亦不可番人账目，惹人讨厌。

“用铜人拿铜来向你买货物者，你看分明是铜，不可说他是铜，只说银色毛，求换些，彼则自己明白，拿铜去矣。彼若勉强说我不是铜，你即剪开他的，他便肯服之。再者恐是包漕的银子，你认不真说他是铜，那人必要喧闹起来，必须自己顶针看透，然后方可报出银铜，谨记。

“用铜银之人，目下他还有秘诀：他挨晚上灯之时终来问你买东西，他将银包递与你，任你自剪自称，多是使你无疑之辈。你却不然，须要存神细看，如果是铜，可硬剪开他的，比时不可打他，即照会他下次不可拿到我店里来用，下回就不是这个成色待你了，但是用铜银之人，只怕你剪过他三回，下次永不来矣。

“跳跎子的人拿白铜首饰充银的来押，你货物务须认确，不可大意就掼过去押货与他，慎之。

---

① 《古代中国：传统与变革》。

"生意之人要知春天气象。春天万物生长，和风舒畅，旭日融融，鸟语花香，人亦舒展，如此之端无不阳春遍布也。

"生意人不可面软惜情。目下世道人少畜生多，他见你面软惜情则向你借贷腾挪，及至到他手再已莫想还了。宁可执意不允，免得过后懊悔，切不可轻易放手交财。有云：'顺情终有误，执法永无差'。如素常同你交心腹至好倘有急事不能过关者，必须周全，替他转湾终是，则不能照前论也。

"何为叫做'生意'二字，总要自己在心里格外生出意来，是何推班出色，是何闪赚腾挪，该舍则舍，该取则取，这一笔生意什么做法，那一笔生意怎样做法，都要自家从心所发，故言生意也。而生意经以及师授不过是领引入门而已，诸凡点缀、变化、布置、施为，却要自省自悟自揣自摩，则生意越精越高，出类拔萃，不致向下软。"

四、《贸易须知》的当代价值

市场经济的运行，需要一定的社会秩序作为保证。社会秩序的建立，需要多元支撑体系。虽然古代的商品市场没有完备的法律体系和制度机制，但是中国传统文化中的仁、义、礼、智、信的道德规范，使得商人能够遵循着诚信义利的商业伦理与和气生财的处世哲学有序经营，传统文化对古代商人的市场行为具有一种有效的约束力。成功的商人们从实践中总结出来的《生意世事初阶》、《贸易须知》等商人行为规范，在中国当代的经济活动与工商业经营管理中，仍然有着非常现实的理论意义与操作借鉴价值。如：

第一，尊师爱徒。"学生意，切莫嫌大人嘴啰哆（唆）。他说你，皆是教你成人，不然说你怎的？你若嫌他琐碎，行于脸色，下次当说你也不说你了。你系小人，不教不训，何以成人？你去思之。""教徒弟，论其资质如何，聪敏作聪敏教法，鲁钝作鲁钝教法。聪敏者，不可过放（分）严儆他，必须缓言相训，怎长怎短，始末根由，指点明白。甚的事怎样做，甚的话怎样说，你若不向他细说分明，他怎能晓得！论语云：'生而知之者，上也。'你看世上有多少生而知之人乎？皆系口传心授，学而知之。鲁钝者，其教不同前，可以不同前，即乎同前一样教法，他也只当耳边风，岂有为师的有两样教法？奈乎着力教者不能成，不着力教者成矣。只此贤愚别矣。"

第二，心智素养。"学生意，先亦要立品形（行），但行有行品，立有立品，坐有坐品，食有食品，睡有睡品，以上五品务要端正，方成体统。行者，务须平身垂手，望前看，足而行。如遇尊长，必须逊让，你若獐头鼠目，东张西望，摇膊乱跪，卖呆望蜜，如犯此样，急宜改之；立者，必须挺身稳立，沉重端严，不可倚墙靠壁，托腮咬指，禁之戒之；坐者，务必平平正正，只坐半椅，鼻须对心，切勿仰坐，偏斜摇腿、跷足，如犯此形，规矩何在？食者，必从容缓食，箸碗无敢（声），菜须省俭，大可厌者，贪吞抢噎，筋（箸，筷）不停留，满碗乱叉，噁（ta）嘴龋（qiu）鼻，扒于桌上，只（这）样丑态，速速屏去；睡者，贵乎曲膝侧卧，闭目吻口，先睡心后睡目，最忌者，瞌睡岔脚、露膊弓膝，多言多语，打呼（hu）喷（pen）气，一有此坏样，起早除之。""学生意，要有耳性，有记才，有血色，有和气，此四件万不可少。有耳性者，则听人吩咐教导；有记才者，学问的事就不能忘却了；有血色者，自己就顾廉耻了；有和颜者，则有活泼之象，又叫着是个生意脸，且而人人见了欢喜你，夸奖你，岂不美哉。"

第三，诚信不欺。"柜上生意不论贫富，俱要一样应酬，不可以别其好丑，藐视于人。但做生意的人是无大小，只有钱问我买卖物，他即是个（叫）花子，总可交接。又（有）道'生意人无大小'，上至王侯，下至乞丐，都要圆活谦恭，殷勤应酬为本。""给票与客，须将客货件数、斤两、折头、价值，一一算明，查清对号，落于自家底簿，然后给票。照票给起之后，再查再对，重算重宣，则无伪错矣。""生意都要自己修为省察，不可自误。但价钱俱要公道，称要准，货要剔选配搭，倘价高须长（涨）在人后，或价贱就要跌在人前，才成生意之领旨也。"

第四，贵和守中。"做掌柜、大伙计者，不可自抬身价而目中无人，诸事要有赏有罚，按点提调，即或东家有非为不是，亦以直谏，不可谄（tao，怀疑）谀（yu，奉承），而待同事兼下等人，亦要圆活通融，倘有下（不）是处，亦以理而剖之，则上下欢心，无不服你。你若自己以为尊贵，自夸其能，狂然自大，目中无人，行出坐坛遣将之势，众人不但不服你，还要留下唾骂。做大（伙）计者不得不自思也。""用伙计者，必须安他人之心，才有心常替你做□□（生意，原文不清），那人有点能为，有点干辨，你不可轻视与他，诸凡事情兼之银钱账目，就可重托与他，切不可犯疑。又（有）道'疑人莫用，用人莫疑'。你有甚心事，亦

457

可与商议；他有什么心事，你亦要代替他揣摩。自此合而为一，宾主相投，自然越交越厚，遂可以（成）同心协力之象也。"

第五，谦虚谨慎。"说话第一要恭谦逊让，和颜悦色，言正语直，方成正人君子。但凡言语之中，不可形于讥刺尖（刻）薄，诡谲好诈，兼之有碍他人短处，切要捡点留心。有云'言行要留有好样与儿孙，良有以也'。"

第六，勤劳节俭。"生意人切不可华丽，止（只）可质朴，布衣淡饭，省吃省穿，才能积聚。但生意最可恨者，嫖赌噍摇四字，有所沾一，四字从矣。即乃贫之根贫之源也。""看傍人穿好衣吃好食者，切不可照他行事，是话回答的不好，切莫面，批评则使他惭愧更要拙了，俟晚夜肖（宵）谈及日间所做生意，那一笔生意做错，那一椿事做坏，推之以理，评之以情，婉转相商，从容评较伙计，无不听之服之。又（有）曰'夜宵非酌酒，思量日所为，斯言不谬'。"

晋商今鉴

晋商今鉴

背景说明

本文是写给省委政策研究室的研究报告，原载《经济研究所资料》1991 年 7 月 15 日总第 85 期。从 20 世纪 80 年代后期开始，山西经济在全国的名次逐渐下滑，不少人认为原因是山西人一向封闭保守，没有开拓进取精神，甚至连阎锡山修的铁路也是小火车，不与全国接轨。其实，历史上的山西人是非常开放的，重商立业、诚信义利、艰苦奋斗、不断创新的晋商精神以及一整套的企业管理办法，很需要我们去总结、宣传和发扬。阎锡山的窄轨铁路，不是封闭保守的结果，而是与洋人斗争、自力更生的产物，不过山西火车可以开到外省，外省火车开不到山西。应邀参加山西省委关于山西省 1988～2000 年经济社会发展战略起草小组的工作，和同志们多次讨论这些问题，这一观点被山西高层领导所接受。

晋商，即山西商人，为中国明清时代三大商帮（晋帮、徽帮、潮帮）之首，称雄于亚洲数百年，被经济史学界并列于意大利商人之侧，而享誉于世界。

马克思在谈到商人资本时说："商人资本或商业资本分为两个形式或亚种，即商品经营资本和货币经营资本。"[①] 山西商人正是这样，其商品

---

① 《马克思恩格斯全集》，人民出版社 1965 年版。

经营资本（绸缎庄、茶庄、颜料庄、布庄等）和货币经营资本（如票号、账庄、钱庄、当铺等）相互渗透，相互支持，混合生长，至清代则上通清廷，下结官绅，商路达数万里之遥，款项可"汇通天下"，从蒙古草原的骆驼商队到扬州起锚出海的商船，从呼伦贝尔草原的醋坊到贵州茅台酒厂，都由山西人酿造出售，南起香港、加尔各答，北到伊尔库茨克、西伯利亚、莫斯科、彼得堡，东起大阪、神户、横滨、仁川，西达塔尔巴哈台、喀什噶尔、阿拉伯国家，都留下了山西商人的足迹。他们中有不少人可以用蒙古语、维吾尔语、俄语，与北方少数民族和俄国人洽谈贸易。晋商自称："凡是有麻雀能飞到的地方都有山西人。"如今，晋商遗迹随处可见，扬州的亢园、苏州的全晋会馆、亳州的花戏楼、新疆的古城塔、昆明全殿的铜鼎、甘肃的老西庙等。1961 年有人在北京调查，55 个明清工商会馆中有山西会馆 15 个，占 27%。如同意大利北部伦巴第商人在伦敦发展建立的伦巴第街成为英国金融中心一样，晋商在张家口的日升昌巷（以日升昌票号命名）、科布多大盛魁街（以大盛魁商号命名）曾一度成为北亚的金融贸易中心。山西商人所到之地，设庄贸易，成为商品集散之地，逐渐由普通的村镇发展为城市，无怪在东北有"先有曹家号，后有朝阳县"、内蒙古有"先有复盛西，后有包头城"、青海有"先有晋益老，后有西宁城"的谚语。

晋商中的商品经营资本，像潮州商人一样，出海贸易，进入国际市场。他们往返于长江口与日本长崎之间，垄断中国与日本铜贸易达 70 年之久，以中国的丝绸瓷器和山西土产换取铜，解救了中国铜币材之荒。但是晋商的外贸重心不在海上，而在陆路，他们利用地理优势，垄断了对蒙古和俄国的贸易。以中国的"烟酒糖布茶"换取俄国的"牛羊骆驮马"，开创并占据中国对俄贸易的三个主市场：中路恰克图，东路海拉尔，西路塔尔巴哈台。仅中路恰克图一处，道光年间（1821～1850 年）俄国对华贸易额占俄国全部对外贸易的 40%～60%，最高时达到 60% 以上，而中国对外输出、输入商品的 16% 和 19% 是通过这里进入俄国乃至欧洲市场的。

晋商中的货币经营资本，在其业务活动中，不仅首创了中国的汇兑银行、转账结算，首创了类似现代中央银行的"宝丰社"，最早地进入了国际金融市场，把山西银行设到了日本、朝鲜和俄国，而且在清代中后期竟能为各省地方政府经理财政金库，借垫、汇兑税款及京饷、协饷，成为清政府的财政支柱。

山西人背井离乡外出经商者有多少人，迄今无法稽考。截至 1933 年 7 月 1 日的山海关报告反映，东北沦陷，从关外返回的山西商人达 17 万人，留在东北者估计不及 1/3。又 1920 年阎锡山接见因俄国"十月革命"由俄国被驱返回的山西商人代表时，汾阳代表说：在俄国的山西商人有 1 万人。可以说，山西商人以其特有的开拓进取和冒险精神，在明清时代演出了一场长达数百年的大型历史剧，其舞台之广大，演员之众多，在世界史上是罕见的。

一、晋商对外开拓贸易的精神和策略

晋商之所以能称雄商界数百年，其发生发展的客观因素，在于地理环境和历史条件，主要包括：土地贫瘠，生计困难；地处边塞，位扼通衢；资源丰富，手工业发达；流亡迁徙，去土离乡；食盐开中，捷足先登。然而，晋商的开拓进取和风险精神，却是其发展中重要的不可忽视的因素。山西商人对外开拓贸易的精神和策略，最基本的是重商立业、诚信义利、人弃我取、取信政府、广设联号。

（一）重商立业的创业思想

在中国长期的封建社会里，重农抑商是历代政府的经济政策。"朝廷贵农，而不乐于耕；朝廷贱商，而人日趋入市，则以为商贾之利胜于农也。"[1] 当然经商在外，"必远父母，别妻子，离乡井，淹岁月，归来无时"，"饥渴劳病，寇贼虫狼，日与为伴"，"幸获多资，走马牵车捆载而归，不境则困死于外者往往也"。经商外出风险是很大的，然而人心思富，富商大贾"走远方，积金钱。夸耀闾里，出则车骑，入则广厦，交接缙绅"，谁人不羡？故亲朋提携，乡友引进，络绎不绝，走上商途。尤其是晋中一带，在子弟出路选择上，一流者学商，二流者读书入仕，三流者种地。山西自宋元以来，逐渐在民间形成了一种抑农重商观念，即"以商致财，用财守本"的立业思想，这就是通过经商获得金钱，然后置房产，买田地，再以土地出租和放高利贷、经商获取收入，以其商业收入发展商业和金融业，建立以商业为始点的价值循环和增值过程。

（二）诚信义利的意识形态

山西人同全国各地人一样受孔孟之道影响，崇尚信义，在其重商立业

---

① 《怡青堂诗文集》卷一。

的创业思想指导下，在"义"和"利"的问题上，有其独特的理解和行为规范。古代中国，几乎每个城市都有三个庙：孔庙、关庙和城隍庙。但最多的是关庙。很多关庙又多是山西商人所建。关庙作为祀奉关云长的地方，被山西人百般信崇，均在于"信"、"义"。晋商与关云长乃乡亲关系，将关云长尊为财神，以其信义教育同行，以其武功希冀保卫自己的商业利润。清末民初，归化城内同乡社共有16个，其中除蔚州、京都、新疆三社崇祀关帝、天皇、马神外，其余13个山西同乡社，全部崇祀关帝；同时存在的商业行会有38个，其中有一半以上除供奉关帝外，还供奉自己的行业神灵，如肉行供张飞，裱糊行供吴道子，银钱行供金龙四大王等。他们以关帝为偶像，联结行会，保卫集团利益。据老商人回忆，山西人每到一地经商，一经发展，先修关帝庙。清末一个小小归化城就有七个关庙，并且各商号在号规中大都规定了"重信义，除虚伪"，"贵忠诚，鄙利己，奉博爱，薄嫉恨"，主张"君子爱财，取之有道"，反对采取卑劣手段骗取钱财。晋商史料中就有很多不惜折本亏赔，也要保证企业信誉的记载。各地百姓购买晋商商品，只认商标，不还价格。可知，诚信义利是晋商成功的重要法宝。

（三）取信政府的展业策略

一个有利的经商环境，不仅在于顾客、交通诸方面，更在于政府及其官员对商号的态度及管理。清太宗皇太极未入关前占领抚顺时，山西商人就与其有了联系，不仅有人参、貂皮交易，且为之传送"七大限"于关内。清入关时，曾以招抚山西商人和压抑山东漕运为两大急务。入关后顺治皇帝召见介休商人范永年等，赐张家口房产，隶内务府籍，同时赐予皇商的有山西商人八大家。康熙三十五年（1696年）征剿蒙古噶尔丹叛乱时，山西祁县太谷人张杰、史大学、王相卿等一批商人随军进入蒙古乌里雅苏台和科布多地区从事随军贸易，以服务军需为要务，得清廷赏识后得以受"龙票"从事对蒙及俄罗斯贸易。1851年太平天国起义后，清政府为筹措镇压农民运动的军饷，一方面大兴卖官制度；另一方面动员商人捐炮助饷，山西票号、账局积极办理捐官者的筹资、垫资、汇兑事务，并向政府捐款，报效清廷，买取官衔和封典，1852～1853年的一年多时间山西票号商人捐款达白银267万两。在办理政府卖官汇款中与官吏结缘，不少山西商人或花翎顶戴，或与官吏成为磕头之交，出入王府官衙，揽得公款无息存柜，取得了没有成本的信贷资金来源。这是山西商人能在竞争中取胜并不断开拓业务的重要策略。

（四）人弃我取的经营战术

晋商在经营中坚持了人弃我取的战术。他们在业务上"封闭"了山西市场，使外省商人无法进入，并垄断了北方贸易。因为潮商面南出海，徽商占据长江流域和江浙地区，对苦寒之地及沙漠瀚海，多驻足不前，山西商人便利用地理优势，吃苦耐劳，艰苦创业，紧紧抓住了汉民族农业地区和北方游牧民族地区的商品交换的有利地带，发展了自己的业务"领地"。在商品经营中，晋商又用同样的办法，为人之不为、走人之不走、办人之不办的商务，如在蒙古地区供应冻饺子，深入云贵深山贩卖川盐，进入青海西藏购收麝香等贵重药材，在京城筛煤球、开饭馆，在福建、安徽、江苏、湖南买山茶，就地加工，经长途贩运，直达欧洲市场。当然，这种战术必须建立在对市场的准确预测基础上，其预测的准确性，一是来自"义利"思想的"服务"原则，二是来自经验的积累，三是来自自己的及时准确的信息。

（五）广设联号的网络体系

晋商与其他商人的管理体制有很大的区别，他们不搞南方商人的"一间铺"和"夫妻店"，而是实行联号制。财东出资，委托可以信赖的有经营能力的人领本开业，财东对于业务、用人等具体事情不加干涉，由经理（掌柜）自主经营、独立核算。但该财东开的多家买卖（商号或票号），多以联号关系形成一个相互协作的网络体系，相互支持，相互服务。这种网络体系近似现代企业集团。太谷曹家的企业在19世纪20～50年代有13种行业，640多个商号，3.7万多个职工，资本1000多万两白银。其商号名称多冠以"锦"字，如锦霞明、锦丰庆、锦亨泰绸缎庄、锦泉涌、锦泉兴茶庄，锦丰泰皮货庄，锦生蔚货行，锦丰庆当铺，锦泉汇、锦泉和、锦丰焕、锦丰典、锦隆德钱庄，锦元懋账庄，锦生润票号等。分布于朝阳、赤峰、建昌、凌源、沈阳、锦州、四平、大谷、太原、榆次、屯留、长子、黎城、襄垣、东观、天津、北京、徐州、济南、苏州、杭州、上海、广州、四川、兰州、新疆、张家口、库伦、恰克图、伊尔库茨克、莫斯科等地。在曹家这个"锦"字集团中包含了多家商号、多种经营、多处分支庄号，形成了曹家的商业网络。曹家公子由山西进京沿途食宿均住自家商号，不宿他人之店。也因此在商业信息传递、物资调交、资金融通、人才使用等方面发挥了综合优势，是其他商帮很少具有的特色。

二、晋商的经营管理方略

山西商人在其长期业务活动中，逐渐积累总结了一套自己的经营方略。在经营方针上：维护商誉，信用第一；各行其道，分别贸易；审时度势，谨慎从事；服务周到，薄利多做。在业务管理上：以销联产，销产挂钩；运销结合，自运自销；商票相济，高效融资；行会商团，保护自己。在人事和劳资管理上：认人唯贤，量才录用；身股制度，协调劳资；严格号规，节欲杜弊；岗位培训，德智并重。在财务管理上：预提"护本"，严防空底；"倍成""厚股"，充实流资；酌盈济虚，抽疲转快；镖运汇兑，组织钱市。在公共关系方面：对待"相与"，同舟共济；商业文化，神社会戏。

（一）维护商誉，信用第一

晋商视商誉为命根，坚持信用第一，做买卖必须脚踏实地，不冒险取巧，赚不骄傲，赔不气馁，宁赔本也不做玷污商号招牌的事。如祁县乔家包头复盛油坊，运胡麻油回山西销售，经手职工为图厚利，在油中掺假，掌柜发现后，立令另行换装，经济上虽受了损失，却招得近悦远来。复盛西面铺在咸丰年掌柜立账，把斗秤放大，比市上加一成，市民争相到该号购买。

（二）各行其道，分区贸易

晋商的商路和经营地区，各帮自有选择，绝不一哄而上，相竞于一业一地。自然形成了各帮商人自己比较固定的商路和经营地域。如临汾、襄汾帮走北京和兰州、天水；绛州帮走西安、三原、宝鸡、兰州；平遥、祁县、太谷帮走东北、北京、天津、张家口、蒙古、新疆、苏州、扬州；汾阳帮和徐沟帮走俄国、蒙古；宁武、代州帮走呼伦贝尔和归化；泽州帮走河南、安徽、山东；潞安帮走北京、河北等。走东北者，榆次常家商号以长白山人参和高丽参为主要购进商品，输出四川夏布；在扬州者，祁县渠家、临汾亢家主做淮盐生意；走蒙古者，祁县太谷王家、史家，走草地蒙古包；各帮到南方贩茶也各有固定地点。

（三）审时度势，谨慎从事

晋商在经营中很重视审时度势，深思远谋，深入调查研究，看长远，稳步前进。不贪图近期利益，甚少短期行为，别人不注意经营的业务他却锐意经营，常能出奇制胜。而在资产负债管理中又能谨慎行事。如既要发行钱帖，扩大资金来源，又要现金准备充足，防御凭帖挤兑、存户提现、当票质典。甚至还要准备地方政府财政亟待周济时的立即垫付。这样做，使客户感到"相与"，信用卓著，乐与往来，以扩张业务。

（四）服务周到，薄利多做

晋商以服务周到和薄利实惠，博得客户欢喜，这是其扩大营业额，增加利润的基本办法。如"通事行"（能说蒙古语走草地的商号）为了适应草地牧民缺医少药的情况和生活习惯，从业人员学习针灸，在蒙古遇到牧民一般疾病，可以帮助治疗，取信于牧民，牧民便不问其价格，争相购货，没钱可以赊销，或用羊马交换，商人换得羊羔牛犊，还委托牧民无偿代养，待长得膘肥肉满时再带走。他们在内地采购牧民需要的砖茶、烟丝、布匹、铁器、银器、白酒、食糖、炒米、糕点、木桶、木碗、穿壶、药包、蒙靴、马毡、马鞍以及寺院喇嘛用品等，将布料拉成不同尺寸的蒙古袍料，任蒙古人选购，按蒙医习惯用药 72 味、48 味、36 味、24 味四种分别做成药包，用蒙、汉、藏文注明药名、效用，充分满足客户的生活需要。为了保证商品质量，他们选定手工业作坊，特别定制，保证了商品齐全，质量可靠，上门供货，关系协调，业务扩大，利润自丰。

（五）以销联产，销产挂钩

晋商从事异地贩运贸易，沟通生产与消费，不仅需要了解销地的消费习惯、消费水平、市场容量，还要清楚产地的产品性能、规格品种、产量和售价。为了保证商誉，提高服务质量，扩大业务，稳定产销关系自然十分重要。所以他们采取以销联产的办法，实行销产挂钩，甚至直接组织生产加工，如作为大量出口品的茶叶，平祁太商人多在湖南羊楼司、羊楼洞，安徽六安，福建武夷山等地设茶叶加工厂，或包购茶山产品，自己加工统一包装，加盖自己商号的商标。到销地后，信誉很高，客户只认商标，不加检验，从而保证了客户稳定、市场稳定、业务稳定。其他如潞安、泽州铁货，扬州淮盐以及苏州、杭州、潞安绸缎，交城皮货等，均因固定购销，不仅货源充足，而且质量也有保障。

（六）销运结合，自运自销

晋商的商品经营因其主要是贩运贸易，其运输自然就十分重要，为了保证供货及时，货物完好，并赚取运输费用，采取销运结合、自运自销的方式。大盛魁始建于康熙初年，停业于 1929 年，经营了 250 多年，总号设在蒙古科布多，采买茶叶和其他农产品、手工业制品于江南和中原地区，船载、车拉于河南，改骆驼北上到库伦、恰克图、喀什噶尔四大部、唐努乌梁海，进入俄国西伯利亚、莫斯科和欧洲市场，或经科布多西行，到新疆古城、塔尔巴哈台，进入西亚。在其长途跋涉贩运中主要依靠自己的骆驼商队，骆驼多达1.6万～2万峰，养狗1000余只，并且不设过多的中间环节，整个蒙古地区东西6000多华里、南北2000多华里，基本依靠总号和两个分号组织贸易活动。并根据蒙古的特点，基本不依靠铺面柜台做生意，而是用自己的驼队在草原上流动售货，其驼队的行动路线和销售业务由总号和两个分号直接调度。它在内地也设有独立核算的小号，专兼或兼营某些适合内地的业务，灵活机动，应变能力很强。

（七）商票相济，高效融资

从事商品经营的商号和从事货币经营业务的金融业——票号、账庄、印局、钱庄或当铺，均以同东（同一财东）、同乡、同帮而互相支持，若干大商业家族不仅有众多商号，也设有众多银行号，介休冀家有绸缎、茶叶、皮毛、布匹、杂货等商号和账局、钱庄、票号、当铺等金融机构，仅在湖北襄樊一带就有70余家商号，十几家当铺，经营地点南起湖北，北到喇嘛庙和库伦。其金融业首先是支持其百货业的资金需要。可以说晋商是商业和金融业相互渗透，混合生长的，即今银企结合，形成了高效融资的机制，加速了资本周转和增值。

（八）行会商团，保护自己

晋商无论在何地经营，均建立同乡会、行会，修建会馆，由各商号经理轮流担任执事，定期和不定期聚会，商量会事，制订行规，处理商务纠纷，办理商务立法和执法事宜，甚至还建立商团武装，保卫商务，乃至巡查弹压，执行地方治安，如包头的商会就具有以上多种职能。在归化城三贤庙有一块"严禁沙钱"的铜碑，是山西货币商人行会宝丰社为维护正常货币流通，收缴私铸沙钱熔毁后立下的永禁沙钱流通的"永久性布告"。在清末捻军活跃时，徐沟商人张联辉在陈州组织商团，配合清军作战，受到了清廷嘉奖。晋商还以行会名义出面与地方政府或其他商帮交涉商务纠纷，维护本帮商人利益。

（九）任人唯贤，量才录用

晋商财东认为："得人者昌，政界固然，商界何独不然！"其选拔人才，委托重任，都要在实践中考验，按一定标准招选学徒后，需徒步赴指定分号，先当学徒，三年内不设座位，除了伺候掌柜，提三壶（水壶、茶壶、便壶)、打杂活、搞卫生外,就是练习打算盘、写字,三年内不准回家。贤者出师后任以专职,不贤者打发回家。经多年实际业务考验,选能任贤,委以重任,不分门户,不问私情,量才录用。"任人唯贤"还包括知人善任,根据人才的特长,分配工作岗位,帅才者,调任分号经理(掌柜);秀才者,任以文书。协同庆票号经理孟子元选用赵厚田"冒险姑苏,急难皋兰(兰州),回翔于成都重庆间二十余年,能使全局劳业稳操胜算,皆赖赵君之力"。各商号业务发展,依靠着一大批善于理财的优秀人才,而优秀人才的发现和重用也发展了山西商务。

(十)身股制度,协调劳资

晋商在人事劳资管理中的独特之处是人身股制度,就是商号票号中的掌柜、职员以自己个人劳动力顶份,与财东的银股(也称资本股)一起参与红利分配。总经理的股份份额由财东确定,而号内各职能部门负责人和分号经理及一般职员是否顶股,顶多少股,由总经理决定。身股的份额是按职员的工作能力和工作效力来确定的。总经理最多为一股(即 10 厘)。曹家励金德商号经理每届账期结账时,可分到身股红利八九千两到 1 万两白银。协理、襄理七八厘不等,一般职员一二厘,还有一厘以下的,但是职员不是人人可以顶股,一般有顶股资格的是薪金比较高的老职工。大体占全部职工的 1/3。一般老企业的身股比重较高,新企业的身股比重较低,像大盛魁长达 250 多年的老商号,后期的人身股份额大大超过了资本股份额,全部利润的一半以上由顶股职工分去,这一做法把职工个人利益与企业利益与财东的利益联系在一起。下层职工和学徒为了登上高位,多顶股份,卖力地为商号工作,从而使劳资双方利害关系得以协调。

(十一)严格号规,节欲杜弊

晋商不论经营什么生意,商号号规极严。其基本内容为:①号内人员:一律不准携带家眷;不准长借短欠;不得挪用号内财物;不得兼营其他业务;禁止嫖赌和吸食鸦片;不接待个人亲属朋友;非因号事不准到小号串门;回家休假时不得到财东和掌柜家闲坐;不准向财东和掌柜送礼;如有婚丧喜庆由号内送礼,伙友之间不准互相送礼;伙友之间不得互相借钱;不得在外惹是生非;若有过失不得互相推诿包庇;打架斗殴者开除;拨弄是非者开除;结伙营私者开除;不听指挥调动者开除。②财东:只能在结账时行使权力,平时不得在号内食宿、借钱或指使号内人员为自己办事；不得干预号内人事；经理对外代表商号，财东不得以商号名义在外活动。③学徒和职员：学徒3年内不得回家，出师后每3年（或1年）探亲一次；从业人员不得在营业地结婚；作坊工匠和饲养放牧工人属雇用性质，不属号内从业人员，但分内工外工，外工受内工管理；工人中成绩突出者，予以奖励。少数通事行的号规还规定，学徒入号的头10年内除在总号学做生意的一般知识3年外，还必须到蒙古前营柜、后营柜分别学习3年，首先学会蒙古语和当地生活习惯，然后学习与蒙古人做生意的方法，熟记熟背营业的路线和宿息地点。④总号与分号之间的联系：不论指示、安排或请示、汇报，均用编号和记日期的书信，书信写法用暗语；重大机密派高级职员亲往口授；上级可以定期不定期进行查庄，或考核从业人员的得失和实绩。上述号规，如发现某职不能遵守，有舞弊现象，打发回家。凡被某商号开除的人员，别的商号一律不用，这一条也是晋商的独特之处，所以号规虽严，但违者寥寥。

（十二）岗位培训，德智并重

晋商虽系封建商人，但对于职工教育却十分重视。元朝时，运城盐商就设有子弟学较，明清时代商号培训职工，一般是通过实地训练，也有少数集中训练的。如大盛魁虽在蒙古、俄国经商，但是职工却在祁县太谷招聘，经亲朋推荐，经理考核，相貌端正的十五六岁的男青年才能入选。入选后先到归化城，然后再到蒙古科布多接受专门训练，学习蒙古语或俄语、维吾尔语，然后分别到柜上跟老职工学习业务。职工教育内容：一是思想方面，主要是日常教育。如大盛魁每逢年节，要在其财神庙内，向财神像下的一条扁担、二条麻绳、二个筐子叩头。除夕晚上，必须吃小米粥，纪念以货郎担起家的创业祖宗，不忘创业艰辛，以此为号规，200多年不改。还设有财神股、狗股，每年给狗演一台戏，纪念"财神"和救过主人性命的狗，实际是对职工进行信义教育。曹家商号每年磨豆腐3次，每次磨豆腐，经理必须向磨神烧香叩头，以乞求神灵保佑，因曹家发家是在东北朝阳磨豆腐，以此进行传统教育。二是业务教育。徒弟入号，分给老职工带领，在实际业务中教育他们学习业务技术，将培训教育与实绩考核、增顶身股相结合，不断提高职工创业精神和业务素质。

（十三）预提"护本"，严防"空底"

商业资本在经营中会因市场风险、信用风险等发生亏赔账，损及资本，以致发生信用危机，危及企业存亡。为防御风险，晋商设计了一种预提"护本"的办法，即在账期分红时，不能只顾分红，不管未来有无风险，需从红利中预提一定数额的可能发生倒账的损失，建立风险基金，专款存储，一旦发生损失，以此作为补偿。这种预提款叫"护本"，也叫"撇除疲账"或"预提倒款"，建立风险基金的目的，在于防止拖欠倒累，亏折资本，出现"空底"，即今日所谓的"空壳企业"。

（十四）"倍成""厚股"，充实流资

"倍成"是在账期分红时，按股东份额比例，提留一部分红利，充作扩大经营的资金来源。所谓"厚股"，是在年终结算时，将应收账款、现存商品及其他资产予以折扣，使企业实际资产超过账面资产。另外，还有一些企业实行"公座厚利"制度，即在职工身股和财东银股未分配之前就提取一部分利润，作为"公座"，它与倍股的不同之处在于倍股是从股东分红中提取，公座是从身股和财东银股应分红中提取。无论是倍股、厚成或公座厚利，其目的均在于增加商号流动资金，以扩大业务，反对急功近利和短期行为。

（十五）酌盈济虚，抽疲转快

这是晋商货币资本经营中的重要办法，即在总分号之间、各分号之间调度资金、增加放款、扩大利润的做法。因为各分号在营业中，经常会出现现金盈绌和行市疲快的矛盾现象：有的地方现金多余，银根松，利率低，款放不出去，资金闲置；另一些地方则现金不足，银根吃紧，利率上升，无款可放，支付困难。为了尽可能盈利，必须在各分号之间调度款项，否则，不仅不能放款生息，而且盈余地客户向短绌地汇款的业务也做不成，因为该地无现银可以付出，这时按理应当调运现银，但费用高昂，而且需费时等待。对此情况，山西票号的办法是"酌盈济虚，抽疲转快"，就是用现银多的地方的钱去接济短绌的地方。具体办法是通过异地顺汇和逆汇办法，实现抽疲转快、酌盈济虚，平衡资金市场供求，扩展业务。如京师分庄盈，库伦分庄短，库伦可主动吸收向京师的汇款，在库伦取款，京师付出，此叫顺汇；也可以由库伦分庄先贷款给当地的商人，允去京取款购货京师先付出，库伦后取进，此叫逆汇。这样不仅平衡了两地现银盈绌，也多赚了贷款和汇款的业务收入。这种做法要求各分号间及时通报业务，互通信息。这是晋商发达的一个重要诀窍。

（十六）镖运汇兑，组织钱市

各地现金的盈绌，即使酌盈济虚，少量的现银调运还是不可避免。为了保证银两调运，山西商人自设镖局，武装押运。有人考证，镖局鼻祖乃山西神拳张黑五。不论张黑五是何时代人，但山西人设立的镖局最多却是事实，这是与商业运现分不开的。北京、张家口、蒙古三岔河多处有山西人经营的镖局。运现之外，晋商发展了汇兑，还有"克钱"、"拨兑"以及"谱拨银"、"城钱子"等多种信用工具和融资方法，发行了凭帖（本票）、兑帖（汇票）以及汇兑的其他形式如上帖、上票、壶瓶帖、期帖等，这些商业票据和银行票据，实际上与货币无多大差别。可见商品经营资本和货币经营资本的发展。清代中期，山西商人活跃的地方多数都出现了钱市——每日清早各钱商集聚在固定地区，进行货币与资金交易，并由钱业行会组织管理，操纵行市和汇水，具有现代金融市场的某些特征。

（十七）对待"相与"，同舟共济

在晋商中，相互指友好的同行为"相与"，凡是"相与"必须善始善终，同舟共济。他们不乱交友，需经过了解，认为可以共事，才与之银钱来往，否则婉言谢绝。既是"相与"必竭力维持，即使无利可图，也不可中途绝交。榆次常家天亨玉掌柜王盛林（汾阳人）在东家生破产还债需抽回天亨玉资本时，向其"相与"大盛魁借银三四万两，让东家将资本利润全部抽走，天亨玉毫无资本全赖借款支撑，改组为天亨永，照常营业，未发生倒闭，全凭了王盛林的人格信用。1929 年大盛魁危机时，王掌柜派人送去二万银元，同事们坚决反对，认为此款无法归还，王正色道："假如二十年前没有大盛魁的维持，天亨玉早完了，哪里还有天亨永呢？"票号经理李宏龄著书《同舟忠告》说："区区商号如一叶扁舟，浮沉于惊涛骇浪之中，稍一不慎倾覆随之……必须同心以共济。"

（十八）商业文化，神社会戏

晋商不是埋头业务的赚钱狂，由于在职伙友均不带家眷，业余时间如何引导则是一件重要事情。各商号都很重视商业文化，不仅注意培养职工的信义观念、创业精神、风险精神、艰苦奋斗精神，注意培养职工的商业意识、竞争意识、核算观念，又注意职工的文化娱乐、个人价值。各行业都有自己崇祀的偶像，逢年过节参拜叩头，而且组织同乡会坐馆，相互帮助，大的商号还有自己的戏班子，山西人喜欢听晋剧，张家口、内蒙古各地群众因山西商人的关系，也喜欢观看北路梆子。万荣潘家、祁县乔家等都有自己的戏班子，各地商会行社均要在一年内多次演戏，于是一个城市几乎天天可以不花钱看戏。坐落在苏州城内的全晋会馆，就是昔日山西商人的办公地和戏园，今日是江苏戏剧博物馆。不少商人发财以后，还乐施好义，捐资办学，设立书院，或助赈行义，修桥筑路，办好事。从而提高了商号与商人的社会地位。这本身就是一种无形资产和广告。

三、晋商衰败的教训

晋商衰败是从 19 世纪中期开始的，但完全彻底崩溃是在 20 世纪三四十年代。究其衰败的原因和教训，不外主观客观两方面。

（一）交通改变，商路转移，失却地理优势

山西商人的贸易重心在蒙古、俄国，由于 19 世纪末铁路、轮船等现代交通工具的引入，海上贸易迅速扩大，沿海、沿江（长江）商路扩大，欧洲以及俄国的商品多经海上输入中国，出口商品亦由海上输出，原来的经山西北出归化、库伦、恰克图的路线顿时冷落。而京包线的开通，也改变了晋商货运的格局，山西商务失去了地理优势。

（二）外商入侵，洋货泛滥，失去了旧有市场

自鸦片战争开始，五口通商，洋货输入，洋行入侵，旧有的中国市场上插进了以坚船利炮为后盾，经营现代机器生产的成本低、质量好的洋商品的洋行这样一支竞争对手。晋商拜倒在清政府下，清政府拜倒在洋人下。自然晋商不是洋商的对手。

（三）财东腐败，不理号事，管理混乱

清末，山西商人的财东已渐渐失去其创始人的精神和风貌，只知坐家享受，不知业务艰辛，嫖娼纳妾，赌博吸毒，不理号事，而各地商号管理人员见财东腐败，也乘机捣鬼，亏赔增加。

（四）清廷退位，贷款荒废，存款逼提

随着清政府垮台，官吏四散，山西票号对政府的放款一夜之内成为荒账，而官吏个人的存款却需如数支付，挤兑风潮将票号逼得只能关门破产。

（五）"十月革命"，俄蒙解放，晋商资产被没收

1917 年俄国"十月革命"，继而蒙古独立，实行社会主义革命，没收私人资本。驻俄、驻蒙商人失去了巨大的北方市场。

（六）股东无限责任，破产后失去老本

晋商在企业组织制度上，采取股东无限责任制，在商号破产倒闭时，对商号所负债务有无限责任，用商号全部财产抵债后仍不能付清时可向股

东追索，股东只得用自己的家产来偿付，最后搞得平遥、太谷、介休等多家商号财东倾家荡产，土地、房产等全部赔光，有的竟落得无立足之地，只得沿街乞讨。

（七）拒绝改革，固守旧制，失去发展机会

清末，在外商入侵，西方现代银行制度和企业组织形式传入后，江浙商人逐渐摆脱中国封建企业的组织形式，与外商联系，日趋买办化，使其业务获得一定发展，在商路改变、失去地理优势、洋货深入、土产滞销、市场缩小的情况下，山西商人旧有的组织管理形式、经营方针受到了外商和买办商人势力的严重挑战，在省的不少有识之士一致呼吁改革。在京票商经理李宏龄联合在京师的祁、太、平三帮票号经理，倡议各票号共同入股，组合股份有限公司形式的三晋汇业银行，得到了重庆、汉口、西安、济南、营口、兰州、广州等十处票号响应，纷纷寄信山西总号，劝导掌柜改组票号，设立银行，与大清银行等现代金融业抗衡，以保晋商之利益。此时票号在全国 80 多个城镇和国外多处设立分店，营业机构达到近 400个，本该适应交通电信发展，改革各地分号伙友班期（三年一班不准回家改为二年以下，以近人情，调动伙友积极性），开办电报汇兑，创办自己的现代学校，学习外语和现代业务技术，以便与洋商交易，经理出洋考察，了解外情，接受新潮，并草拟改组银行的章程计划，上书总号。然而总号负责人责骂他们为"自谋发财"，"毋庸审议，束之高阁"，以致坐失良机，终被历史所淘汰。

由上可见，外强入侵，这是晋商受到的最初也是最长时间的打击。1911 年辛亥革命，山西商人尤其是票号商人损失惨重，三年之内票号倒闭达 65％，这是第二次沉重打击。1917 年俄国"十月革命"后和随后的蒙古独立，晋商势力遭到第三次打击。虽然 1919 年阎锡山曾为山西商务衰落问题，呼吁各地商会，振兴山西商务，然而在旧中国那样的条件下，许多客观因素是根本无法改变的。1931 年东北沦陷和 1937 年日寇占领华北、华东，使山西商人遭受第四次打击，到抗战爆发后，勉强支持下来的山西商号和钱庄，都处于苟延残喘之中。到 1949 年新中国成立前夕，晋商残留商号在外国帝国主义和国内官僚资本主义的打击下已奄奄一息，在1952 年和 1956 年的对资本主义银行和资本主义工商业社会主义改造中，也乐意走向公私合营，敲锣打鼓，庆祝社会主义的胜利。

马克思主义原理告诉我们，存在决定意识。到 20 世纪 30 年代末晋商的长剧已接近尾声，日本强盗的铁蹄踏入山西，使已经虚弱疲弊的晋商又遭欺凌。为了打击日寇，八路军开入山西，建立抗日根据地，由于物资奇缺，经费困难，不得不在经济上实行军事共产主义，直到解放战争，全国胜利。新中国成立以后，停止了供给制，但未经发展商品经济，就学习苏联经验，立即进入了高度集中的计划经济。1978 年以来的改革开放使有计划商品经济正成为经济生活的主旋律，由于认识落后于现实，商品意识、风险精神、开拓进取精神在不同部门不同层次的人们思想中产生了不同的反映。

四、晋商荣衰史对现代山西人的启示

应当承认，山西商人毕竟是封建商人，是中国封建社会后期的产物，其对外开拓贸易的策略，其经营管理的经验，是中国封建社会的东西，如同我们今天搞社会主义建设不能照搬西方经验一样，晋商的经验绝不能成为我们现代山西人发展经济的指导思想。但是，中国封建社会后期正是资本主义萌芽和封建经济解体时期，其商品经济的某些成功的技术和做法，与今天我们搞有计划商品经济不是毫无关系，在商品经济共性方面，还是可能给我们若干启示的。假若能够借鉴古代山西商人的开拓精神和经营方略，重振山西商务和金融，促进山西经济起飞，这将是对社会主义经济的一个巨大贡献。

（一）重商兴省，开拓贸易，把山西经济推向良性循环

针对山西产品出省计划内产品调拨比重高，计划外商品交易比重低，输入商品大于输出商品，价值双向流失的现状，急需开拓商品市场。可借鉴晋商重商兴省，以销促产，开拓贸易，扩大积累，建立地方经济良性循环。改变价值双向流失—财政困难—技术改造减少—市场竞争能力降低—价值双向流失加剧的非良性循环，形成出省、出口商品扩大—财政收入增加—技术改造加快—市场竞争能力提高—出省、出口商品进一步扩大的良性循环。要达到此目的，关键在多做生意，扩大商品输出才能积累资金，步入良性循环轨道。

（二）抓住机遇，外贸北移，开拓苏东蒙市场

山西人与俄罗斯贸易已中断 70 多年，而现在却出现了新的机遇，这就是苏联实行市场经济，东欧国家与蒙古也转向市场轨道；我国经济改革后，省级外贸有了一定自主权，中苏沿边贸易正在发展。所以重振山西与

俄罗斯、蒙古、东欧的贸易机遇已经到来。但是山西外贸需调整战略方位，改南下东进为"四面外出，重心在北"的战略，抓住这个天赐良机。从主观上讲，山西产业产品结构，决定了"傻大黑粗"商品多，南下竞争没有优势，而北走苏东蒙，我们的轻工业品却受到欢迎，并就近重返旧道，运用汽车火车工具代替昔日骆驼，从而避开南下劣势，开拓山西的出口贸易市场。

（三）发展金融机构，增加金融工具，建立银企互济的新格局

银企互济，不仅是晋商的成功经验，也是列宁曾经说过的资本主义国家工业化过程的历史。只是到了 20 世纪 30 年代资本主义经济大危机后，西方诸国限制银行握有企业股票，证券市场业务只许投资银行做，以避免商业银行风险，稳定经济，但近几年，西方各国银行业务与非银行金融机构业务交叉发展很快，银行业务出现多样化趋势。我国银行能不能搞证券业务，理论界认识不一，国家尚无《银行法》出台。即使暂时不准银行从事证券业务，还可以在企业集团内组建财务公司（金融公司）。如成立山西煤炭银行，各投资公司积极介入证券市场，增加多种金融工具——银行本票、商业汇票、支票背书转让、企业短期融资债券、长期债券和股票，扩大同城票据清算网，加快培育金融市场的全面形成，尽快建立新的银企关系新格局。

（四）企业集团以商为头，发展省内与沿边、沿海、沿江、沿线（铁路）的企业集团

企业集团若以产为头，盲目性较大，信息传递慢，应变能力低，在市场风云瞬息万变的情况下，只有像古代晋商那样以商为头，以销售引导生产，并且与"四沿"企业结缘攀亲，借车、借船出口。

（五）千方百计创造环境，培养一代企业家

山西商业资本的荣兴，有一代商人企业家的贡献。如今能否重振山西商务，也有赖新一代企业家的出现。只有那些享有独立经营权的企业家才最有创业精神，也只有他们最懂得核算的秘诀、公关的本领，努力提高捕捉信息的嗅觉和灵活应变的能力。

（六）调整教育力量，集中投资，办一所综合性大学，培养务实的现代理财家

百年大计，教育为本。振兴商务离不了一批又红又专的务实的现代理财家。现在山西设有经济专业的大学共 11 所，中专数十所，投资分散，

师资分散，多头管理，力量不集中，没有发挥规模效益和综合优势。可以做适当调整，建立一所综合性的财政经济贸易大学，包括社会招生、在职干部培训，多学科，多专业，多功能，多层次，源源不断为各经济管理部门和企业输送理财人才。同时，抓紧时机，挑选一批政治可靠、懂业务的人员进行俄语蒙语训练，去苏东进修，了解苏东国情、人情，广交朋友，不断派出、招回，建立一支政治可靠、业务过硬的国际公关队伍，打开苏东蒙市场。

山西商人及其历史启示

背景说明

　　《晋商今鉴》送出不久，山西省委政策研究室就要求将其与张正明同志的一篇文章合起来，《山西商人及其历史启示》就是综合这两篇文章内容，而串起来的送审稿。时任山西省委书记的王茂林同志亲自写了1000字的批示，1991年7月10日刊于山西省委办公厅内部刊物《工作研究与交流》第1期，此文在1991年11月18日、19日两天的《山西日报》用两个整版全文公开发表，后来多家报纸对全文或摘要进行转载。《经济日报》于1992年12月4日发表了《山西日报》记者杨小中和王明祥合写的一篇报道《一篇在山西引起反响的好文章》。1992年8月出版的《山西文史资料》总第82辑转载了本文。

　　本文于1992年被评为全国报刊优秀理论文章一等奖，1993年获得山西省优秀社科成果应用一等奖。

王茂林同志关于《山西商人及其历史启示》的批示

　　在全省各级干部广泛开展学习马克思主义生产力理论、牢固确立以经济建设为中心的指导思想的时候，我向同志们推荐一篇研究和介绍"晋商"的材料，即由山西财经学院孔祥毅和省社会科学院张正明两位同志写的《山西商人及其历史启示》一文，供学习参考。

党的十一届三中全会实行改革开放政策以来，我省的经济建设取得了可喜的成就，这是值得肯定的。但是，与兄弟省市，特别是与沿海省市相比，我省有一定的差距，特别是在某些方面差距更大一点。就拿我省1990年的对外经贸来说，出口创汇占全国的份额仅为0.74%，如果只计地方创汇收入则更少，全年实际利用外资占全国的份额仅为0.33%，旅游创汇收入占全国的份额不到1%。第三产业的某些行业几乎被外省人垄断。几十万外省人在山西各地搞建筑、从事修理和服务业、摆摊设点，仅此每年就要从山西汇走10亿元左右的人民币。我省的商品流通渠道不畅，产品打不出去，特别是大量农副土特产品流不出去，也卖不到好价钱，例如苹果、红枣就是这样。而省外的食品、饮料和南方的香蕉、橘子却占领了山西市场。对于这种现象的解释，常常听到一些类似"山西一向闭关自守，传统观念根深蒂固"等言论。看一看这个材料，我们就会发现，恰恰相反，历史上的山西人具有极强的商品经济观念和开放意识。由此可见，这种把问题根本原因归结于历史传统的观点，至少是一种无知和误会。那么，能抱怨当代山西人无能吗？这种观点当然也是站不住脚的。问题的关键就在于我们各级领导的思想观念和行为方式还不能适应社会主义有计划商品经济的要求，其本质差距就在于我们各级领导思想还不够解放，改革开放的意识还不够强，因而不能够卓有成效地带领广大人民群众进行社会主义现代化经济建设。

经济史学上简称为"晋商"的山西商人，历史悠久，兴盛数百年，称雄明清两代，在中国乃至世界商业史上都占有重要的一页。历史上晋商地位如此显赫，固然得益于特定的历史背景和地理、交通等客观条件，但更在于其重商立业、诚信义利的战略思想，不畏艰辛、开拓进取的创业精神，讲究战术、善于管理的经营之道。我们今天结合马克思主义生产力理论的学习，回顾和研究晋商的历史，就是要通过历史的启示，充分认识山西发展的潜力，激发各级领导同志进一步解放思想，更新观念，扎实工作，为推进山西的崛起、实现兴晋富民的目标而努力奋斗。

王茂林

一九九一年七月二日

山西人经商历史悠久，自春秋至宋辽金元，史书屡有记载。到明清时代，山西商人（简称"晋商"）已发展成为国内三大商帮（晋帮、徽帮、潮帮）之首。世界经济史学者把山西商人与意大利商人相提并论，给予了很高的评价。追溯并总结明清时代山西商人的历史，对于现代山西人发展社会主义的市场经济会有重要的借鉴作用。

一、晋商概观

马克思在谈到商人资本时说："商人资本或商业资本分为两个形式，即商品经营资本和货币经营资本。"山西商人正是这样，其商品经营资本（如绸缎庄、茶庄、颜料庄、布庄等）和货币经营资本（如票号、账庄、钱庄、当铺）相互渗透，相互支持，混合生长，至清代则上通清廷，下结官绅，商路达数万里之遥，款项可"汇通天下"。从蒙古草原的骆驼商队到长江口起锚出海的商船，从呼伦贝尔草原的醋坊到贵州的茅台酒厂，都由山西人经营；南起香港、加尔各答，北到伊尔库茨克、西伯利亚、莫斯科、彼得堡，东到大阪、神户、横滨、仁川，西达塔尔巴哈台、喀什噶尔、阿拉伯国家，都留下山西商人的足迹。当时，山西商人中有不少人可以用蒙古语、维吾尔语、俄语与北方少数民族和俄国人洽谈贸易。晋商自称："凡是有麻雀能飞到的地方都有山西人。"如今，晋商遗迹随处可见，如扬州的亢园、苏州的全晋会馆、亳州的花戏楼等。1961年有人在北京调查，55家明清工商业会馆中有山西会馆15家，占27%。如同意大利北部伦巴第商人在伦敦把伦巴第街发展成为英国金融中心一样，晋商曾使张家口的日升昌巷（以日升昌票号命号）一度发展成为北亚的金融贸易中心。山西商人所到之地，设庄贸易，成为商品集散之地，逐渐由曾经的村镇发展为城市。在东北有"先有曹家号，后有朝阳县"，内蒙古有"先有复盛西，后有包头城"，青海有"先有晋益老，后有西宁城"等说法。

山西人背井离乡外出经商者有多少人，迄今无法稽考。截至1933年7月1日的山海关报告反映，东北沦陷后从关外返回的山西商人达17万人，而这个数字还不足在东北山西商人总数的1/3。1920年阎锡山接见因"十月革命"从俄国被驱返回的山西商人代表时，汾阳代表说，在俄国的山西商人有1万人。山西商人以其特有的开拓进取和敢冒风险的精神，在明清时代演出了一场长达数百年的大型商业话剧，其舞台之广大，演员之众多，在世界贸易金融史上是罕见的。

综观山西商人在其鼎盛时期的主要特征，可以概括为以下四点：

（一）商业网络遍布全国乃至北亚地区

山西商人在清代进入鼎盛时期，其商业网络已遍布国内大江南北、长城内外，并延伸到整个北亚地区。同时，在商业企业组织形式上，出现了分号制的独资或合资企业。所谓分号制，即财东独立投资或合伙投资办商号，总商号又分设若干分号于全国各大商埠，而且商号或分号又可以投资办小商号，类似近代西方资本主义国家通过控制股权形式的母子公司。另外还实行联号制，即由财东投资办若干个不同行业的各自独立核算和经营的商号或票号，在业务上相互联系，相互服务，相互支持，这种网络体系近似现代企业集团。太谷曹家的企业在 19 世纪 20～50 年代有 13 种行业、640 多家商号、3.7 万名职工，资本达 1000 多万两白银。其商号名称多数冠以"锦"字，如锦霞明、锦丰庆、锦亨泰绸缎庄，锦泉涌、锦泉汇、锦丰焕、锦丰典、锦隆德钱庄，锦元懋账庄，锦生润票号等，分布于朝阳、赤峰、建昌、凌源、沈阳、锦州、四平、太原、榆次、屯留、长子、黎城、襄垣、东观、天津、北京、徐州、济南、苏州、杭州、上海、广州、四川、兰州、新疆、张家口、库伦、恰克图、伊尔库茨克、莫斯科等地。在曹家这个"锦"字集团之中包含了多家商号、多种经营、多处分支，形成了曹家的商业网络。在管理上，通过"励金德"管理设在太原、潞安及江南各地的商号，通过"用通玉"管理设在东北的各商号，通过"三晋川"管理设在山东的各商号。励金德管辖的彩霞蔚绸缎庄下辖张家口的锦泰亨、黎城的瑞霞当、榆次的广生店、太谷的锦生蔚商号，其经营盈亏，财东曹氏不直接过问，而是由彩霞蔚向励金德负责的。如果彩霞蔚所属锦泰亨等商号经理需面见财东，应由彩霞蔚所属锦泰亨等商号经理先引见励金德经理，再由励金德经理引见财东。在保持各商号独立核算基础上，由上一级商号领导相互进行信息交换、联合采办商品、融通资金、调剂人才等，发挥了综合优势，形成强有力的曹家企业集团。独资企业之外，合伙企业也很多。清末俄国驻中国领事馆官员尼·维·鲍戈亚夫连斯基在《长城外的中国西部地区》一书中说："汉族人则特别喜欢联合行事，特别喜欢各种形式的合股……有些商行掌握了整省整省的贸易。其办法就是把某一地区的所有商人都招来入股。因此，在中国早已有了现代美国托拉斯式企业的成熟样板，当前在中国西部地区的主要是山西和天津的商行。"这种管理体制使晋商资本雄厚，分支机构多，业务覆盖面很大，其活动范围不仅伸展到黄河流域、长江流域、云贵高原、青藏高原、东南沿海、东北、西北，而且东渡日本、北出俄国以至欧洲大部，到处开展商业活动。他们不放过任何一个赚钱的机会，诸如宁夏枸杞、西藏麝香、武夷茶叶，还有日本生铜、高丽人参、俄国金属制品，甚至欧洲洋货，都在山西商人经营的业务之内。山西介休皇商范氏，在 18 世纪往返于长江口和日本长崎之间，垄断从日本进口铜的贸易七八十年。当时国内有洋船 15 只左右，范氏就拥有六七只。

在山西商人的远距离长途贩运贸易中，逐渐开拓和形成了几条商路，其中主干线南起广州，中经山西晋中地区，北达蒙古、新疆及俄国，进入欧洲市场，可称作"茶马之路"，南来"烟酒糖布茶"，北来"牛羊骆驼马"。其线路大致分为：

（1）平遥、祁县、太谷—子洪口—潞安—晋城—清化—开封—周口—汉口—长沙—广州。

（2）平遥、祁县、太谷—太原—忻州—黄花梁—杀虎口—归化（呼和浩特）—库伦（乌兰巴托）—恰克图—伊尔库茨克—新西伯利亚—莫斯科。

（3）平遥、祁县、太谷—太原—忻州—黄花梁—张家口—多伦—齐齐哈尔—满洲里。

（4）苏州—扬州—临清—北京—张家口—库伦—恰克图……

（5）天津—北京—张家口—大同—杀虎口—包头—宁夏—张掖—古城—乌鲁木齐……

（6）库伦—科布多—古城—乌鲁木齐—伊犁—塔尔巴哈台。

（二）垄断对蒙俄的贸易

山西地处中原农业区与北方游牧区的中间地带，山西商人便利用这一地理特点，以南北物资交流作为主要的商业活动。清代的旅蒙商，是由康熙时的随军贸易演变而来的。清政府规定，旅蒙商须领取政府颁发的"龙票"后方可到蒙古经商。在清代旅蒙商中主要是山西商人。他们根据蒙古人的日常生活所需，用较为廉价的绸布、茶叶、烟酒和金属器皿及工具等，换取各类牧畜、毛皮等畜产品。山西商人还根据畜牧业经济的生产特点，在春夏之交，走串帐篷，把商品赊销给蒙古牧民。当面以货物折算牲畜、皮毛，所易牲畜先不收取，等到秋冬之际，蒙古牧民把牲畜养得膘满肥壮时，再收取畜产品以及赊购应付的利息。旅蒙商的经营地域有前营、后营之分，前营即乌里雅苏台，后营即科布多，均在今蒙古地区。另外还有呼伦贝尔地区。山西旅蒙商号著名的有大盛魁、兴隆魁、长盛川、大昌川等。其中大盛魁极盛时同蒙古的贸易额年约900万~1000万两白银，每年有1500头骆驼往来于长城和乌里雅苏台之间，其从业人员达六七千人，时人形容"大盛魁"的财产，可以用50两重的银元宝从库伦（乌兰巴托）到北京铺一条路。

山西商人对俄贸易的主市场在恰克图。恰克图位于库伦（乌兰巴托）北，色楞格斯克附近。雍正五年（1727年）中俄两国签订《恰克图条约》后，确定此处为中俄贸易点。恰克图中方商贸由山西人垄断。俄商先是用毛皮换取中国的商品，从19世纪30年代起，毛皮逐渐被呢绒纺织品所代替。到30年代末期，呢绒已占俄对华贸易的50%。中国在乾隆三十三年（1768年）以前，出口以绸缎、棉布、大黄为主。此后，茶叶出口日增，进入19世纪40年代，茶叶出口已占首位，咸丰二年（1852年）茶叶已占全部出口额的93%。恰克图贸易给双方商人带来了很大利润。俄国商人在恰克图以2卢布买1磅茶叶，转运至彼得堡可卖3卢布1磅，赚利三四成。有些商品转运至西欧，获利更丰。同时，还给俄国政府带来了关税收入。1760年俄国从恰克图收的关税已占俄国全国关税收入的24%，1775年又上升到38.5%。道光年间（1821~1850年）恰克图一处俄国对华贸易额，占俄国全部对外贸易的40%~60%，最高时达到60%以上，而中国对外输出商品的16%和输入商品的19%通过这里。后来，山西商人除在恰克图进行边境贸易外，还逐渐深入俄国的克拉斯诺亚尔斯克、新西伯利亚、伊尔库茨克、彼得堡等地设立山西商业分号。另外东部的海拉尔和西部的塔尔巴哈台，也是中俄贸易的重要市场，山西商人在该地也很活跃。

（三）商品经营资本与货币经营资本混合生长和相互支持

货币经营资本是随着商品经营资本的发展而发展起来的。随着山西商业资本的发展，山西商人逐渐办起了不同业务形式的金融商号，如经营银钱兑换的钱庄，经营货币借贷的账庄，经营异地汇款的票号，经营消费信用的当铺，经营小额短期借款的印局等。开始时，这些业务在商号内附设，以后逐渐成为独立经营的货币商号——金融业。这些商号被西方人称为"山西银行"。山西商人投资商业，也投资银行，往往一个财东既有商店，又有票号、钱庄。如介休冀家有绸缎、茶叶、皮毛、布匹、杂货等商号，又有账局、钱庄、票号、当铺等金融机构，仅在湖北襄樊一带就有70余家商号、十几家当铺；其经营地点南起湖北，北到喇嘛庙和库伦。晋商的金融业首先用于支持其百货业的资金需要。可以说，晋商的商业和金融业相互渗透，混合生长，形成了高效融资的机制，加速了资本的周转和增值。

（四）结托政府和官吏

一个有利的经商环境，不仅取决于顾客盈门、交通便利等条件，更在于政府及其官员对商号的态度及管理。清太宗皇太极未入关之前占领抚顺时，山西商人就与其建立了联系，进行人参、貂皮交易。清入关时，曾以招抚山西商人为一大急务。入关后顺治皇帝召见介休商人范永年等，赐张家口房产，隶内务府籍。康熙三十五年（1696年）平定噶尔丹叛乱时，山西祁县、太谷人张杰、史大学、王相卿等一批商人随军进入蒙古乌里雅苏台和科布多地区从事随军贸易，以服务军需为要务，得清廷赏识，后得以受"龙票"（作用同今出口许可证）从事与蒙、俄贸易。这是封建社会的山西商人能在竞争中取胜并不断开拓业务的重要原因。

二、晋商精神

山西商人之所以能称雄商界数百年，从客观上分析，有其地理环境和历史因素。比如，土地瘠贫，生计困难，不得不远走他乡，谋取什一之利；地处塞边，位居北方游牧民族地区与中原汉民族农业地区之间，成为南北物资交流的要冲；山西地下资源丰富，手工业发达，铁器、铁货受到消费者欢迎，如晋城缝衣针远销北亚诸国；再加上明代政府实行食盐"开中法"，为北方边镇80万驻军筹措粮草，允许商人运粮草到边镇驻军之地，领取卖食盐的执照——盐引，到指定盐场支取食盐，这一政策开始实施时山西人便捷足先登，从事贩运粮盐的贸易；等等。然而，山西商人发展的主观因素更为重要。山西商人不畏艰辛、敢冒风险的开拓创业精神，被西方学者称为"山西精神"。不过严格地讲，应当说是"晋商精神"。"晋商精神"可以概括为四个方面：

（一）重商立业的人生观

在中国长期的封建社会里，重农抑商是历代政府的经济政策。"朝廷贵农，而不乐于耕；朝廷贱商，而人日趋入市，则以为商贾之利胜于农也。"① 当然，经商在外，"必远父母，别妻子，离乡井，淹岁月，归来无时"②，"幸获多资，走马牵车捆载而归，不幸则困死于外者往往也"③。可见，经商外出风险是很大的。然而人心思富，富商大贾"走远方，积金钱。夸耀闾里，外则车骑，入则广厦，交接缙绅"④。谁人不羡？故亲朋提携，乡友引进，络绎不绝，走上商途。尤其是晋中一带，在子弟出路选择上，优秀者学商，已成风气。山西人自宋元以后，逐渐在民间形成了一种重商观念，即"以商致财，用财守本"的立业思想，这就是通过经商获得金钱，然后置房产，买田地，再以土地出租和放高利贷、经商获取收入，以其商业收入发展商业和金融业，建立以商业为始点的价值循环和增值过程。这种与传统伦理观念相悖的人生观，是山西商业发达的思想基础。

（二）诚信义利的价值观

山西人同全国各地人一样受孔孟之道影响，崇尚信义，在其重商立业的创业思想指导下，在"义"和"利"的问题上，有其独特的理解和行为规范。主张"君子爱财，取之有道"。明清时期，几乎每个城市都有孔庙、关庙。很多关庙是山西商人所建。关庙作为祀奉关云长的地方，之所以被山西人百倍信崇，均在于"信"、"义"二字。晋商与关云长乃乡亲关系，将关云长尊为财神，以其信义教育同行，以其武功"保佑"自己的商业利润。清末民初，归化城内同乡社共有16个，除蔚州、京都、新疆三社崇祀关帝、天皇、马神外，其余13个山西同乡社全部崇祀关帝。同时存在的商业行会有38个，其中有一半以上也供奉关帝，以关帝为偶像，联结行会，保卫集团利益。据老商人回忆，山西人每到一地经商，一经发展，先修关帝庙。清末一个小小归化城就有7座关庙，并且各商号在号规中大都规定了"重信义、除虚伪"，"贵忠诚，鄙利己，奉博爱，薄嫉恨"，反对采取卑劣手段骗取钱财。晋商史料中就有很多不惜折本亏赔，也要保证企业信誉的记载。因此，各地百姓购买晋商商品，只认商标，不还价格。

（三）艰苦奋斗的创业精神

山西地处黄土高原，自然条件比较差。旧志称："晋省天寒地瘠，生

---

①②③④ 《怡青堂诗文集》卷一。

物鲜少……人稠地狭，岁之年人，不过秫麦谷豆。此外，一切家常需要之物，皆从远省贩运而至。"① 在这种环境中出身的山西商人，多能不畏艰险，万里行贾，勤俭经商，如清人纪晓岚《阅微草堂笔记》载："山西人多商于外，10余岁辄从人学贸易，俟蓄积有资，始归纳妇。"清人何秋涛《朔方备乘》卷四十六称："所有恰克图贸易商民，皆晋省人，商民俗尚勤俭，故多获利。"尤其往来于"茶马之路"的商人，贩茶于福建、湖南，销售于大漠之北，千山万水，穿沙漠瀚海，夏则头顶烈日，冬则餐冰饮雪，"饥渴劳病，寇贼虫狼，日与为伴"，年复一年奔波于商途。而经商于新疆、蒙古、俄国、日本的山西商人，更要克服语言和生活习惯障碍，没有艰苦奋斗的创业精神是难以称雄于商界的。

（四）同舟共济的协调思想

山西商人笃信"和气生财"，重视与社会各方面的和谐相处，尤其在同业往来中既保持公平竞争，又相互支持和关照。在晋商中，相互友好的同行被称为"相与"。凡是"相与"，必须善始善终，同舟共济。建立"相与"关系，须经过了解，认为可以共事，才与之银钱来往，否则婉言谢绝。既是"相与"，必竭力维持，即使无利可图，也不可中途绝交。榆次常家天亨玉掌柜王盛林（汾阳人）在东家发生破产还债需抽回天亨玉资本时，向其"相与"大盛魁借银三四万两，让东家将资本利润全部抽走；天亨玉毫无资本全赖借款支撑，改组为天亨永，照常营业，未发生倒闭，全凭了王盛林的人格信用。1929年大盛魁危机时，王掌柜派人送去2万银元，同事们坚决反对，认为此款无法归还，王正色道："假如20年前没有大盛魁的维持，天亨玉早完了，哪里还有天亨永呢？"票号经理李宏龄著书《同舟忠告》说："区区商号如一叶扁舟，浮沉于惊涛骇浪之中，稍一不慎倾覆随之……必须同心以共济。"

三、经营策略

山西商人在其长期业务活动中，逐渐积累了一套自己的经营策略。在经营方针上：维护商誉，信用第一；审时度势，人弃我取；周到服务，薄利多销。在业务管理上：以销联产，销运结合；组织行会，保护商利；任人唯贤，量才录用；人身顶股，协调劳资；严格号规，节欲杜弊；职工教

---

① 《汾阳县志》（咸丰朝）卷十。

育，德智并重。在资金运营上：预提"护本"，严防"空底"；"倍股"、"厚成"，充实流资；酌盈济虚，抽疲转快。

（一）维护商誉，信用第一

晋商视商誉为命根，坚持信用第一，做买卖脚踏实地，不冒险取巧，赚不骄傲，赔不气馁，宁赔本也不做玷污商号招牌的事。如祁县乔家在包头的复盛油坊，运胡麻油回山西销售，经手职工为图厚利，在油中掺假，掌柜发现后，即令另行换装，经济上虽受了损失，却招得近悦远来。咸丰年间，复盛西面铺掌柜立账把斗秤放大，比市上加一成，市民争相到该号购买。

（二）审时度势，人弃我取

晋商在经营中很重视审时度势，深思远谋，深入调查研究，不贪图近期利益，甚少短期行为；别人不注意经营的业务，他们锐意经营，常能出奇制胜。而在资产负债管理中又能谨慎行事，如既要发行钱帖，扩大资金来源，又要现金准备充足，防御凭帖挤兑、存户提现、当票质典，甚至还要准备地方政府财政急待周济时的立即垫付。这样做，使客户感到可与其"相与"，信用卓著，乐与往来。他们在业务经营中坚持了人弃我取的战术，封闭山西市场，使外省商人无法进入，继而垄断了北方贸易。因为潮商面南出海，徽商占据长江流域和江浙地区，对苦寒之地及沙漠瀚海多驻足不前。山西商人便利用地理优势，吃苦耐劳，艰苦创业，牢牢控制了汉民族农业区和北方游牧民族区商品交换的有利地带，发展了自己的业务"领地"。在商品经营中，晋商又用同样的办法，为人之所不为、走人之所不走、办人之所不办的商务。如在蒙古地区供应冻饺子；深入云贵深山贩卖川盐；进入青海、西藏收购麝香等贵重药材；在京城筛煤球、开饭馆；在福建、安徽、江苏、湖南买茶，就地加工，经长途贩运，直达欧洲市场。山西商人的商路和经营地区，各帮自有选择，绝不一哄而上，相竞于一业一地，自然形成了各帮商人自己比较固定的商路和经营地域。如临汾、襄汾帮走北京、兰州和天水；绛州帮走西安、三原、宝鸡、兰州；平遥、祁县、太谷帮走东北、北京、天津、张家口、蒙古、新疆、苏州、扬州；汾阳帮和徐沟帮走俄国、蒙古；宁武、代州帮走呼伦贝尔和归化；泽州帮走河南、安徽、山东；潞安帮走北京、河北等。走东北者，榆次常家商号以长白山人参和高丽参为主要购进商品，输出四川夏布；走扬州者，祁县渠家、临汾亢家主做淮盐生意；走蒙古者，祁县王家、太谷史家。各帮到南方贩茶也各有固定地点。当然，这种战术必须建立在对市场的准确预测基础上，其预测的准确性，一是来自"义利"思想的"服务"原则，二是来自经验的积累，三是来自各方及时、准确的信息。

（三）周到服务，薄利多销

晋商以服务周到和薄利实惠，博得客户欢迎，这是其扩大营业额、增加利润的基本办法。如旅蒙商为了适应草地牧民缺医少药的情况及其生活习惯，从业人员学习针灸，在蒙古遇到牧民患一般疾病，可以帮助治疗，取信于牧民。牧民便不问其价格，争相购货，没钱可以赊销，或用羊牛马交换。商人换得羊羔牛犊，还委托牧民无偿代养，待长得膘肥肉满再带走。晋商在内地采购牧民需要的砖茶、烟丝、布匹、铁器、银器、白酒、食糖、炒米、糕点、木桶、木碗、穿壶、药包、蒙靴、马毡以及寺院喇嘛用品等，将布料拉成不同尺寸的蒙古袍料任蒙古人选购，并按蒙医用药习惯分72味、48味、36味、24味四种，分别做成药包，用蒙、汉、藏文注明药名、效用。这些周到的服务充分满足了客户的生活需要。为了保证商品质量，他们选择手工业作坊特别定制，以可靠的质量赢得顾客的信赖，使经营业务扩大，利润自丰。

（四）以销联产，销运结合

晋商从事异地贩运贸易，沟通生产与消费，不仅需要了解销地的消费习惯、消费水平、市场容量，还要清楚产地的生产情况，即产品性能、规格品种、产量和售价等。为了保证商誉，提高服务质量、扩大业务、稳定产销关系十分重要。所以他们采取以销联产的办法，实行销产挂钩，或直接组织生产加工。如作为大宗出口商品的茶叶，平祁太商人多在湖南羊楼司、羊楼洞，安徽六安，福建武夷等地设茶叶加工厂；或包购茶山产品，自己加工，统一包装，加盖自己商号的商标。到销地后，信誉很高，客户只认商标，不加检验，从而保证了客户稳定、市场稳定、业务稳定。其他如潞安、泽州绸缎，交城皮货等，均因固定购销，不仅货源充足，而且质量也有保障。另外，由于山西商人的经营方式主要是贩运贸易，其运输自然就十分重要。销运结合，自运自销，既保证了供货及时，货物完好，又赚取了运输费用。大盛魁始建于康熙初年，停业于1929年，经营了250多年，总号设在蒙古科布多，采买茶叶和其他农产品、手工业制品于江南和中原地区，船载、车拉于河南，改用骆驼北上库伦、恰克图、喀什噶尔四大部、唐努乌梁海，进入俄国西伯利亚、莫斯科和欧洲市场，或经科布多西行，到新疆古城、塔尔巴哈台，进入西亚。大盛魁拥有骆驼多达 1.6 万~2 万头，养狗 1000 余只，在其长途跋涉贩运中主要依靠自己的骆驼商队，不设过多的中间环节，整个蒙古地区东西 6000 多华里、南北 2000 多华里，基本上是依靠总号和两个分号组织贸易活动。并根据蒙古地区特点，基本不依靠铺面柜台做生意，而是用自己的驼队在草原上流动售货，其驼队的行动路线和销售业务由总号和两个分号直接调度。

（五）组织行会，保护商利

晋商无论在何地经营，均要修建会馆，建立同乡会、行会，如钱行、颜料行、缸行、面行、布行等，并由各商号经理轮流担任执事，定期和不定期聚会，商量会事，制订行规，处理商务纠纷，办理商务立法和执法事宜，甚至还建立商团武装，保卫商务，乃至巡查弹压，维护地方治安。如包头的商会就具有以上多种职能。在归化城三贤庙有一块"严禁沙钱"的铜碑，是山西货币商人行会宝丰社为维护正常货币流通，收缴私铸沙钱熔毁后立下的永禁沙钱流通的"永久性布告"。晋商还以行会名义出面与地方政府或其他商帮交涉商务纠纷，维护本帮商人利益。

（六）任人唯贤，量才录用

晋商财东认为："得人者昌，政界固然，商界何独不然！"其选拔人才，委托重任，都要在实践中考验。按一定标准招选的学徒，需徒步赴指定分号，先当学徒，三年内不设座位，除了伺候掌柜提三壶（水壶、茶壶、便壶）、打杂活、搞卫生外，就是练习打算盘、写字，三年内不准回家。贤者出师后任以专职，不贤者打发回家。经多年实际业务考验，选能任贤，委以重任，不分门户，不问私情，量才录用。"任人唯贤"还包括知人善任，根据人才的特长，分配工作岗位：帅才者，调任分号经理（掌柜）；秀才者，任以文书。协同庆票号经理孟子元选用赵厚田"冒险姑苏，急难皋兰（兰州），回翔于成都重庆间二十余年，能使全局营业稳操胜算，皆赖赵君之力"。各商号业务发展，依靠着一大批善于理财的优秀人才，而优秀人才的发现和任用也促进了山西商务的发展。

（七）人身顶股，协调劳资

晋商在人事劳资管理中的独特之处是人身股制度，就是商号、票号中的掌柜、职员以自己个人劳动力顶股份，与财东的银股（也称资本股）一起参与红利分配。总经理的股份份额由财东确定，而号内各职能部门负责人、分号经理及一般职员是否顶股，顶多少股，由总经理决定。身股的份额是按职员的工作能力和工作效率来确定的。总经理最多为一股（即十厘）。曹家励金德商号经理每届账期结账时，可分到身股红利八九千到1万两白银。协理、襄理七八厘不等，一般职员一二厘，还有一厘以下的。但不是职员人人都可以顶股，一般有顶股资格的是薪金比较高的老职工，大体占全部职工的1/3。一般老企业的身股比重较高，新企业的身股比重较低，像大盛魁这样长达250多年的老商号，后期的人身股份额大大超过了资本股份额，全部利润的一半以上由顶股职工分去。这一做法，把职工个人利益与企业利益、财东利益紧密联系在一起。下层职工和学徒为了登上高位，多顶股份，努力地为商号工作，从而使劳资关系得以协调。

（八）严格号规，节欲杜弊

晋商不论经营什么生意，商号号规极严。其基本内容为：①号内人员：一律不准携带家眷；不准长借短欠；不得挪用号内财物；不得兼营其他业务；禁止嫖赌和吸食鸦片；不接待个人亲属朋友；非因号事不准到小号串门；回家休假时不得到财东和掌柜家闲坐；不准向财东和掌柜送礼；如有婚丧喜庆号内送礼，伙友之间不准互相送礼；伙友之间不得互相借钱；不得在外惹是生非；若有过失不得互相推诿、包庇。打架斗殴者开除；拨弄是非者开除；结伙营私者开除；不听指挥调动者开除。②财东：只能在结账时行使权力，平时不得在号内食宿、借钱或指使号内人员为自己办事；不得干预号内人事；经理对外代表商号，财东不得以商号名义在外活动。③学徒和职员：学徒3年内不得回家；出师后每3年（或1年）探亲1次；从业人员不得在营业地结婚；作坊工匠和饲养放牧工人属临时雇用性质，不属号内从业人员，但分内工、外工，外工受内工管理；工人中成绩突出者，予以奖励。少数商号的号规还规定，学徒入号的头10年，除了在总号学做生意的一般知识3年外，还必须到蒙古前营柜、后营柜分别学习3年，首先学会蒙古语和熟悉当地生活习惯，然后学习与蒙古人做生意的方法，熟记熟背经营的路线和宿息地点。④总号与分号之间的联系：不论指示、安排或请示、汇报，均用编号和记日期的书信；写书信用暗语；重大机密派高级职员亲往口授；上级可以定期或不定期进行查庄，考核从业人员的得失和实绩。上述号规，如发现某职工不能遵守，有舞弊现象，即打发回家。凡被某商号开除的人员，别的商号一律不用，这一条也是晋商的独特之处。所以号规虽严，但违者寥寥。

（九）职工教育，德智并重

晋商虽系封建商人，但对于职工教育却十分重视。元朝时，运城盐商就设有子弟学校。明清时代商号培训职工，一般是通过实地训练，也有少数集中训练的。如大盛魁虽在蒙古、俄国做生意，但是职工却在祁县、太谷招聘，经亲朋推荐，经理考核，相貌端正的十五六岁的男青年才能入选。入选后先到归化城，然后再到蒙古科布多接受专门训练，学习蒙古语或俄语、维吾尔语，然后分到柜上跟老职工学习业务。职工教育内容：一是思想方面，主要是日常教育。如大盛魁每逢佳节，要在其财神庙内，向财神像下的一条扁担、两条麻绳、两个筐子叩头；除夕晚上，必须吃小米粥，纪念以货郎担起家的创业祖宗，不忘创业艰辛（以此为号规，200多年不改）；还设有财神股、狗股，实际是对职工进行信义教育。曹家商号每年磨豆腐三次，每次磨豆腐经理必亲自向磨神烧香叩头，以乞神灵保佑（因曹家发家是在东北朝阳磨豆腐，以此进行传统教育）。二是业务教育。徒弟入号，分给老职工带领，在实际业务中教育他们学习业务技术，将培训教育与实绩考核、增加顶身股相结合，不断激励职工创业精神，提高业务素质。

晋商不是埋头业务的赚钱狂，对待普通职工的生活也很关心，以便稳定人心，服务于企业。由于在职伙友均不带家，业余时间如何引导就成为一件重要事情。各商号不仅注意培养职工信义观念、创业精神、敢冒风险精神、艰苦奋斗精神，注意培养职工的商业意识、竞争意识、核算观念，而且还注意职工的文化娱乐和个人价值的实现。各行业都有自己崇祀的偶像，逢年过节参拜叩头，而且组织同乡会馆，相互帮助。大的商号还有自己的戏班。山西人喜欢听晋剧，张家口、内蒙古各地群众因山西商人的关系，也喜欢观看北路梆子。万荣潘家、祁县乔家等都有自己的戏班，各地商会行社都要在一年内多次演戏，于是一个城市几乎天天可以不花钱看戏。坐落在苏州城内的全晋会馆，就是昔日山西商人的办公地和戏园，今日是江苏戏剧博物馆。不少商人发财以后，还乐施好义，捐资办学，设立民书院，或助赈行义，修桥筑路，办好事，从而提高了商号与商人的社会地位。这本身就是一种无形资产和广告。

（十）预提"护本"，严防"空底"

商业资本在经营中常因市场风险、信用风险等发生亏赔倒账，损及资本，以致发生信用危机，危及企业存亡。为防御风险，晋商设计了一种预提"护本"的办法，即在账期分红时，不能只顾分红，不管未来有无风险，需从红利中预提一定数额的可能发生倒账的损失，建立风险基金，专款存储，一旦发生损失，以此作为补偿。这种预提款叫"护本"，也叫"撤除疲账"或"预提倒款"。建立风险基金的目的在于防止拖欠倒累，亏折资本，出现"空底"，即今日所谓的"空壳企业"。

（十一）"倍股"、"厚成"，充实流资

"倍股"是在账期分红时，按股东份额比例，提留一部分红利，充作扩大经营的资金来源。所谓"厚成"，是在年终结算时，将应收账款、划存商品以及其他资产，予以折扣，使企业实际资产超过账面资产。另外，还有一些企业实行"公座厚利"制度，即在职工身股和财东银股未分配之前就提取一部分利润，作为"公座"，它与倍股的不同之处在于，倍股是从股东分红中提取，公座是从身股和财东银股应分红中提取。无论是倍股、厚成还是公座厚利，其目的皆在于增加商号流动资金，以扩大业务。

（十二）酌盈济虚，抽疲转快

这是晋商货币资本经营中的重要办法，即在总分号之间、各分号之间调度资金、增加放款、扩大利润的做法。各分号在营业中，经常会出现现金盈绌和行市疲快的矛盾现象：有的地方现金多余，银根松，利率低，款放不出去，资金闲置；另一些地方现金不足，银根吃紧，利率上升，无款可放，支付困难。为了尽可能盈利，必须在各分号之间调度款项，否则，不仅不能放款生息，而且盈余地客户向短绌地汇款的业务也做不成，因为该地无现银可以付出，这时按理应当调动现银，但费用高昂，而且需费时等待。对此情况，山西票号的办法是"酌盈济虚，抽疲转快"，就是用现银多的地方的钱去接济短绌的地方。具体办法是通过异地顺汇和逆汇办法，实现抽疲转快、酌盈济虚，平衡资金市场供求，扩展业务。如京师分庄盈，库伦分庄短，库伦可主动吸收向京师的汇款，在库伦收款，京师付出，此叫顺汇；也可以由库伦分庄先贷款给当地的商人，允其在京取款购货，京师先付出，库伦后收进，叫逆汇。这样不仅平衡了两地现银盈绌，也多赚了贷款和汇款的业务收入。这种做法要求各分号间及时通报业务，互通信息。这是晋商发达的一个重要诀窍。

然而，各地现金的盈绌，即使酌盈济虚，少量的现银调运还是不可避免。为了保证银两调运，山西商人自设镖局，武装押运。有人考证，镖局鼻祖乃山西神拳张黑五。不论张黑五是何时代的人，但山西人设立的镖局最多却是事实，这是与商业运现分不开的。北京、张家口、蒙古三岔河多处有山西人经营的镖局。运现之外，晋商还发展了汇兑、"克钱"、"拨兑"以及"谱拨银"、"城钱子"等多种信用工具和融资方法，发行了凭帖（支票）、兑帖（汇票），以及汇兑的其他形式如上帖、上票、壶瓶帖、期帖等，这些商业票据和银行票据实际上与货币无多大差别。可见商业资本和货币经营的发展，创造了多种信用流通工具，这些工具又反过来促进了金融贸易的繁荣和发展。清代中期，凡是山西商人活跃的地方，多数都出现了"钱币"——每日清早各钱商集聚在固定地区，进行货币与资金交易，并由钱业行会组织管理，操纵行市和汇水，具有现代金融市场的某些特征。

四、历史启示

称雄明清两代、兴盛数百年的晋商，到了 19 世纪末期，由于外国资本主义的侵略和清政府的压榨，加之现代交通发展，海上贸易和沿海、沿江商路扩大，原经山西的陆路贸易相对冷落，终于走向了衰落。

今天，我们进行社会主义经济建设需要借鉴历史经验。应该看到，所谓晋商毕竟是封建商人，是中国封建社会后期的产物，其经营管理的经验、对外开拓贸易的策略，都具有封建社会的色彩，当然不能照搬。但我们是辩证唯物主义和历史唯物主义者，"历史的经验值得注意"。山西商人的经验教训、经营之道在今天仍然具有重要的借鉴意义。那么，明清山西商人的历史能给我们些什么启示呢？

（一）要树立重商兴省、积极开拓贸易的观念

明清时期山西与江浙、广东同为富庶之省。清朝惠亲王绵愉奏称："富庶之省，莫过广东、山西"。而山西之富室，"多以经商起家"。如"介休县百万（银两）之家以十计，祁县百万（银两）之家以数十计"。明清时山西人的观念并不以经商为耻，而以经商为荣。清代山西巡抚刘於义说："山右积习重利之念，甚于重名，子弟俊秀者，多入贸易之途，其次宁为胥吏，至中才以下，方使之读书应试。"这就是说，在当时山西，一流人才经商，二流人才到衙门做事，三流人才方读书应试。但是现代山西人的经商观念已十分淡薄，更不能与江浙人和广东人相比。当然，这与新中国成立后的一些年忽视商品经济有关。马克思说："商品流通是资本的起点，商品生产和发达的商品流通，即贸易，是资本产生的历史前提。"今天我们搞改革开放，发展有计划的商品经济，就必须重视商品生产和商品流通。明清山西商人的经验也告诉我们，按照山西的省情，重商

能把经济搞活，可以兴晋富民。换言之，忽视商业，山西人自己不干，势必丢掉省内市场，更谈不上对外开拓，结果山西的经济就很难搞活，要取得较快发展困难也就比较大。

（二）开拓贸易，扩大货币积累，把山西经济推向良性循环

对山西产品出省计划内产品调拨比重高，计划外商品交易比重低，输入商品大于输出商品，价值双向流失严重的现状，急需开拓商品市场。可借鉴晋商重商兴省的做法，以销促产，开拓贸易，扩大积累，建立地方经济良性循环。改变价值双向流失—财政困难—技术改造减少—市场竞争能力降低—价值双向流失加剧的非良性循环，形成扩大出省、出口商品—财政收入增加—技术改造加快—市场竞争能力提高—出省、出口商品进一步扩大的良性循环。要达到此目的，关键在多做生意，扩大商品输出以便积累资金，步入良性循环轨道。

（三）抓住机遇，多方位出击，做活生意

明清时山西商人"足迹遍天下"，经商方针是"人弃我取，薄利多销"。现在山西省的经济体制改革，使省级外贸有了一定的自主权。因此，结合山西地处内陆和中部的特点，我们要多方位出击，既要与东南沿海地区进行贸易，也要与东北、西北、西南地区进行贸易。近年来，东北、西北与苏联贸易，内蒙古与蒙古人民共和国贸易正在发展。我们应抓住这个机遇，实行"四面外出，重心在北"的战略，重振山西与苏联、蒙古、东欧的贸易。应该看到，目前山西的产业产品结构决定了山西省"傻大黑粗"商品多的特点，因而南下竞争优势不大。但是北走苏、东、蒙，尚有相当竞争力。因此，重返旧道，利用汽车、火车等现代交通工具，开拓山西的北路、西北路出口贸易市场，还是很有潜力、很有希望的。

（四）发展金融机构，增加金融工具，建立银企互济的新格局

银企互济，不仅是晋商的成功经验，也是列宁曾经说过的资本主义国家工业化过程的历史经验。近几年，西方各国银行与非银行金融机构业务交叉发展很快，银行业务出现多样化的趋势。我国银行能不能搞证券业务，目前理论界认识不一，国家尚未颁布《银行法》。即使暂时不准银行从事证券业务，还可以在企业集团内组建财务公司，成立山西煤炭银行，各投资公司积极介入证券市场，增加多种金融工具——银行本票、商业汇票、企业短期融资债券、长期债券和股票，扩大同城票据结算网，加快培

育金融市场全面形成，尽快建立新的银企互济新格局。

（五）以商为头，发展省内与沿边、沿海、沿江、沿线（铁路）的企业集团

企业集团若以生产为龙头，那么势必盲目性较大，信息传递慢，应变能力差。在市场风云瞬息万变的情况下，要像晋商那样以商为头，以销售引导生产，并且与"四沿"企业结缘攀亲，借车、借船出口。

（六）千方百计创造环境，培养一代企业家

山西商业资本的荣兴，有几代商人企业家的贡献，如今能否重振山西商务，也有赖于新一代企业家的出现。只有那些享有独立经营权的企业家，才最有创业精神；也只有他们最懂得核算的秘诀，具有很强的公关本领、敏锐的信息意识和灵活的应变能力。

历史是一面镜子。我们要在总结前人经验教训的基础上，让历史为现实服务。我们相信，只要各级领导同志真正坚持改革开放，牢牢树立以经济建设为中心的指导思想，进一步确立重商兴省的观念，制定一些有利于发展山西商业的政策、措施，经过大家的共同努力，我们就一定能够把山西的经济搞上去，就一定能够实现"兴晋富民"的目标。

发展对俄贸易是重振山西商务的契机

背景说明

　　本文是 1992 年应时任中国工商银行太原分行陈春堂行长之约，起草的一份报告的中心部分。当时苏联解体，独联体各国走向独立自主的市场经济体制，昔日晋商在俄罗斯有 1 万多人，在 18 世纪 40 年代中国对俄贸易仅次于对英贸易，占第二位。俄对华贸易常常达到对外贸易总额的 60% 左右，而且基本是由晋商垄断着。独联体的开放政策给了当代晋商对俄贸易的机会。

一、昔日晋商对俄贸易的概况

　　中俄两国早在清代就已有贸易往来。清政府可直接控制海外贸易，进出口贸易授权广州 13 行办理，商人欲发展对外经济往来，要经过 13 家牙行的盘剥。但政府对中国北方对俄贸易管理很松。康熙二十八年（1689 年），《中俄尼布楚条约》签订以后，中俄两国人民持有护照就可以过界往来互市。直到咸丰元年（1851 年），政府对中俄贸易向不收税，给山西商人对俄贸易创造了一个有利的机会。坐落在中俄边界上的恰克图是中俄最大的边贸市场，并由山西商人绝对垄断。大商号如大升玉、福顺德、天和兴、恒隆发、锦泰亨、大成兴、天庆隆、祥发永、大家玉、大盛魁、大珍玉近 30 多家商号、钱庄垄断了市场。仅榆次常家就有好几个商号。除边贸外，山西商人穿沙漠，过瀚海，在俄国的莫斯科、托木斯克、耶尔古特斯克、克拉斯诺、西尔斯克、新西伯利亚、巴尔纳岛、比西克、上乌金斯克、聂尔庆斯克、彼得堡等城市设有很多分号，从业人数多达 1 万人以上。向俄输出大宗商品为茶叶，输入主要为呢绒及金属制品。从长江、汉水、运河将南方茶叶运至河南周口、朱仙镇，然后再运到山西，出雁门关、杀虎口，经归化城（今呼和浩特）、库伦（今乌兰巴托）、恰克图、西伯利亚、伊尔库茨克，到莫斯科、彼得堡。这条通道是山西人垄断的一条鲜为人知的"茶马之路"。

雍正初年，由恰克图市场对俄贸易每年大约 100 万卢布，乾隆中期达到 200 万卢布，嘉庆年间增加到 600 万卢布，以后继续增加。到道光二十三年（1843 年），经晋商之手，运往恰克图的中国商品，仅茶叶一项便达 12 万箱（每箱 100 磅），价值 1240 万卢布，其他如曲沃烟丝，晋城的缝衣针，大同的铜器，太原陈醋以及鞋帽、衣服、瓷器、马鞍、火镰、刀剪等，大量运输到俄国。这一年经山西商人之手输入中国毛皮 123 万张、毛呢 1.1 万匹、天鹅绒 117 万俄尺、亚麻布 57 万俄尺、羽纱 2600 俄尺。恰克图一处的输出入商品占到中国对国外商品输出入总额的 16% 和 19%，中国对俄国贸易仅次于对英国贸易，占第二位。不要忘记，这是由山西商人垄断着的。

除恰克图市场外，还有东北边境的海拉尔市场，西北边的塔尔巴哈台（今塔城）市场，这东西两市场也是由山西人垄断的。到 1912 年，仅海拉尔输出入商品大约为 1625 万卢布和 83 万卢布。清代中后期，俄国对华贸易占了全部对外贸易的 40% ～ 60%，其中 1840 ～ 1850 年，常常达到 60% 以上。中国向俄国输出每年约 800 万卢布。俄对华的贸易差额用白银支付。可以说，经山西商人之手从俄国换回大量白银，补充了中国的银币不足。

为促进对俄的商品贸易，山西人把票号、钱庄、账局等金融机构设往俄国，并对俄商提供商业信用，以至曾在清末发生了俄商米德尔样夫等五家商人倒欠山西榆次大泉玉等十余家商号款项，发生经济纠纷，派代表在莫斯科沙皇宫廷进行诉讼。

山西商人为中俄经济交流和发展做出了杰出的贡献。

二、当前独联体各国迫切希望对华贸易

苏联解体后，独联体各国旧有的经济分工和协作关系遭到破坏，在长期忽视轻工业生产的情况下，市场紧张，消费品严重供应不足，因而十分

欢迎中国商品。这些国家农业基础比较好，森林覆盖率高达70%，重工业、尖端工业先进，基础雄厚。但是，消费品工业相对落后，尤其是涉及人们生活的食品工业，日用品工业。

现在独联体各国迅速向市场经济转变，对外开放。彼得堡（列宁格勒）已被定为经济特区。据说俄罗斯政府决定要把十月革命前在彼得堡的47家外国银行请回去。当时我们山西的钱庄、票号就在那里设有多家分支机构。自然应该是被俄罗斯人请回去的对象。中俄两国人民有着深厚的传统友谊，俄国人很喜欢中国人，对日本人不感兴趣。当前中国台湾商人在俄国很活跃，与上层人物频频接触。据说大陆的个体户、商户在俄国有3万多人，他们作为"国际倒爷"，正在闯荡欧洲，但是，这轮中国商人进入俄国，却不是山西人领头，更不是山西商人垄断，而是四川、山东、黑龙江、辽宁、新疆人。中国的服装、鞋帽、食品、味精、塑料制品、热水瓶、玩具等，受到俄国人极大的欢迎。

尽管目前独联体一些国家还有些民族问题未得到全部解决，但俄国人传统的文明礼貌、遵纪守法并未受到影响，更为重要的是那里地大物博，资源丰富，农产品及其他工业原料都比较充裕，只是加工工业落后，市场网点太少，市场上消费品供应不足。他们很愿意与中国人做买卖。

三、发展对俄货易是重振山西商务的契机

晋商与俄商的交往有悠久的历史，在中断了70多年的贸易往来之后的今天，再度往来的条件已经形成，山西商人再闯欧洲的良机已经出现。

中俄贸易有很大的互补性。相互之间有着几千公里的国境线，以物易物的边界贸易是个很好的方式。我们可以用大量对俄输出轻工业制品启动我们疲软的市场，换取俄国的汽车、飞机、船舶、木材、水泥等我们短缺的产品，装备我们的交通、运输和工业企业，我们可以组织力量到俄国种菜、做豆腐、加工豆制品，生产饼干及其他食品，开办餐馆、旅店，我们可以到俄国投资办厂，兴办服装加工、皮革加工等加工工业。

山西和俄国发展现代贸易的通道基本上可以沿着昔日山西商人的商路，只是把原来的牛车、骆驼商队改为汽车、火车和飞机就是了。昔日晋商与俄商的贸易主要有三条通道：一是南出风陵渡过河，经西安、兰州、乌鲁木齐、伊犁到塔城；二是由大同、丰镇、集宁、二连浩特，经乌兰巴托进入俄罗斯，沿贝加尔湖过伊尔库茨克、新西伯利亚到莫斯科；三是由

大同至赤峰、齐齐哈尔、海拉尔进入俄罗斯的西伯利亚东部地区。当代中俄铁路基本上是沿着昔日山西商人的足迹行进的。若再开辟太原、大同至伊尔库茨克、阿拉木图、莫斯科等地的空中航道，将有希望恢复昔日的北亚与欧洲市场。

因此，山西的对外开放，可以考虑对俄贸易。

组织一支劳务队伍，进入独联体各国。这支劳务队伍包括：①种菜的菜农；②开饭店的厨师；③食品加工的面点师、豆腐师；④建筑工队伍。

组织省内有实力的工业、商业企业分别进入独联体各国，成立商场及连锁店，专营中国货。

组织餐旅业，在彼得堡、莫斯科以及各国首都开办中国式餐馆和饭店。

组织一批汽车队，将山西商品直运俄国。建立不受人制约的运输队伍，由山西省大同市、太原市机车厂生产一批客货车与铁道部门合作，在三条铁路通道上运行。

开辟通俄空中航线。

重组恒隆发、大盛川票号、锦泉亨钱庄等金融机构返回彼得堡等俄国城市，为中俄贸易服务。

发展中俄文化、教育交流，培育新一代对俄贸易人才。

重振山西对俄贸易的契机百年不遇，机不可失，时不再来。

商可富民，商可强国

背景说明

本文原载《文史研究》1993 年第 1 期、第 2 期合刊，1993 年 4 月被全国中青年商业企业管理研究会等学术团体推荐收录入唐昌黎、郭崇高主编的《科学研究成果文库·经济卷》，中国经济出版社 1993 年 7 月出版。商可富民，商可强国，流通就是生产力。商业的核心是市场，市场的力量是巨大的。

称雄商界 500 多年的晋商，在历史上赢得了与意大利商人媲美的殊荣。

晋商在其长期发展中形成的一套文化思想体系，其精髓在于被称为晋商精神的重商立业的人生观，诚信义利的价值观，艰苦奋斗的创业精神和同舟共济的协调思想。

晋商精神今何在？

晋商技艺几家知？

弘扬晋商精神，重振晋商雄风，当成为晋商后代——当代山西人在改革开放大潮中的关系山西经济社会发展的选择。

一、商可富民·商可兴省·商可强国

商，商业，广义的理解，应是大商业，包括整个流通，工厂的购销、商业的批零、金融的交易和劳务的供应。晋商，就是山西人从事手工业生产、贩运贸易、商品交换和金融业务的总称。

商可富民。山西古时"土瘠天寒，生物鲜少"，"故禹贡冀州无贡物"。由于"土之所有不能给半，岁之食不能得，不得不贸迁有无，取给他乡"。[①] 在他们的商业活动中，造就了一代又一代的富室大户。司马迁说："猗顿用盬盐起"，"兴富于猗氏"，"赀拟王公，名驰天下"[②]。到明代，"平阳、泽、潞富豪甲天下，非数十万不称富。"[③]《清高祖实录》记载："山西富户，百十万家资者，不一而足。"《清稗类钞》有一段记述："山西富室，多以经商起家。亢氏（今临汾亢家堡）称数千万两，实为最巨。"

光绪时期富人资产达七八百万两至 30 万两者，列表如下：

表1　光绪时期富人资产汇总

姓氏	资产额	住地
候	700 万~800 万两	介休县
曾	600 万~700 万两	太谷县
乔	400 万~500 万两	祁县
渠	300 万~400 万两	太谷县
常	100 多万两	榆次县
刘	100 万两左右	太谷县
候	80 万两	榆次县
武	50 万两	太谷县
王	50 万两	榆次县
孟	40 万两	太谷县
何	40 万两	
杨	30 万两	太谷县
冀	30 万两	介休县
郝	30 万两	榆次县

他们不仅家资数百万贯，而且供子弟读书入仕，出了许多有名的政治、经济、科技和文化人物，影响着国家政治外交活动和经济政策。

---

① 康基田：《晋乘略》卷二。
② 司马迁：《史记·货殖列传》及裴骃所做《集解》。
③ 谢肇淛：《五杂俎》。

当今，个体工商户、私人企业老板，不正是私人小汽车、"大哥大"的主要拥有者吗？多少目光锐利的大学学士、硕士蜂拥南下，受雇于各类工商企业，这不正是开放大潮中的商流使然？

商可兴省。一个地区商业的兴衰，往往是其地经济发展水平的标志。《光绪朝东华录》记述："晋省向称财富之区，实则民无恒业，多半携资外出，贸易营生。"1723年（雍正元年），呼伦贝尔草原上的驻军将军，发现该地"水草丰茂，树木丛生，禽兽繁殖，土地膏"，奏准建城，"筑土房为围，划清街道，招山西商行市易，为蒙旗会集场"。这就是海拉尔城的来历。至今该城还有一条正阳街，为山西宁武人聚居之地。山西人食醋的习惯也传给了当地蒙民。有一些城市的发迹，是与山西商人分不开的。在青海省，有"先有晋益老，后有西宁城"的谚语；在内蒙古，有"先有复字号，后有包头城"的谚语；在辽宁，有"先有曹家号，后有朝阳县"的谚语。山西商人不仅开发和建设着所在地，促进着该地经济的发展，其利润收入也源源汇入山西老家，外出经商最多的永济、运城、襄汾、临汾、阳城、晋城、潞安、介休、平遥、祁县、太谷、汾阳、清徐、榆次、忻州、代县等县，也是山西的殷实之区。这些地方的民风、文化和地上建筑，无不留下了明清经济文化的遗迹。晋商在哪里发展，哪里的经济就会活跃起来。晋商的贩运贸易，带动着农业和手工业的发展。

17世纪以后，山西的采煤、硝皮、造纸、陶瓷等手工业生产基地大大发展。18世纪，晋城铁冶每年收入白银数十万两。19世纪初晋城全县生铁炉达1000余座；其缝衣针供应全国，并远销中亚一带。丝绸业，明代仅长治、高平潞绸织机就有13000多台，"上供官府之用，下资小民之生"。全省出现了一批经济中心城市和商业集镇。太原城人口增多，"有举袂成云，挥汗成雨之盛"；长治荫城镇，年交易额达到1000多万两白银。当今，改革开放后的广州、深圳、佛山、温州、厦门、石狮，又何尝不是得益于大商业的发展呢！

商可强国。1912年，中国近代著名学者梁启超先生在对山西商人讲话时说，山西货币商人与意大利商人有四个相同之处：一是注重吸收政府无息存款、筹资来源相同；二是注意利用货币，从兑换中生利，利润来源相同；三是出票谨慎，信用相同；四是发生发展的时代相同。他认为，社会事业，凡是人类脑力构成者，非一部分人于顷刻之间所能指日而成。"今日欧洲生计敏活，乃积数百年之经验而后成。南意（大利）和英国金钱商，惟能日渐发达，日加改良，乃为商业之中枢者，固执金融之牛耳。"① 山西票号在清中期以后，不仅执中国金融之牛耳，而且成为清政府的财政支柱。

据清档不完全统计，咸丰三年五月初三至十月初十150天内，晋商为清政府捐资助饷34万两白银，7万吊铜钱。咸丰二年到三年晋商捐款约计267万两白银。同时，为政府承办捐纳，汇兑公款，借垫京饷协饷，筹措、汇兑、抵还外债，代理部分省关金库，认购推销"昭信股票"，等等。当然，由于清政府腐败至极，晋商不能挽救它的危亡。意大利商人、英国商人却为他们国家的原始资本积累做出了重要贡献。当代，凭借转口贸易而带动整个国家或地区经济起飞不也是实实在在的事实吗！

商可富民，商可兴省，商可强国，不仅被晋商、意商和英商的发展史实所证明，而且在理论上也有着不可忽视的规律。18世纪以前，先进国家普遍受重商主义影响，主张尽可能多地扩大出口，减少进口，积累财富，可以使国家强盛。后来人们又发现，贸易致富的真正原因在于，通过贸易，可以得到出售自己生产成本低的产品，购进自己可生产但生产成本高的产品，获得比较利益，尤其是落后国家和地区，购买进口品本身还可以获得先进经验。对于现代商品经济来说，没有销售就无法生产，从这个角度看，商业是生产的基础和条件。

既然商可富民、兴省、强国，那么大商业的路在何方？晋商精神已经明确回答：自己解放自己。

中国几千年来奉行重农抑商政策。社会产业分工的次序，商总是末位，还要受到抑制，称为"重本抑末"。致使明清以来的中国资本主义萌芽和原始资本积累在"农本政策"压抑下，发展极其缓慢，商业地位也因此极其低下。然而在这样的环境中，山西人却坚持了重商立业的人生观。"山右积习重利之念甚于重名。子弟俊秀者，多入贸易一途，其次宁为胥吏，至中材以下，方使之读书应试。"晋商雄风劲吹明清两季数百年的原因，首在，"敢为天下先"。他们认为，与农民比，"耕者（农民）什一（10%纳税），贾之廉者（正派商人）亦什一。贾何负于耕？古人病不廉，非病贾。"与仕途相比，"商与士，异术而同心。故善商者，处财货之场，而修高明之行，是故虽利而不污。善士者，引先王之经，而绝贷利

① 《山西票号史料》，山西人民出版社1990年版。

之径，是故必名而有成"，所以，"利以义制，名以清修，各守其业，天之鉴也。"不管别人怎么看，晋商自认为商人与农人一样重要，商业与做官一样可以清正，只有职业分工不同，没有地位贵贱之分。

当今，重政治轻经济，重生产轻流通，重工农轻商业的观念，严重地束缚着山西人。能否重振晋商雄风，关键在于能否转变观念，改变轻商思想。只要能按照党的"一个中心、两个基本点"的基本路线办事，都是正道，都是振兴中华的康庄大道。

二、生财有道·聚财有方·用财有策

晋商生财有道，道在抓住机遇，把握渠道，严守商德。

机遇，是成功的条件。山西人在明清时期曾充分地抓住了历史赐予的几次机遇，一是"开中法"。明初，长城线大量驻军，军队生活用品和战马补充，是政府的一个难题。1370 年（洪武三年）明政府采用宋代"食盐折中法"，实行"开中法"，要商人在边境交纳粮食马匹，换取定额"盐引"，凭盐引到产盐地领盐运销指定地点，这是一项可获双重利润的商品交易活动。山西人利用地理优势，捷足先登，沿边 90 万军士和 36 万马匹所需食用、装备，"赖召买盐引，接济军需，岁有常额。往时，召集山西商人，乐认淮浙两盐，输粮于各堡仓给引，前去江南投司，领盐发卖。盐法疏通，边商获利，二百来年，未闻壅滞。"① 二是民族贸易。明隆庆时期（1567～1572 年），北方游牧民族，因不堪忍受"爨无釜"（做饭无铁锅）的生活，多次要求明王朝开关互市。在几位有山西商人背景的边将和内阁成员的努力下，皇帝批准了在长城下定期通关互市，山西商人抓住机遇，向外展拓，南运烟、酒、糖、布、茶，换取蒙古的牛、羊、骆驼、马。山西人开通了蒙汉贸易，带动了南北物资的大交流。三是军需贸易。康熙中年，因噶尔丹叛乱，康熙御驾亲征，率兵北上，统一了内外蒙古。山西人在康熙出征时就跟在军队后边搞军需贸易。战乱平定后，便紧紧抓住机遇，开拓商务，使广阔的松辽平原和内外蒙古成了晋商垄断的市场。以后又逐渐在边界与俄国发生边贸，开展了对俄贸易。四是大开捐例。清咸丰时，太平天国起义，清政府不仅财政收入减少，还要派兵镇压，财政十分困难，只好大开捐例，推行卖官制度，以筹措财政经费。山

---

① 《明经世文编》卷四四七。

西商人，尤其是山西货币商人，抓住机遇，大揽生意。"各省试子入都应试，沿途川资，可由票庄汇兑，川资不足概由票庄借垫。"票号、账庄还为穷儒寒士代办捐纳，印结，运动差事。晋商除代客买官服务外，自己也动用积蓄买取虚衔或实职，捞取政治特权，从而与官场关系更加密切，为其商业经营活动创造更为宽松的环境。

生财渠道，在于开拓和创造。晋商主要生财渠道有：①异地贩运，赚取产销地区价差。例如贩运福建武夷茶到俄国，从俄国换回金属制品等，利润都在几倍以上。②自产自运自销，赚收工商运多重利润。如在湖北羊楼司等地包购茶山，即山设厂，就地加工，按欧洲人喜欢红茶、蒙古人喜欢砖茶、华北人喜欢花茶的不同习惯，分别加工包装，然后运往销地出售。③以销定购，固定产地。为了保证商品质量，晋商进货渠道稳定，多有定点加工，如对蒙古专用的商品，尤其是寺庙喇嘛用品。因此客户只认商标和字号，不问价格、质量，保持了市场的稳定。④赊售商品，记账贸易。尤其在蒙古草原上流动售货，蒙民缺少现银时常常赊售，或用幼畜作价抵充，商人还将幼畜留归原主人代养，到膘肥肉满时再赶走。这样既获得了商业利润，又赚取了提供消费信用的金融利润。⑤接近官方，吸收官款无息存放，即使放的利率不高，货币商人仍可以获得很高的利润。⑥压平擦色。在旧中国货币混乱的状况下，不仅金属货币成色不一，而且称量货币的平砝也不一样，从事钱币兑换不仅有手续费，而且还会获得压平擦色的额外利润。

恪守商业道德，是晋商的突出特点。从价值观念说，他们认为"君子爱财，生财有道"，反对赚取不义之财。晋商的商德主要有：①勤俭。②忍耐和迅速行动。③不欺，即义利，坚持"廉贾五利"原则，在"贪贾"资金周转三次时，廉贾的资金已周转五次了。薄利多销，收入自丰。④义行。赚下钱多为老百姓办好事，如修桥、铺路、兴水利等。

三、晋商聚财有方，方在聚散得法和信用创造

常言道："勤劳就是摇钱树，节俭犹如聚宝盆。"勤劳节俭是晋商的美德和聚财之方。但更为重要的却是善于运用信用形式，筹措经营资金，掌握"聚散全国金融之权，而能使之川流不息"。具体可以简述如下：

（1）兴办多种形式的信用机构。晋商在创办大量商号和手工业作坊的同时，还兴办了很多当铺、钱庄、印局、账庄（账局）、汇兑庄（票

号），并广设分支机构于全国各地以至国外。如乾隆三十三年（1768年），仅苏州一地就有山西人办的钱庄81家。这些金融机构广泛吸纳社会资金为己所用，在中国封建社会中，较早地采用了"借钱赚钱"，即用别人的钱发财的负债经营策略。

（2）把握聚散之法，区分收交和储蓄。"聚散之道，有纲领，有手续，有经验阅历……聚散之纲领，为收交储蓄。""各省分庄皆任其事，而以上海、汉口、天津、沙市、湖南、重庆、西安、兰州为收交重要之地，北京、成都、新疆，甘肃、广东为储蓄重要之地。"因为上海、汉口等为"天下商贾贸易之市，收交之事（汇兑转账）逐日有之，京川乃富豪之地，储蓄存款得心应手。""收交之灵妙，非集合各省分庄全盘运动不可为也。"

（3）创造信用流通工具。这不仅创造了信用，也加速了资金和物资的周转。晋商最早使用了商业票据和银行票据。晋商称之为"帖子"，如属于本票性质的凭帖；属于汇票性质的兑帖、上帖；属于商业票据性质的上票；属于融通票据性质的壶瓶帖；属于远期汇票的期帖。明末清初，这些商业票据和银行票据已在晋商中较广泛地被采用。

（4）创造银钱拨兑和转账结算。如清代到民国初年，垄断归化城的晋商在商品交易的货币清算上，自发地创造了这样的惯例：商品交易在一吊钱（制钱1000文）以下者，使用制钱现钱支付或用凭帖支付，也就是用现金结算或本票结算。一吊钱以上的交易，即用拨兑。如商号甲无钱购货，经与钱庄乙商议，允许代理用，甲便可以向商号丙购货，商号丙与钱庄丁有往来，钱庄乙便通知钱庄丁，声明甲已有存款，丙便可以放心地发货，无须现款。仅在甲、乙、丁之间划拨转账。但这种借款，只能相互间辗转划拨，不可提现，因为没有现金。晋商将此种办法称作"客兑银"。另外还有一种既可以拨兑，也可以提现的借款，叫谱拨银。现款限期在一月以内的又叫"点个儿现银"，等等。

（5）组织银钱行会。如归化城山西货币商人的"宝丰社"，包头城的"裕丰社"，为商业金融之总汇，协调各商关系，组织钱市交易和拆借，管理货币市场。

（6）实行"倍股"、"厚成"、"公座厚利"和"预提护本"制度。倍股，指股东分红时，提留一定比例的红利，充作流动资金；厚成，是折扣部分资产，使企业实际资产超过账面资产；公座厚利，乃对银股、身股分配之前提取部分利润，参加流通周转；预提护本，为企业分配之前提取的风险基金，以防亏赔倒账。从而保证了企业有充足的自有流动资金和正常开展经营活动，也避免了分完吃尽，从内部制度上使消费基金转化为营运资金，扩大了可以增值的资本。

（7）创立"顺汇"、"逆汇"办法，平衡现银运用。各地分支机构在经营中出现了此地现银多、彼地现银少的时候，乙地可以动员吸收向甲地的汇款，在乙地收进现款，在甲地付出，此为顺汇；由乙地先贷款给当地企业，允许其在甲地购货，甲地先付出、乙地后收进，此为逆汇。晋商的聚财方法越来越多，尚需在研究中挖掘整理。当然，当代人们的聚财方法越来越多，诸如票据贴现，票据背书转让，抵押贷款，买方信贷和卖方信贷，发行可转让的大额定期存款单，发行债券、股票，搞补偿贸易、来料加工、金融租赁、财产保险、年金、基金、礼券、奖券等。可惜当代山西人对同代人的这些聚财办法也极少运用。

晋商用财有策，贵在增值，其增值策略和技巧是多种多样的。

（1）掌握市场动态，灵活调度。晋商重视"视各庄（分支机构所在地）之出产，四时之遭遇，而做生意"，如两湖茶叶是三月上市，产棉之地是八九月收获，"预定某处之丰歉，早定计划以兑款，届时视银势松紧，于中取利，得帖水，可卜优胜。"[1] 若遇甲分号有存款，而乙分号所在地利率高，立即调甲号资金到乙地贷放，以图高利。

（2）酌盈济虚，抽疲转快。晋商企业将"资本皆存总号，设分号时不另拨资本，只给川资（无旅费）及开办费若干。分号开设后，营业需要资金，由相毗邻分号及时接济"，"全局统筹，不分畛域，为一种联合组织，其联络原则以'酌盈济虚，抽疲转快'八字为标准"。[2]

（3）信用交易，双重获利。晋商的商业批发和零售，是现金交易还是赊销，均听客自便。只是两种交易方式价格不同而已。赊销要把近期付款期间的利息加在价格上，赊销方便了客户，商人则同时获得商业利润和金融利润。

（4）产、运、销结合，一箭三雕。晋商有行商和坐商之分，但无论坐商零售，还是行商批发，多根据商品的具体情况，尽量自己加工，自办运输，从江南把茶叶运往蒙俄，从蒙俄把畜产品运往内地，虽有长途跋涉

---

① 王之涂：《票庄实事论》。
② 陆国香：《山西票号之今昔》。

之劳，却有产、运、销多重利益。专门走草地的大盛魁拥有2万多头骆驼的商队，还有随行保卫商队的2000多只狗。

（5）两权分离，自主经营。无论独资企业还是合伙企业，财东决定投资某商业时，先物色一位有经验的可信赖的人当掌柜，并在有中证人参加的宴请席上，授予掌柜资金运用权、职工调配权、业务经营权，并有文字证明合同，资本若干，由掌柜自主经营，财东只在年终或账期结账时到柜上，听取掌柜的汇报，经营不善，财东可以辞退；但平时财东不干预号事，自己子弟就业，亦不得进本号，保证了企业经营的责任性、自主性和灵活性，经营效果好。

（6）人身顶股，兼顾了三者利益。晋商伙计（职工）、掌柜（经营者）、东家（投资人）三者的利益的结合点，在于人身顶股制度，这是晋商的特色。一般票号资本总额数十万两白银，东家1万两顶1股，最少6厘。伙计视资历、能力不同，会计负责人六七厘不等，会计员二三厘不等。伙计之中顶身股者占伙计人数的50%～70%，账期分红时，财东的银股和掌柜伙计们的身股一起参加利润分配。伙计为了多顶身股，必勤勤恳恳为企业服务。

（7）借贷期限与标期结合，减少在途资金。晋商放款期限，货款延期支付期限，均以标（镖）期为期（镖运货物从某地到某地的时间为镖期）。各城市商埠标期不同。标期还有冬夏春秋季标和年标之分。依据镖运货物时间计算借期，同近代银行信贷按生产周期时间一样，可减少资金在途和闲置，加速资金和物资的周转。

（8）利润收入的资本性作用，不断滚雪球。晋商利润收入，虽然也有一部分汇入原籍，置田产、起楼阁，清末时还有吸食鸦片，任意挥霍之事，但总的来看，特别是在发展时期，主流还是把利润积累到一定水平时，再投资办企业，所以形成了一个商人开办几家、几十家商号和钱庄、当铺（不包括分支机构），各有掌柜，各自经营的局面。把利润收入再转化资本运用，使雪球越滚越大。

当代山西人用财的弊端在于无视市场动态，投资行为行政化，市场营销中的非市场行为过多，致使经营效益低下，亏损企业增多，投资者（财政）包袱越背越重。重振山西省商务，必须吸取晋商教训：在外商势力渗入，火车轮船开通，国际国内商路改变，企业组织制度纷纷改为股份有限制的条件下，晋商资本所有者不听伙友劝告，无视时代变化，固守旧有的制度，拒不改革，继续依托已经病入膏肓的封建政府，落得个与清政府同命运的可悲下场，山西货币商人一败涂地。而勉强支持下来的部分商品经营资本也很不景气。当代山西人吸取晋商的教训，就必须正视新技术革命给社会经济带来的巨大影响，眼睛盯住市场，加快改革开放的步伐，用市场策略代替非市场行为。否则，就可能再次坐失良机。

四、政企互济·银企互济·同舟共济

政府和企业之间的协调是工商业发展的必要条件。晋商在各地做生意，尤其是票号商人，历来重视与官场的交往。例如，"票号在清朝时对于应酬官场极为注意，以北京为最重要，各省会经理亦选取文雅干练之才，乃克胜任，举贡生员为数不少。北京经理常出入王公大臣之门，省会经理亦往来于督抚藩臬之署，招徕生意各逞才能。例如蔚盛长之交好庆亲王，百川通交好张之洞，协同庆交好董福祥，志成信交好粤海关某氏，均获益不浅也。"[1] 可见晋商在明清时期已经重视公共关系，尤其是对政府官员的联系，并收到官商相维之效。政府支持和关心工商业的发展是政府管理经济职能的要求，通过经济政策，为工商业发展提供宽松的环境和保护，提供必要的信息，支持工商业发展。而工商业的发展，必然为政府提供较多的税款，提供融资机制，提供良好的商品和劳务供应，这是社会文明的物质基础。

当前，山西地方各级政府急需为企业的发展提供以下服务：①宽松的企业申报手续和迅速高效的审批程序，不失时机地培育一大批股份企业、集体企业、私人企业，以上这些企业不是依靠国家而是依靠社会资金迅速出击，并跻身于20世纪90年代的商业战场。②财政资金集中投放于山西基础设施的建设上，改善交通、电信、能源、水源、环境保护等基础条件。③加强科技开发和服务体系。鉴于目前人才市场供求状况的变化，要不失时机地吸收和储备一大批技术干部，改善对他们的待遇，吸引外地人才，保住现有人才。④精简政府机构，让产品经济时代的"婆婆"尽快退休，解放"媳妇"，放手让新老媳妇在新的商品市场上去闯荡。

工商企业与银行企业之间的协调也是工商业发展的必要条件。晋商数百年的兴隆其经营活动的条件，有赖于商品经营资本和货币经营资本相互

---

[1] 范椿年：《山西票号之组织与沿革》。

支持和协调。很多山西商人既投资商品经营资本，又投资货币经营资本，商号下设钱庄、当铺、账局，或钱庄、账局下设商号、货栈。可以说，晋商称雄的血脉在金融。因为，商业资本的调度和运转，必须依赖金融机构的汇兑和划拨转账，依赖金融机构的借贷的信用见证。山西商品经营资本和货币经营资本的混合长，互相渗透，互相促进，相辅相成，与西方国家原始资本积累时期商业与金融业的密切配合是一样的。到资本主义时期，尤其是垄断时期，这种渗透和结合更加密切。列宁把工业资本和银行资本的混合生长和结合称为金融资本。不可以想象，若没有山西货币经营业向恰克图、新西伯利亚、伊尔库茨克、莫斯科、彼得堡、加尔各答、新加坡、东京、大阪、横滨、仁川等地的发展，山西商品经营资本能打到国外。外向型经济的发展，不仅包括外向型工商业，也包括外向型的金融业。

目前，晋省的银企互济，需要解决以下问题：①支持企业集团组建自己的财务公司。企业集团的财务公司承办集团内企业的存款、信贷和投资，是一种金融企业，应允许其参加金融业同业拆借市场，从而减轻企业融资困难和融资成本。②支持发展一批非银行金融机构。如共同投资基金、待业基金会、退休基金会、证券公司、信托公司、租赁公司、典当公司、风险投资公司及信用合作组织，这些金融企业可通过法人组织投资兴办，不搞私人银行。③放宽证券发行审批。证券质量由证券评估机构认定，责任由发行人和投资人自负。④组织证券市场的配套机构：资产评估公司、会计师和律师事务所。⑤大力发展证券柜台交易，积极创造条件为开办证券交易所做准备，加速培育金融市场，以便把企业推向市场融资。⑥加快专业银行企业化步伐，人民银行努力完善规范管理，当好裁判。

同舟共济的协调思想，根源于2000多年以前的孔孟之道，孔孟之道与经济发展不是没有关系的。山西一位领导人访问日本，在问到日本经济起飞的原因时，对方明确地回答："得益于中国的孔孟之道。"新加坡前驻日本、韩国特命全权大使黄望青教授说："日本经济高速发展的道理，很简单，只有一句话，东方文化和西方科技的巧妙结合。这东方文化就是孔子儒家思想。"他说："'同舟共济'、'先天下之忧而忧，后天下之乐而乐'……是日本学的中国的文化遗产。""得人心，是东方古来治国施政的明训。要提高生产力，少了这味'甘草'，药力也会不大见效的哩。"①
从宏观上讲，孔孟的经济思想，一方面主张经济的自由发展，如孔子说："天何言哉？四时行焉，百物生焉。"孟子讲的"揠苗助长"的故事，都是强调自然规律和存在。另一方面，他们又要政府顺应自然规律，予以必要的干预和指导，如孟子讲的"井田制"、"什一税"等。这些说明孔孟儒家经济思想与现代商品经济思想是无根本相悖之处的。假如各国、各地区经济发展像一场龙舟比赛，那么政府就是击鼓掌舵之人，而划手就是那些大大小小的各部门、各企业，一定要同心协力，同舟共济，方能取胜。

在商务发展中，只有实现财东、掌柜和伙计的协和，企业职工和客户的协和，生产、运输和销售的协和，批发和零售的协和，工商界和金融界的协和，企业和政府部门的协和，才能造成经济发展的大环境。

弘扬晋商的同舟共济的协调思想，各级机关、部门、企业的领导同志和工作人员都必须以党的"一个中心、两个基本点"的基本路线为指针，为重振山西商务，多谋事，少谋人，多谋经济冲击，少谋权利分配，多办实事，少搞形式，以孔子"天下为公"之心，推进改革。晋省兴，晋人富；晋省衰，晋人穷。为了兴晋富民，应禁止互相埋怨，互相扯皮，全省党政军民要精诚团结，抓住机遇，振兴商务，发展自己，这才是唯一的出路。

但愿晋商魂能够再萦三晋大地。

---

① 匡亚明：《孔子评传》，南京大学出版社 1990 年版。

再塑当代晋商新形象

背景说明

本文是 2003 年 4 月 18 日应山西企业界邀请，在晋祠"晋商新形象座谈会"上的书面发言稿。早在 1988 年作者曾撰文提出重振晋商雄风，成为社会各界共同呼声，但是山西企业界在全国的财富榜上有名者为数寥寥，再塑当代晋商的新形象是重振晋商雄风的当务之急，这就是诚信晋商、IT 晋商、外向晋商、德义晋商。

500 多年来，山西商人享誉海内外，人们都知道"凡是麻雀能飞到的地方都有山西商人"、"泽潞富豪甲天下"。但是进入 20 世纪山西迅速衰落了，特别是近 10 年，山西几乎成了贫穷落后的象征。现在讲晋商，有人以为是荣耀，山西有辉煌的历史；有人以为是耻辱，当代晋人愧对祖宗。如果当代山西人有志气，就应当弘扬晋商精神，再塑当代晋商新形象，发展现代山西，安慰祖先，荫庇后代。晋商精神是什么，当代晋商需要什么样的形象？

一、晋商精神及其变异

晋商在长期的商业活动中，离乡背井、风餐露宿、穷年累月、劳身焦思、前赴后继，数百年的坎坷与辛劳形成了一种相对稳定的思想方法、行为范式和价值观念，积累了宝贵的精神财富和经营宝训，这就是晋商精神。这是一笔泽被世人、恩惠后代的伟大遗产。晋商以其勤劳和智慧传承富裕与文明，声名远振欧亚，成为一股生生不息的力量源泉，滋润晋人，激励世人。晋商精神，其具体内容可以表述为四句话：重商立业的人生观、诚信义利的价值观、艰苦奋斗的创业精神和同舟共济的协调思想。

（1）重商立业的人生观。自古以来，中国历代政府都实行重农抑商的政策，商业和商人的社会地位最低。但是，宋元以来，山西人逐渐形成了离经叛道的重商思想，清人纪晓岚在他的《阅微草堂笔记》中说："山西人多商于外，十余岁辄从人学贸易，俟蓄积有资，始归纳妇"，连清雍正皇帝也在其《朱批谕旨》中写道："山右大约商贾居首，其次者尤肯力农，再次者谋入营伍，最下者方令读书。"① 其实，"朝廷贵农，而不乐于种，朝廷贱商，而人日趋入市，则以商贾之利胜于农也。"②

虽然经商在外，必远父母，别妻子，离乡井，淹日月，归来无期，然而"幸获多资，走马牵牛，捆载而归，不幸则困死于外者往往也"。然而，人心思富，人心向上，"走远方，积金钱，夸耀闾里，外出车骑，入则广厦，交接缙绅"③，人人羡慕。所以，山西在明清时期，在民间形成了一种以商致财、用财守本的立业思想。

（2）诚信义利的价值观。两千年来，不管有多少思想的创新或者是变革的风暴，在山西人的头脑中，对诚、信、义、利有其独特的理解和行为规范：先义后利，以义制利，并且成为晋人公认的社会行为准则。《左传》说："义，利之本也"，"利，义之和也"。以义制利，先义后利，甚至舍利取义。主张"君子爱财，取之有道"，十分珍视诚信。晋商规定："重信义，除虚伪，节情欲，敦品行，贵忠诚，鄙利己，奉博爱，薄嫉恨，喜辛苦，戒奢华"④，反对采用任何卑劣手段骗取钱财，不惜折本亏赔也要保证企业信誉。

（3）艰苦奋斗的创业精神。山西地处黄土高原，土瘠天寒，不得不贸迁有无，取给他乡。而往来于"茶马之路"的山西商人，贩茶于浙闽，销售于大漠之北，千山万水，沙漠瀚海，夏则头顶烈日，冬则餐饮冰雪，寇贼虫狼，日与为伴，年复一年，奔波于商途，百折不挠，积极进取，不断创新。

（4）同舟共济的协调思想。山西商人笃信"和气生财"，重视社会各方面的和谐相处。在同业往来中，既要保持平等竞争，又要相互支持和关

---

① 《雍正朱批谕旨》第四十七册，雍正二年五月十二日。

②③ 王锡纶：《怡青堂诗文集》卷一。

④ 颉尊三：《山西票号之构造》，载卫聚贤：《山西票号史》，重庆说文社1941年版。

照。他们称友好的同行为"相与"，凡是"相与"，必须善始善终，同舟共济。

但是，晋商精神在19世纪中期以后，特别是在20世纪前期，逐渐发生了变异。一是由于科技进步，商路改变，政局变化，财东腐败，疏于管理，拒绝改革，晋商开始走向低潮，20世纪20年代以后迅速衰落，晋商在中国的地位很快让位于江浙商人。二是19世纪50年代，咸丰朝因为外有侵略者的大炮鸦片进攻，内有太平天国运动，政府财政中极度困难，不得不实行卖官鬻爵，以补充财政收入。山西货币商人发现了为捐官者代办捐纳、印结的新业务，后来感觉到为自己为祖先购买实官或者虚衔，花翎顶戴，可以方便与官员往来，出入衙门，不仅可以揽到更多的业务，而且也可以出入威风，荣宗耀祖。政府以虚实官衔换得了商人的白银，商人以白银换得权力和荣誉。晋商由重商立业回到了官商兼顾、官商相维以至发展到官本位。这是山西文化价值取向在近代史上的重大转变，到现代就愈演愈烈了，很多人想权、要权、谋权、滥用职权，人人怕权、恨权，权力与腐败使得很多好事都难以办成。三是近百年来，"打倒孔家店"，否定孔孟之道一浪又一浪，孔孟之道中的传统精华"诚"、"信"、"忠"、"义"亦被当作封建糟粕受到了批判，严重影响了传统的社会诚信。加上供给制、"共产风"，使很多人认为国有企业、国有银行、国家干部都是国家的，"你的也是我的，我的也是你的"，贷款还不了就"豁免"，于是"有借有还，再借不难"的传统渐渐也就遗忘了。诚信出现了危机。经济往来中，转账支票不敢收受，商业汇票难于推广，坑蒙拐骗，敲诈勒索，骗钱逃债，成了社会公害。四是山西与东南部地区比较，虽是苦寒地区，但是除了特大旱灾，一般都可以勉强生活，不至于饿死。加上18世纪中期到20世纪中期，社会变乱、战事频繁，在多变环境下，惧怕风险，逐渐堕化了人们的进取精神，安贫乐道，少富即安，宁可在家门口晒太阳，或者拣烂菜叶过日子，也不想"下岗"无事"走西口"，和当年山西人与贫穷和命运挑战而"走口外"、"闯关东"的先辈们形成鲜明的对照。

虽然梁启超先生曾经分析过山西商人与欧洲商人有很多相似之处，但是，欧洲商业革命与金融革命很快发展到了工业革命，而同期的中国商业革命，却迟迟看不见中国工业化的曙光，让欧洲走在了前头，而且距离越拉越大。需要指出，欧洲商业革命开始于文艺复兴运动和地理大发现，那是一场针对宗教统治和落后的农业社会的思想解放运动，是对神权的清算，是对人权的张扬，是对科学的崇尚，进而造成人性的解放和技术的进步、保护和推广，加上商业革命和金融革命所带来的国际交流、资本积累和企业组织制度的创新，使工业革命成为不可阻挡的潮流。而中国商业革命缺少思想文化的解放。天朝帝国居高临下，不可能有社会制度和经济制度创新的环境和条件，而且自从晋商将视野盯住官场以后，很容易获得丰厚利润，通过商业与金融创新去寻求新发展就不再重要了。对晋商企业存在的制度性缺陷没有及时进行改革，票号本可以利用在国内外的数百个分支机构，学习外域先进技术，创办现代学校，学习外语，组织经理出洋考察，了解外情，接受新潮，实施改革措施，以便与洋商交易，进行资产重组。然而总号负责人不屑一顾，以致坐失良机。

二、晋商精神的传承与弘扬：当代晋商新形象

经济社会发展史证明，商可以富民，商可以强国，流通也是生产力。没有流通，商品价值就无法实现，也就没有再生产，因而也就没有社会的繁荣和发展。贱商、抑商是没有理论依据的。农业的现代化，就是商品化、市场化、城市化、工业化。当今社会，无商不富，无商不城，事实上当代社会已是商业社会。欧洲商业革命中出现了重商主义者，后来在工业革命的初期受到了古典经济学家亚当·斯密的批判，20 世纪 30 年代以后又有了凯恩斯的否定之否定，以及新重商主义等。现在来看，发达国家向外扩张，需要自由贸易和自由放任；不发达国家加快自己的区域经济发展，需要必要的干预和管理。重商主义对不发达国家来说需要的，在一个国家的不发达省区同样也是需要的。

近一个世纪以来，虽然重商立业的人生观在山西大地发生了一定的变异，但是并不是荡然无存，思想意识的转变总是落后于经济社会变革的。在当代山西人身上，仍然有很多晋商的遗风：当代山西绝大多数人勤劳节俭、精打细算、善于积蓄，是对晋商善于理财思想到传承；当代山西绝大多数人忠厚老实、办事沉稳，令人信赖，也是对晋商精神的传承。有一位走南闯北的山东儒商一年前曾对我说过："我接触过很多企业，雇员中被炒鱿鱼者山西人最少，虽然山西人走出去的不多，一旦被录用，一般都会长期任用，提拔也不慢，不像其他地方的人坑蒙拐骗，山西商人还是要出头的。"改革开放以来的 20 多年，山西成长起来的一大批当代晋商，都

是晋商精神的传承人和弘扬者。晋商精神尚在，晋商精神需要进一步弘扬。

弘扬晋商精神，要敢于进市场、下商场、闯洋场，与省内外、国内外商人交朋友、谈生意、做买卖。风险是客观存在，利益越大风险就越大，利益越小风险越小。认识风险、判断风险、驾驭风险，分散、规避和转移风险的实战经验只能在实际中学习、摸索和提高。当代晋商要牢记自己是尧王关圣之后，不为设租和寻租者眼红，努力重新塑造当代晋商的新形象，当代晋商是有出头机会的。当代晋商新形象，我认为既要传承老晋商的精神，又要适应现代化的新形势有所创新，当代晋商至少需要四种形象：诚信晋商、IT 晋商、外向晋商、德义晋商。

诚信晋商。诚信是商人的基本素质，更是当代商人的必备条件。没有诚信，就没有朋友，没有业务，没有利润，没有存在的空间。

IT 晋商。商业技术与手段是商业经营活动的基本要求，当代 IT 技术的运用与普及，是当代商人的业务技术和手段在竞争中克敌制胜的重要条件。充分运用现代网络技术，把握全球信息，才能抓住商机，才能降低成本，才能稳立潮头，成就事业。

外向晋商。老晋商的活动舞台是以中国北方为重心、以茶马之路为轴心的广大的亚欧陆海，在现代科技、交通的新条件下，当代商人必须有全球眼光，借 WTO 之船，驶向世界商海。

德义晋商。商人的视野只在孔方兄之中是不可能成功的。在大富大红的路子上，必须大德大义，急公好义，积德行善，具有成就一番伟业的远大目标，立功、立德、立言。

今天，我们正在深化国内改革，走进新世纪；又在对外开放，迎接入世的挑战。改革开放，必须具有世界的眼光，历史上晋商看到的地方，当代晋商也一定能够看到；历史上晋商能做到的，当代晋商也一定能够做到；历史上晋商精神造就了山西几个世纪的辉煌，在市场经济大发展的今天，当代晋商也一定能够弘扬晋商精神创造出山西新的辉煌。

新晋商需要传承与创新晋商文化

背景说明

本文是 2012 年 7 月 8 日在北京晋商博物馆举办的"首届世界晋商大会晋商文化论坛"上的演讲稿。晋商肇始于夏商，鼎盛于明清，称雄于商界，在中国与世界金融贸易史上有很多创新，曾挈领 16~19 世纪中国商业与金融革命，创造了灿烂的晋商文化，其商业伦理与处世哲学仍然是当代中国商人的智慧宝库。

晋商文化是由山西商人创造的物质财富和精神财富的总称，包括晋商的企业制度、经营艺术、商业组织、商路关隘、商业技术、商业教育、商业伦理、社会习俗以及城乡建筑、庙宇奉祀等整个商业文明体系。

晋商肇始于夏商，鼎盛于明清，称雄于商界，在中国与世界金融贸易史上有很多创新，曾挈领 16~19 世纪的中国商业革命与金融革命，使山西成为中国金融发祥地与金融中心。晋商所创造的灿烂文化，不仅是三晋历史与文化的重要组成部分，也是整个中华民族历史与文化的重要组成部分。可以说，晋商文化是新晋商与当代企业管理的一个巨大的智慧宝库。

晋商文化在国内外最有影响的是"有钱出钱，有力出力，出钱者为东家，出力者为伙计，东伙共而商之"的本源价值观。这是劳资双方共创共赢的企业制度，是把投资者的物化劳动与伙计们的活劳动整合在一个产权制度框架中，将资本所有者与劳动者的物质利益牢固地凝结在一个平台上，使东伙共同享受企业新创造的价值。这是晋商的"资本论"，是晋

517

商区别于中外各大商帮的最根本差异。晚清时期，很多晋商企业的人身股总数大于银股，充分反映了晋商的劳资关系。新学徒入店，大掌柜有专门的"请进"仪式，使基层劳动者获得一种终身归宿感，忠心耿耿为企业效力。

遗憾的是当代晋商企业很少见这种人力资本制度。当代民企能否先于国企和其他股份企业植入晋商的人力资本制度进行试验呢？真的这样，这会是新晋商对晋商文化最为重要的传承与创新。

晋商成功的经验，还有货币经营资本与商品经营资本相互参股投资，共同发展，金融业与产业混合生长。也就是以货币经营资本的发展来支持商品经营资本的发展，以虚拟资本来支持实体产业的扩张。直到民国年间，山西省仍然是依靠这一经验，使山西省赢得了第二次、第三次工业化高潮的成功进步，这在其他商帮中是罕见的。山西在历史上是金融大省、金融强省。可以说晋商文化最突出的特点之一是金融文化领先。20 世纪30 年代，山西工业化发展全国第一，得益于山西省公营的"省、铁、垦、盐四银行号"及其实物十足准备库和大批民营钱庄、银号、当铺等金融企业，还有农村信用合作社的支持。当时山西省政府实际上实行的是政府主导下的金融先导战略，即政府通过对金融制度与政策的创新，使山西金融业优先于普通产业迅速发展，进而推动了工商业的发展。政府主导下的金融先导战略，是经济转型跨越最得力的杠杆，是落后国家或地区赶超发达国家或地区的一个规律。通过政府对金融制度与政策创新，营造山西金融洼地，可以改变当前山西资金外流的现状。山西省银行业存贷款比例，在计划经济时期的 1953～1995 年 43 年是贷大于存（贷差省）；1996 年以来的 15 年存大于贷（存差省）。1978 年存贷比 1.82，1995 年为 1.03，1996 年为 0.97，2009 年为 0.52。2009 年底，四大国家控股银行和邮政储蓄银行在山西存贷比为 33.52%，存贷相差 6000 多亿元。扣除国家法定存款准备率 16.0% 和现金备付率 5%，2009 年末全省大约有 4761 亿元资金外流。几乎与当年全社会固定资产投资 5034 亿元相当，是山西当年财政总收入的 3.25 倍。若从货币的时间价值、资金周转率的角度来分析，山西每年外流的资金量，则当是 5000 亿元的数倍。近年民间资金外流更为严重。山西资金的净外流，说明山西是块"金融高地"。如果实行政府主导下的金融先导战略，即通过政府创新金融政策和制度，改变山西投资环境，变"金融高地"为"金融洼地"，使山西的资金留在山西，流出去的资金流回山西，外地资金流到山西，山西经济转型跨越发展就有了资金的保证。为此，第一，建议强化政府金融办的功能，做好山西地方金融发展规划与战略调整，统领地方金融企业发展；第二，建议整合山西金融资源，尽快打造晋商银行成为地方商业银行航空母舰，改变地方支离破碎小银行恶性竞争，提升山西转型跨越的金融推力；第三，建议加强股权交易市场，将山西股权交易中心办成深沪证交所的上市预科，培育更多的山西企业上市；第四，建议发展地方城乡金融机构，小额贷款公司、投资公司、担保公司、信托公司、合作金融等，以成为山西中小企业的资金后盾。

晋商成功的重要原因，还在于他们的商业伦理与处世哲学。晋商认为义与利是相通相济的，只要有了义，利也就在其中了。主张先义后利，见利思义，以义制利。其义就是社会责任，将合格的产品、合理的价格、周到的服务提供给社会，获取盈利，这是他们的商业伦理。其处世哲学是"中和之道"，他们认为"和为贵"，"和气生财"，坚持"善待相遇"，同舟共济，世世相传。坚持在义的基础上，建立和谐信任的内部关系和外部关系，商号用人"以懂得信义为宗旨"。所以，东家对掌柜、掌柜对伙计是"用人不疑，疑人不用"；掌柜对东家、伙计对掌柜是"受人之托，忠人之事"。晋商在市场中又竞争又合作，是"蓝海战略"的典范。现今一些以晋商为题材的文学作品过多宣扬商场就是战场，钩心斗角，互施阴谋，这不是晋商的真实历史。

晋商独创的票号金融文化，其核心是以义制利，以人为本，中和之道，同舟共济。以义制利表现为关公崇拜、信义至上；以人为本表现为东伙共商，劳资共赢；中和之道表现为善待相与、和气生财；同舟共济表现为急公好义，社会责任。晋商的人生观、价值观、创新精神、竞争合作、风险控制等，都值得新晋商传承与借鉴。

晋商的教训也不少，其中转型中的失误也是值得当代商人重视的问题。明清晋商是以异地贩运贸易为主的商人，19世纪后半期在西方工业化浪潮影响下，开始了向近代工商业转型，这是社会发展的必然。但在转型中却有成有败。如太谷的乔家、祁县的渠家、万荣的李家、襄汾的刘家等都获得了成功；但是大盛魁、合盛元、志成信等则因为没有把握好转型时机、投资方向而退出了市场。慈禧与光绪由西安返回北京后，政府颁发了《商人通例》、《公司律》、《破产律》、《商会简明章程》等，要求用西方企业模式改造中国工商业企业制度，晋商无动于衷。晋商对管理体制转轨的意识，于 1907～1908 年才意识到。

近年山西民营企业发展很好，但是不少家族企业也遇到了管理上的困惑，自己直接管理，常常力不从心；交给别人管理，又不放心；不做大不行；做大了也不行。这就是说家族企业发展到一定程度需要向社会化转型，化蛹为蝶。现今家族企业转变中，如何在家族内部分割股份？用不用吸收外人入股？资产股份如何折算？等等。当代民企的社会化转型，不仅需要民企自己传承与创新晋商文化，还需要政府、社会各方面共同关爱与支持，特别是创造良好的金融环境。

晋商文化、晋商精神，是山西人民精神财富和社会资本。企业文化的灵魂是核心价值观。新晋商一经确立创新的理念、诚信的认知、中道的哲学，确立独富贵为君子耻，以大富大红大德为荣，相济于业，以自身的转型促进山西经济转型跨越，山西一定会得以健康发展。

晋商史料系列丛书（前言）

背景说明

　　由山西省晋商文化基金会编辑、中华书局和三晋出版社联合出版的《晋商史料系列丛书》是一项巨大工程，在 2012 年 6 月 15 日山西省晋商文化基金会成立时同时启动，作者应邀为丛书主编。2013 年 3 月 5 日出版第一卷第一册，计划 35 卷，100 册以上。本文是以"编辑委员会"名义写的前言。

　　晋商史料是晋商历史活动的物质载体和实物见证，是晋商恪守信义、坚韧图强、不懈奋斗的真实记录和第一手资料，也是时代和社会发展的真实印记，是我们穿越时空，认识晋商、认识历史的唯一通道和活的教材。同时，由于晋商在中国社会经济发展中的重要性，从而使得晋商史料不但是山西而且是整个中华民族的宝贵财富。

　　但是，由于时间的、社会的、自然的等多种因素的作用与影响，特别是经过"文革"十年的摧残，使得晋商史料损失、散佚严重。虽然改革开放以来，政府、社会、专家学者、企业家等在保存与保护方面做了不少工作，且取得了很大成绩，但是，仍然没有从根本上改变损失与散佚严重的状况。史料的一大特点是其不可复制性。损失了也就意味着永远的失去。因而，尽快地抢救、搜集、挖掘、整理和保护晋商史料，就成为我们这代人责无旁贷的责任与义务。

　　正是基于这样的认识，以传承晋商文化为主旨的山西省晋商文化基金会，成立伊始，即启动了"晋商史料工程"这一耗时、耗资、耗力巨大的艰难工作，以期在众多深受晋商文化影响、富而思源、富而思报、具有强烈社会责任感的新晋商的鼎力支持下，充分动员全社会的力量，对晋商史料进行一次最广泛的抢救、挖掘、搜集与整理，并在此基础上编辑出版一套具有权威性的大型《晋商史料系列丛书》，上告慰以先人，下为社会与后人留下一部珍贵的晋商宝典，珍贵的管理宝库和珍贵的精神家园。因此，这是一项利在当代、功在千秋的社会工程和高尚的公益事业。

本书所收录史料的时间范围，上至上古时代，下至新中国成立后的1956年，即国家对私营资本主义工商业的社会主义改造之前。而重点则是明清到民国时期。因为晋商虽然在夏商即已出现，汉唐两代也都很活跃，但是，具有自己独特的经营理念、治理结构、组织形式、管理方式、专业技术等，以致在此基础上形成具有自己鲜明特色的文化，则都是在明清时期完成的。根据时间跨度长、内容广泛、难度高、工作量大的特点，本书坚持"总体设计、分类编排、逐步实施"的编辑原则。即根据史料的性质、内容与形式的不同，先将史料分类，然后按照不同类别，以类为卷，逐步编辑出版发行。

本书的编辑出版，得到了中共山西省委、山西省人民政府有关领导、有关部门的大力支持，得到了各级地方志办公室、众多高等院校、科研机构、档案馆、图书馆、博物馆，以及众多民间收藏家的大力支持，得到了中华书局、三晋出版社的大力支持，在此一并表示最诚挚的感谢。

为社会奉献一部信史和精品，是我们努力的目标。故兢兢焉唯惧弗任，业业然一丝不苟，是我们的态度与追求。但由于水平的有限，缺点、错误与不足在所难免，恳请批评指正。

昭示未来是历史的特有功能。晋商史料承载着晋商的智慧、拼搏、光荣与梦想，是山西人民的记忆，也是整个民族的记忆。而这对于当前正在为实现伟大复兴梦想而努力奋斗的人民与民族来说，无疑具有着重大的意义。

把握晋商独特经验 传承发展晋商文化

——在山西省第二届世界晋商大会上的发言

背景说明

本文是 2014 年 9 月 4 日在"山西省第二届世界晋商大会"上的发言稿。传承晋商文化的核心内容到底是什么？应该是"东伙共而商之"的人身股、商品经营资本与货币经营资本结合、资金第一推动力的金融先导。金融活跃，百业俱兴；金融滞涩，经济死滞。

晋商肇始于夏商，鼎盛于明清，称雄商界，在长期的实践中创造了大量的物质财富和精神财富。晋商文化、晋商精神，不仅需要新晋商传承，也需要发展和创新。特别是晋商最独特的成功经验，尤其需要准确把握，实实在在地学习传承。这里讲三点，与各位专家、企业家交流讨论。

一、人身股：有钱出钱，有力出力，东伙共而商之

晋商文化在国内外最有影响的是"有钱出钱，有力出力，出钱者为东家，出力者为伙计，东伙共而商之"，这是晋商的价值观，也是其独特的管理思想。晋商的人身股制度，协调了劳资关系，解决了劳资双方的矛盾对立，实现了劳资双赢的经营格局。因为人身股是在不减少财东利益的前提下，从增量财富（利润）中分割出一块让渡给员工，作为员工拥有的资产，这样就使员工从纯粹的无产者变为有产者。这种做法之所以能被财东接受，因为财东并没有无偿割让既有的存量资产，只是期利的承诺；

之所以也能使员工接受，因为员工在获得劳动收入的同时，还可以从利润中分割出一块作为自己的资产，并随着自己能力的提高和贡献的增大不断增加。在可以获得一定资产的预期下，员工热情高涨、积极主动地投入工作，使企业的增量财富（利润）不断增加。人身股使员工的利益、财东利益和商号利益得以统一，上下一心，同舟共济，劳资关系协调，经营效益提高。人身股对掌柜及伙计来说，既是一种物质上的激励，也是一种精神上的激励。人身股多少，标志着个人的能力、地位、贡献，激发了员工的成就感和归属感，从而实现了物质激励与精神激励的统一。至于晋商财东与掌柜之间的关系，则是典型的委托代理关系，财东将自己的企业财产全权委托大掌柜经营，前提条件是顶以股份，这种委托激励，是降低委托——代理成本和风险的创新。

晋商劳资双方共赢的人身股制度，是世界上最早的人力资本制度，它把投资者的物化劳动与伙计们的活劳动整合在一个产权制度框架中，将资本所有者与劳动者的物质利益牢固地凝结在一个平台上，使东伙共同享有企业新创造的价值。这是晋商的"资本论"，是晋商区别于中外各大商帮的最大的差异。晚清时期，很多晋商企业的人身股总数，已经大于货币资本股总数；而且新学徒入店，大掌柜有专门的"请进"仪式，使普通劳动者受到尊重，有一种终身归宿感，忠心耿耿为企业效力。可以说，人身股可以使先富者与后富者的矛盾得以统一，使雇佣者与被雇佣者在新创造价值上利益共享，并且在实践中探索出一条使无产者变成有产者的路径，无论在理论上还是实践上都是一个重大突破。

有人说，人力资本股问题是美国人在 20 世纪后期对企业管理制度的新创造，不少学者将其作为学科前沿加以引进。其实美国人力资本制度的具体操作比较复杂，有职工持股、虚拟股票、股票期权计划等形式，且只能调动上层高管们的积极性。而晋商人身股却能够调动全体员工的积极性，是通行数百年的符合中国人文习惯、简便易行的好办法，从 16 世纪一直沿用至 20 世纪 50 年代中期的"一化三改"结束。同时，在人力资本会计核算方面，晋商也有自己的一套具体的操作办法，发展了中国式的会计核算制度。

遗憾的是，当代晋商企业很少见实行人力资本制度。倘若现在的民企或者国企能够植入晋商人身股试验，我认为这会推动新晋商走向一片新天地，是对晋商文化最为重要的传承与发展。

二、联号制：货币经营资本与商品经营资本混合生长

晋商最成功的经验，不仅打破了父子店、夫妻店模式，实现股份制，还创造了"联号制"，商品经营资本与货币经营资本混合生长企业集团制。如太谷曹家的企业，涉及布匹、绸缎、茶叶、皮货、货栈、当铺、钱庄、票号等 13 个行业，分布于山西、东北、内外蒙古、京津、江浙、西北、西南以及俄罗斯等地数十个城市、640 多家商号、3.7 万多名职工，曹家通过励金德、用通五、三晋川三个账局分别管理，形成曹家的三个企业集团。就这样，以货币经营资本的发展来支持商品经营资本的发展，以虚拟资本来支持实体产业的扩张。晋商之所以能够领先于其他商帮，在于他们不仅有钱铺、钱庄，还创造了印局、账局、票号和乡账商号。山西历史上是金融大省、金融强省，在中国商帮文化中是独一无二的。

直到民国年间，山西省仍然是依靠这一经验，使其获得了 20 年代、30 年代工业化高潮的巨大成就。也是得益于山西省公营"省、铁、垦、盐四银行号"及其实物十足准备库和大批民营钱庄、银号、当铺、农村信用合作社的支持。1932 年前，山西省有公营企业 10 个，资本总量约 1308 万元，到 1937 年 8 月日本侵略军入侵山西前，公营企业发展到 50 多个，是 5 年前的 5 倍；资本总额为 9585 万元，是 5 年前的 7 倍；民营企业增加 40 余个，增长 4 倍；民营资本总额达到 8276 万元，是 5 年前的 6 倍。5 年间以 110 万银元资本开始，建成了铁路 960 公里，创建了采煤、冶金、电力、化工、机械制造、纺织、造纸等轻重工业，总资产达 2 亿银元。在阎锡山振兴山西商务中，以金融业与工矿商交各产业混合成长的金融集团公司，对山西经济社会发展做出了贡献，对后来抗日战争的胜利起到了重要作用，在金融理论上也留下了值得后人思考的一页。

今天，鼓励新晋商进入金融业，金融业与实体产业相互支持是很值得重视的。

三、金融先导：货币资金是实体经济的
第一推动力和持续推动力

金融是社会资源配置的杠杆，只要支点选择对了，它可以撬动贫穷落后的大山。通过政府创造政策和制度，使金融领先于实体经济发展，经由金融业的金融工具、机构、业务、服务、制度创新，改变原有的资源配置

格局，启动闲置资源，促进产业结构优化升级，推动地区经济超常增长。政府主导下的金融先导战略，是后进地区追赶发达地区的战略。创建金融洼地，留住本地资金，引导流出去的资金回流，吸引外地外国资金流入，借以推动本地经济资源的重新配置。

因为金融先导，可以引导社会创造出新的信用工具，加快社会商品化货币化；可以引导社会将闲散货币转化为资本；可以引导社会创造出新的货币拉动生产和流通；可以引导价值流拉动物流提速；可以引导资源配置，优化产业结构。但是，金融先导需要政府主导。因为，资金的运动规律是趋利性，只有通过政府主导，才可能用政策营造金融洼地，吸引资金内流，使产业政策与金融政策结合，引导资金流向新型产业，促进经济转型发展。

政府主导下的金融先导战略，是经济转型跨越的最得力的杠杆，是落后国家或地区赶超发达国家或地区的一个规律。它可以改变山西资金长期外流的现状。山西省银行业存贷款比例，在计划经济时期的 1953～1995 年的 43 年是贷大于存（贷差省）；1996 以来一直的存大于贷（存差省）。1978 年存贷比为 1.82，1995 年为 1.03，1996 年为 0.97，2009 年为 0.52，2010 年为 0.48，近年基本在 0.5 以下徘徊。为此，建议强化政府金融办的功能，做好山西地方金融发展规划与战略调整，统领地方金融企业发展；建议加强股权交易市场建设，将山西股权交易中心办成沪深证交所的上市预科，培育更多的企业上市；建议发展地方城乡金融机构，重构农村合作金融组织，以成为山西中小企业的资金后盾。

晋商发展史告诉我们，金融活跃，百业俱兴；金融滞涩，经济死滞。金融业的快速发展需要金融运行机制、工具、技术、业务、制度的不断创新，如此才能改善经济发展环境，推动区域经济转型跨越进入快车道。

晋商学

再谈晋商学研究

背景说明

　　本文是 2000 年山西省史志研究院的学术报告中的一部分。在票号研究中，就票号说票号使很多问题说不清楚，需要拓展研究的广度和深度。1997 年 10 月在"中国商业史学会明清专业史委员会成立暨学术讨论会"的总结发言中，作者曾经提出晋商与票号的研究应当向更广更深的领域发展，建议用"晋商学"的概念去研究。

　　迄今为止，国内外有关晋商和票号的研究大致已有近百年的历史。第一阶段是从 20 世纪初开始，山西商人的创新业绩就已引起国内外有识之士的关注。经济学和历史学界的一些学者们已经注意到了对山西商人文化遗产的整理，并刊行了若干专著和论文。马寅初、卫聚贤、陈其田等就是早期研究晋商有影响的学者。这可以说是晋商研究的第一阶段。

　　第二阶段是 20 世纪 50 年代末到 60 年代中期。这个时期山西财经学院财政金融系成立了《山西票号史料》编写组，有 10 多位同志参与了研究，1961 年 5 月 22 日《光明日报》发表了杨荣晖的文章《山西票号的性质与作用》。山西大学郝树侯、王首义先生也写了一些很好的研究文章。到 1966 年，山西财经学院财政金融系收集整理了 100 余万字的《山西票号史料》，由于"文化大革命"的开始而被迫中断。

　　第三阶段是 1974～1990 年。为了配合中国近代史研究所的中华民国时期的研究，在中国人民银行总行的一批老干部和研究人员的推动下，人民银行山西省分行和山西财经学院 1974～1980 年合作研究出版了《阎锡山和山西省银行》，1978～1982 年又合作组成了山西票号史料编写组，在原有的基础上继续收集资料，于 1982 年召开了全国性的山西票号讨论会，1990 年出版了 120 万字的《山西票号史料》。这个时期还有山西省社会科学院张正明先生主编出版了《明清晋商资料选编》，山西财经学院、山西省社会科学院、省外贸等单位的学者写了不少研究晋商和票号的论文。但是，仍然是少数专家学者参与的经院式研究。

第四阶段是 1991～1994 年。1991 年夏，在商务领导同志的推动下，晋商和票号研究由经院式研究发展到了社会性的关注和参与。当时，省委书记王茂林同志对我和张正明研究员共同撰写的《山西商人及其历史启示》一文亲自写了 1000 多字的批示，刊登在山西省委内部刊物《工作与研究》上，号召省内处级以上的干部学习研究，使社会上流传的"山西一向封闭保守"的观念得以澄清，广大干部开始关注学术界对晋商和票号的研究。尤其是 1991 年 11 月 18 日、19 日《山西日报》正式公开发表了这篇文章后，一些报刊相继转载报道，从而使山西商人的研究工作由少数专家学者的研究，扩展到了社会各界的广泛关注和参与。接着在山西文史研究界、金融界和高等教育界等方面的专家们共同努力下，成立了晋商文化研究会，并召开了晋商国际研讨会，晋商研究和晋商知识得到了广泛的宣传和普及。

第五阶段是从 1995 年起，晋中地委和行署以高度的战略眼光，积极与晋商文化研究会联合，在晋中召开大型晋商研讨会，确立了以晋商大院文化旅游为重点，建设晋中旅游经济走廊，发展晋中经济的战略，并通过晋商大院文化旅游节的形式，把山西商人研究同社会经济发展结合了起来。这一过程是伴随着普及性宣传和旅游经济高潮的兴起而展开的。这个阶段，晋中旅游业的开发，晋商大院文化艺术的展示，电影电视文化的传播，都对晋商和票号的研究和经济社会发展起到了重要的作用。至此，晋商和票号研究才真正体现出它的社会价值和经济意义，使晋商和票号研究进入了群众性史料挖掘和研究的新阶段。

近年来，晋商和票号研究由学校到社会，由少数专家到干部群众，由历史研究到经济开发和文化建设的飞跃，呈现出十分可喜的局面。但是难度也显露出来，其中最突出的问题有两个，一是史料问题，有不少文章停留在旧有史料基础上，缺乏深入的挖掘；二是研究的范围狭窄，停留在晋商和票号的发生、发展、管理与衰亡的相互重复之中。晋商和票号问题，是商业问题又不全是商业问题，是金融问题也不全是金融问题，是历史问题还不全是历史问题，它涉及历史的、经济的、管理的、交通的、地理的、文化的、艺术的、建筑的、民俗的等很多方面的问题，其涉及的范围是相当广泛的。为了进一步科学地、系统地深刻把握晋商和票号的内涵，我在1997年10月中国商业史学会明清史专业委员会成立及学术讨论会上提出建立综合性的"晋商学"，对晋商进行系统全面的研究。这里我想再一次呼吁山西社会科学界的朋友们，共同研究开发晋商学领域，为山西经济社会发展服务，为丰富和发展中国优秀传统文化做贡献。

如何把握"晋商学"的研究对象、研究内容、研究方法，我的想法是：

第一，关于晋商学的研究对象。晋商学以明清到民国时期山西商人商品经营资本和货币经营资本的全部活动为研究对象，探讨山西商人资本的发生发展、经营管理，以及与政府、农民运动、城市发展、亚欧经济交往、文化艺术、思想伦理等各方面关系的历史演变及其规律性。

第二，关于晋商学的内容与结构体系问题。从晋商企业当年的业务活动来看，一部分是从事商品资本经营，一部分是从事货币资本经营，但这两部分企业常常混合生长。其实，货币经营资本是从商品经营资本中分离出来的，广义上说金融业是商业的一部分。因而，晋商学研究需要从其发生发展的社会经济背景入手，探讨晋商现象的历史必然性；研究晋商活动舞台、贩运贸易、业务活动、管理技术、内部组织、行会约束等经营管理活动的基本层面的历史过程；研究晋商经营管理的基本经验教训；还要多角度地分析晋商在各个科学领域的活动与建树，如地理学、管理学、市场营销、金融学、会计学、珠算、行为科学、人力资源管理、哲学、戏剧学、教育学、建筑学、谱牒学、民俗学等多方面的成就与贡献，从而构成全面系统的从微观到宏观的综合体系。

第三，关于晋商学的研究方法。研究晋商应当从山西商人活动的史实出发，以历史唯物主义和辩证唯物主义为指导，实事求是地进行分析、研究和总结；在历史分析的同时，必须贯穿理论分析、统计分析以及必要的案例分析，把整体研究、专题研究与个案研究相结合，特别要重视晋商经营理念和方法对当代经济和管理的借鉴意义的研究，古为今用。

当前最急迫的是史料问题。由于中国社会长期重农轻商，历史档案和史书中很少有关于商人的记载，山西商人史料大量散失在民间。由于战争、运动、基建等原因，史料越来越少，急需抢救。比如大量的晋商店铺、街巷、寺庙、晋商捐款功德碑等随着城市改造和基建正在被撤除、破坏，急需抢救。史论，仁者见仁，智者见智；史料，却是永恒的、万岁的。

长达数百年的晋商历史，需要一大批人去研究，非几个人可以完成；需要几代人去努力，亦非一代人可以完成。只有社会各界共同合作，才有可能不断深化晋商研究，把晋商研究同明清社会经济发展史的研究结合起来，把晋商研究同现代经济发展结合起来，为现代物质文明和精神文明服务。

晋商学研究的发展

背景说明

本文是 2007 年 8 月应邀参加"山西大学晋商学研究所成立大会"上的发言稿。改革开放后，山西大学的朋友们对晋商的研究兴趣很浓，成果颇多，涌现出一支支年轻的研究队伍，成立山西大学晋商学研究所，顺理成章，水到渠成，使山西晋商研究队伍进一步壮大。晋商研究，不是一个人或者几个人可以完成的，不仅需要一大批人而且需要几代人的努力奋斗。

喜闻山西大学成立晋商学研究所，我十分高兴。这是山西省晋商研究组织机制上的一个发展，作为晋商研究学成员，我感到无比高兴。

1997 年秋，在中国商业史学会与山西财经学院晋商与票号研究中心召开的明清专业委员会成立及学术讨论会上，我提出"晋商学"的概念，得到胡平、吴承明、方行等老一代专家的认可。2000 年又对晋商学研究的对象与内涵提出来自己的看法。现在，晋商学的概念已经成为山西学者们的共识。

卫聚贤在《山西票号史》中就讲到，晋商"重信义，除虚伪，节情欲，敦品行，贵忠诚，鄙利己，奉博爱，薄嫉恨，喜辛苦，戒奢华，他如恒心、通达、守分、和婉、正直、宽大、刚勇、贤明。皆为一贯之教训"。可见晋商的哲学思想是中和之道，执两用中，无过不及，处人适情，处物适则，处事适理，主张人和、物义、事中。晋商在空间上的覆盖面、时间上的延续性、制度上的特殊性，使其商业道统绵延久长，如关公崇拜的商业伦理影响了各大商帮以及海外华商，当代大小商场几乎无不供奉关公。

中国重商思想较早地出现在山西，到明末清初已经产生了商人思想进入上层社会的要求，而封建王朝始终没有答应。山西民间有大量的传说，顾炎武、傅山等人，与祁县商家出身的名士戴廷轼的"丹枫阁"，是他们与阎尔梅、阎若璩、王士禛、屈大钧等聚会之所。这些名士多有商人家族背景。他们曾站在商人立场上，呼吁商人的政治地位，傅山提出"市井贱夫可以平治天下"的主张，他认为商人最懂理（事物的法则）。对商品生产、交换、流通、供求以及财富创造、经营管理等最为了解，他说："何以聚人？曰财。自然贫士难乎有群矣，家国亦然。故讳言财者，自是一教化头骨相耳。常贫贱骄语仁义之人，大容易做也。""生人之有为也，本以富生人。富生人，而治人者乃有为。"明确提出有为的人关键是创造财富。李贽也说："不言理财者，决不能平治天下。"清初山西祁县丹枫阁是北方学术交流与反清思想研究中心，与江苏如皋冒襄的水绘园南北呼应。

清中期以后，一批研究地理学的学者如祁寯藻（1793～1866年，山西寿阳人，其父祁韵士是研究西北地理的先驱者）、张穆（1803～1849年，山西平定人）、何秋涛（1824～1862年，福建光泽人）、徐继畲（1795～1873年，山西五台人）等，不仅研究西北、蒙古地理商路，而且研究世界地理，徐继畲说："欧罗巴诸国，皆善权子母，以商贾为本计，关有税而田无赋。航海贸迁，不辞险远，四海之内，遍设埠头，固由其善于操舟，亦因国计全在于此，不得不尽心而为之也。"并且提出中国应当借鉴西方经济社会制度的问题。曾任山西巡抚的洋务派人物张之洞、曾国荃、胡聘之以及戊戌变法被杀头的"六君子"杨深秀等都是商人精神进入主流社会的推动者。

欧洲的文艺复兴运动使欧洲的神权得以清算，人权得以张扬，科学与民主成为时尚，使欧洲的商业精神、重商主义与市民思想成为社会的主流，导致工业化在欧洲崛起。中国的皇权始终没有得到清算，戊戌变法没有能够像明治维新那样获得成功，中国商人精神始终没有登上政治舞台，成为社会主流。

一个理性社会的形成，需要思想家和政府的引导，需要公共知识分子和社会媒体向大众传播。晋商文化、晋商伦理是今天建设和谐社会的重要社会资本。政府确立天地之间以人为贵，以民为本，实惠于民，"利民而不费"，为天地立志，为生民立道；企业家确立独富贵君子为耻，大富大红大德，相济于业，互惠互利，共同发展，由此建立起我们共同的基本信念、价值取向、企业精神、思维方式、行为准则，仁爱、正义、礼让、理智、诚信的氛围，和谐发展就是可以看得见的目标。在社会经济制度变迁的过程中，人的行为必然会受到历史传统的影响，其路径依赖原理决定了当代中国商人精神对明清商业精神的传承性，当然变异也是会有的，这也是时代变化的必然。研究晋商学、晋商精神、中国商人精神与当代商人精神是当今建设市场经济与和谐社会的社会资本。

晋商学不仅要研究商人精神，研究商人精神进入主流社会，还要研究晋商的管理学、市场营销学、金融学、票据学、财务管理学、人才学、公共关系学、人力资源管理学以及文化学、戏剧学、建筑学、民俗学等。

晋商与晋商学

背景说明

　　本文是 2009 年在山西财经大学对学生所做的一场学术报告。中心谈晋商票号研究的发展历史及其"晋商学"提出的过程，同时也回答了晋商学的内涵及其研究对象，包括晋商发生发展的社会经济背景、活动舞台、业务经营、管理技术、内部组织、行会约束、商业伦理、处世哲学等以及晋商成功的经验与转型中的教训。晋商学需要从多角度分析晋商在各个科学领域的建树，如晋商对地理学、管理学、市场营销、金融学、会计学、珠算、伦理学、哲学、戏剧学、教育学、建筑学、社会学等多方面的贡献，晋商学是全面系统地从微观到宏观的对晋商思想的理论概括。

　　华尔街海啸引发全球性金融危机。2008 年，AIG 的高管们为该企业带来了 993 亿美元的巨亏，股价由 100 美元跌到 33 美分以下，企业一度陷入破产危机。美国政府不得不紧急注资 1700 亿美元，才使其得以起死回生。但是这些高管们竟计划派发 4.5 亿美元的分红，使得奥巴马总统万分惊愕，称 AIG 挟持了国家当人质，发誓要"把钱要回来"。就在 AIG 等华尔街金融大亨面临经营和信任双重危机下，2009 年 3 月 18 日，《纽约时报》刊登了《中国山西票号》的特写文章，被媒体解读为"美国大力推销晋商精神，借以警醒处于经营危机和信任危机下的美国金融巨头们"。本来 AIG 与已经尘封百年的山西票号风马牛不相及，为什么《纽约时报》在此时向美国公众大力推荐山西票号？媒体认为，考虑到晋商的商业操守无懈可击，《纽约时报》在呼吁回归传统，该文章显然意义非凡。这使得晋商精神与美国企业高管们展开了一场跨越历史时空的对话，历史上的晋商精神，将引发危机中商人们的整体反思。

一、晋商票号研究的百年历程

国内外对晋商与票号的研究已有百年历史。

"晋地表里山河，农田不足以敷赡养。一家之中，兄弟数人，必有出外贸易者，乃能维持其生活。于是南则江汉之流域，以至桂粤。北则满洲、内外蒙，以至俄之莫司叩（莫斯科）。东则京、津、济南、徐州。西则宁夏、青海、乌里雅苏台等处，无不有晋商足迹……"① 这段话不仅说明了晋人多商、善商的事实，如此宏大的地缘性商人群体在中国商业史上是前所未有的。他们不畏艰险、勇于冒险、敢为天下先、求实而乐于探索的精神，使晋商一度呼风唤雨，操控国家财源。晋商势力的不断膨胀和财富的日积月累，更成就了他们商业史上数百年的荣耀。

19世纪末20世纪初以来，山西商人的研究开始引起世人的瞩目。

这是一段国际、国内政治风云变幻的时期。国际上俄国十月革命获得了成功，外蒙独立，帝国主义列强加紧了对中国的经济掠夺，日本侵占了中国东北并随后发动了全面的侵华战争；国内发生于19世纪末期的戊戌变法虽然失败了，但清政府的统治终于在辛亥革命的风暴中被推翻。然而，中国社会却陷入了军阀混战的黑暗时代。与此同时，马列主义也开始传入中国，并最终推动了中国共产党的诞生。第一次国内战争爆发……在这种动荡不安的国内外形势下，晋商持续数个世纪的荣耀逐渐失去了昔日的光环，在辛亥革命后逐渐走向衰落。

尽管如此，晋商的宏伟业绩却早在20世纪初就已经引起了国内外有识之士的广泛关注，在日本人编写的《支那经济全书》和《清国省别全志》中都有对晋人的商业经营相当篇幅的记述。国内梁启超、马寅初等也对晋商研究给予了关注。此外，一些赞成实业救国的学者、票号老商人、日本驻中国各地的领事和其他一些外国人士也开始收集票号书信、账册和查阅清实录一类史料，深入平祁太访问票号遗老，撰写了一些论文和

---

① 陈其田：《山西票庄考略》，商务印书馆1937年版。

记叙性文稿，并开始出版相关著述。北平燕京大学教授陈其田和南京政府中央银行研究员卫聚贤分别于 1937 年、1944 年出版了《山西票庄考略》、《山西票号史》。这一时期对晋商的研究，基本上是个人行为，总体上是比较零星琐碎的、不系统的。由于可供研究的实物资料极度贫乏，大部分依据实地调查，少一部分则是散见于各种杂志、报刊和金融书籍的指导性文字。截止到新中国成立以前，晋商的研究主要是对山西票号的研究，大致可分四个方面：一是票号经理的回忆录；二是马寅初等学者的一批研究论文；三是陈其田、卫聚贤先生的专著；四是日本学者的研究。

票号经理的回忆录有：平遥商人李宏龄的《山西票号成败记》和《同舟忠告》、平遥范椿年的《山西票号之组织及沿革》、赵子香的《票号遗事记略》、雷士炜的《蔚盛长京庄经理雷士炜自述稿》、王守经的《略述宝丰隆票号之梗概》、赵永深的《赵永深自述蔚丰厚之经过》、崔珍的《天成亨票庄记》、刘尚学的《山西平遥县票庄记》、王之淦的《票庄实事论》、任汝梅的《票庄记录》和《协同庆汇兑记》、侯豫生的《天成亨票庄始末记》、颉尊三的《山西票号之构造》、王珏的《票庄纪略》、史梦麟的《票庄纪略》，等等。

研究论文主要有：马寅初的《吾国银行业历史上之色彩》（《银行杂志》1923 年第 1 卷第 1 号）；候兆麟的《近代中国社会结构与山西票号》（《中山文化教育馆季刊》1936 年冬季号）；高叔康的《山西票号的起源及其成立的年代》（《食货半月刊》1937 年）；陆国香的《山西票号之今昔》（《民族杂志》1936 年第 4 卷第 3 号）；东海的《记山西票号》（《东方杂志》1917 年第 14 卷第 6 号）；蒋学楷的《山西省之金融业》（《银行周报》第 20 卷第 21 号）；李谓清的《山西太谷银钱业之今昔》（《中央银行月报》1936 年第 6 卷第 2 号）；等等。

专著主要有：陈其田的《山西票庄考略》（商务印书馆，1937 年）；卫聚贤的《山西票号史》（重庆说文社，1944 年）。

外国学者的研究主要有：日本学者柏原文太郎的《支那经济全书》6 辑（东亚同文会 1907 年版）；岸根佶的《清国商业综览》第四卷（东亚同文会，1906 年）；广畑茂的《支那货币史钱庄考略》（建设出版社，昭和八年）；潘承锷翻译的日本驻中国各地领事的调查报告（见《中国之金融》，上下册）；等等。这些研究，均属于个人行为，成果影响不大，对推动当时中国社会经济变革和发展的作用甚微，但是这一时期对山西商人票号经营的研究，却开创了经济史研究的新领域，同时也为明清中国商业史的研究提供了一把钥匙。

20 世纪五六十年代的晋商研究：

新中国成立后，票号已悄然消逝了近半个世纪，中国也进入了崭新的历史阶段，学者们对票号研究的情结和热情却依然浓烈。这一阶段的研究不再是个人对晋商研究的零敲碎打，1960 年山西财经学院成立了研究机构，有计划地开始了对晋商和票号史料的发掘、整理与研究。1961 年 10 月，《山西文史资料》创刊，到 1966 年"文革"开始前，共出版 12 期，先后发表晋商史料文章多篇。财经学院责成财政金融系成立《山西票号史料》编写组，组长杨士英先生，抽调荣韫瑶、黄鉴晖、孔祥毅、陈今池、张光亚、潘学德等人参加山西票号史料资料收集工作。1963 年 5 月 22 日在《光明日报》上以杨荣晖的名义发表了《山西票号的性质与作用》一文，在全国引起了较大反响。山西省哲学社会科学研究所在同年 10 月召集省内有关学者，就"杨文"进行了座谈讨论。讨论中，大家认为"杨文"对山西票号提出了一定见解，并提供了不少历史资料。"杨文"的发表引起了巨大的社会反响，说明晋商研究得到了社会的充分认可，更是激起了山西财经学院学者们对晋商的研究热情。参编人员多次去北京、上海、广州等全国各大城市和山西票号发源地查阅历史档案、近代报纸书刊、地方志，走访专家学者、票号投资人、经理人，收集了关于山西票号的历史文字记载及访问录上千万字的历史资料和大量的票号实物，经过精心挑选、去粗取精、去伪存真，于 1965 年整理出 120 万字的《山西票号史料》初稿，送北京中华书局出版。1966 年"文化大革命"开始时退稿，编写工作中断。

20 世纪 60 年代初期，山西大学郝树侯先生、王守义先生等也对山西票号进行过研究，在《山西文史资料》等刊物上发表过一些研究成果。如郝树侯认为，山西人经商的传统从北宋时期就开始了，这与人口迁徙有一定的关系。赵宋王朝在攻打太原地区的北汉政权时三次将晋中地区 10 余万人强迫迁往河南等地，这些人往来于河南、山西间，所以才有元好问的《过晋阳怀古》："可恨河南往来苦，至今父老哭主父。"

"文革"期间，借民国史研究的契机，进行山西省银行史研究，随后又开始了票号研究。

1974 年，周恩来总理提出编写《中华民国史》，责成中国近代史研究所负责，中国近代史研究所委托中国人民银行总行编写中华民国金融史，由于山西省银行是民国时期在全国有影响的金融机构，因此总行又责成人民银行山西省分行牵头，与山西财经学院共同组成了《山西省银行史》编写组，研究阎锡山与山西省银行。编写组先后在国家第一、第二档案馆，山西省档案馆，北京图书馆，山西省图书馆，上海市图书馆以及南京、西安、天津、山西等地进行大量的调查，访问了大量当事人。经过两年的努力，1977年初，编写组完成《阎锡山统治下的山西省银行》初稿油印稿。继而完成《阎锡山与山西省银行》史料，1980年由中国社会科学出版社出版。接着在人民银行总行领导下，山西省分行和财经学院又在原财经学院票号编写组基础上，增加人员，继续进行调查研究，1990年出版了100多万字的《山西票号史料》（山西人民出版社）。山西财经学院有荣韫瑶、黄鉴辉、孔祥毅、杜晓、郭玉林、孟富良，人民银行山西省分行有郝建贵、张如禄、张涤非；同时聘请原票号史料编写组组长杨士英同志参加（因当时杨士英老师已调离山西财经学院），继续调研查阅历史档案。在原稿基础上修订、加工，至1981年冬完成了《山西票号史料》修订稿，油印100份向社会征求意见。1982年山西财经学院接待了日本东北大学晋商研究专家寺田隆信教授，并进行了学术交流。同年5月由山西财经学院与人民银行共同组织召开了"第一次全国票号学术讨论会"，中国人民银行总行、中国社会科学院经济研究所、中国人民大学清史研究所、人民银行上海分行金融研究所、人民银行四川分行金融研究所等金融史专家参加了学术讨论。为《山西票号史料》（征求意见稿）提出了很多宝贵的意见。

会议期间，专家们认为，山西票号研究任务还很繁重，不仅认识分歧较大，而且涉及马克思关于生息资本理论的学习和理解。为了推动山西票号的研究活动，并与各方面关心票号问题的学者加强联系，建议山西财经学院组建成立了"山西票号研究联络组"，为开展票号研究活动提供了园地和机会。1982年10月山西财经学院山西票号研究联络组出版了《山西票号研究集》第一集（内部），1984年出版《山西票号研究集》第二集。《山西票号研究集》是研究票号问题的专业性史料集，发表有关票号起源、发展、衰败，各项业务制度，以及票号与各方面关系的研究论文、资料、人物传、书评、学术活动等。1984年，渠绍淼、庞义才编著的《山西外贸志》内部出版，为晋商的外贸活动开辟了新的研究领域。

1986 年夏季，山西财经学院作为主要支持人和承办者与中国社科院经济研究所在太原召开了"中国商业史学会成立代表大会"。山西财经学院一批教师成为中国商业史学会研究工作的骨干。孔祥毅 1984 年承担了国家古籍整理委员会课题《山西商人研究》；于 1986 年发表了 6 万字的长篇论文《近代史上的山西商人与商业资本》（见《近代的山西》，山西人民出版社，1986 年）；1985 年参编了全国金融专业统编教材《中国近代金融史》（由中国金融出版社出版）。1989 年山西人民出版社出版了黄鉴辉承担的国家古籍委员会校注项目《山西票商成败记》、《同舟忠告》、《晋游日记》。同年山西人民出版社出版了张正明、葛贤惠等主编的《明清晋商资料选编》，收集了明朝初年至清末（1368～1911 年）的晋商史实资料，是晋商研究的又一部重要史料。

1990 年 7 月山西人民出版社出版了 120 万字的大型史料巨著《山西票号史料》。填补了我国金融贸易史研究上的空白，得到了国内外学术界的高度评价。日本学者松浦章在日本《东方杂志》1994 年第 6 期发表了专题评论。

1991 年以来，晋商研究由学校到社会，由少数专家到干部群众，由历史研究到经济开发和文化建设，呈现出十分可喜的局面。山西财经学院成立了晋商票号研究中心，2007 年组建晋商研究院，把晋商票号研究推进到了新阶段。

需要指出，晋商问题，是商业史但又不全是商业史，是金融史也不全是金融史，它涉及历史学、经济学、管理学、地理学、文化学、艺术学、建筑学、社会学、伦理学、哲学等多方面问题。为了科学、系统地深刻把握晋商的内涵，1997 年 10 月山西财经学院晋商票号研究中心承办了"中国商业史学会明清史专业委员会成立及学术讨论会"，新成立的明清史专业委员会与山西财经学院晋商票号研究中心合署办公。在这次会议上，我提出了"晋商学"的概念。晋商学的提出，得到了参加会议的中国商业史学会会长、原商业部部长胡平，中国社会科学院经济史资深专家吴承明、方行等一批老先生的充分肯定。2000 年我又对晋商学研究的对象与内涵做了进一步的提炼，草拟了《晋商学编写提纲》。《晋商学》在 2008 年 3 月正式出版。

二、晋商学

晋商学的研究对象。晋商学以明清到民国时期山西商人及其商品经营资本和货币经营资本的活动为研究对象，探讨山西商人资本的发生发展规律性，研究晋商企业的经营战略、管理艺术、企业文化，研究晋商与政府、外商、亚欧经济交往的关系，研究晋商精神、商业伦理、哲学思想，研究晋商教育、文化、戏剧、武术、建筑等各方面的创新与特点，是探讨中国金融贸易活动规律性的科学。晋商学是一门多学科交叉的综合性的科学。

晋商学还要研究商人与社会。中国重商思想较早地出现在山西，到明末清初已经产生了商人思想进入上层社会的要求，而封建王朝始终没有答应。民间传说，顾炎武、傅山、戴廷轼的"丹枫阁"，是他们与阎尔梅、阎若琚、王士禛、屈大钧等聚会之所。傅山提出"市井贱夫可以平治天下"，认为商人最懂理（事物的法则）。傅山说："何以聚人？曰财。自然贫士难乎有群矣，家国亦然。故讳言财者，自是一教化头骨相耳。常贫贱骄语仁义之人，大容易做也。""生人之有为也，本以富生人。富生人，而治人者乃有为。"他们认为商人对经济社会与市场最为了解。明确提出有为的人关键是创造财富。徐继畬说："欧罗巴诸国，皆善权子母，以商贾为本计，关有税而田无赋。航海贸迁，不辞险远，四海之内，遍设埠头，固由其善于操舟，亦因国计全在于此，不得不尽心而为之也。"欧洲的文艺复兴使欧洲的神权得以清算，人权得以张扬，科学与民主成为时尚，使欧洲的商业精神、重商主义与市民思想成为社会的主流，导致工业化在欧洲崛起。曾任山西巡抚张之洞、曾国荃、胡聘之以及戊戌变法被杀头的闻喜人杨深秀等，都是商人精神进入主流社会的推动者。中国戊戌变法失败，皇权始终没有得到清算，商人精神始终未能进入社会主流。直到中共十七届三中全会以后，中国商人开始进入主流社会，才实现了"关有税而田无赋"的经济发展模式。

晋商学的内容。晋商学包括晋商发生发展的社会经济背景、活动舞台、业务经营、管理技术、内部组织、行会约束、商业伦理、处世哲学等，以及晋商成功的经验与转型中的教训。晋商学从多角度分析晋商在各个科学领域的活动与建树，如晋商对地理学、管理学、市场营销、金融学、会计学、珠算、伦理学、哲学、戏剧学、教育学、建筑学、社会学等多方面的贡献，构成全面系统的从微观到宏观的综合体系。

专　访

以古为鉴　学以致用

——访《山西商人及其历史启示》作者孔祥毅、张正明

背景说明

1991 年 11 月 18～19 日《山西日报》连载孔祥毅、张正明合著的《山西商人及其历史启示》时，同时将《山西日报》记者王明祥采写的《以古为鉴，古为今用》报道发于同一天的《山西日报》（1991 年 11 月 18 日）。

在我省上下学习江泽民总书记"七一"讲话，开展学习马克思主义生产力理论，牢固确立以经济建设为中心的时候，把它推荐给全省各级领导同志学习参考，这就是由山西财经学院副教授孔祥毅和山西省社会科学院副研究员张正明两位学者撰写的《山西商人及其历史启示》。

山西商人历史悠久，到明清时期，晋帮商人已成为国内最大的商帮和国际性商人。在其称雄明清两代数百年，走向世界五个世纪的风风雨雨中，形成了一整套行之有效的经营策略和独树一帜的晋商精神。它的兴衰荣枯使今人深思，其策略精神也颇值得今人借鉴。日本、新加坡、澳大利亚、奥地利、美国、德国等国学者对山西商人史多有关注，尤其是日本，更是对之表示出浓厚的兴趣。日本政府与企业对其学者的晋商研究多予资助。日本学者的晋商研究也起步较早，并有一些成果问世。如寺田隆信70 年代初就出版有《山西商人研究》一书，另一位学者滨下武志和新加坡学者也在近年合作出版了《山西票号书信集》（第一辑）。

国外学者对晋商的关注使人欣慰，但更使山西学者感到重任在肩，他

们不能允许"山西商人在山西，山西商人研究权威在国外"这样一种假设成为现实。孔祥毅和张正明怀着强烈的紧迫感，不约而同地把晋商史研究作为主攻方向之一，十几年辛苦，殊途同归，屡有所获。孔祥毅副教授研究方向为"金融理论与金融史"，对"山西票号"素有研究，已发表有《山西票号与清政府的勾结》、《近代史上的山西商人与商业资本》等专论。他目前承担着全国高等院校古籍整理委员会的课题《山西商人研究》，正在对已搜集到的二百多万字的资料做整理研究。张正明副研究员从80年代初开始专攻晋商史，除去与人合译了日本学者寺田隆信的《山西商人研究》外，还发表了《清代晋商的股俸制》、《明清晋商资料选编》，与人合编《山西工商业史拾缀》、《十大古都商业史略》（与人合著）等论文和著作。尤其是《明清晋商资料选编》引起日本学者关注，颇多肯词。这些阶段性成果将最终结晶为《明清晋商史研究》一书。该书已被列为国家社会科学基金研究课题。经过孔张及一批学者的努力工作，目前我省的晋商史研究已走向全国前列，研究日益深化。

谈到《山西商人及其历史启示》一文，两位学者认为，"晋商"虽然是封建社会后期的产物，但其长期以来形成的一套经营策略与管理之道，对今天仍有借鉴作用。因此，写作此文意在以古鉴今，重在"历史启示"，为我们深化改革，扩大开放，兴晋富民提供一些思路，扫除一些思想观念上的障碍，以便充分认识我省的发展潜力。的确，阅读他们的文章，你会于翔实的史料中油然而生一股自豪感和自信感，你会在沉思深省之后激发起进一步解放思想，为振兴山西而发奋努力的激情。让我们在历史这面镜子前，更多地获取一些宝贵的启示吧！

一篇在山西引起反响的好文章

背景说明

1991 年 11 月《山西日报》公开发表《山西商人及其历史启示》一文后，社会反响强烈，随后《山西日报》理论部主任杨小中与记者王明祥采写了这篇报道，发表在《经济日报》1991年 12 月 24 日。

最近，有一篇文章引起了山西省委领导的关注和重视，被推荐给地方领导参考，这就是《山西商人及其历史启示》（以下简称《启示》）。它是由山西财经学院副教授孔祥毅和山西省社会科学院副研究员张正明撰写的。

地处内陆的山西，经过 10 年改革，经济建设取得了可喜的成就。但与其他省，尤其是与沿海省市相比，还有一定的差距，特别是在发展商品经济、开放意识方面，差距就更大一点。原因何在？有的人爱以"山西一向闭关自守、传统观念根深蒂固"作答。事实上果真如此吗？孔祥毅、张正明这两位长期从事晋商研究的学者陷入了深深的思考。他们以大量翔实的资料追溯了"晋商"自春秋到明清漫长经商史的概况，描绘出明清时发展为国内三大商帮（晋帮、徽帮、湖帮）之首的晋帮远涉南起加尔各答、北到彼得堡、东至横滨、西达阿拉伯国家的盛况，在《启示》一文中令人信服地说明，历史上的山西人并不保守，更不封闭，恰恰相反，山西人本来是具有较强的商品经济观念和开放意识的。世界经济史学者常把"晋商"与意大利商人相提并论，评价颇高。两位学者就此提出了

"历史的启示"。他们认为，"晋商"虽是封建社会后期的产物，但其长期以来形成的一套经营策略，特别是被西方学者称为"山西精神"的重商立业的人生观、诚信义利的价值观、艰苦奋斗的创业精神、同舟共济的协调思想等"晋商精神"，对我们具有重要的借鉴作用。他们在文中写道："按照山西的省情，重商能把经济搞活，可以兴晋富民。换言之，忽视商业，山西人自己不干，势必丢掉省内市场，更谈不上对外开拓，结果山西的经济就很难搞活，要取得较快的发展，困难也就比较大。"据此，他们提出：要"树立重商兴省、积极开拓贸易的观念"；要"扩大货币积累，把山西经济推向良性循环"；要"结合山西地处内陆和中部的特点"，"抓住机遇，多方位出击，做活生意"；要"发展金融机构，增加金融工具，建立银企互济的新格局"；要"以商为头，发展省内与沿边、沿海、沿江、沿线（铁路）的企业集团"；要"千方百计，创造环境，培养一代企业家"。

山西省委书记王茂林在推荐此文的批示中写道，"看一看这个材料，我们就会发现，抱怨山西人无能这种观点当然是站不住脚的。问题的关键就在于我们各级领导的思想观念和行为方式还不适应社会主义有计划商品经济的要求，各级领导思想还不够解放，改革开发的意识还不够强，因而不能够卓有成效地带领广大人民群众进行社会主义现代化经济建设"。省委书记的热情推荐，在全省引起了广泛反响，也引起了人们对如何"深化改革，扩大开放"的进一步思考。

弘扬晋商精神，重振晋商雄风

——访山西财经学院经济研究所所长孔祥毅教授

背景说明

1992 年 9 月下旬，《山西物资报》记者侯爱萍专程到山西财经学院经济研究所采访，10 月 1 日发于该报"专访"栏目，每周一次，连载 18 期。

为了了解有关历史上山西商人的一些情况，记者于金秋的一天，叩开了山西财经学院孔祥毅教授的家门。一进屋，就见一排书架一字排开，占据了整整一面墙壁，立即使人置身于一种强烈的文化氛围当中。

当我说明来意后，孔教授深有感触地说，现在我们山西的经济发展与沿海地区拉开了距离，有些人一开口就讲山西一向闭关自守，传统观念根深蒂固等。其实恰恰相反，历史上的山西商人极具商品意识和开拓精神，晋商兴盛数百年，称雄明清两代，商业网络遍布全国以至北亚地区，在中国乃至世界商业史上都写下了重要的一页。垄断蒙俄市场的山西商号"大盛魁"兴隆 280 多年，时人形容"大盛魁"的财产可用 50 两重的银元宝从库伦（乌兰巴托）铺到北京，可见历史上晋商的显赫地位。

"从历史上的山西商人那里，我们能得到些什么启发呢?"我问。孔教授略加思索后说道，历史上晋商的成功，固然得益于特定的历史背景和地理、交通等客观条件，但更在于其重商立业的人生观、诚信义利的价值观、艰苦奋斗的创业精神和同舟共济的协调思想。我们要通过学习历史，充分认识山西的发展潜力，比如说，现在第三产业的某些行业，几乎被外省人所垄断。几十万外省人在山西各地搞建筑，从事修理和服务业，摆摊设点，仅此每年就要从山西汇走 10 亿元左右，而我们山西人却羞于经商，羞于服务，热衷于"引进资金"，开矿挖煤，重生产，轻流通，重外资，轻内资，这对山西经济发展是很不利的。邓小平南方谈话为计划与市场的争论画上了句号，建设社会主义市场经济已成为人们的共识。我们应当抓紧有利时机，弘扬晋商精神，参与全国乃至世界大市场，采用流通兴晋战略，以市场为突破，振兴山西经济。

孔教授不愧是研究晋商问题的专家，难怪他所著的《山西商人及其历史启示》受到省委书记王茂林的赞扬和推荐。这位 51 岁的中年学者已有十几本经济专著和 40 多篇学术论文问世，他的名字已被收入《中华当代文化名人大辞典》等多部书中。

孔教授一边把他撰写的《山西商人史话》手稿交给我，一边说，"物资部门"影响和调节着国民经济的发展。目前，"五路"大军包剿物资和商业部门，"八仙过海"的阵势已经形成，物资市场已不再是物资部门的一统天下。在新的历史条件下，我们有必要弘扬"晋商"精神，重振晋商雄风……

告别孔教授，走到省城街头，秋天的阳光洒满大地，我顿感眼前亮堂了许多。

让劳者有其股

——访山西财经学院院长孔祥毅

背景说明

本文是 1997 年 8 月下旬接受《山西发展导报》记者马步青采访后，于 8 月 29 日发表的专访，中心是针对晋商的人身股制度对当今有没有借鉴作用的讨论。

一个多世纪以前，卡尔·马克思从资本生产过程揭示了剩余价值的生产与分配，从而号召"全世界无产者联合起来"，改变自己不公平的处境。

100 多年后，社会主义中国声称，劳动者是我们国家的主人，是资本所有者，是企业的主人——在这里，资产者与劳动者已由对立的两大阶级合二为一。今天，我们的事业早已不是剥夺有产者而是要让劳动者真正成为资产所有者。

这是山西财经学院院长，金融学教授孔祥毅为他的观点所做的一段背景交代。他认为，在现代人类生产活动中，劳动力的知识、技能、信息、素质在生产过程中越来越重要。劳动力与生产资料所有制性质有着同等重要的意义，承认生产资料的资本性质，也应当承认劳动力的资本性质。劳动力资本论可使劳动者真正成为企业的主人，充分调动劳动者积极性，并使先富与后富者之间的矛盾在劳力股制度下得以统一。在此基础上，孔祥毅教授提出，有中国特色的股份制是资本股与劳动力股的完美结合。

对于资本股与劳力股，孔祥毅教授是这样解释的：资本股是以货币资本和实物资本为形式的物化劳动投入企业的资本，它是创造新价值必不可少的要素，是形成生产力的物质承担者；劳力股是以劳动者体力和智力为形式的活劳动投入企业的资本，它也是创造新价值必不可少的要素，是形式生产力的能动者。货币资本和实物资本与劳力资本共同构成了股份企业的资本。

孔祥毅认为，在股份制企业中，既然实物资本与劳动力资本共同创造了新的价值，实现了价值增值，那么劳动力资本就有权利与实物资本一起折股，平等地参与企业利润分配。股份制企业只能够吸纳在本企业从事劳动的职员和工人，并按他们的劳动数量、质量和贡献大小，来折合一定的资本量，他不同意简单地将国有资产量化到个人头上。

劳力入股并非新概念，在山西至少有 300 年历史。作为研究晋商的专家，孔祥毅教授以古析今。他介绍说，明末清初，劳力顶股制在山西商号中广泛流行。劳力顶股制度的基本内容是企业（商号）的主要职工可以顶零点几厘到几厘，以至一股的股份，股份的多少由财东根据职工任职时间、能力、贡献决定，称为"人身股"，在一个账期结算时"人身股"与财东资本股一起参加分红。譬如清初成立的，一直发展到民国年间的著名大商号大盛魁、长裕川、大德通、日升昌等都实行这种"人身股"制度，并且为它的财东带来了极高的经济效益，据说，大盛魁后期"人身股"总数已经超过了股东的资本股总数。从现有史料看，至少劳力股制度曾经历了三百多年，直到 1949 年为止。从这些企业经营效益看，"劳力股"制度确实给它们带来了好处，这正是它们数百年长盛不衰的重要原因之一。

"历史上常常有许多惊人的相似之处，也许当代晋商的血液中还流淌着前辈的血。"孔祥毅教授说，"今天，劳力股重新在三晋大地出现"。1989 年，山西省大同市左云县秦家山村创建了秦家山股份有限公司，后改为秦嘉集团股份有限公司，其股份构成为：集体资产股、个人货币资金股、劳力股。该公司在章程中规定，户籍不在本村的煤矿工人，可以折劳力股，凡在本公司有劳力股者，均属本公司的股东。到 1995 年，公司总股数达到 2757410 股，劳力股占 7.84%。1996 年，劳力股的股东为 467人。劳力股富了秦家山，富了外来打工者，他们的经济活动与开发正在向周围地区扩展。

孔祥毅教授在为秦嘉叫好的同时反复告诫说，由于理论与实践中尚有许多问题亟须规范和完善，股份合作制改造工作最忌一哄而上，可先试点再推广。

他认为目前需要规范与解决的问题是：

——哪些劳动力可以折股的问题。秦嘉集团规定，劳力折股分为三个层次，副经理以上的人员每年当年出勤 250 天以上折 60 股，30 天以上折 100 股；一线体力劳动者当年出勤 200 天以上折 60 股，260 天以上折 100 股；二线管理、勤杂人员当年出勤 250 天以上折 30 股，300 天以上折 60 股。孔祥毅教授认为，秦嘉的做法体现了劳动者的劳动质量和贡献，也体现了危险和脏累岗位的不同劳动情况，这是合理的。但是，对于工龄、技术级别、文化程度等涉及劳动者价值，即劳动者身上凝结的为提高劳动者素质的投资，仍未加以考虑。

——劳力股的标准问题，即劳动者的智力、能力、工龄、级别、贡献、危险及脏累岗位等因素在折股中的比重和权数如何确定的问题。

——劳力股与实物资本股的折合问题，多少劳动股可以顶多少元的实物资本股。

——劳力股数是不是封顶的问题。

——劳力股的退出问题。

——劳力股与实物资本股是否同股同酬的问题。

——实行劳力股与实物资本股并存的股份企业是否可以上市的问题。

孔祥毅教授说，劳力股坚持共同富裕的方向，并且在实践上解决了使无产者变成有产者的重大问题，这无论在理论上还是实践上，都是一个重大的突破。

抚今追昔话晋商

——访三晋著名学者孔祥毅教授

背景说明

　　本文是新闻工作者王军龙采访后写的一篇报道，原载《华宇》杂志2001年第2期（总第9～10期）。王军龙现任国际晋商网总裁，多年追踪晋商票号研究情况，对晋商精神与管理经验的古为今用做出了很大贡献。

　　一代商界枭雄已往矣，唯有镌刻着往日繁华的故宅，蝉蜕在凄迷苍茫的黄土高原上。自明清迄于民国初年，这里便是中国的金融中心，头等豪富的家园。由于职业的缘故，记者几年来应当地党政官员之邀，先后造访了太谷的曹家大院，祁县的渠家大院、乔家大院，平遥的昌晋源票号，灵石的王家大院……那些越来越近的砖石巨兽给我留下了深刻印象，那高屋建瓴的巍峨和沧桑更给我一种沉重的历史责任感。

　　更可感伤的，连说天宝遗事的"白发宫人"也没有。巨宅外围的摆地摊者和提篮小卖者，或许就有不少是那些往日巨商的后裔吧，但他们早已隔膜于祖先的历史，还得瞪着眼睛听学者的讲述才能获知一二。在当地政府大力推动的"晋商文化旅游节"、"平遥国际文化旅游节"和"晋商社火节"的喧闹中，好在他们已经受益于这无烟产业旅游业带来的种种好处。院内，导游小姐不无炫耀地讲出一连串家业盛大时的巨财数字。我掉转眼光，去凝望一件精美的雕饰，用目光抚摸昔日闺秀们凝聚着柔情的一段段秀作，或者踱到院外，去仰视高墙和屋脊上的瑞兽。嗨，那些辉煌，过去了也就算了，但是只要有这一段高墙和屋脊在，有一段当年的巧手织成的锦绣在，有一件能工巧匠的小制作存留，我们依然会感受到祖先的温暖与亲切。

多少游客啧啧感叹那些天文数字的财富，可是有几人能够通过那些文化的遗物，体味到古人投给今人的平静而哀悯的目光？沉默的故宅，叫我们唏嘘的，不是那些过眼云烟的辉煌，而是今人浮躁粗糙的内心不再能够随凝固的文化所赐表现出温情。

在山西很多经济会议的场合中，无论是山西的领导还是企业家，在招待外省的来宾时，都要带他们到中国银行的老祖宗——那些昔日的华尔街看一看，从而带旺了一方水土，大长了咱山西人的志气。这"票号"和"晋商"经济的始作俑者，就是孔祥毅教授。作为研究山西商人数一数二的权威人物，他曾数次出入这些故宅，以学者的眼力，看到被无数历史烟尘湮没的山西人走出黄土地、走向世界的足迹。他们尾随猎猎的战旗，走在丝绸之路上，既供应军需，又沟通着东西方的贸易；他们造舟于东下、漂流于汪洋、穿梭往来于日本和东南亚各岛国；他们建起南北商业大动脉，把北方的马匹、南方的茶叶进行长途贸易，走出了一段旷古奇今的商业历史。

记者今天在这里编发对孔祥毅教授的专访，其意义在于借古喻今，汲取先人精神，更好地把握机遇，再创晋商辉煌。从与孔祥毅的娓娓相谈中，从那些历史尘烟往事中，我们一定能够发现我们华宇精神的影子，与古代晋商殊途同归的创业经历，我们的把握机遇，我们在金融业和商业上的双剑合韧，我们要把华宇做大的矢志理念，我们不断改革、不断创新的步伐从没有停止过，这一切都与古代晋商何其相似。祖先活跃的商业血液还在我们身上流淌，祖先挫折的心灵伤痕在经过世纪洗礼的重重硝烟后终于将要喷薄而出焕发出新的青春。"爱我华宇，振兴华宇"应当成为我们每一个人的梦想。

——作者题记

孔祥毅教授很忙，尽管已卸下山西财经大学党委书记的重任，摆脱了繁冗的行政事务。不仅因为他在晋商史研究和金融学方面的卓越成就，担任着山西财大博士导师，担负着经济学术、教书育人的重任，而且他还担任着山西晋商文化研究会、山西商业联合会的副会长等社会团体的兼职，有着很多的社会应酬。

孔祥毅教授和张正明研究员（现山西省政协副主席）作为研究国内晋商的第一人，当他们的共同成果《山西商人及其历史启示》1991年第一次在《山西日报》发表后，引起了当时省委书记王茂林的重视，印发给全省各级干部学习参考。"原来我们的祖先曾经阔过"，一向自卑的老西儿从此也有了自傲的本钱。学习晋商、振兴晋商在全省从此蔚然成风，而山西晋中市更是身体力行，大力发展旅游业，享尽了这"中国古代华尔街"冠冕下的古代文化辉煌。

接受记者访谈的时候，他刚刚从北京参加中国人民银行总行的一个会议回来，60多岁的孔教授显得神采奕奕，我们自然从晋商这一共同关注的话题谈起。

记者：山西人经商历史悠久，明清时晋商已成为国内三大商帮（晋帮、徽帮、潮帮）之首。世界经济史学者把山西商人与意大利商人相提并论，给予很高评价。请您具体谈一下晋商的历史地位好吗？

孔：当时的晋商是在商品经营资本（如绸缎庄、茶庄、颜料庄、布庄等）和货币经营资本（如票号、钱庄、当铺）相互渗透、相互支持下产生的，在清代上通清廷，下结官绅，款项可谓"汇能天下"。从蒙古草原的骆驼商队到长江口起锚出海的商船，从呼伦贝尔草原的醋坊到贵州的茅台酒厂，都有山西人经营；南起中国香港、加尔各答，北到莫斯科，东到大阪、神户、横滨、仁川，西达塔尔巴哈台、阿拉伯国家，都留下了山西商人的足迹。他们中有不少人可以用蒙古语、维吾尔语、俄语，与北方少数民族和俄国人洽谈贸易。晋商自称："凡是麻雀飞到的地方都有山西人。"如同意大利北部伦巴第商人在伦敦发展建立了伦巴第街成为英国金融中心一样，晋商在张家口的日升昌巷（以日升昌票号命名）曾一度成为北亚的金融贸易中心。山西商人所到之地，设庄贸易，成为商品集散之地，逐渐由畅通的村镇发展为城市，在东北就有"先有曹家号，后有朝阳县"，内蒙古有"先有复盛公，后有包头城"，青海有"先有晋益老，后有西宁城"之说。

记者：在很多人的印象中山西是一个很保守落后的省份。听了你的介绍，似乎我们的先人也是很有开创精神，而不是像今天一样一味依赖于能源。

孔：是的。山西人背井离乡外出经商者有多少人，迄今无法稽考。仅截至 1933 年 7 月 1 日的山海关报告反映，东北沦陷，从关外返回的山西商人达 17 万人之众，留在东北者估计不及晋商的 1/3。又 1920 年阎锡山接见因俄国"十月革命"从俄国返回的山西商人代表时，汾阳代表说，在俄国的山西商人有 1 万人。可以说，山西商人以其特有的开拓进取和风险精神，在明清时期上演了一场长达数百年的大型历史剧，其舞台之广大，演员之众多，在世界历史上是罕见的。

记者：晋商鼎盛时期有哪些主要特征呢？

孔：第一，商业网络遍布全国以至北晋地区。山西商人在清代鼎盛时期，其商业网络已遍布国内大江南北，长城内外，并延伸到整个北亚地区。同时，在商业企业组织形式上，出现了"分号制"的独资或合资企业。所谓"分号制"即其财东独立投资或合资办商号，其商号又分设若干分号于全国各大商埠，而且商号或分号又可以投资办小商号，类似近代西方资本主义国家通过控制股权形成的母子公司；另外还实行联号制，即一财东（或几个合伙财东）投资办若干个不同行业的各自独立核算和经营的商号或票号，在业务上相互联系，相互服务，相互支持。这种网络体系类似现代企业集团。太谷曹家的企业在 19 世纪 20～50 年代有 13 种行业，640 多个商号，3.7 万名职工，资本 1000 多万两白银。其商号名称多数冠以"锦"字，如锦霞明、锦丰庆、锦亨泰绸缎庄等，分布于朝阳、赤峰、沈阳、苏州、杭州、上海、广州、张家口、库伦、莫斯科等地。在曹家这个"锦"囊集团之中包容了多家商号、多种经营、多处分支庄号，形成强有力的曹家企业集团。

第二，垄断对蒙俄的贸易。清政府规定旅蒙商须领取政府颁发的"龙票"后方可到蒙古经商。在清代旅商中主要是山西商人。山西旅蒙商号著名的有大盛魁、兴隆魁、长盛川、大昌川等。其中大盛魁极盛时同蒙古的贸易额年约 900 万～1000 万两白银，每年有 1500 峰骆驼往来于长城和乌里雅苏台之间，其中从业人员达六七千人，时人形容"大盛魁"的财产，可以用 50 两重的银元宝从库伦（乌兰巴托）到北京铺一条路。

第三，商品经营资本与货币经营资本混合生长和相互支持。货币经营资本是随着商品经营资本而发展起来的。随着山西商人资本的发展，山西商人逐渐办起了不同业务形式的金融商号，如经营银钱兑换的钱庄，经营货币信贷的账庄，经营异地汇款的票号，经营消费信用的当铺，经营小额短期借款的印局等。开始时，这些业务在商号内附设，以后逐渐成为独立经营的货币商号——金融业。这些商号被西方人称为"山西银行"。山西商人投资商业也投资"银行"，往往一个财东既有商店，又有票号、钱庄。如介休冀家有绸缎、茶叶、皮毛、布匹、杂货等商号，又有账局、钱庄、票号、当铺等金融机构，仅在湖北襄樊一带就有70余家商号，十几家当铺。经营地点，南起湖北，北到喇嘛庙和库伦。晋商的金融业首先是支持其百货业的资金需要，可以说晋商以商业和金融业相互渗透、混合生长的形式，形成了高效融资的机制，加速了资本周转和增值。

记者：您认为晋商的主要精神是什么？

孔：山西商人之所以能称雄商界数百年，从客观上分析，有其地理环境和历史因素。然而，山西商人发展的主观因素却更为重要。山西商人不畏艰辛，敢冒风险的开拓创业精神，被西方学者称为"晋商精神"。可以概括为四个方面：

第一，重商立业的人生观。山西人自宋元以来。逐渐在民间形成了一种重商观念，即"以商致财，用财守本"的立业思想，这就是通过经商获得金钱。然后置房产买田地，再以土地出租和放高利贷、经商获取收入，以其商业收入发展商业和金融业，建立以商业为始点的价值循环和增值过程。这种与传统伦理观念相伴的人生观，是山西商业发达、财富由省外源源流回山西的思想基础。

第二，诚信义利的价值观。关庙作为祀奉关云长的地方，之所以被山西人百般信崇，均在于信、义二字。晋商与关云长乃乡亲关系。将关云长尊为财神，以其信义教育同行，以其武功希冀保卫自己的商业利润。山西人每到一地经商，一经发展，先修关帝庙。

第三，艰苦奋斗的创业精神。山西地处黄土高原，自然条件比较差。旧志称："晋省天寒地瘠，生物鲜少"，尤其往来于茶马之路的晋商，贩茶于福建、湖南，销售于大漠之北，千山万水，穿沙漠瀚海，夏则头顶烈日，冬则餐冰饮雪，饥渴劳病，寇贼虫狼，日与为伴，一复一年奔波于商途，尤其经商于新疆、蒙古、俄国、日本的山西商人，更要克服语言和生活习惯之障碍，没有艰苦奋斗的创业精神是难以称雄于商界的。

第四，同舟共济的协调思想。山西商人笃信"和气生财"，重视与社会各方的和谐，尤其在同业往来中既保持平等竞争，又保持相互支持和关照。在晋商中，相互指友好的同行为"相与"，凡是"相与"，必须善始善终，同舟共济。

记者：您认为晋商的主要经营策略是什么？

孔：山西商人在其长期业务活动中，逐渐积累总结了一套自己的经营策略。

第一，维护商誉，信誉第一。晋商视商誉为命根，坚持信用第一，做买卖必须脚踏实地，不冒险取巧，宁赔本也不做玷污商号招牌的事。如祁县乔家包头复盛油坊，运胡麻油回山西销售，经手职工为图厚利，在油中掺假，掌柜发现后，立令另行换装，经济上虽受了损失，却招得近悦远来。复盛西面铺在咸丰年间掌柜立账把斗秤放大，比市上加一成，市民争相到该号购买。

第二，审时度势，人弃我取。晋商在经营中很重视审时度势，深思远谋，深入调查研究，看长远，稳步前进，不贪图近期利益，甚少短期行为。他们在业务经营中坚持人弃我取的战术，首先是"封闭"山西市场，使外省商人无法进入，并且垄断了北方贸易。因为潮商面南出海，徽商占据长江流域和江浙地区，对苦寒之地及沙漠瀚海，多驻足不前，山西人便利用地理优势，吃苦耐劳，艰苦创业，紧紧抓住汉民族农业地区和北方游牧民族地区商品交换的有利地带，发展了自己的业务"领域"。

第三，周到服务，薄利多销。晋商以服务周到和薄利实惠，博得客户欢迎，这是其扩大营业额、增加利润的基本办法。如旅蒙商为了适应草地牧民缺医少药的环境和生活习惯，从业人员学习针灸，在蒙古遇到牧民一般疾病，可以帮助治疗，取信于牧民，牧民便不问其价格，争相购货，没钱可以赊销，或用牛羊交换，商人换得羊羔牛犊。还委托牧民无偿代养，待长得膘肥肉满再带走。他们在内地采购牧民需要的砖茶、烟丝、布匹、铁器、银器、白酒、食糖、炒米、糕点、木桶、木碗、茶壶、药包、蒙靴、马毡以及寺院喇嘛用品等。将布料拉成不同尺寸的蒙古袍料，任蒙古人选用，按蒙医习惯用药分 72 味、48 味、36 味、24 味四种，分别做成药包，用蒙、汉、藏文注明药名、效用，充分满足了客户的生活需要。

第四，任人唯贤，量才录用。晋商财东认为："得人者昌，政界固然，商界何独不然！"其选拔人才，委托重任。都要在实践中考验，按一定标准招选学成后，需徒步去指定分号，充当学徒，三年内不设座位，除了伺候掌柜、提三壶（水壶、茶壶、便壶）、打杂活、搞卫生外，就是练习打算盘、写字，三年内不准回家。贤者出师后任以专职，不贤者打发回家。经多年实际业务考验，选能任贤，委以重任，不分门户，不问私情，量才录用。"任人唯贤"还包括知人善任，根据人才的特长分配工作岗位。帅才者，调任分号经理（掌柜）；秀才者，任以文书。协同庆票号经理孟子元选用赵厚田，"冒险姑苏，急难兰（兰州），回翔于成都重庆间20余年，能使全局营业稳操胜算，皆赖赵君之力"。山西各商号业务发展，依靠着一大批善于理财的优秀人才，而优秀人才的发现和使用也促进了山西商务的发展。

第五，职工教育，德智并重。晋商不是埋头于业务的赚钱狂，对待普通职工的生活也很关心，以便稳定人心，服务企业。由于在职伙友均不带家什，业余时间如何引导则是一件重要事情。各商号不仅注意培养职工信义观念，创业精神，风险精神，艰苦奋斗精神，注意培养职工的商品意识，竞争意识，核算观念，而且注意职工的文化娱乐，个人价值。各行业都有自己崇祀的偶像，逢年过节参拜叩头，而且组织同乡会馆，相互帮助。大的商号还有自己的戏班，山西人喜欢听晋剧，张家口、内蒙古各地群众因山西商人的关系，也喜欢看北路梆子。万荣潘家、祁县乔家都有自己的戏班。各地商会行社均要在一年内多次演戏，于是一个城市几乎天天可以不花钱看戏。坐落在苏州城内的全晋会馆，就是昔日山西商人的办公地和戏园，今日是江苏戏剧博物馆。不少商人发财以后，还乐施好义，捐资办学，设立书院，或助赈行义，修桥筑路，办好事，从而提高了商号与商人的社会地位。这本身就是一种无形的资产和广告。

记者：古代晋商对振兴当代晋商有何历史启示？

孔：19世纪末期，由于外国资本主义的侵略和清政府的压榨。加之现代交通发展，海上贸易沿海江商路扩大，原经山西的陆路贸易相对冷落，晋商终于走向了衰落。对山西的主要历史启示是：

第一，要树立重商兴省、积极开拓贸易的观念。明清时期山西与江浙、广东为富庶之省。清代山西巡抚刘于义说："山右积习，重利之念，甚于重家，子弟俊秀者，多人贸易之途，其次宁为胥吏，至中材以下，方使之读书应试。"这就是说，当时在山西，一流人才经商，二流人才到衙门做事，三流人才方读书应试。但是现代山西人的经商观念已十分淡漠，更不能与江浙人和广东人相比。明清山西商人的经验也告诉我们，按照山西的省情，重商能使经济搞活，可以兴晋富民。换言之，忽视商业，山西人自己不干，尽让外来人把钱赚走，山西的经济就最难搞活，要取得较快发展，困难就比较大。当代晋商是否能重新演绎过去的辉煌，关键在于继承古代晋商精神的基础，是否能够风物放眼，吸收国内外的先进管理经验和技术，以开放的心态搭上科技的高速公路，成为商业、科技、人才聚集的硅谷。这需要新的晋商极力营造和政府的大力提倡。

第二，抓住机遇，多方位出击，做活生意。应该看到，目前山西的产业产品结构决定了我省"傻大黑粗"产品多的特点。我省要在全国各地万舟竞发的竞争中胜出，机遇很重要。华宇集团的赵华山董事长可以说就是这样一个杰出代表。他能够在国家整顿金融业的时候，及时将金融资本转化为实业资本，建立山西省内的第一个仓储超市、第一个高档商厦、第一个高档客运公司，可以说占尽了山西不少商业先机，这正是晋商精神所在。

第三，千方百计，创造环境，培养一代企业家。山西商业资本的振兴，有赖一代商人企业家的贡献。能否重振山西商业，也有赖新一代企业家的出现。只有那些享有独立经营权的企业家，才最具有创业精神，也只有他们最懂得核算的秘诀，具备公关的本领、捕捉信息的嗅觉和灵活应变的能力。

道德与制度：谁更有效？

《孔祥毅教授访谈录》2006 年 7 月 31 日

背景说明

　　本文是《中国网·山西频道》记者张育敏采访后写的一篇报道，原载 2006 年 10 月 24 日。

　　财东虽然大胆地用人，但并不能绝对保证对方也是赤胆忠诚、忠心耿耿地为东家效力，必须有所约束，并要灌输一定的思想来进行说教、劝勉。才能使职员更好地为他们服务。

　　对，这就是伦理思想。晋商推崇诚信义利的伦理道德。东家对企业的职员，企业职员对待东家，都讲究诚、信、仁、义。对于职员来说，东家对我信任，我不能对不起东家。不知你是否注意到了这样一个有趣的现象，晋商在外经营赚钱后，首先要修关帝庙。晋商所到之处，几乎没有不盖关帝庙的，一个归化城（今呼和浩特市旧城）就有七个关帝庙。山西商人把关帝庙修遍了全国，就连青藏高原的西宁、拉萨都有关帝庙，甚至于海外，也都有山西商人建的关帝庙。如日本的兵库县至今还有关帝庙。晋商把关云长奉为财神，恐怕主要是因为关云长讲义气，在外经商要讲义气，相互支持。因此，儒家思想在晋商中体现得很突出，这种伦理思想对于晋商产生了很深的影响。

　　通常认为，在中国的传统社会，更多的是体现为人治，而法治精神不足，但是我从有关材料上看到，晋商企业普遍制定了一套近乎严苛的管理制度。晋商是如何通过制定严格的规章制度对经理和普通员工进行有效约束的?

晋商企业有一套严格的管理制度,通过号规即内部制度和行会纪律对从业者进行有效约束。如票号各分号与总号之间的关系、业务经营原则、对工作人员的具体要求等,内容非常细致、严密。同时,还会根据业务发展的需要和内外部形势的变化不断进行调整、增删。而且,规矩一旦确认下来,经理、伙计、学徒乃至财东,都须严格遵守。如休假制度,总号人员一般两三个月可以休息七天,太原分号人员一年可休息两个月,其他各地分号人员大部分要连续工作三年,然后休假半年,路远的分号为五年一次。这种休假制度对职员和经理都是相同的。对企业职工日常行为的约束包括:不准携带亲故在外谋事;不准在外娶妻纳妾;不准向有业务往来的客户借钱;不得挪用号内财物;不准兼营其他业务,用今天的话讲就是不准从事第二职业;不准在号内外赌博;不准嫖娼、吸食鸦片;除非是因公事,不准到小号(即总号直接投资兴办的独立经营核算的下属单位)串门;回家休假时不准到掌柜和财东家闲坐;不准向掌柜和财东送礼;如有喜庆婚丧由号内送礼,同事间不准送礼;同事之间不准借钱;不得在外惹是生非;若有过失不得相互推诿包庇。此外还有打架斗殴者开除、搬弄是非者开除、结伙营私者开除、不听指挥调动者开除,等等。为防止贪污、挪用、做假的现象,对于所有从业人员的个人财产,也有一套严格的控制办法。职员每年的工资不发到个人手里随意支配,而是寄存在柜上随用随支,最后到期返乡时再算账取走。在外地分号工作,每月可以寄平安家信,但不准私寄银钱和物品,包括经理在内一律不准携带家属。一般跨地区经营的企业都有这样的规定:从外地分号回原籍总号的人员,一律要先回总号报到,即使中途路过家门也不得进家,到总号后将随身所带各种物品交付专职人员查验。离开分号时随身携带的物品、银两数目由分号开一张清单,到总号后一一核对,看看是否相符。为别人捎带的物品交由总号登记留底后转寄。一切清楚无误后才能回家。

此外,在财务制度、业务信函往来制度、报告制度、经营制度等多方面的规定,经过长期的修订、完善,可以说既细密又严格。山西商号在执行制度方面可以说严酷无情,违反这些制度的,不管是谁,通常的后果是开革出号。

力量的凝聚

背景说明

　　本文是《山西商报》记者李霞的采访笔记，刊于山西新闻网，辽宁山西商会（http：//www.lnsxsh.com.cn/）转载。

　　2009 年对于新晋商群体来说，是一个意义非凡的年度。

　　2008 年太原市委、市政府启动"新晋商形象塑造工程"，政、学、企三界共议，把历史上的晋商精神和当代社会核心价值体系结合起来，为山西商人群体构建一个正确的主流价值观。之后，"2009 新晋商大会暨新晋商形象展示与产业博览会"在太原市隆重举行，来自海内外的优秀晋商整合各地区的商业资源，拓展各地区晋商群体的合作渠道，以此来构建晋商新时代的合作模式与通商平台。这次天下新晋商的盛会，向全国甚至全世界展示了日益壮大的新晋商的群体风采。

　　在这样一个宏大的背景下，新晋商群体迅速崛起。但我们不能忽视这个群体背后那些多年来始终密切关注新晋商发展，并且相伴左右默默无闻做出贡献的队伍。他高屋建瓴，宏观把握，塑造新晋商的精神、文化与价值观；他苦心钻研几十年，把晋商研究与现代经济发展联系起来；他改革创新商会职能，提供信息，创造商机，以晋商崛起为己任；他创办网站，通过资讯、论坛、博客、社区等多种形式，坚持晋商的宣传和交流事业……正是千千万万个"他"，汇聚成一支重要的力量，为新晋商的发展构建了和谐的发展空间。

　　新的时代条件下，晋商精神的传承重在文化自觉，就是一方面要加强文化建设，继承晋商优秀文化传统，发扬晋商人文精神；另一方面推进文化创新，使晋商文化适应社会主义市场经济发展和社会主义精神文明建设的要求。新晋商企业家是传承晋商文化的主体，承担着光荣而艰巨的责任与使命。著名的晋商研究专家孔祥毅教授通过 40 年对晋商的研究，提出了晋商文化内涵的核心："重商立业的人生观，诚信义利的价值观，艰苦奋斗的创业史，同舟共济的协调思想"，他说实事求是地总结前人的成败得失，是为了结合现实，有利于今天的新晋商更好地去实践；在天津山西商会会长张世伦的带领下，天津设立"全国晋商转型发展项目服务中心"，免费为来自全国的 100 余家晋商解决项目转型中存在的资金、寻求合作伙伴、市场推广、项目论证等具体难题。他的奋斗目标是："培育更多的山西企业家成为中国的、世界的天下华商，津门晋商要为新晋商的崛起率先做出榜样"……他们拥有无私的精神和感染的力量，无论是谁，无论做了什么事情，他们的一言一行都在客观上帮助新晋商走向更为广阔的空间和舞台。

正是因为他们，新晋商们不敢懈怠。在他们的鼓励、监督、引导、帮扶下，新晋商的发展迎来一个新的里程碑，新晋商开始正确认识晋商精神的核心价值观，诚信、开拓、创新，担当起新的历史责任，共同完成一个伟大的事业。

一、孔祥毅：为晋商把脉

在山西经济学尤其是山西金融史、票号史研究领域中，孔祥毅的名字是一个重要的符号。其实，在晋商的研究中，孔祥毅更是一个举足轻重的人物。他是最早提出晋商学，并把晋商作为综合学科来研究的学者。孔祥毅一直主张，研究晋商并非只沉迷于当年老晋商的辉煌，只有将当时晋商所创造的宝贵的精神财富与当今的时代相结合，才有可能对研究探讨今天的企业经营管理制度产生积极的指导作用。

二、提出晋商学

在长期的调查和资料整理过程中，孔祥毅接触了大量关于山西商人的资料。他阅读了大量的历史资料，几十部府、州、县志，摘抄和掌握了许多鲜为人知的真实材料，从散落于民间的资料，到山西省图书馆、山西省档案馆，以及国家第一、第二档案馆，孔祥毅收获颇丰。在这期间，他先后参与编写了《山西票号史料》、《阎锡山和山西银行》，字数达上百万，为研究山西金融史和中国金融史提供了翔实的史料记载。

孔祥毅对金融史始终有着浓厚的兴趣，随着研究的深入，孔祥毅意识到山西票号的创立是中国金融史一次革命性的巨变，于是，孔祥毅由对山西票号的研究自然而然地过渡到对晋商的研究之中。并由此不断地延伸，从票号开始，晋商的经营管理制度、晋商的文化、晋商的精神……一路走下去，孔祥毅突然发现，晋商就是一个独立的综合研究领域，晋商的很多东西耐人寻味，大到政治、经济、文化，小到晋商的建筑、风俗，晋商群体在近五百年的历史中创造了无与伦比的辉煌，给后人留下了宝贵的精神财富。

孔祥毅提出了晋商学的概念，成为经济学、晋商研究的一个独立阵地。

三、为晋商呐喊

在学术领域，谁都知道孔教授学风严谨，再加上一副耿直的性情，经常在一些学术研讨会上"语出惊人"。20 世纪 80 年代末，省里邀请了一批经济领域内的专家，与政府共同探讨山西经济发展战略。一位专家在发言中说"山西一向闭关自守"，"连铁轨都比别人的窄"，一向温和的孔祥毅当即就说"历史上的山西一向开拓进取，窄轨铁路是自力更生、与外国资本斗争的结果"。后来，他亲自撰写了一篇 1.8 万字的文章——《山西商人及其历史启示》，被时任省委书记的王茂林同志转发给全省处级以上干部学习，并亲自写了 1000 多字的批示"……谁说山西一向闭关自守，请看这篇文章……"此文被《山西日报》全篇刊登，在全国引起很大的反响。孔祥毅第一次树起了"重振晋商雄风的旗帜"。

多年来，孔祥毅一直致力于晋商的研究，整理出一套系统完整的学术理论。在 2008 年"新晋商形象塑造工程"中，孔祥毅的多次发言对诠释新晋商内涵、塑造新晋商主流形象、指导新晋商发展等方面产生积极影响。他一直认为，晋商精神是对晋商人生观、价值观、创新精神与处世哲学的概括，重商立业的人生观、诚信义利的价值观、艰苦奋斗的创业精神与同舟共济的协调思想是明清晋商精神，这种精神将一直影响山西的工商企业家甚至中国商人。

孔祥毅在研究晋商票号与金融史的基础上，提出了落后国家和地区追赶发达国家和地区的"金融先导"理论，针对山西金融资源流失问题，第一个提出政府主导，通过制定政策与制度，营造有利的投资环境，就可以打造"山西金融洼地"，吸引资金内流；明确无商不富、无商不城，流通可以引领经济发展，打造晋商品牌，充分发挥晋商文化这一特殊的社会资本，实现经济转型发展……这些都是孔祥毅对新晋商寄予的厚望。

山西"晋商"研究风雨前行近百年

背景说明

　　2012 年元旦后接受《山西商报》记者冯伟的专访，刊于该报 1 月 16 日。

　　战国时期的某一年，一个穷困潦倒的山东人来到山西晋南猗氏（今临猗县）境内，在听从范蠡"子欲速富，当畜五䍐芋"的一番话后，在 10 年之间成为当时的巨富。

　　似乎是一个戏剧性的开始，一个山东人拉开了晋商历史的序幕。历史上形成晋商这一商帮群体的时期，应该是明清历史的 500 年。研究晋商的历史也要追溯到 20 世纪二三十年代，而真正让大众知晓晋商辉煌历史的，与两个人的一篇文章和 90 年代初的山西省委书记密切相关。这一年是 1991 年，两位学者是山西财经大学教授孔祥毅、省社科院资深研究员张正明，省委书记是王茂林。张正明将 1991 年称为晋商研究走出学术界划时代的一年，从这一年开始，晋商真正引起全社会的重视。

一、明清晋商称雄天下

　　近日，在政协委员报到的宾馆里，记者见到了准备参加省政协十届五次会议的委员张正明。因为是刚刚报到，张正明能抽出时间接受记者的采访。

　　张正明研究晋商有很多年了，目前还是山西晋商文化研究中心的主任。他解释了晋商几千年的历史中，为什么最受关注的却是明清的 500 年历史。

张正明说，明清时期的晋商之所以不同于以往，一是因为明清时期的晋商不再是以前的单个做买卖，而是第一次出现了以商帮为基础的松散性组织。这些商人以会馆为基地，以地域为纽带。二是商人的内部结构也发生了变化，出现了股份制、联号制和人身股等一系列现代企业制度的雏形。联号制正如今天的连锁制一样，由位于山西的总号控制全国各地的分号。三是票号的出现，这是货币经济发展到一定阶段才有的产物。所有这些都是新的经济因素，也是引起学术界关注的原因，这一点才让晋商在中国商业史上书写了辉煌的一笔。

晋商是当时中国商帮中力量最大的一个商人团体，票号、股份制等都是其独有的东西。张正明说这一点也是晋商称雄商界五百年的原因之一。

孔祥毅说，明清时期的晋商可以用称雄来形容，而之所以称雄则是因为明清晋商不仅货通天下，而且汇通天下。货通天下的山西商人不但垄断了中国北方贸易和资金调度，而且插足整个亚洲地区，甚至把"触角"伸向欧洲。从呼伦贝尔的醋味到贵州茅台的酒味，都有山西人在叫卖。"先有复字号，后有包头城"，"先有祥泰隆，后有定远营"，"先有晋益老，后有西宁城"等民谚，无不说明晋商的活动足迹之广和影响之大。

汇通天下的晋商不仅创造当、钱、印、票、账五大类金融机构，而且金融上的创新在中国历史上无人能比，甚至可以与英国、意大利金钱商人相媲美，某些方面甚至超过了西方商人。比如晋商根据经济社会发展需要创造了许多信用工具：凭帖（本票）、兑帖（支票）、上帖（银行汇票）、上票（商业汇票）等。在金融制度上也创造了股权融资、人力资本、"本平"制度等；金融风险控制方面有薪酬社保激励、宗法与担保约束、银行密押等。人力资本制度比美国期权制度早四百年，管理制度比国际新定标准早三百多年。

二、研究近百年　风靡二十载

回忆自己的晋商研究历程，孔祥毅还能记起 1963 年踏上工作岗位之后收集山西票号史料的经历。他在山西省图书馆泡了三个月，翻阅了 40 多部府、州、县志，还有上世纪初中外学者的一些研究成果。1974 年 12 月被借调到山西省金融史编写组之后，孔祥毅对散落在民间的和山西省图书馆、档案馆与国家第二档案馆，以及南京、上海、山西各县的资料进行了大量的调查和整理，到 1977 年基本完成了《阎锡山和山西省银行》史料收集。

最让孔祥毅感到震惊的是，日本东北大学教授寺田隆信出版的《山西商人研究》一书对山西商人的了解比山西人还清楚。不仅如此，老一代日本学者左伯富，新一代学者滨下武志、松浦章等人都是研究山西商人的专家。

孔祥毅将国内对晋商的研究分为五个阶段，第一个阶段是 20 世纪 20～30 年代抗战爆发。卫聚贤编写的《山西票号史》是目前看到的最完整、最早的关于山西票号的系统史料，部分原始资料在日本。第二个阶段是 50 年代末至 60 年代初。山西财经大学成立了山西票号课题研究组，收集了几百万字的资料，整理出 100 多万字的《山西票号史料》初稿。第三个阶段是从 1974 年末开始的山西省银行研究和票号研究的再次启动，直至 1990 年《山西票号史料》的正式出版。孔祥毅的看法和张正明一样，都将时任省委书记王茂林对他和张正明所写的《山西商人及其历史启示》的批示作为研究的第四个阶段，从此晋商研究走出了书院，成为社会关注的问题。

山西财经大学晋商研究院副院长孙长青讲述了当时写《山西商人及其历史启示》的背景，他说当时在社会上有一种观点，认为山西人观念保守，不愿走出家门离开乡土。此文的发表证明了历史上的山西商人是很开放和积极进取的，可以说是对山西人的一个正本清源。

而孔祥毅关于晋商研究的第五个阶段则是从 1995 年晋中邀请中国商业史学会专家到榆次开会研究关于晋中晋商大院文化旅游走廊，带动晋中经济社会发展战略开始，晋商研究从此与现代经济相结合。张正明认为晋商研究的高峰阶段是 2005 年召开的一次关于晋商的国际性学术研讨会，海内外众多专家学者都参与了研讨会。

三、结合现实　研究才能长盛不衰

张正明说，晋商研究在走出学术界之后，近年来出现一些新现象。一是研究成果不断深入。二是对社会文化起到极大的推动作用，影响最大的应该是大院文化的盛行，还有就是一些关于晋商文学、影视和戏曲作品的不断出现，反过来将晋商研究推上一个高潮。三是推动新晋商的发展。全国各地的山西商人纷纷成立自己的组织，重现明清商帮的集团优势。四是随着晋商的领军人物和大的晋商企业不断出现，推动了经济的进一步发展。

张正明以潞城一家丝绸企业为例，这家企业不久前召开了一次潞绸如何走出去的讨论会。他说潞绸在历史上非常有名，在小说《金瓶梅》中提到潞绸的语句有 17 处，可见潞绸的历史是非常悠久的。现在关键是如何根据不同层次的需求推出符合市场的潞绸产品。

此外，关于晋商历史上的人身股等制度，张正明说不是要现在的企业照搬前人的管理制度，而是应该通过学习和了解晋商的管理制度，对现实的企业起到借鉴作用。他认为只有将晋商研究与现实发展结合起来，才能让研究更具有生命力。

孙长青则以时下的欧债危机和金融危机为例，晋商在金融创新中更多的是注重制度的建设和风险控制，而西方之所以出现危机则是因为其所谓的创新是注重技巧和交易的方法，实际上是一些伪技术。

四、走出误区 研究形式要多样

孔祥毅指出当前研究中有两个缺陷需要引起注意，一是研究力量非常散乱，缺乏应有的组织；二是出版书籍很多，但史料挖掘不够。

张正明则将时下的晋商出书热形容为"炒旧饭"。他说好多作者对史料掌握不够，经常拿别人的一些研究成果来推出所谓的晋商书籍。他认为今后的研究除了收集国内的资料外，还要去国外收集资料，如日本和俄罗斯。孙长青解释了日本和俄罗斯保存晋商资料的原因。他说日本所保存的资料是在抗日战争期间从中国带出去的。1937 年时任民国政府财政部长的孔祥熙出钱让燕京大学陈其田来山西研究票号历史，他据此写出了《山西票庄考略》一书。近代学者卫聚贤收集了很多关于晋商票号的资料，但大多在战乱中被日本人带走了。至于俄罗斯，则主要是因为当时晋商的贸易在俄罗斯恰克图，因为交易产生了大量的文献资料。现在已有一些学者从日本和俄罗斯拿回了关于晋商的电子资料。

孙长青说，现在关于晋商的研究出现一些方法上的新突破，比如引进现代计量经济学模型研究方法等。除此之外，还要在研究史料的基础上有所突破，甚至是超越和升华，看看晋商研究对现代商业文明和核心价值起多大作用。

张正明强调，今后晋商的研究形式要多种多样，既要有学术性研究也要有文学艺术性研究，这有利于让普通百姓了解晋商历史。

孔祥毅早在 1997 年就提出了晋商学的概念，这一概念也得到山西学者的共识。他心目中的晋商学是从明清到民国时期的商人及其商品经营资本和货币经营战略、管理制度、商业伦理、哲学思想，研究晋商教育、科学研究、戏剧、武术、建筑等各方面的创新与特点，是探讨中国金融贸易与社会文化活动规律性的多学科交叉的综合性科学。除研究晋商企业制度、经营管理、市场营销、会计财务等外，还要研究商人与社会群体的关系、商人精神及其与主流意识形态的关系。